深化改革 创新发展
——青岛保险论文集（2014）

主　编　巩庆军
副主编　吉立群　马伯寅
编　辑　刘福山　夏克清　孙德春　徐福君　张海霞

中国海洋大学出版社
·青岛·

图书在版编目(CIP)数据

深化改革　创新发展:青岛保险论文集.2014/巩
庆军主编 . —青岛:中国海洋大学出版社,2015.5
　　ISBN 978-7-5670-0909-7

　　Ⅰ.①深… Ⅱ.①巩… Ⅲ.①保险业—青岛市—文集
Ⅳ.①F842.752.3-53

中国版本图书馆 CIP 数据核字(2015)第 097353 号

出版发行	中国海洋大学出版社			
社　　址	青岛市香港东路 23 号		邮政编码	266071
出 版 人	杨立敏			
网　　址	http://www.ouc-press.com			
电子信箱	zhaochong1225@163.com			
订购电话	0532-82032573			
责任编辑	赵　冲		电　　话	0532-85902495
印　　制	日照日报印务中心			
版　　次	2015 年 5 月第 1 版			
印　　次	2015 年 5 月第 1 次印刷			
成品尺寸	185 mm × 260 mm			
印　　张	29.5			
字　　数	663 千			
定　　价	86.00 元			

前言
Preface

近年来改革发展日新月异，国家整体实力显著增强，保险业作为现代经济的重要产业和风险管理的基本手段，功能作用日益突出。2014 年 8 月，国务院发布了《关于加快发展现代保险服务业的若干意见》（以下简称"若干意见"），标志着我国保险业迈入了一个崭新的发展阶段。科学的理论是人们认识世界、改造世界的重要工具，也是推动历史发展和社会进步的重要力量。同时，保险业作为一个快速成长的行业，我们保险从业者必须不断研究新情况，总结新经验，坚持以反映时代特征和发展要求的科学理论指导实践，根据实践的新鲜经验不断推进理论创新。保险业要实现持续、快速、协调、健康发展，需要更加深入、更加广泛的保险理论研究作为支撑。

为深入贯彻国务院《若干意见》，认真落实中国保监会深化改革的总体部署，不断深化保险理论研究，充分发挥理论指导实践的作用，青岛保监局开展了以"深化改革 创新发展"为主题的保险理论研讨活动。这次研讨活动得到了保险业内外的热烈响应，监管部门和保险机构认真组织，踊跃参加，驻青大专院校也积极响应，参与这次活动。全市保险业与专家学者共同探讨青岛保险发展大计，为保险业改革发展献计献策。这次研讨活动按照青岛保监局的部署，在青岛市保险学会的精心组织下，在全市保险行业的共同努力和各大专院校的大力支持下，取得了圆满的成功。

按照统一领导、内外结合、注重质量的原则，我们成立了保险理论研讨论文评审委员会，对提交的论文稿件进行严格审核和评选。经专家评审，将其中的优秀论文汇集成册，出版了《深化改革 创新发展——青岛保险论文集（2014）》一书，希望以本书的出版搭建一个互相交流的平台，使研讨活动成果得到广泛宣传和深入应用。全书内容丰富，覆盖面广，针对性强，既有监管工作者的监管工作探讨，也有业内人士的实践工作总结，还有专家学者的理论思考成果，从理论和实际的结合上进行了有益的探索。本书从不同角度和多个层面，回顾了青岛保险业的发展历程，展望了青岛保险业的发展前景，探讨了保险业发展改革的热点、难点问题，展现了保险业浓厚的进取精神和活跃的创新思维。希望本书的出版能够对推动青岛保险理论研究、促进青岛保险业改革发展产生积极影响。

值此本书出版之际，感谢中国海洋大学、青岛大学、青岛广播电视大学的积极参与，并向关心、支持本书出版的各级领导、各单位组织者、论文作者、专家学者表示衷心的感谢！

编委会

2014 年 12 月

目录
Contents

··· 法律篇 ···

··· 文化篇 ···

综合篇

保险业支持青岛市财富管理改革试验区建设研究

夏克清 李 齐 张 宁 郭金池

（青岛保监局）

摘 要：在介绍青岛市财富管理金融综合改革试验区基础上，通过分析保险业的财富管理功能，总结保险业支持财富管理改革试验区建设的开展情况和存在的问题，进而提出培育财富管理保险机构、参与财富管理交易市场建设、提升服务实体经济水平、深化保险资金运用以及完善保险业发展环境等政策建议。

关键词：青岛保险业；财富管理试验区；金融改革

国务院批准设立青岛市财富管理金融综合改革试验区，标志着以财富管理为主题的改革上升为国家战略，为青岛市经济社会发展注入了新的动力，同时也为保险业发展提供了有利契机。保险业作为现代经济的重要产业和金融体系的支柱力量，在财富管理改革试验区建设中发挥着"双轮驱动"的积极作用，它既是试验区建设的积极参与者，又是试验区建设的风险保障者，助推青岛打造成为财富管理中心城市的进程。

一、保险的财富管理功能

（一）关于财富管理概念

财富管理是目前备受社会各界高度关注的领域，从概念上来讲有狭义和广义之分。狭义的财富管理主要是为个人客户服务，指以客户为中心，通过提供现金、信用、保险、投资等一系列金融服务，对客户的资产、负债、流动性进行管理，以满足客户不同的财务需求，达到降低风险、实现财富增值的目的，范围主要包括现金储蓄及管理、债务管理、保险计划、个人风险管理、投资组合管理、退休计划及遗产安排等；广义的概念是站在经济社会发展的角度对财富管理进行定义，不仅包括上述狭义概念的内容，而且包括通过股权、债权、保险以及其他形式的金融业务服务于实体经济，带动和提升当地经济社会发展，达到整个社会的进步和居民的普遍受益。青岛市财富管理金融综合改革试验区所描述的财富管理就是广义的概念，不仅立足于对居民财富的管理，而且着眼于以财富管理为切入点通过金融改革促进当地经济社会的发展。

（二）保险的财富管理功能

随着社会文明的不断进步和世界经济的持续发展,保险已成为经济社会必不可少的金融工具和管理手段。从宏观角度来看,保险具有经济补偿、资金融通、社会管理三项基本功能,传统上主要功能是风险管理,即根据大数法则等精算原理,对未来可能出现的损失预先进行财务安排。但是,随着现代金融业的不断发展和综合经营的逐步推进,保险产品的种类日渐丰富,保险功能已不再局限于风险管理,而开始为社会公众提供理财服务,在经济社会建设中提供资金支持,即为政府、企业、居民提供财富管理服务,这已成为保险的另外一项重要功能。

保险风险管理功能的发挥是通过投保相关保险产品,确保在发生风险事故时,资产免受或少受损失,从广义上讲风险管理也是保险财富管理的范畴。从狭义角度来说,保险财富管理功能主要是在财富保障、财富转移以及资金运用方面发挥作用,业务上主要包括保险理财产品、年金保险和保险资金运用。保险业参与财富管理改革试验区是多功能的,不仅包括狭义的财富管理,而且包括传统的风险管理,为试验区建设提供全方位的支持。

1. 保险理财产品

具有投资理财功能的保险产品,主要包括分红险、万能险和投资连结险。

（1）分红险是指保险公司在每个会计年度结束后,将上一会计年度该类分红保险的可分配盈余,按一定的比例、以现金红利或增值红利的方式,分配给客户的一种人寿保险。

（2）万能险是可以任意支付保险费、任意调整死亡保险金给付金额的一种人寿保险。万能险之所以被称为"万能",在于客户在投保以后可以根据人生不同阶段的保障需求和财力状况,调整保额、保费及缴费期,确定保障与投资的最佳比例,让有限的资金发挥最大的作用。

（3）投资连结险是指一份保单在提供人寿保险时,在任何时刻的价值是根据其投资基金在当时的投资表现来决定的,是将保险与投资挂钩的保险。投资连结险与万能险的区别在于,投资连结险不设最低保证利率。

2. 年金保险

年金保险是指在被保险人生存期间,保险人按照合同约定的金额、方式,在约定的期限内,有规则地、定期地向被保险人给付保险金的保险。企业年金险的多数产品与寿险直接关联,在退休规划方面的功能较为突出,已逐步成为我国养老保障体系的"第二支柱"。

3. 保险资金运用

保险资金是指保险集团（控股）公司、保险公司以本外币计价的资本金、公积金、未分配利润、各项准备金及其他资金。保险资金运用是指保险机构通过合法适当的形式将募集的保险资金进行投资运用,从而实现保值增值的过程,同时也为经济社会建设提供资金支持。目前,保险资金的运用形式主要包括银行存款、债券、股票和股权、其他有价证券、不动产、境外投资以及其他形式。

（三）保险财富管理功能的文件综述

国务院发布《关于加快发展现代保险服务业的若干意见》（国发〔2014〕29号，以下简称《若干意见》），第一次从国家层面也就是"顶层设计"的高度对保险业的功能作用进行新的定位，把发展现代保险服务业放在经济社会工作整体布局中统筹考虑，大大拓宽了保险业的发展空间，在发展目标中提出要使"保险成为政府、企业、居民风险管理和财富管理的基本手段"，对保险的财富管理功能予以充分肯定，极大丰富了保险业的发展内涵。青岛市对此进行了深入贯彻落实，市政府在2014年12月发布的《关于加快发展现代保险服务业的实施意见》（青政发〔2014〕35号）中，结合青岛实际提出"完善保险业财富管理功能"，从"集聚财富管理特色鲜明的保险机构、鼓励保险机构创新财富管理产品和服务、提升保险资金财富管理水平"等方面深入发挥保险的财富管理功能，推动保险业积极参与财富管理改革试验区建设。

二、青岛市财富管理金融综合改革试验区主要情况

《青岛市财富管理金融综合改革试验区总体方案》获国务院批准后，2014年2月，中国人民银行等十一个部门联合下发《关于印发青岛市财富管理金融综合改革试验区总体方案的通知》（银发〔2014〕38号），标志着青岛市财富管理金融综合改革试验区正式获国家批复，青岛市成为我国以财富管理为主题的金融综合改革试验区。

（一）试验区设立背景

加快金融改革，是我国经济体制改革的重要内容。2013年7月，国务院办公厅发布《关于金融支持经济结构调整和转型升级的指导意见》（国办发〔2013〕67号），提出要把金融改革的目标聚焦到支持经济结构调整和转型升级上来。作为全国经济大省的山东，针对金融业总体水平不高、活跃要素不足等矛盾问题，出台实施《关于加快全省金融改革发展的若干意见》（鲁政发〔2013〕17号），强调通过发展金融业实现实体经济优势向资本竞争优势的转化，并提出把青岛建设成为国内领先、面向国际的新兴财富管理中心，着力发挥财富管理优势，示范金融改革创新发展，充分发挥青岛市在财富管理方面的优势，通过深化改革和先行先试，积极探索具有中国特色的财富管理发展道路。

（二）建设目标

青岛市财富管理金融综合改革试验区建设的主要目标是：通过加快金融改革创新，不断加强财富管理组织体系、市场体系、业务体系、环境体系、监管体系建设，推动财富管理与相关产业协同发展，探索形成财富管理发展的新模式和新途径，构建中国特色的财富管理体系，力争将青岛市建设成为面向国际的财富管理中心城市。为此，青岛市制定了三阶段的发展计划，一是基础建设阶段，立足于财富管理培训基地，吸引更多私人银行及财富管理机构聚集，同时争取试点政策，开展财富管理相关的金融改革创新；第二，提升财富管理功能，侧重提供成熟的配套产业、丰富的人才储备，推动国内外财富管理机构的区域总部在青岛聚集；第三，全面深化、强化与国际财富管理中心城市合作，争取国际范围内各类财富管理机构在青岛设立总部和分支机构。

（三）任务定位

围绕财富管理金融综合改革试验区建设的目标,《试验区总体方案》部署了六个方面的重点任务:一是积极培育多元化财富管理机构。探索组建专业化财富管理机构,吸引和聚集各类财富管理机构,构建财富管理高端中介服务体系和行业自律组织体系。二是大力发展多功能财富管理市场。培育财富管理专业市场,提升专业化财富管理服务水平。三是推动财富管理相关金融改革创新。推动财富管理监管改革,鼓励金融机构创新财富管理产品,支持金融机构改革财富管理服务。四是提高财富管理服务实体经济水平。围绕实体经济开展财富管理,开展多层次财富管理服务。五是切实提高防范金融风险的水平。防范金融风险,强化金融监管合作,维护金融消费者权益。六是不断优化财富管理发展环境。完善配套建设,培养专业人才,探索建立财富管理业务统计体系,深化国际合作。

三、保险业支持财富管理改革试验区建设的开展情况

（一）主要开展情况

一是保险服务能力逐步提升。保险业充分发挥经济补偿和社会管理功能,保险服务领域不断扩大,风险保障能力逐步提升,较好地发挥了经济"助推器"和社会"稳定器"作用,为重点工程项目、企业生产和扩大出口、新型城镇化建设、居民生活稳定和改善提供了有效的保障。截至 2014 年 9 月末,青岛保险业累计提供风险保障金额 4.73 万亿元,同比增长 25.4%;支付各类赔款和给付 54.24 亿元,同比增长 28.1%,高于保费收入的增长速度,为企业生产和居民生活提供了有力的资金支持。

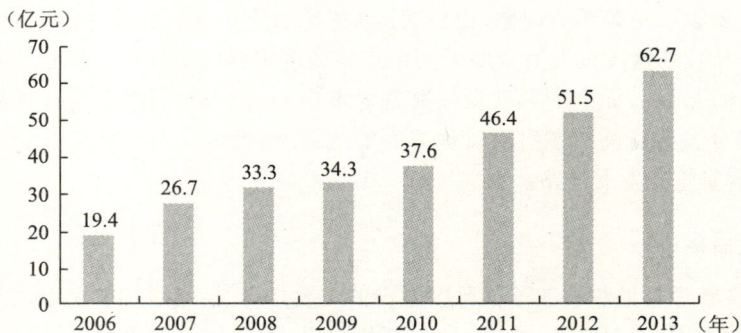

图1 2006~2013 年青岛市保险赔付情况图

二是保险行业实力不断夯实。近年来保险业整体实力稳步提升,截至 2014 年 9 月末,青岛保险业资产总额已达 478.6 亿元,比年初增加 42.6 亿元,增长率为 9.8%,行业发展实力和风险保障能力不断提升。

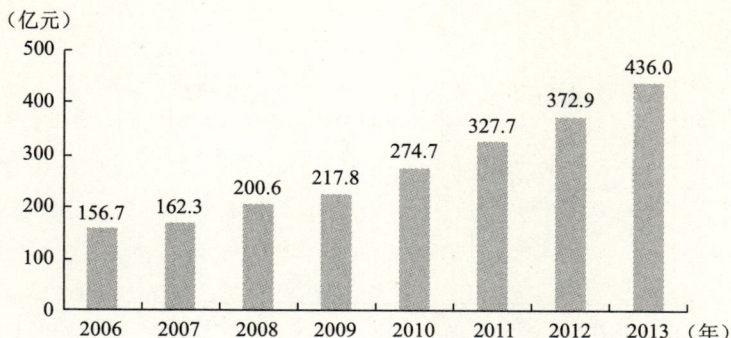

图 2　2006～2013 年青岛市保险业总资产情况

三是保险理财产品的影响日益扩大。随着收益的逐年上升,近几年保险理财产品逐步成为大众理财的重要选择渠道。2013 年,保险业资金运用改革拓宽投资渠道,优化了资产结构,全行业实现投资收益 3 658.3 亿元,收益率 5.04%,比 2012 年提高 1.65%,达到近 4 年来的最好水平。2013 年,青岛地区实现分红险保费收入 77.8 亿元,万能险保费收入 1.4 亿元,占整体寿险保费收入的 89.8%。同时,受互联网金融快速发展的影响,保险理财产品的网络销售进入快通道,越来越多的消费者选择从互联网渠道购买保险产品,2013 年全国网络投保的人数为 5 437 万人。2013 年青岛市互联网销售保费收入 2.40 亿元,同比增长 76.4%。

四是企业年金稳步发展。青岛市自 2005 年启动试点工作以来,企业年金业务发展平稳。目前有 5 家保险公司具有企业年金业务资格,截至 2014 年 9 月底,青岛市的企业年金计划参加企业 1524 家,参与人数 6.25 万人,年缴费额 2.25 亿元。从管理资产情况看,年末受托管理资产余额达到 17.02 亿元,比年初数增加 1.94 亿元。

五是保险资金运用进一步放开。保监会不断深化保险资金运用改革,逐步放宽保险资金运用范围和渠道,调整保险资金监管比例,不断释放保险资金运用活力,取得了良好的成效。保险资金属于长期资金,具有投资期限长、运用形式灵活等优势,非常符合基础设施、不动产、股权等领域的投资要求。目前,全国保险资金超过 8 万亿元,资金量较为充足,可为经济社会发展提供稳定的中长期融资支持。

目前青岛市保险资金运用主要有存款、债券股权投资以及不动产投资等几种形式。据统计,截至 2014 年 9 月底,保险资金在青岛的运用余额共 99.28 亿元,其中协议存款和定期存款 78.2 亿元,投资当地企业债 9.6 亿元,股权投资 10.95 亿元,二级市场股票投资 0.5 亿元。

六是保险市场体系不断完善。目前青岛共有市级保险公司 61 家,其中产险公司 32 家,人身险公司 29 家,人身险公司中有养老险公司 2 家,健康险公司 1 家,法人保险机构中路财产保险公司获中国保监会批准筹建,保险市场体系逐步完善。人身保险公司大部分都成立了银行保险部门,作为理财产品业务开展的重要渠道。有一家保险公司设立了银保财富部,试点开展保险财富管理专业服务,是在保险财富管理领域进行组织机构方面的有益尝试。

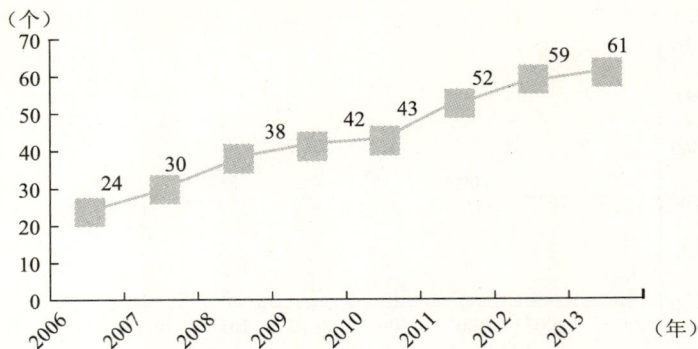

图 3 2006～2013 年青岛保险公司增长情况

（二）存在的问题

1. 缺乏保险专业理财机构

随着高净值人群的积累增加和社会投资意识的普遍增强，居民对于财富管理的需求愈发强烈，不同类型的财富管理机构大量涌现，包括各类支付机构、电商、第三方资产管理公司、小额贷款公司、P2P 贷款平台公司等，多样化的财富管理产品层出不穷，这些机构在青岛都有设立。但从保险行业情况来看，目前在青岛尚没有专业理财性质的保险机构，缺乏能够满足居民专业投资理财需求的保险机构，也没有保险资产管理公司等机构，保险理财产品的销售与其他业务同时开展，保险专业理财功能发挥不足。保险专业理财机构的缺乏，导致保险财富管理尚无法突破当前财富管理市场"劣币驱逐良币"的瓶颈。

2. 保险理财产品竞争力不强

目前市场上保险理财产品条款复杂、彼此之间同质化较高，保险理财产品的销售重视渠道资源的竞争而不是保险产品的竞争，注重追求销售规模，往往忽视而不是丰富保险理财产品内涵。为了与银行理财、货币基金等其他金融产品相竞争，有许多保险理财产品甚至转变了初始费用和收益的设计，有的万能险以账户金额随意领取、"零初始费用"吸引客户投保。目前的保险理财产品缺乏竞争优势，不能满足居民多层次的投资理财需求，同时销售误导等问题的存在，也在一定程度上降低了居民对保险理财功能的认可。

3. 缺乏保险总部经济优势

保险公司"大集中"的运行机制决定了资金运用和产品研发设计均集中于公司总部，凭借保险公司分支机构的规模实力难以实现充分有效的财富管理。目前，青岛唯一的保险公司法人机构尚处于筹建期，尚无寿险公司法人机构，同时缺乏保险区域性总部。同山东省内城市相比，济南设有产险、寿险法人机构各一家，烟台在筹一家产险法人机构，德州、淄博、潍坊等地设有保险总公司的电销中心等职能中心，相对来讲，青岛缺乏保险总部的优势。总部经济的缺乏使青岛保险业未能形成聚集作用，无法有效发挥外延辐射力，与青岛市经济社会发展水平不相适应，在市场体系上与财富管理金融试验区建设的要求有一定差距。

4. 保险资金运用不充分

近年来,青岛保险业服务地方经济社会发展的能力显著提高,保费规模不断扩大,吸收的资金越来越多,但在大集中的机制下保费资金都上划到总公司。目前青岛对保险资金的运用不充分,通过保费吸引的保险资金投资于青岛本地的规模绞小,尚未形成"聚拢资金-使用资金"的循环链条。保险资金在青岛的运用目前仅限于银行协议存款、企业债和少量股权投资,基础设施、重大工程、城镇化建设等项目中未使用保险资金,保险资金直接参与青岛地方经济社会建设的作用未得到充分发挥。

5. 缺乏保险理财专业人才

截至 2013 年末,青岛保险业从业人员已达 3.4 万人,比银行、证券等其他金融行业的从业人员都要多,但由于前期业务发展相对粗放,从业门槛不高,导致从业人员尤其是销售队伍的总体素质相对不高。目前保险理财专业人才较少,从业人员从事保险产品销售的多,提供专业化理财规划和服务的少。同时,由于青岛的保险法人机构及区域总部的缺乏,导致目前对精算、研发、管理等保险高端人才缺乏吸引力,在一定程度上制约了保险财富管理业务的发展。

四、保险业支持财富管理改革试验区建设的路径分析

国务院的相关政策文件为保险业发展描绘了宏伟蓝图,是指导未来一段时间保险业发展的纲领性文件,同时也为保险业支持财富管理试验区建设指明了方向和路径。根据上述分析,下一步可以从以下几方面提升保险业参与财富管理改革试验区建设的深度和力度。

(一)积极培育满足财富管理需求的保险机构

一是推动保险总部经济建设。充分利用本地资源,通过整合国有企业平台、引入社会资本等多种方式,推动筹建本地法人保险机构,同时可以吸引外地保险法人机构和保险区域管理总部以及电销中心、后援中心、研发中心、培训中心等职能总部落户青岛,完善青岛保险市场体系,充分发挥保险总部的经济优势和金融聚集作用。

二是设立保险理财机构。支持保险公司设立理财工作室、财富管理服务中心等财富管理新型服务机构,充分发挥保险机构在理财服务方面的作用,健全财富管理领域的保险服务组织体系。

三是积极引进保险经纪公司。引进国外知名以及国内大型的保险经纪公司落户青岛,在青岛设立总部或区域管理总部,为财富管理提供专业化的保险中介服务,完善青岛的财富管理中介服务机构业态。

四是通过新设或引进的方式设立保险资产管理公司、基金公司等机构,不断丰富金融业态,提高保险资金聚集能力,提升风险管理能力和保险资产管理能力,进一步完善保险行业的产业链建设。

(二)参与财富管理交易市场建设

一是积极参与财富管理要素的市场建设。参与青岛财富产品交易中心建设,条件成熟的时候可以将保单抵押和保单贷款等业务投放交易中心运作,建立保险产品的交易平台;参与联合信用资产交易中心建设,提供保证保险产品和后续资金运营、资产证券化等保险方面的支持。

二是为财富管理市场运行提供保险保障支持。深入研究财富管理市场运行中的风险保障需求,充分发挥保险业的功能作用,提供多层次的风险保障,如为交易市场提供财产险、意外险、保证险以及责任险等方面的保险支持。

(三)不断创新财富管理产品和服务

一是创新养老保险产品和服务。保险业积极参与养老服务体系建设,充分发挥商业保险对基本养老的补充作用。探索开展个人税收递延型养老保险试点,进一步加快发展个人商业养老保险。加强部门协调和政策支持,推动保险公司在青岛建设养老社区,促进保险与养老服务业融合发展,同时发展养老机构责任险,提升养老机构风险抵御能力,支持养老机构发展。保险公司要提升养老保险产品的开发能力,针对老年人的需求开发设计保险产品,满足不同层级的养老保障需求,如发展独生子女家庭保障计划,探索对失独老人保障的新模式,开发长期护理保险等。

二是大力推动企业年金发展。积极落实国家有关企业年金的税收政策,进一步简化企业年金的审批流程,放宽限制性条件,降低准入门槛;同时加大企业年金的宣传力度,提高企业和职工对企业年金的认可度,充分调动有条件的企业和保险公司对企业年金的参与积极性,不断扩大企业年金的普及面,充分发挥企业年金在养老保障体系中"第二支柱"的作用。

三是丰富财富管理的保险产品体系。研究开发定制化、个性化产品,创新发展财富管理结构化保险产品,不断满足财富管理产业链的风险需求,满足高净值人士、中等收入群体、工薪阶层等不同层次人群的财富管理需求。

(四)稳步提升保险业服务实体经济水平

开发企财险、责任险等产品为企业运营提供保险服务,开办保证险、意外险、信用险等业务参与解决"融资难"问题,支持微小企业发展。建立完善科技保险体系,促进企业创新和科技成果产业化。加快发展出口信用保险,充分发挥出口信用保险促进外贸稳定增长和转型升级的作用。积极发展农业保险,扩大农业保险覆盖面;拓展"三农"保险深度,积极发展农村小额信贷保险、农房保险、农民养老健康保险以及农村小额人身保险等普惠保险业务。

(五)不断深化保险资金运用

一是拓宽保险资金运用渠道。建立健全保险资金运用协调机制,加强供需双方的信息对接,吸引保险资金在青岛投资,丰富地方建设融资渠道,利用债权投资计划、股权投资计划等多种方式,支持财富管理试验区和青岛地铁等基础设施、旧城区改造、重要场馆、重点园区及其他民生事业等重大项目建设。

二是保险资金支持"蓝、高、新"发展。保险公司通过投资企业股权、债券、基金、资产支持计划等多种形式,为科技型企业、小微企业、蓝色产业、战略性新型产业等发展提供资金支持。

三是发挥保险公司机构投资者作用。保险公司可以参与设立不动产、基础设施、养老等专业资产管理机构,设立夹层基金、并购基金、不动产基金等私募基金,开展设立基金公司试点,以及投资、发起资产证券化产品和另类投资市场等。

(六)不断完善财富管理领域保险业发展的环境体系

一是完善支持配套政策。不断完善各行业参与财富管理试验区建设的配套政策,在机构设立、人才引进、建设用地、激励机制等方面提供配套支持,优化外部环境,在吸引集聚保险业态和发挥保险辐射作用方面提供政策环境支持。

二是建立创新保护机制。建立健全财富管理创新保护机制,鼓励保险产品和服务创新,给予创新产品和服务以保护期、试点权等保护措施,充分激发保险机构的创新活力,凝聚形成创新发展的动力。

三是加强防范保险业风险。完善保险监管体制机制,严密防范在财富管理领域可能出现的风险,做好相关风险预警和处置工作,建立维护保险业稳定发展的长效机制。

五、结语

青岛市财富管理金融综合改革试验区建设的逐步推进过程中,需要保险业支持的方面越来越多,保险业参与的空间也会越来越大。相关政策贯彻落实将大大推动保险业在经济社会发展中发挥更大作用,同时也为保险业服务财富管理改革试验区开拓了新的思路和领域,必将促进保险业为财富管理改革试验区建设发挥更加全面的保障与支持作用。

参考文献

[1] 白光昭. 财富管理概论 [M]. 青岛:青岛出版社,2014 年.
[2] 俞炳玲. 以财富管理为着力点 服务浙江经济转型升级 [J]. 浙江金融,2011(5):4-8.
[3] 潘新民. 中国财富管理发展趋势与应对策略 [J]. 时代金融,2012(3):103-105.
[4] 俞小平. 保险业如何通过改革创新支持实体经济发展 [J]. 中国产经,2013 年第 10 期.
[5] 苏扬. 保险业的财富管理优势 [J]. 中国金融,2013(12):92.

对财产保险公司加强和改善理赔服务的几点思考

林　洁

（中国保险监督管理委员会青岛监管局）

摘　要：加强和改善理赔服务是保险行业提升竞争的重要途径，也是关乎行业诚信形象和科学发展的关键因素。本文通过深刻分析当前理赔工作中存在的突出矛盾与问题，进而提出改变经营方式、建立良好理赔文化、推进理赔制度建设、推动理赔服务创新、提高理赔队伍素质等方面的政策建议。

关键词：财产保险；理赔服务；改善

　　"理赔难"是被保险人集中反映的突出问题，也是影响行业诚信形象的顽疾。保险的经济补偿功能决定了理赔既是保险服务的出发点，又是保险服务的最终归宿，更是被保险人满意与否的根本标准。因此，提高保险公司理赔服务水平不仅是提升保险行业竞争力的重要途径，也是加强保险行业诚信建设的核心内容。

一、财产保险公司理赔服务现状

（一）理赔队伍的基本情况

　　以青岛市为例，2013年全市30多家产险公司共配备专、兼职理赔服务人员近800人，理赔服务人员平均年龄32.5岁，其中30岁及以下人员近60％，平均从业年限6年；专科及以下学历者约占60％。查勘定损岗390余人，约占理赔队伍的49％，平均年龄30岁，平均从业年限4.5年。为解决理赔人力不足的状况，保险公司外聘公估公司人员130多人参与定损查勘工作。

（二）理赔制度的建设情况

　　各分支机构基本沿用总公司的各项理赔管理制度，基本能够涵盖理赔管理的各个方面，并建立一定的理赔监督机制和客户投诉处理规定，如建立独立调查人制度、开展理赔服务暗访、发放理赔监督卡与服务评价器等等。部分总公司对理赔人员实行全国统一的考评体系，考评结果更加科学合理，并进一步结合分公司实际制定了细化的奖惩措施，强化了制度执行力。但也有部分公司制度流于形式,没有形成制度的刚性约束,主要表现在理赔服务没有实行量化考核,服务规范执行情况未能有效落实,奖罚不分明,只奖不罚,或奖罚措施没有力度,不能形成激励先进、鞭策后进的工作氛围。各公司普遍存在理赔服务宣传力度不够的问题,除总公司统一安排的媒体投放计划,各公司主动宣传少,形式和内容不丰富,被保险人参与体验的宣传活动不多。

(三)理赔服务的技术手段应用

为加强理赔管理的过程控制,各总公司纷纷开发了理赔流程控制软件,反映理赔案在每一环节的滞留时间和处理效率,有效实现赔案的过程监控,并可以通过对一段时间的数据分析,改善理赔服务指标,提高理赔工作质量和水平。在定损环节,有的公司采用远程定损技术、3G 移动定损系统,这样既有利于把握全公司定损标准的一致性,又可以提高查勘人员的工作效率,还可以起到查勘和定损岗位相互制衡和监督的作用。在调度环节,不少公司引入了 GPS 全球定位系统,可以根据事故现场位置调配距离事发地点最近的理赔人员前往处理,减少客户等待时间,节约理赔资源,实现最优配置;同时,各公司基本实行分公司集中理赔模式,派驻各县区定损人员轮岗作业,定位系统可以监督理赔人员的行为轨迹,考量其尽职履责情况。从上述理赔服务技术手段的应用可以看出,理赔服务水平的提升与技术的进步是密不可分的,各总公司对理赔服务的技术支持对分公司理赔工作起到直接的影响作用,可以达到事半功倍的效果。

(四)理赔服务指标考量

以青岛市为例,通过查阅 2013 年理赔定量指标的测评可以看出,行业车险平均结案周期为 17.58 天,其中最长结案周期 30.9 天,最短结案周期 6.61 天,有 15 家公司超过行业平均值;2 000 元及以下小额案件的平均结案周期 12.38 天,仅比平均结案周期少 5.2 天;赔案平均付款时效 2.58 天,最长付款时间 13.68 天,最短的可以实现结案后即时付款,按此计算每个赔案在保险公司处理的平均周期约为 20.16 天,2 000 元及以下的小额案件平均处理周期 14.95 天。如果我们将结案率、客户回访率、现场查勘率等指标确定为保险公司理赔内部管理的要求,那么平均结案周期和付款时效应是被保险人对保险公司理赔服务的切身感受,目前的服务状况显然仍有进一步提升的空间,特别是公司之间的差距明显,行业理赔服务水平参差不齐。尽管结案周期和付款时效存在一定的不可控因素,如被保险人不及时提供索赔单证、人身伤害案件处理周期较长等,但这也正是保险公司改进服务流程、改变服务方式的努力方向,要变等客户上门为主动上门服务,更多地从被保险人角度出发,体现人文关怀,获得服务的认可和理解。

二、存在的主要问题

(一)理赔服务的标准不统一

从服务内容上看,大部分公司缺乏系统的客户服务内容体系,对外宣传口径不一,无法让消费者对保险公司的服务产生认同;从服务承诺上看,各公司对理赔服务各个环节时间缺乏统一的规定和限制,保险公司主体不断增多,被保险人难以熟悉服务承诺的具体内容,有效监督和自我维权落实不了;从赔案理算上看,各公司之间掌握标准不一,要求提交的单证不统一,特别是人身伤害案件的后续治疗费、医药费、误工费等的执行标准不统一;定损价格与实际维修价格存在差异,造成被保险人往返保险公司与修理厂多次协调;理赔时效性难以保证,部分公司对存在疑点案件调查核实时间过长,且未与被保险人做好解释沟通工作,致使被保险人认为保险公司拖赔、惜赔,影响了行业的整体形象,上述这些问题也是近年来消费者反映投诉最为集中的问题。

(二)理赔人员整体素质不高

现有理赔队伍,大多数是从其他行业、保险公司其他岗位,诸如驾驶员、业务员或其他岗位转岗从事理赔工作,真正受过汽车制造、汽车维修等系统性专业化培训学习的人员较少,所占比不到20%,队伍整体专业技能水平不高,基本是简单接受分公司岗前培训后便匆匆上岗,或者是边干边学边培养,致使定损人员系统性理论知识普遍较为缺乏,对理赔道德风险的防范既缺乏经验,更缺乏强有力的手段。尽管各公司加大了对定损人员的培训、考核,但从青岛保监局组织的理赔现场测试情况看,部分理赔人员的专业素质和服务意识仍有待提升。

(三)服务创新机制未有效建立

尽管随着产险市场的逐步规范,各公司越来越重视理赔服务对建立并形成企业核心竞争优势的重要性,努力实现依靠价格竞争向依靠产品、服务和品牌综合竞争的转变。但理赔服务创新主要体现在适当减少简易案件单证数量、适度简化处理流程、提高分公司内部工作效率等方面。2012年,中国保监会将保护保险消费者权益作为工作的重中之重,各总公司对分支机构理赔服务指标加大考核力度,因此从基层角度来讲,理赔创新动机更多是为完成指标考核的内在要求和动力,推动服务创新的主动性不强。各公司在理赔服务上没有形成比较优势,不能发挥服务标杆对行业的带动作用。没有有效的创新激励机制,就会漠视被保险人对理赔服务的真正需求,就无法寻找服务的最佳切入点。

(四)"宽进严出"为理赔服务留下隐患

长期以来,保险公司"重承保,轻理赔"的经营理念,为后续理赔工作埋下了隐患。"入口关"放松审核,在短期内是会多增加一些保费收入,但会对保险公司经营带来连锁反应。承保质量差,赔款支出会大幅增长,为控制综合成本率,必然会在理赔环节"斤斤计较",导致许多矛盾在理赔服务环节难以解决,容易产生理赔纠纷和投诉。诚然,这其中有投保人对条款理解偏差,甚至个别人隐瞒事故真相心存侥幸的情况,但更多的是承保时业务人员故意夸大保险责任,发生事故后,又按保险有关条款理赔;投保单信息要素不全,保单特别约定中有利于保险人一方的免赔额或免赔率条款未明示告知;又或是承保前对标的勘验不足,保险金额不准确,与出险时的实际价值差距过大等问题产生的理赔纠纷。

（五）服务理念没有向消费者角度转变

社会诚信环境建设的滞后性，导致理赔环节存在逆选择、道德风险、保险欺诈、骗赔等不良现象。保险公司迫于经营指标考核的要求，强调理赔"出口关"的风险控制，忽视以客户为中心的服务理念。理赔人员面对信息不对称和控制风险的压力，过分强调对案件的审核、调查和对客户提供资料的严格要求，严重影响广大客户的正常服务需要，引发了客户的不满，如为防范理赔风险实行赔款直赔直付，在堵塞理赔管理漏洞的同时，也增加了客户到公司送交单证的次数，给客户造成诸多不便；对于疑似骗赔的案件，在证据不确凿的情况下，无端拖延调查时间，迟迟没有调查结果，使被保险人感到不受尊重和不被信任，对保险公司产生不满。服务理念的滞后，必然导致服务水平的滞后。

三、政策建议

（一）变"宽进严出"为"严进宽出"

保险公司应把风险控制重点放在"入口关"，把可能出现的问题和纠纷消灭在前端，才能保证后续理赔服务的顺利和宽松。虽然理赔环节是公司的"出口关"，对维护公司的利益有直接影响，但理赔环节更是重要的一个服务窗口，直接影响到客户的满意度和公司的社会形象。理赔人员应该清醒地认识到，理赔控制的风险重点是针对那些通过保险来谋取不当利益的道德风险、保险欺诈、骗赔案件，但这毕竟只占很少部分，而最终还是以服务广大客户为主，所以必须树立以客户为中心、全心全意服务于广大客户的思想，不断提高客户的满意度。同时在办理具体业务时，坚持原则性与灵活性相结合，要尽力简化手续，提高处理效率，帮助客户解决一些实际困难，为客户提供更多人性化的服务。

（二）建立良好的理赔文化

保险的特殊性在于其销售的是无形产品，是保险公司对客户做出的一份承诺，理赔工作就是保险公司向客户履行承诺的过程。理赔环节是保险公司与客户互动的最为重要的业务环节，保险公司能否成功地培养与维持客户对公司的忠诚度，在很大程度上取决于保险公司理赔工作质量的好坏，体现在保险公司理赔服务的理念上。在构筑保险理赔文化方面，重点应当是完善与落实并重，一方面要将以客户为中心的服务理念引入到理赔制度的建设中去，做好各项保险理赔规章制度的贯彻和执行工作，如开展理赔人员网上公示、理赔指标的行业测评、建立行业服务标准指引等；另一方面，有必要进一步加强保险知识普及和消费者教育，特别是对理赔程序、理赔规定的宣传，使得被保险人在保险事故处理时，可以正确处理事故，提供必要的资料，以一种正确的心态来面对理赔。

（三）不断完善理赔制度建设

要使理赔服务得到改善，除了树立正确的服务理念外，还需要建立相关制度，以保证各项服务落到实处。首先，制定理赔服务行业标准，并向社会公开其服务承诺，接受全社会的监督。保险监管部门、保险行业协会应组织各家保险公司，根据不同类型的理赔项目，制定切实可行的相关服务标准、时效要求，共同遵守执行，并通过媒介向社会公开服务承诺,接受广大客户的监督,确保各项服务能够得到有效实行。其次,加强保险公司内部理赔管理制度的建设,保证理赔操作标准、规范、高效、有序,使各项具体的服务工作责任到个人。根据理赔服务中突出的理赔时效问题,保险公司应制定时效管理规定,明确理赔处理各环节的操作时间要求,加强绩效考核,增强理赔人员的时间观念,提高理赔处理的效率。

（四）切实推动理赔服务创新

为了提升理赔服务品质,除了解决好当前理赔服务中的突出问题外,还应根据保险业的发展和客户的需要,在理赔服务内容和方式上不断创新,为客户提供更多人性化、高品质的服务。从单一的经济补偿手段,发展到防灾安全、风险咨询、安全提示等服务;从被动的出险后服务,转化为主动的出险前的风险防范,降低事故、伤亡的发生,使客户获得更多的服务内容。当然服务的创新要与保险业的发展水平和客户的需要相结合,与保险公司现实的服务能力相结合,与当前急需提供的服务相结合。目前各保险公司在理赔服务方面都在不断改进,不断推出一些新的服务举措,如实施小额理赔快速处理措施、医疗救助提前介入、主动上门收集单证、紧急救援服务、短信问候服务等,只有努力提升理赔服务品质,才能不断满足广大客户的需要。

（五）努力提高理赔队伍素质

随着社会的不断发展,保险理赔风险的高技术化及隐蔽化趋势越来越强,理赔工作难度越来越大,对理赔人员素质要求也越来越高,这就需要保险公司不断提高理赔人员素质,增强实战能力。要能够应付各种突发事故,从复杂的赔案中去伪存真、由表及里地分析问题;要求掌握识并识别各种欺、诈、骗手段及运用现代科学技术处理赔案的能力。同时,对理赔一线人员应严格纪律、明确责任,增强理赔人员的责任心,提高理赔人员的自律意识,培养强烈的工作责任心、使命感,在处理赔案中必须坚持公平、合理、准确、及时的原则,通过建立交叉审核、重大赔案的集中查勘与会诊制度、赔款零现金支付等制度,堵塞住理赔管理漏洞,防范理赔风险,严厉打击内外勾结、损害保险公司利益的行为。

参考文献

[1] 王新利. 香港保险业诚信理赔的经验及启示 [J]. 保险研究,2005(12):89-90.

[2] 孙大俊. 保险"理赔难"的原因及解决对策 [J]. 金融理论与实践,2005(11):65-67.

[3] 黄吉良. 提升理赔服务品质,服务和谐社会建设 [J]. 保险职业学院学报,2005(5):42-43.

[4] 杜云生. 及时理赔是保险公司诚信建设的重要表现 [J]. 保险研究,2005(1).

[5] 刘宽. 保险服务的核心内容——理赔 [J]. 保险研究,1998(10):16-17.

我国保险专业中介核心竞争力
评价体系与构建策略

魏久锋

（中国保险监督管理委员会青岛监管局）

摘　要：保险专业中介的核心竞争力是由机制、文化、技能、服务、形象等交融互补，并为客户创造价值增值的、支撑自身在行业环境中占据竞争优势的综合能力体。在探讨保险专业中介核心竞争力内涵和特征的基础上，解析其核心竞争力的构成要素，并针对这些构成要素提出了相关的塑造策略。

关键词：保险专业中介；核心竞争力；评价体系；构建策略

保险专业中介是保险市场的重要组成部分。20多年来，我国保险专业中介从无到有，市场主体快速增加，业务规模不断增长，对于促进整个保险市场产品销售、拓宽服务领域、提高服务水平、完善市场机制等方面都发挥了积极重要的作用。国际经验表明，成熟保险市场的健康稳定可持续发展，必然需要有实力强大的保险专业中介做支撑。

但相对于经济社会发展和保险市场对保险专业中介的要求来看，我国保险专业中介的发展却并不理想。这不仅表现在业务占比和经营效益不尽如人意，更在于专业水平总体不高、发展模式十分粗放，出现了较多的业务发展停滞、内控管理不善等问题。盈利状况不佳使得一些机构的经营难以为继。

我国保险专业中介的发展现状，一方面有行业体制历史传承的因素，尤其是市场中一些大型保险公司在专业中介机构产生之前便已经建立了完善的销售理赔体系，这在一定程度上阻碍了保险中介市场的正常分化和发育。但是另一方面，主要还在于我国大多数专业中介机构在专业技术、管理水平、生产效率等方面存在严重缺失，竞争优势不足，造成其自身发展遇到诸多瓶颈。

通过开展对保险专业中介核心竞争力的研究，系统分析保险专业中介核心竞争力的主要特征及构成要素，建立系统的评价体系，并提出相应培育策略，这对于研究如何促进我国保险专业中介市场健康稳定发展，具有重要的指导意义。

一、核心竞争力理论研究综述

关于"核心竞争力"这个概念,比较一致的看法是由美国教授普拉哈拉德和哈默1990年在《哈佛商业评论》发表的论文《企业核心竞争力》率先提出的。他们认为"核心竞争能力是把现有业务维系在一起的黏合剂,是组织中的积累性学识,尤其是关于如何协调不同的生产技能和如何有机结合多种技术流的知识"。这之后,世界各国诸多战略专家都对"核心竞争力"这一课题进行了广泛而深入的研究。但国内外学者对于核心竞争力的研究成果不完全一致,尚无统一和严密的理论体系。直到现在,企业核心竞争力这个概念本身还存在许多不同的定义,国内外的许多学者从不同的角度和层次对其进行了界定。归纳起来,大致有以下几种。

第一种定义为"资源论"。持这一类观点的研究者认为,企业存在竞争优势的根源在于企业拥有的特殊的资源(或者称之为"异质资源"),这种资源包括物质资源、人力资源、组织资源等内容。普拉哈拉德教授在企业核心竞争力定义中描述的"积累性学识",也是一种资源,是企业的核心竞争力,因为资源差异最终将产生收益差异。企业内部的有形与无形的资源,在企业间存在差异,资源优势能产生竞争优势,以独一无二的、低于价值的价格获得的资源是企业获得持续竞争优势并最终取得成功的关键因素。在国内,复旦大学李悠诚等认为企业核心竞争力的载体便是无形资产。他们认为"无形资产是核心能力的构成要素,是其载体;核心能力以无形资产为基础,是企业通过对多种无形资产的有机整合而形成的"。

第二种定义为"能力论"。持这一类观点的研究者认为,核心竞争力是企业一系列能力的有机综合。能力与资源是一对有关联但作用不同的概念。例如一群有着丰富知识和技能的个人,其集合体未必能自动形成高效的组织团队。能形成高效团队并拥有组织经验基础上的人力资本方可以看作企业的核心能力。如何区分资源与能力,应当以是否可交易来确定。能力的差异是企业持续竞争优势的源泉。在国内,丁开盛、周星和柳御林等学者撰文认为"核心能力是企业开发独特产品、发展独特技术和独特营销的能力"。

第三种定义为"资产、机制融合论"。持这一类观点的研究者认为,企业的核心竞争力是企业核心资产的一个重要组成部分。企业的核心资产包括核心能力、核心人才、核心产品、核心技术等因素在内的核心群,其中高素质的核心人才是核心资产的关键。企业的核心竞争力是全部核心资产的综合应用和反映,是企业各项核心资产和高效运行机制的有机融合。在国内,程杞国、王秉安等学者撰文认为"企业核心能力是由核心产品、核心技术等多方面技能、互补性资产和运行机制的有机融合"。

第四种定义为"消费者剩余论"。消费者剩余是指顾客以更低的成本得到的高于竞争对手的产品服务或价值。简而言之,就是物美价廉的产品或服务。这种理论主张以消费者为主导打造核心竞争力,这符合当前商业模式变革的发展趋势。在国内,管益忻等学者认为核心竞争力的本质内涵便是消费者剩余,当前企业应突破竞争思维,从"先对手,后客户"转向"先客户,后对手",侧重创造消费者价值,为顾客提供更多、更好、更大的消费者剩余。

第五种定义为"体制制度论"。左建军提出,企业核心竞争力的基础就是体制机制的建立与创新。企业体制与制度是一种生产关系,现代企业体制与制度的创新能够保持企业具有持久的活力、决策的科学性、发展方向的正确性。可以说,企业体制与机制是否先进也直接决定了其核心竞争力的强弱。企业体制与制度的创新是企业核心竞争系统的平台,在这个平台上,由其延伸出来的管理优势、品牌优势、技术优势、人才储备等各方面的优势共同构成了企业核心竞争系统。

第六种定义为"创新论"。持这一类观点的研究者认为,创新包括品牌创新、管理创新、资本创新、研发创新等多方面的内容,对企业来讲不仅能创造新的资源,而且能降低成本,因此创新是核心竞争力最大的源泉。在国外,现代管理学之父彼得·德鲁克便曾经说过:"创新是一种赋予资源新能力的活动,并使资源创造出财富。事实上,创新本身就创造了资源。"在国内,部分学者的研究几乎将核心竞争力等同于创新力,例如陈清泰的观点便认为,"核心能力是指一个企业不断创造新产品、提供新服务以适应市场的不断创新管理的能力",海尔集团张瑞敏也有类似观点——"创新是海尔集团的灵魂和核心竞争力"。

总体而言,国内外学者都对核心竞争力的内涵、特征、范围和作用等作了诸多的理论研究,也取得了一系列令人瞩目的研究成果。但是,关于核心竞争力的实施与应用,至今为止,仍缺乏一定的实证基础和微观理论基础。这是因为,许多的专家学者对核心竞争力的定义难以统一,造成了该理论概念上的模糊和应用上的困难。柯银斌先生和中国社会科学院康荣平研究员就指出,西方学者所研究的核心竞争力理论存在以下三种局限:一是企业规模的局限,因为它是以某行业全球前列企业为服务对象的,对于广大中小企业缺乏借鉴意义;二是市场背景局限,该理论来自和服务于市场经济发达国家的企业,对于发展中国家的企业缺乏关注和研究;三是行业局限,如普拉哈拉德和哈默主要是局限于某一行业(工业制造等科技型企业)基础上提炼核心竞争力理论的,缺乏对服务业等组织核心竞争力的解释力。

对于我国的保险专业中介领域,核心竞争力理论仍处于研究和开发的初级阶段,相关研究文献还比较匮乏,所以它在实施与应用上的困难就表现得更为明显,主要表现在以下几个方面:一是现有的研究多侧重于微观角度对企业核心竞争力的研究,而缺乏宏观角度对整个保险专业中介行业核心竞争力的研究;二是现有的研究多是从纯理论角度阐述保险专业中介核心竞争力,而缺乏具体评价指标体系的构建;三是在核心竞争力培育策略上,多是从企业角度谈如何进行培育,而忽视外部因素尤其是保险监管政策对行业核心竞争力培育的影响。

本文在日渐成熟和完善的国内外企业核心竞争力理论研究成果基础上,结合我国保险专业中介发展实际,深入分析研究保险专业中介核心竞争力的内涵、特征、构成要素等问题,并试图构建起一套成熟、完整的保险专业中介核心竞争力评价指标体系,进而提出培育策略,具有较强的理论和实践意义。

二、保险专业中介核心竞争力的内涵、特征及构成要素

(一)保险专业中介核心竞争力的内涵

如前文所述,国内外研究者对核心竞争力这一概念存在着不同的定义。本文认为,在

提炼国内外核心竞争力理论普遍原理和基础内涵的基础上,更应该结合国内情况和行业实际对这一理论进行阐述。保险专业中介的核心竞争力是一个能力的集合体,具体指保险专业中介自身拥有的机制、文化、技能、服务、形象等交融互补,并不断创新,从而为客户创造价值增值的、支撑自身在行业环境中占据竞争优势的综合能力体。

(二)保险专业中介核心竞争力的特征

要准确理解保险专业中介机构核心竞争力的内涵,应把握以下四个基础性特征。

1. 价值增值性

保险专业中介核心竞争力的价值增值性特征也可理解为保险专业中介机构相较竞争者做得更好,从而使保险人和投保人都在其自身利益上都获得了增值。例如对于保险代理公司来讲,其销售成本应比保险公司自建销售团队成本更低;对保险公估公司来讲,其理赔技能应更专业且相较保险公司自建理赔团队的运营成本更低;对保险经纪公司来讲,应能真正使投保人的风险得到有效防范,投保的成本能够进一步降低。

2. 不易模仿性

保险专业中介核心竞争力是稀缺的,不易模仿的。这一特征也反映了保险专业中介的核心竞争力是长期积累获得的,是向保险市场开展风险管理、销售服务、损失评估等专业化服务能力要素的合成。如果某种竞争力已经普及或者很容易被竞争对手模仿,则不能称之为核心竞争力。

3. 相互关联性

相互关联性即保险专业中介核心竞争力可能是存在于向保险市场提供中介服务的某一两个环节、方面或者领域,但同时这种核心竞争力也是许多个部门或个人产生相互作用,并在综合的基础上形成的占主导地位的核心竞争力。另一个角度讲,各个部门或领域的资源是有限的,只有将有限的资源整合投入到关键领域或环节,才更利于相关领域建立起核心竞争力。

4. 动态变化性

保险专业中介的能力体系是一般能力与核心竞争力的有机结合,这两者可以相互转化。一般能力具有静态性,通常是大多保险专业中介或者其他市场主体所共有的。而核心竞争力具有生命周期性,随着外部市场的发展变化会降格为一般能力。因此,保险专业中介的核心竞争力是动态的,随内外环境变化而发生变化,需要及时维护和创新。

(三)保险专业中介的构成要素

根据上述保险专业中介核心竞争力的内涵和特征,结合国内保险专业中介市场的特点,本文认为其主要表现为以下几种能力。

1. 文化塑造能力

企业文化对一个企业来讲,具有自我凝聚、自我改造、自我调控、自我完善、自我延续等功能。核心竞争力与企业文化唇齿相依,不可分割,没有文化的竞争力不是核心竞争力,和企业文化没有联系的竞争力不具备创新性和成长性,是没有前途的。保险专业中介通过企业文化塑造,不仅可以调动和激发员工的积极性,形成较强的凝聚力,还可以提高员工的诚信观念、整体素质、服务水平、团队意识、创新精神,进而便于保险专业中介进行管理改革,塑造良好的社会保险形象,实现保险业务持续健康发展。

2. 市场开拓能力

市场开拓能力是保险专业中介机构核心竞争力的外在表现,具体体现在以下两方面:一是提供优质保险服务的能力。可以通过自身的专业技术优势,提供其他专业中介或保险公司无法提供的服务,这实际上是需要依靠保险专业中介的专业人才优势来实现的。二是开展市场营销的能力。保险专业中介相对于保险公司拥有一定的网络优势和服务特长,更了解客户的实际产品需求和服务需求,关键在于如何将这些服务特长和信息资源优势转化为现实的营销能力。

3. 运营管理能力

运营管理能力是指保险专业中介充分利用现有的人力资源和组织资源,通过优化配置和集约管理,创造性地将其整合到现有的保险中介服务当中去,从而实现降低运营管理成本的能力。具体表现在以下两方面:一是整合人力资源的能力。要根据每个员工的不同特点和每个岗位的不同要求,做到因人设岗和因岗设人相结合;同时要优化人才激励机制与分配机制,提供优越环境,创造出独特的企业文化理念,以此吸引与激励人才,提高员工工作效率;二是整合组织资源的能力。不断优化现有组织管理体系,加快信息传导速度,提高管理效率。目前国内专业中介机构运营管理能力较弱,导致运营成本偏高,甚至高于保险公司自建销售团队或理赔队伍的成本,这在一定程度上也迫使保险公司沿袭“大而全”的组织架构并自主开发更具效率的销售和理赔渠道。

4. 组织学习能力

从保险专业中介的市场定位来看,它对从业人员的要求较高,尤其是保险公估和保险经纪。保险公估要对各类保险事故的损失进行查勘定损,涉及的专业性和广泛性非一般人员所能胜任,它要求从业人员既有某一行业上的专长,又要懂保险金融方面的知识。保险经纪也是一样,不仅要求精通保险,还需掌握金融、法律、财务、风险管理、心理学等方面的知识,这就要求从业人员必须加强自我学习,不断提高。在知识经济时代,保险专业中介的经营环境经通常会发生重大变化,企业保持持续竞争优势的根本方法在于把企业改造成学习型组织,提高企业的组织学习能力,这样才能保持保险专业中介的专业优势。

5. 自主创新能力

这种创新能力主要体现在产品创新、服务创新和营销模式创新三个方面。在现代保险业中,保险专业中介的市场职能决定了他们与投保人、被保险人的距离更近,更加了解市场的需求。保险专业中介自主创新能力就体现在如何敏锐地发现这些需求,并根据这些需求主动参与到产品开发、服务升级和销售渠道创新等工作当中去。

需要说明的是,以上五项能力是相互联系、相互补充的,对保险专业中介核心竞争力的评价,不能仅仅考虑某一单项因素,必须采用系统设计、系统评价的原则,全面客观地作出其核心竞争力的评价。

三、保险专业中介核心竞争力评价指标体系的构建

(一)评价原则

要建立一套科学、完整的保险专业中介核心竞争力评价指标体系,在设计时必须遵循以下几个原则。

一是科学性原则。指标体系的科学性是确保评价结果准确合理的基础,评价一项活动是否科学很大程度上依赖其指标、标准、程序等方面是否科学。

二是针对性原则。要求评价指标内容要反映保险专业中介的行业特点,只有这样才能准确评价其竞争力水平,使评价指标具有指导意义。

三是全面系统的原则。指标体系作为一个系统,是全面、多角度反映保险专业中介竞争力水平的工具,既要反映保险专业中介的现有竞争实力、未来竞争潜力以及参与更多竞争的能力,又要综合考虑技术、成本、管理、市场和环境等因素。

四是实用性原则。具体含义包括:一是各项指标能够反映保险专业中介的竞争力;二是各项指标要能够或较容易获取,或者比较容易判断,即能通过统计资料查询或实际调查获得;三要能进行有效的测量,具有一定的可比性。

五是硬性指标与软性指标相结合原则。在指标体系中所采用的指标应全面、系统,力求反映核心竞争力的内涵与本质。同时由于评价问题比较复杂,要根据实际情况,采取硬性指标与软性指标相结合。因为硬指标是显性的,它只代表过去与现在,而软指标是内在的,更能体现未来的潜力。

六是主观指标和客观指标相结合的原则。按照影响和决定保险专业中介核心竞争力的因素构建指标体系。因为各个因素中行为主体是企业领导者和全体员工,因此,必然会产生一些主观指标,当然也有客观指标。我们既要构建主观指标,也要构建客观指标,还要把二者结合起来,从多个视角全面测度企业核心竞争力。

(二)评价体系的构建

结合保险专业中介核心竞争力的构成要素,遵循指标体系设计原则,本文认为,保险专业中介的业务规模是核心竞争力的内在基础和外在表现,提升管理效率和降低运营成本是核心竞争力的关键,服务创新是核心竞争力的有效途径,先进的企业文化则是核心竞争力的源泉。因此保险专业中介核心竞争力评价指标体系由业务规模指标、服务创新能力、运营管理能力、企业文化影响力四个二级指标构成(见表1),基于两个基本的假设:

假设1:业务规模较大的保险专业中介,相较业务规模较小的保险专业中介,更易拥有提升核心竞争力的基础和条件。

假设 2：保险专业中介核心竞争力越强，其获利能力就越强。

表 1　保险专业中介核心竞争力评价指标体系

一级指标	二级指标	三级指标
保险专业中介核心竞争力	业务规模指标	市场份额 业务收入 净利润
	服务创新能力	专业技术人员比重 客户继续率 新产品销售额比重
	运营管理能力	净资产回报率 运营费用率 每单平均处理时间 每单平均处理成本
	企业文化影响力	优秀员工保持率 高产能人员占比 员工培训费用占比 员工持证率

四、保险专业中介核心竞争力的培育策略

当前我国保险专业中介仍处于发展的初级阶段，严重缺乏核心竞争力，根本原因还是在于"专业中介不专业"，缺乏应有的文化塑造、市场开拓、运营管理、组织学习、自主创新等方面的能力。本文认为，可以通过以下策略来形成和提升保险专业中介的核心竞争力。

（一）创建全新的保险中介服务文化，树立崭新的服务观念和意识

创建保险中介服务文化，就是通过有意识的投入、培育、提炼、积累、引发和塑造体现保险专业中介自身优质服务特点的文化和精神，以有效的激励、规范、约束、协调每位员工的思想和行为，在保险专业中介服务领域里造就一种追求卓越、创造辉煌的精神优势。在创建服务文化的过程中，必须依靠和动员广大员工积极参加服务文化建设的各项活动，最大限度地满足员工的合理需要，调动员工的积极性、主动性与创造性，同时要倡导团队精神，培养务实作风，树立"诚信为本、服务至上"的营销理念，针对客户的不同需求，进行多样化、个性化、人性化服务，进而与客户建立共处双赢的战略协作关系。

（二）注重从业人员的引进和培训机制，创建学习型组织，实现人才的专业化

实现保险专业中介运行机制的高端化，提高服务的专业化水平，人才是关键。因此，保险专业中介要提出明确要求，强化在职培训和资质培训，特别是与服务创新密切相关的领域，引进先进的管理经验和专业运作模式；根据从业者知识结构，制定针对性的培训方案进行业务培训，也可选派骨干到高等院校或专业培训机构进行短期进修；对高端突破性的专业人才要适度从海内外大型企业、高等院校或科研院所等引进，引进形式可以是社会兼任，做到"不求所有，但求所用"；利用建立共同远景、团队学习、系统思维、改变心智模

式和自我超越等五项要素建立学习型组织。需要指出的是,保险专业中介的核心竞争力是能力的集合体,而能力的载体是人。所以,保险专业中介在创建学习型组织时一定要重视人力资源管理。

（三）不断扩大保险专业中介优质服务的途径,实现服务的延伸和持续创新

保险专业中介的延伸服务是利用自身资源优势,为投保人和被保险人提供附加服务,有时甚至提供与传统保险业务无关的服务。如为客户提供家庭投资、理财规划、风险咨询、财务管理顾问等服务。在为客户提供的保险服务中,还要不断注入技术创新的成果,做到"人无我有""人有我精"。当前,保险消费市场的内涵正在发生深刻变化,建立信息化的客户服务网络是一个重要的发展趋势。这个信息化服务网是由电话中心、互联网中心、门店服务中心和业务员直销四个体系通过一整套科学流程和强大的技术支持系统整合而成的保险中介服务平台。它能使保险中介服务的方式更具延伸性、开放性,以满足不同层次、不同类型的个性化服务需求。

（四）建立信誉评价体制,将保险专业中介的客户（包含保险人和投保人）作为信誉评价的主体

可以依托保险行业协会,以保险专业中介为评价对象,以客户中心,以保险专业中介的合规意识、技能水平、职业操守、服务质量和品牌形象等为内容,采用科学的程序和方法进行严格的信誉评价,建立保险专业中介的信誉评价体系,来维护保险专业中介良好的行业信誉。这就需要保险专业中介视客户为信誉评价的主体,从业人员在对客户服务的过程中,要做好机构管理者、产品介绍者、销售促进者三者之间的角色转变;要善于接受客户对中介的批评与监督,强化客户的话语权。因此,保险专业中介机构要定期开展保险公司座谈、保险消费者调查等,广泛接受社会的意见和建议,避免单方向的灌输自身的思路和方法,否则将导致客户缺乏主动性与选择性。

（五）强化和改进监管,营造有利于保险专业中介提升核心竞争力的发展环境

对专业保险中介的监管要在坚持防范市场风险、规范市场秩序的基础上,采取鼓励和扶持政策,促进保险专业中介创新发展。一是提高行业准入门槛,促进保险专业中介规模化、集团化发展。规模扩大,不仅可以使行业规模扩大,产能提升,更有利于解决行业积累的深层次矛盾和问题,通过资源整合而塑造核心竞争力;二是引导信息化建设基础上的服务创新。保险专业中介技术上的进步,体现在以信息化为核心的集供应链管控、运营监控、风险管理等功能为一体的信息平台,促进中介服务"更专业、更高效率、更低成本"目标的实现;三是推动兼业代理专业化改革。兼业代理机构的存在和发展实际上挤压了保险专业中介的生存发展空间,存在"劣币驱逐良币"的问题。而推动兼业代理专业化改革不仅为专业中介的发展营造了良好的外部环境,也是推动专业中介规模化发展的有效途径;四是积极推动保险公司"产销分离"。整合优化保险公司内部资源,实现保险公司内部经营资源与外部保险专业中介资源的整合,从而优化产业服务价值链。

参考文献

[1] 环亚. 保险中介市场和保险中介服务创新 [J]. 上海保险, 2002 (11): 59-61.

[2] 陈功, 阎国顺. 对我国保险专业中介发展问题的思考 [J]. 保险研究, 2012 (1): 96-101.

[3] 杜云月, 蔡香梅. 企业核心竞争力研究综述 [J]. 经济纵横, 2002 (3): 8-10.

[4] 尹洪雁, 高鹏, 董纪昌. 我国家电企业核心竞争力的评价指标体系研究 [J]. 管理评论, 2007 (2): 8-22.

[5] 黄志斌, 薛丁辉. 科技中介核心竞争力的决定机理与塑造研究 [J]. 理论学刊, 2010 (9): 57-60.

[6] 康荣平, 柯银斌. 核心能力论在中国的应用 [J]. 科研管理, 1999, 20 (5): 1-4.

[7] 孙晶. 论中国财产保险公司的核心竞争力评价体系——基于 BSC 构建的核心竞争力评价体系 [J]. 保险职业学院学报, 2009, 23 (1): 37-42.

[8] 唐金成, 陈荣. 论我国保险中介业的科学发展 [J]. 河北金融, 2009 (4): 58-60.

标准问题是解决理赔纠纷的难点

李　娜

（中国保险监督管理委员会青岛监管局）

摘　要：近年来，理赔难已经成为行业转型发展过程中必须要解决的一大顽疾。围绕理赔难产生的原因和治理的措施社会各界有着不同的看法。在本文看来，理赔难的治理难点在于"标准"的认定问题，这既有产品的原因、公司的原因，也有行业和消费者自身的原因。本文认为解决的出路在于建立和健全解决标准问题的机制，包括：公开透明将选择权交给消费者、培育具有公信力的第三方公估市场、建立行业理赔信息共享平台等。

关键词：标准；理赔纠纷；解决措施

一、标准问题是治理的难点

保险消费者认为"理赔难"，意见主要集中在三个方面：一是服务效率问题，即理赔周期长，从报案开始至结案支付的全部流程需要较长时间；二是服务质量问题，对保险公司的服务不满意，认为服务人员的整体素质不高，服务缺乏人性化；三是理赔标准问题，消费者对赔付金额的预期与保险公司的实际赔付之间存在差异，对公司的赔付金额不认可。

从实际情况来看，服务的问题比较容易解决。随着公司和行业对客户服务工作的重视以及理赔服务质量测评、社会媒体的外部监督等一系列措施的实施，理赔中效率低、服务差的问题正得到逐步改善。以青岛车险理赔情况为例，2013 年车险理赔案件的行业平均付款周期为 2.58 天，比 2011 年缩短了 5 天，消费者对理赔服务的综合满意度为 96.62%。而标准的问题则成为理赔纠纷解决的难点，原因如下。

（一）产品的问题

保险本身具有特殊性和复杂性，其经营原理有别于其他金融产品，客观上存在"理赔难"的现实，表现在三个方面：一是保险本质。本质上保险具有互助性，即平常所说"一人为众，众人为一"。保险公司将收集起来的保费建立保险基金，对少数遭受损失的被保险人提供补偿或给付。为保证对所有购买产品的消费者具有公平性，公司在某一客户出险时需要进行严格审核，确定事故发生的真实性、责任范围、保险金申领人资格等因此，理赔的条件比较苛刻。二是经营原则。保险经营遵循的是损失补偿原则，即在保险责任范围内对被保险人所受的损失进行补偿。不同于银行存款、证券等其他金融产品，保险消费者并不能通过保险获取额外利益。因此，消费者的部分诉求在理赔中无法得到满足。三是保障限制。保险为客户提供损失之后的补偿。这种补偿仅限于保险合同约定范围内承担的责任，而对这种责任的界定依赖于专业知识的辅助。受到专业知识壁垒的限制，对于结论的最终判定，消费者和保险公司之间容易产生分歧。

（二）公司的问题

保险公司作为经营保险产品的盈利性商业机构，其经营活动也遵循市场经济规律，把追求利润作为重要目标。当前整个行业处于发展初级阶段，在完全和充分的市场竞争还没有形成的外部背景下，一些领域和模块不规范经营和竞争的现象还比较突出，一些环节还有待于进一步优化。一是经营模式有待改进。当前，多数公司采用的模式是自己销售的产品由自己负责理赔，存在既当运动员又当裁判员的问题。理赔当中的是否公平不可避免地受到消费者的质疑，许多纠纷也因此产生。二是经营理念尚不科学。重规模轻服务的思想观念依然存在。部分公司存在利用拖赔、惜赔获取经营利润的侥幸心理。三是经营行为尚不规范。产品销售环节过分注重业务招揽，忽视明确告知义务的履行，导致消费者对保障功能产生误解，为理赔纠纷埋下隐患。四是考核机制仍不完善。保险产品具有长期性特点，理赔行为并不一定发生在交易行为的当期。而一般公司的考核指标都是针对当年的经营业绩进行，具有滞后性，直接导致经营行为的短期性，间接引发了理赔纠纷。

（三）行业的问题

一方面，行业内部缺少第三方机构的监督。在当前保险产品基本类同而服务各有差异的情况下，消费者获取不同公司横向比较信息的渠道十分有限，第三方机构的缺位使得消费者还不能完全按照自身的消费偏好来选择产品和服务。另一方面，保险业在与外部其他行业特别是处于垄断地位的行业的博弈中处于劣势，在汽车配件、医疗费用等诸多领域中未掌握话语权，在缺少社会公认的定价标准和信息透明的背景下，消费者往往对保险公司确定的标准存有异议。

（四）消费者的问题

一是对保险的认知不足容易产生误解。保险作为一类金融产品，具有一定的专业性，特别是在条款、保障责任、除外责任等方面需要一定的知识储备才能最大程度发挥其功效。而现实的情况是，相当比例的消费者对保险的了解甚少。根据一项调查，在被调查的人当中，有80%的人反映对"保险责任"完全都不知道或是只知道一点。而对保险相关知识非常熟悉和了解的只占到9%。二是信息不对称对保险产品所选非所需。保险作为一种无形的金融工具，对其价值的判定不能像其他产品那样可以借助外形、质地等要素来进行，消费者对产品的判断主要依赖于公司提供的相关信息。但是囿于当前信息获取渠道和方式有限，消费者容易受到外界的影响，违背效用最大化原则来选择产品。这种购买行为产生的后果在理赔时容易显现。三是逆选择倾向的存在增加了产生纠纷的可能。而当个人的逐利行为与公司维护多数消费者公平的行为之间存在矛盾时,容易导致理赔纠纷。

二、解决标准问题的措施

理赔纠纷由多方面因素导致,解决理赔纠纷需要行业的努力,也需要社会和消费者的理解。解决理赔纠纷应坚持这样的原则:即维护消费者的正当权益,维护大多数消费者的公平,而不是针对个体消费者诉求的完全满足。理赔纠纷的根治需要一个过程,对于当前而言,关键在于解决标准问题,建立健全相应机制,既维护弱势群体的利益,又避免因对其过度保护而挫伤经营者的积极性,实现行业与消费者的和谐发展。

(一)公开透明将选择权交给消费者

消费者是市场经济主体的重要组成部分,他们的行为影响着市场的发展,并最终决定着经济的繁荣程度。在行业处于转型发展的当下,应充分尊重消费者的选择权,在消费者的选择中实现公司发展的优胜劣汰。将选择权交给消费者,对公司而言,应重视和加强信息披露工作,正确解释产品和服务,加大运作流程的透明度,为消费者行使选择权提供便利;对行业而言,一方面,应为消费者搭建信息传递的平台,及时向消费者公布有关服务测评、满意度、投诉情况等信息,方便消费者查询和比较。另一方面,应引导公司通过技术创新、服务升级等提升行业整体素质和水平,依托公司优势资源提供个性化服务,以服务赢得客户,以服务促进发展;对消费者而言,在购买产品或接受服务时,要增强自主意识,提升辨识能力,避免受到外界因素的影响,按照自己的真实需求挑选匹配的产品和服务。

(二)培育具有公信力的第三方公估市场

保险公估机构作为专业的第三方介入,由于与消费者和保险公司保持同等的距离,可以从独立的立场出发,对理赔事项作出更为公正和客观的评价,是化解保险当事双方矛盾和纠纷的有效方式。从国外成熟市场的发展经验来看,这也是促进保险理赔规范化发展的必然选择。在保险业高度发达的国家,保险公估机构处理的赔案占整个保险公司赔案的比例高达80%以上。在我国,保险公估机构虽然也发挥着积极作用,但是由于起步晚,整体发展水平相对有限,还存在着经营状况不佳、专业人员少、资金力量薄弱等一系列问题。从有利于化解理赔纠纷和矛盾的角度出发,建议积极鼓励和支持公估机构的发展。制度上,明确法律定位,保证公估机构的第三方独立性,并建立健全法规制度规范其市场行为,提高公信力;观念上,解除旧有思想的禁锢,加深对公估机构的了解,引导消费者通过公估机构来帮助有效维权,引导保险公司创新经营模式,将一部分理赔工作从经营中剥离出来,交给公估机构去完成。通过购买委托服务的方式降低经营成本,提高效率,树立良好的品牌形象。

(三)建立行业理赔信息共享平台

现代化信息技术的运用可以大大提高工作效率,增强信息的透明度。加强行业的信息化建设,很重要的一个环节就是搭建一个满足行业和消费者服务需求的公共信息服务性平台,实现理赔信息的交换和共享。信息平台利用计算机网络将保险公司、汽车厂商、医疗机构、公安交通管理部门、卫生管理部门等产业链上的各关键环节相联结。通过这个平台,消费者可以查询不同行业的定价标准、理赔处理进度等信息;保险公司可以查询理赔处理所需的出险事故、就诊、定价等信息,提高赔付效率;监管机构可以查询赔付时效、理赔管理等信息和数据,实施动态监管;其他相关行业则可以通过信息公开吸引客户资源。信息平台的建设可以使多方受益,但是这种平台的搭建单靠一家公司、一个行业的力量难以完成。需要全行业、多部门的共同努力才能实现。其中,政府部门可利用其协调职能促成行业间的合作,保险公司可以提供信息技术、资金和资源支持,产业链其他行业则应提供产品和服务的定价标准。

在保险"新国十条"形势下,保险学会如何发挥好作用

王丰佑[1] 崔洪娟[2]

(1.青岛市保险学会;2.中国人民财产保险股份有限公司青岛市分公司)

摘　要:2014 年 7 月 9 日,国务院第 54 次常务会议研究部署加快发展现代保险服务业,审议通过了《国务院关于加快发展现代保险服务业的若干意见》,开创了保险业发展的新局面,将保险业的战略作用提高到前所未有的历史新高度。本文以保险学会作为中国保险业研究保险理论和保险实务的群众性学术团体,简述保险学会应在新形势下做好提升行业形象,普及保险知识,服务保险实践。

关键词:新国十条;保险学会;提升行业形象;普及保险知识;服务保险实践

2014 年 7 月 9 日,国务院第 54 次常务会议研究部署加快发展现代保险服务业,审议通过了《国务院关于加快发展现代保险服务业的若干意见》,开创了保险业发展的新局面,将保险业的战略作用提高到前所未有的历史新高度。保险业必须站在服务国家的战略全局来考虑问题,定位行业在国民经济中的地位和未来的发展空间。

保险学会作为中国保险业研究保险理论和保险实务的群众性学术团体,如何落实好《国务院关于加快发展现代保险服务业的若干意见》(保险业内亦称为"新国十条",以下简称"新国十条"),以进一步加强服务现代保险业的紧迫感和责任感,本文谈一点浅见。

一、发挥保险学会的保险政策研究职能优势,做好对"新国十条"的宣传,提升行业形象

"新国十条"提升了保险业的行业地位,确立了保险业在经济社会发展全局中的定位,是国家着眼于经济社会全局对保险业的一次顶层设计,指明了保险业发展的方向,提出了保险业改革发展的一系列重大政策,在行业发展史上具有里程碑的意义,将对行业的发展产生巨大的推动作用和深远的影响。

总体上看,我国保险业仍处在发展的初级阶段,由于保险业历史发展的原因和行业的特殊性,社会上对保险的认识还有许多偏见,对商业保险的风险管理、经济补偿和社会管理功能还认识不到位。例如在青岛市 2013 年 "11.22" 中石化东黄输油管道爆燃特别重

大事故中,各家保险公司累计赔付款项 600 余万元,仅占事故直接经济损失约 0.8％。市民的保险意识和参保程度之低可见一斑,可以说保险业的形象提升和发展还有很大空间。

"新国十条"坚持"市场主导、政策引导""改革创新、扩大开放""完善监管、防范风险"的发展原则,提出到 2020 年,实现保险深度达到 5％,保险密度达到 3 500 元／人的快速发展目标。如不考虑人口变化因素,2020 年我国保险行业当年保费收入规模将达到 4.7 万亿左右,保费年复合增长率接近 15.5％。未来 6 年保险业必将超常规地快速增长,这将对服务社会经济、促进社会就业、完善社会保障起到巨大的作用。

"从某种意义上说,推动保险业的发展,已经从行业意愿到国家意志,原来是我们行业要怎么做,现在是国家需要我们怎么做"。2014 年,中国保监会主席项俊波与山西省长李小鹏签定了《关于加快山西保险业改革创新服务资源型经济转型的合作备忘录》。这是保险业"新国十条"发布后,中国保监会签定的首个省级合作备忘录。李小鹏省长在签署仪式座谈会中介绍:山西省政府将于近期出台《关于加快发展现代保险服务业的实施意见》,给予保险业在土地、财政、人才等方面的优惠政策,优化山西省保险业发展环境。希望以签订《关于加快山西保险业改革创新服务资源型经济转型的合作备忘录》为契机,中国保监会能够从多方面支持山西保险业的改革创新发展,帮助山西完善金融市场体系,协调保险资金投资山西的基础设施、绿色环保、科技创新、综合能源体系建设等领域。

保险行业遇到了一次难得的机遇,行业形象和地位将发生根本的变化。保险学会要发挥保险政策研究职能的优势,对保险业改革发展的一系列重大政策进行研究宣传:一是通过召开研讨会、举办专题讲座、课题研讨等多种形式,准确宣导"新国十条"的主要内容和精神实质;二是通过编辑和出版学会刊物,组织编写反映"新国十条"的图书、信息及其他资料,普及"新国十条";三是通过开展保险咨询和信息交流,组织推荐保险学术论文,从理论上营造一个有利于保险业的政策环境和舆论环境,开创保险业发展的新局面。

二、发挥保险学会的保险理论研究职能优势,做好对"新国十条"的解读,普及全民保险知识

"新国十条"中各类政策措施共有 58 项,既有对以往政策的重申,又增添了新的内容,涵盖了保险业的行业地位、战略目标、服务领域、政策体系、改革开放等方面。如何让"新国十条"的利好在保险行业内释放出巨大的能量,如何让"新国十条"的利好在社会上做到普及,这就首先需要我们对"新国十条"进行很好的解读。

保险科学理论研究是保险学会的主要职能,解读"新国十条",定位保险业在国民经济中的地位和未来的发展空间;积极开展对"新国十条"宣讲宣导活动,争取宣讲宣导活动进机关、进党校、进社区,增强全社会对于"新国十条"的理解和掌握;正面引导舆论导向,普及保险政策和知识,提升全社会保险意识;发挥保险业的社会职能,服务于经济建设和人民群众生活,树立良好的行业形象,是保险学会义不容辞的责任,也是保险学会的主要工作之一。

保险学会要采取多种形式,充分利用课堂讲课、网络学习、媒体互动、网站宣传等多种平台和方式,在全社会普及保险知识教育。解读中要抓住重点、热点方面讲明白,既要让

保险业内部人员吃透精神、掌握政策,又要让社会老百姓从专业生硬的术语中了解保险的好处,特别是国家在巨灾保险、农业保险、健康养老保险等方面的优惠政策。在解读中要将保险业的行业特殊性与老百姓的生产、生活结合起来,做到既通俗易懂,又寓教于乐。

三、发挥保险学会的保险理论研究职能优势,做到理论与实践相结合,服务于保险实践

"舞台已搭好,关键看保险业能否把戏唱好"。尽管"新国十条"明确了保险业的战略目标,拓宽了保险业的服务领域,丰富了保险业的政策体系,深化了保险业的改革开放,具有划时代的意义,但是如何用好用活用足政策、贯彻落实到实践中才是关键,只有这样才能促使保险业更新经营理念,强化内控管理,创新盈利模式,在全社会形成正确的保险认知,为行业营造出一个积极向上的经营和消费环境。保险学会通过搭建行业内部沟通交流的平台,使全行业从全局出发,形成合力,贯彻落实"新国十条"。

(一)要充分发挥理论指导实践的作用

保险学会应围绕保险行业的重点、热点、难点问题开展理论研究和实务研究,做到理论与实践相结合,服务于保险实务工作。例如,青岛市保险学会在青岛保监局的领导下,与青岛市保险行业协会、人保财险青岛分公司等相关单位就农险问题展开研讨,组织"农业保险市场需求分析调查问卷",召开了农业保险研讨会。人保财险青岛分公司开办的能繁母猪保险,取得了显著成效,并在2013年12月9日中央电视台一套新闻联播中进行了宣传推广。

(二)搭建行业内部沟通交流的平台,服务现代保险业建设,是保险学会的主要工作之一

通过保险学会这一平台,加强行业之间以及社会各界与保险业之间的沟通交流,实实在在为行业的发展办好事、办实事;能够使商业保险经营主体为不同消费群体提供个性化、定制化、物美价廉的保险产品和服务做理论支持和决策参考。为把"新国十条"的各项政策落到实处,保险学会可选择保险业发展中的一些重点和难点问题组织若干专题研讨会与讲座,集业内业外的智慧,探索解决的途径,为保险业的持续快速健康发展鸣锣开道,献计献策。

四、发挥保险学会的教育培训职能优势,系统化地开展有关"新国十条"的培训,构建保险行业终身学习体系

我国保险业仍处于发展的初级阶段,难以适用全面深化改革和经济社会发展的需要,与现代保险服务业的要求还有较大差距,尤其是保险行业及保险营销人员的整体水平和诚信度需要进一步提高。目前保险严重的问题表现为:侵犯保险消费者合法权益、诚信缺失、虚假宣传、中介市场秩序较为混乱等。在此环境下,保险学会应充分发挥教育培训职能优势,系统化的对"新国十条"进行培训,防范潜在风险,构建保险行业终身学习体系。

（一）监管体系与教育培训相结合

在"新国十条"中，多次强调加强和改进监管，从而控制和化解风险。保险学会应发挥作用，与保监局构建"机构监管 + 教育培训"体系，在常规的政府监管体系下，增加教育培训的力度，坚持机构监管与教育培训相统一，宏观把握与微观渗透相统一，共同解决现有的保险行业突出问题，共同营造一个良好的保险发展环境，为保险行业健康有序的阔步发展增砖添瓦。

（二）认真做好继续教育常规工作

在"新国十条"的大背景下，调整工作思路，认真抓好保险学会的继续教育工作。通过继续教育培训工作的开展，进一步加强保险中介队伍建设，提升保险中介人员素质。在"新国十条"形势下，保险学会在继续教育培训的课件上及时调整内容，增加"新国十条"专题课程，增加保险学会继续教育培训讲师团人数，选拔保险行业及各高等院校优秀人才，通过不同的角度来阐述和讲解"新国十条"。

（三）建立教育培训长效机制

通过开展各类教育培训活动，建立教育培训长效机制，达到"周周有学习，月月有进步，年年有变化"的高度。在原有的"法律法规""职业道德"等课程的基础上，增加"保险销售小技巧""保险业反洗钱""打造职场软实力""团队的构建""诚信道德"等保险营销人员切实关注的问题和内容，提高教育培训教室环境，给前来培训人员提供舒适整洁的条件，做好各项服务工作。

"当前和今后一个时期，要努力在改革创新、行业面貌、服务大局三个方面取得新的突破。全行业要胸怀全局，各司其职，精心组织，周密部署，结合各地区、各公司的实际把各项工作做到位"。项俊波主席如是说。所以，在建设发展现代保险服务业的历史时期，保险学会应该也必须发挥好保险政策和保险理论研究的作用，为"新国十条"的顺利实施，和现代保险服务业的发展贡献力量。

浅析财务集中制管理在保险经营管理中的影响

王素玲　　胡中帅

（中国人民财产保险股份有限公司青岛市分公司）

摘　　要：财务的集中制管理是适宜保险公司高质量发展需求的新的财务发展形态，但财务集中制管理在给经营管理带来一定优势的同时，也隐藏着一定的缺陷，我们应当辩证地看待财务集中制管理模式，以财务集中制管理为抓手，更好地发挥财务集中制管理在保险经营活动中的运用。

关键词：保险管理；财务集中制；优劣势；运用

随着中国经济的快速稳步发展，各行各业展现出了前所未有的活力，保险业的发展也出现了新的局面，与之相应的保险业务结构、保险服务、保险产品、保险政策都较之以前有了很大的革新，而作为贯穿保险业务经营始终的财务工作，从保险产品的研发设计到经营预算、过程管控、经营绩效考核评价，现金流的大量流入与支出，遍布于各个经营业务环节，财务工作的风险隐患随着业务的拔节式发展而加剧。

财务集中制管理是一种行之有效的、能够提升运营效率、加强风险管控、提供优质服务、推动价值创造的财务管理模式，它将为我们保险行业的发展进一步夯实前进的道路，更加有效地帮助我们践行保险行业"守信用、担风险、重服务、合规范"的核心价值理念。那么什么是财务集中制管理？对于保险业来说，实施财务集中制管理有哪些优势？又存在哪些缺陷？我们如何能更好地发挥其在保险经营中的作用？

一、财务集中制管理

在这里我们所提到的财务集中制管理，是指财务业务的一体化管理，它是基于财务数据业务化、财务核算集中化基础上的整合和提高，财务业务一体化的实现是基于财务整体的角色转变，这种转变体现在财务组织、财务流程、财务人员、财务系统四个方面。

财务数据业务化，是指在传统模式下财务数据的采集主要依靠财务人员，在这种模式下，财务人员需要和业务单位紧密地联系在一起，否则财务核算所需要的各种必要数据将无从获取。显而易见，这种作业模式是低效的。

财务核算集中化，是指在传统模式下分散在各地服务于不同业务单位的财务人员，通过地域集中或虚拟集中的方式进行统一管理。近些年来，财务核算集中的管理应用在中国也呈现出上升的趋势。

而财务业务一体化的实施使得财务资源整合后更加突显出财务在经营管理中所发挥的重大作用，它将彻底带来财务的变革和转型，成为企业前进的新动力。

二、财务集中制管理在保险经营活动中所体现的优势

（一）运营效率进一步提升

1. 收款效率提升

收款的及时与否，影响到保险公司应收保费的管理，反映到资产负债表上，可看到报表是否真实。保户交了费，出了险，或许保户交的费还"在途"中，并未能及时入账到保险公司。随着见费出单政策的实施，收款的效率有了进一步提升，应收保费的管理也得到了极大的改善，但是离预期的管理要求还远远不够。

财务集中制的管理出台了柜员式服务，更加贴近客户，缴费、出单更加流畅，保户能够清楚地知道自己的保费流转到了哪个环节。同时，保险公司也提升了收款效率，推动了应收保费的清理。

应收保费的管理更加深入、直接，通过定期提取应收保费清单，实行督导与月考核，对应收率高的管理部门、经营单位及时下发通报、提示函，严控新增应收保费，加大存量应收的清理力度，降低逾期应收保费，通过以上的管控，资金收回的风险大大降低。

2. 核算效率提升

会计有两大职能，核算和监督。核算是会计工作也是财务集中制中重点革新的工作，如何在确保会计高效核算的基础上，使得财务人员有更多的时间投入到财务管理工作当中来，是财务集中制管理改革的目的之一。

财务集中制管理通过整合会计核算系统周围的其他系统，诸如资金管理系统、收付费系统、佣金系统、再保系统、固定资产管理系统、预算管理系统、费用报销系统、准备金系统、第三方支付系统等诸多系统，使得各系统间形成无缝连接、数据交互传送，从而使原先需要人工录入的会计凭证，由周边系统自动产生，传入会计核算系统，由此，核算效率得到大大提升，人工干预的情况也减少很多。

固化于系统中的凭证生成规则使得会计分录的产生更加准确，从而确保了核算的准确性；系统间的数据传送交互时间的设定使得会计信息及时传送至会计核算系统，从而确保了核算的及时性。

3. 资金周转效率提升

资金的上划由原先的人工操作到现在，完全实现了系统逐日自动上收，资金的周转及时、准确，避免了以前资金沉淀所带来的风险隐患；同时，采用第三方支付渠道的方式，可以满足不同保户所对应的不同商业银行的特点需求，资金的支付的时效性、准确性都得到了进一步加强，退票率也明显的降低。

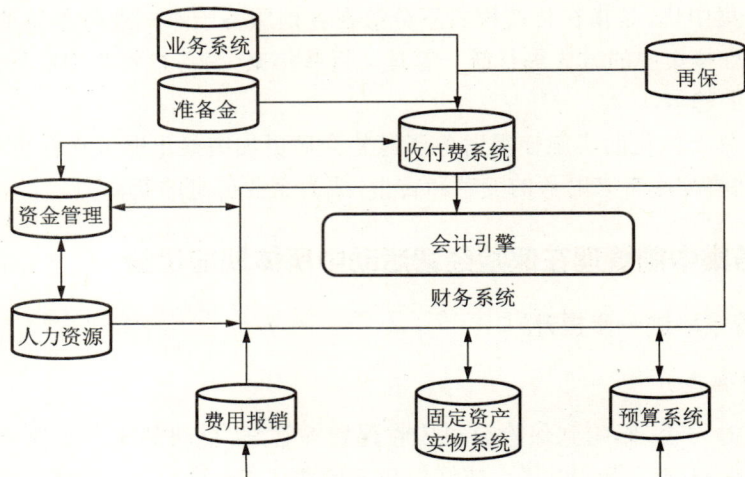

图 1　财务及周边系统接口简介图

（二）风险管控进一步加强

1. 费用管控

费用管控是任何盈利组织都关注的重要环节,如何开源节流？如何有效地执行预算费用？这将直接影响到经营绩效的结果。很多企业往往在实际经营中偏离了预算费用目标,从而导致企业的亏损。

财务集中制的管理可以更好地统筹各项费用的预算支出额度,并将各项费用的预算与实际列支费用相关联,适时提醒预算费用的执行情况,如果实际费用超出预算费用,将无法列支核算,并需向上级上报并说明情况。预算费用根据保险独有的特点,按渠道、险种、部门进行不同纬度的管理和监控,要求费用支出部门及时提交预算执行情况,对于超预算的部门要求提交整改报告。费用的精细化、过程化、系统化、警示性管理使得经营管理者更加清楚地知道费用整体的列支情况,为经营管理者及时掌握公司经营情况,为全面完成年度各项目标提供数据支持。

费用报销的标准化、集中化审核推动了费用深入化、合规化的管控,公司综合费用率也将得到有效下降。

2. 资金管控

资金对于企业如同血液对于人体。资金的管理是所有盈利企业常抓不懈的一项工作,随着业务的增长和赔款的支付,资金流大量流入和流出,如何降低资金流动的成本？如何防范资金流动的风险？如何提高资金的使用效率？这是众多企业面临管理精细化过程中一定会触及到的问题。

财务集中制的管理,首先会撤销分散于各区域业务单位的经营账户,账户的减少必然会减少资金的沉淀和冗余;收入由原先的逐级的上划改由系统每日自动上收,支出则按需拨付,资金的使用效率得到进一步提高,资金的占用情况也明显减少;同时,引入第三方支付渠道,较低的费用会替企业节省大额的银行结算费。无现金支付和资金集中支付的实施,使得账户管理更加严格,大量的资金从各经营单位及时回笼到总部的账户,通过资本运作或其他方式,就会使得资金的盈利能力得到进一步的提升。

3.资产管控

资产的管理是一项复杂的工作,因为资产涉及的项目众多,加上其分布广泛、大小不一、使用年限不等,经手人员频繁等因素,企业越大,资产的管理就越难以掌控,也越容易造成资产的流失,资产盘盈和盘亏的情况就越容易凸显。

财务集中制管理后,通过给不同类别的每一项资产编制唯一的识别代码,并将其特有的身份信息固化到系统中,资产的采购、报废、转移、调入、调出、变卖、盘点等涉及资产管理诸多工作便可体现到系统中,业务信息的变动关联到财务核算系统,只要资产发生变动,财务便可及时跟进准确核算。资产的生命周期得到完全的监控,其安全性和严密性便会得到很大的提升。

同时,通过日常的财务、业务数据的核对,资产的差异和波动便可得到实时的监控,久置的资产便可盘活,资产的使用效率和盈利能力便会得到进一步的提高。

4.数据管控

数据一直被视为企业的珍宝,透过数据,可以快速、清晰地掌握公司的经营状况,数据如同需永久保存的档案,它是公司经营的晴雨表、体温计。重要数据的丢失和修改将会给公司带来不可估计的灾难。

随着社会科技的进步发展,数据的管理和保存越来越需要信息技术手段来维护和完善。强大的信息后台是支持公司保障高效快速运营的基础。因此,成立集中的、专业的数据管理维护团队,建立必需的数据管理设施和场所,是有效加强数据管理、推动公司经营发展的基本途径。

财务集中制的管理就是本着这样数据管理的原则,提倡像爱护自己的身体一样来爱护自己的数据,每一项涉及财务的数据修正都要经过严格的审核和把关,系统间的数据差异要经过严谨的比对和监控,遵循专业、集中、深入、广泛、安全的管理宗旨来加强数据管理,数据的管理自然而然地被得到重视和维护。业贵于精,行远与近,取决于企业的生存眼光,数据管理的加强为企业进一步分析自我、预知未来明确了方向。

(三)优质服务进一步提高

1.优质的数据服务

财务集中制的实施确保了财务数据的集中化运营管理和维护,规避了以往在数据分散管理的情况下,人为干扰和修改的可能性。财务集中管理后,涉及数据修正的问题按照逐级审批的制度进行报批,对于特急、特事实行绿色通道直达解决的方式,同时,日常工作中通过实行数据考核制度、问题联席会议、及时通报数据管理中存在的漏洞和问题所在,以便各相关对口部门及时掌握情况,自查自纠、提出解决方案,有的放矢,对症下药。以上举措的施行都会极大地推动了数据的改良,以往数据修正的随意性和隐蔽性也得到强有力的控制。

优质的数据是经营管理的真实反映,透过数据方能分析归纳经营管理之漏洞,为经营管理者提供革新举措的参考指引。

2.贴近客户的收款服务

更好地为客户服务,才能真正地贴近客户,为客户行方便,便是为自己行方便。当前保险行业保险产品的同质化严重、创新力度的匮乏,保险服务越来越成为保险公司的核心竞争力。

财务集中制的管理旨在努力为客户提供更加便捷的贴心服务,无论是网络支付、电话支付、第三方支付,还是手机支付,都是财务集中制管理所要踏踏实实去做的工作,也只有实施财务集中制,以上的支付手段才能成为可能,更加人性化地贴近客户,不断满足客户的诉求。

3.准确高效的报销服务

费用报销是存在于每个经营单位的日常工作之一,看似平常的事情往往牵扯了很多人的精力和时间,而无形之中,费用报销所潜在的风险隐患也不容忽视。费用涉及的名目繁多,审核标准不一,归口管理部门不同,在各项内外部审计监察工作中,费用的审计一直作为一项重点检查内容,不可忽视。

财务集中制管理后,将设立集中的审核部门,同时对于原先的纸质审批手续改为电子流审批手续,审核中心根据统一的审核标准加强费用的审核、复核和抽查检验。费用报销经办人对于怎样的经济事项应该发起怎样的预支、动支,越来越清楚,并用财务的角度去看待费用报销的规范化和合规化,经过一个阶段后,费用的核算也会变得及时、准确。据有关数据显示,中国人民财产保险股份有限公司自上线费用报销系统后,总省地县四级架构中的县支单位平均报销时效已由 11.68 天缩短至 7.66 天,报销时效提高 34%。

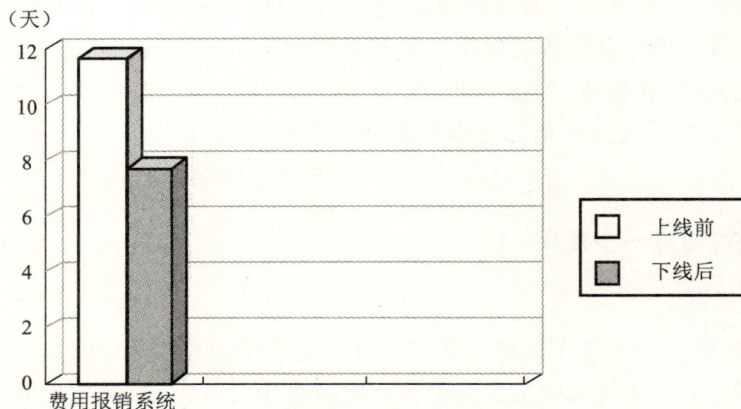

图 2　费用报销系统报销时效

（四）价值创造进一步推动

1.卓越绩效管理创造价值

财务集中制的管理是适宜公司高质量发展需求的财务发展形态,无论是采用 EVA

（Economic Value Added,经济增加值）还是其他的管理方式,财务集中制的管理会更加清楚和准确地考量各经营单位的资本回报率,坚持效益导向,强化市场对标管理,建立资源的有偿使用机制,发现经营问题并不断探求改良的方法。同时,寻求与企业相匹配的绩效管理办法是财务集中制管理需要不断探寻和纠正的重点工作。只有卓越的绩效管理才能不断推动公司价值的创造,才能不断提高客户服务,提高员工待遇,完成股东投资回报。

2. 成本管理创造价值

成本管理是企业经营管理的重要部分,综合成本率的高与低也决定了一个企业是否能够盈利。财务集中制的管理,就是一场成本管理的过程,无论涉及财务组织、财务流程、财务人员还是财务系统,每一项变革与优化都本着提高劳效、节省成本的原则去实施,为企业争取最小的成本开支,做最大的收益赢家。

据有关数据显示,中国人民财产保险股份有限公司自2012年施行财务集中制管理后,统一标准,通过会计核算、费用审核和资金支付集中,原先368个分散的核算单位已集中到38个省级财务共享服务中心,直接面向4 000多个支公司和16 000多个营销网点提供服务,在此期间,清理银行账户共计8 760个,清理盘点固定资产1 126 250件,审核费用预算项目145 190条,且成果显著,体现了财务集中制管理在成本管理中作出的重大贡献,它为整个公司的创造的价值难以估量。

3. 资金管理创造价值

资金管理是一项技巧性工作,如何把钱用活并产生效益,是诸多从事金融经济工作者极力想解决的事。俗话说,你不理财,财不理你。针对保险业务的特殊性,通过办理外币资金结汇,可以大量减少汇兑损失;鉴于赔款支付频率高,通过引入第三方结算渠道,可大量节省银行结算费。财务集中制的管理使得资金更加快速的回笼到总部账户,通过提升资金运转效率和创新结算渠道,公司的资金利息收入得到大幅提升,同时,资金的充足性保证了资金管理者可以通过更多的方式去管理资金,让资金创造出更多的价值。

4. 税务管理创造价值

税收成本作为企业的负担之一,影响着企业的经营成果。但是在国家政策允许的范围之内,进行合理的税收筹划则是公司减轻税负的重要途径。财务集中制的管理,将会进一步加强税收管理工作,掌握税收制度,摸清税收政策脉向,统一缴税标准,避免无意识的偷税、漏税。通过积极争取手续费、已发生未报告未决赔款准备金、农险减计所得税政策及健康免税营业税政策等,可为公司大大节税。

5. 融资管理创造价值

财务集中制的管理使得财务人员从操作中脱离出来,向管理方面发展,公司从事融资管理,无论是采取债务性还是权益性,都需要财务人员明确具体的财务目标,科学的预测企业的资金需求量,从而选择合理的融资渠道和方式,以确保资金结构的合理性。财务集中制的管理要求专业性的技术人才去计划和推动类似的融资项目实施,以全面保障公司稳健经营的资金需求,确保公司偿付能力充足度维持在合适水平。2014年,中国人民财产保险股份有限公司 80 亿元次级定期债务成功发行,在宏观调控预期不断增强、车险费率市场化改革加速推进的背景下,这不仅极大增强了公司资本实力,有效提升了公司偿付能力,而且锁定了未来发展所需资金的成本,为公司持续健康发展提供了有力的资本保障。

6. 资产管理创造价值

财务集中制的管理推动了固定资产管理的快速升级,通过固定资产管理系统能够及时掌握分布于各经营单位的资产使用情况,大到房产、车辆,小到电脑桌椅,各项固定资产的使用年限、折旧年限、出租情况、收入情况、调拨情况、报废情况等都可做到及时掌握,从而可以盘活有预期收益的资产,清理没有价值的资产,最终使得各项资产使用效率得到大大提升,相关的租金收入也将得到大幅提升。

7. 绿色财务创造价值

财务集中制的管理使得财务核算更加智能化,会计电子档案系统的上线能确保各类凭证完成电子流的收集、接收、组卷和入库处理,原先需要打印的凭证也已经无需再打印,纸张的节省,硒鼓使用量的减少,库房占用量的降低等,都积极响应了国家绿色低碳的号召,有效地节省了办公成本。

三、财务集中制管理在保险经营活动中所隐藏的缺陷

凡事都有双刃剑,世上没有绝对优势的东西,同样财务集中制的实施也会带来一些经营的弊端。

(一)冗余财务人员无法得到妥善安置和分流

财务集中制管理是一项复杂的资源整合工程,涉及的事项繁琐,范围广,人员多,作为一个人性化管理的公司,经改革后,冗余的财务人员需要妥善安置和分流,最大程度上解决人员矛盾和问题,为财务各项工作的移交和平稳过渡奠定基础。

(二)财务服务无法及时跟进和提高

财务集中制的管理改变了原先财务分散于各区域业务单位的管理模式,相应的财务授权也可能已经上收至更高一层级的部门,对于基层,除财务外的其他的部门或许并不适应这种财务变化,对于基层的管理者,也将缺少直接的财务管理抓手,在看待日常经营管理和处理日常经营决策时,可能会面临财务角度分析的缺失。因此,公司要做好财务集中制管理的宣讲工作,并作好基层单位的财务支持跟进服务,及时解答基层的财务疑问。

(三)沟通成本可能提高

财务集中制的管理使得不同层级的人员在沟通问题时,需要投入更多的时间和精力去交换意见,上报审批,研讨,商榷等等,以前面对面即可解决的问题,现在可能需要电话、文书、网络等其他方式去沟通。

四、如何更好地发挥财务集中制管理在保险经营活动中的运用

为进一步巩固和推动财务集中制的管理,不断发挥财务集中制管理在保险经营活动中的优势,我们可以通过以下几个方面进行操作。

(一)以科技信息为依托,以标准流程为规范

财务集中制的管理是资源的整合优化,工作效能的提升,价值的创造需要强大的 IT 技术做支撑,建立起属于企业自有的企业资源管理系统,设定统一的 SOP(Standard Operation Procedure)操作规范和执行标准,并将其固化在对应的系统和岗位中。

(二)以公司经营目标为导向,以创造公司价值为己任

公司的经营目标始终是财务工作的最终导向,否则一切财务工作必将偏离公司经营的正常轨道,财务集中制的管理也将形同虚设,财务转型需要适用公司转型的要求,从文化、战略、流程和组织等各维度,全方位满足公司发展的需求。

(三)以实现财务管理现代化为核心,以推动公司管理现代化为目标

结合财务面临的新形势,应进一步深化财务转型的主要任务:以深化财务转型总体目标为指引,进一步完善财务会计系统,持续提升公司运营效率;进一步强化科学管理,推动公司价值创造;进一步增强财务约束,引导公司规范经营;进一步加强队伍建设,提升系统执行力;进一步推动管理文化建设,提升公司发展软实力,使会计语言成为公司共同管理的语言,以财务管理现代化推动公司管理现代化。

五、结论

总而言之,财务集中制管理是与时俱进的财务管理模式,它确保了经营核算更加及时准确、风险管控更加有效、资源分配更加合理、评价考核更加科学,有力地加强了核算管理、资金管理、绩效管理和风险管理四项财务核心能力,使得财务会计在保险经营中的角色定位更加准确,能够成为业务发展的合作伙伴、运营效率的优化者、财务价值的创造者。

中国保监会财会部副主任赵宇龙先生曾在财务转型工作会议中总结道:"财务集中化的管理对于提高经营管理水平,加强风险管控,提升客户服务质量和效率,都会起到非常大的促进作用。"

事实也证明了诸多已实施财务转型的公司所采取的财务转型战略是符合时代发展需求的,是能不断推动公司稳健经营的必备条件之一,财务集中制的管理将随着保险行业的发展变得更加日臻成熟,为保险业核心价值理念的实现不断增添新的动力。

参考文献 ▸

[1] 陈信元.转型经济中的会计与财务问题[M].北京:清华大学出版社,2003.

[2] 哈瓦维尼,维埃里.高级经理财务管理:创造价值的过程[M].北京:机械工业出版

社,2003.

[3] 张鸣.高级财务管理[M].上海:上海财经大学出版社,2006.

[4] 李勇.数字的奥秘:中国上市公司财务分析案例[M].北京:中国人民大学出版社,2006.

[5] 郭文昌.中国保险业运行分析探析[M].北京:中国经济出版社,2007.

[6] 孙祁祥.中国保险业发展报告2012[M].北京:北京大学出版社,2012.

[7] Scott E. Harrington. Risk Management and Insurance[M]. 北京:清华大学出版社,2004.

加快保险服务创新能力，体现保险业核心价值理念

张 鹏

（浙商财产保险股份有限公司青岛分公司）

摘 要：进入新时期以来，随着保险业的不断发展，以及保险业务的拓展与完善，保险服务日益成为保险业竞争的重点，成为衡量保险业生存和长远发展的关键。2013 年 3 月 21 日，中国保险监督管理委员会发布了"守信用、担风险、重服务、合规范"的保险核心价值理念，只有有效落实保险服务，实现保险服务的创新，才能全面提升国内保险行业科学发展的能力，提升保险业的核心竞争力。

关键词：保险；价值；服务；创新

改革开放 30 多年来，中国保险业进入了崭新的发展时期。保险市场百花齐放，保险行业的服务水平、服务质量明显改善。一个以国有制为主体，中外保险公司并存，多家保险公司竞争的保险市场多元化格局已初步形成。我国保险业目前尚处于发展的初级阶段，在诸多问题中，中国保险监督管理委员会发布的"守信用、担风险、重服务、合规范"的保险核心价值理念中，"重服务"这一问题日益成为制约整个行业全面协调发展的瓶颈，保险服务创新问题亟待解决。

一、"保险服务"含义解析及保险服务

"重服务"，就是重视保险服务，是以经济补偿和给付为核心的各种扩散性的保险服务。它以客户为中心，以市场为导向，不仅仅局限于售后对客户理赔等保险经营环节的简单服务，而是一种全面服务，存在于包括宣传、约访、缔约、促成、理赔、契约变更、收费、附加值服务、咨询与申诉这一保险全过程的各个环节。因而，我们可以把保险服务概括为：

保险服务 = 售前服务 + 售中服务 + 售后服务。

（一）保险售前服务

售前服务是在推销保险产品之前，保险公司为客户提供的设计保险方面的服务。这是从客户角度出发，介绍什么是保险、为什么要保险、为什么在该家公司保险及保险的责

任和收益等。售前服务具体包含宣传保险知识、宣传公司、充当客户顾问等多个环节，以此为客户设计一份完整、合理的保险保障计划，切实、贴心做好保险服务。

（二）保险售中服务

保险售中服务是指在保险产品买卖过程中，保险公司直接提供的各种服务，它是保险销售实现的关键环节。这其中主要包含迎宾服务、投保服务、承保服务、建立客户档案、防灾防损服务、理赔服务、附加值服务等各项具体内容。保险售中服务是保险服务的核心，也是衡量一份保险业务是否成功的重点所在。因而，保险人有效地向客户提供业务指导、在保险事故出现后迅速、准确、合理地进行理赔与给付成为这一环节的具体要求。

（三）保险售后服务

保险售后服务是指保险买卖过程结束以后，保险人根据客户需要提供咨询和建议，获得反馈意见，在完善个人服务能力的同时获得客户的续保，并挖掘潜在客户群。在这个过程中，保险人必须利用自己知识能力，为客户提供完善的咨询和顾问等延伸服务，以获得客户对自身和所在保险公司的肯定，从而树立本公司的良好形象和声誉，达到正面的社会舆论效果，吸引更多保险消费者，达到公司和个人的长足发展。

目前，保险售后服务已成为国内外各保险公司竞争的核心所在，保险售后服务能力的高低也是衡量一个公司竞争能力高低的重点。

二、保险服务创新之意义

基于保险服务理念的创新，是指保险公司通过强化服务观念和服务管理，优化服务手段和服务产品，转变服务方式，借此提升服务能力和服务质量水平，树立本公司社会形象，进而壮大实力，增强竞争力的一种有效行为。

进入新时期，面对日益激烈的国际国内保险业竞争势头，中国保险业必须牢固树立以客户为核心、以保险服务创新为重点的经营理念，高度重视客户服务工作，以满足客户的保险服务需求为己任，千方百计提高保险服务质量。

（一）保险服务创新有利于维护客户利益

西方发达资本主义国家的保险业经过长期发展，已经达到相当高的水平，他们对客户进行科学细分并准确定位，高质量的保险服务是其高效益的主要原因。因此，中国的保险公司必须实现经营理念的转变，树立从客户为中心的经营思想，用最方便、最人性化的营销方式满足不同客户对保险服务的需求，使客户信任公司、认可公司，最终达到公司和客户的双赢。

（二）保险服务创新有利于树立行业形象

保险服务的三个环节要求保险人必须重视保险过程的每个环节，不仅要在保险售中服务中做到最好，更要把售前服务和售后服务落到实处。

随着人民生活水平的不断提高,客户对保险的要求也在不断提升。因此,只局限于做好承保和理赔,自身忽视售后服务和咨询工作是不行的;长此以往,公司将面临着失去客户、削弱竞争力、丧失形象的严重后果,并最终破坏整个保险行业的长远发展。因此,为了树立国内整个保险行业的良好形象,增强公司核心竞争力,提升公司人文素养和关怀,必须大力推进保险服务业的改革和创新。

三、目前保险服务方面存在的几个问题

进入 21 世纪,随着我国保险业改革开放的不断深化,保险业在整体快速发展的同时,行业服务水平、服务质量也有了明显改善。保险服务逐步朝高效化和多元化方向迈进。然而,我国保险业和国外大型公司还存在着很大差距;最突出的问题仍然集中在保险服务这一环节。

(一)销售过程中服务欠缺

在近两年的中国消费者协会对全国六城市的"消费者与保险"调查中,消费者近期不准备投保的三个主要原因为:

(1)"参与保险的手续太复杂,程序过多,不愿投保";

(2)"对保险公司不信任,脸难看,话难听,事难办";

(3)"对保险相关知识不了解,保险销售者也未予讲解"。

追究上述问题原因,都是由于保险人在保险销售中只重视业绩和销量,不愿为客户提供更多诸如保险常识讲解、保险理念的介绍等相关保险服务。部分销售人员由于自身专业知识的限制,甚至出于个人利益考虑而误导客户进行保险消费,进而使客户产生受骗感觉,挫伤了客户对保险行业的信心。

(二)售后服务的质量和效率低下

保险服务的系统要求服务过程的连贯性和一致性,必须将服务贯穿于保险行为过程的始终;保险人与客户的合同关系并不仅限于保险合同的终止日期,而应对客户进行长期询问和建议,以期发掘深层次的保险消费者,拓展客户群。

而在现实中,有的保险人却不注意服务的全方位性和连贯性,忽视同客户建立长期有效的服务关系;许多保险人往往以利益为目的,以任务指标为核心,造成了售后服务的缺失或服务质量低下;有的顾此失彼,只注意出险后的服务,而忽视对未出险保户的服务;有的服务人员素质不高,缺乏必要的服务技能,服务效率低下,难以为客户提供优质服务,造成了保险客户群的整体流失和社会对保险售后服务的整体信心的丧失。

(三)保险服务简单缺乏人性化

保险行业作为舶来品,在我国发展时间较短,其发展程度与西方发达国家相比,国内保险公司的保险服务尚属起步阶段,有很多地方亟待改进。主要问题在于服务内容单一,缺乏人性化和个性化;另外,由于资金和技术的限制及保险从业人员的能力素质限制,保

险服务手段也相对较落后，信息化、自动化、科技化水平仍旧较低，导致保险服务质量总体不尽如人意。种种限制因素导致了目前我国保险服务过程简单粗略，缺乏以客户为核心的系统全局战略，极大地限制了保险业的长远发展。

四、保险服务创新方法

改革开放以来，中国保险业经历了蓬勃发展的 30 年；而随着对外开放进程的不断加快和"入世"成功的影响，外国保险公司不断入驻中国市场，中国保险业面临的冲击和挑战更加残酷。同时，竞争的内涵已由单纯规模竞争，发展为以保险服务为主要内容的质量竞争。因此，加快保险服务改革创新是保险公司生存和发展的关键，谁能为客户提供独具特色的优质服务、令客户满意，谁就会赢得客户，就会在竞争中获胜。

现阶段，保险服务创新应着重实现从传统服务向现代服务的跨越：由粗放化服务转变为精细化品牌化服务，努力构筑保险业的独特的服务文化，增强企业品牌核心竞争力，树立保险业的良好形象，使中国保险业在国际竞争中立于不败之地。

针对目前保险服务环节存在的诸多问题，现提出如下几方面解改进方案以供参考。

（一）建立新型保险服务理念

商业保险隶属于第三产业的服务业，其主要的接触对象是人，重点是保险人与客户的信息沟通。

首先，保险公司要通过为客户提供优质的售前、售中和售后服务，与客户建立起一种信任关系，这是"保持老客户"；其次，保险公司和客户之间的友好关系能增加保险公司的市场份额，并针对客户开发新产品，以满足其不同需求，这是"相关销售"；最后，保险公司的老客户向其周围的人推荐该保险公司的产品，使公司获得新客户，这是"客户传播"。

该理念能让保险公司迅速增加提升保险服务质量，增加竞争优势，公司也在此过程中获得巨大经济效益和市场影响力，从而在市场竞争中获得话语权。为此，保险人必须牢固树立"3Rs"理念，把向客户提供优质服务作为自觉行为，在公司上下形成一个深入人心的服务链，把"3Rs"的保险服务贯穿于保险行为始终，使客户享受到系统、全面、高效的保险服务。

（二）加快推进保险服务的科技化

随着 IT 技术的发展和网络经济时代的到来，国际保险业已建立起许多专业保险网站和保险电话服务专线，进行保险营销等多项保险服务。虚拟保险"超市"也应运而生，其领域涉及信息咨询、交易、解决争议、赔付等等。

保险服务作为社会经济生活的一个方面，也必须充分运用现代科技的最新成果，不断充实服务的内容，不断提高服务的科技含量。一方面，国内保险公司必须建立和完善保险客户服务中心、电话服务平台和保险服务网站三者交叉的服务体系。通过此项高科技服务系统，投保客户可以在任何时间、任何地点、通过任何方式得到高效快捷的服务。作为一种全新的经营理念和商业模式，努力提高人员的整体素质和服务的现代化水平。另一方面,保险从业人员也要提高个人技术水平和文化素质,努力实现个人服务的科技化和规范化。熟练掌握网上保险操作、电子商务和通保通赔的新型业务,为客户投保和理赔提供快捷便利的服务,不断拓宽客户服务的渠道。

(三)实现保险服务的人性化

1. 保险服务人性化的首要任务是针对不同层次的目标人群细化需求

根据预期效用理论观点,具有不同效用函数的个体对风险的厌恶程度是不同的,这决定了其对保险的需求程度和愿意支付费用的程度不同,且随着收入的变化,个体对风险的厌恶程度也会发生变化,从而影响了保险的最终需求。因此,保险服务的创新应该针对目标人群的需求细化入手,体现保险服务的针对性和特殊性。

2. 保险服务应从客户利益出发

在保险销售的过程中,保险人应克服急功近利的思想,从客户长期稳定的保险需求出发,让客户正确认识风险、理解保险,由被动的消费转为主动的购买。这种新型的保险服务本身是一个互动和双赢的过程,有利于促进保险产品和服务的创新。

3. 保险队伍要做到从上级到基层的人性化理念渗透

公司的中高层领导者和决策人也要注重保险从业人员的教育,以使他们能够给保险消费者以正确、科学和理性化的引导。

保险客户的需求是多方面的,保险服务的内容也应该是多种多样的:在常规服务之外,要充分发挥自身优势,积极向客户提供风险咨询、风险管理、投资咨询、理财顾问、信息交流、法律顾问等保险责任以外的高附加值服务;同时,要在差异化服务上多下工夫,向客户提供一些竞争对手所没有的个性化产品和个性化服务,换句话说,除了继续巩固传统产品的需求外,也应着重开发满足个性化、多样化需求的产品;要进一步拓展原有保险产品功能,如在继续发展传统产险和传统寿险的基础上,积极发展投资型财产保险产品和人身保险产品以满足保险消费者的投资偏好;最后,在保险密度和深度较高的地区,可根据市场的层次性和差异性,研究险种的分层开发,推出保障型、储蓄型和投资型的复合险。

通过实现保险服务的人性化,真正通过基于客户要求产品创新、人性化理念渗透,以不断适应客户和社会对保险行业的不同需求,才能发挥保险的保障作用。

(四)完善保险服务制度

保险服务的对象不仅包含保险客户服务,也包括对公司内部保险从业人员的管理。对于保险公司内部员工,服务创新主要体现在激励机制与约束机制的改变。对于不同层次不同部门的员工,激励机制的设计都应当体现以客户为中心的理念。我们可以把完整的保险服务流程分配给不同的保险科室——如保险公司实行服务责任制,售前服务由销售单位负责,售中服务由业务中心负责,并制定服务规范,责任到人。

服务制度的创新,不是简单地设置一个服务中心,而是要求公司的整个业务运作都围绕着如何向客户提供服务,尤其是围绕服务流程来进行。是组织为服务流程而定,而不是流程为组织而定。

保险业要继续深化改革,开拓创新,切实落实保险服务创新,全面提升国内保险行业科学发展的能力,提升保险业的核心竞争力。做好了这些,才能为经济发展服务、保障民生、促进金融稳定,才能树立国内整个保险行业的良好形象,增强保险公司的整体核心竞争力,在激烈的国际竞争中立于不败之地。

保险业发展的简单分析和建议

邢文宇

（中国平安财产保险股份有限公司青岛分公司威海中心支公司）

摘 要：20多年的发展过程中，中国保险市场虽然取得了很大成就，但是与发达国家相比仍然有很大差距。我国由于保险业起步晚、基础薄弱、覆盖面不宽，功能和作用发挥不充分，与全面建设小康社会和构建社会主义和谐社会的要求不相适应，与建立完善的社会主义市场经济体制不相适应，与经济全球化、金融一体化和全面对外开放的新形势不相适应。面向未来，保险业发展站在一个新的历史起点上，发展的潜力和空间巨大。保险业务快速增长，服务领域不断拓宽，市场体系日益完善，法律法规逐步健全，监管水平不断提高，风险得到有效防范，整体实力明显增强，在促进改革、保障经济、稳定社会、造福人民等方面发挥了重要作用。

关键词：保险业；分析；建议

一、我国保险业的发展和现状

从20世纪80年代开始，我国现代保险业不断发展壮大，成为国民经济的重要组成部分，保险行业从人保一家独大到众多保险公司百花齐放，从有法可依到保监会强有力的监督，我国保险业无论从规模还是质量都有了质的飞跃。但是，从国际大环境看，我国的保险业还处于相对较低的水平。2008年初的雪灾中，保险赔付总额近50亿元，仅占1 500亿元损失中的3%。保监会主席项俊波曾在2014年"两会"上介绍说，在国际上，巨灾保险赔款一般占到灾害损失的30%～40%，我国比例尚不到3%。由此可见，我国保险业的发展空间很大，转变人们的保险意识是现阶段我们发展保险业务的当务之急。

二、我国保险业发展面临的困难

（一）历史原因

"文化大革命"期间，我国保险业的发展几乎完全处于停滞状态。

我国的社会体制也导致了人们普遍认为有灾难国家一定会补偿，缺乏个人意外风险中对自身健康和财产的保护意识。在汶川地震等历次灾难的善后工作中,国家投入的资金远大于保险赔偿金。而且由于条款限制,在多种情况下的免赔更是让人们产生了对商业保险作用的质疑。

我国实行的医保和养老保险的制度也间接地影响了我国商业保险的发展。人们不能完全了解社保的保障范围和保障水平,使得社保成了商业保险面前的一堵墙。

(二)人们收入状况对保险发展的影响

人们的消费习惯影响了保险行业的发展。

(1)中国人的消费心理和消费习惯,使得人们更愿意将剩余的资金用于购置房产和存入银行,这样投资收入较稳定,或保值性强的投资。而对保险这样看不见摸不到的保障形式投资不看好。并且由于我国的消费水平较发达国家还有一定差距,因此人们更希望用现有的收入获得更多实际的利益,对纯保障型的保险就更加不看重。

(2)人们的收入分配也影响到保险业的发展。总体来看,高收入层用于保险的投入,要远高于中低层的保险投入。高收入层接触的风险、知识层面一般要高于低收入者,并且也有更多的剩余资金用于购置商业保险。而低收入者的风险意识差,侥幸心理强,大多认为意外不会巧合地发生在自己身上,也就不需要有规避风险的投资,但是,这些人工作环境、生活环境中存在的风险较高,同时社保水平较低,因此一旦发生事故,对于他们自身和家庭都是一个沉重的打击。并且他们生活必需品消费占收入比例较高,剩下有限的资金更加不愿用于购买保险。

(三)人们的观念意识

我国人民对保险的认知存在众多误区,导致了人们对保险的不信任,人们的观念没有发生变化,我国依旧是一个人均不到一张保单的国家。

1. 把买保险当成一种投资手段,期望从中获得高额回报

不少人把保险当成一种投资手段,期望可以获得和投资股市、买基金一样的高额回报。但事实是,保险的主要作用在于通过买保险产品,让保险人在遭受了保险责任范围内的风险损失的时候,可以得到及时和可靠的经济补偿或者给付保险金。

2. 买保险不吉利

由于保险大部分都有涉及生老病死,这让不少人忌讳,认为买保险是不吉利的。谁都不希望碰到死亡、残疾、疾病、车祸等灾难,但天有不测风云,人有旦夕祸福,同时也是自然规律。毋庸讳言,买保险就是来应对这些意外和灾难的,从某种意义上说,买保险就是买平安,买的是意外来临时的一份保障。

3. 已有社保,不再需要商保

社保的特点是低水平、广覆盖,一旦患病就医发生医疗费用,个人也需要承担一部分。如果患上重大疾病或发生意外,其庞大的费用支出就会对正常生活产生较大的影响。我国前总理朱镕基曾说过,基本医疗保险只能是低水平的"保"而不是"包",保只有一个基本

的保障,超出部分主要应通过商业保险类解决,现在是转变观念的时候了,应该明确健康投资人人有责,不能完全依靠社会,社会的发展要求我们积极参加商业保险。

(四)其他因素

一些其他因素也直接或间接地影响了保险行业的发展。

(1)保险销售渠道的单一影响着人们对保险的了解和选择。在实际购买过程中,大多数人会通过保险从业人员购买,没有被走访到的人们大多对保险不会有太深入的了解。受到手机刚刚流行时众多诈骗电话的影响,人们对于其他不见面的销售形式的不信任,很大程度上制约了保险电话销售渠道,特别是电话非车险业务的销售。

(2)销售途径大多数人购买保险的途径都是保险从业人员的直接销售,这些人的素养直接影响了人们对他所在代理的保险公司甚至是整个保险行业的看法。2013年初,平安保险业务员陈莹受审,她的诈骗行为不仅使她自己受到法律的制裁,同时也导致平安保险的声誉受到很大影响。

(3)很多人缺乏责任感。我们在实际工作中经常会遇到这样的客户,在销售人员建议他多为自身投保时,总会说,自己人都没了,还要钱干什么。这体现的就是人们对于自身的责任缺乏担当,我们难道不应该思考一下万一发生事故,如何后续赡养父母,供养子女,为自己的家庭提供保障吗。事故中自身还需承担事故相关责任时,如何不让自己的家庭垮塌呢?因此,缺乏担当也是中国保险业发展缓慢的重要原因。

(4)宣传不到位。首先,我国由于保险行业规则的限制,人们很难直观地去了解某一公司、某一险种的作用,不通过销售人员很大程度上就无法了解保险的价格和作用。这对于性格偏内向或者对陌生人缺乏信任的人群来说就相当于关闭了了解保险的主要渠道。其次,我国长时间对保险行业的重视、宣传力度偏低,我们大多也是在近几年才会在电视上看到关于保险行业的广告。

(5)保险公司不能完全履行保险条款使得众多有意向的投保人失去投保信心或长期观望。保监会公布的《关于2013年保险消费者投诉情况的通报》可以看出,2013年,保监会及各保监局接收21 361件有效投诉件,实际办结20 776件,办结率97.26%,帮助消费者维护经济利益40 269.03万元。对于涉嫌损害消费者权益的违规类投诉,保监会及各保监局给予有关公司和责任人员警告54人次,罚款556.79万元。此外,还对168人次进行监管谈话,下发监管函156份。这不得不让我们认识到保险业的发展不但要提高公民的保险意识,同时也要提高保险公司的社会责任感,而不是仅以营利为目的。

(6)保险合同的争议影响了投保人及其周围人群的投保热情。保险合同在许多情况下是可以拒赔或免赔的,但是对于身处不幸的投保人或被保险人来说,这一份保险合同的兑现很可能会拯救一个人或是一个家庭。保险人和被保险人的地位在法律上是平等的,由于被保险人的过失导致合同无法兑现,被保险人周围的人情感上更偏向他,同时又看到被保险人处于困难中,很容易会认为保险就是骗人的。动画片《开心星球》中多次提到保险,都是以负面形象出现的,其中重点提到的就是保险合同的不兑现。其中调侃了保单丢失拒赔、投保人未到场拒赔等等,虽然目的是为了搞笑,但我们应该看到,人们不能正确理解保险免赔条款,会产生巨大的负面影响,这也与销售过程中销售人员为了完成销售任务,不能够充分解释免赔条款有着直接的关系。

正是由于上述诸多因素,导致了我国发展了20多年的保险业发展速度仍相对缓慢。

三、加快发展保险业发展

我国保险业的发展现阶段应主要从数量上入手,提高人均保单量。

(一)加大宣传

1. 国家层面的宣传

目前,我国政府进行的保险行业宣传有以下几个方面。

（1）保监会筹资亿元,央视播出广告《保险,让生活更美好》。由中国保监会、保险行业协会筹资亿元广告《保险,让生活更美好》于2013年1月起在央视《新闻联播》后黄金时段播出。"我们守护你的人生,珍爱你的幸福,这是保险行业的承诺。保险让生活更美好!"

（2）中学保险知识读本《保险伴我一生》面市。《国务院关于保险业改革发展的若干意见》(简称"国十条")提出要"将保险教育纳入中小学课本",提高全民保险和风险防范意识。中学保险知识读本《保险伴我一生》已列入初中、高中教育课本。当有人还在怀疑、拒绝保险的时候,国家已经决定将保险教育从娃娃抓起。

（3）保监会将每年7月8日定为"全国保险公众宣传日"。中国保监会2013年6月8日发布消息称,将每年的7月8日确定为"全国保险公众宣传日",主题是"保险,让生活更美好"。每年还将确定不同的年度宣传主题,在全国进行宣传,今年的年度主题是"倾听由心、互动你我"。保监会开通官方微博、微信帐号,促进宣传日推广。

由此我们可以看出,国家正在加大对于保险行业的宣传力度,但是,我们宣传才刚刚起步,收效更是微弱。当前我们应该着力宣传社保的不足,朱镕基总理在任时曾说过,基本医疗保险只能是低水平的"保"而不是"包",保只有一个基本的保障,超出部分主要应通过商业保险类解决,现在是转变观念的时候了,应该明确健康投资人人有责,不能完全依靠社保,社会要求我们积极参加商业保险。

我们的宣传是定时的例行公事,还是深入人心的解决问题,收效完全不同。我们需要的宣传不是每天新闻前的一则公益广告,不该是保险公众宣传日的几张照片。保险业的宣传应该是一项长期工作。

2. 公司层面的宣传

公司在宣传保险的过程中应该以公益姿态发起,不以推销产品为目的,单纯以宣传保险保障形式、保障范围为目的的公益性活动,仅以销售为目的的宣传必然会让消费者产生逆反心理。同时,公司宣传保险的有益的过程中,也应尽量避免只宣传本公司的理赔案例,应尽可能以风险和保障两个主题为切入点,在规则允许的范围内多宣传产品。

宣传的形式也应该改变,不要总期待人们靠好奇心来了解保险,我们应该主动地了解人们的情况,分析风险,提出建议,做到贴心思考,诚恳建议。

（二）调整保险投入

一般来说,一个普通家庭将收入的10％用于保险投入就基本可以满足一般意外事故的需要。但是我国人均不足一张保单的保险水平让我们看到了可以进一步发展的保险市场,同时也能看出进一步开拓保险市场存在的巨大困难。一次性把大量的资金投入保险,这对于一般家庭来说是很困难的,我们可以多采用少量多次的方式完成保费的收缴,每年交2 000元的保险投入,按月缴纳则每月不足200元,同时可以时刻提醒客户,还有这样一份保险在为他提供保障。

开发更多小额险种,为低收入群提供保障。我国保险业的发展是一个长期的课题,虽然现阶段是保险业发展的黄金时期,但是,目前各险种的保费和居民收入相比,比例偏高,完全不能体现出保险的收入再分配作用。我们应该加快低保费险种的开发,为低收入家庭提供保障。通过降低单笔保险投入、延长缴费时间、降低保障标准等方式,在人们的主观上降低保险投入。

进行差异化服务,控制服务成本,根据投保多少享受专业服务水平也要区分。做到物有所值,通过专业的指导降低客户风险发生概率,进一步降低运营成本。

（三）提高从业人员素养

从业人员在客户面前推销保险,代表他所代理的保险公司的形象,如果这些人的形象、素养不能给客户留下好印象,将直接影响客户的投保行为。试想,有谁愿意将自己的安全保障托付给行为轻浮、形象怪异的人呢?多数人接触保险的途径就是销售人员,他们的素养直接关系到客户对保险和公司的看法,客户是否相信保险很大程度上取决我们销售人员的个人素养和魅力。

我们需要加强销售队伍的职业道德建设,做到不乱承诺,不做欺诈,以坦承的态度对待客户,按照守法遵规、诚实信用、专业胜任、客户至上、勤勉尽责、公平竞争、保守秘密的职业道德要求从事保险销售。

公司不能只看重短期的利益,从平安人寿的陈莹案来看,公司仅看重陈莹带来的短期利益,没有对她的行为、销售状况和客户投诉等异常情况作出调查,反而把她推为销售明星,最终,陈莹被抓,公司的名誉受损,这样不仅得不偿失,反而需要投入更多的人力和财力去挽回损失。当今社会,信息高度透明,这种影响是全国性的,一个案件影响的将会是全国的平安公司。

因此,加强销售团队素质的培养对于我们开拓高端市场、开发低端客户都有着很重要的作用。

（四）改变人们的观念

（1）提高人们的风险意识。从防控风险的角度看,人身意外和疾病是对人们影响最大的意外事故,人们总认为意外不会巧合地发生在自己身上。"感动中国"人物丛飞,在确诊为胃癌后才补办的医保和养老保险,医疗费基本靠社会捐助,他的妻子不久后也在意外中辞世。我们在感叹好人不长命的同时,也应当思考一下如果这样的事情发生在我们身上,将会是怎样的灾难,且不是说家庭要承担的巨大精神伤害,单单庞大的医疗费就可以把一个富裕的家庭拖入负债累累的深渊。

如此实例比比皆是,我们总说风险无处不在,又有多少人真正分析过自己所处环境的风险呢?

(2)提高人们的责任感。保险业的发展也是人们认清自身责任的过程,我们购买保险的目的就是为了防止风险发生后降低我们的生活水平。一份保险就是一份对家庭的承诺。提高公民的责任感,加快我国保险行业发展的脚步。从长远发展来看,增强公民责任感对国家进步和社会发展对有着重要意义。一个有担当的人应该为风险投资,避免意外夺去我们原本所应有的快乐。

(3)提高人们对保险的认同度。我国公民普遍缺乏对保险的信任,其根源还是对保险的认知不够。一份问卷调查显示,在了解保险基本知识后,超过半数的受访者会因为自己的需要购买保险。但是不了解保险条款和对售后服务的不满有大大降低了人们对于保险行业的满意度。我们需要在加大保险宣传的同时,应提高自身售后服务水平、理赔的合理性,树立良好公益形象和商业信誉。

四、结束语

当前是我国保险业发展的黄金时期,保险业的发展需要我们每一个从业人员的共同努力,我们除了要遵守职业道德外,同时应该积极地为广大人民提供保障。保险作为收入再分配的重要形式、集中力量办大事的方式,应该受到每一位公民的关注。

参考文献

[1] 魏华林,俞自由,郭杨.中国保险市场的开放及其监管[J].保险研究,1998(7):1-32.
[2] 葛宇.中国保险业现状与发展前景分析[J].江西金融职工大学学报,2008,21(2):43-44.

对保险公司创新发展的分析与思考

吴逸凡

（中国人民财产保险股份有限公司青岛市分公司）

摘 要：改革开放以来，中国保险业经历了蓬勃发展的 30 年；而随着对外开放进程的不断加快和"入世"成功的影响，外国保险公司不断入驻中国市场，中国保险业面临的冲击和挑战更加残酷；且竞争的内涵已由单纯规模竞争发展为以保险服务为主要内容的质量竞争。因此，加快保险服务改革创新是保险公司生存和发展的关键，谁能为客户提供独具特色的优质服务、令客户满意，谁就会赢得客户，就会在竞争中获胜。

现阶段，保险服务创新应着重实现从传统服务向现代服务的跨越：由粗放化服务转变为精细化品牌化服务，努力构筑保险业独特的服务文化，增强企业品牌核心竞争力，树立保险业的良好形象，使中国保险业在国际竞争中立于不败之地。

关键词：创新；保险业；服务；改革

一、青岛地区保险市场发展背景

（一）国内外宏观环境

2014 年是"十二五"的高速发展之年，作为全球金融危机后的第一个五年，同时也是世界经济结构提速改变，经济全球化深入发展，科技创新以及产业转型突破后开端的一个重要时间节点。2014 年，我国的信息化、工业化、信息化、城镇化、市场化、国际化深入发展，市场需求的潜力巨大，劳动力素质有所改善，基础设施建设，社会大局保持稳定，为保险业的发展奠定了良好的基础。这一年，我国开始实施积极的财政政策，把货币政策从适度宽松转向稳健。继续加强和改善宏观调控，加快转变经济发展方式和调整经济结构，大力发展社会事业，扎实推进资源节约与环境保护，着力改善人民生活，全面深化改革开放，保险行业发展的空间将更为广阔。同时，我国发展面临的形势依然极其复杂，体制性矛盾和结构性问题叠加在一起，使保险业的发展面临许多不确定的因素，从而对行业加强内部控制，深化结构调整，促进行业平稳较快发展提出了更高的要求。积极参与社会保障体系建设，增强服务实体经济能力，提高税收贡献力度，改善提升保险行业的社会形象则是我们保险行业发展的长期目标。

(二)发展中的保险市场体系

青岛市的金融发展环境逐步优化,吸引了全国主要的保险公司在青岛设立了分支机构,建立了遍布城乡、覆盖社区的服务网络,构建起产险寿险同步发展、中资外资共同竞争、中介机构比较活跃的保险市场体系。截止到 2013 年青岛市共有保险公司 60 家;其中产险公司 31 家,寿险公司 29 家;共有专业保险中介法人机构 53 家,其中代理公司 35 家,经纪公司 9 家,公估公司 9 家。现在是中国保险业的快速发展期,矛盾和问题凸显期开始全面转型的关键时刻,机遇和挑战并存,发展与风险同在。保险行业想要脱颖而出、经久不衰,就需要保持自主创新能力,提升从业人员素质,改善经营管理,加快实现从外延式发展向内涵式发展的转变;更加注重培育新的业务增长点,满足经济社会发展对保险业的广泛需求。加快实现从同质化竞争向差异化竞争的改变;更加注重行业的可持续发展,为社会公众提供诚信,优质和高附加值的保险服务,加快实现从粗放开发资源向和谐利用资源转变。因此随着保险业的不断努力和创新发展,中国保险市场有望保持平稳健康的发展态势。

二、保险市场现况以及存在的问题

(一)保险市场运行状况

保费方面在国家宏观政策的带动下,保险公司的业务保持快速发展势头,业务增速仍然处于回升态势,保费持续的快速增长。在非寿险保费方面大头仍然被车险、企业险等占据,寿险方面则是分红险。 非寿险多数险种继续较快增长。市场主体稳步增加,市场集中度小幅回升,赔款金额继续增长,承保盈利明显改善。

(二)保险市场存在的一些问题

根据 2014 年一季度中国保监会公布的最新统计数据,2014 年前两个月,保险业共实现原保险保费收入 5 042.26 亿元,同比增长 48.56%。其中产险公司原保险保费收入 1 178.54 亿元,同比增长 18.82%;寿险公司原保险保费收入 3 863.69 亿元,同比增长 60.84%。2014 年 1 季度不正常的业务激增造成亏损增多也是一个值得关注的问题。

进入 21 世纪,随着我国保险业改革开放的不断深化,保险业在整体快速发展的同时,行业服务水平、服务质量也有了明显改善。保险服务逐步朝高效化和多元化方向迈进。然而,我国保险业和国外大型公司还存在着很大差距,最突出的问题仍然集中在保险服务这一环节。

1. 销售过程中服务欠缺

在近两年的中国消费者协会对全国六城市的"消费者与保险"调查中,消费者近期不准备投保的三大主要原因为:

(1)"参与保险的手续太复杂,程序过多,不愿投保";

（2）"对保险公司不信任，脸难看，话难听，事难办"；

（3）"对保险相关知识不了解，保险销售者也未予讲解"。

探究上述问题原因，主要还是由于保险人在保险销售中只重视业绩和销量，不愿为客户提供更多诸如保险常识讲解、保险理念的介绍等相关保险服务。部分销售人员由于自身专业知识的局限，甚至出于个人利益考虑而误导客户进行保险消费，进而使客户产生受骗的感觉，挫伤了客户对保险行业的信心。

2. 售后服务的质量和效率低下

保险服务的系统要求服务过程的连贯性和一致性，必须将服务贯穿于保险行为过程的始终。保险人与客户的合同关系并不仅限于保险合同的终止日期，而应长期对客户进行询问和建议，以期发掘深层次的保险消费者，拓宽客户群。而在现实中，有的保险人却不注意服务的全方位和连贯性，忽视同客户建立长期有效的服务关系，许多保险人往往以利益为目的，以任务为核心，造成了售后服务的缺失或服务质量低下，有的顾此失彼，只注意出险后的服务，而忽视对未出险保户的服务，有的服务人员素质不高，缺乏必要的服务技能，服务效率低下，难以为客户提供优质服务。上面这些情形造成了保险客户群的整体流失和社会对保险售后服务的整体信心的丧失。

3. 保险服务简单而缺乏人性化

保险行业作为舶来品，在我国发展相比较而言时间较短；其发展程度与西方发达国家相比，国内保险公司的保险服务尚属初级阶段，有很多地方亟待改进。主要问题主要是服务内容单一，缺乏人性化和个性化；另外，由于资金和技术的限制及保险从业人员的能力素质限制，保险服务手段也相对较落后，信息化、自动化、科技化水平相比较国外仍旧较低，导致保险服务质量总体不尽如人意。种种限制因素导致了目前我国保险服务过程简单粗放，缺乏以客户为核心的系统全局战略，极大地限制了保险业的长远发展。

我国保险业的保险产品创新明显不足：一是创新环境约束。我国对保险业在产品费率、条款、人员、资金运用等方面实行了较严格的管制，保险产品创新的空间相对狭小。二是创新动力不足。我国保险市场竞争还不充分，大的寿险公司占的市场份额仍很高，高市场集中度造成供给主体间竞争压力不足，保险产品创新驱动力较弱。同时，我国对企业高管的考核和管理仍存在体制性问题，难以建立起保障企业经营管理连续性和长期性的有效制度，这造成了保险公司存在求稳心态，对投入大、风险高的产品创新缺乏积极性。三是创新保护不力。缺乏对产品创新成果保护手段，影响了公司产品创新的积极性。产品创新本身蕴涵着一定风险，如果没有风险补偿，产品创新者宁愿放弃创新。所以，创新的动力需要激励和保护措施作保证，以使创新者承担的风险和收益对称。四是创新人才缺乏。我国曾长时期停办国内保险业务，保险人才出现断层现象。而我国保险业的快速发展需要大量专业人才，尤其是核保、核赔、法律、管理等方面的人才，保险产品创新的人才更缺。

三、保险公司的创新发展

（一）保险公司创新理论方向

1. 创新应以客户需求为导向

保险是一种需求，而这种需求也深受东西方生活方式、文化的影响。西方人比较看重保险的保障功能，而东方人则看重保险的回报功能。因此，保险创新首先要看到需求的差异性，应需求而产生的保险创新才是有效的创新。不同的保险公司对保险需求的分类是不同的。有的按照年龄结构来分类，即划分为老年人、成年人、儿童三大类保险需求；有的则以财富多少来分类，即划分为高收入阶层、中产阶层、低收入阶层三大类需求；也有的以性别分类，分为男性保险、女性保险两类需求。有专家表示，真正了解和把握保险需求的应该是第一线的营销员，因为营销员最贴近市场，最能体会客户需求，最为消费者群体广泛接受的保险创新才是成功的、有效的创新。

2. 保险创新在结果上更多地体现为一种包装

保险经过百余年的发展，已经比较成熟和定型，而且保险没有专利，业内新事物的生命力非常短暂，任何创新一面世，很快便会被其他公司复制和仿效。因此，保险创新实际上表现为一种再包装。有专家指出，创新是包装，是保险的外在形式和内部功能根据本公司实际情况的一种调整。当今的市场竞争使得保险公司在产品、销售、服务等方面都无法达到独树一帜的效果，能吸引市场的重要因素还是品牌、人才和企业文化。

3. 创新在市场中是立体的、多层次的

就保险而言，首先，弥补保险市场的空白点是一种创新，即原来保险市场没有的，只要满足社会大众需求，就是创新；其次，对保险市场部分欠缺的链条或者功能的补充与完善也是一种创新；其次，对已经在市场上运作的产品进行外在形式和内部功能的调整，也是一种创新。因此，创新途径可以表现为多个方面和多种形式，创新就是一种推动，在没有市场的情况下应去推动市场，而在已有市场的情况下则去推动产品。

4. 创新要紧跟市场变化

保险专家一直强调保险市场与资本市场、货币市场的不可分割性。寿险产品销售深受银行利率走势、居民经济收入变化的影响。因此，开展保险创新要根据市场的变化，特别是要研究宏观经济、利率变化、资本市场环境、居民收入结构、社会年龄结构等诸多因素的影响。

（二）保险公司创新现况分析

1. 保险理论创新

近年来，我国保险业努力吸收先进国家保险业发展的有益经验，不断推动理论创新。例如，保险功能的研究就有了较大的突破，认为现代保险不仅具有经济补偿功能和资金融通功能，还具有社会管理功能，为保险业科学发展提供了理论指导。

2. 保险体制创新

1996 年,为了适应保险业快速发展和防范风险的需要,保险公司开始建立分业经营体制,实行产、寿险的专业化经营;从 2001 年开始,股份制保险公司加快了建立现代企业制度的步伐,积极吸引外资和民营资本参股,引进境外战略投资者,优化股权结构,逐步完善公司治理结构,在建立现代保险企业制度方面进行了大胆有益的探索;2002 年以来,一些规模较大的保险公司建立了保险集团化发展模式,同时,国有保险公司在金融业率先改制上市,进一步理顺了体制,转换了机制,充实了资本金。

3. 保险产品创新

例如,各寿险公司相继推出了投资连结、分红和万能等寿险新型产品,在保险保障功能基础上突出了投资功能,防范了"利差损"风险,满足了社会多元化的保险需求,成为新的业务增长点。同时,为满足人们对养老、医疗保险的需要,开发了企业年金、商业健康保险产品,商业健康险得以迅速发展,企业年金业务也得到了相应的发展。

4. 保险服务创新

引进了国外先进的寿险营销模式,创新了我国保险营销制度,促进了人身险业务的快速发展;利用高科技手段促进了服务手段的多样化,建立了商业网站,积极探索保险电子商务;开通了全国统一客户服务电话,为客户提供了方便、快捷、优质的服务;发展了银行代理保险业务,银行代理成为三大销售渠道之一。

尽管我国保险创新已经取得成效,保险产品有了上千种,但真正为百姓所欢迎并能为公司产生效益的险种并不多,保险产品大都缺乏个性和针对性。这说明我国保险创新还处于初期不成熟阶段。一是理论创新还不成熟。理论对实践的指导作用,决定了理论创新是保险创新的前提。我国保险业发展很快,业界也对保险理论创新进行了一些思考,学习借鉴了一些国外的保险理论,但总的来说,还没有形成一套符合我国国情的、比较成熟的保险理论。二是创新机制尚未形成。目前保险公司的业务创新还属于"就事论事"式的创新,并未从根本上解决问题,保险企业还没有形成科学的产品创新机制,产品创新的动力明显不足。三是产品创新能力不强。发达国家的保险公司能及时按市场需要创新保险产品,而我国保险业在产品创新方面显得不足,以家财险为例,目前各公司的产品与 20 世纪 80 年代的条款费率差别不是很大。社会生活发生了如此大的变化,如果依然采用老的条款费率,必然满足不了消费者多方面多层次的保险需求。任何保险产品都有其周期性,如果不能适应外部环境变化而及时创新,就必然落后。四是保险服务创新扭曲。毋庸讳言,一些保险企业现在还存在着展业、理赔"两张脸"的现象,甚至有的业务员为了追求个人业绩,夸大产品功能,误导消费者,造成了保险资源的浪费。近年来这些情况虽然发生了变化,正在向好的方面转变,但仍存在服务链脱节的现象。

(三)保险公司创新方法

1. 加强保险理论创新

要加强研究。如基础理论研究的重点是现代保险功能与作用;应用理论研究重点是保险在经济社会发展中的地位与作用等。要整合力量。要整合业界、学界和监管界在保险理论研究上的优势力量，着力构建我国保险理论的系统性框架。要处理好关系。理论创新的源泉在实践，实践基础上的理论创新又是保险业改革发展的先导，保险理论创新要落实到更好地指导和推动加快保险业发展的实践上来。

2．促进保险体制创新

首先是深化保险企业改革，探索保险经营的有效方式，建立起现代保险企业；其次是巩固国有公司股份制改革成果，依据国际惯例办事，不断提高经营管理水平；第三是研究改制上市后可能出现的新情况新问题，切实加强保险监管，防范化解风险。

3．推动保险管理创

要完善法人治理结构，确立以效率和效益为中心的经营目标，树立以市场和客户为中心的经营理念；要建立以诚信为取向的价值观和职业道德规范，要健全双向选择的人事劳动制度和效率优先、兼顾公平的薪酬分配制度，要建立与国际接轨的会计制度；要正确处理保险创新与风险管理的关系，把大胆探索的勇气同实事求是的精神统一起来。

4．加大保险产品创新

要围绕经济社会生活变化和城乡居民的消费习惯、消费热点加大产品创新力度，要建立产品开发、售后服务的合理流程，并及时根据消费者需求修正保险产品设计。在养老保险、医疗保险、责任保险和农业保险领域进行重点开发，形成保险产品开发的合力，改变目前保险产品雷同、市场细分不明显的状况，按照市场有需求、经营有效益的原则，加大产品创新力度和投入，针对不同的保险对象、不同的销售渠道设计不同的险种，满足人们的不同保险需要。

5．强化保险服务创新

一方面，要深化保险服务制度创新。要围绕"保险咨询→风险评估→保险方案设计→承保→承保后风险防范→出险后的查勘定损→理赔"这一服务链逐步向外扩展链接。另一方面，要丰富保险服务内容创新。例如针对医疗、养老制度改革后居民迫切需要医疗、养老方面优质服务的现实，在做好医疗、养老保险的同时，大力开展诸如免费体检、健康咨询、康复护理等方面的服务。针对就业改革后失业者的增多，在提供失业保险的同时向客户提供再就业培训、再教育咨询、就业信息等服务项目等。

6．重视保险监管创新

要创新监管方式和手段，有效防范化解风险；要转变监管职能，坚持为市场主体服务，创造良好的发展环境；要适应金融创新所带来的业务领域交叉，建立健全与银行、证券监管机构的协调沟通机制，要健全产品创新保证机制，促进市场良性竞争，增强保险产品创新能力，要处理好监管与鼓励创新的关系，符合市场经济发展方向和金融稳定原则的创新，只要条件成熟就可尝试。

参考文献

[1] 陈鹭. 全面开放中的我国保险业创新研究 [D]. 广州：暨南大学, 2007.

[2] 粟丽丽. 对当前我国保险服务创新与经营体制创新的思考 [J]. 商业研究, 2005（11）：41-42.

[3] 史晓滨. 浅谈以人为本在保险中的应用 [J]. 上海保险, 2001（3）：42-43.

[4] 盛和泰. 保险产品创新 [M]. 北京：中国金融出版社, 2005.

[5] 王健康, 吴金文. 保险学概论 [M]. 北京：电子工业出版社, 2010.

[6] 范恒山. 中国保险市场 [M]. 武汉：湖北人民出版社, 2008.

浅析保险服务创新的重要性

李明月

（中国人寿保险股份有限公司青岛市分公司）

摘　要：创新是保险业发展永恒的话题，保险服务创新更是保险行业在当前激烈市场竞争中增强核心竞争力的重要手段。随着保险业的不断发展以及保险业务的拓展与完善，保险服务日益成为保险业竞争的重点，成为衡量保险业生存和发展长远的关键。有效落实保险服务，实现保险服务的创新，才能全面提升国内保险行业科学发展的能力，提升保险业的核心竞争力。

关键词：保险业；服务；创新

随着保险行业竞争的进一步加剧，保险企业之间的竞争已由单纯的规模竞争逐渐发展成为以客户满意为核心的服务质量竞争。公司发展，靠的不仅仅是销售，服务也是不可或缺的重要部分。有人认为，买保险就是买服务。保险服务日益成为保险业竞争的重点，成为衡量保险业生存和长远发展的关键。只有实现服务和销售两条腿走路，加大服务创新力度，才能为广大保险消费者提供更多的保障，从根本上维护消费者的利益，才能提升保险行业的核心竞争力。

一、保险行业当前服务的现状

（一）对服务的地位和作用认识不够充分

服务理念和服务质量与业务发展要求不相适应，"重业务、轻服务"的现象依然存在，对服务工作的重要性认识不够、重视程度不高，公司内部制定的服务举措落不到实处，从业人员的服务理念，尤其是以客户为中心的理念未能建立起来。在这种思想指导下，保费入了口袋，承诺的服务也就没踪影；有的为上业务夸下海口造成误导，待客户出险后索赔时服务却打了折扣，凡此种种，不仅造成客户群流失，也直接影响了行业自身的发展。

（二）以客户为中心的服务模式缺失

寿险公司目前为客户普遍提供的服务主要是保单服务，这些基本服务还有许多亟待改进之处,附加值服务也才刚刚起步,客户管理系统刚刚建立,有些单位在客户服务方面的人力、物力等方面配备不足,也影响了服务工作的开展,尤其体现在 VIP 客户的增值服务上,VIP 客户相对于产品更加看重公司的服务质量和水平,业内部分公司在为 VIP 客户提供一对一全面贴身的增值服务方面尚未建立完备的服务体系,降低了 VIP 客户的服务满意度,甚至出现了个别 VIP 客户流失的现象。保单服务作为最基础的服务在服务流程、服务内容和服务效果上来看也有许多亟待改进的地方。像存在损害客户利益进行误导投保的行为,部分实务手续比较繁杂的问题等。要想真正树立起行业理赔品牌、柜面服务品牌,让客户一谈到保险理赔服务就点头称赞不再有怨言,这就需要我们在进行柜面服务和保单服务时更加准确地把握客户需求,不断进行制度梳理和流程优化,让我们的保单服务和理赔工作成为客户体验“用专业和真诚赢得感动”的服务窗口,为行业树立起良好的口碑。

(三)保险服务供给与客户需求之间的矛盾日益突出

随着社会的发展,消费者对服务的要求越来越高,对保险服务的便利性、多样性和差异性需求不断提高,选择的主动性越来越强,权利意识和法制意识普遍增强。不同年龄阶段、不同工作性质等对产品的选择、购买方式的选择、保障利益的选择等方面所需要的服务存在很大的需求差异,但是行业服务的供给在大量的需求面前却显得捉襟见肘。究其原因,部分是因为客户服务队伍在保险销售中重视业绩和销售高于重视保险服务,未能为客户提供诸多的保险常识讲解和保险理念的介绍。有的是因为销售人员由于自身专业知识的缺乏,在承保时未能如实全面告知有关保险条款,待出险后,理赔人员定损理赔时低于客户的期望值,造成客户的不满意。还有的是因为产品类型单一,不能满足不同层次客户群的差异化需求。

(四)售后服务的质量和效率低下

保险服务的系统要求服务过程的连贯性和一致性,因此必须将服务贯穿于保险行为过程的始终。公司与客户的合同关系并不仅限于保险合同的终止日期,而应对客户进行长期询问和建议,以期发掘深层次的保险消费者,拓宽客户群。而在现实中,有的却不注意服务的全方位和连贯性,忽视同客户建立长期有效的服务关系;有的往往以利益为目的,以任务为核心,造成了售后服务的缺失或服务质量低下;有的顾此失彼,只注意出险后的服务,而忽视对未出险客户的服务,譬如有的早期报案制度尚未有效落实和全面执行,现在还仅限于团体意外险,个别客户尚未实现早期报案,以致无法保证客户在理赔时有业务人员上门服务;早期调查也无法及时进行,延长了理赔时效,降低了客户满意度,造成了客户群的流失。

(五)保险服务简单缺乏人性化

保险行业作为舶来品,在我国发展时间较短;其发展程度与西方发达国家相比,国内保险公司的保险服务尚属起步阶段,有很多地方亟待改进。主要问题体现在服务内容单一,缺乏人性化和个性化;另外,由于资金和技术的限制及保险从业人员的能力素质限制,保险服务手段也相对较落后，信息化、自动化、科技化水平仍旧较低，导致保险服务质量总体不尽如人意。这些限制因素导致了目前我国保险服务过程简单粗略，使我们缺乏以客户为核心的系统全局战略，极大地限制了保险业的长远发展。

二、如何进行服务创新

服务创新并非简单地进行一两次的改进，而是要以形成新的经济增长为目的，持续改进和提升为客户提供最佳服务的能力。服务创新是全方位的，贯穿保险行业经营的各个环节。下面结合实际经验以及遇到的实际问题，阐述一下如何进行服务创新。

（一）牢固树立"以客户为中心"的服务观念

服务观念创新是服务创新的根本，只有真正抓住这个根本，创新才具有应有的动力与活力。做好服务观念创新，就要真正树立起"以客户为中心"的服务观念，从"劝说客户买保险"转变为"倾听客户的需求"，通过与客户的交流，全面了解客户的需求，有针对性地为客户定制保险计划、调配保险套餐、提供保险服务，担当起客户的理财顾问角色，让客户得到保障利益的同时，获取相应的情感收入，通过这种方式与客户建立起长期的双赢互惠关系。

（二）主动提供服务，提高客户满意度

提高客户满意度的有效办法就是为其提供及时主动的服务，客户只有在对公司服务满意的前提下才能对公司认可并产生信赖感，同时他们会将公司的美誉传播到周围人当中去，起到为公司宣传的作用，这种宣传力度将远远大于公司人员宣传的影响力。反之，如果一位客户对公司服务产生不满情绪，那么公司失去的将不仅是一位客户，很可能是一个客户群。例如在20世纪90年代购买过长期险养老产品的客户，现在已陆续进入保险收益阶段，如果公司能在这些老龄客户领取养老金时提供优质的服务，及时主动为客户办理生存调查和解挂，避免客户在领取养老金时遇到不必要的麻烦，并由业务人员及时跟进，那么就能较容易地促成第二代人继续购买，这样一来公司积累的大量满期客户资源将转化为潜在的业务资源。

（三）细化客户群体，创新服务方式

随着社会的发展，客户对服务的要求和期望也越来越高，不管是从保险的产品、投保，还是缴费、理赔等环节，客户都希望得到多样化的、个性化的服务，这就要求我们必须通过服务方式的创新来提升服务能力。我们要做的就是针对不同层次的目标人群细化需求，向顾客提供针对性强的服务和产品，同时利用积累的客户资料信息，通过短信、微信等现代通讯手段，为客户提供如缴费提醒、新险种的推荐、优惠活动等服务项目。另外，针对年轻客户，他们更加青睐通过网站、手机等电子设备购买必备的保险产品，我们就要为客户提供便捷的购买方式和程序，甚至必要的优惠政策，来满足年轻客户的多样化需求。

（四）让销售人员介入公司客户服务工作

与客户接触最多的就是业务人员，如果公司能够为业务人员提供较多与客户接触的机会，那么促单成功的概率将会大大提升。同时，业务人员在客户面前代表的是公司甚至行业的形象，如果为业务人员创造直接服务于客户的机会，那么行业形象也会得以提升。以理赔调查为例，公司可挑选责任心和上进心强的业务人员陪同理赔调查人员一起为客户展开前置调查，一方面可以为后期报案后提高时效服务，另一方面为业务人员创造直接接触客户的机会，一旦后期客户成功获得理赔，必然会对整个保险行业产生认同感，这时也非常容易促成二次投保和转介绍。

（五）注重售后服务，树立行业良好的品牌形象

销售的完成并不意味着保险服务的结束，它在整个营销环节中起着至关重要的作用。一方面，优质的售后服务可以弥补售前服务的不足，通过及时了解并满足客户的需求，相对可以减少一定量投诉纠纷事件的发生，起到树立行业良好品牌形象的作用。另一方面，做好售后服务，可大大提高客户二次投保的几率，并挖掘潜在的客户群。因为，已投保客户对保险产品是认可的，他们已完全具备了投保的意识，相对于陌生拜访来说，对已投保客户促成再次投保的成功率要高得多。目前，保险售后服务已成为国内外各保险公司竞争的核心所在，保险售后服务能力的高低也是衡量一个公司竞争能力高低的重点。

三、保险服务创新的重要意义

面对日益激烈的国际国内行业竞争势头，必须牢固树立以客户为核心、以保险服务创新为重点的经营理念，高度重视客户服务工作，以满足客户的保险服务需求为己任，千方百计提高保险服务质量。做好服务创新的意义重大，第一，保险服务创新有利于维护客户利益。西方发达国家的保险业经过长期发展，已经达到相当高的水平，通过对客户科学细分和准确定位，并提供高质量的保险服务是其获取高效益的主要原因。因此，保险企业必须实现经营理念的转变，树立以客户为中心的经营思想，用最方便、最人性化的营销方式满足不同客户对保险服务的需求，使客户信任公司、认可公司，最终达到公司和客户的双赢。第二，保险服务创新有利于树立行业形象。保险服务要求公司必须重视保险过程的每一个环节，不仅在保险售中服务中做到最好，更要把售前服务和售后服务落到实处。随着人民生活水平的不断提高，客户对保险的要求也在不断提升。因此，只局限于做好承保和理赔，忽视售后服务和咨询工作是不行的，长此以往，公司将面临着失去客户、削弱竞争力的严重后果。因此，为树立良好的品牌形象、增强保险行业核心竞争力、提升行业人文素养和关怀，必须大力推进保险服务业的改革和创新。第三，保险服务创新已然成为保险公司提升核心竞争力的重要手段。在保险市场竞争日益激烈的今天，真正能形成保险公司竞争优势和核心竞争力的，不再仅仅是那些有形的资本、产品等物质资源，更包括管理、人才、技术、市场、品牌形象等无形资源。这些资源不易流动和被复制，交易频率低，具有相对的垄断性，可以产生一定的垄断优势。而服务优势就是这样一种重要的市场资源，服务创新对保险业务的发展也就具有十分重要的意义。

服务的优劣决定了保险企业的市场竞争力和持续发展能力,加快服务创新是企业生存和发展的关键,只有不断深化改革,切实落实保险服务创新,提升科学发展的能力和核心竞争力,才能在激烈的竞争中立于不败之地。

参考文献

[1] 王德中.管理学原理[M].成都:西南财经大学,1995.

[2] 史晓滨.浅谈以人为本在保险中的应用[J].上海保险,2001(3):42-43.

[3] 粟丽丽.对当前我国保险服务创新与经营体制创新的思考[J].商业研究,2005(11):41-42.

[4] 陈鹭.全面开放中的我国保险业创新研究[D].广州:暨南大学,2007.

打好保险业改革发展的基石，建设诚信保险业

张秀敏

（合众人寿保险股份有限公司青岛分公司）

摘　要：保险业作为金融服务业，是国民经济的重要组成部分。近年来，我国保险业发展迅速，但是各种违法违规问题也相继出现，而这些问题的产生与我国保险业诚信缺失密切相关。保险公司经营的产品是以信用为基础、以法律为保障的承诺，因此相较于其他行业，保险业对诚信的要求更高。但诚信问题却成为了制约我国保险业发展的桎梏，加强我国保险业的诚信建设刻不容缓。

关键词：保险业 ；诚信缺失；诚信建设

引言

相较于世界保险业，我国保险业起步相对较晚。当一些欧美国家已经有了比较完善的保险体制时，中国的保险业仍处在发展的初级阶段，存在着开发程度较低、规模较小、有效供给不足、产品结构单一、保险法规滞后、自主经营能力不足等问题。

1980 年，我国恢复开展国内保险业务，但直到 1986 年，我国也只有中国人民保险公司经营保险业务。这一时期，我国保险业的发展几乎完全依附于政府，取决于政府的意志，实际上是一种政府行为。直到 20 世纪 90 年代，政府的控制力渐渐减弱，保险机构的数量也增加到了 120 家。此时的保险业虽不再是一家垄断的情况，但是国有保险公司仍是保险市场供给的第一集团，控制着 60％以上的市场份额。随着我国政府加大推行改革开放以及中国加入 WTO，中国的保险业与国际保险市场全面接轨，中国的保险业也呈现出了新的发展态势。外国保险公司已开始试图进入中国保险市场，在资金、技术、经验等各方面为中国保险业提供支持，同时中国保险公司也不断加强与外国保险公司的合作，不断地提高自身综合实力，保费收入实现快速增长，保险密度不断增长，保险深度不断提高，服务领域不断拓宽。中国保险业作为金融业，经过多年的波折，在曲折中发展，实现了经济体制从计划经济向市场经济的转型，成为拉动国民经济发展的一股新兴力量，现在已经成为国民经济不可或缺的重要组成部分。近日，"新国十条"颁布，明确指出"保险是社会文明

水平、经济发达程度、社会治理能力的重要标志"。这肯定了保险业在国民经济中的地位,保险业作为现代经济的重要产业和风险管理的手段,终于可以在中国现代化的道路上大展拳脚。随着全球经济一体化和保险国际化步伐的加快,中国保险业迎来了前所未有的发展机遇。但是,在经济全球化的背景下,中国保险业也面临着巨大的挑战。

一、中国保险业发展新机遇

国际市场空前开放,经济全球化已是不可逆转的潮流。顺应这股潮流,中国各行业采取各种措施、政策来抓住这次难得的发展机遇。中国保险业也希望借助国际保险市场的力量壮大起来,进行自身改革调整,利用各种有利条件,为快速发展打造坚实基础。

(一)经济体制转型为保险业提供发展契机

20世纪80年代初,我国从计划经济转型为市场经济,这是我国保险业恢复和发展的直接契机,人们对于不确定性风险预期损失补偿的需要刺激了保险需求。经济体制的转变,市场经济体制的建立,让人们失去了政府提供的风险保障,人们开始意识到自己的财产和人身可能会面临无法预期的风险,而这种风险极有可能是无法避免且个人没有能力完全承担。这种意识的转变为保险业的产生和发展提供了动力和市场。

(二)国民收入的快速增长促进保险业的发展

国民收入尤其是人均可支配收入的快速增长,推动了对保险需求的增加。从个体来讲,人们对财产安全和自身安全的意识增强,开始进行自我投资。这是在人们财富积累到一定程度后,才有可能为已经积累的财富支付保险费用,而这部分投资支出,来源于新增收入部分。随着人们生活水平的日益提高,人们不再为解决温饱问题而苦恼,开始追求更高的生活质量。因此,对自身安全和生活质量的要求也越来越高,从而对寿险产品的需求也越来越多。从企业生产来看,国民收入的增加促进了投资的增长,人们为扩大再生产中追求投资部分支付的保费,也同样出自于新增收入部分。扣除物价因素,我国国民收入增长速度平均每年约10%,而保费增长速度平均每年约30%,保险业的增长速度超过了国民经济增长速度。2013年曾被中国保监会主席项俊波同志认为可能是保险业发展最为困难的一年。不过这一年下来保险投资收益率仍然突破了5%,创近4年新高,行业利润总额增长了1.1倍。

(三)国家政策的支持促进了保险业的繁荣发展

随着保险市场的开放,国家经济发展政策以及保险监管政策对保险业产生了较大的促进作用。近几年来,国际经济形势不太稳定,为了应对国际金融危机的影响,中央采取了一系列灵活的宏观调控政策,并提出了"保增长、扩内需、保民生、保稳定"等一系列目标。2006年国务院颁布的《国务院关于保险业改革发展的若干意见》,对推动和完善中国的保险事业起着重要作用;保监会提出了"抓服务、严监管、防风险、促发展"的12字方针;以及2014年8月国务院印发了《关于加快发展现代保险服务业的若干意见》。国家逐渐将发展保险业纳入现代化进程,大力支持保险业的发展,这为中国保险业的进一步发展提供了政策保障。

保险业自身经营策略的调整,国家政策的大力支持,以及国内经济发展的良好态势,都为中国保险业的发展创造了优越的条件和提供了良好的环境。相信中国保险业的繁荣景象很快就会到来。

二、诚信缺失现象严重

不过,我们也应该清醒地认识到,有机遇就有挑战。现在,中国保险业虽已经入了蓬勃的发展时期,但中国保险业仍处于保险发展的初级阶段。保险体制不健全,使中国保险业在发展的道路上面临着重重困难,传统观念对保险潜意识的排斥性、外资保险公司抢占中国保险市场、保险供给不足、保险产品单一、自主经营能力不足等,这些短期无法轻易解决的难题,导致我国保险业在发展过程中出现了种种问题,如保险业务队伍素质低、诚信缺失、违规违法操作,甚至是保险欺诈等。

中国保监会的项俊波主席曾说过,保险事业从根本上讲就是群众的事业。诚信是保险业的立业之本和生存发展的基础,是保险机构的核心竞争力。尤其在现在竞争日益激烈的国际市场,企业诚信显得尤为重要。我国《保险法》第5条规定:"保险合同当事人行使权利、履行义务应当遵循诚实信用原则"。但是,目前我国保险行业普遍呈现出一种重业务发展、轻诚信建设的情况。

首先是保险提供者的诚信缺失。保险提供者即保险市场上提供保险产品的保险公司。一直以来,保险行业缺少信息披露制度,一些保险公司利用信息优势和保险业务专业性强的特点,使得保险消费者实际上处于信息严重不对称的状态中。在个别案件中拒赔不合理,违规经营,支付过高的手续费用、采用过低费率等恶性竞争行为不仅损害了客户的利益,也对保险公司的社会声誉造成了损害。

还有一些保险代理人为了招揽业务,实现个人自身利益的最大化,在个人利益的驱动下,避重就轻,许诺虚假的高回报率,回避保险合同中的免责条款,只谈收益,不谈风险;出现撕单、埋单、私吞或挪用保费、制造假赔案、误导甚至欺骗投保人的行为。这些不诚信表现极大地丧失了消费者对保险代理人的信任。而且在消费者看来,保险代理人就是保险公司的化身,他们的不诚信行为将可能导致整个保险行业失信于社会,严重损害了保险业的声誉。

根据国际著名咨询公司麦肯锡的调查报告显示,近两年国内寿险保单退保金额巨大,甚至超过了300亿元,其中有20%的理由是消费者被骗。某网站"你认为国内的保险公司可信度为多少?"的投票调查显示:63%的投票者认为国内的保险公司可信度为0%,35%认为可信度为50%,只有1%的人认为可信度为100%。国内保险业的诚信状况可见一斑。

而一些投保人在投保时不履行如实告知的义务,或在不满足投保条件的情况下为获取保险保障而提供虚假信息等种种违背诚信道德和法律的行为,这都对保险业的发展造成了严重的损害。

保险公司、保险代理人以及投保人的种种不诚信行为,造成了目前我国保险行业诚信建设基础薄弱的现状，诚信问题成为了我国保险行业发展的一大瓶颈。

三、诚信缺失的原因

国内保险业诚信缺失的问题日益突出，不仅消费者的权益受到了损害，保险公司的发展也受到了严重的制约。

（一）国家信用管理制度不健全

首先，我国的社会信用体系不完善。社会信用体系健全的国家，奉行诚实守信者的权益可以得到制度上的保障；而在一个不守信用的社会中，守信用者的合法权益有可能受到损害。在目前我国的保险市场上，由于社会信用基础薄弱，信用的保证主要依赖于人的伦理道德素质，但是在追求自身利益最大化的利益驱动下，出现了利己主义动机，产生违反诚信原则的道德风险。

其次，我国保险信用法规建设滞后。虽然多年来，我国一直在加强社会信用建设，努力营造出一个充满诚信的社会氛围，但是与高速发展的保险经营活动相比仍显得有些滞后。目前，我国对违背诚信的行为惩罚机制不健全，法律上的惩罚规定尚不够完善，经济上的惩罚力度不够大，约束机制软化，主要依靠社会舆论从人格、伦理上进行谴责，并不能有效抑制失信行为的出现。

第三，我国保险诚信管理制度缺失。保险供给者及保险中介者的管理制度不健全，监管力度不够，致使保险公司员工和保险代理人的诚信行为具有不完全控制性。保险公司的业务运作是保险公司的内部员工和保险代理人行为集合的结果，所以公司员工和代理人的忠诚度、能力及协作精神是保险公司诚信状况的基础。当公司员工或代理人的诚信状况失控超过一定范围或程度的话，就会弱化保险公司的诚信能力。而我国现行的保险代理人制度是一种松散的经济利益关系，保险公司聘用保险代理人没有完整的管理体系，对上岗要求和人员管理不够严格，业务员的整体素质较低，保险公司难以实现对代理人合理有效的激励和约束，这就可能导致代理人偏离委托人的委托目标，为了追求自身利益而做出损害委托人和投保人利益的行为。

（二）信息不对称

所获取信息的不对称性，在客观上为失信行为提供了条件。

1. 对于保险人而言

保险市场上，保险消费者比保险公司更加清楚自身的风险的状况，而保险公司是不可能清楚每一位顾客的潜在风险水平的。因此，保险公司的保险费率是根据平均风险水平来厘定的。而这种厘定保险费率的方式意味着，高出平均保险水平的消费者购买保险是有利可图的，因为他们出险的概率更高，而一旦出险就可以获得多于其所交保费的赔偿额度，从而将自己的损失降到最低。所以，越是风险水平高的消费者越倾向于购买保险，这就造成了保险公司面对的客户群体的平均水平不断提高，保险公司的赔付率不断加大，潜在的赔付支出就会高出保费收入，但是保险公司是盈利性的，为了避免出现盈利的负增长，保险公司不得不提高费率,而费率的提高必然会迫使低风险消费者推出保险市场,进一步恶化了保险公司的经营状况。

2. 对于投保人而言

保险业是一个专业性较强的行业,而普通人对保险知识和法律知识又比较欠缺,再加上保险产品复杂多变,保险服务参差不齐,因此,在购买保险的过程中,投保人在对保险产品信息的了解处于弱势地位。在信息披露不充分的情况下,投保人在投保前甚至是投保后都难以了解保险公司的真实经营状况,难以对保险公司做出正确的评价。同时,保险合同是保险公司事先拟定的,投保人只能被动地接受或拒绝,存在着严重的信息不对称,再加上绝大多数保单条款在表述上包含的专业用语过多,晦涩难懂,缺乏保险知识和法律知识的投保人无法完全理解保险条款中的内容,无法选择适合自己的保险产品,只能根据保险代理人的解释说明来了解保险产品。这种情况下,投保人极有可能得不到当初购买保险时想要得到的回报。即便是在赔付时,赔付的条件或拒赔付的理由也都是由保险公司解释,缺乏专业知识的投保人抗辩的余地很小。所以,在保险合同的制定、履行、赔付等一系列过程中,都可能存在保险人利用其掌握的信息优势和行业专业性强的特点损害投保人权益的状况。

3. 对于保险代理人而言

保险销售人员虽与保险公司签订代理合同,但并不属于公司正式员工的编制,他们并不隶属于保险公司,在某种程度上仍可称为自由职业者。而目前,保险公司对保险代理人的考核主要以业绩为主,根据个人业务量来发放佣金。由于缺乏对保险代理人的约束机制,在个人利益的驱动下,保险代理人极有可能在业务中欺骗保险人、投保人。保险人和投保人是依赖于保险代理人沟通的,是沟通双方的中介,保险代理人将保险人的信息告知投保人,将投保人的信息告知保险人。但是在这个过程中,极有可能发生保险代理人隐瞒真实客户信息、隐瞒保险合同重要内容、阻碍或诱导投保人不履行如实告知义务、片面夸大保险产品的增值功能,甚至误导投保人等情况。

这些问题的产生都是因为保险人、保险代理人和投保人之间信息的不对称所致。

四、如何加强诚信建设

《关于加快发展现代保险服务业的若干意见》的出台,为我国保险企业的发展创造了更加有利的条件,提供了一个极好的发展机遇。与此同时,当前的严峻形势对保险企业的诚信建设也提出了新的要求和更高的挑战。完善诚信体系,规范诚信秩序,是当前我国保险体制改革和保险业可持续发展的基础性工作,也是我国现代化进程的要求,加强保险业的诚信建设要从企业内部和外部等各方面着手。

(一)建立统一协调的保险信用管理体系

诚信是市场经济的基石,是保险业的生命线。保险业销售的不仅仅是商品,更是一份承诺。这决定了诚信对于保险业,相较于其他行业更为重要。如果丧失了诚信,保险业就丧失了生存和发展的基础。

要建立统一协调的保险信用管理体系，就要严格推行依法行政。政务诚信是社会诚信的先导和表率。依法行政是政务诚信的核心。保监会作为政府组成部门要确保监管政策的科学性、连续性和稳定性，提高保险市场主体和消费者对监管部门的信任度。要抓好行政审批制度改革，要在防范金融风险、提高服务质量的前提下，按照《行政许可法》和国务院有关要求，进一步取消和下放行政审批权力，并以此作为保险监管职能转变的突破口。要推进政府信息公开工作，维护公众的知情权、参与权和监督权，提高监管工作的透明度和公信力。加强行政效能监察，全面落实党风廉政建设责任制，确保监管部门勤政廉政、依法行政，实现政务诚信。

要建立统一协调的保险信用管理体系，需要加快建设信用信息平台。信息化是整个保险业信用体系建设的基础与前提。依托中国保险信息技术管理有限公司，研究建立保单登记系统，实现对全国范围内所有保单信息的集中动态登记。改进保险中介监管信息系统，实现对保险专业中介机构及高管人员、保险中介从业人员行业准入、执业行为的全程监管。推动信用信息标准化建设，统一保险信用信息各主体的识别代码，建立从业人员和投保人的信用档案并确定技术标准，实现保险市场参与者的信用信息在行业内部共享，搭建统一的保险业信用信息平台。

（二）完善相关法律制度，加大执法力度

目前，我国的《保险法》还不够完善，国际惯例不能体现，因此许多具体案例无法可依，对各种不诚信行为也缺少相关的惩罚规定，这些法律漏洞是我国保险业诚信问题的一个很大来源。所以，如果要加强保险业的诚信建设，必须进一步完善《保险法》，充实保险人、投保人、被保险人、保险代理人、保险中介等保险合同各方诚实信用的具体条款，对参与保险活动的每一方加强法律约束，加重对违反者的处理。同时，一边还要抓紧制定和出台与《保险法》相配套的行政法规和规章制度，如《保险诚信制度管理办法》《保险信息披露管理规定》《保险代理人管理办法》《保险违规行为处罚办法》等，使保险诚信建设有法可依，将保险诚信建设纳入法律法规监管之中。

我国对《保险法》的执法也常常不切合本法，有些执法人员对《保险法》及保险的相关概念和原则并不清楚，在具体操作时常用其他法律条款代替，造成误判错判。所以需要加强对执法者的教育，要求执法者认真学习《保险法》和其他各项法律法规，做到严格依法办事，科学有效地作出判断，维护各方的合法权益。

（三）建立和完善信息披露机制

由于保险机制的固有特性，无论是保险的买方还是卖方，都不可能充分获取相互的信息，而一些保险市场的参与者，就会利用保险买方和卖方对信息占有不对称状况，从中获取私利，导致保险市场运行的低效率。因此，建立和完善信用信息披露机制，使买方和卖方都能够在同一平台上平等、公开地对话，建立买卖双方的相互信任就显得尤为重要。

建议保监会制定、完善和规范保险业的业务信息、市场信息和监管信息的披露内容和管理规定，扩大监管信息的披露范围和增加披露次数，使社会、保险中介机构和市场主体能够公平、方便、及时地获取必要的保险信息，提高信息的透明度。建议保险机构建立从业人

员的被保险人的信用档案,保险监管部门进行监督管理,建立起全方位的保险信用信息网络,实现各种信息资源可以在保险机构、监管机关和社会间共享。建议保险监管部门设立保险信用评价系统,对保险市场主体的信用状况进行科学、准确地信用风险评级,来确定保险市场的信用等级,进行实时监督,发现状况立即处理,从而促进保险市场的稳定发展。

(四)提升代理人诚信服务意识,构建保险业的诚信文化

保险市场的行为主体应该转变观念,重新认识企业利益、个人利益和诚信的关系,树立维护诚信行为的责任观。在保险公司的员工培训及对保险代理人的培训中,重视诚信教育,增加诚信内容,特别是要规范保险展业行为。保险机构要制定并遵守规范的业务程序管理,完善业务考核管理办法。

目前的保险代理人佣金主要来源于首期佣金,造成部分保险代理人只注意自己的首期服务态度,会影响续期的服务态度的质量。所以,可以对现有的保险代理人佣金制度进行改革,适当降低首期佣金支付率,提高续期佣金比例,从而促使代理人提高后续服务的质量,增加投保人满意度。

建立针对保险代理人的诚信评定系统。监管部门利用现代信息化技术,建立代理人的信息发布和查询系统,并实现保险市场主体之间资源共享。监管部门对代理人的业务质量进行评定,对违规违纪人员公示,情节严重的要追究其法律责任。

要发展诚信文化。先进的诚信文化是保险业的根基。"守信用、担风险、重服务、合规范"作为保险业核心价值理念,蕴含着保险业生存和发展的根本价值取向,深刻影响着保险从业人员的思想观念、思维方式和行为规范。要大力宣讲核心价值理念,推动保险企业牢筑诚信经营的思想基础,将诚实守信贯彻到内控管理的各个环节,建立起严格的信用管理体系,防范不诚信行为的发生。

随着新兴产业的腾飞、高新科技的发展、世界全球一体化进程的加快,中国保险业迎来了千载难逢的发展机遇,也承受了前所未有的发展压力。青岛保险业一定会借着这股东风实现跨越式发展。但是想要在竞争日益激烈的保险市场上保持强劲的竞争力,必须深化体制改革和提高创新能力。中国保险市场潜力巨大,只要保险行业不断规范行业行为,健全保险保障,完善保险管理制度,尽快在中国建立完善的保险体制,中国保险业就将出现发展的繁荣景象,青岛保险业很快就会迎来发展的春天。

参考文献

[1] 魏华林,林宝清.保险学 [M].北京:高等教育出版社,1999.
[2] 魏华林.保险法学 [M].北京:中国金融出版社,1998.
[3] 傅夏灵.我国商业保险个人代理人营销中的诚信问题 [J].就业与保障,2007(9):46-47.
[4] 陈立双.保险学 [M].南京:东南大学出版社,2005.
[5] 刘彬.信息不对称对保险业的影响及治理措施 [J].经济与管理,2006,20(4):76-79.

论我国保险业应对国际化的发展对策

李 翔

（北大方正人寿保险有限公司青岛分公司）

摘　要：经济全球化是目前经济发展的主导趋势。经济全球化的发展，必然会带来保险的国际化，这种国际化必然会对我国保险业产生重大影响。本文通过对保险国际化的理论与实证分析，提出了我国保险监管的政策建议，评估现行保险体制、实施开放性监管战略、实施优质发展战略、提高保险信息化水平、完善保险公司偿付能力监管和加强资产负债监管。

关键词：发展对策

一、保险国际化的方式及实证分析

（一）保险国际化的方式

从目前看，保险国际化的方式主要有三种：

（1）投资国外保险市场。即通过在国外建立分公司或子公司的方式，向外国保险市场渗透，这种方式是目前保险国际化的主流。但是，由于世界各国保险市场开放程度不同，开放方式各异，因此，设立分公司或子公司的难易程度也不相同。

（2）投资国外资本市场。即将本公司的资金运用到国外资本市场，分散投资风险，寻求资本收益。这种方式一般受本国保险法关于保险公司资金运用规定的限制。

（3）开放本国保险市场。通过完善保险法规，逐步开放本国保险市场，允许外国保险公司参与本国保险市场，国内保险市场经营主体的国际化和本国风险管理的国际化。

（二）实际分析

从目前情况看，欧洲经济及保险一体化就是保险国际化的一个实例。为了推动欧洲共同体保险市场一体化进程，1994 年 7 月 1 日，欧洲第三代保险决议生效。决议的主要内容是：

（1）统一欧洲共同体保险业执照、确立本国控制的监管原则和取消对保险业的高度监管；

（2）统一执照将允许共同体成员国保险公司在本国注册,在欧洲共同体的任何地方从事保险业务;

（3）由保险公司注册国负责对保险公司的监管。偿付能力的执照由保险公司的注册国来颁发,但所有共同体成员国都必须认可保险人和被保险人可以自由决定费率和条件,监管局的监管目标只限于保持保险公司的偿付能力。

通过这次改革,过去在许多欧洲大陆国家中实施的保险条款和费率需获得保险监管部门事先批准的要求已不再存在。从历史的角度来看,这次管理制度的改革几乎是一场革命,为了达到预期目的,立法者必须处理好以下主要问题。

（1）必须克服各国过去不同的保险监管方式所形成的障碍。长期以来,不少成员国一直规定保险合同的条文必须得到监管机构的批准,认为这样具体的监管可以增加市场的透明度,最大限度地减少公司之间的不同之处,并方便消费者比较和选择不同的保险产品。对于保险准备金,虽然所有的成员国都分析保险准备金是否充足,但各国对如何平衡指令性的调控和精算师的职责有很大的分歧,这一分歧在人寿保险中最为明显。还有些国家一直通过法律和监督人的方式,对保险准备金的具体细节加以规定。在这些国家里,批准保险费的同时一般也要批准技术性指标(预定利率,死亡率)。在整个合同有效期内,这些技术性指标都被用来计算保险准备金。在投资方面,许多国家规定了投资范围,并且规定在一定类别内最大的投资限额。由于各个成员国对监管方式有不同的看法,因此,各个成员国一般都不愿支持彻底提供服务的自由。

（2）事后控制。有些国家的监管制度在很大程度上依赖于对每个保险产品和费率的事先批准。有些国家规定,每个保单用语都必须事先和监督机关达成协议。新保单形式的提议需由一些主要保险公司成员组成保险管理理事会传阅。提议被批准后,任何希望销售这种产品的保险公司都可以使用。

（3）共同认可。为了开创一个充满活力和竞争性的市场,保险产品和保险费率的事先批准,其至备案性通知的要求都被禁止。从现在开始,着重于统一执行的标准及对保险准备金、资产的充足性与最低偿付能力差额的监管。保险公司即将有选择在哪个国家设立总公司,在哪种监督制度下开展业务的自由。

二、国际保险监管总目标的调整与监管发展趋势

保险国际化的发展使全球保险市场逐步融为一体,本国保险市场日益成为全球保险市场的一个不可分割的组成部分,独立性相对减弱。在这种情况下,各国保险业的发展不仅要受本国政治、经济和社会发展的影响,也要受到国际政治、经济和社会发展的影响。随着全球经济一体化程度的加深,影响的程度将越来越大。

由于一国保险市场同时受国内和国际形势的影响,所以,可以预见,21世纪,各国保险业波动的可能性将进一步加大。为了熨平保险波动周期,促进本国保险业的健康发展,世界上绝大部分国家,尤其是发达国家都相应调整了宏观保险监管目标。总的来看,宏观保险监管目标主要有四个:一是保持社会对保险制度体系和机构体系的信任;二是增进社会公众对保险体系的了解和理解;三是在适当程度上保护保险消费者的合法权益,四是减

少和打击保险犯罪。在实现上述宏观监管目标时,各国法律一般要求保险监管部门做到:

(1)维护本国保险市场的稳定;

(2)依法监管,尊重保险机构的经营自主权;

(3)平衡消费者和保险行业间的利益,增加保险机构的负担和限制;

(4)加快本国保险业的改革与创新;

(5)在保险国际化形势下,通过有效监管,增强本国保险业的国际竞争力;

(6)坚持市场化原则,保护公平、公正和公开的竞争。

在宏观监管目标和法律要求的指导下,各国保险监管发展趋势表现为:

(1)产品监管的市场化趋向明显。产品的市场化突出表现为保险合同自由和保险费率市场化。近年来,越来越多的国家采用市场经济体制。在市场经济条件下,各国保险监管部门普遍认为商定保险合同内容和保险产品价格(保险费率)是保险公司与投保人双方的事情,应由双方自行解决,政府不应过多干预。同时认为,政府应该通过让市场最大限度地发挥作用来实现自由竞争和保险产品创新。从目前看,大部分国家已不再审批保险条款和保险费率。在实行产品市场化的同时,各国仍保留对保险条款和保险费率的否决权,即如果保险监管部门认为保险条款和保险费率违反了法律、法规和社会公共道德标准,或有不公平行为,有权要求保险公司予以纠正。

(2)偿付能力监管日益成为监管工作核心。近年来,保险监管重点越来越偏重于偿付能力监管。而且,随着保险业的发展和信息技术的进步,偿付能力监管不断被赋予新的内容,监管方式也日新月异。尽管各国的监管方式不同,但毫无疑问,全球保险公司偿付能力监管正在由传统的静态监管向现代的动态监管转变,正在由业务和财务分离监管向业务和财务一体化监管的方向转变。

(3)保险信息公开披露制度日臻成熟。向社会公开保险公司的信息越多,越能帮助投保人正确选择保险公司以转嫁风险,越能减少信息不对称形成的市场失灵所造成的经济损失。同时,大部分国家的保险监管部门认为,向社会公开保险公司的信息,可以通过社会的力量强化对保险公司的监督,有利于保险公司加强自律。基于此,各国保险监管部门普遍建立了保险信息披露制度,定期向社会公开保险公司信息,以便于社会各单位和个人了解保险公司的经营状况。

(4)依法监管走强。市场经济是法制经济。市场经济条件下的保险监管也注定应依法监管。目前,各国都有保险监管法规,通过法规对保险监管部门的职责和权限进行规定。这些法规同时也要求为保险监管部门错误的监管行为给被监管对象造成经济损失后,必须依法进行赔偿。在具体监管实践中,普遍增强了监管法规的透明度,大幅度地减少了"暗箱"操作行为。

三、我国保险监管政策

(一)现行保险体制评估

从体制方面看,我国保险业发展与世界保险业的发展有一些较为明显的区别:一是世界保险业正在走集团化、综合化发展道路,购并活动频繁;我国则在实施分业发展战略,这种分业不仅表现在银行、证券、保险间的绝对分业,同时也表现为人身保险与财产保险间的绝对分业。二是世界上正在实施混业监管的金融监管体制创新,而我国则在落实分业监管方案。近几年我国保险业的大踏步发展,在一定程度上也得益于分业经营和分业监管。但随着我国经济开放度的加深,尤其是随着我国加入 WTO,我国经济必然会被纳入世界经济大循环之中。在未来开放条件下,现行的保险体制对 21 世纪我国保险业的发展将会产生何种影响,应从现在开始研究,适时提出完善方案,这样才能有备无患。

(二)实施开放性监管战略

开放性监管战略条件下保险监管的目的主要有三个:一是在国内保护保险人和被保险人的合法权益,保障我国保险市场的稳定与发展;二是在国际上全面提升我国保险业的国际竞争力;三是采用市场手段与政府监管相结合的方式,兼顾保险市场的效率与公平。为达到监管目的,我们的建议是:第一,中国保监会应与国际保险监管组织和他国保险监管部门建立国际保险监管支持体系,通过该体系监管国内保险市场上的外资保险公司和国际保险市场上的本国保险公司,以及接受本国分保业务的国外再保险公司;第二,与中国人民银行和中国证监会建立监管信息通道,以监管保险市场与资本市场和货币市场的互动性;第三,加速本国保险业市场化的建设,适当增设中资保险公司,培育全国性保险市场,适当发展现有保险公司的分支机构,培育地区性保险市场;建立市场退出机制,淘汰偿付能力严重不足的公司,优化市场主体结构。通过发挥准入与退出机制的作用,建立适度竞争的完善的中国保险市场体系;第四,建立合规性监管与风险性监管并重的新的监管体制,加强对保险公司风险管理制度和体系的过程控制,防范和化解保险风险。

(三)实施优质发展战略

保险深度和保险密度是反映一个国家或地区保险业的发展程度与市场潜力的主要指标。目前我国保险深度只有 3.02%,保险密度只有约 1 265.67 元。而同期发达国家的保险深度和保险密度远远超过我国。另外,虽然我国保险业已发展了 50 年,但新险种开发、老险种升级换代等工作做得还很不够,保险产品尚未形成优质品牌效应。如在世界上已流行多年的寿险投资连结产品和职业责任保险在我国则刚开始尝试。由此可以看出,无论从保险业务规模还是从保险产品结构来看,我国保险市场潜力巨大。因此,目前应通过加强保险监管实施保险发展战略。首先,应抓住我国"入世"机遇,认真研究国际保险惯例和 WTO 有关保险业的规则,充分利用国外先进的保险技术,引进先进的保险产品和经营方式,实现"跳跃式"发展。其次,要深化改革,锐意创新,苦练内功,大力挖潜,合理开发和使用保险市场资源。第三,要以"保障经济、稳定社会、促进改革、造福人民"为总服务方向,大力调整保险产品结构,积极理顺费率体系,不断拓展服务领域。

(四)提高保险信息化水平

我们所处的时代已是信息化时代,信息化和信息资源的利用不仅成为保险公司生存的基础,而且是保险公司在保险市场竞争中克"敌"致胜的法宝。对我国这样一个保险业发展落后的国家来说,保险信息化程度将是决定我国保险业在未来开放性中国保险市场上生存的基本条件。因为在未来开放性的保险市场中,"本国"与"外国"不再是投保人选择保险公司的重要参照条件,只依靠投保人的爱国热情是不能维护保险公司生存的。在未来保险竞争中,可以依靠的只能是投保人对保险产品和保险公司的服务质量和效率的选择。要创造品牌效应和提高保险服务的质量和效率,就必须加速保险业信息化建设,提高信息化程度。当前,我们建议中国保监会牵头制定行业信息标准,提出行业信息化建设要求和目标,通过建设保险行业公共信息网和各单位专用信息网,并适当联结保险行业公共信息网和各单位专用信息网的方式,建成中国保险业信息网。

(五)完善保险公司偿付能力监管

我国保险业的发展和保险监管力度的不断加强,使越来越多的保险从业人员认识到保险公司偿付能力的重要性。但从我国保险业发展和监管历史来看,我国保险公司偿付能力监管还处于起步阶段。这主要表现在对保险公司偿付能力的评估尚无成熟的方法。监管偿付能力不仅是维护保险行业稳定的需要,更是保护被保险人合法权益的需要。只有及时准确地评价保险公司的偿付能力,才能及时采取切实可行的监管措施,防范和化解保险市场风险。加强对偿付能力的监管,首先要建立保险公司资产负债评价制度,正确评估保险公司资产负债匹配状况;其次,建立保监会偿付能力行动标准和行动方法;第三,严格执法,将偿付能力达不到标准的保险公司清除出保险市场或进行资产重组。

(六)加强资产负债监管

保险公司的资产是其承担债务的物质载体。长期以来,我国对保险公司资产的管理出现两大偏差:一是理论认识。传统上我国把监管的重点放在了保险资金运用监管上,而且普遍认为资金运用是为了实现资产增值。实际上保险公司用于资金运用的资金是保险公司总资产的一部分,除此以外,保险公司还有许多种类不同的其他资产,只监管保险公司的资金运用业务缩小了监管的范围。如对"应收保费"的监管,长期以来就没有加以重视。忽视对应收保费的监管,不仅造成了保险公司资产的流失,也使该科目成为保险公司进行违规竞争的渠道。二是习惯于项目监管,忽视结构监管。综上所述,我们要从理论与实践的角度进行改革,首先,从理论上改变传统的保险资金运用监管概念,树立资产监管的概念,建立资产多元化动态管理模式;其次,以保险公司总资产为监管背景,建立偿债资产概念,加强对保险公司资产实际偿债能力的评估和认定;第三,健全资产监管制度,从制度上要求保险公司实现资产多元化,同一投资领域内要实现风险分散化。

创新特色保险服务　提升青岛投资软环境

钟慧文

（中航三星人寿保险有限公司青岛分公司）

摘　要:随着《山东半岛蓝色经济区发展规划》的批复,山东半岛蓝色经济区建设正式上升为国家战略,成为国家海洋发展战略和区域协调发展战略的重要组成部分。在国家政策的支持下,青岛与韩国的贸易往来将日益频繁,驻青的韩资企业和韩国侨民也将迎来一个新的发展高峰,做好外资企业和侨民的保险服务工作,解决好他们的后顾之忧,是提升城市发展软环境的一个重要方面,也是对青岛保险业的一个挑战。本文从人身保险承载的社会责任入手,简述人身保险服务对蓝色经济区建设软环境具有重要的支持作用,最后提出驻青保险机构可为外籍客户提供更便利更优质的服务方向。

关键词:人身保险;特色服务;外籍客户;软环境

随着《山东半岛蓝色经济区发展规划》的批复,山东半岛蓝色经济区建设正式上升为国家战略,成为国家海洋发展战略和区域协调发展战略的重要组成部分。在这份规划中,山东半岛蓝色经济区城镇的发展目标被明确为:面向日韩开拓国际市场,拓展广大西部内陆腹地。在国家战略的支持下,青岛与韩国的贸易往来将日益频繁,驻青的韩资企业和韩国侨民也将迎来一个新的发展高峰,做好外资企业和侨民的保险服务工作,解决好他们的后顾之忧,是提升城市发展软环境的一个重要方面,也是对青岛保险业的一个挑战。

一、人身保险服务对蓝色经济区建设具有重要的支持作用

《山东半岛蓝色经济区发展规划》是我国第一个以海洋经济为主题的区域发展战略。青岛作为山东半岛蓝色经济区的核心城市,海洋经济综合优势明显,蓝色经济区建设潜力巨大。"十二五"期间,青岛将加快完善海洋产业发展规划,培育形成高素质的海洋经济产业体系。新的海洋产业发展将释放出一批需要管控的新型风险,保险作为市场经济条件下风险管理的基本手段,将会发挥更加广泛的作用。结合自身的业务经验和工作环境,本文着重谈一下人身保险服务对蓝色经济区建设的支持作用。

作为保险业中的重要组成部分,人身保险将承载更多的社会责任。通过人身保险可

以使个人或团体规避、减少或补偿因意外事故、人身伤亡以及健康原因所致的经济损失,同时人们可以通过人身保险进行家庭理财和财务安排,为生活提供风险保障。

一是长期寿险产品。保障型产品有意外险、健康险、普通人寿保险等。也有储蓄型及投资型的产品,如生死两全人寿保险、子女教育人寿保险、养老金等。作为社会保障系统的组成部分,商业保险的特定功能使它成为社会的稳定器,为经济发展保驾护航,为人民群众分忧解难。

二是商业养老保险与年金保险。近年来委托管理型企业团体养老保险等产品的不断创新,个人延税型养老保险的研究和试点,丰富的产品类型和灵活的产品组合保障计划,使得商业保险在企业养老的补充作用愈加突出,满足了高覆盖低保障的社会养老保障之外的社会需求,为日益突出的城市养老问题提供了新的金融工具。

三是健康保险和意外保险。健康保险和意外保险充分发挥了保险产品"我为人人,人人为我"的保险原理,为社会各类人群提供了较为丰富的风险保障服务,较好地实现了个人风险管理的制度安排,是市场经济条件下社会稳定和家庭稳定的重要风险管理工具。

人寿保险业所具有的功能,决定了它与相应的社会经济、人文因素的发展状况关系紧密,也意味着在蓝色经济发展过程中人寿保险将成为不可或缺的组成部分。

二、特色保险服务为青岛软环境发挥积极作用

作为蓝色经济区建设的龙头城市,青岛的发展起着至关重要的作用。由于地理位置的优越性,许多日本、韩国的企业选择在中国进行投资或事业发展。据不完全统计,青岛共有韩资企业3400多家,占外资公司总数的51%。韩国人超过10万人。随着经济的进步发展,青岛将成为中、日、韩贸易集中地区,成为日韩贸易圈的领军城市。届时,将有更多的外籍人士来青岛居住和工作,这些人群的健康、意外乃至养老保障将成为决定青岛开放程度、繁荣程度、先进程度的重要因素,也是青岛投资创业软环境的重要组成部分。

据不完全统计,在青岛建立的韩资企业绝大多数都是私营企业,外籍企业主及企业员工几乎无法享受中国公民所能享受到的"五险一金",这就需要发挥商业养老保险和健康保险的专业优势进行补充。一般来说,在中国工作生活的韩国人分为三类:一类是短期生活工作在中国的,居留时间1~3年;第二类是中长期在中国生活工作的,居留时间3~5年;最后一类就是长期居住生活的,居留时间在5年以上。由于逗留时间长短不一,客户所需要的保险种类也不同。

根据客户需求,保险行业分别为这三类客户研发了不同的保险产品,满足对保险的需要:对于居留1~3年短期生活在中国的外籍客户,推出卡单业务,主要提供意外伤害及意外伤害医疗的保障方案;对居住时间为3~5年的外籍客户,主要是跨国公司在中国投资发展而派驻的人员,推出驻在员保障计划,专门为他们保障意外伤害、意外伤害医疗、重大疾病及重大疾病医疗,不仅满足他们对于医疗保险的需求,同时对于意外伤害也进行了保障;而对于长期居住工作在中国的外籍人士,推出了各类团体和个人的养老年金及长期健康保障方案。

三、创新保险产品和服务，为支持蓝色经济区建设积极努力

更好、更全面地为外籍客户提供保险保障，提升青岛经济发展的软环境，是驻青保险机构义不容辞的责任。青岛保险业目前正全力建设和谐保险，致力于服务渠道和客户联络平台的建设，不断提高服务水平，形成了人（业务人员上门为客户办理业务）、地（客服中心柜面）、空（网站、全国统一客服热线、短信邮件服务）的全方位、立体化、复合型服务网络，以准确、快速、亲切的服务感动客户，为客户提供完美的服务体验。

（一）加强产品研发，满足多样化需求

现如今，保险产品日益多样化，但是并不代表已经满足了各个年龄层和各个领域人群的需要。针对现有保险市场保障少年儿童人身健康的产品较少而儿童意外伤害发生的几率却相对较高的现状，公司创新开发了"家诺"少儿保险产品。将分红或万能产品搭配各种附加险，不仅为儿童发生意外伤害提供保障，而且重疾健康险的疾病涵盖范围也在不断扩大，另外附加了癌症津贴，针对癌症进行保障，最大程度体现人性关爱。我们也借鉴韩国市场产品的特点，同时结合中国实际，针对投保人（父母）设计了子女生活保障津贴和豁免保费方案。一旦父母发生意外，导致身故、重疾或高残后，子女可以每年获得生活津贴和豁免长期险保费，保证子女保障的延续性，使产品更加人性化，更加符合客户需求。此举在一定程度上完善了保险市场中对于儿童保障产品的不足，丰富了不同年龄层人群的选择。类似的保险产品创新将越来越多，不断完善的产品体系将更好地满足各类人群的保险保障需求。

（二）创新销售手段，满足客户真实需求

为进一步提升保险服务的专业性，充分满足不同客户的个性化保险需求，保险公司正逐步推广使用寿险理财分析及保障分析等先进的销售工具，全方位地为客户进行服务。

寿险理财分析是指针对人生中的风险（死亡风险、疾病风险和养老风险等），定量分析财务保障需求额度，并做出最适当的财务安排，避免风险发生时给生活带来的冲击，达到财务自由的境界，从而拥有高品质的生活。理财师根据保险需求诊断的计算原理，先计算客户家庭保险的总需求额，帮助客户审视自身已有的资源，确定需求保障缺口后，给客户推荐最适合的保险产品。

保障分析是针对已投保的客户分析其保单合同，并简单易懂地分析保障内容的服务。通过保障分析，理财师们可以概括整理保险合同内容，用表格和图例来说明每个产品的保障内容，使客户简单易懂；同时以客户现状为准，显示各个年度的主要保障内容，不仅是当前的，而且保障到何时都能够说明；最后将当前已备好的资金和基本保障金额相比较，提示客户资金缺口，日后把客户分为高端、中端、普通3个级别，并根据客户级别设定基本保障金额或相应的逻辑。

通过科学的销售工具进行保险产品筛选，有利于防范个别销售人员的销售误导等不诚信行为，而且理财师可以根据系统分析结果为客户进行全方位的设计与讲解，这将更好地为客户服务，提升产品竞争力。

（三）完善售后服务,提升客户服务感受

第一,引进客户关系管理,提供客户满意的售后服务。把客户的信息数字信息化,树立从确保客户开始、维护客户、定期维护到陪伴客户一生的战略。据了解,挖掘新客户所需的费用是维护现有客户所需费用的 5～6 倍,保险公司已经对已承保客户的信息树立了细分化的战略,分别从每个客户群中树立差异化的售后服务,掌握并防止给公司带来较多收益的客户脱离。

第二,执行品质保证制度。即如果投保人投保后犹豫期内对保险条款、制定投保书时关于亲笔签名等提出不满,可以全额退保或更换保险保障内容的一种品质保证制度。而犹豫期的期限限定根据不同业务类型不同的客户对象可以适当放宽条件,以维护客户利益为最大原则。

第三,建立"产品上市前,在客户立场上思考"的产品研发制度。这是指首先在客户的立场上考虑,客户对新产品是否有需求,新产品对客户是否有价值,在公司内部所有相关部门都同意的情况下,才可上市新产品的一种制度。

第四,探索建立"医院内"给付服务。探索在医院设置保费给付窗口,客户可在医院申请并领取保险金。因疾病或意外,需住院治疗的客户可凭医院出具的诊断书或住院、出院确认书等相关资料去窗口提交资料并直接领取保险金。

第五,全天候受理保险金申请服务。专门为白天没有时间的客户设置了"夜间受理保险金窗口",如客户实在是抽不出时间来办理保险金事宜,公司也会有理财师专门登门拜访,为客户办理领取保险金等服务。

第六,合同进展事项的查询服务。客户可在网上直接查询合同进展事项状态的一种服务,合同核保审批流程和各项理赔服务流程客户清晰可见,减少隔阂和不透明操作形成的客户投诉问题。

目前,上述六种售后服务已被三星生命充分验证其优越性并普遍应用于韩国,但是在中国,尚没有一家公司进行全面系统的实施。作为三星生命在中国的代表,分公司将传承三星生命优秀的售后服务理念,在日后的发展中全力进行此类尝试,争取将这些优秀的售后服务带到中国,为更多的中国及外籍客户提供便利。

此外,现在中国保险市场的条款大都是中文版本,大部分外籍客户无法准确理解其含义。分公司作为中韩合资的寿险公司,致力于开发韩语版本条款,为在青岛投资、生活的韩国客户提供更多的便利,真正担负起为蓝色经济发展服好务的责任。

蓝色经济为促进青岛发展的提供了绝佳机会,是建立青岛"龙头"地位、跻身一线城市行列的有利时机。同时,蓝色经济为青岛保险业指出新的发展方向,保险业应该顺势而为,积极提供各项风险管理服务,为蓝色经济区建设提供充分金融支持,进一步提升城市发展软环境,保障蓝色经济健康发展。

浅谈保险电子商务的发展与问题探究

王保帝

（中国人民财产保险股份有限公司青岛市分公司）

摘　要： 在以往文献资料的研究基础上加以分析调查，进一步说明保险电子商务将在保险市场中发挥越来越重要的作用。从保险行业的发展开始阐述，提出科技进步是促使保险电子商务出现的主要因素，通过分析中外保险电子商务发展的异同，揭示出我国保险电子商务目前存在的一些问题，最后为保险电子商务提供合理化的建议。

关键词： 保险；电子商务；科技进步；中外对比；建议

一、保险的概念

根据《中华人民共和国保险法》中对保险的定义，保险是指投保人根据合同约定，向保险人支付保险费，保险人对于合同约定的可能发生的事故因其发生所造成的财产损失承担赔偿保险金责任，或者当被保险人死亡、伤残、疾病或者达到合同约定的年龄、期限时承担给付保险金责任的商业保险行为。

从社会角度看，保险是我国社会保障制度的重要一环；从法律角度看，保险可以看做一种合同行为，当一方有损失时，按照合同规定另一方对其损失进行补偿；从风险管理角度看，保险是一种风险管理的方法。

（一）早期保险的起源

1. 国外的早期保险

西方文明古国最早开始进行贸易往来，所以最早期的保险思想也在这里诞生。在各式各样的保险活动中，最早起源的是海上保险。海上保险的产生得益于海上贸易的繁荣发展。在当时的社会条件下，远洋航行是一种具有很大风险的行为。因此，当时的商人们便约定，在面对危险时，为了行船和所运货物的共同安全可以放弃部分或者全部货物，而这些行为引起的经济损失再由获益的各方一起分摊。这体现出了早期的保险原则。

2. 我国的早期保险

我国的早期保险可以追溯到公元前三四千年。在当时的贸易过程中,商人便开始初步使用风险分散原理来减少风险带来的损失。因此,我国是最早产生风险分散原理的国家。在封建社会,镖局类似于现在的保险组织。这是我国特有的货物运输形式,同时也是原始形式的保险。镖局在一定程度上是一种保险组织,性质为民间的安全保卫组织。承保运输货物是镖局经营的主要业务。其中,货物被当做"镖码"由商人交给镖局承运。镖码等同于现在的保险标的。货物必须首先经过镖局的检查,再按照价格的高低进行等级划分,根据不同的等级确定运输费用。这个过程相当于现在制定保险费率。根据所收取的费用签发的"镖单"等同于现在的保险单。在货物送到指定的目的地后,由收货人按照镖单进行货物的验收。之后在镖单上签章,然后交给护送人带回,完成整个交易流程。现代保险的承保手续与当时镖局所进行的押镖送镖极其相似,这也在一定程度上说明我国的保险有着悠久的历史。

(二)现代保险的形成

1. 国外的现代保险

国外的现代保险可以从下面五部分进行介绍。

(1)海上保险。11世纪末期,在意大利北部特别是佛罗伦萨、威尼斯等经济繁荣的城市,近似现代形式的海上保险就已经开始出现。但是,直到15世纪以后,现代海上保险才开始在英国初步发展。

(2)火灾保险。1666年发生的伦敦大火拉开了现代火灾保险发展的序幕。尼古拉·巴蓬随后开始了自己的保险事业,主要的经营业务就火灾保险。这也成为私营火灾保险公司的先例。

(3)人寿保险。1693年,埃德蒙·哈雷通过分析研究制作了第一张生命表。这张生命表对于现代人寿保险的数理基础具有重要意义。随后人寿保险快速发展,成为现代保险重要的一环。

(4)责任保险。19世纪开始,责任保险在欧美国家开始出现。20世纪70年代以后责任保险蓬勃发展。随后,责任保险成为现代经济中不可或缺的一部分,同时也成为保险人的支柱业务之一。

(5)信用保险。在资本主义世界道德风险和商业信用风险不断发生,信用保险因此逐步发展起来。最大的信用危机出现于第一次世界大战之后,各国的信用保险业务受到重创。1934年,国际信用保险协会在瑞士成立,国际信用保险逐渐成熟并完善起来。目前,信用保险也有着相当宽广的承保范围。

2. 我国的现代保险

1824年成立的张宝顺行是华人经营保险的最早记载。1949年,我国成立自己的中国人民保险公司,开创了中国保险的新纪元。中国人民保险公司除了经营保险市场上传统的火灾险和运输险外,还积极开发新的险种,其中包括各种财产保险和人身保险业务。

改革开放之后,我国的经济体制得以转变,国民生产总值也持续增长。在这个过程中,我国的保险业稳步前进,实现了多个跨越。近年来,以电子商务为主的新型保险形式也逐渐崭露头角。

二、保险电子商务的产生及特点

(一)保险电子商务的定义

保险电子商务也称做网络保险或者是网上保险,是指保险公司或者是保险中介机构通过电子商务技术以及互联网为主要工具来支持保险管理和经营活动的一种经济行为。具体来说,保险电子商务分狭义和广义两方面的含义。

狭义上的保险电子商务流程是借助先进的互联网信息技术,保险公司或者是保险中介机构为保险消费者提供保险产品以及保险服务等方面的详细信息。通过先进的网络技术实现网上投保、承保等保险业务流程。在网上直接完成对保险产品的销售和服务。在保费的收取上,保险公司也可以通过网上银行进行。

广义上的保险电子商务在业务范围上不仅仅包括上述经营活动,电话销售等非传统销售模式都包括在内。在对信息技术的使用方面,保险公司通过互联网技术对公司内部的经营进行监管,对公司员工、代理人等进行培训。保险公司之间或者保险公司与各方机构之间也可以通过电子商务平台进行信息交流活动。

(二)保险电子商务产生的背景

20世纪90年代以后,互联网技术高速发展。电子商务技术应运而生。电子信息技术以及网络经济已经渗透到工农业和金融服务业等领域。近年来,随着人们的保险意识不断提高,人们对保险的需求也越来越大。传统的营销模式已经不能满足大众对于个性化保险的需求。这也促使着保险公司加快技术改革和保险创新。一些新兴的保险模式随之出现。从一开始传统的的销售险种模式转变成现在互联网销售模式与线下营销模式相结合的一种综合模式,保险营销形态在本质上做出了改变,也让整个保险行格局有了很大变化。

(三)保险电子商务的特征

保险电子商务作为一种迅速发展的营销模式,具有多方面的特征。具体表现在以下四个方面。

(1)具有电子化的特征。保险公司在和消费者做交易的时候,可以通过网络平台。所需要的所有的数据资料都可以用电子单据、网上银行等实现。通过网络上实现无纸化操作。对比传统的交易流程,电子化操作更加节约、省时、快速,并且也使信息数据交流更加准确。

(2)具有时效性的特征。依靠保险电子商务模式,人们可以很方便地查询到保险公司的一些信息,比如公司的背景,公司保险产品等。保险公司有信息变动可以及时地发布在其电子商务平台和消费者服务系统当中。消费者可以及时地了解变更信息,通过电子商务平台与保险公司做出实时互动。

（3）具有直接性的特征。保险电子商务平台不再是传统营销上的"一对多"模式,而是更具有个性化的"一对一"模式,为消费者提供个性化的服务。保险公司提供电子商务平台不仅能使消费者更方便地了解到保险公司的产品,还可以让消费者在多个保险公司的多个保险产品之间方便地做出对比。这一方面有利于消费者权益的保护,另一方面也让保险公司在差异化的竞争中不断完善产品服务质量。

（4）具有虚拟性的特征。就像网络电子商务在其他领域的应用一样,保险电子商务可以简化流程,提高业务效率。保险电子商务的营运消除了对实体建筑物的依赖。一个网络的服务器便可以开展服务,大大节约了劳动力成本。

（四）保险电子商务的类型与模式

保险电子商务在类型上主要分为两类。

1. 企业对消费者

保险公司或者保险中介机构为个人投保人或者被保险人提供详细保险产品信息和周到服务的电子商务平台。

2. 企业对企业

保险公司或者保险中介机构针对企业消费者提供电子商务平台。通过互联网,企业投保人了解保险条款等保险信息。在确认投保之后支付保费,保险公司进行承保以及服务。

在我国,保险电子商务主要有以下三种网站模式:

（1）第三方保险网站,即独立的保险网站。第三方保险网站的特点是不被任何的保险公司或者保险代理机构所拥有控制。这些专业互联网公司通过为保险利益方提供网络信息技术平台而获取利益。在目前国内网站中,中国保险网、吉利网等都是具有较大影响力的第三方保险网站。

（2）保险公司自己开发的网站。保险公司通过自己的网站开通电子商务平台。消费者通过公司的官网可以了解到保险产品的信息,并且在网上能完成投保承保流程。这种网站通常是由规模较大的保险公司自己创建、运行、维护的。泰康在线和太平洋保险网站等是这方面的代表。

（3）保险行业协会或者是一些门户网站的保险频道设立的信息平台。保险行业协会以及一些门户网站的保险频道会发布一些保险产品的信息,消费者可以通过这些平台进行了解。但是这类网站的缺点是不能实现在线投保。例如由中国保险网等创立的保险信息共享平台等。

三、保险电子商务的发展

IT技术的不断成熟以及互联网的快速发展,使得保险电子商务在全世界快速兴起。作为一种新型的保险销售方式——保险电子商务为保险行业未来的发展指明了方向。

保险电子商务在国外的发展

1. 美国保险电子商务的发展

美国的保险电子商务之所以快速发展,主要有三方面的因素:

(1)良好的电子商务技术基础;

(2)其信用制度体系与法律法规相对完善;

(3)高密度的互联网用户群,而且消费者具有较高的保险意识。

在美国,互联网销售保险的模式对于大众并不陌生,其开创者是美国国民第一证券银行。之后,安泰和友邦等大型的保险公司迅速跟进,其开发出的保险电子商务网站也都具有较大规模。这些专业的保险网站将在互联网平台上实现在线投保服务作为其发展壮大的首要目标。

美国保险电子商务的发展模式是第三方保险电子商务平台率先崛起,各大保险公司的自主保险电子商务平台随后跟进。在前期发展的过程中,出现了一批具有代表性的第三方保险电子商务网站,如 Insweb 等。

总体上看,美国的保险电子商务涵盖内容广泛。在业务规模以及保费收入方面,汽车保险一家独大。据统计,以保险电子商务形式收取的保费中,车险占全部险种的50%以上。在经营业务范围方面,保险产品信息的在线询价、谈判、投保、承保、理赔等业务环节都可以在互联网上实现。在覆盖的产品方面,普通的健康险以及同时具备理财和保障功能的新险种也逐渐实现了网络销售。网络保险产品市场变得更加丰富。美国的保险电子商务还将先进的互联网技术拓展到公司内部的监管上。通过进行数据收集分析和客户的维护管理等活动,保险公司不断提高着自己的业务水平。

2. 欧洲保险电子商务的发展

欧洲保险电子商务的发展稍落后于美国。欧洲网民密度较小,再加上电子商务的应用范围小,这些都阻碍了欧洲整体保险电子商务的进步。但是在主要的几个欧洲国家,其保险电子商务发展仍较快速。

欧洲最发达的保险电子商务国家是英国。其业务覆盖范围广,包括车险、健康险、财产险和意外险等一系列的险种。不仅业务覆盖范围广,保险公司的发展也是最快速的。2001年 Screentrade 公司在英国成立。公司在成立初期便以每月700%的速度增长。在业务经营方面,短时间内实现了7家保险商的汽车保险和旅游责任险产品的报价与代理销售。在消费群体方面,英国也有良好的受众基础。2004年,有将近50%的投保人会选择通过互联网查找、对比产品信息。汽车保险、家庭保险以及旅游保险是最受网民关注的三个险种。保险电子商务因简单快捷的承保方式而动摇着整个保险承保市场。

在其他欧洲国家中,荷兰的保险电子商务进程也很快速。具有代表性的 Ineas 公司完全依靠互联网平台销售自己公司的保险产品。作为欧洲第一家全线上保险产品供应商,Ineas 公司将业务覆盖了整个欧洲。其经营策略是,在提供丰富的个性化保险产品的同时,培养自己多元文化的客户基础。

法国和意大利的保险公司也在早期涉及保险电子商务经营。1996年,法国安盛集团便开始了对其产品的网络直销。在其新单的销售业绩中,有8%的成交量来自网络渠道。

3. 保险电子商务在中国的发展

根据中国互联网络信息中心发布的 2012 年《中国互联网络发展状况统计报告》,截至 2012 年底,我国网民规模达到 5.64 亿,互联网普及率为 42.1%,保持低速增长。我国成为全球网民数量最多的国家。受益于互联网技术的进步,我国的电子商务技术也持续快速发展。作为一支行业的生力军,保险电子商务为保险营销模式的创新改革提供了新的思路。电子商务有省时、快速、降低成本等优点。保险电子商务的推广不仅可以提升业务经营效率,还能促进传统的保险销售模式的转型。

表 1　中国保险行业电商化发展阶段

主要阶段	萌芽阶段	初级阶段	网销高速发展期	移动展业
时间	2000 年之前	2000 年~2008 年	2008 年~2012 年	2012 年至今
标志性事件	互联网进入中国	太平洋保险电子商务网站上线	各大保险官网平台全部上线	平板电脑普及,创新移动支付工具出现
发展特征	1. 互联网刚进入中国; 2. 无成型保险网站。	1. 保险电商网站上线; 2. 品类局限明显。	1. 官网电商平台上线; 2. 保费增速 >100%。	1. 线上线下界限模糊; 2. 移动支付提高收款及成单效率。

数据来源:2012~2013 年中国保险销售电商化研究报告。

由表 1 可以看出,随着互联网技术进入中国,我国的保险电子商务得以起步并快速发展。其发展进程可分为四个阶段:萌芽阶段,初级阶段,网络销售高速发展期和移动展业阶段。

在保费收入方面,虽然通过电子商务形式实现的保费收入占比较低,但增速却很快。从图 1 可以看出,2012 年中国保险电子商务市场保费收入为 39.6 亿元,较 2011 年增长 123.8%,占中国保险市场整体保费收入 0.3%。预计 2016 年中国保险电子商务市场保费收入规模将达到 590.5 亿,渗透率也将达到 2.6%。我国的保险电子商务发展快速,保费规模也在逐渐扩大,保费增长率持续保持三位数。目前,由电子商务实现的保费占总保费收入的比重也不断提高。

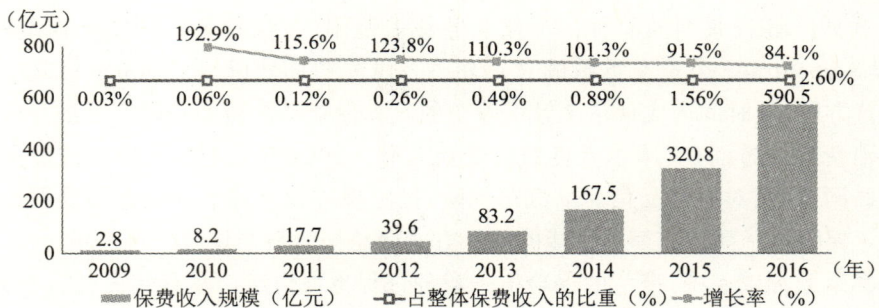

图 1　2009~2016 年中国保险电子商务市场保费收入规模

数据来源:2012~2013 年中国保险销售电商化研究报告。

2012 年中国保险电子商务规模迅速壮大,其主要因素有四点。首先,2011 年我国整体的保险市场份额下滑,之后国民经济逐渐平稳,保险市场也迎来复苏;其次,财产险的标准化程度更高,而且财产险增速远超整体市场,这为保险电子商务化发展提供了丰富的产品基础;第三,中国的电子商务市场也由早期的快速增长期发展到现在的成熟稳定期,具有较大规模的电子商务平台依靠拓展产品种类的方式向传统金融市场渗透,带动了市场增速,也为传统金融的电商化提供了有力的支持。最后,保险公司已经意识到传统的保险销售已经放缓,难以实现较大的跨越。所以公司加大对网络渠道营销的支持,使保险电子商务规模迅速壮大。

众安在线财产保险公司于 2013 年 2 月 18 日获得保监会批复。依托阿里巴巴的电子商务基础,再加上中国平安的保险产品理念以及腾讯的受众群,众安在线将极大地带动我国保险电子商务的发展。

四、我国保险电子商务存在的问题

虽然我国的保险电子商务发展迅速,但是不可避免的地存在一些问题。这些问题也制约着其进一步的发展。现阶段我国的保险电子商务主要有以下五方面的问题:

(1)在电子商务模式下,网络保险产品所具有的独特优势无法完全展现。现阶段我国互联网上可选择的保险产品种类不多且同质化严重。因此,消费者的评价不高。这些问题都限制了我国保险电子商务的发展。2009 年,我国网络保费收入达到 77.7 亿元,其中有 51.7 亿元的保费来自于财产险,所占比重将近 70%。财产险成为网络销售的主力军与其多样化的产品结构不无关系。另外,寿险公司的产品无法通过网络对消费者形成有优势的服务。其主要原因是一些复杂的条款需要专业的保险从业人员对消费者进行讲解。欧美一些国家的劳动力成本较高,保险采用电子商务模式发展能有效地控制成本。而在中国,劳动力成本相对较低,不具规模的保险电子商务很难体现出人力成本优势。

(2)现阶段保险电子商务化的程度较低。美国是保险电子商务化最高的国家。美国的消费者有着较高的保险意识,在互联网用户的密度和信用体系的完善程度方面,美国都具有优势。我国与美国的保险电子商务还有一个不同点体现在电子商务模式上。美国在互联网上购买的保险有 4/5 是通过非保险公司的网站购买的。而在中国现阶段,大部分的网络保险是通过保险公司自己的电子商务平台实现。分析其原因主要是,能实现保险电子商务化的保险公司多为具有雄厚资金实力的大公司。其有能力建立并且维护好自己的电子商务平台。大的保险公司具有的品牌效应也有促进作用。且公司内部制度完善,管理严格,也更容易获得消费者的信任。构建自己的保险电子商务成本高、见效慢、回收期长。相比较大公司,中小型的保险企业没有能力实现。虽然第三方电子商务平台为中小型保险企业提供了一个机会让其加入到保险电子商务当中,但是因为起步较晚,在宣传与服务、信息技术安全以及管理运行等方面还比较落后。与保险公司自己的网站相比,第三方保险电子商务平台具有的独立的立场以及公正的态度等优点没有被消费者所接受,因此发展缓慢。

(3)我国网络设施和信息技术尚有不足,存在安全问题。我国的互联网技术相对落后,在基础设施建设上存在很大不足。这些因素都导致了我国的网络环境与电子商务的发展要求相去甚远。尽管电子商务供应商采用多种方式进行系统安全的保护,但是在整个互联网环境中还是有被黑客攻击的危险,安全隐患依然存在。我国目前的保险电子商务模式有很多种,但是绝大部分不能实现真正的一站式服务。大部分的系统实现的是线上投保、缴纳保费和在线核保等功能,但还有部分业务需要线下完成。

(4)信用制度和相关的行政法律体系不完备。我国传统的保险销售模式在开展业务时会以人际关系为基础,面对面交易。但是越来越多的造假现象层出不穷,部分投保人存在道德风险问题。这些问题导致了保险企业与保险消费者之间不信任程度增加,阻碍了保险电子商务的正常发展。欧美等国家具有完备的行政法律体系和信用体系,而在我国,信用体系制度与相关的法律法规还不健全。完备的信用制度体系可以充分地调整信息公平,而且保险电子商务交易过程也需要法律的规范。电子商务合同以及电子支付在我国还没有完善的法律法规来对其作出规范。

(5)专业的保险电子商务人才缺乏。保险电子商务模式更好更快的发展对所需要的专业人才提出了更高的要求。作为一种具有革命意义的技术,保险电子商务要求从业者对电子商务技术要有全面掌握。另外,保险以及法律等方面知识也是从业者所要熟悉的方面,目前,我国还缺乏这方面的人才。

五、完善我国保险电子商务的建议

国外的保险电子商务起步早,发展快速,模式相对成熟。中国应当借鉴国外先进的发展模式和成功的经验,并选择适合我国国情的模式应用到我国的保险电子商务当中。现阶段,我们应该在以下六个方面进行改善和提高。

1. 借助互联网和其他媒介,做好保险电子商务的宣传工作

发展一种新的保险营销模式,首先要让大众熟悉并接受这种模式。中国的人口众多,通过网络、电视、报纸等媒介大力宣传保险电子商务,可以推进保险电子商务化程度,引导人们选择多样的保险购买方式,从而满足大众对于多样化与个性化的保险需求。另一方面,通过多种媒介对一些有积极影响的赔付案例进行宣传,传递保险的正能量,让更多人接受保险,提高保险意识。

保险公司以及保险中介机构是保险电子商务推广的主力军。保险公司可以依靠科技力量更好地发展保险电子商务。比如利用越来越智能化的手机,保险公司可以推出自己的APP来吸引消费者。做好宣传的同时还能优化业务流程。

2. 着力发展第三方电子商务平台

借鉴美国的保险电子商务发展模式,支持发展第三方保险电子商务平台。第三方保险电子商务平台有客观公正的优势,也可以集中丰富的产品资源。保险消费者可以通过第三方保险电子商务平台对比各家保险公司的产品,有利于保险产品差异化,也促使着保险公司对保险产品加速创新。

3. 开发网络销售的新险种,体现保险电子商务优势

IResearch 在 2012~2013 年中国保险销售电商化研究报告中指出,2012 年我国保险网络销售用户在不同年龄层次中都有渗透。由图 2 可以看出,熟悉互联网信息技术的主

要群体为18~30岁的中青年群体。数量最多的是25~30岁的年轻人群体,占总人数的31.5%;其次是18~24岁的年轻人群体占27.2%;31~35岁的网民占16.9%。在所有进行保险网购的用户中,女性用户仅占33%,占主导地位的男性数量比例达到67%。这部分年轻群体接受新鲜事物的速度快,网销的保险产品也容易被这部分群体所接受。发展保险电子商务模式如果不能体现线上保险产品的优势便无法开拓更大的市场。长期、大额的寿险产品需要专业的保险人员讲解,在前期并不适合网络推广运行。网络平台可以多开发一些小额短期的险种,如旅游事故责任险等来迎合现代人的需求,通过量的积累带动质的提升。

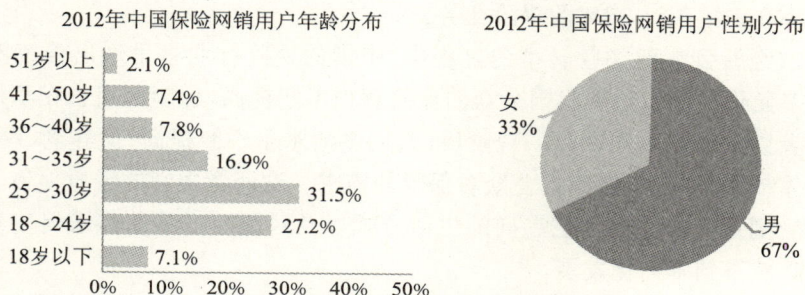

图2　2012年中国保险网销用户年龄与性别分布

数据来源:2012~2013年中国保险销售电商化研究报告。

保险电子商务还可以将其节约的劳动力成本费用再回馈于保险消费者,体现保险电子商务的价格优势以及服务优势,从细节出发,开拓保险市场。

4.逐步建立并完善信用制度体系和相关行政法律体系

在信用体系和相关行政法规建设方面,我们可以借鉴西方发达国家的方法。首先,通过法律的手段约束保险公司以及消费者的行为,维护保险电子商务的健康运行。采用信用评估,让双方很方便地查询到彼此的信用等级,改变信息不对称状态。《电子签名法》规定,对电话销售的过程中全程录音可以当做一种合同订立的形式,与合同具有一样的法律效力。其次,发展网络质量中介,对网络营销中的问题进行监管。在电子商务当中,市场交易效率的降低很大一部分是由于逆向选择。可以通过发展网络质量中介,对此类问题进行监管。

5.加强网络安全建设,使保险消费者更安心

在建设"平安中国"的大旗下,网络安全一直是广大互联网用户担心的问题。做好业务流程的安全保护工作是保险电子商务发展的关键因素。保险公司应当注重消费者个人信息的保密。在网络基础设施方面,保险公司应当加大力度进行研发建设,不断提高信息技术水平,进一步提高网络的加密技术,加强网络安全防范。

6.着力培养保险电子商务专业人才

专业的技术人才是带动保险电子商务发展的源动力。而保险电子商务的特殊性又对

需要的人才提出了更高的能力要求。专业的保险电子商务人才既需要有电子商务方面的技术,又需要对保险常识以及相关的法律法规有所了解。培养专业的保险电子商务人才可以带动整个保险市场的发展。

结束语

根据全球著名的管理咨询公司麦肯锡发布的数据报告,预计两年之后,我国的网民数量将增加 2.1 亿人,总量达到 7.5 亿人。中国保险电子商务在现阶段处于快速发展时期,通过互联网进行保险投保的用户数量将以 50% 的年增长率递增。预计在未来的十年内,网络保险将会占据超过 30% 的保险业务。

从粗放经营到集约经营转型的过程中,中国的保险行业将呈现出传统渠道与电子商务并行的多元化局面。随着我国公众的保险意识不断提高,保险公司也在积极地开发更多符合消费者需求的互联网产品。现阶段,人们生活水平不断提高,但养老、医疗、教育等保险尚处于体制改革中,不能满足公众对保险的需求。这两者之间的矛盾促使了保险电子商务越来越受到重视。现在人们趋向的生活方式以及对保险产品的需求促使着保险电子商务在将来必然得到多样化发展。

互联网技术的进步以及人们保险意识的提高是促使保险电子商务出现的主要因素。保险电子商务的产生是机遇也是挑战。在风险控制的前提下,极力发展移动互联网平台,对保险产品进行改革创新,完善服务体制等是我国保险行业接下来面对的挑战。依靠互联网新技术解决自身发展的局限,健全法律法规,让有利外部环境也助力其发展,保险电子商务在我国将拥有更广阔的发展前景。

参考文献

[1] 李旸,陆莹. 浅谈我国保险电子商务 [J]. 商业经济,2011(11):71-72.

[2] 刘冬. 家财险网上投保中存在的问题及对策——从保险人履行说明义务的角度探讨 [J]. 中国保险,2011(7):39-43.

[3] 袁熙娟. 网络营销渠道绩效评价中的顾客价值研究 [D]. 上海:同济大学经济与管理学院,2009.

[4] 刘强,李敏. 浅谈保险电子商务存在的问题及对策 [J]. 中国电子商务,2012(17):13.

[5] 张晓宇. 保险电子商务发展问题初探 [J]. 科技创业月刊,2009(2):78-79.

[6] 张蕙. 探讨我国保险电子商务的发展 [J]. 上海金融学院学报,2011(5):51-57.

[7] 李丹,朱昭霖. 基于产业价值链的我国保险电子商务发展策略研究 [J]. 铜陵学院学报,2012(3):24-25.

[8] 刘季明,祝端阳. 保险业电子商务现状及未来趋势 [J]. 中国电子商务,2012(23):24-25.

[9] 夏军. 保险业电子商务在我国的发展 [J]. 电子商务,2011(7):29-30.

浅谈区域发展差异对保险业发展的影响

初圣泽

（生命人寿保险股份有限公司青岛分公司）

摘　要：现代保险业是金融业的一个重要组成部分,对国家的金融业发展起着至关重要的作用。中国保险业相对于国外而言,起步相对较晚,同时由于国内经济地域发展的不平衡,保险业的发展也呈现出自己的特点。本文主要通过研究中国保险发展的地域特点,分析保险业发展的动力,为中国保险业的发展提供策略建议,为青岛保险的发展提供借鉴。

关键词：区域差异;保险;发展

一、前言

（一）研究背景、目的和意义

迄今为止国内几乎所有的保险改革和发展措施,都牵扯到区域差异因素的存在,突出表现为区域间趋势性的保险发展实践与区域差别性的客观保险需求相脱节,导致区域保险总供给与总需求之间的矛盾。该问题如不解决,不仅会影响青岛保险增长向保险发展的转变,从而影响保险宏观调控的效果和改革的成效及保险业的最终发展,而且会影响青岛经济的健康发展,导致青岛与其他经济发达城市的差距进一步扩大,从而影响到社会经济的健康、快速、协调、可持续的发展。因此,对保险发展研究是一个十分紧迫的问题。

（二）文献简述

针对保险业区域发展的不平衡性,我国已有不少专家对此进行了专门的研究。刘京生的《论区域经济与区域保险》通过对中国区域保险发展现状的分析,认为中国区域保险发展存在着区域间保险发展不平衡加剧、区域保险结构趋同严重、区域间摩擦加剧、区域间利益冲突加深等问题,并提出了多方筹资发展区域性保险公司、利用资本市场促进国有保险公司的战略性重组、利用外资加快区域保险公司发展、制定国家区域税收优惠政策及区域保险扶持政策、培养和提高人才素质等发展区域保险的相关对策建议。朱俊生、王白宇、李芸的《我国保险业空间布局分析》通过技术方法对我国各省区保险业发展水平作了总体评价,并对经济发展水平不同的四类地区保险业的发展水平进行了实证分析,定量地描述了保险业区域发展不平衡的程度,认为造成保险市场区域发展不平衡的原因包括区域经济发展不平衡、区域金融市场环境。针对保险产业政策、区域人口发展不平衡、社会保障及地区文化差异等,提出应成立区域性保险公司、保险资金运用向西部倾斜政策、实行适度倾斜的保险产业政策、对不同区域分类监管等来统筹保险业的区域发展。

中国保险区域发展的不平衡性,已经引起了有关专家的重视,他们对不平衡性的现状和原因的分析,对推动中国保险的发展有重要的意义,同时也为青岛保险业的发展提供借鉴。

二、研究分析

保险市场的发展水平,不仅仅体现在保险业务规模上,还包含方方面面的因素。经营管理水平、市场竞争程度和开放程度、中介市场发展状况、产品结构、盈利能力、监管状况等都从某一个侧面反映了保险市场的发育程度。受经济发展水平呈现梯度分布特点的影响,我国的保险市场在上述各方面都表现出非均衡性,东部沿海地区产、寿险保费收入高,保险公司及中介机构数量较多,产品研发能力较强,保险业的市场化程度远远高于中西部地区。

保险增长并不等同于保险发展,虽然随着保险规模的不断扩大,我国保险市场在市场体系、思想观念、经营管理、法制建设与保险监管等各个方面均得到了逐步的改进和完善,但是在增长过程中产生的我国保险业的一些结构性矛盾却并未随着保险规模的跳跃性增长而得到解决。现阶段,保险业结构上的不合理正成为保险业发展特别是可持续发展的主要矛盾和制约。

据报告显示,2012 年,保险市场的区域格局变化不大。东部地区 16 个区域保险市场依旧是我国保险业发展的主力军,约占全国原保险保费收入的 58%。中部地区 8 个区域保险市场和西部地区 12 个区域保险市场保费收入约占全国份额的 23% 和 19%。2012 年,东部地区 16 个区域保险市场(广东、江苏、山东、北京、上海、天津、浙江、河北、辽宁、福建、海南、深圳、宁波、大连、青岛、厦门)依旧是我国保险业发展的主力军。数据显示,东部地区共实现原保险保费收入 8 955 亿元,占全国原保险保费收入 57.82%,同比上升 0.47%。其中,财产险原保险保费收入 3 113 亿元,占全国财产险原保险保费收入 58.4%,同比下降 0.74%;寿险原保险保费收入 5 087 亿元,占全国寿险原保险保费收入 57.1%,同比上升 1.09%。2012 年中部地区 8 个省(山西、安徽、江西、河南、湖南、湖北、黑龙江、吉林)增速有所放缓。数据显示,中部地区共实现原保险保费收入 3 526 亿元,占全国原保险保费收入 22.77%,同比下降 0.77%。其中,财产险原保险保费收入 1 048 亿元,占全国财产险原保险保费收入 19.7%,同比下降 0.3%;寿险原保险保费收入 2 241 亿元,占全国寿险原保险保费收入 25.2%,同比下降 1.09%。

青岛保险业当前处于非常有利的位置,青岛保险业处于发展的攻坚阶段,改革与发展是青岛保险业今后较长一段时间面临的主要任务。从青岛的实际情况看,青岛是中国新一线城市之一并且经济发展呈现明显区域化特征的地区,而经济发展正是保险发展的基础。纵观中国保险业的发展历程,一个不容置疑的事实是中国保险业改革与发展的全过程是在区域自然、社会和经济存在巨大潜能的背景下发展的。这一特点,要求青岛保险改革和发展应依据经济发展的大环境、需求及现状而制定方针。

我国区域保险发展不平衡的状况同样会映射到青岛地区,表1列出了我国30个省市(不完全统计)保费收入、保险深度和保险密度三项指标排列前五位与后五位地区的指标平均值,并列出前五地区均值与后五地区均值的倍数。

表1 三项指标排列前五位地区、后五位地区的均值及差异倍数

	保费收入(百万元)			保险深度(%)			保险密度(元/人)		
	总保费	财产	人身	总保费	财产	人身	总保费	财产	人身
前五平均	25 952	6 633	19 677	4.29	1.05	3.36	921.63	206.64	728.84
后五平均	1 686	564	1 119	1.86	0.43	1.26	101.84	27.38	68.47
前/后(倍)	15.4	11.75	17.59	2.30	2.42	2.68	9.05	7.55	10.64

数据来源:根据《中国保险年鉴》有关数据整理计算。

保费收入前五位地区为广东、江苏、上海、北京、山东、浙江(财),后五位地区为甘肃、贵州、海南、宁夏、青海、内蒙古(财);保险深度前五位地区为北京、上海、山西、新疆、天津、广东(财)、陕西(寿),后五位为江西、内蒙古、湖北、河北、海南、河南(财)、广西(寿)。保险密度前五位地区为北京、上海、天津、浙江、广东、江苏(寿),后五位地区为四川、江西、安徽、广西、贵州、河南与湖南(财)、海南与青海(寿)。可见,三项指标排在前列的总是上海、北京及广东、江苏、浙江等沿海发达地区,而排在后列的多为中西部经济落后地区。值得注意的是,保费收入与保险密度指标的排列情况相接近,而保险深度指标的地区排列显示出不同的情况。山西、新疆、陕西等省份的保险深度排在前列,表明这些地区的保险资源开发程度较高,但其进一步开发将会受到较低的经济资源水平的制约。而河北、河南的保险深度属于最落后之列,这两地的经济资源水平较高,潜在的保险资源较为丰富,但开发利用程度相对较低,有较大的发展潜力。总业务、财产险、人身险的差距程度也不尽相同,表中数据显示,财产险指标差距较小,人身险差距较大。

表2 前五位,后五位地区差距比较(倍数)

	保费收入(百万元)			保险深度(%)			保险密度(元/人)		
	总保费	财产	人身	总保费	财产	人身	总保费	财产	人身
1998年	12.7	10.9	14.8	2.60	2.30	2.90	9.50	8	11.1
2006年	14.7	11.9	16.8	2.30	2.50	2.40	9.10	7.5	10
2012年	15.4	11.8	17.6	2.30	2.40	2.70	9.00	7.5	10.6

数据来源:根据《中国保险年鉴》有关数据整理计算。

为比较地区差距的变动情况,表2列出了1998、2006、2012三年相关指标前五位地区与后五位地区的比较结果。保费收入尤其是人身保险保费收入的差距有明显的扩大趋

势。而保险深度和保险密度的差距则有小幅度的缩小。

从 1980 年恢复国内保险业务以来，伴随着改革开放，中国保险业获得了长足发展，当前的主要矛盾是保险发展水平与经济社会的保险需求不相适应。首先，区域保险呈快速发展趋势但发展水平低；其次，地区之间保险发展水平呈梯度分布且空间比例失调。青岛地区保险业的发展若要取得突破，也应当从这两方面入手。

三、发展动力

（一）保险业的发展改革离不开国家政策支持

我国经济体制从计划经济转型为市场经济，这是我国保险业恢复和发展的直接契机，人们对于不确定性风险预期损失补偿的需要刺激了保险需求。在计划经济体制下，企业是国有财产，政府是承担风险的主体，企业并不需要承担风险，个人也几乎没有财产和人身风险来让保险公司经营。市场经济体制建立的同时带来了许多不确定性风险，人们意识到许多风险难以避免且个人没有能力完全承担，因此，企业和个人不得不考虑风险的分散及转移问题。

（二）保险业的发展离不开经济发展

经济发展水平是保险业发展最重要的影响因素，没有经济水平的提高，保险的发展只能是无根之木，无源之水。经济发展的高速增长，推动了对保险需求的增加。从个体来讲，人们对财产和自身安全进行投保，只有人们的财富积累到一定程度，才有可能为已经积累的财富支付保险费，而这部分保费的支出，来源于新增经济部分；随着人们生活水平的提高，对自身的安全和生活质量越来越重视，从而对寿险的需求也越来越多。从企业生产来看，根据加速原理，经济发展的增加促进投资的增长，人们为扩大再生产中追加的投资部分支付的保险费，也同样出资于经济收入部分。我国经济发展速度平均每年在 10% 左右，而保费增长速度平均在 30% 左右，保险业的增长速度超过了经济发展速度。

（三）保险业的发展离不开挑战

1. 任何发展都要突破文化的束缚

中国社会重实物而轻货币，重个人情感而轻法律契约，重近轻远，这些文化的积淀无疑与保单契约性等典型特征相冲突。自古推崇"富贵在天，生死由命"，信奉"养儿防老"，重视家庭共济，这些文化基因无疑与保险所具有的防范风险、转移风险、在全社会范围内分担损失的社会机制特性相矛盾。这一影响无疑会在一定程度上造成对保险行业的挑战。

2. 任何发展都要跨过经济的阻碍

保险业不断发挥保险服务经济社会发展、完善社会保障体系、参与社会风险管理的功能，已成为经济社会建设的重要力量和国民经济的重要行业，但总的来看，全行业基础较差，底子较薄，仍处于发展的初级阶段，随着经济发展水平的提高，对保险业提出了更高的要求。目前保险还未渗透到经济各领域、社会各行业和人民生活各方面，覆盖面不宽，很多重点领域的投保率不高,无法为人民群众提供一些迫切需要的保险产品和服务,保险保障的层次也较低,特别是重大自然灾害的赔付率较低。

3. 任何发展都要突破自我的能力

表3   2013年1～12月青岛市保险保费收入情况   单位:万元

地区	合计	财产保险	寿险	意外险	健康险
青岛	1 634 374.4	671 714.69	829 679.5	38 220.07	94 760.14

从现在情况看,青岛保险业的发展仍表现在对现有保险市场占领上,即由保险公司通过提高保险供给能力,满足市场已出现的保险需求。例如目前保险公司的业务结构,财产保险占据了较大部分的市场份额;寿险上占据了大半江山。要改变这个现状,实现保险业可持续发展,要开发潜在市场,如责任保险市场、健康市场保险、养老保险市场等。

四、发展策略建议

(一)加快经济落后地区的经济发展

正如前面的分析,经济发展水平是保险业发展最重要的影响因素,保险业发展程度最低的地区是经济水平相对落后的地区,保险业协调发展的关键就在于经济落后地区的发展。按照本文分析得出的结论,经济发展的低下水平压制着保险业的增长,成为保险业进一步发展的"瓶颈"。因此要提高这些地区的保险发展水平,必须以大力发展经济落后地区的经济实力为最首要的根本前提。

(二)立足区域特点,实施针对性的发展战略

无论是经济还是保险,区域发展不平衡是发展的现实,并且将长期存在。保险业的协调发展,不是人为地削补或增删,而是必须在共同前进的动态过程中得到解决。针对保险业产业布局的结构性失衡,目前青岛地区保险业的战略重组应是在发展经济良好地区保险业的同时,向经济落后地区倾斜,重点发展经济落后地区。比如应该加强青岛周边比如黄岛、平度等地区的保险业投入,利用市内保险业的先进管理理念带动经济欠发达地区,实现青岛市保险业的平衡发展。

(三)培养保险人才,提高人才素质

要使保险资源优势变为现实的保险竞争优势,除了需要解决经济外,还需要的是人才,包括保险产品开发设计、经营管理、资金运用等方面的人才。在保险人才的培养上,要充分利用高校资源,培养保险专门人才。根据过往保险人才培养经验,结合地区人力资源的具体情况,做出针对性的培养策略。

五、结论

低下的经济发展水平是制约保险发展的主要因素之一,要发展就必须解决经济落后

地区经济水平。要立足区域特点,实施针对性的区域保险发展战略。此外,行业的发展也需要提高自身的竞争力,未雨绸缪,在竞争还不激烈时加强自身的核心竞争力,保险行业的发展战略也应该以此为出发点和最终目标。

参考文献

[1] 孙秀清.中国区域保险发展研究[M].大连:东北财经大学出版社,2008.

[2] 肖志光.论我国保险市场区域均衡发展 —— 保险需求的视角[J].金融研究,2007(6):181-190.

[3] 田霖.中国保险业的区域协调发展研究[J].重庆大学学报(社会科学版),2011,17(5):7-14.

[4] 王婧.中国人寿保险业区域发展差异研究[D].上海:复旦大学,2008.

[5] 刘京生.论区域经济与区域保险[J].保险研究,2002(6):20-22.

投资型保险发展趋势

张　嫔

（安邦财产保险股份有限公司青岛分公司）

摘　要：关于保险业的发展，在数字飞速增长的背后，消费者的刚需被扭曲的产品结构所左右，投资型保险产品的真正目的是保险公司保费收入，是消费者理财的工具，是保险创新的产物。作为金融产品之一，保险产品更需要满足市场的需求。

关键词：保险；理财；保障

2014 年 1～6 月，原保险保费收入 11 488.72 亿元，同比增长 20.78％。其中，产险业务原保险保费收入 3 622.86 亿元，同比增长 15.87％；寿险业务原保险保费收入 6 687.26 亿元，同比增长 20.35％；健康险业务原保险保费收入 892.92 亿元，同比增长 52.25％；意外险业务原保险保费收入 285.68 亿元，同比增长 17.72％。产险业务中，交强险原保险保费收入 698.28 亿元，同比增长 12.32％；农业保险原保险保费收入为 196.85 亿元，同比增长 1.70％。另外，寿险公司未计入保险合同核算的保户投资款和独立账户本年新增交费 2 272.31 亿元，同比增长 21.23％。

由以上数字可以看出，无论是产险还是寿险，亦或是健康险的保费收入水平，均出现了不同幅度的增长。在通货膨胀的条件下，保费数字的正向增长，还标志着国民保险意识的增强，以及长期以来被誉为朝阳产业的保险业进入了快速发展的时阶段。保险的意义凸显不仅表现在保费收入水平的增加因素之上，还要看保险公司的赔款和给付支出水平。

2014 年上半年，赔款和给付支出 3 531.62 亿元，同比增长 19.21％。产险业务赔款 1 713.17 亿元，同比增长 14.65％；寿险业务给付 1 501.52 亿元，同比增长 21.32％；健康险业务赔款和给付 257.65 亿元，同比增长 42.12％；意外险业务赔款 59.28 亿元，同比增长 20.14％。

由此可以看出，在保费增长的同时，赔款金额也同向增加，其中寿险和意外险的赔款增长率高于保费增长率。如何在保费收入增加的同时，使赔款金额也能同步提升，关键在于产品结构的合理设计。

近年来，投资型保险如雨后春笋般涌现在广大消费者面前，面临如此之多的保险产品,消费者往往忽视了自身需求,被产品宣传牵着鼻子走。

一、投资型保险的起源

投资型保险源于欧洲,开发投资型保险的初衷是为了增强寿险产品的竞争力。到20世纪中叶,受通货膨胀的压力,西方发达国家的金融业纷纷寻求创新之路,而保险公司的传统的固定预定利率的长期寿险保单则缺乏竞争力,导致长期寿险保单持有人纷纷退保,造成保险公司资金外流,使保险公司受到严重冲击,为扭转这一不利局面,各保险公司开始研究开发投资型保险。近20年来,投资型保险在一些投资型保险发达的国家,其保费收入已占到寿险保费收入的30%～55%。目前,投资型人寿保险产品已成为各国寿险业同其他金融业竞争的有力工具,并日益成为未来寿险业的发展方向,相比之下,我国的投资型保险是在保险市场尚未成熟、居民的保险意识不强、保险商品消费水平不高、保险竞争不十分激烈的背景下推出的:

寿险业的长足发展与严重的利差损包袱,是推出投资型保险的直接原因。20世纪90年代末,我国寿险业发展迅速,其中2000年寿险保费收入977.5亿元,占总保费收入的62.5%,2001年达到1 423.97亿元,占总保费收入的67.51%,伴随保险业的长足发展,我国保险公司的财务管理和企业内控制度日益健全,人员素质、技术水平、服务质量和管理水平逐步提高,经营能力、风险驾驭能力和资金运用能力显著增强。与此同时,中国人民银行连续7次下调存贷款利率(不包括2002年2月21日下调),寿险公司由此蒙受了巨大的利差损失,按照5%的回报率计算,寿险公司的潜在利差损高达千亿元以上。为扭转这种不利状况,各保险公司纷纷从传统业务之外寻找解决问题的办法,包括投资型保险在内的各种新型寿险保险应运而生。

人们多样化的保险需求和保险竞争的变化,也是投资型保险面市的动力之一。近几年来,随着收入水平的逐步提高和投资意识的增强,人们的投资结构发生了很大变化。人们既希望有较高的人生风险保障,更希望得到投资收益,而传统的单纯保障型寿险产品已不能满足人们的这种双重需要。为了适应需求和竞争的变化,开发投资型保险等新险种就成为保险业发展的当务之急。

二、政策扩宽保险资金投资渠道

保险资金投资渠道的进一步拓展,为投资型保险的迅速发展带来了动力和契机。1998年10月,中国人民银行允许保险资金进入全国同业拆借市场;1999年,中国保监委又出台了保险公司购买中央企业债券管理办法,允许保险公司购买铁路、电力、三峡工程等企业债券;同年10月,国务院又批准保险公司可通过购买证券投资基金间接入市,允许保险公司在控制风险的基础上,在二级市场上买卖已经上市的证券投资基金和在一级市场上认购新发行的证券投资基金,从而使保险资金的投资渠道进一步拓展。2014年2月19日,中国保监会发布了《关于加强和改进保险资金运用比例监管的通知》,且对权益类资产、不动产类资产、其他金融资产等规定了明确的监管比例。其中,以权益类资产为例,该资产投资比例不得超过30%。

按照过去的规定,保险公司投资证券基金和股票的比例合计不超过该保险公司上季末总资产的25%。有分析称,险资投资权益类资产的上限上移了5%,或将给资本市场带来数千亿的增量流动性。

2014年以来,保监会接连出台刺激市场的利好政策。1月7日,保监会下发了《关于保险资金投资创业板上市公司股票等问题的通知》,正式放开保险资金投资创业板上市公司股票。随后,保监会启动历史存量保单投资蓝筹股的政策,允许符合条件的部分持有历史存量保单的保险公司申请试点。

三、投资型保险对我国保险业的影响

(一)对监管的挑战

投资型保险是对我国保险业的一次挑战,同时也给我国保险业未来发展提供了新的契机。随着投资型保险的迅速崛起,对监管部门的管理规范要求也相应提高。目前,市面上畅销的投资型保险,是以高现金价值为吸引力的短期高收益理财型产品。根据保监会主席项俊波在2014年全国保险监管工作会议上的发言,2013年,我国保险业高现金价值短期业务规模将近2 800亿元。而2014年2月出台的高现金价值新规中,两点影响十分重大,一是高现价产品规模不能超过资本金的2倍,超过部分将额外计提准备金;二是偿付能力低于150%的停止开展高现金价值业务。监管层对于高现金价值产品的管控更加严格。

保监会的诸多举措,逐渐落实到投资性保险产品中,由此足以见得投资型保险产品目前在市场上的影响力已经到了不可小觑的地步了。

(二)对客户关系管理模式的挑战

投资型保险的客户群分布与传统型保险相比有着明显的区别。拥有较高知识水平,对投资和风险理念有一定认识和经验,收入中等偏上的公务人员、企业白领、教师、律师、企业主等是此类保险的最佳客户,他们往往具有较高的经济理论、社会文化素养,与以往的单纯满足客户保障需求的角色不同,保险公司营销员要具备对客户资产科学配置、优化资产结构的能力,要具备综合的金融知识。

(三)对保险公司的经营方向和应变能力的挑战

投资型保险的出现,使经营绩效更加依赖国家相关法律制度、政策的开放程度和规范程度。国外的发展经验表明,投资型保险的稳定发展和市场份额的不断提升,与国家的税收政策、投资渠道的不断拓宽及保险监管机构的积极引导密不可分。而且,投资型保险要求保险公司经营行为趋向长期化,经营重心向改善保险结构、提高内部管理水平、有效防范和化解经营风险、建立长期竞争优势等方面转变。因此,如何理解和运用国家政策,及时转变经营方向,增强应变能力,这对所有的保险公司来说都是一个新的起点。

(四)客户自我保护意识的转变

保险公司投资运作的公开与透明是投资型保险健康发展的基本要求,也是客户坚定

消费信心的根本保证。随着投资型保险市场份额的不断扩大,要求消费者的自我保护意识必须不断提升,这对风险意识不强的我国广大投保人来讲,也是一个新的课题。

投资型保险将面临来自金融界其他行业的竞争和挑战、投资失误、销售误导等问题,都会直接影响保险公司的形象。调查发现,接触过保险的受访居民中,只有6.2%认为国内保险公司的诚信态度好,76.5%认为一般,甚至有17.3%认为差;对于服务,7.4%认为保险公司的业务娴熟,84%认为一般,8.2%认为生疏;对条款的解释,13.1%认为清晰,69.4%认为一般,17.5%认为模糊。因此,投资型保险的风险表面上由投保人和保险人共同承担,实际上保险公司将面临更大的经营风险。

(五)培育健康、稳定的消费市场,将成为各家保险公司面临的共同课题

投资型保险使客户对未来的投资回报成果抱有极大的期望,消费者对投资回报率的高预期心理无形中对保险公司正常的投资运作构成了巨大的心理压力。在这种情况下,各家保险公司都将面临一个共同课题,即普及金融投资知识,倡导投资风险防范意识,帮助消费者正确理解和看待现阶段市场的投资回报业绩。

四、投资型保险产品发展中出现的问题

投资型保险必将促进我国保险经营方式和竞争方式的转变。据统计,自1999年11月底平安"投资连结保险"在上海率先亮相后,迄今已扩展到北京、南京、杭州、广州、深圳、重庆等30多个省会及中心城市,首年年度保费收入达11.2亿元。中国人寿、太平洋保险、安联大众、金盛人寿、友邦等中外资寿险公司,也纷纷在全国各地推出投资连结、分红、万能等新险种,并在短短两年间成为最受客户欢迎的保险。投资型保险的推出,使寿险业不仅具有一般保障和定期给付功能,而且有利于促进寿险业金融功能创新和寿险产品金融证券化,寿险业已不再是保障而是趋向为客户投资理财。由于保险公司聚集的资金规模大、投资队伍专业化强,加上在市场投资规范性和专业性方面都较为科学,在很大程度上化解了客户个人投资所存在的风险,从而使客户和保险公司都能"双赢",这对投资市场的稳定和健康发展必将起着积极作用。

与此同时,很多保险企业,为了扩大保险资金规模,一味地夸大产品的理财功能,加之投资失误、销售失误等因素的存在,不仅直接影响保险公司的形象,更严重影响了消费者的利益。恶意夸张宣导、随便承诺收益的现象在近年来屡见不鲜。消费者在高收益的吸引下,盲目购买投资型保险产品,忽略了保险公司投资实力、经济环境影响等直接影响收益的关键因素。投资型保险中保障的功能日益弱化,需要购买消费型保险产品的刚性需求客户,找不到适合自己的产品。想要保障就要先投资已经成为现在保险业的新风尚。

在投资型保险飞速发展的今天,我们是否应该放慢脚步,了解客户的真实需求,规范市场营销行为。让保险真正成为消费者的生活必需品,市场多元化,产品多元化,有供给有需求,才符合现代的市场规律。消费者和保险公司是经济市场中两个是平等的因素,消费者并不是以盈利为目的的商业保险公司获取利益的工具,消费者理智的投保,保险公司诚信的销售、合理的设计才能实现投资型保险产品在我国市场的持续发展。

浅谈如何不断深化改革创新推动
青岛保险市场平稳健康发展

于灵仁

（天安人寿保险股份有限公司青岛分公司）

摘　要：保险是金融体系的重要组成部分，是市场经济条件下风险管理的基本手段，具有经济补偿、资金融通和社会管理的功能，在现代经济建设中具有不可替代的重要作用。因此，在未来的发展中，一定要解放思想，深化改革，创新推动青岛保险市场的平稳健康发展。

关键词：创新推动；保险市场；健康发展

改革创新是时代的潮流，是当代中国的主旋律。中共十六大以来，党的建设和组织工作取得了显著成绩，同时也要看到，面对当今世界正在发生的广泛而深刻的变化，面对当代中国市场正在发生的广泛而深刻的变革，改革创新的任务比以往任何时候都更为繁重、更为紧迫。

项俊波主席在保险业深化改革培训班上强调，要把保险监管系统的思想和行动统一到中央对国际国内形势的判断上来，统一到中央对当前经济工作的要求上来，把学习贯彻中央精神与促进保险业科学发展、加强和改进保险监管和做好当前各项工作结合起来。项俊波主席要求监管部门抓好五方面重点工作：一是坚决守住风险底线，维护行业安全稳健运行。时刻绷紧防范风险这根弦，把防范化解风险放在监管工作更加突出的位置。二是抓好保险业创新发展，全力做好服务实体经济工作。按照《国务院办公厅关于金融支持经济结构调整和转型升级的指导意见》要求，更好地发挥保险对经济结构调整和转型升级的支持作用。三是大力推进市场化改革，不断提升保险业竞争力。建立市场化的定价机制、资金运用机制和准入退出机制。把握保险业发展规律，发挥好保险的经济补偿功能，突出保险姓"保"的本质属性，满足人们在养老、医疗等方面的保障需求。四是解决群众反映突出的问题，保护保险消费者利益。继续完善制度机制，采取有效措施，切实解决寿险销售误导和车险理赔难等保险消费者反映集中的突出问题。五是找准监管着力点，推进监管现代化建设。努力建设以风险为导向、符合我国国情、适应新兴保险市场特点的新一代偿付能力监管体系。

面对错综复杂的保险市场,如何促进青岛保险业的健康发展,是摆在我们面前的一个重要问题,本文将对如何通过有效措施,深化改革,创新推动青岛保险市场平稳健康发展进行阐述,希望能够为青岛保险业发展建言献策,尽微薄之力。

一、不断完善保险市场体系,规范保险市场健康发展

青岛市的金融发展环境逐步优化,吸引了全国主要保险公司在青岛设立了分支机构,建立了遍布城乡、覆盖社区的服务网络,构建起产险寿险同步发展、中资外资共同竞争、中介机构比较活跃的保险市场体系。目前青岛市共有保险公司 61 家,其中产险公司 32 家,寿险公司 29 家;共有保险中介法人机构 51 家,分支机构 32 家,兼业代理机构 1503 家。全市保险从业人员 3 万余人。由此可见,青岛保险市场十分广阔,不断规范完善保险市场极为重要。尽管青岛保险业保持较快的发展速度,但仍存在一些不足之处。

(一)青岛保险市场存在的不足之处

青岛保险市场正确需求不足和错误需求泛滥同时并存。目前,由于我国经济社会发展水平的限制,许多人对保险的重要性认识不足,认为自己不会发生事故或者认为保险公司是赚钱为目的,保险实际并没有什么好处,没有充分认识到保险是转移和分散风险的手段,对工作和生活中的人身与财产风险认识不足,缺乏风险防范意识,这导致对保险的正确需求不足。同时,很多人又错误地认为保险可以赚更多的钱,可以令人暴富,或者把保险单纯地当做投资手段,忽视了保险产品的本质特征。

(1)保险市场的法律法规体系不够完善。我国保险法律法规体系已经初具规模,基本涵盖了保险合同行为、保险经营和监管的各个环节。保险经营和保险监管基本上做到了有法可依,一定程度上建立了适应我国保险实践的法律法规体系。保险监管机构的严格执法对于规范保险经营行为、提高保险的经营管理水平、保护保险活动当事人的合法权益、加强和改善保险监管具有重要意义,有力地推动了保险事业的健康发展。但我国保险立法还存在一些不足之处,导致青岛保险市场的规范和发展存在障碍。

(2)市场竞争不充分。行业内的恶性竞争是青岛保险市场存在的不良现象之一,为了达到快速增长的目标,很多保险公司都会通过一些其他手段在市场上争揽客户。这种不计后果的竞争行为不仅导致保险公司经营成本不断上升、经营风险日益加大,而且破坏了市场秩序,影响了青岛保险业的信誉和形象。

(3)保险市场主体存在很多问题。首先,很多保险公司虽然重视服务,但服务质量不高,企业与客户之间没有良好的沟通渠道,在服务内容、形式、方式上还存在很多问题。其次,公司违规现象及弄虚作假现象仍然存在,有些保险公司擅自提高或降低费率,扩大承保责任,增加无赔款返还,超规定增加保险代理手续费,未经监管部门批准擅自开设新的保险品种。

(4)保险中介市场发育不足。保险中介市场占有率过低,在青岛保险市场上应有的作用还没得到充分的发挥等等。尽管青岛保险中介队伍扩张迅速,但市场存在的不和谐现象

还是受到了各方面的重视,在发展中寻求突破也成为当前青岛保险中介市场健康发展急需解决的问题。另外,保险中介自身发展的不规范和创新力度的不足,也是造成青岛保险中介市场占有率较低的主要原因。

(二)规范青岛保险市场的相关对策

保险市场作为要素市场的重要组成部分,大力发展保险市场是完善市场体系的客观要求。以下是规范保险青岛保险市场健康发展的相关对策。

(1)加强对青岛保险业的正确宣导。部分人员受教育水平比较落后,风险意识不强,有的还没有认识到保险的重要意义和风险防范的必要性。同时,部分保险机构和保险从业人员出于利益驱动,对保险业、保险产品做了一些虚假宣传甚至有意误导,从而产生许多纠纷,保险市场秩序因此被扰乱。要解决这个问题,在加强对保险业监管的前提下,关键在于提高全体青岛市民对保险的正确认识。青岛保险监管部门、保险业、社会各界都要加强对保险相关知识的正确宣导,充分说明保险在市场经济中的重要作用和意义、特征,澄清对保险的错误认识。在加大对保险市场违法违规行为打击力度的同时,提高人们对保险误导和欺骗宣传的辨别能力。

(2)促使青岛保险企业建立信息披露制度。由于在信息缺乏披露的情况下,被保险人很难对保险公司的财务实力、资信等级、经营状况、服务质量和发展前景做出正确的评价,这样就会造成被保险人方面的信息不对称。这就要求保险公司对保险需求者披露有关信息,包括企业的经营状况、条款的详尽信息。同时保险监管部门也应加强对保险行业内部信息的公开,建立保险从业人员的信息库,以利于社会查询。建立公开的信息载体,如报纸、网站等,由监管部门发布行业内部的一些信息。建立规章制度,引导保险企业定期通过媒体披露企业的动态。建立完善的评级制度,促进设立评级机构,对保险企业的资产规模、财务稳健性、经营管理和信用等方面进行评估,并对外公布。

(3)完善相关的制度,为建设保险市场营造良好的法律制度环境。针对青岛保险市场一定程度上仍存在道德风险的情况,要制定相关政策及制度,保障保险信誉机制发挥作用,保证保险市场的规范性。

(4)重建保险市场的社会诚信。保险合同是涉信合同,对诚信要求很高。目前,诚信问题引起了全社会的关注,在各个层面上都掀起了重建社会诚信体系的浪潮。按照这一定义,诚信所具有的特征应该是一种得到社会化公认的、较长期的、但又需要不断进行维护与投入的资源集合体。在以贯彻"最大诚信"为首要原则的保险业中,诚信的重要意义在于它提供了保险业经营的一种竞争力提升。我们以保单的交易事项为例来分析,投保人购买的是一种承诺,用现在确定的支付来换取未来不确定事故发生时的给付。从投保人的角度来看,保障其交易合法性的依据在于保单这一契约的约束,保单法律契约的背后,尤其是跨越相当长时间段的交易承诺赖以实现的基础就是其中内嵌的社会诚信资本要素。显然,在诚信这一社会资本要素的维持过程中,它所依附的一个体制化网络的有效运营包括了保险监管部门、保险经营机构与广大保险利益相关人的不断投入与精心维护。这种投入既包括法律与政策完善,也融合了各种公序良俗的坚持,以及社会观念与意识的普及。

（5）规范保险中介市场。要加大青岛市各保险公司的体制改革力度,转变业务经营观念,逐步将那些应由保险中介公司承办的业务剥离出来,交由保险经纪公司、保险公估公司和保险代理公司去做。

（6）规范保险监管程序,制定科学的监管内容。保险市场和其他金融市场一样,监管的意义比其他行业和市场要重要得多。应当下大力气研究制定规范的监管程序和科学的监管内容。比如,可考虑根据目前的保险市场现状,将偿付能力监管和行为监管一起作为监管中心,并以此为出发点来设计监管程序、制定监管内容,使监管程序规范化、监管内容科学化,既可以约束监督者,又使得保险市场能够对监管有明确的预期,从而调整市场运行行为、促进市场的健康发展;同时,加强对监管内容的研究,确保监管在保护投保人、被保险人利益的同时,能够促进保险市场规范运行和快速健康发展。

二、不断创新,促进保险业快速发展

创新为魂。这是一个只有"变"或不变的时代,所有的一切都在"十倍速"中剧变。在一个变速加快的时代墨守成规,只会被社会淘汰。因此,创新就显得尤为重要,必须要有新的思维、新的观念、新的方法、新的作为来适应变化。

国际保险业创新的趋势,已逐渐成为近年来国际保险业发展的一个重要特征。保险产品的创新体现在保险风险证券化、投资连结保险的推广等等。同样,由于信息技术以及其他科学技术的发展,也为保险业的产品创新创造条件。此外,还有保险服务创新、管理创新、销售方式创新。这些都使得保险业的市场竞争更加激烈,只有通过在产品、营销、客户服务、管理等多方面的创新才能保证保险公司在竞争中立于不败之地。根据青岛保险市场的实际情况,现提出如下几方面的保险创新具体内容:

（1）产品创新。产品创新是保险业获取潜在利润的基础。保险业的产品创新如同其他行业一样,产品的优略决定保险公司的长久发展。产品创新有三种主要方式:一是原创式创新,即从无到有,设计出一种全新的产品;二是派生式创新,即从一种产品衍生出另一种产品,或者从产品的基本功能先生处其他功能;三是组合式创新,即将现有的产品进行重新组合,制作成一种既具有原先产品的某些特点但又不等同于老产品的新型产品。现阶段,原创性产品的创新很容易做到,大量的产品创新还是主要集中在派生式和组合式的创新方式中。

保险业要从战略的高度,逐步形成以社会需求为导向的保险产品创新体系,围绕经济和社会生活的重大变化,围绕城乡居民的消费文化、消费习惯和消费热点,以养老保险、医疗保险、责任保险和农村保险四个领域为重点,大力进行有中国特色的产品创新。

提高原始创新能力,积极创新为社会主义新农村建设服务的保险产品。以市场需求为导向,积极开发涉农财产保险产品。大力发展人民群众迫切需要的风险保障型产品,研究开发保障适度、费用低廉、投保简便的农村简易人身保险。

提高借鉴创新能力,根据国内经济发展水平差异较大等阶段性特征,结合外部经验,重点加强服务公共安全和社会稳定的产品创新;积极推进火灾责任险、煤矿雇主责任险、医疗责任险、建设工程质量责任险、旅行社责任险和环保责任险等产品创新。

提高吸收再创新能力,消化吸收外部技术经验,进行有中国特色的创新,如尝试进行外币财产险试点。对于有一定市场风险,但经济社会和人民群众非常关注、迫切需要的险种,如医疗门诊费用、车贷险、房贷险,要大胆创新,积极试点,探索有效降低风险的途径。

(2)服务创新。服务创新是保险业获取潜在利润的手段。服务创新的内容包括提供"附加值服务"、"个性化服务"等。首先要做好的是保险的基本服务。因为与其他金融行业的产品对比,保险产品往往与损失、灾害、伤残相联系,这种产品通常在消费者购买时具有较大的被动性,但是保险事故发生之后有对该"产品"的需求又是极大的。因此,只有在做好了保险业的基本服务之后,才有资格去提升服务创新的水平,否则就会造成本末倒置的局面出现。

创新服务理念,要树立以"客户为中心"的经营意识,为客户提供零距离的保险服务,用服务赢得顾客。创新服务内容,围绕保险咨询、保险方案设计、承保、风险防范、出险后查勘、理赔等服务环节,为客户提供周到细致的服务。创新服务手段,要利用自己的资源优势,扩大为客户提供保险责任以外的附加服务,如免费体检、风险咨询、风险管理、防灾防损等。创新服务体制,业务运作应围绕如何为客户提供服务,尤其是围绕服务流程来进行,并对人员分工、岗位、部门设置等重新组合,使组织为服务流程而定。创新服务方式,开拓客户服务营销,引进客户关系管理系统,建立完善的数字化的客户档案、客户服务知识库、关怀服务记录,了解客户真实需求,向客户提供针对性强、个性化的产品。如根据顾客的年龄和婚姻状况向其推荐保险的种类等。根据客户不同时期的需求,设计不同的产品,提供更简便、优惠的服务,提高客户的忠诚度与满意度。利用积累的客户信息和服务信息,提供电子邮件、自动传真、语音电话、短消息服务等,为客户提供缴费通知、新险种推介、节日和纪念日问候等自动服务项目。同时,利用网络技术,基于各保险机构的网站实现保单基本资料在线查询,实现保单基本资料在线变更,逐步拓宽在线服务范围。

(3)保险资金运用创新。保险资金运用创新是保险业获取潜在利润的动力。保险资金运用的创新可以扩大现有渠道、增加新的资金运用渠道,从体制上解决保险资金的运用问题。从我国保险业来说,保险资金的运用是否得当直接决定了保险创新能否持续有效地进行。

首先,建立多层次资产配置体系,积极把握优质资产配置机会。保险公司不仅要在传统的公开市场领域发掘优秀资产进行配置,而且要充分发挥保险资金长期性和灵活性的优势,在基础设施、非上市股权、不动产及金融产品等另类投资领域进行资产配置。

其次,权益投资规避系统性风险,抓住结构性投资机会。在经济转型的大背景下,符合政策导向和经济转型方向的新兴产业、新兴行业仍可能快速稳步增长,保险机构应当抓住经济结构转型的重大机遇,在保持权益仓位整体稳健的基础上,重点关注低估值及符合经济转型方向的行业,努力发掘投资机会。

最后,面对金融改革和"大资管"时代快速发展与激烈竞争,保险资产管理机构要应对利率、费率市场化改革和"大资管"带来的挑战,必须要在投资管理体制方面进行创新和改革,坚定地走市场化和专业化道路,无论是利率市场化、费率市场化还是各类资产管理机构的跨界经营与发展,都必须以市场为根本出发点,符合市场化要求的才能生存,否则终将被市场淘汰。如何在市场化的竞争中站稳脚跟继而稳步发展，专业化成为必然选择，专业化要求保险资产管理机构要建立现代投资治理架构，全面提升投资管理能力。

（4）风险管理方式的创新。风险管理方式的创新是保险业获取潜在利润的保证。随着社会进步和金融市场的多元化，原先不存在的风险成为新的承保对象，原先不可保的风险成为可保风险，在这种情况下，如果保险公司不去认真研究可保风险的主要特性，不进行风险管理手段的创新，那么再好的产品、再好的服务也不会得到有效的运行。

保险监管部门需建立一个保险控股集团的风险预警机制。对保险控股集团的监管，应当注重其动态性，先前已保持关注的更需要监管常态化，不能使监管行为变成事后监管，成为一种救火活动。我们可以事先制订一套风险评级系统，由保险控股集团按照规定的时间、项目、格式向保监会上报财务报表与有关资料，保监会根据上述数据和制定的风险评级方法，确定保险控股集团实际的风险大小，并考虑保险集团资本总额与分布以及保险控股集团的风险管理水平，按照可能发生风险外溢的程度，将保险控股集团的风险分为低风险、中低风险、中高风险、高风险、极端风险五个等级。监管机构通过评级活动掌握了保险控股集团的风险水平后，可以根据风险的严重程度要求保险控股集团采取不同的措施要求改进，或给予不同程度的警告。

监管指标、费用要与保险集团的风险水平、管理能力相适应。对保险控股集团的监管，不能在分配监管资源时"一刀切"，而应根据对其风险严重程度评定的风险等级，配合保险控股集团可能对保险市场的冲击程度，确定一个监管态度指标。那些风险等级高且一旦失败可能对保险市场乃至整个金融市场冲击大的公司，可列为重组对象，其他监管措施依次为整改、关注和正常，然后可根据不同的监管措施分配监管资源。为了调动被监管集团的积极性，那些需要分配更多监管资源的保险集团，需承担更多监管费用，接受保险会较为严厉的监管措施，而那些风险水平正常的保险集团则可以以较低的费率缴纳监管费用。

（5）培养创新型人才。人才起着决定性和关键性的作用。随着保险业的快速发展，市场竞争的不断加剧，保险公司对保险人才在专业理论知识、从业经验等方面的要求有了更高的要求。保险公司要谋求深层次的发展，除了对精算、核保、核赔、客服、内部管理等专业性人才的技术要求更高，还需要既精通国内市场又熟悉国际市场、既懂保险业务又了解承保标的相关知识、既懂承保又懂理赔的复合型人才。

自主创新，人才为本，人才是最宝贵、最重要的战略资源，要努力营造出人才辈出、人尽其才、人尽其用的体制环境；改革完善用人制度，大力培养青年创新人才，打破论资排辈的老一套做派，鼓励年轻人敢于探索、敢于创新、敢于超越，让更多优秀青年人才脱颖而出；同时，建立竞争性的职位升迁机制，加大人力资源制度改革力度，实行公开招聘、竞争上岗制度，为各类人才特别是年轻优秀人才的成长、选拔和任用创造良好条件；保护保险机构培养人才的积极性，保险行业协会要制定人才流动规范，建立人才流失补偿金制度，对因人才挖角而导致的客户大量流失、员工集体流失、技术方案流失等现象给予处罚。

保险是金融体系的重要组成部分，是市场经济条件下风险管理的基本手段，具有经济补偿、资金融通和社会管理的功能，在现代经济建设中具有不可替代的重要作用。近年来，青岛保监局在中国保监会和青岛市委市政府的正确领导下，推动保险行业不断开拓创新、逐步转变发展方式,保持了行业的持续健康发展,因此,在未来的发展中,要继续解放思想,深化改革,创新推动青岛保险市场的平稳健康发展。

参考文献

[1] 魏华林,俞自由,郭杨.中国保险市场的开放及其监管 [M].北京:中国金融出版社,1999.

[2] 唐运祥.保险代理理论与实务 [M].北京:中国社会科学出版社,2000.

[3] 马明哲.挑战竞争 —— 论中国民族保险业的改革与发展 [M].北京:商务印书馆,1999.

社会保障、不确定性和我国居民消费行为研究

陈守坤

（中国人民财产保险股份有限公司青岛市分公司）

摘　要：基于 CGSS《中国城乡居民生活综合调查》2008 年的家庭微观调查数据和 2007 年的全国省际数据，利用两层线性模型将居民家庭消费与社会保障紧密结合，分析了社会保障对我国居民消费的影响。家庭层面的分析表明，家庭人均收入、获得高收入的能力、消费意愿和不确定性对居民消费有显著影响。这种不确定性对消费具有负效应，宏观层面模型重点研究了社会保障对这种负面效应的改善，主要结论有：社会保障支出、医疗卫生支出、社保支付率、卫生技术人员数等因素可以弱化不确定性的影响；城市最低生活保障、社会保障覆盖率、医院床位数等因素并不能弱化这种负效应；教育支出、社会保障支出速度的弱化效果不显著。最后，从完善社会保障体系和把商业保险建成社会保障体系的重要支柱两个方面提出了具有针对性的建议。

关键词：社会保障；居民消费；不确定性；分层线性模型

我国发展所面临的重要战略机遇期不再是简单纳入全球分工体系、扩大出口、加快投资的传统机遇，而是以扩大内需、提高创新能力、促进经济发展方式为方向的新机遇。由于我国多年来实行积极的财政政策，长期以来，我国投资率和净出口额持续走高，消费率却持续走低。所以提高居民消费，不论对于扩大内需，还是转变经济发展方式都具有重要的意义。影响居民消费的因素很多，其中社会保障制度的不健全是现阶段我国有效需求不足的重要原因。因此，研究社会保障与我国居民消费的关系，探索社会保障和居民消费之间的作用机理，对保持我国经济持续健康增长具有重要的理论意义和实践意义。

一、文献研究

西方国家对社会保障问题的认识和研究起步较早，尤其是 20 世纪 70 年代以后，经济增长趋缓，社会保障负担加重，人口老龄化等问题日益严重，使得对该问题的研究更西方国家有现实意义而我国对于社会保障问题的研究起步较晚，理论观点和实证研究相对较少。

（一）国外相关研究理论与实证分析

不少学者研究认为社会保障对消费产生一定的正面效应,或者对储蓄产生一定的负面效应。这方面最具有代表性的是 Feldstein 的相关研究。Feldstein（1974）提出了资产替代效应和退休效应来解释社会保障对消费和储蓄的影响。资产替代效应理论认为,理性人会合理分配其一生财富以达到消费的最佳配置,储蓄的动机是为了保证消费水平在整个生命周期内的平滑,而社会养老保障制度强制收取工资收入的一部分并在退休后予以返还,因此可以用相对较低的储蓄率维持一生的消费水平。退休效应则认为养老保障会激励人们提前退休,缩短工作时间,因此在工作时间内会增加储蓄减少消费。而社会保障对消费和储蓄的影响最终取决于以上两种效应的净效应。他利用美国 1929～1971 年的时间序列数据,实证分析认为社会保障具有较大减少储蓄、增加消费的净效应。

其他学者的研究支持了费尔德斯坦的实证结论。Kandor and Fishback（1996）认为社会保障养老金大幅降低了预防性储蓄,职工的养老保险和其他不变因素共导致美国个人储蓄降低了约 25%。Attanasio and Brugiavini（2003）研究认为社会保障福利的减少对私人储蓄会产生一定程度的积极效应,同时会导致消费显著减少。Juan and Carlos（2008）认为社会保障体制的改革通过完善资本市场来减少预防性储蓄。

部分学者得出了与费尔德斯坦相反的结论,他们认为社会保障对消费具有负效应、对储蓄具有积极的效应。Thaler（1994）将心理学引入经济学理论,开创了行为生命周期理论,该理论认为社会保障制度减少了消费,促进了储蓄。此外,盖尔（Gale,1998）关于养老保险金和储蓄的实证分析也认为养老金增加了储蓄。

还有学者的研究认为社会保障与消费、储蓄无关。Barron（1979）提出了遗产动机,认为养老社会保障产生的福利效应会增加两代人之间的遗产和其他相互馈赠,从而增加储蓄的动机抵消资产替代效应,对消费几乎没有影响。财富耗尽理论认为社会保障对消费和储蓄影响具有不确定性,Leung（2002）假设个人的财富积累在退休前已经完全消耗掉,退休后仅依靠社会保障收入生活,则社会保障不会对他的消费和储蓄产生任何影响。

从以上国外的研究可以看出,无论从理论和实证上,社会保障对储蓄和消费是否存在影响都没有定论。不过国外分析大都是关注于发达国家的社会保障体制,这与我国的情况有一定差别,但其理论和观点对于我国的研究有借鉴价值。

（二）国内相关研究理论与实证分析

我国这方面研究起步较晚,理论观点和实证研究不多。主流观点认为完善的社会保障能够促进我国城镇和农村居民消费。张继海（2008）利用计算机动态模拟技术,对我国社会保障对城镇居民消费的影响进行了深入分析,结果表明有无社会保障和社会保障福利的拥有量都会对我国城镇居民消费支出产生重要影响,社会保障可以促进城镇居民消费。石阳、王满仓（2010）对现收现付制养老保险进行研究,研究认为现收现付制养老保险对我国居民消费有显著的正向影响,即存在对储蓄的"挤出"。杨志明（2011）选取了农村转移支付替代社会保障支出进行分析,分析表明,短期内农村社会保障总体上对居民消费具有挤出效应,局部地区存在差异性,长期而言农村社会保障总体和局部对居民消费均起到正向促进作用。白重恩、李宏彬、吴斌珍(2012)利用农村引入新型农村合作医疗这一政策变化来研究医疗保险的获得对农村居民消费的影响,结果表明,新农合使得非医疗支出类的家庭消费增加了约 5.6%。方匡南、章紫艺(2013)利用 CGSS 的 2006 年家庭微观调查数据分析,得出有社会保障家庭人均消费高于无社会保障家庭人均消费的结论。

我国在从计划经济向市场经济转轨的过程中,社会保障制度随之变迁,使居民对未来的不确定性增强,导致居民在收入一定的情况下增加预防性储蓄,从而抑制居民的消费。吴敬琏提出在社会生活越来越不稳定的情况下,扩大居民的消费需求,首先要"启动预期",居民对未来的不确定性已经成为决定消费变化的重要因素,而完善的社会保障制度可以在有效地减少居民的预防性储蓄的同时,增加居民消费。因此可以说,社会保障之所以会提高中国居民消费需求主要是因为社会保障能够影响到居民对未来的风险预期和对未来事件发生的处理能力,降低居民的预防性储蓄动机。

以往的研究基本上是直接运用预防性储蓄理论对中国居民消费和储蓄行为进行分析研究,或者就社会保障与居民消费和储蓄的关系进行研究。但是从预防性储蓄理论出发,定量研究社会保障如何降低预防性储蓄动机,从而增加居民消费的文章并不多,极少数文章也是以定性分析为主。本文将在这方面做些探索研究,尝试利用两层线性模型,综合反映社会保障、预防性储蓄动机与居民消费之间的相互依存关系。我们先从社会保障能够有效降低居民预防性储蓄动机、促进居民消费的角度出发,重新界定社会保障的内涵;然后将社会保障作为影响居民家庭消费的宏观背景因素,利用两层线性模型研究社会保障是否有效地降低了居民的预防性储蓄动机、促进了居民家庭消费。

二、分层线性模型

我们把各个省市的社会保障状况作为一种宏观层面的背景效应,研究这些省份中各个家庭层面的变量对消费的影响。对于这种分层数据的分析,传统的回归分析法,如普通线性回归法或方差分析法都不适合。因为这些方法在分析过程中只能研究单个层面的影响,即只考虑背景效应而忽视个体效应,或者只关注个体效应而忽视背景效应,没有考虑数据间分层的特点。这样做可能会导致模型参数估计发生偏倚,从而对估计结果做出不合理甚至错误的解释。另外传统方法也不能适当地评价背景变量对个体的影响。而分层线性模型(Hierarchical Linear Model)分析技术可以很好地用来分析解决这种跨级(分层)数据的问题。

本文采用两层线性模型来研究社会保障对于居民消费的影响。按照分层模型的建模过程,首先建立"空模型",通过检验数据之间是否存在显著的组内相关,确定是否有建立分层模型的价值。本文建立的空模型如下:

$$\text{第一层}: lncons_{ij} = \beta_{0j} + r_{ij} \tag{1}$$
$$\text{第二层}: \beta_{0j} = \gamma_{00} + u_{0jww} \tag{2}$$

其中 i 代表家庭,j 代表省份,$lncons_{ij}$ 表示第 j 个省份中第 i 个家庭的人均消费水平;β_{0j} 表示第 j 个省份家庭人均消费的平均值;γ_{00} 表示所有省份家庭人均消费的平均值;

r_{ij} 和 u_{0j} 分别为第一层和第二层的随机误差项,并且满足以下条件:$r_{ij} \sim N(0, \sigma^2)$,$u_{0j} \sim N(0, \tau_{00})$,$Cov(r_{ij}, u_{0j}) = 0$。

当空模型显示 u_{0j} 的方差显著时,表明可以建立分层模型。另外,用跨级相关系数,即 $\rho = \tau_{00}/(\tau_{00} + \sigma^2)$ 表示因变量在第二层次的变异占总变异的比例。

我们可以在空模型的基础上加入家庭层变量来解释消费的差异(下面仅以加入两个变量为例):

$$第一层:lncons_{ij} = \beta_{0j} + \beta_{1j}x_{1ij} + \beta_{2j}x_{2ij} + r_{ij} \qquad (3)$$
$$第二层:\beta_{0j} = \gamma_{00} + u_{0j} \qquad (4)$$
$$\beta_{1j} = \gamma_{10} + u_{1j} \qquad (5)$$
$$\beta_{2j} = \gamma_{20} + u_{2j} \qquad (6)$$

其中,x_{1ij},x_{2ij} 为家庭层的变量。在模型(4)～(6)中,我们可以通过判定 u_{0j},u_{1j},u_{2j} 的有无来确定 β_{0j},β_{1j},β_{2j} 是随机的还是固定的,如果截距和斜率是固定的意味着家庭层(第一层)变量对消费的影响在省际之间是无差异的;如果是随机的,表明家庭层变量对消费的影响在省际之间存在差异,可以在第二层(省际层)引入宏观变量来解释截距或者斜率的差异性,从而研究家庭层变量和省际层变量的交互效应。

三、变量选择与数据处理

本文使用两层线性模型来进行研究,使用了以下两层数据。

(一)家庭层收入和消费支出数据——第一层数据

本文使用的家庭层数据来源于中国社会综合调查开放数据库(CGSS)[①],采用的是《中国城乡居民生活综合调查》(2008)中有关家庭 2007 年收入和消费支出的调查数据。该数据以家庭为样本进行调查,所抽取的样本包括了全国 28 个省、直辖市、自治区(其中不包括海南省、西藏自治区、青海省和港澳台地区)共 6 000 个家庭单位样本。本文选取了家庭人均消费作为被解释变量,家庭人均收入、家庭类型、所在地区、收入不确定性以及被调查居民的性别、年龄、受教育情况、婚姻状况和工作状况作为解释变量。剔除样本中无回答或不适合考察的家庭数据,剩余 5 370 个有效样本。

家庭人均消费和收入是根据居民家庭 2007 年全年的收入和消费数据除以家庭总人口计算整理得到;对于家庭类型,分别用 0 和 1 代表家庭的类型为"农村"和"城市";家庭所在地区设置了两个虚拟变量:east 和 mid 来代表东部地区、中部地区,样本在东部地区,则 east 为 1,其他为 0,样本在中部地区,则 mid 为 1,其他为 0;性别变量,用 1 代表男性,0 代表女性;被调查者的年龄用 2007 减去其出生年份计算得到;受教育情况,用 1～13 分别代表受教育程度为没有受过任何教育、私塾、小学、初中、职业高中、普通高中、中专、技校、大学专科(成人高等教育)、大学专科(正规高等教育)、大学本科(成人高等教育)、大学本科(正规高等教育)和研究生及以上,其他情况则不予考虑,数据处理时,舍弃对应的样本;婚姻状况变量,CGSS 调查数据中包括了未婚、同居、初婚有配偶、再婚有配偶、分居

---

① 数据来自中国人民大学中国与数据中心主持的《中国综合社会调查(CGSS)》项目。

未离婚、离婚、丧偶等 7 种婚姻状况,本文主要考虑是否共同生活而影响消费,将已婚有配偶和同居归为"非单身",用 1 代表,其余的都归为"单身",用 0 代表;工作变量,CGSS 调查数据的工作状况包括了目前从事非农工作、目前务农而曾经有过非农工作、目前务农而没有过非农工作、目前没有工作而且只务过农、目前没有工作而曾经有过非农工作、从未工作过 6 种,本文的工作状况主要考虑是否有过非农工作的经历而影响消费,所以把现在从事或者曾经有过非农工作用 1 代表,其他用 0 代表。

表 1　家庭层数据:变量的说明及描述性统计($N = 5\,370$)

变量	定义	均值	标准差	最小值	最大值
lncons	对数化家庭人均消费	8.22	0.96	3.69	13.59
lninco	对数化家庭人均收入	8.73	1.07	4.61	14.00
lnedu	对数化教育年限	1.44	0.59	0.00	2.56
lnage	对数化年龄	3.69	0.34	2.83	4.57
sex	性别	0.48	0.50	0.00	1.00
mar	婚姻状况	0.86	0.35	0.00	1.00
east	东部	0.37	0.48	0.00	1.00
mid	中部	0.35	0.48	0.00	1.00
area	家庭类型	0.65	0.48	0.00	1.00
work	工作状况	0.70	0.46	0.00	1.00
un	不确定性	1.79	0.93	1.00	8.00

注:根据国家统计局最新表述,其中东部地区包括北京、天津、河北、辽宁、上海、江苏、浙江、福建、山东、广东、海南 11 个省(直辖市);中部地区包括山西、吉林、黑龙江、安徽、江西、河南、湖北、湖南 8 个省;西部地区包括内蒙古、广西、重庆、四川、贵州、云南、西藏、陕西、甘肃、青海、宁夏、新疆 12 个省(自治区、直辖市)。

其中需要特别说明的是不确定性应该用什么指标来衡量。失业率是国外学者通常用来测度收入不确定性的重要变量,失业率上升不仅会使失业者的收入减少,同时还会加大未失业人员的危机感,故失业率越高,消费者的预防性储蓄动机就越强。但迄今为止,国家统计局只向社会公布城镇登记失业率,而该指标存在明显缺陷不能准确反映就业形势。杭斌、郭香俊(2009)的分析中选择各省城镇住户抽样调查数据中的"平均每一就业者负担人数"作为不确定性的替代变量,该指标是平均每户家庭人口与平均每户就业人口之比。本文使用的是家庭调查数据,可以把"住在这个户内并且分担生活费开支的人数"看做是"就业人数",用"家庭总人口数"和"住在这个户内并且分担生活费开支的人数"的比值来衡量收入的不确定性,这个数值越大,家庭的"就业负担"就越大,面临的不确定性就越大。

(二)省际层社会保障数据——第二层数据

本文使用的第二层数据,是社会保障的数据,主要根据 2008 年的《中国统计年鉴》计算整理得到。从社会保障水平、覆盖面、结构、管理服务、效益、发展等 6 个方面来选取反映全国 28 个省份的社会保障状况的指标。由于居民对未来支出的不确定性,包括失业、下岗、教育、医疗、住房等,所以本文在界定社会保障内涵的时候,加入了国家对于教育、医疗卫生、住房的保障,共选取了 9 个指标。

本文采用人均社会保障支出来衡量社会保障的水平,其中社会保障支出采用《中国统计年鉴》中"社会保险基金支出"与"财政支出中的国家财政社会保障与就业支出"之和。用养老保险覆盖率替代社会保障覆盖率。用社保支付率、每千人口医院和卫生院床位(张)、每千人口卫生技术人员数(人)来衡量社会保障的管理服务水平,其中社保支付率为社会保险基金支出与基金收入的比值。采用社会保障支出增长率与 GDP 增长率的比值来衡量社会保障发展的情况。还有教育水平、医疗卫生水平、最低生活保障水平,其中教育支出为教育经费的总支出,包括财政教育支出和社会上的教育支出;医疗卫生支出为国家财政上的支出;城市最低生活保障平均标准为最低生活保障标准补贴与城镇居民可支配收入的比值。在统计年鉴中,找不到合适的指标来衡量对于居民住房的保障,所以本文暂不考虑国家对于住房的保障状况。

表 2　省际层社会保障数据:变量的说明及描述性统计($N = 28$)

变量	定义	均值	标准差	最小值	最大值
lnsec	对数化人均社会保障支出	6.92	0.57	6.00	8.59
lneduc	对数化人均教育支出	6.51	0.43	6.02	7.63
lnmed	对数化人均财政医疗卫生支出	5.07	0.46	4.53	6.59
low	城市最低生活保障平均标准	0.18	0.02	0.15	0.24
cov	社会保障覆盖率	0.17	0.10	0.05	0.50
pay	社保支付率	0.73	0.08	0.58	0.95
lnbed	每千人口医院和卫生院床位数	1.03	0.31	0.60	1.89
lnpeople	每千人口卫生技术人员数	1.36	0.37	0.76	2.44
growth	社会保障支出速度	1.18	0.36	0.33	1.96

四、实证分析

(一)空模型

首先进行空模型分析,从表 3 可以看出空模型的截距项是显著的,说明研究的数据存在层次结构特征,所以可以建立分层模型,从而有效地分析各因素对居民消费的影响。另外,我们还可以计算跨级相关系数:$\rho = 0.312\,91/(0.312\,91 + 0.687\,13) = 0.313$。说明家庭消费之间的差异有 68.7% 可由家庭因素来解释,31.3% 的差异可由省际背景因素解释。显然,背景因素的影响还是很大的,所以在研究对家庭人均消费的过程中,不能忽略省际背景效应。

表 3　空模型的结果

随机效应	标准差	方差	自由度	卡方值	P 值
截距项 U_0	0.559 39	0.3129 1	27	1 896.53 426	0.000
随机项 R	0.828 93	0.687 13			

（二）第一层模型

从以上空模型的分析可知,家庭自身因素和省际背景因素都会影响居民家庭的消费支出。下面首先把家庭层的变量加入到模型中,研究家庭自身因素是如何影响家庭消费的:

第一层: $lncons_{ij} = \beta_{0j} + \beta_{1j} lninco + \beta_{2j} lnedu + \beta_{3j} lnage + \beta_{4j} sex + \beta_{5j} mar +$

$$\beta_{6j} east + \beta_{7j} mid + \beta_{8j} area + \beta_{9j} work + \beta_{10j} un + r_{ij} \tag{7}$$

第二层:

$$\beta_{0j} = \gamma_{00} + u_{0j} \tag{8}$$

$$\beta_{kj} = \gamma_{k0} + u_{kj} \tag{9}$$

其中, β_{kj} (其中 $k = 1, 2, \cdots, 10$)为斜率,表明家庭自身因素对家庭人均消费的影响。表4中的模型1是全部变量的估计结果,从中剔除不显著变量后形成表4中的模型2,其中随机效应部分显示的是随机效应检验的 ρ 值。从中可以看出,收入、年龄、婚姻状况、地区和不确定性对消费的影响在省际之间是存在差异的,因此可以在式(9)中所加入省际层变量来研究这些变量对消费的影响。

表 4　层次模型分析结果

变量	变量说明	第一层模型		第二层模型	
		模型 1	模型 2	模型 3	模型 4
家庭层					
Intercept 1		21.088***	21.259***	19.308***	19.646***
lninco	对数化家庭人均收入	38.560***	38.499***	37.948***	38.301***
lnedu	对数化教育年限	5.300***	5.073***	5.009***	4.981***
lnage	对数化年龄	3.349***	3.011***	3.212***	3.159***
sex	性别	−1.790	—	—	—
mar	婚姻状况	−2.370**	−2.210**	−2.152**	−2.101**
east	东部	2.262**	2.610***	3.465***	3.115***
mid	中部	0.072	—	—	—
area	家庭类型	7.170***	7.472***	7.345***	7.400***
work	工作状况	3.488***	3.363***	3.483***	3.478***
un	不确定性	−5.120***	−5.165***	—	—
社会保障					
Intercept 2		—	—	−3.276***	−6.206***
lnsec	对数化人均社会保障支出			3.455***	3.520***
lneduc	对数化人均教育支出			−0.622	—
lnmed	对数化人均财政医疗卫生支出			4.036***	3.529***
low	城市最低生活保障平均标准			−3.255***	−3.111***
cov	社会保障覆盖率	—	—	−1.824*	−3.197***

变量	变量说明	第一层模型		第二层模型	
		模型1	模型2	模型3	模型4
pay	社保支付率	—	—	3.856***	4.810***
lnbed	每千人口医院和卫生院床位数	—	—	-3.800***	-3.700***
lnpeople	每千人口卫生技术人员数	—	—	2.416**	2.690**
growth	社会保障支出速度	—	—	-1.127	—
	随机效应				
Intercept3		0.029**	0.023**	0.016**	0.018**
lninco	对数化家庭人均收入	0.001***	0.000***	0.000***	0.000***
lnage	对数化年龄	0.026**	0.020**	0.019**	0.019**
mar	婚姻状况	0.013**	0.012**	0.012**	0.012**
area	家庭类型	0.000***	0.000***	0.000***	0.000***
un	不确定性	0.001***	0.001***	0.000***	0.000***
偏差度		9 202.662 6	9 195.226 4	9 210.035 3	9 201.205 4

注:*** 表示在 1% 水平下显著;** 表示在 5% 水平下显著;* 表示在 10% 水平下显著。

从模型 1 和模型 2 可以看出,收入、家庭类型、东部地区,以及被调查者的受教育情况、年龄、是否从事非农工作等变量对家庭人均消费均有正的效应,不确定性和被调查者的婚姻状况对消费的影响是负的效应,而性别状况和中部地区的影响不显著。

家庭层变量对于居民消费的影响,主要体现在家庭的人均收入、获得高收入的能力、消费意愿和不确定性等四方面的因素上。首先是家庭的人均收入,在众多的消费理论中,收入一直是影响消费最重要的因素。其次,受教育程度越高、从事非农工作,越有能力获得高收入,高消费的可能性也越大。再次,随着年龄的增长,他们对服务和品牌的忠实度更高,消费意愿更强;还有东部地区或者城市家庭,这类家庭的消费意愿也较强;而对于那些被调查者中共同生活或者已经结婚的人,他们消费谨慎,消费的意愿较低。最后,居民在生活中面临着诸多的不确定性,教育费用、医疗费用和住房支出的增加加重了居民对于未来的风险预期,居民会加大储蓄以应付这种不确定性的增加,不确定性增加了预防性储蓄,从而减少了消费。

(三)第二层模型

从对加入家庭层变量的模型分析过程中可以看出,收入、年龄、婚姻状况、地区和不确定性因素对消费的影响在省际之间是存在差异的,下面考虑在模型中加入省际背景因素来研究省际因素对消费的影响,以及省际因素是如何与家庭层因素交互作用来影响消费的。考虑到所选取的省际层次变量主要是关于社会保障的变量,而社会保障主要影响居民对于未来风险的感受,或者可以说社会保障主要影响居民的不确定性感受,所以我们只在模型(9)的 β_{10j} 中加入省际层的变量得到模型(10),研究社会保障是如何通过影响不确定性进而影响居民消费的。

$$\beta_{10j} = \gamma_{10,0} + \gamma_{10,1} lnsec + \gamma_{10,2} lneduc + \gamma_{10,3} lnmed + \gamma_{10,4} low + \gamma_{10,5} cov +$$
$$\gamma_{10,6} pay + \gamma_{10,7} lnbed + \gamma_{10,8} people + \gamma_{10,9} growth + u_{10j} \quad (10)$$

模型估计结果为表 4 中的模型 3 和模型 4，其中模型 4 为去掉不显著变量 lneduc 和 growth 之后的模型。

在模型 3 和模型 4 中，截距项 intercept 2 仍然是负的，也就是式（10）中的截距项是负的，说明加入省际社会保障层变量之后不确定性对消费仍然具有负效应。结合模型 3 和模型 4 可知，人均社会保障支出、人均财政医疗卫生支出、社保支付率、每千人口卫生技术人员数的系数是正的，与截距项的符号相反，说明这些因素弱化了不确定性的影响；城市最低生活保障平均标准、社会保障覆盖率、每千人口医院和卫生院床位数系数为负，与截距项的符号相同，这些因素并不能弱化这种负效应。人均教育支出和社会保障支出速度的系数为负，与截距项的符号相同，对不确定性的弱化效果不显著。

五、结论

本文将社会保障、预防性储蓄和居民消费放在一个研究框架之内，利用两层线性模型实证分析了社会保障对削弱预防性储蓄动机、增加居民家庭消费的影响。实证结果表明，由不确定性导致的预防性储蓄动机对居民消费具有显著的负效应，而社会保障可以有效地改善这种负效应。具体来说，社会保障水平和医疗卫生水平的提高可以显著地弱化不确定性的影响，社保支付率、卫生技术人员数等因素也可以部分弱化不确定性的影响。但是，社会保障覆盖率、教育财政支出和城市最低生活保障水平等并不能弱化这种负效应；社会保障管理服务水平的弱化效果也不明显。

六、政策建议

（一）进一步完善社会保障体系

基于上述实证结果，为进一步完善社会保障体系以促进居民消费的增长，特提出如下政策建议：一是继续提高人均社会保障支出水平，扩大社会保障覆盖面，切实保证社保的支付率；二是继续提高医疗卫生财政支出水平，扩大医疗卫生技术人员的数量，提高医疗监管水平；三是提高教育财政支出的效益和居民受益面，发挥其减少居民支出不确定性的重要作用。

（二）促进保险与保障紧密衔接，把商业保险建成社会保障体系的重要支柱。

在当前我国经济发展水平还不高的情况下，大幅度提高社会保障水平，实现欧洲福利国家模式还有一定的现实困难，通过引入商业保险来提高居民未来收入的预期并弱化风险，从而增加消费支出，扩大内需，转变经济发展方式具有现实的可行性。

国务院总理李克强在主持召开的国务院常务会议中，部署加快发展现代保险服务业。会议指出，保险业是现代服务业发展的重点，具有巨大潜力。加快发展现代保险服务业，帮助企业和群众对冲经营和生活中的风险、增强安全感,激发社会创造创业动力,有利于增加就业、促进经济结构优化、推进社会治理创新,一举多得。促进保险与保障紧密衔接,把商业保险建成社会保障体系的重要支柱。支持有条件的企业建立商业养老健康保障计划。支持符合资质的保险机构投资养老产业、参与健康服务业整合,鼓励开发多样化的医疗、疾病保险等产品。

参考文献

[1] 万广华,张茵,牛建高. 流动性约束、不确定性与中国居民消费 [J]. 经济研究,2001(11):35-44.

[2] 罗楚亮. 经济转轨、不确定性与城镇居民消费行为 [J]. 经济研究,2004(4):100-106.

[3] 张继海. 社会保障对中国城镇居民消费和储蓄行为影响研究 [M]. 北京:中国社会科学出版社,2008.

[4] 杭斌,郭香俊. 基于习惯形成的预防性储蓄:中国城镇居民消费行为的实证分析 [J]. 统计研究,2009(3):38-43.

[5] 唐绍祥,汪浩瀚,徐建军. 流动性约束下我国居民消费行为的二元结构与地区差异 [J]. 数量经济技术经济研究,2010(3):96-106.

[6] 石阳,王满仓. 现收现付制养老保险对储蓄的影响——基于中国面板数据的实证研究 [J]. 数量经济技术经济研究,2010(3):96-106.

[7] 杨志明. 农村社会保障与农村居民消费的关系——基于中国数据的经验分析 [J]. 经济与管理,2011(6):28-34.

[8] 白重恩,李宏彬,吴斌珍. 医疗保险与消费:来自新型农村合作医疗的证据 [J]. 经济研究,2012(2):41-53.

[9] 方匡南,章紫艺. 社会保障对城乡家庭消费的影响研究 [J]. 统计研究,2013(3):51-58.

[10] Feldstein M. Social Security, Induced Retirement, and Aggregate Capital Accumulation [J]. Journal of Political Economy, 1974, 82(5):905-926.

[11] Barro R J and Macdonald G M. Social Security and Consumer Spending in an International Cross Section [J]. Journal of Public Economics, 1979, 11(3):275-289.

[12] Thaler R H. Quasi Rational Economics [M]. New York Russell Sage Foundation Publication, 1994.

[13] Kantor S E and Fishback P V. Precautionary Saving, Insurance, and the Origins of Workers' Compensation [J]. Journal of Political Economy, 1996, 104(2):419-442.

[14] Gale W G. The Effects of Pensions on Household Wealth: A Reevaluation of

Theory and Evidence [J]. Journal of Political Economy, 1998, 106(4): 706-723.

[15] Leung S F. The Dynamic Effects of Social Security on Individual Consumption, Wealth and Welfare [J]. Journal of Public Economic Theory, 2002, 4(4): 581-612.

[16] Attanasio O P and Brugiavini A. Social Security and Households' Saving [J]. The Quarterly Journal of Economics, 2003, 118(3): 1075-1119.

[17] ROJAS J A and URRUTIA C. Social Security Reform with Uninsurable Income Risk and Endogenous Borrowing Constraints [J]. Reviews of Economic Dynamics, 2008, 11(1): 83-103.

论保险业深化改革创新发展的重要性

刘 萍

（天安人寿保险股份有限公司青岛分公司）

摘 要:我国保险市场的发展得益于改革创新,也正是在改革创新的过程中,保险业逐步在风险保障、资金融通、服务社会管理等方面形成了独特的行业优势,发挥出越来越重要的作用。当前,我国经济发展、金融改革和社会运行形势变化很快,保险业的改革创新也不会有片刻停息,目的就是要实现保险的服务能力和水平有质的飞跃,能够成为政府、企业、居民管理风险的基本手段,能够在我国全面深化改革中大有作为。

关键词:保险;改革创新;重要性

保险业正处于全面深化改革的关键时期。改革是时代发展永恒的主题,改革是解决我国经济和社会发展所有问题的重要举措。

保险业的创新发展是指在保险业的发展过程中,需要时刻关注公司组织结构是否高效,产品是否推陈出新,市场观要以服务为导向、以消费者为中心,使我国目前的管理手段实现现代化。目前,我国的保险行业在整个市场的一体化进程需要不断地去适应保险市场全球一体化趋势的要求,这不仅体现在规模上和手段上,也包括在形式上和体制上,因此我们需要关注保险的创新式发展。

一、以创新促转型,以创新促发展,是我国保险业目前面临的紧迫课题之一

一方面,我国保险业作为金融市场的重要组成部分,近年来行业规模、市场结构、服务质量和监管水平等各个方面都得到了显著提升,保费规模跃居世界第六,成为全球最重要的新兴市场之一。可以说,我国保险市场的发展得益于改革创新,也正是在改革创新的过程中,保险业逐步在风险保障、资金融通、服务社会管理等方面形成了独特的行业优势,发挥越来越重要的作用。

另一方面,今后一段时期,我国保险业仍然处于重要的发展机遇期。中国经济社会平稳发展的良好态势、全社会保险需求的不断上升、国家医疗卫生体制的改革、养老保障体制的改革、政府社会管理模式的创新,以及企业和居民风险管理意识的增强,以上这些都

将为保险业带来巨大的发展空间。但在迎接机遇的同时，保险业也面临不小的挑战。在目前行业长期矛盾和短期问题交织，受国际国内经济周期性波动影响加大的形势下，深化保险业改革发展，服务金融经济社会大局，必须通过创新来解决。

以创新促发展，就是要加快体制机制的创新。保监会主席项俊波在全国保险监管工作会议上提出，要加强保险市场发展和保险监管的顶层设计。无论是构建系统完备、科学规范、运行有效的制度体系，还是推进第二代偿付能力监管体系、市场准入退出机制等领域的制度建设，又或者是推进营销员体制改革和加快中介专业化转型升级，都需要创新思考，大胆实践。值得一提的是，近期保监会连续发布了保险资金运用新政，拓宽了保险资金投资渠道，从机制上创新，从而保障行业平稳快速发展。此外，保险业还要进一步创新保险业与其他金融业、政府部门的交流合作机制。

以创新促发展，就是要创新保险服务提供方式。近几年，行业已经达成普遍共识：未来市场竞争的关键在于服务，提供差异化服务的企业具有竞争优势。"保险公司必须建立以客户为中心的战略，从理念、手段到制度都要为之创新。"北京工商大学经济学院保险学系主任王绪瑾认为，将来承保和理赔服务仍是基础服务，同时各家保险公司将会在提供附加服务方面下大工夫，电子化服务更将成为主要手段。

以创新促发展，就是要加大产品创新开发力度。用历史的眼光来看，2000年前后几家大的市场主体推出了分红险、万能险和投连险等新险种，满足了当时消费者既要保障又要投资收益的需求，大大促进了市场繁荣。但随着经济社会发展呈现出的新矛盾和新挑战，保险业应积极进行支持符合实体经济发展和消费者保险需求的创新，尤其是在农业、医疗、养老、意外保障等产品设计上有所突破。王绪瑾还认为，要在现有的产品结构上继续丰富储蓄性产品和投资性产品。此外，还要开发更多对社会保险起补充作用的产品，并创新商业保险与社会保险合作模式，如探索利用社会保险的渠道代卖商业保险等。

二、站在时代发展高度进一步推动保险改革

保险起始于海上贸易。数百年来，保险业的每一步创新发展，始终与近现代人类文明的发展进步相生相伴。从这个意义上讲，推动我国保险业的改革创新，就是要准确把握时代发展的脉搏，增强全局观念和服务意识，不断拓展保险的功能作用，在市场化、法治化和国家治理现代化等方方面面，充分发挥保险业的"正能量"。

2013年，我国原保险保费收入达到1.72万亿，总资产共计8.29万亿，保险资金运用余额7.69万亿，保险市场规模跃升至全球第四。但与此同时，我国保险业也开始面临"成长的烦恼"。

比如，行业增长速度相对趋缓、综合竞争能力不强、保险服务的广度和深度还不能有效满足社会需求等。要解决这些问题，我认为，还是要靠保险业自身的改革创新。

近一年多来，保监会在推动保险改革方面取得了不少突破。比如，在保险资金运用方面，投资渠道已经基本放开。2013年2月，债权投资也由备案制转为注册制；在产品定价上，2013年8月启动普通型人身险的费率改革，放开沿用了14年的2.5%定价利率上限。目前来看，改革得到了市场的积极反馈。比如，债权计划的规模从2 941亿元增长到6千

多亿元,2013 年发行规模超出过去 7 年的总和。普通型寿险的保费收入高速增长,缓解了保障型人身险产品多年停滞不前的窘境。这充分说明,保险改革创新的成效显著,保险业自身蕴藏的活力和发展潜力很大。保监会将深入贯彻十八届三中全会精神,按照市场化要求,坚持稳中求进、改革创新,力争在重点领域取得新的重要突破。

首先是建立市场化的准入退出机制。着眼改变以往保险机构"野蛮生长"、"有生无死"的状况,统筹规划市场准入和市场体系培育。在市场准入方面,适当限定新设保险公司的业务范围,支持设立一批专业性保险公司。推动区域保险业协调发展,逐步填补有关省市的法人机构空白。近期,我们出台了《保险公司并购管理办法》,放开了同业收购,允许收购人在收购完成后控制两个经营同类业务的保险公司;放松了融资来源,允许投资人采取并购贷款等融资方式;放宽了股东资质,取消了对保险公司的三年投资年限要求。这些举措,完善了市场退出和风险处置制度,也为市场机制发挥更大作用创造了条件。

其次是深化市场化的费率形成机制。今年,我们将启动分红险、万能险费率形成机制改革。按照"前端放开定价利率,后端管住准备金评估利率"的思路,力争在 2014 年年底前实现人身险费率的全面市场化。在车险费率方面,按照"先条款后费率、先统一后差异"的原则,计划用 3 年左右时间逐步实现保险公司根据自有数据开发商业车险条款费率。

最后是完善市场化的保险资金运用体制。逐步拓宽基础设施投资计划的行业范围,完善股权和不动产投资政策和境外投资政策。在现有投资渠道上,按照新的大类资产分类,取消一些不符合市场实际的投资比例限制。探索建立资管产品集中登记交易系统,增强保险资管产品的流动性。

三、改革创新目的是为了实现保险服务能力质的飞跃

当前,我国经济发展、金融改革和社会运行形势变化很快,保险业的改革创新也不会有片刻停息,目的就是要实现保险的服务能力和水平有质的飞跃,能够成为政府、企业、居民管理风险的基本手段,能够在我国全面深化改革中大有作为。

一是参与构筑社会安全网,提高社会对重大改革措施的承载能力。大力发展商业养老和健康保险,鼓励保险机构投资养老健康产业,调动国家、企业、个人等多方面力量,运用好政府和市场两种机制参与社会保障体系建设,提高国民幸福安全指数。

二是丰富社会管理手段,服务和支持社会治理法治化。大力发展道路交通、安全生产、环境污染、旅游出行等领域的责任保险,把人与人、人与企业、人与政府之间的纠纷转化为比较单纯的经济关系,形成市场化、制度化的社会矛盾化解机制。

三是完善经济补偿制度,服务经济市场化、城乡一体化和农业现代化。加大农险发展力度,丰富农险产品,使农业保险成为现代农业服务体系的重要支柱。建立全国性、综合性巨灾保险制度,大幅度提高保险赔付比重。

四是发挥保险资金的特殊优势,服务金融改革和实体经济建设。如在组织体系上,鼓励设立不动产、养老等专业资产管理机构,探索保险机构发起设立私募股权基金;在投资渠道和产品上,探索直接贷款或投资贷款产品方式,发起资产证券化产品等,增加居民储蓄转化为投资的渠道,促进保险市场与资本市场、货币市场的协调发展。

四、深化改革服务民生

首先，市场化一直是寿险业改革的方向。近年来，保险费率市场化，投资渠道进一步开放等政策对于提高保险产品全球竞争力，通过创新产品满足市场多元化保障和长期理财需求创造了条件。但我们也看到，目前费率市场化仅限于传统的非分红产品在预订利率上的突破，而对于目前占市场主体的分红类产品的定价仍然没有放开。预订利率的限制使得分红储蓄类产品在和市场上其他金融投资产品的竞争中处于不利的地位。另外对于投连、万能等产品形态和费用收取方面的限制也在一定程度上影响了产品的创新。我们希望未来在监管层面能做到"放开前端，抓紧后端"，即对具体产品的设计定价等限制逐步减少，对公司偿付能力、销售行为等监管逐步加强。

其次，我们也期待金融保险业的进一步开放，让中资与外资企业共同发展成长。通过股权突破，实现真正形式混合所有制的多元架构。目前，现有的138家保险公司当中有52家外资及合资公司。外资保险对于促进中国保险市场总体水平的提高发挥了积极的作用。这些公司在国际化运营以及海外经营等领域都有着丰富的经验。相信这些经验对于中国保险企业在进一步完善管理机制，并发展"走出去"的战略方面，都有不少借鉴作用。我们希望，在深化改革开放政策的背景下，让不同类型的企业充分发挥各自优势，通过"请进来"和"走出去"两项战略双管齐下，共同做大做强保险市场，提升中国保险业的国际竞争力。

最后，寿险业可通过服务民生取得可持续发展的机遇。中国社会处于巨大变革中，由此带来的社会结构、人口结构及民生服务需求的变化给国家在医疗、养老保障等多个领域提出了新课题。按照国际经验，随着一个经济体的快速发展，由此带来的社会变革、家庭财富和负债的同步成长会给社会福利体系带来巨大压力，而商业保险的健康、可持续发展正是舒缓和管理这一压力的最佳途径之一。

五、服务内容创新是关键

服务理念的核心在于保险公司的发展战略应该从以业务为中心转向以客户为中心。公司的一切活动包括保险产品的设计、保险营销、保险理赔等皆以客户至上为原则。

注重服务理念的保险产品设计要反映客户的需求与偏好，应时而变。消费者的需要产生于消费者的主观偏好与所处环境的客观状态两个方面。不同的消费者由于年龄、性别、民族、文化水平、成长历程，以及所处的人文环境等多重变量导致了作为独立个体的消费者的偏好差异很大。随着经济状况和社会文化的改变，消费者的需求也会发生变化。例如，随着我国市场经济的深化，社会保障体制的改革，家庭结构的改变，人口老龄化现象的出现，新的风险与新的保险需求将不断涌现。在现阶段，人们急需的保险品种包括老人护理保险、医疗意外事故保险、特殊疾病保险、贷款人信用保险、人体器官特殊功能保险等，但这些险种，在目前我国保险业的经营中几乎还是一片空白，虽然个别险种已在一些保险公司中试办，但离市场要求还相差甚远。

注重服务理念的保险营销应从传统的交易性推销转变为关系营销。交易性推销强调获得销售订单，忽视销售以后的时期。关系营销强调产品或劳务的整个生命周期，买卖双方是伙伴关系。关系营销是买卖双方为减少冲突、促进双方利益关系的长期协议。通过伙伴关系，买主应该得到有质量保证的产品和劳务，供应商负责确保买主的订单。这种伙伴关系能确保买卖双方在彼此都满意的价格下长期获益。应用关系营销的营销哲学在于提高客户的忠诚度。拥有忠诚的消费者是企业保持长期成功的关键。在高度竞争的环境下，保持现有客户比开发新客户带来的效益往往更加显著。贝恩顾问公司在调查了很多行业后发现，若维护忠诚消费者的努力增加5%，企业收入可增长25%～100%。这种情况在提供复杂产品或服务的企业时表现得尤为明显。努力维护忠诚客户所创造的经济价值主要体现在以下几个方面：企业维护忠诚客户取得的成效直接影响对新客源的开发，随着时间的推移，忠诚的客户会逐步增加其消费的规模与数量，例如，某人买了一家保险公司的汽车保险后，可能又会到该公司购买家庭财产保险或其他险种。为长期客户提供服务的成本比较低廉，这些消费者对公司的做法和规章制度都很熟悉，耗用的资源因而会相应减少。忠诚的消费者是最好的"口头宣传队"。据西方企业界调查，客户从某一个企业转向另一个企业的原因，70%是服务质量问题导致，业务人员怠慢一位顾客，可能会影响40位潜在客户，而一个满意客户则会带来8笔潜在生意，其中，至少会有1笔成交。在竞争激烈的保险市场，用服务来留住老客户、吸引新客户才是上上策。

注重服务理念的理赔要求快速、准确、及时、周到，不惜赔、不滥赔。保险的基本职能是经济补偿，补偿的表现形式就是理赔。理赔服务使遭受损失的企业绝处逢生，使惨遭不幸的家庭重建幸福。对于保户来说，他们购买保险最关心的莫过于出了事故能否得到赔付，赔付是否及时准确。国内保险市场普遍存在"投保和理赔两张脸"的现象，这也是保户对保险业不满的主要原因。据保险公司工作人员称，理赔程序包括报案、登记、调查取证、提供要件、做卷、复核、审批等。其中只有2～3项需要保户直接参与。但从报案登记开始，保险公司的人不一定立即进入调查取证的阶段，需要集中安排时间统一进行，这就无形中延误了理赔的进程。调查取证回来，是否马上做卷，做卷之后是否立即复核，复核完是否立即审批，期间都可能发生拖延的现象，日积月累，便形成了社会反映比较集中的保险理赔缓慢而且麻烦的抱怨。如果保险公司真正树立了以客户为中心的服务理念，这些现象都应该从根本上进行清理。

除此以外，对服务理念的贯彻还体现在保险的延伸服务领域。保险延伸服务就是普通保险服务的一种延伸，是保险公司利用自己的资源优势，扩大为客户提供保险责任以外的附加服务，如风险咨询、风险管理、防灾防损等。如与信贷消费有关的保险服务，保险公司可以利用自身的专业和人才优势，向客户提供一些有关投资咨询、理财顾问、信息交流等方面延伸服务。与养老、医疗保险相关的保险延伸服务包括定期免费体检、健康咨询、附加康复护理等。欧美国家一些大型保险公司甚至有自己的急救医院、康复中心，客户可以在那里享受优惠的服务，投保数额大的客户还可享受免费疗养。保险延伸服务已成为国外各保险公司竞争的主要手段之一。

六、以服务创新促进保险业又好又快发展

服务创新有利于增强保险公司的核心竞争力，有利于重塑保险业品牌与形象，有利于

发挥保险功能与作用，使保险业更好地服务经济社会发展。保险业开展服务创新必须切实把握好以下三个原则：

一是坚持以人为本、服务客户，把服务人民群众、满足人民群众的保险需求作为服务创新的出发点和落脚点。

二是坚持诚实守信、规范经营，将诚信理念渗透到保险服务全过程，切实保护保险消费者权益。

三是坚持因地制宜、稳妥推进，形成适合当地情况与各公司实际的保险服务体系，循序渐进，逐步推广。

为了把服务创新纳入规范化、科学化的轨道，确保服务创新转化为促进保险业又好又快发展的生产力，必须重点开展好以下五项工作：

一是要强化服务意识。充分认识服务创新对于行业又好又快发展的重要性，不断增强诚信立业、服务强业的使命感和责任感。

二是要完善服务内容。坚持以群众的需求为导向，做实做优基础服务，做精做强特色服务。完善服务内容的重点就是要努力实现保险服务的便捷化、标准化、增值化和个性化。

三是要再造服务流程。要求保险企业必须从保险业务、营销管理和风险控制等三个方面对服务流程不断加以完善，确保各项服务活动贴近客户、方便客户。

四是要加强诚信建设。进一步树立客户至上、诚信为本、争创一流的服务理念，努力提升保险行业的形象。

五是要锻造服务队伍。要以职业化、专业化和品质化为目标，以不断激发服务队伍主动服务的动力、提升服务队伍专业化服务的能力、强化服务队伍的诚信品质为重点，切实抓好服务队伍建设。

参考文献

[1] 唐远雄. 商业保险的文化基础 [D]. 兰州：兰州大学，2006.
[2] 安洪军，毕姝晨. 推动保险市场与资本市场有效联系的思考 [J]. 边疆经济与文化，2004（6）：58-59.

行业自律转型推动公司改革发展

张天琴　宫晓羽

（中国人民财产保险股份有限公司青岛市分公司）

摘　要:2014 年 3 月,青岛市保险行业协会废止了多项与手续费率统一、行业底线费率执行及折扣率限制相关的条款,这标志着我市保险业的监管方式及自律方式将发生根本性转变,这就对我们的风险选择能力(识别优质客户)、资源差异化配置能力(资源投放效率)以及客户服务能力(适应市场变化)提出了更高的要求。

关键词:行业自律;转型;影响;策略

一、行业自律转型的背景

起初,最早的保险行业自律公约出台,是由于保险全行业面临"偿付能力不足"和"承保持续亏损"的双重压力,为了减少恶性竞争,保证保险公司的偿付能力,保护保险消费者的长远利益,在监管部门及行业协会的主导下,财险公司签署自律公约,其核心内容是通过统一手续费率、执行行业底线费率或限制折扣率等手段实现"价格规制"。

然而,自 2012 年以来,多地保险行业协会因自律公约构成垄断而受到反垄断行政处罚和调查。事实上,对保协组织险企签署自律公约是否违反《反垄断法》,业界争议一直较大。尽管如此,在目前的政策环境下,通过自律公约实现"价格规制"的时代或将画上句号。各地保监局明确要求保险行业协会对涉及垄断的自律公约进行梳理修订,至此,保险行业掀起了一股整顿行业自律之风。

2014 年 3 月,青岛市保险行业协会最新印发的自律公约修改稿中,也废止了多项与手续费率统一、行业底线费率执行及折扣率相关限制的条款,这标志着我市保险业的监管方式及自律方式将发生根本性转变,监管的重点将从严格规范市场秩序转向积极推进市场化改革,行业自律的重点将从费率价格规制转向服务标准自律。

二、行业自律转型的影响

一份经过全国调查的《汽车零部件价格和整车价格之比(零整比)的报告》即将由保

险监管部门发布。这不仅将对中国车险定价产生重大影响，为车险费率市场化铺路，同时也会进一步影响到整车行业的发展。根据"放开前端，管住后端"的思路，保监会的车险费率市场化改革也拟改变过去计划的"三步走"策略，转而采取"一步到位"的方式。车险费率市场化改革正在稳步推进，而行业自律公约的废止则是其中的关键一环。

那么，自律公约"松绑"之后，保险市场是否会表现出明显差异？其实，尽管以前有保协的自律公约，但是很多险企仍然"小动作"不断，但在自律公约的约束下，操作中还是要收敛一些。现在虽然没有公约了，以前的小动作变得更加公开化了，但市场却未必会变得更乱。因为综合成本率已经很高了，即使没有自律，险企在拼价格、抢市场时，也要衡量投入产出是否值得。此外，对于费用率问题，大型险企主张更多地交由市场去决定，形成自由竞争；而中小险企更加期盼政策能给予更多干预，对中小险企形成一定保护。但不论是大型险企还是中小险企，其面临的考验或许才真正开始。

由于自律公约的弱化，各家主体的竞争手段将更加灵活，价格、费用、服务、产品齐上阵。这就对我们的风险选择能力（识别优质客户）、资源差异化配置能力（资源投放效率）以及客户服务能力（适应市场变化）提出了更高的要求；同时，对于如何协调公司内部各渠道、各经营单位之间的资源配置，减少业务交叉、防止内耗等问题也提出了新的挑战。

三、公司的应对策略和政策建议

（一）加强对优质客户的选择识别

手续费率及折扣率限制取消后，高折扣、低价格、高成本考验着我们选择客户的能力，是否盈利、客户是否具有价值、是否具有社会影响力是我们取舍的主要标准，即使面临发展压力也要做到有所不为。勿因保规模而放松对效益的控制，影响对优质客户的选择。

因此，我们要坚持效益第一的原则，在承保端加强对承保风险的研究分析，严格风险评估、风险勘验，从源头上控制承保风险，不断完善专业技术制度体系，应用科学的风险控制和再保管理平台，持续打造行业领先的风险识别和控制技能，加强对优质客户的识别甄选，着力推动风险结构的优化和业务质量的提升。要实施车险转保业务质量提升计划，力争车险转保业务赔付率下降5个百分点；不断优化续保业务结构，控制承保出险3次以上车险业务；进一步完善企财险、工程险黑灰名单管理，严格控制承保多年亏损业务，确保企财险、工程险赔付率低于市场平均水平。

（二）提升资源差异化配置效率

市场快速发展、低价格、高费用、强竞争的市场现状，考验着我们差异化的费用配置能力，如何在缺少外部约束和激烈竞争的市场中对客户进行精细划分，同时确保费用资源的精准投放，有效发挥费用差异化配置对优质业务的引导作用，这对我们提出了更高要求。

因此，我们应按照业务质量、渠道、客户群的成长性、区域市场战略等差异化配置资源，主动引领优质业务发展，有所作为。严格保险费率、保险金额、免赔额等标准的设定，注重产品定价、业务质量和竞争策略的综合应用与平衡，实施差异化承保政策与销售费用政策联动，并根据市场变化，建立动态调整机制。加快费用向精细化配置转型，促进费用差异化配置工作在基层进一步落实,提高财务资源配置效能。强化全面预算管理的战略导向,启用全面预算管理操作系统,实行预算管理工作流程标准化,确保预算管理措施落到实处,提高财务预算管理效能。同时,从严控制后台非人工成本运营费用,有效降低会议费、交通费和接待费等等。

(三)创新升级客户服务水平

行业自律从费率价格规制向服务标准自律转型,围绕"理赔难""销售误导"等社会关心的问题,制定和完善保险公司在销售、承保、理赔、回访、客服等关键环节的服务标准、服务流程和服务时效,并加强严格督促检查落实。因此,我们需要进一步创新升级客户服务水平、推进以客户为中心转型。

要加强客户信息收集、保护与共享机制建设,着力提高客户信息完整性和真实性。要大力推行服务品质提升项目,完善客户服务标准和增值服务体系,强化内外部神秘人检测和服务质量考评,切实提升公司客户端服务标准化水平,提高客户满意度。要全面提升理赔服务质量考核,提高现场查勘速度,大力压缩赔案内部流转时间,加快结案速度,缩短理赔周期,降低滞案率。要实施客户分类服务管理,大幅简化优质客户理赔手续,推行优质客户专门服务和限时理赔,提高增值服务效能。

(四)对标市场,提升适应市场变化的能力

自律公约弱化后,没有了制度的约束,各家主体的激烈竞争、甚至非理性竞争将对我们造成较大冲击,我们应对市场变化的能力也将受到较大考验。如何放大自身竞争优势,加强市场对标,跟上市场、甚至引领和改变市场,是我们需要研究的一项新的课题。

因此,面对复杂多变的市场形势,我们要调整自身的思维模式、销售模式、管理方式,勇于变革,积极应对,加强与监管部门的沟通,推进行业健康持续发展。

(五)建立平衡机制,防止公司内耗

费用率上限取消之后,由于各渠道、各经营单位费用配置不统一,内部竞争激化将导致严重内耗。因此,对于如何协调公司内部各渠道、各经营单位之间的资源配置,统一费用政策,需要引起我们的高度关注。

产品线部门需要建立一套平衡机制,出台费用差异化配置指引,制定明确各渠道、各经营单位的费用政策,进行价格规制和上限统一,并加强过程监控管理,确保费用差异化配置办法落地执行。以避免内部竞争导致不必要的资源损耗。

关注民生 保障民生

李燕玲

（北大方正人寿保险股份有限公司青岛分公司）

摘　要：加强横向比较和纵向分析研究，要准确把握保险业发展的阶段性特征和内在规律，并且要加大对国际保险业法律制度、税优政策、市场规则、业务创新等的研究，提出符合我国国情的对策措施。

关键词：改革；发展；民生

我国之前寿险业的发展忽略了服务品质的提升和服务质量，寿险业的下一步发展将依赖产品创新及民生保障。2014年保险监管工作的总体要求，最核心的是八个字，即"稳中求进、改革创新。"面对错综复杂的外部形势，保持行业平稳增长，维护市场安全稳定，守住风险底线，保险监管必须稳中求进；在复杂的形势中把握机遇、有所作为，打破行业发展的瓶颈，激发市场的动力和活力，因此保险监管必须改革创新。

近年来，我国的寿险业虽然发展很快，但是寿险业的发展也存在很多问题，最大问题还是信誉不好。"寿险已到了非改不可的时候。"主抓寿险业的保监会主席助理黄洪在首次公开亮相时就发出了如此大的感慨。"面对保险业进入深度调整期和矛盾凸显期的实际，面对经济大调整、社会大变革、技术大创新、市场大竞争的复杂环境，我们把改革创新作为推动保险业提升竞争力，实现可持续发展的根本途径。"在2014年全国保险监管工作会议上，"改革创新"成为中国保监会主席项俊波讲话中出现频率最高的词汇之一。

一、推进保险服务体系改革创新

要站在服务国家治理体系和治理能力现代化的高度，推进保险业服务体系改革创新，建设一个在现代金融体系、社会保障体系、农业保障体系、灾害救助体系和社会管理体系中发挥重要作用的现代保险服务业。当前重点是，按照十八届三中全会对保险业提出的要求，在巨灾保险、农业保险、商业养老和健康保险、责任保险等领域取得新进展。

第一，探索发展巨灾保险。总体思路是，以制度建设为基础，以商业保险为平台，以多层级分级分担风险为保障，发挥政府和市场的作用，在总结试点经验的基础上逐步推广，建立符合我国国情的巨灾保险制度。协调相关部委制订建立我国巨灾保险制度的实施方案，争取国家巨灾保险政策支持。同时，推动立法，争取早日出台《巨灾保险条例》，指导云南、深圳等地开展地震和综合巨灾保险试点。

第二，规范发展农业保险。在 2013 年底召开的中央农村工作会议上，习近平总书记强调"农业保险一定要搞好"。如何规范发展农业保险，把中央支农惠农政策运用好、落实好，不仅关系到保险功能的发挥，对保险业来说也是一项重要的政治任务。2014 年农业保险监管重点抓好三个方面的工作：一是抓业务规范，组织专门力量，对部分农业大省进行彻底的检查，把问题查深查透；二是抓制度完善，针对存在的问题，进一步完善农业保险制度设计，为农业保险健康发展打下良好基础；三是抓创新试点，协调相关部门完善补贴机制，建立"15＋X"的补贴架构，推动发展地方特色农产品的农业保险。探索发展农产品价格指数保险。

第三，大力发展商业养老和健康保险。重点是夯实基础，加强协调，通过试点带动面的扩大。养老保险方面，继续推进个人税收递延型养老保险试点工作，鼓励保险公司参与养老服务业建设，开展老年人住房反向抵押养老保险试点，以企业年金税收优惠政策为契机，大力拓展企业年金业务。健康保险方面，研究健全完善健康保险相关税收政策，推进保险机构在更大范围和更高统筹层次上经办新农合等各类医保服务，进一步完善大病保险统计制度，夯实大病保险定价基础，健全大病保险制度，扩大大病保险试点范围。

第四，深入发展责任保险。现在，各方面对责任保险的期待都很高，要抓住有利时机，尽快突破，以我国《食品安全法》修改为契机，推动食品安全责任强制保险立法，做好相关配套机制建设。健全医疗责任保险各项制度，推动保险业参与医疗纠纷调解机制建设，提升保险服务能力。深入总结环境污染责任保险试点经验，逐步拓展试点范围和领域，加强风险评估等基础制度建设。强化承运人责任保险业务管理，加强监督检查，促进其规范健康发展。

二、推进保险市场体系改革创新

近几年，保监会在推进市场化改革方面取得了一些成效，但距离市场在资源配置中起决定性作用还有差距。下一步，我们要按照十八届三中全会的精神，简政放权，进一步激发市场发展的内生动力与活力。当前的改革重点是深化费率形成机制改革，推进资金运用体制改革，推进市场准入退出机制改革。

一是深化费率形成机制改革。寿险领域，重点是在总结前一阶段放开预定利率成效和经验的基础上，扩大费率市场化的范围，防范改革可能引起的风险。启动分红险、万能险费率形成机制改革，力争年底前实现人身险费率形成机制的全面市场化。启动与费率形成机制相适应的精算制度改革，完善准备金评估规则，完善分红账户管理和分红特储制度，在放开前端的同时从后端管住风险。产险领域，重点是深化商业车险条款费率管理制度改革，完善市场化的商业车险条款费率形成机制。条件成熟的地区可以先行先试，试点地区也要及时总结经验和反映问题。

二是继续推进资金运用体制改革。进一步放开投资领域和范围，把更多的选择权交给市场主体。按照"抓大放小"的思路,推进资金运用比例监管改革。推动建立资管产品集中登记交易系统,增强资管产品的流动性,发挥市场的定价功能。支持成立中国保险资产管理业协会,推动行业自我管理、自我提升。加快转变监管方式,把监管重点由放开渠道转变为风险监管,在有效防范风险的前提下推动资金运用市场化改革顺利进行。

三是继续推进市场准入退出机制改革。基本思路是,坚持市场化、区域化的准入导向,突出专业化特色,统筹规划市场准入和市场体系培育,完善市场退出和风险处置的制度机制,切实为发挥市场配置资源的决定性作用创造条件。优化准入标准和审核流程,深化高管任职资格核准改革,建立准入预披露制度。建立系统的分级、分类、分区域的有限牌照制度,确保保险机构"有多大本事做多大业务"。鼓励中资保险公司"走出去",稳步拓展国际保险市场。规范并购重组行为,加快推动有关立法工作。健全保险保障基金的救助和融资机制,明确风险处置的触发条件,丰富风险处置工具箱,确保市场平稳运行。

三、推进保险监管体系改革创新

现在我国保险监管改革的任务很重。无论是顺应国际金融业浩浩荡荡的改革潮流、适应国内金融业日新月异的发展形势,还是承担好保险监管引领发展、防范风险、规范市场、保护消费者利益的任务,都要求保险监管机构加快保险监管改革。下一步,要立足国情、放眼国际,继续深化监管体系改革创新。

第一,完善监管制度。制度是管长远、管根本的。当前完善监管制度,重点是要抓好三项工作。一是做好"一法两条例"的相关工作。积极推动《保险法》和《交强险条例》的修订,加快研究制定《巨灾保险条例》。二是加快"废改立"工作。要完成规范性文件的清理,尽可能消除保监会系统内部规范性文件的冲突和不协调,提高制度的合法性。本着急用先建的原则,加快建立健全市场准入退出、治理理赔难和销售误导、网络保险、资金运用等关键监管环节的规章制定工作。探索负面清单模式下的监管方式,拟定保险业进一步扩大开放的方案。三是推进"偿二代"建设。加快建成一套既与国际接轨、又与我国保险业发展阶段相适应的监管体系,完成全部技术标准的制定工作,组织行业对各种风险汇总后的整体测试。

第二,完善监管方式。按照"放开前端、管住后端"的改革方向,进一步改进监管方式,提高监管的针对性和有效性。一是强化过程监管。把握关键环节,科学实施事前、事中、事后监管。抓好分类监管、资产负债匹配监管和非现场监管,强化公司治理和内控的约束力,把偿付能力监管作为刚性要求,贯穿监管的全过程。二是强化信息披露。通过保险经营和服务两个评价体系,加强对保险公司的市场评价和社会监督。由行业协会向社会公开评价结果和排名,促进保险公司提升经营和服务水平。督促各保险机构严格执行保险公司信息披露监管的相关规定。三是强化监管合力。整合监管系统资源,加强监管上下联动,努力做到全国"一盘棋。"比如现场检查,要充分发挥稽查工作委员会的协调职能,合理分工,科学安排,减少重复检查、多头检查。

第三,完善监管机制。进一步理顺监管职责,努力提高监管效率。要处理好监管和市场的关系,放宽放活市场该做的事,管住管好政府该管的事。要结合工作实际,研究哪些事情监管机构可以不管或少管。要处理好会机关和保监局的关系,要对保监会部门和保监局的职能进行认真梳理,哪些事该机关部门做,哪些事该保监局做,应该有更明确、更细化、更具操作性的规定。要在探索属地监管上迈出更大的步伐。要处理好会机关各部门的关系。按照机构监管与功能监管相结合的原则,通过工作协商、信息共享,做到部门之间相互协调、密切配合,提高监管执行力。也要处理好监管和协会学会的关系,行业协会和学会在营造发展环境、促进行业发展方面应该站到前台来,在行业自律、行业基础建设等方面下更大的功夫。特别是行业自律,既不能不作为,也不能乱作为。

四、为保险业改革创新创造良好环境,严防系统性区域性风险

保险业正处在转型升级的关键时期,防范风险的形势仍然严峻,任务还很艰巨。要理清思路、突出重点,降低存量风险,控制增量风险,防范突发风险,关注新的风险,牢牢守住不发生系统性区域性风险这一底线。

第一,防范化解满期给付和退保风险。未来一段时期,防范化解满期给付和退保风险仍要重点来抓。要继续坚持内紧外松的方针,强化公司的主体责任和派出机构的属地责任,按照"统一部署、各负其责、稳步实施、沉着应对"的原则,针对重点公司、重点业务、重点地区、重点环节、重点群体,开展风险排查,加强监测预警。要关注分红公布期、集中给付期等敏感时点,落实重大事项报告制度和风险响应制度,同时要加强公司治理监管,督促保险公司积极稳妥处理突发事件。

第二,防范化解偿付能力不足风险。目前,部分公司偿付能力充足率还处在刚刚达标的临界水平,在行业承保盈利能力普遍不高、公司发债成本总体上升的影响下,有可能导致个别公司出现偿付能力不足的情况。要坚持预防为主,加大偿付能力压力测试工作的力度,对资本管理能力差、偿付能力不足的公司采取预防性措施,做到对风险早预警、早发现、早处置,研究制定保险公司资本补充管理办法,拓宽资本补充渠道。要建立资本分级制度,完善资本补充制度体系,研究推进保险资金全托管的具体方案,严厉查处虚假注资、抽逃资本金的行为。注重防范集团化经营风险,防止风险在不同业务领域之间相互传递。

第三,防范化解流动性风险。2013年以来,市场资金趋紧逐渐成为常态。一些保险公司的高现金价值业务,存续期通常为一两年,有的甚至只有3个月,而匹配的资产一般超过2年,这种"借短贷长"的资金运用形式很容易出现流动性风险。保险业防范流动性风险的经验还比较欠缺。要按照疏堵结合的原则,加强资产负债匹配监管,规范和疏导高现金价值业务,审慎控制非寿险投资型业务,在风险可控的基础上推进产品创新。要对短期理财产品进行信息登记,披露投资资产信息。

第四,防范化解资金运用风险。保险资金运用改革新政增强了市场活力,也对行业的风险管控能力带来了新的挑战。要坚持"既放得开,又防得住",把监管重心由事前监管转移到事中事后的监管上。着力构建"一个基础、五个工具"的资金运用监管新框架,在加强非现场监测与现场检查的基础上,强化信息披露、内部控制、分类监管、资产负债匹配、资产认可等监管工具。建立覆盖股权、不动产及金融产品的非现场监管信息系统。落实保监局资金运用监管联系人机制,推动资金运用属地监管试点。借鉴国内外成熟经验,研究

推行保险投资资产五级分类制度。

五、继续规范保险市场秩序

在财产险方面,要将农业保险作为规范重点,严厉查处弄虚作假骗取财政保费补贴、强制农户投保、不足额提取大灾风险准备金、协议或平均赔付、拖赔少赔、无理拒赔等违规行为。要针对产险市场违规问题反弹、恶性竞争加剧等问题,继续加大现场检查力度,整治财务业务数据不真实、不严格执行报批报备条款费率、理赔环节利益输送等突出问题。强化总公司和高管人员的管控责任,通过总公司把压力传导给整个市场,推动公司牢固树立合规意识。

在人身险方面,要以强化公司内控管理和高管人员经营责任为抓手,推动公司合规经营,切实提高监管的针对性和有效性。严厉整治银保小账和短期意外险不规范经营行为。要研究制定人身险公司分险种核算和省级机构经营成果独立核算指导意见,真实反映产品及分公司的成本、费用和盈亏。要建立抽查制度,按确定的比例和一定规则随机抽查保险公司,做到一查到底。

在保险中介方面,从2014年起,要下大力气,切实规范中介市场秩序,每年抓几件实事,争取2~3年内让保险中介违法违规行为得到根本扭转,保险中介的发展理念、制度体系、运行机制和监管架构基本理顺。2014年,要按照摸清底数、整顿秩序、深化改革、建章立制的步骤,对中介市场开展全面清理整顿,有效遏制财务不规范、信息不透明、虚假业务、非法集资等违法违规乱象,加快建立制度规则,防范化解风险隐患。

六、保护保险消费者利益

过去几年,保监会从解决突出问题和建立健全机制两方面入手,在保护消费者利益方面做了一些短期见效、长期管用的工作、这些工作。一是继续整治理赔难和销售误导问题;二是进一步完善保险纠纷调处机制;三是努力提高保险消费投诉处理工作水平。

就保险利益一致性而言,保险公司与消费者的利益是一致的,而不是对立的。如果保险公司破产,保险消费者就难以拿到应得赔偿;如果保险公司坑害消费者的利益,买保险人越来越少,保险公司经营也会陷入困境。因此,解决消费者权益保护问题,一定要抓住要害,只有这样,保险行业才能健康发展,消费者才能最终受益。

通过上述分析,借鉴国外的先进经验,结合我国的发展现状,本文提出以下三个方面的对策建议。

(一)完善制度

1. 引导机制

通过对全行业持续有效的政策引导,来提高对消费者权益保护和服务质量的重视,从而树立企业内生的、可持续发展的科学经营意识。

2. 考核机制

严格指导保险公司建立完善的考核制度,提高对违规行为、客户投诉、服务水平等指标在整体考核中的权重,提高侵害消费者权益行为的违规成本。

3. 责任追究机制

指导保险公司实施内部投诉案件责任追究制度,明确相关涉案人的惩处标准,定期对制度执行情况实施监督检查,对处罚标准偏低予以适度调整。

(二)建立平台

通过制定一套保险消费者权益保护的运作程序和保险监管机构自律管理程序,从保险消费者权益受到损害发生纠纷投诉开始,建立一套全国联网的保险消费者投诉电子信息跟踪系统和电子档案系统,全程跟踪保险消费者投诉处理的全过程,直到处理完毕,并建立投诉处理信息库。被投诉核实后的保险机构将其纳入不良行记录,以利于保险消费者的识别的相关部门的监督管理并采取相应措施。

(三)畅通渠道

1. 畅通维权渠道

(1)畅通保险公司投诉渠道。通过出台保险公司投诉内控指引性文件,引导公司发挥自身防范和纠错能力,提高投诉纠纷调解效率,促使投诉、纠纷快速有效解决,更好维护保险消费者合法权益。

(2)畅通消协和协会联络渠道。加强消协与保险行业协会以及保险公司之间的沟通合作,建立消费者投诉调解联络机制,开办保险消费者培训班,提高消费者素质,畅通维权渠道

(3)畅通曝光渠道。强化行业自律,增强对侵权行为的约束。加大违反公约行为的曝光力度,在行业内通报,向社会公开。通过提高公布频度,为消费者购买保险产品提供依据。

(4)畅通处理公开渠道。通过探索完善投诉处理公开制度,协会、消协、保险公司要定期向社会公布各公司案件处理总体情况,增强对个案办理进度、消费者意见反馈的信息公开力度。

2. 畅通信息渠道

畅通"电、访、信、网"四位一体的投诉渠道,通过保监会的网站、公开媒体,向消费者普及保险知识,提示风险,咨询业务,在开通维权专线、专版、专网、专室的基础上逐步建立外部社会监督机制。

(四)教育引导

通过建立监管部门、行业、消费者组织、社会媒体及公众等多方参与的保险消费者教

育平台,加大权益保护和宣传教育力度,重点普及宣传对欺诈误导行为识别、保险合同条款解释、车险理赔程序介绍以及投诉方法,开展长效的保险知识教育和消费者信息宣传,倡导理性消费观念,提高消费者维权意识和自我保护能力,进一步提高消费者素质,加强消费者权利保护意识,逐步将消费者保险知识普及纳入长远的公民基础教育范畴中来。

保险,让生活更美好,中国的保险事业是以人为本,造福于民,尽职守护我们的炎黄子孙,相信通过不断的深化改革,不断地创新发展,关注民生、保障民生,我们会最终成为最受尊敬、最值得信赖的寿险公司。

关于保险业社会口碑改善问题的探讨

于新尧

（中国人寿保险股份公司青岛市分公司）

摘　要：保险的发展越来越受制于社会不良口碑的困扰。导致保险口碑不良主要有以下几个因素：一是保险业的快速扩张；二是专业知识的匮乏；三是销售误导扰乱市场；四是售后服务满意度不高。要解决保险社会口碑不好的问题，应主要从以下几个方面入手：一是健全监管体系，提高违信成本；二是严把从业入口关，从源头制约违信行为；三是加强保险知识宣传，提高公众维权能力；四是严把承保关、松把赔付关，减少赔付纠纷。

关键词：保险；口碑；监管；发展；理赔；代理人

保险业从新中国诞生之年起就开始服务社会，保险业的发展也从零开始，稳步发展，1980 年以来，保费收入年均增长 28.3%，到 2013 年，实现年度原保险保费收入 1.72 万亿元。虽然保险业始终保持着较快的发展势头，但是社会口碑差的问题依然没有得到很好解决，并且正在制约着行业的持续健康发展。

2013 年，中国保险业的保险密度达到了 1 265.7 元，保险深度达到了 3.03%，均保持了超过 10% 的增长速度，但是与发达国家 2 000～3 000 美元的保险密度以及 12% 左右的保险深度相比还有较大差距。保险业在中国仍然有着广阔的发展前景。但是，最近十年来，保险业的发展速度起伏较大，尤其是在近两年更是遇到了保险业有史以来发展最为困难的一段时间，行业的发展面临着极大的挑战；下一个十年，保险业要突破发展困境，继续保持较高的发展速度，在不断创新保险产品、完善销售渠道的同时，着力改善社会口碑，通过不断增加社会认同，激发民众购买意愿，释放购买力，推动行业不断前行。

要解决保险业口碑不良的问题，首先必须搞清楚导致保险业口碑不好的原因是什么，对症施药，才能药到病除。导致保险业口碑不好的原因大致可以分为以下四个方面：

一、保险业的快速扩张

新中国成立以来，保险业始终处于做大盘子的阶段，各家保险公司都在跑马圈地。市场的空白，使得险企将绝大部分的精力都投入到了做大规模上，对于自身发展的监控、服务的重视和营销人员的管理则没有给予足够的重视,或者说服务和监督体系的建设和革新速度跟不上行业的发展速度,企业无法有效控制自身发展过程中出现的损害行业形象的行为,企业在面对发展和口碑的问题时,更倾向于发展而选择性忽视了口碑。

二、专业知识的匮乏

（一）保险知识的匮乏

在保险业的发展过程中,保险知识的宣传始终没有得到足够的重视。经过半个世纪的发展,很多民众仍然搞不清楚保费和保额的关系,不清楚缴费期限和保险期限的区别,更不用谈一些更复杂的专业保险知识了。保险知识的匮乏,使民众总是按照自己的意愿或对自己有利的原则来理解保险,甚至有部分民众将保险公司当作红十字会来看待。对于保险定位的严重偏差以及对保险意义的曲解,致使客户与险企在业务处理过程中产生了各种各样的问题,问题的累积达到一定的程度后进一步升级为客户与险企的矛盾,矛盾经过反复的发酵就最终形成了整个社会对行业的普遍成见,从而形成了恶性循环。在保险知识匮乏的问题已经成为整个社会的普遍现象时,保险社会口碑不好的问题也就不难理解了。

（二）医学知识的匮乏

保险,特别是长期寿险,主要是针对保户的疾病和生死进行赔付,作为最能体现保险本质的险种,长期寿险在很长一段时间里就是公众对保险的全部认知。而长期寿险中最常见的重疾险,更几乎是保户人手一份的必备保单,重疾险也从而成为了矛盾集中爆发的重灾区。

重疾险在赔付过程中产生的矛盾主要集中在两个方面:一是关于疾病的确诊。重疾险往往都规定了明确的赔付疾病种类和诊断依据,但是由于医学性太强,很多保户无法完全理解保单上写明的各种医学术语,导致保户得病时想当然地认为自己应该得到赔付,一旦疾病不在保险范围内,得不到赔付金时,保户就将其归结为保险欺诈,"保险都是骗人的"的大帽子就死死地扣在了行业头上。另一方面就是先天性疾病和带病投保,由于医学知识的匮乏,导致保户无法正确判断什么是带病投保,什么疾病属于先天性疾病,致使其在投保阶段无法合理取舍是否应该投保,理赔阶段也就无法保证能拿到赔付金,从而成为了险企赔付工作中一个问题集中爆发的矛盾点。

三、销售误导扰乱市场

迫于保费目标的压力,险企为了达成任务,往往会在客观上选择纵容业务员的销售误导行为,对于保险口碑产生了特别恶劣的影响。近年来的销售误导主要体现在以下几个方面。

（一）宣导高收益

投资型保险收益预测一般分高、中、低三档,而部分营销员为了增强保险产品的吸引力,在介绍产品时故意隐瞒中低档收益,只向消费者介绍高档收益,甚至介绍的收益比预定的高档收益还要高,更有部分营销员向消费者口头承诺收益。而根据监管规定,目前的投资型保险产品凡是收益超过 2.5％的部分都是不确定的。

（二）混淆保险概念

1. 混淆保险和存款

将保险混淆成银行存款、理财产品、基金,是保险销售误导的常见手法,也是"存单变保单"的常见原因。部分营销员会在投保人到银行办理存款时,向投保人推荐保险产品,并将保险产品的投资收益与银行理财产品或定期存款进行简单对比,甚至将保险产品直接解释为"银行理财产品",或违规自制产品说明书和投资协议,诱导投保人购买保险,侵害了保险消费者的合法权益。

2. 保额分红和现金分红

分红型保险产品是人身险中的主打产品,在人身险的总体保费中占有 70％以上的比重。分红型保险的分红形式分为现金分红(保费分红)和保额分红两种。前者是比较常见的分红方式,每年按投资收益情况,以现金的方式返还给投保人,这部分分红投保人既可以自行支取,也可以加到保费中继续投保。保额分红则不能直接支取现金,而是将投资账户中获得的收益自动转化成新的保费,以增加产品总体的保障额度。两种产品的混淆导致客户无法按照自身意愿如期领取到分红。

3. 混淆缴费期限和保险期限

在长期的普通寿险、分红型保险产品中,保费缴费期限和产品的保险期限并不一定完全相同。即使投保人按缴费期限缴纳了所有保费,也只是履行完了缴纳保险费的义务,保险合同的有效期仍然将持续数年甚至数十年,投保人此时若要提前支取,只能按退保处理,造成本金损失。但部分营销员在销售时混淆缴费期限和保险期限的概念,将两者混为一谈,告诉投保人连续缴纳几年后就能取出,致使投保人上当受骗。

（三）引导带病投保

"带病投保",正常情况下保险公司将不予承保。但事实上,部分营销员为了尽快出售保单,会诱导投保人在填写保单时隐瞒真实健康状况,甚至篡改身高体重等基本信息,但这种情况一旦出险,投保人将无法取得赔付。

（四）代抄风险提示语

根据规定,保险公司在销售环节除了应当向投保人出示保险条款、产品说明书和投保提示书并对投保人以口头或书面的形式讲解风险提示语句之外,还要求投保人在投保单亲笔抄录风险提示语句并签名。保险营销员代抄风险提示语,以及代替投保人签名,都属于隐瞒风险提示的违规行为,会造成投保人在不了解风险的情况下购买保险产品,从而在后期赔付中出现纠纷。

四、售后服务满意度不高

（一）服务态度

售后服务体验不佳的问题在很多行业中都有存在，但是，在保险行业中体现得尤其明显，客户的反响格外强烈。造成这个问题的一个非常重要的因素就是售后服务与售前服务之间的巨大落差。保险营销人员为推动销售，往往强调超额满足客户的需求，致使客户的服务体验经常处在过于饱和的状态。当销售过程结束，客户的保单转入后台服务的阶段，随着直接利益链条断裂，岗位处理人员无法达到销售人员对客户的服务高度，客户产生了明显的心理落差，一旦客户的实际服务需求不能得到正常的满足，客户的不满情绪就会被放大，严重的甚至可能酿成恶性打砸事件，对行业的口碑造成不可弥补的损失。

（二）服务方式

服务态度的落差为纠纷的产生埋下了伏笔，而服务方式上的官僚做派则成为引发纠纷的导火索。目前，客户对险企服务方式上的不满主要体现在以下三个方面。

1. 寿险保单欠费失效

寿险保单保险期限较长，缴费期也较长，很多客户因为各种原因导致无法按时缴纳保费导致保单失效，使自己的保险利益蒙受了巨大的损失。

2. 业务办理复杂繁琐

客户办理业务的频率相对较低，而专业性又较强，客户需要准备的资料种类较多，在实际业务处理过程中，因为资料不全导致客户多次临柜无法顺利办理业务引发不满的情况较为普遍。同时，国内大部分险企对互联网及移动终端仍持谨慎态度，用于客户自行办理业务的移动平台建设相对滞后，在移动互联风行的今天，也一定程度上影响了客户的服务体验。

3. 车险指定维修厂

车险领域主要体现为部分险企与汽车维修厂私下达成协议，将某家汽修厂确定为公司指定维修机构或指定定损机构，从而在车辆损失查勘和维修过程中做手脚，虚报维修费用，从中套利，进而在车主第二年投保时增加保费，侵害了客户的保险利益。实际上，监管机构针对这个问题已经出台了明确的规定，车辆出险后的维修应当由车主自主选择，保险公司只有查勘定损的资格，无权指定车主到何处维修，只是在实操过程中出现了偏离。

保险业的口碑不良，已经困扰了行业很多年，一方面为险企发展设置了障碍，另一方面，在国家医疗保障体系和养老保障体系尚且不够健全的情况下，严重影响了国民参与保险，分担自身医疗和养老风险的积极性，在一定程度上影响了国民生活幸福指数，甚至影响到了国民购买力的释放，阻碍了国家通过拉动内需推动国家经济转型的进程。

五、推动行业发展的具体措施

近一段时间，国家对保险业发展的重视程度不断提高，连续出台了《关于加快发展现代保险服务业的若干意见》(国发〔2014〕29号)、《关于加快发展商业健康保险的若干意见》(国办发〔2014〕50号)等文件,保险行业应该借此次国家大力推动行业发展的东风,加快破解行业口碑的困局,突破发展瓶颈,让保险造福更多社会公众。其中,应该主要从以下四个方面入手:

(一)健全监管体系,提高违信成本

企业具有逐利的天性,企业在利益与口碑的博弈中,会天然地向利益倾斜,尤其是在行业整体水平参差不齐、违信成本远低于守信成本的情况下,这就需要外在监管体系发挥更加重要的作用。监管体系作为政府资源,无利益纠葛,可以更好地平衡险企和保户之间的利益关系,站在更加公平合理的角度处理问题,同时,作为行业的"娘家",监管机构能够跳出公司发展的困局,从更长远的角度谋划行业未来的发展。

健全和完善监管体系关键在制度,重点在执行。制度的设计是否合理决定了监管体系是否能够发挥合理的作用。但是,在实际操作过程中,是否能够切实发挥作用也非常重要,尤其是在行业主体越来越多、小公司越来越多的情况下,只有确保行业的守信成本不高于违信成本,险企才会将维护行业口碑作为企业的自发行为,才能从根本上解决困扰行业的社会形象问题。

(二)严把从业入口关,从源头制约违信行为

限于险企多采用代理人的销售模式,保险业社会口碑的治理注定路途艰难。代理人发展近年来陷入恶性循环,由于社会形象不佳,优秀人才不愿意加入保险代理人队伍,险企为了生存,只能一再降低招募门槛,大量低素质、低学历的社会人员抱着赚一把就走的心态投身保险代理人队伍,这些人本身没有长期从事该项事业的愿望,职业操守无从谈起,在销售过程中为了牟利,扭曲事实,夸大获益,诱导客户带病投保误导行为达到促单的目的。同时,受制于自身素质的限制,无法深入地理解保险的本质含义,自我学习、自我更新的能力不足,知识陈旧、销售技能落后,无法帮助客户更好地了解保险,也在一定程度上限制了保险的发展,特别是向社会中上层的传播。

为从根本上解决保险代理人的困局,必须严把行业的入口关,逐步扭转行业代理人素质低下的局面,通过暂时牺牲一些发展和利益,换取行业从业人员素质的大幅提升,同时,不断加大对从业人员职业道德的培养和销售能力的培训,逐步提高销售队伍整体素质和创富能力,逐步提高行业吸引力,吸收高学历、高素质人才进入行业,逐步形成良性循环,从而在根本上破解现存的代理人困局。

(三)加强保险知识宣传,提高公众维权能力

公众对保险知识的匮乏,决定了行业必须把普及保险知识作为一项重要使命进行推进。一是要进一步增强保险进入课堂的力度。孩提时代是一个人对社会实物形成基本判断的阶段,在这个阶段,学校应该肩负起正面宣传保险的任务,避免负面的社会舆论先入为主,使孩子形成对保险的成见。二是要加强保险公益广告宣传。公益广告带有政府性质,而政府对社会公众具有较强的公信力,通过政府主导宣传,可以增进公众对保险的认可。

三是要加强社区化宣传。让保险走入社区，走入百姓的日常生活，拉近保险和公众的距离，让群众能够在身边了解保险，从具有公信力的机构了解官方的、正确的保险知识。四是要加强医学相关知识的宣传。建议监管机构能够统一印刷关于疾病的建议宣传手册，列明保险中经常发生纠纷的病种的相关知识，险企在销售保险的同时按照成本价或者赠送的方式赠送给保户，让保户能够简单直接地了解相关知识，再决定自己是否购买保险，从而减少纠纷，改善口碑。

（四）严把承保关、松把赔付关，减少赔付纠纷

保险拒付案件中有两成左右是带病投保导致的拒付，带病投保有销售人员误导的成分，也有客户不了解或者有意隐瞒的情况。目前，各家公司对于理赔案件怀疑有带病投保嫌疑的客户，会采取在青岛各大医院排查的方式进行调查。建议应该将这种调查提前到承保阶段进行，客户投保涉及带病投保险种时，全部进行前置调查，按照每半天调查一个医院的速度进行，青岛共有青医附院、市立医院、海军401医院、解放军141医院、青岛市中心医院等5家医院为岛城险企的主流排查医院，两天半左右的时间可以进行完，对于调查力量不足的险企，可以探索委托大型保险公司进行调查，受委托公司案件收取费用的方式进行，对于排查出病史的客户直接进行拒保，避免客户在缴费多年之后，理赔时才被告知因有既往病史不能投保情况的发生，从而减少纠纷，达到改善保险口碑的目的。

保险业的社会口碑是行业整体发展速度过快，而各方监管相对滞后的结果等综合因素导致的结果，已经严重影响到了行业的持续健康发展，只有痛下决心、重锤治理，才能还保险业一个应有的社会地位，给群众一个更好的分散风险的机会，更好地营造一个稳定、美好的和谐社会。

参考文献

[1] 何杨彪. 试论新《保险法》对消费者权益的保护 [J]. 湖南财经高等专科学校学报，2009，25（120）：8-10.

[2] 唐余. 我国保险合同纠纷解决机制探索 [D]. 成都：西南财经大学，2007.

[3] 胡滨. 新《保险法》——彰显被保险人的利益保护 [J]. 中国金融，2009（6）：55-56.

发展现代保险,促进社会和谐

张一静

(招商信诺人寿保险有限公司青岛中心支公司)

摘　要:保险消费不同于一般商品的消费,作为一种无形的商品,保险交易其实就是一纸承诺,它通过保险合同来维系投保人与保险人之间的关系,遵循最大诚信原则等。随着社会的进步、经济的发展、收入水平的提高,人们对保险商品的需求在不断地增加,电子营销的发展必然要与传统业务相结合已经成为人们的共识,在金融领域也是如此。新兴的第三方保险电子商务网站正不断探索如何运用新技术所带来的机会,尝试着新的经营模式;建立新的电子销售渠道。电子营销打破了传统保险企业的价值链,产生了多种新的电子商务经营模式,也改变了保险市场的竞争格局,对保险业产生了深远的影响。

关键词:保险;消费特点;权益保护;电话营销

一、我国保险市场的现状分析

我国保险市场从 1979 年恢复经营以来,30 多年来取得了十分骄人的成绩,无论是市场规模、保险市场主体的数量,还是保险深度、保险密度;无论是保险中介市场的发展,还是保险对国民经济、对人民生产生活的影响,都有了长足的发展。但是近几年来,中国的保险市场却开始出现了一些值得思考的现象:老百姓对保险的依赖度在提高的同时,对保险业的不满也在增加;人民群众对保险的需求在增长,保险业的增长速度却在放缓,某些地区甚至出现了负增长,保险业的发展似乎遭遇到了新的困难。当前保险业正处于最好的发展时期。中国加入世界贸易组织给中国的国民经济注入了新的活力,我国国民经济的高速持续稳定发展也给保险业的发展创造了十分难得的机遇。

二、我国保险行业发展中存在的主要问题

(一)诚信缺失严重,市场混乱,监管自律不到位

保险公司的高管不诚信,特别是基层保险公司高管,对保险代理人员的承诺不兑现,对保险公司员工不诚信,高管们今天吃开办费,明天换单位,有的人一年连换五个单位。

对广大投保人的不诚信,主要表现在有些高管不承诺赔付,人情赔、惜赔很多。

当前,我国保险市场十分混乱,代理手续费混乱、回扣、商业贿赂、洗钱等在保险业来越突出,整个保险市场特别是代理人市场很乱。我国保险监管机构本身没有发挥出重大作用,监管很不到位,省级保监局人手少,管不过来,地市级行业协会自律由于诸多原因落实很难,行业自律要发挥作用还有待时日。

(二)民众保险意识不高

买保险为了什么?在工作中问过不少人,有身价过亿的企业家,也有一般的工薪阶层,他们的回答大多简洁、干脆、直白——为了赚钱。

一句"为了赚钱",也许从另一个侧面揭示了眼下人们对保险的认识。这也是前几年中国股市一路上扬时,开户人数也随之一路暴增,基金一经推出即被一抢而空的背后原因。人们把自己在职场朝九晚五的辛苦所得,在剔除柴米油盐的开支后,拿出一部分满怀希望又心情复杂地投入了他本不熟悉的虚拟经济领域。在经历了大起大落后,开始考虑稳健的投资方式,所以选择了短期的分红型保险,而忘记了保险真正存在的价值是保障,买保险就是为了保障。

(三)保费较高,险种少,宣传不够,消费误区多

以我国香港 AIA(友邦香港)的一款"进升危疾保障计划"和中国人寿的"国寿康宁终身重大疾病保险(2012 版)"为例来对比香港地区和内地的重疾险。AIA 的产品涵盖了56 种危疾(53 种严重疾病和 3 种非严重疾病),而国寿的产品涵盖了 50 种重大疾病(40 种重大疾病和 10 种特种疾病)。虽然数量相差不是很多,但是根据其对疾病的定义来看,国寿的疾病限制条件多、范围窄,保障力度和水平远不如 AIA 产品。

AIA 的这款产品的年交保费按投保时的投保年龄计算,并不随着年龄的增加而递增。以 10 万港元的基本保额来说的话,一个 30 岁的男性年交保费 957 港元并连续 10 年交清,而国寿的这款以 79 064 元人民币(1 港币 ≈ 0.790 6 人民币换算)为保额,一位 30 岁的男性年交保费为 4 308 元并连续 10 年交清。从这两组对比数据可以看出,香港的保费确实要比内地有吸引力,同样的保障,保费整整高了四倍多。

中国人寿的这款产品在发生赔付时以订立保险合同时所确定的基本保险金额为上限,保额不具有时间价值;友邦的这款保险保额将在保单生效的首五个保单周年续保时自动增值,每年的增幅为主要保额的 5%。

AIA 的产品包括三种非严重疾病,其赔付额分别为主要保额的 10%、20% 和 50%;而国寿的产品中对特定疾病的赔付额都确定为保额的 20%。

曾问过一部分来办理保全业务的客户,你觉得保险怎么样?很大一部分人回答我朋友都说保险是骗人的。我想说,保险,是保你赚钱的能力。马寅初曾说过:"人寿保险不是保寿,是保护一个人的生产能力,这种能力因老、伤、死而灭失时,能用经济的力量来维持他的意思,所以保寿不是投机,不保寿却是真投机。"

三、创新保险营销渠道

电子营销是指借助现代通信的手段,利用电脑通信技术、数字交互式媒体,以及现代通讯技术来实现营销目标的一种营销方式。全球保险协会主席斯托姆曾说过:"中国保险业的电子商务技术暂时显得慢了一些,但我们坚信,聪明智慧的中国人将在不远的将来实现中国保险业电子技术的重大突破,一个令人振奋的场面将在中国出现。"保险电子营销主要包含以下几种模式。

(一)网络在线营销

网络在线营销是企业整体营销战略的一个组成部分,是为实现企业总体经营目标所进行的,以互联网为基本手段营造网上经营环境的各种活动。其经营宗旨有三个:一是建立一个面向客户进行宣传、推销保险的平台;二是进行销售的环节;三是提供保险后续或外延服务,如网上查询、更改资料等。

(二)Email 营销

Email 营销是在用户事先许可的前提下,通过电子邮件的方式向目标客户传递有价值信息的一种网络营销手段。例如,平安保险公司就针对已投保客户的需求进行分析,定期将一定的险种优惠信息及新的险种信息发送到客户的邮箱。由于这种发送是经过分析、有针对性的,大大提高了公司的效益。

(三)电话、手机短信以及即时信息营销

随着市场的不断深入和发展,短信无线数据服务作为通信在 20 世纪末的一次重要飞跃,已日益渗透到人们生活的方方面面。企业以电话、手机短信和即时信息为平台进行销售也是大势所趋。作为保险公司,可以尝试使通过手机短信能够订阅条款较为简单的短期旅游意外险等,在给客户提供方便快捷服务的同时,也能够给企业带来良好的口碑及丰厚的收益。

四、消费者权益保护

(一)消费者权益

在商品经济中,保险是一种特殊的劳务商品,同时它也是一种合同行为。保险关系的存在是以合同的形式表现出来的。在现实的保险消费中,大多数消费者对保险商品以及保险消费相关的知识及规则都不太清楚,从而导致消费者在保险交易中处于弱势的地位。由于保险消费具有保险合同格式化、保险商品无形性等特点,使得保险消费者往往由于缺乏保险专业知识而在保险交易中处于弱势的地位。近年来随着保险需求的增加,由保险消费所产生的纠纷也数不胜数。实际上法律为了确保消费者的权益,规定了许多特殊性的保护条款。根据《中华人民共和国消费者权益保护法》及《保险法》及其他保险法规,保险消费者的权益主要有以下几个方面。

1. 知情权

《保险法》规定："订立保险合同，保险人应当向投保人说明保险合同的条款内容。"即保险合同订立时，保险人对投保人负有如实告知的义务。对于保险合同条款的知情权。作为投保人有权了解合同条款具体的含义。《保险法》规定：对于保险合同的条款，保险人与投保人、被投保人或者受益人有争议时，人民法院或者仲裁机关应当作有利于被保险人和受益人的解释。

2. 选择权

保险消费者的选择权有：投保人有自主选择提供保险的保险人权利，投保人有自主选择保险险种的权利。

投保人有同意与拒绝参加保险的选择权，除非法律、行政法规规定的强制参加的保险。

3. 公平交易权

保险是一种对价合同，投保人交付保险费，换取发生特定事故或事件时保险人的保障。保险费的分担必须合理计算。保险费是以保险费率为基础的，目的是确保保险消费者享有合理的公平交易权利。《保险法》规定："商业保险的主要险种的基本保险条款和保险费率，由保险监管部门制订，保险公司拟订的其他险种的保险条款和保险费率，应当报保险监管部门备案"。

4. 求偿权

保险是一种经济保障制度，因此当合同所约定的保险事件发生时，被保险人（或受益人）依合同有权获得保险赔偿或给付。

5. 监督建议权

监督建议权是指消费者享有对商品和服务以及保护消费者权益工作进行监督的权利，保险消费者有权检举控告保险人、保险代理人、保险经纪人侵害保险消费者权益的行为和保险监督部门及其工作人员在保护保险消费者权益工作中的违法失职行为，有权对保护保险消费者权益工作提出批评和建议。

（二）目前我国保险市场关于消费者权益保护中存在的问题

根据保险消费的特点，目前我国保险市场上存在着以下几点侵犯消费者权益的问题：

1. "高保低赔""无责不赔"等霸王条款

近期保险业中的"高保低赔""无责不赔"等已经成为人们热议的问题。所谓的"高保低赔"是指车主在为所购买的车辆向保险公司投保时，需要按照车辆新车购置价格进行投保；而投保车辆发生整车被盗或发生事故后造成全车损失时，保险公司只能按照车辆现行实际价值进行赔偿。对于投保人来说，一旦这些保险事件发生了，保险金的赔偿却以事件发生时的现价进行赔付，这显然是不公平的，因此，大多数消费者称之为保险业的"霸王条款"。新出台的《保险法》对此也作出了修改,投保人和保险人约定保险标的的保险价值并在合同中载明的,保险标的发生损失时,以约定的保险价值为赔偿计算标准。投保人和保险人未约定保险标的的保险价值的,保险标的发生损失时,以保险事故发生时保险标的的实际价值为赔偿计算标准。也就是说给旧车投保时不再按照新车价,而是按照旧车目前的价值,否则是违法的。新条款的修订,意味着车主在首年投保之后,今后所缴的保费将根据车辆的折旧价格而确定。

2. 保险合同难懂

保险公司的合同都是由其法律专家、高级精算师反复推敲订制出来的,从一定程度上来讲更偏向于考虑保险公司的利益,个别存在不平等不合理的条款。投保人对保险专业知识的了解水平本来不高,如果保险人不作真实全面解释的话,消费者很可能对一些条款存在误解。现实当中,很多保险服务人员态度相对较差,一些消费者反映购买保险后业务员不主动上门服务,入保前后态度不一,理赔时有的工作人员对条款及相关法规解释不清,有的办事拖拉,效率低,等待时间长。

3. 验损定价保险公司单方说了算

车险是财产保险中所占比例较高的产品。一些消费者反映在车险理赔时,验损、定价都是保险公司说了算,有的单方做出明显不利于被保险人或者受益人的规定,有的核损时能低则低,能少则少,配件能不换就不换,保险公司既是定损方,又是直接赔付方,没有做到公平公正。

4. 保险失信行为与放大效应

近期,一种对于"入保容易理赔难"的说法广泛流传。客观说来,不诚信的只是个别现象,不能代表保险业的行业形象和大多数保险公司的诚信态度。但是在保险这一特殊的消费领域,老百姓购买保险只是出于对风险的逃避以及对转移风险的一种愿望,希望把潜在的、不确定的风险转化为确定的风险。但在实际保险交易中,一些保险人员往往为了自身的利益,违反保险消费的最大诚信原则,利用保险消费中保险合同格式化等特点,在双方信息不对称的情况下侵犯投保人的权益,如消费者在购买重大疾病保险时,保险公司一般把入保门槛设计得比较低,不惜开出可以不进行必要的体检等条款,目的是想吸引更多的投保人。一些代理人甚至帮助投保人隐瞒告知事项。保险公司基于保险事故是小概率事件而赢利,入保时放宽条件,先让合同成立生效,受领保险费,而出险后再核查是否符合合同无效等条件来规避风险。消费者反映保险公司多数使用"消费者不履行如实告知义务"拒绝赔款。

(三)保险监督

在市场经济条件下,保险市场也会出现"市场失灵":有些当事人不付代价便可得到来自外部经济的好处,如市场竞争规律的作用往往导致垄断,而垄断的存在会产生进入市场的障碍,从而破坏市场机制,排斥竞争,导致效率的损失;市场信息的不对称,导致市场失灵。如与保险人相比,被保险人的信息相对不足,被保险人的经济福利不能最大化,被保险人有时还会由于虚假的信息提供和不公正的交易受到损失。此外,投保人或被保险人也有可能利用信息不对称进行逆选择。

(四) 解决问题的对策

保护消费者权益,既需要针对存在的突出问题逐一加以解决,更需要系统性地思考,建立完善的保险机制,逐步使保护消费者权益工作正常化、规范化、制度化。

1. 完善保险有关的法律法规,使保险消费者的权益得到切实的保障

《保险法》是我国为了管理保险市场而专门设定的一部法律,由于旧的《保险法》在保险理赔的规定方面存在一些问题,特别是对"高保低赔"等一些霸王条款没有详细的解说,我国后来对这部法律作了修改。2009年实施的新《保险法》不仅对一些被保险人滥用而损害消费者权益的条款进行了修改,而且也新增了一些保险内容,从而使保险消费者的权益得到了真正的保障。

2. 加强对保险市场的监督

保险监督是指政府的保险监督管理部门为了维护保险市场秩序,保护被保险人及社会公众的利益,对保险业实施的监督和管理。目前,我国常用做法是通过市场行为监督和现场检查来规范市场秩序、查处非理性价格竞争。

保险监督的一个重要目的就是保证保险人的偿付能力,保障被保险人的利益。但是在一个竞争性的保险市场中,保险人无偿付能力的情况是不可完全避免的。因此,政府有必要加强和完善保险保障基金,为保险消费者提供合理的保险偿付担保机制来保护无偿付能力保险人的保户作为消费者权益之一,保险消费者有权对保险市场中的违规行为进行监督。因此,政府应该加强监管信息公开和舆论监督。要把监管信息公开作为保护保险消费者利益的重要举措,加大信息公开力度,提高监管透明度,让每一位保险消费者及时了解保险市场的信息。要积极宣传监管政策和经营规定,主动曝光一批典型案例,强化对保险公司的社会监督。高度重视解决舆论反映的突出问题,积极完善监管制度,督促保险公司整改。同时,要充分发挥主流媒体对舆论的引导作用,形成监管和舆论的良性互动。

3. 加强保险法律知识的宣传力度

即使有了保险的相关的法律法规,但如果人们不理解或者了解不彻底、不全面的话,还是起不到监管保险市场、维护市场秩序的作用。因此,如何让社会公众更好地了解保险,熟知相关的法律规则,正确行使法律赋予的权利,维护自己的正当权益,这是国家、更是保险业应当同样关注的问题。毕竟,保险消费者的教育过程本身就是保险市场的培育过程,提高保险消费者的法律意识,减少因纠纷导致的社会成本,于各方而言都是大有裨益的。

结论

保险是生活的哲学、生命的美学,是风险规划的科学、互助和谐的文化,是生活方式的艺术,让我们在生存的时候创造精彩,在离开这个世界的时候依然可以续写人生的辉煌。

中国保险业的健康稳定发展是促进社会安定、保障人民生活水平稳定的中坚力量。要想做一个合格的保险消费者,不仅要有一定的社会经验,还必须懂得一定的保险知识和法律知识。在保险消费中,要想实现自己转移风险,在事故发生时得到想要的经济赔偿和保障,保险消费在购买保险时应该搜集一定的资料,了解保险市场最新的行情,这样才有助于保险消费者作出正确的选择,从而也可以达到保护自身权益的一个目的。

参考文献

[1] [美]马克·S·道弗曼. 风险管理与保险原理 [M]. 北京:清华大学出版社,2009.

[2] 江生忠. 风险管理与保险 [M]. 天津:南开大学出版社,2008.

[3] 龚锋. 保险诚信理论与实践 [M]. 北京:中国财政经济出版社,2006.

[4] 孙祁祥. 中国保险市场热点问题评析 [M]. 北京:北京大学出版社,2009.

财险篇

青岛市责任保险发展问题研究

林　洁　李晶石

（中国保险监督管理委员会青岛监管局）

摘　要：责任保险是财产保险行业中兼具经济补偿和社会管理功能的最主要险种之一。通过概述责任保险的发展历程、青岛市责任保险的发展现状，总结分析了制约青岛市责任保险进一步试点扩面的问题和产生的原因，在研究并参考国内外先进模式的基础上，从政府机关、监管部门和保险公司三个层面提出了进一步促进青岛市责任保险发展的政策建议。

关键词：青岛；责任保险；问题；政策建议

前言

用科学发展观统领经济社会发展全局，努力构建社会主义和谐社会，是中央作出的重要战略部署。责任保险作为一种具有较强社会管理功能的险种，随着我国社会主义市场经济的发展，在化解社会矛盾、减轻政府压力、促进社会和谐建设等方面发挥的作用日益突出。在重大的历史机遇面前，青岛保险业积极履行社会责任，不断拓宽业务领域和保险覆盖面，在发挥保险功能作用方面取得了较大进步。但受制于外部环境以及自身技术手段落后等因素，我市责任险发展在进一步试点扩面方面遇到了瓶颈，本文通过对以上情况的全面总结，同时借鉴国内外发展责任保险的先进经验，提出进一步加快我市责险保险发展的政策建议。

一、责任保险发展概述及功能作用分析

责任保险作为一种独立体系的保险业务，产生于19世纪的欧美国家，20世纪70年代以后在工业化国家得到迅速发展。在目前西方保险界的普遍观点看来，责任保险是继财产保险、人寿保险之后保险业大发展的第三阶段，也就是说，责任保险的产生既是法律制度走向完善的结果，又是保险业直接介入社会发展进步的具体表现。在我国，责任保险始于20世纪50年代的汽车公众安全责任保险，但不久即因"弊多利少，副作用大"而较其他国

内保险业务提前四年停办。1979年恢复国内保险业务以来,各地由涉外责任保险业务开始对责任保险进行了一些有益的探索,1984年出现了独立的责任保险险种,2006年首家专业责任保险公司挂牌成立,近几年,随着社会重视程度的不断提高,责任保险的发展逐步走上了快车道。

我国《保险法》第65条规定,"责任保险是指以被保险人对第三者依法应负的赔偿责任为保险标的的保险",这是我国法律关于责任保险的最权威定义。从这个定义来看,责任保险以保险客户的法律赔偿风险为承保对象,它超越了保险人和被保险人双方的合同关系,而将保护范围扩展到了因事故受到损害的第三人,是直接保障被保险人利益、间接保障受害人利益的一种双重保障机制。因此,责任保险既适用于广义财产保险的一般经营理论,又具有自己独特的内容和经营特点,具有更深层次的社会意义和公益价值,主要表现在:

第一,对于提高被保险人承担民事赔偿责任的能力具有显著的价值。尽管责任保险中承保人的赔款是支付给被保险人,但这种赔款实质上是对被保险人之外的受害方即第三者的补偿,当无辜的受害人因被保险人过失伤害或致死,被害人或其亲属可以从保险公司获得相当金额的赔偿。当肇事者没有赔偿能力的时候,保险公司的这笔赔偿金无异于雪中送炭。通过这种方式,人文关怀的理念得以弘扬。

第二,责任保险保证了受害人的赔偿利益。依照《保险法》的有关规定,责任保险的被保险人给第三者造成损害,被保险人对第三者应负的赔偿责任确定的,根据被保险人的请求,保险人应当直接向该第三者赔偿保险金。被保险人怠于请求的,第三者有权就其应获赔偿部分直接向保险人请求赔偿保险金。这样的制度设计确保了受害人利益得到了特别的尊重,其中所体现的公共利益色彩较为浓厚。

第三,责任保险具有强化风险管理的功能。保险人在承保责任保险后,有义务向被保险人提供防灾防损的风险管理服务,同时,保险公司利用自身风险管理的经验和社会相关力量,通过对危险条件、状态等进行评估,可以采取条件承保、拒保、调整保费等不同方法,从而强化投保人的守法意识,督促被保险人采取相关措施减少损害事故的发生。

第四,责任保险是社会稳定器和经济助推器。在我国社会主义市场经济体制下,责任保险制度对和谐各方关系、安定社会秩序、促进经济发展无疑具有重大意义。同时,责任保险也有利于改变事无巨细、大包大揽的行政管理模式,通过"政府主导、市场运作"的方式,使得责任保险这种社会互济互利的制度得以普及和发展。

二、青岛市责任保险发展现状

近年来,随着青岛经济的快速发展,青岛市责任保险市场也保持着快速稳步增长,不仅6年来的业务规模扩大了300%,责任保险占财产保险的比率也高于全国、山东省和同类计划单列城市中的大连、宁波的平均水平(见表1)。这不仅与政府相关部门高度重视责任保险的发展密不可分,也与保险行业不断加大责任保险的市场投入直接相关。2006年6月,国务院颁布了《国务院关于保险业改革发展的若干意见》(一般称"国十条"),明确提出"大力发展责任保险,健全安全生产保障和突发事件应急机制",为责任保险带来了难得的发展机遇;同年12月,青岛市政府下发了《关于贯彻国发〔2006〕23号文件精神 促进保险业改革发展的意见》(青政发〔2006〕47号),提出从七个方面加大工作力度,主要包括"努力拓宽保险服务领域,完善多层次社会保障体系"、"发挥保险业社会管理功能,增强城市综合管理水平"、"加大创新力度,提升保险服务经济社会发展的能力"等,青岛市责任保险发展也因此迎来了黄金期。在保险监管部门的大力推动下,分别与市卫生局、市教育局、市安监局、市旅游局、市环保局等多个政府部门联合发文,推动相关领域的责任保险业务开展,并取得了显著的成绩。截至2012年底,青岛市共有28家财产保险公司开展各类责任保险业务,中外资公司百花齐放、百家争鸣,责任保险业务的良好发展已成为保险公司实力和创新的象征。据统计,2010年至2012年,全市各类责任险保费收入由13 551.48万元增加到22 500.13万元,年平均增速33.02%;赔款支出由7 587.4万元增加到11 965.45万元,年平均增速28.85%,责任保险不仅成为拉动财产保险行业快速增长的主要险种之一,在辅助政府参与社会管理上的作用也越来越明显。

表1 青岛市与国内部分地区责任保险发展情况比较

		2007年	2008年	2009年	2010年	2011年	2012年
青岛	责任保险保费收入(亿元)	0.71	0.88	1.03	1.36	1.74	2.25
	同比增长(%)	47.0	23.5	17.7	31.2	28.3	29.4
	财产险保费收入(亿元)	25.70	27.83	32.88	45.08	52.35	60.25
	责任险/产险(%)	2.8	3.2	3.1	3.0	3.3	3.7
大连	责任保险保费收入(亿元)	0.68	0.76	0.76	1.04	1.30	1.44
	同比增长(%)	31.8	12.0	0.2	36.1	25.0	11.3
	财产险保费收入(亿元)	24.71	27.13	30.96	42.34	49.63	55.46
	责任险/产险(%)	2.8	2.8	2.5	2.5	2.6	2.6
宁波	责任保险保费收入(亿元)	0.94	1.14	1.32	1.63	2.03	2.51
	同比增长(%)	13.6	21.4	15.7	23.0	24.8	23.3
	财产险保费收入(亿元)	35.01	41.06	51.28	65.54	76.36	85.25
	责任险/产险(%)	2.7	2.8	2.6	2.5	2.7	2.9
山东	责任保险保费收入(亿元)	2.24	2.69	3.11	4.26	5.11	6.48
	同比增长(%)	45.3	19.9	15.7	36.9	20.2	26.8
	财产险保费收入(亿元)	121.72	141.24	179.85	246.94	282.06	325.85
	责任险/产险(%)	1.8	1.9	1.7	1.7	1.8	2.0
全国	责任保险保费收入(亿元)	66.60	81.75	92.21	115.88	148.01	183.77
	同比增长(%)	18.9	22.7	12.8	25.7	27.7	24.2
	财产险保费收入(亿元)	2 052.88	2 411.24	2 924.46	3 937.81	4 676.72	5 387.28
	责任险/产险(%)	3.2	3.4	3.2	2.9	3.2	3.4

数据来源:"中国保险统计信息系统"。

从目前青岛市开办的责任保险来看,比较有代表性的主要有以下几种:

（一）医疗责任保险：有效化解医患纠纷

2002 年青岛市正式下发《关于开展医疗责任保险工作的通知》，由中国人民财产保险股份有限公司青岛市分公司作为全国第一家试点单位对全市医疗机构进行统保。医疗责任保险责任范围涵盖了医疗事故和医疗差错造成的病患人身伤害，有效减少了医务人员对医疗风险的心理压力和经济负担，提高了从业人员抵御风险的能力和共济支付的能力。之后出台的《关于加强医疗纠纷预防和调处工作的实施意见》，通过建立专业调解组织和医疗纠纷专家咨询团，落实医疗纠纷人民调解经费保障，强化医疗纠纷联动调处机制，形成了人民调解和保险理赔相互结合的良好局面。目前，全市医疗责任险承保医疗机构已达到 356 家，同比增长 1.8 倍，一级以上医院承保 150 余家，承保率 100%，年均为各级医院和医务人员提供 1.28 亿元的风险保障，在维护医疗秩序、创建和谐社会等方面起到了重要作用，得到政府和医患各方的认可。

（二）校园方责任保险：维护校园和谐平安

2007 年，青岛市将校园方责任保险纳入"市政府十件实事"之一在全市统一承保，在运行良好的基础上 2013 年又专门针对职校学生创新开办了实习生责任保险，目前已形成了从幼儿园到中职学校的保险全面覆盖。每年由青岛市政府为全市 120 万中小学、幼儿园学生，10.2 万职校实习生，以及 3 700 余所学校统一投保，并通过市教育风险管理办公室统一组织校园安全风险管理与防范专题培训、安全教育知识普及等活动，不完全统计，校方责任险已结案 1 606 件，支付赔款约 2 039 万元；带动学生平安保险的自愿投保率也以每年 3 个百分点递增，且已超过了 50%，在转嫁学校教学风险、维护学生的合法权益和教育学秩序的稳定方面发挥了显著作用，取得了良好的社会反响。

（三）安全生产责任保险：提高社会管理水平

青岛市的安全生产责任保险始于 2009 年，随着工作力度不断加大，市政府先后下发了《关于印发青岛市推行安全生产责任保险试点工作方案的通知》《青岛市高危行业企业安全生产风险抵押金和安全生产责任保险推进工作方案》和《关于深化和完善安全生产责任保险试点工作的通知》等指导性文件，通过将安全生产责任保险纳入各级安监部门工作考核、实行保险费率水平与企业风险管理状况相挂钩的浮动机制、以投保安全生产责任保险作为企业年检的必要条件并可以抵减风险抵押金等做法，安全生产责任保险在全市迅速铺开，目前承保企业已超过 1 000 家，提供风险保障逾 26 亿元，对于促使企业进一步落实安全生产主体责任，减轻政府的社会保障负担，促进全市安全生产形势的进一步稳定好转起到了积极作用。

（四）旅行社责任保险：助推海洋经济建设

青岛是著名的旅游城市，为进一步提高旅游市场活力，青岛市在全国首批推出了旅行社责任保险业务，帮助管理因旅游意外产生的风险责任。实行专项保证金制度，在旅行社无力垫付的情况下 1 个工作日内即可先行垫付、预付和公共紧急救援，确保了重特大案件的及时处理,解除了旅行社的后顾之忧,也减轻了政府的"兜底"负担。随着2013年406家旅行社的全面投保,青岛旅行社责任险已经连续4年实现100%统保,成为全国该项业务领域的标杆城市。与此同时,行业也逐渐打造出青岛市特有的旅游保险体系,建立了集旅行社责任险、旅游意外险、旅游客运企业承运人责任险、景区责任险、酒店责任险为一体的综合性旅游保险平台,使青岛市成为国内旅游保险发展的一面旗帜。

(五)环境污染责任保险:服务海洋生态文明

以海陆环境同治的思想为指导,青岛市政府于2012年下发了《关于开展环境污染责任保险试点工作的实施意见》,并配套出台了《青岛市环境污染责任保险试点工作实施方案》,青岛市在山东省率先启动了环境污染责任保险制度,不仅为防止陆域污染源破坏海洋环境搭建了"绿色屏障",而且成为服务和谐社会发展的一大亮点。截至2013年三季度,青岛市已有40家涉及石油、化工、电镀、固体废物处理等具有环境风险或处于环境敏感区域的重点企业投保,保险公司累计承担风险责任14 100万元,随着第二批试点企业环境风险评估工作的有序推进,将进一步提高青岛市争创全国环境示范区域的竞争实力,我市海洋生态建设多点开花,迈上新的台阶。

此外,青岛市在承运人责任险、家电汽车类延期保修产品责任险、雇主责任险、董监事责任险、勘察设计责任险等方面也进行了积极的探索。

三、青岛市责任保险发展存在的问题及主要原因

国际保险发展的经验表明,责任保险不仅是财产保险行业的主要分支,也是社会发展进步的重要标志之一,更法制健全完善的重要结果。责任保险的发展程度是衡量一个国家或地区财产保险行业发达与否的主要衡量指标,也是反映财产保险市场险种结构是否合理的主要参照。虽然青岛市责任保险近年来增长速度强劲,但在丰富保险种类、增加试点扩面方面仍与沿海发达地区的城市定位不符,特别是部分体现经济社会与人民群众现实需求的险种,如食品安全责任保险、火灾公众责任保险、电梯责任保险等在我市尚未有效开展。此外,由于行业自身、社会环境、政策法律等多方面因素制约,责任保险的深度仍然较低,只占青岛GDP的0.03%左右,与其应有的社会管理职能极度不符。且随着经济发展带来的责任风险增加,责任事故频发,责任保险赔付支出也有逐年递升的趋势,承保利润面临严峻考验(见表2)。

表2 青岛责任保险深度与经营利润情况

	2007年	2008年	2009年	2010年	2011年	2012年
保费收入(亿元)	0.71	0.88	1.03	1.36	1.74	2.25
GDP收入(亿元)	3 787	4 436	4 409	5 666	6 616	7 302
保费收入/GDP(%)	0.019	0.020	0.023	0.024	0.026	0.031
赔款支出	3 768	5 189	5 917	7 588	7 825	11 967
承保利润(万元)	-2 923	-121	-1 194	-2 021	-2 426	-1 979

注:数据来源:"中国保险统计信息系统"

综合分析制约青岛市责任保险发展的原因，主要有以下几个方面。

（一）外部环境

1. 法律制度不够健全

法律是责任保险赖以生存发展的基础，法制环境不健全是制约责任保险发展的主要因素之一。目前，我国社会生活的许多领域还没有相关立法，从大类划分，目前除产品责任保险、公众责任保险、雇主责任保险及医疗责任保险外，其他责任保险方面的法律规定都不够充分。而且地方政府部门运用保险机制处理经济社会事务的意识不强，虽然在部分领域通过下发红头文件的方式推动责任保险开展，但明显缺乏刚性，就青岛市来说，在安全生产、环境保护等与社会民生息息相关的领域，都没有强制保险的规定，制约了责任保险功能作用的进一步发挥。

2. 公众参保意识落后

社会公众、地方政府职能部门、生产服务企业对责任险的认知度较低，通过保险防范化解风险和完善企业风险管理制度的意识不强，一旦发生重大事故，依赖政府买单处理的侥幸心理比较突出，以至于投保的积极性和主动性不高，导致了责任险市场需求不够旺盛。此外，很多公民对法律规定还不了解，不懂得通过司法诉讼的方式维护自己的权利或者因为不熟悉法律的相关要求，不能及时、有效地获取证据，导致权利的丧失。

3. 政府支持力度有待加强

责任保险兼具社会性和商业性的双重特征，因此除了完善法制环境、对部分领域责任保险进行立法强制外，还需要各级政府和有关部门的大力支持和协调配合。比如火灾公众责任保险需要公安消防部门的配合，食品安全责任保险需要食品药品监督管理部门的配合。但在推行责任保险过程中，政府引导力度偏弱，仍处于发文阶段，没有跟进政策文件的落实情况，使得责任保险发展缺乏有力、有效的推动机制，责任保险发展面临易试点、难壮大的困境，政府前期推动的政策效应逐年递减，业务发展较为零散，处于不推不进的被动局面。与此同时，保险业整体税负偏重，虽与银行业同样执行5%的营业税率，但银行业税基为利息收入，保险业则为保费收入，较高的营业税率影响了保险公司开拓责任保险市场的积极性。

（二）内部原因

1. 专业化经营水平不高

责任保险的长期性和保险金额的不确定性，客观上要求保险公司具备较高的精算水平、产品开发能力并拥有专业的技术人才。而现阶段我国保险业整体发展还处在初级阶段，保险公司在人才、管理、技术、产品开发上还相对薄弱，精算技术、数据积累还不够完善，责任保险的风险定价抵制尚不够科学，给责任保险产品开发带来了较大困难，从而造成各公司责任保险经营不稳定。

2. 保险产品供给不足

在目前仍以保费收入和承保利润为主要考核模式下,大部分公司把业务重点放在车险、企财险、意外险等少数效益型险种上,对责任保险这种技术要求较高、前期投入较大、潜在风险较大的险种重视不够,不愿花大力气在责任保险上进行投入,产品创新意愿不强,导致责任保险有效供给不足。从青岛财产保险市场来看,责任保险高度集中在人保财险、太平洋产险、平安产险等几家大公司,市场份额占比超过整个责任保险市场的70%,中小公司的业务微乎其微。

3. 公司服务能力不强

很多保险分支机构不具备独立的承保和理赔能力,产品推广、营销及服务均需依靠总公司的技术支持。一些保险公司未能把握责任保险的产品特点和经营规律,采取大干快上、规模扩张的策略,只发挥了灾后补偿作用,对投保企业风险管理的技术支撑缺位,制约了责任保险的发展。

四、青岛市责任保险发展建议

国内外责任保险发展的成功经验为青岛市责任保险的试点扩面工作提供了有益借鉴,结合上文对青岛市责任保险存在问题的分析,提出以下政策建议。

(一)政策环境的完善良好是促进责任保险发展的前提条件

发展责任保险是完善社会主义市场经济体制的客观要求。社会主义市场经济条件下,政府的主要职能是经济调节、市场监管、社会管理和公共服务,而责任保险是政府运用经济手段代替行政手段管理社会风险、协助经营主体转嫁经营风险的重要方式。大力发展责任保险,积极发挥引导和推动作用,政府责无旁贷。

1. 完善相关法律法规

当今世界上责任保险发达的国家和地区,关于责任保险方面的法律法规内容都相当详尽,保证了在各种具体情况下责任保险问题的有效解决,同时规范了市场竞争。从这个意义上来说,责任保险的蓬勃兴起是法律制度走向完善的体现和结果。近年来,为了适应社会主义市场经济的发展需要,我国立法机关先后通过了一些法律法规,这些法律法规对推动责任保险的发展起到了一定的推动作用,但仍很缺乏强有力的约束力和可靠的操作性,青岛亦是如此。因此,发展责任保险的首要任务就是要加强公共利益和安全立法,以《民法通则》为基础,完善产品质量、食品卫生、环境污染、公共场所责任等责任法律体系,让责任法渗透到公众生活的各个方面,逐步扩大"无过错责任"原则适用范围。同时,要明确民事赔偿责任的法律界定,不断提高有关责任赔偿标准,使得民事赔偿致害人转嫁责任风险和意愿增强。这也是现阶段大力发展责任保险最直接、最有效的途径。

2. 试点推行强制保险

在已有经验中,通过政府立法要求相关经济活动主体在某一领域强制投保责任保险,是责任保险得以发展特别是初始阶段顺利推动的最主要原因。目前,青岛市除了国家层面强制推行的机动车第三者责任强制保险外,暂无立法强制的责任险种,这在很大程度上影响了责任保险的后续发展,因此,建议地方政府研究出台综合性的责任保险发展意见,争取将一些公共性、社会性较强的责任保险纳入强制保险范围,如对于与人民生命财产安全关系密切的行业、与社会公众利益紧密相关的公共场所、与社会环境保护关系密切的企业,与服务对象利益维护关系密切的职业等都应该逐步实行强制责任保险制度。确立以责任保险为手段转嫁或转移企业的经营风险和政府管理职责的改革思路,充分发挥其经济赔偿和社会管理功能,维护保险双方当事人的权益,维持社会稳定;同时,通过实施强制责任保险制度,使得责任风险转移的潜在需求变为现实需求,从而促进我市责任保险业务的增长。

3. 加大政策支持力度

西方发达国家责任保险的发展得到了政府的大力支持,比如日本政府实行的税收优惠政策和保费分担政策,对促进责任保险的发展起到了积极的作用。当前我国责任保险整体处于起步发展的阶段,政府更应该通过政策引导、财税支持等措施,助力于责任保险加快发展。如推进金融监管部门的协作,创造宽松的政策环境,扩大企业和个人对保险的需求,引导保险业发挥保障作用;完善保险公司征税制度,对保险公司开展的某些责任险种及新型险种,提供必要的经费支持和引导,同时可以给予税收方面的优惠,比如减免营业税、所得税等;落实各项优惠政策,对于责任保险的需求者和潜在需求者,通过用保费抵减税费的方式,或者财政拨款支持部分事业单位(如校园方责任保险)的方式,激发更多的市场需求。

(二)监管部门的监督指导是促进责任保险发展的有效手段

相比其他金融行业,保险业起步较晚,市场竞争尚不规范,而保险行业协会尚不能起到自我管理、自我协调、自我服务的良好作用,因此,要进一步发展责任保险,保险监管部门作为保险业的行政管理和监管部门,有责任解决责任保险发展中遇到的宏观性和政策性问题,担负起营造有利于责任保险发展的外部环境的责任,这也是消除责任保险市场失灵的关键。

1. 加强和改善市场监管

由于缺乏历史积累数据支持,青岛市部分领域责任保险尚未开拓、部分领域价格竞争突出,这种状况严重不利于责任保险的健康发展。因此,监管部门一方面要善于借鉴发达国家和先进地区责任保险监管的经验,立足本市实际,研究制定针对责任保险监管的相关政策条例,严格责任保险的保险费率、条款以及赔偿限额等方面的审定制度,以保证其偿付能力和经营的稳定性;另一方面要大力支持责任保险的创新,鼓励和支持保险公司开发新的责任保险产品,开拓新的服务领域,为保险经营机构创造宽松的外部监管环境,实现责任保险发展的有效突破。

2. 建立行业指导性条款

责任保险产品由于缺乏指导性的条款和费率,经营主体在具体业务过程中没有基准可循,容易导致以降低费率为主的恶性竞争,特别是部分政府采购招标项目费率下降幅度更大,某些项目竞标价格不足万分之一,行业保费收入与所承担的风险严重不相匹配。保险监管部门应吸取我国保险业在业务发展初期的经验教训,建立行业指导性费率条款,确保主体条款费率的公平公正,坚决遏制保险公司之间不计成本的价格大战,以及片面追求保费规模和短期性效益的行为;同时,辅之以行业自律手段,发挥保险监管部门在保险秩序整顿规范中的积极作用。

3. 加强政府工作协调

保险公司自身影响力明显偏弱,要借助政府力量引导推动责任保险发展。监管部门应增强监管的服务意识,加强与各级政府的汇报沟通,推动出台支持保险业发展的政策措施。如积极与发展改革部门开展对接,争取将保险业特色创新纳入地方综合配套改革试点;建立与司法、医疗、交通、财税部门的协调机制,为责任保险发展营造相互配合、相对宽松的经营环境。在单靠保险业自身难以发展而社会效益显著的领域,积极推进政府购买保险服务。加大责任保险知识宣传力度,提高社会公众及政府职能部门对责任保险的认识,营造良好法律、政策、财税和舆论环境,使庞大的市场需求不断转化为实际投保的自觉性,促进责任保险快速发展。

(三)公司自身的进步创新是促进责任保险发展的重要源泉

1. 丰富保险产品供给

保险公司应提高发展责任保险的重视程度,立足市场需求和公司实际,以产品为突破口,积极开发个性化、有特色的责任保险产品,丰富已有的责任保险产品内涵,通过创新,丰富责任保险产品体系。如设计组合型保险产品,将责任保险与人身意外伤害保险、企业财产保险等进行融合,为客户提供一揽子的全方位保险服务;或者通过探索更完善的保险条款、更灵活的费率机制,采取产品差异化策略扩大险种可保范围及保障范围,满足人民群众的现实需要。

2. 创新个性服务方式

目前,各保险公司所提供的产品和服务严重趋于同质化,要想在激烈的市场竞争中获得一席之地,能否为客户提供形式多样的外延性服务是关键。因此,保险公司要逐步建立科学、完善、系统及超值的保险服务体系,并不断创新服务手段,如对于企业的责任保险需求,保险公司应深入企业中间,根据企业的具体情况,协助企业进行风险识别,有针对性地提出管理建议,有效的转移企业责任风险。对于个人的责任保险需求,保险公司应针对不同地域、不同收入、不同职业、不同年龄等情况划分人群,针对不同的人群进行相关风险识别,提供相关的风险规划。同时要注意提高基础性服务工作的质量与工作效率,如缩短客户投保、理赔的办理时间、简化相关手续,真正使客户体会到方便、快捷、舒心,提高客户满意度。

3.提升内部管理水平

管理水平的高低是保险公司提高工作效率和增加经营利润的重要影响因素。保险公司应充分认识到我市责任保险发展的巨大潜力和空间，制订责任保险发展的中长期规划，在明确责任保险发展思路的基础上，注重加强风险资料收集和信息共享，加大对风险管控技术的研究和推广，同时要引进和培养一批法律、精算、风险管理、市场营销等方面的专业型人才，提高责任保险从业人员的专业化程度，为责任保险开展夯实基础。要创新责任保险销售渠道，广泛借助经纪公司、代理公司和兼业代理等渠道开拓责任保险业务，提高责任保险覆盖面。

结束语

总体来说，青岛市责任保险发展进程良好，管理功能显著，得到了社会各界的一致好评。随着经济社会的发展和人们意识形态的进步，对责任保险的认识和风险保障需求也将不断增强，责任保险的发展潜力十分巨大。希望本文的分析和建议对青岛市责任保险的推动有所帮助，更希望在社会各界共同关心和努力下，青岛市责任保险的发展环境能够进一步改善，运作模式可以不断创新，为青岛市经济社会建设作出更大的贡献。

参考文献

[1] 唐金成,马新华.我国责任保险发展研究［J］.西南金融,2008(4):51-52.

[2] 刘畅.论保险公司竞争力提升中的保险服务创新［J］.集团经济研究,2007(7):258-259.

[3] 闫观博.我国责任保险发展研究［D］.乌鲁木齐:新疆财经大学,2009.

[4] 杨华艳.我国责任保险市场发展与创新研究［D］.西南财经大学学报.2010(6).

[5] 吴定富.中国保险市场发展报告［M］.北京:电子工业出版社,2008.

[6] 袁一如.上海市责任保险发展现状简析［J］.上海保险.2010(3):41-44.

[7] 王和.谈我国责任保险发展的机遇与挑战——写在我国《侵权责任法》实行之际［J］.中国保险,2010(4):37-41.

[8] 邱兰.对推行强制责任保险的经济学思考［J］.金融与经济,2010(7):78-81.

[9] 艾翅翔.基于 DEA 模型的我国责任保险效率分析［J］.当代经济管理,2011,33(2):91-96.

[10] 谢宪.省域保险市场的发展与监管［M］.南京:南京出版社,2010.

浅淡财富管理中心战略下的保险业发展

孙 辉

（太平养老保险股份有限公司青岛分公司）

摘 要：面对青岛市财富管理中心的战略定位以及国家及地方政府的保险业服务发展大纲，青岛市保险行业面临着重大的机遇和挑战，保险服务经济的功能亟待显现。

关键词：财富管理；政策机遇；现代保险服务

伴随着中国 30 余年的改革开放政策，经济发展高速增长，居民中涌现出大量的高净值群体阶层，经济结构调整使产业资本领域出现了大量闲置资金，房地产价格上涨预期消失，这些都将居民财富配置引向金融资产，为青岛的财富管理行业提供了广阔的市场需求空间。保险业作为现代经济的重要产业和风险管理的基本手段，是社会文明水平、经济发达程度、社会治理能力的重要标志，已经逐步成为社会民生保障与经济发展的重要环节。在青岛市财富管理中心的战略发展定位下，保险业面临着新的机遇和使命，如何利用政策红利创新发展，值得整个行业深入研究。

一、政策机遇

2014 年 2 月 10 日，中国人民银行等 11 个部门联合向山东省人民政府下发《关于印发青岛市财富管理金融综合改革试验区总体方案的通知》（银发〔2014〕38 号）。这标志着山东省青岛市财富管理金融综合改革试验区正式获国家批复，青岛市成为我国以财富管理为主题的金融综合改革试验区。

2014 年 8 月，《国务院关于加快发展现代保险服务业的若干意见》（以下简称"新国十条"）发布，以"顶层设计"的形式明确了保险业在经济社会发展的重要地位，明确"保险是现代经济的重要产业和风险管理的基本手段，是社会文明水平、经济发达程度、社会治理能力的重要标志"，并提出要使"保险成为政府、企业、居民风险管理和财富管理的基本手段"、"使现代保险服务业成为完善金融体系的支柱力量""把商业保险建成社会保障体系的重要支柱"等论述，使保险业的发展从立足于"深化改革稳定大局"转变为"服务国家治理体系和治理能力现代化"，深入促进了保险业地位的提升。

2014年12月,为深入贯彻落实"新国十条",结合青岛市经济社会发展实际,青岛市人民政府印发了《关于加快发展现代保险服务业的实施意见》(以下简称《实施意见》)。《实施意见》以十个板块30条的文字描述,提出了青岛现代保险服务业发展的总体要求,明确了到2020年的发展目标,指出了保险业发展的重点领域,从社会保障体系、社会治理体系、"三农"保险建设、经济转型升级、财富管理功能、改革创新等方面明确了重点工作;从加强组织领导、优化发展环境、完善支持政策等方面提出了支持保险业发展的政策措施。规划到2020年,基本建成保障全面、功能完善、安全稳健、诚信规范、服务高效,与青岛市经济社会发展需求相适应的现代保险服务业。保险成为政府、企业、居民风险管理和财富管理的基本手段,成为提高保障水平和保障质量的重要渠道,成为政府改进公共服务、加强社会管理的有效工具。实现保险深度(保费收入/国内生产总值)达到5%,保险密度(保费收入/总人口)达到4 000元/人的目标。

面对青岛市财富管理中心的战略定位以及国家及地方政府的保险业服务发展大纲,青岛市保险行业面临着重大的机遇和挑战,保险服务经济的功能亟待显现。

二、青岛市财富管理发展规划

财富管理一般是指金融机构和其他相关机构受客户委托,对其资产进行规划和投资,从而实现资产保值和增值的金融服务以及其他相关服务。与国外财富管理的传统定义不同的是,财富管理金融综合改革试验区立足于我国发展实际和财富管理的特点,面向多元化财富管理机构发展和广大人民群众的财富管理需求。

设立青岛市财富管理金融综合改革试验区,更是为了贯彻落实中共十八大及十八届三中全会精神,深化金融体制改革创新,满足我国经济社会发展对财富管理的迫切需求,充分发挥青岛市在财富管理等方面的综合优势,加快推进财富管理发展,多渠道增加居民财产性收入,通过先行先试,积极探索具有中国特色的财富管理发展道路。本着这个发展目标,打造青岛市财富管理中心的定位主要有两方面。

一是符合中国特色、面向大众。随着社会财富不断增长和积累,财富管理需求日益增加,财富管理在近几年逐步受到重视,并得到迅速发展。但总体而言,我国财富管理行业处于起步阶段,属于金融业新兴领域,总体发展水平不高,距离满足广大人民群众的财富管理需求还有不小差距,需要积极推动发展。与国外财富管理相比,立足于我国社会主义初级阶段的总体特征,青岛财富管理的发展就需要更加突出面向社会大众、面向实体经济的价值取向,与我国经济社会发展要求和深化金融改革总体部署协调一致。

二是重点提供全民式财富管理服务。青岛财富管理中心并非只是为富人服务,而是向自然人和法人提供全民式财富管理服务,这和国际上传统的金融中心是不一样的。打造青岛财富管理中心的实质应当是建立一个财富聚集、机构聚集、创新聚集的平台。为此,政府部门制订的打造青岛财富管理中心的重点举措主要包括以下方面:

第一,形成更加坚实的经济基础。抓住山东半岛蓝色经济区建设的重大机遇,大力发展先进制造业、高端服务业和战略性新兴产业,推动经济能级再上一个新的台阶。不断增强经济活力,必将吸引财富资源不断在青岛聚集,越来越多的高净值人士来到青岛生活、创业和发展。

第二，营造更加宜居的城市环境。青岛市政府提出"率先科学发展，实现蓝色跨越，加快建设宜居幸福的现代化国际城市"的战略目标。借助世界园博会、帆船比赛等契机，市民生活环境更加宜人，城市环境更加优美，进而成为财富管理机构和财富管理人群创业的理想之地。

第三，开拓更加广阔的发展空间。加快西海岸经济新区和蓝色硅谷建设，打造高端服务业，规划金融聚集区，让财富管理的承载条件更加优化。

第四，建立更加完善的基础设施。加快建设董家口港，成为世界最大的港口之一，建设大型国际机场，同时中美海底光缆从青岛登陆，多家信息通讯业将云计算中心落户青岛，为财富管理发展、财富人群聚集创建便利条件。

第五，构建更加完善的金融体系。全国性的银行、保险、证券、期货等金融机构，在青岛大多有分支机构，外资金融机构也比较齐全。通过财富管理发展带动，使金融业提升产业层次，逐步迈向高端。

三、保险业在财富管理中的重要作用

（一）人才战略实施的重要手段

打造财富管理中心，首先要实现人才的聚集，其次才能实现财富的聚集。除了要营造良好的城市发展环境外，更重要的是创建吸引高素质人才的制度和政策环境。人才的流动，除了城市或行业本身的发展空间和前景之外，影响人才职业选择的，更关键的是薪酬福利和生、老、病、死的人生风险的全方位保障。而保险业以其意外、寿险、健康、医疗、养老等全面而丰富的产品，可以为每位创业者提供完善的风险保障，免除后顾之忧。在财富管理中心的战略布局下，对于拟在青岛设置总部或专业机构的单位，如为员工建立全面的综合福利保障，政府也可以出台鼓励和支持政策，例如在其审批或登记过程中，降低门槛，开放绿色通道等。对于一些城市发展的紧缺人才，政府也可以拨付人才引进的专项资金，借助保险行业的中短期福利保障或资产管理产品，建立引进人才的高端保障、薪酬延付、期权激励等人才管理体系，将保险业的服务产品与方案变为吸引人才、激励人才、约束人才的管理工具。同时，对于已为企业员工建立补充医疗、补充养老、企业年金等先进企业，在年检、评优、项目引进等方面给予鼓励支持政策，以此形成良好的社会示范效应，优化人才发展的软环境。

（二）加快养老服务产业发展

新一届政府提出"率先科学发展，实现蓝色跨越，加快建设宜居幸福的现代化国际城市"的战略目标。青岛优美宜居，风景怡人，自然条件优越，吸引了大批安居乐业的创业和从业人员，但随之而来的老龄化问题日趋严峻，已成为仅次于上海的第二大老龄化城市。近年来，保险业大力推动养老服务产业的发展，建立商业养老机构，探索医养结合的服务体系，政府应当鼓励有实力的保险机构购置土地，建立面向不同消费群体的养老社区，或者将闲置的政府保障房项目承包给商业保险机构建立医养结合的养老社区,丰富养老保障资源和服务产品。同时,对于失能失独老人,建立政府救助体系,采用政府购买服务的形式,为救助群体提供意外、寿险、长期护理、养老社区、大病等综合保障服务。

（三）充分发挥保险资金的服务经济功能

保险资金是资本市场的主要资金来源,是资本市场稳定的重要条件,一个稳健的资本市场必有一个发达的保险市场做后盾;稳健的资本市场则是保险投资盈利的主要来源。近年来,随着国家和社会民众对保险认识的深化,保障意识的提高,保险业规模迅猛发展、年年攀升,已成为经济发展强有力的支撑。根据保监会公布数据,2014年,全国保费收入突破2万亿大关,保险业务总资产突破10万亿元大关,保险业增速达17.5%,是国际金融危机以来最高的一年。而2010年以来,关于保险资产的投资政策,国家仍在不断完善,可投资领域不断扩充,目前已包括商业银行理财产品、银行业金融机构信贷资产支持证券、信托公司集合资金信托计划、证券公司专项资产管理计划、保险公司基础设施投资计划、不动产计划和项目资产支持计划等。2014年12月,中国保监会印发《关于保险资金投资创业投资基金有关事项的通知》,对保险资金投资创业投资基金的基本要求、行为规范、风险管控、监督管理方面等进行了具体规定。该《通知》明确创业投资基金主要投资创业企业普通股、优先股、可转换债券等权益,创业企业应处于初创期至成长初期,或者所处产业已进入成长初期但尚不具备成熟发展模式,确保保险资金投向符合国家政策导向,重点支持科技型企业、小微企业、战略性新兴产业。2015年1月,中国保监会又批准保险资金设立私募基金,专项支持中小微企业发展。根据相关方案,基金采用有限合伙制的组织形式,预计募集保险资金20亿元人民币,其中首期募集5亿元,主要以股权方式直接和间接投向相关中小微企业;重点选择符合国家产业政策、发展前景较好的消费服务、医疗健康等战略性新兴产业,为相关企业提供资本支持和增值服务。这些都将成为青岛财富管理中心经济实体建设发展的重大利好政策,只有经济搞活、资本市场活跃,经济才能增长,企业和员工才能积累财富。

（四）大力发展企业年金

企业年金作为企业自愿建立的补充养老保障制度,是多层次养老保障体系中的重要组成部分,在欧美发达国家,已经发展到一个较为完善的阶段,并成为国际上大多数国家吸引、挽留人才的一种通行做法。但在中国,企业年金市场覆盖率不足5%,远未达到第二支柱的保障水平。近期,《国务院养老保险制度改革的决定》颁布实施,在实现机关事业单位的养老金并轨的同时,建立职业年金制度,基本保证改革人员的退休待遇水平不降低。这一重大改革,随着各大新闻媒体的广泛报道,广大中小企业开始关心起自身员工的补充养老保障待遇,了解研究基本养老及企业年金制度,从而大大促进了企业年金市场的回暖。未来,企业年金和职业年金的快速发展将进一步提升养老金市场的财富积累。

同时,企业年金、职业年金由于具有资产稳定、管理期限长、安全收益要求高等特点,与基础设施债权计划、信托计划等以成本估值,收益期限长且稳定,信用等级高等特点相匹配,成为2013年企业年金投资新政出台以来,投资管理机构积极配置的产品之一。同时,人社部24号令明确了企业年金基金投资管理人可发行养老金产品,养老金产品类型包括股票型、混合型、固定收益型和货币型等。投资管理人发行养老金产品并发售的模式即"后端集合模式",这意味着投资管理人可以发起一个标准化产品,由若干受托人来认购。"后端集合模式"更加突出了投资管理人的作用,有助于减少企业年金计划的组合数,降低管理成本,提高运营效率。通过养老金产品的方式,企业年金基金可以更多地参与国家大型基础设施建设项目的投资,如石油、电网、交通等在建项目。

2014年9月,长江养老以50亿元认购中石化销售公司1.4%的股权,参与中石化混合所有制改革。这是三中全会后国内第一个引入社会资本和民营资本的央企混合所有制改革,也是国内养老金产品首次实现直接投资股权。推动了2014年10月份人社部下发的《关于企业年金基金进行股权和优先股投资试点的通知》等新政文件的出台。该项目实现了养老保险公司股权投资业务创新、企业年金基金投资渠道创新、企业年金参与国企混改的三个重要创新。此外,更为实现标准化企业年金直接投资股权、以市场化手段保障养老金保值增值、推进社会保险资金市场化运营和投资突破,提供了重要的示范及借鉴意义。未来,随着青岛市企业年金市场的发展,补充养老财富的增长,企业年金基金资产可以在市直企业改革、上市公司发展等方面发挥重要作用。

(五)推动发展个人养老保障产品

2014年12月24日,中国保监会就《养老保障管理业务管理办法(征求意见稿)》(以下简称《征求意见稿》)向社会公开征求意见。相较于2013年《养老保障管理业务暂行办法》,此次征求意见稿将促进养老保障管理业务管理更加规范,投资范围更加开阔,风险控制日趋完善,是监管部门在制度层面对养老保障管理业务的又一次支持,其更大变化在于对个人养老保障产品相关事项进一步明确。

根据美国个人退休账户(Individual Retirement Accounts, IRAs)的发展(1974年到2013年6月底,IRAs资产规模达到5.7万亿美元,超过401K计划成长为美国养老金体系的最大支柱),可以预判个人养老保障产品将对提高个人退休生活水平、建立养老金融体系发挥重要作用。

目前,我国个人养老保障业务仅有养老保险公司可以经营,由于此类产品一方面认购金额起点低,例如有的是1万元,还有的是1 000元,另一方面投资期限短,多在一年左右,甚至还有在3个月左右,再加上预期年化收益较高,有的达到7%,因此,受到市场的强烈追捧。从政策层面来看,此次《征求意见稿》对个人养老保障业务相关事项进一步明确,有效的保护个人委托人权益,将会促使越来越多的个人委托人选择此类产品。为了抓住人口老龄化所带来的机遇,同时,为了有效管理个人养老储蓄资金,为民众养老资产保值增值,保险、基金、银行、信托等众多金融机构应瞄准"养老金融"市场,联合推出个人养老金融产品。同时,市场呼唤多年的个人延税养老金产品政策有望在2015年出台,将进一步为养老财富管理打开市场。

（六）有效利用互联网销售渠道

根据青岛市保险业发展实施意见,政府鼓励保险产品服务创新。支持保险公司积极运用网络、云计算、大数据、移动互联网等新技术促进保险业销售渠道和服务模式创新。鼓励保险公司提供个性化、定制化产品服务,减少同质低效竞争。目前,随着IT技术日新月异的快速发展,社会已经进入大数据时代,各行业都在积极应用互联网思维,尤其保险业更应创新销售及服务模式,建立面向大众、投保简便、收益稳健、保障全面、资产汇集的财富管理通道,让财富管理更加贴近大众百姓,真正成为民生保障项目。

关于防范打击机动车保险诈骗行为的思考 [①]

干　林　公丕成

（中国保险监督管理委员会青岛监管局）

摘　要：机动车保险诈骗主要分为蓄意牟利型、避责减损型和贪图小利型三类，近年来车险诈骗呈现增长态势，主要受司法环境不完善、保险公司风控水平低、保险行业对保险诈骗打击力度不够、部分车险消费者法律意识淡漠等因素影响。因此，充分利用好《刑法》《保险法》等现有的法律法规，通过加大保险消费者法制教育，提升保险公司风控能力，建设好车险报案理赔信息共享平台，加大对保险诈骗行为的打击追究力度，尽快推进商业车险条款费率改革等举措，才能够对机动车保险诈骗行为进行有效的打击和防范。

关键词：机动车保险；诈骗；主要类型；原因分析；法律依据；建议

近年来，随着国内机动车数量的爆炸式增长，机动车保险得到迅速普及，成为国内保费规模最大、消费者最为熟悉的财产保险险种，伴随于此，一些犯罪分子或机动车车主利用机动车保险理赔进行保险诈骗的行为也呈现增长态势。以青岛市某车险份额占比较高的产险公司为例，2014年上半年该公司共调查发现车险诈骗案件450多笔，涉案金额超过900万元。若据此情况不完全推算，整个青岛市车险市场在今年上半年的车险诈骗案件涉案金额应在3 000万左右，约占全行业车险半年度承保利润的35％，数目非常惊人。其实不单在我国，即便在保险市场较为成熟的欧美国家，保险诈骗问题都不能完全杜绝。现代欧洲犯罪学研究学者弗里德里希·凯尔兹教授曾经指出："恶用保险制度的犯罪，最终将危害善良的保险大众，损及保险制度的社会功能"。保险诈骗，不仅给保险行业造成了重大经济损失，也会破坏保险人和消费者之间的诚信机制，最终会对我国诚信社会建设、法治社会建设造成恶劣影响。因此，打击车险诈骗行为，迫在眉睫，势在必行，既是保险行业的刚性需求，也是建设诚信社会、法治社会的必然要求。

[①] 我国《刑法》《保险法》将保险诈骗的主体划定为投保人、被保险人或者受益人，随着时间和形势的发展，业界对此颇有争议。本文将通过各种手段向保险公司骗取保险金的行为均视为广义的保险诈骗行为。

一、车险诈骗的类型及表现形式

（一）蓄意牟利型

此类型行为人主观上积极预谋，目的是通过车险诈骗手段获取非法收益，行为常具备团伙性、经常性、专业性、隐蔽性等特点。主要表现为不法分子个人或团伙通过制造或伪造交通事故，伪造车辆自燃或失窃事故，扩大事故车辆损失，用旧件冒充受损件等手段进行车险诈骗。

（二）避责减损型

此类型行为人主观上并无预谋，多因违反交通法规导致发生交通事故，为逃避法律责任，减少个人损失，临时起意或在他人教唆下进行车险骗赔，行为具有偶发性。典型表现形式是驾驶员无证驾驶、酒后驾驶或醉酒驾驶发生交通事故后，掩盖事实或临时更换驾驶员，进行保险骗赔。

（三）贪图小利型

此类型行为人主观上也无预谋，多在发生交通事故后，临时起意或在他人教唆下利用保险理赔获取额外收益。偶发性、事故小、金额低是此类骗赔案件的特点，主体多是普通车险消费者。主要表现有交通事故的无责方在获得全责方赔偿后通过编造单方事故再向投保保险公司索赔，事故车辆车主在维修人员怂恿下配合修理厂扩大车辆损失范围，以获取蝇头小利等等。

二、车险诈骗频发的原因分析

不论是专职车险诈骗的违法分子还是贪图小利偶尔为之的普通消费者，选择车险诈骗的根本动机都是利益驱动，换言之，只要车险诈骗的收益大于成本，车险诈骗就很难从根本消除。同时，以下几个因素也是车险诈骗频发的直接原因。

（一）司法环境尚不完善

一方面，利用机动车保险诈骗，除少数案例外，大部分涉案金额不高，加之数量较多，公安机关在此类案件的受理、侦办方面积极性不高。从实践来看，不少由保险公司转交公安机关调查的疑点案件侦办时间长，时效性较差，最后多停留在查清事实阶段，后续惩处力度明显不够。另一方面，多数车险诈骗案件因数额不高尚不构成保险诈骗罪，而《保险法》对未构成保险诈骗罪的行为规定实施行政处罚，震慑力度不够。总之，当下从事车险诈骗行为的违法成本过低。

（二）保险公司风控管理薄弱

根据实际经验，车险诈骗案件更多集中于理赔风控管理较差的保险公司，此类公司在信息技术、员工管理、核损核赔力度、集中管控能力等方面比较薄弱，容易被不法分子钻空子，有的保险公司甚至存在员工内外勾结共同参与车险诈骗的事例。此外，近年来多数保险公司为提升车险理赔时效,开展了小额赔案快速处理、单方事故免现场查勘、简易案件免单证赔付等新办法,这些创新举措使理赔程序简化,但是风险防范难度也相应增加了。

(三)保险行业打击诈骗力度不够

一是保险行业缺乏信息共享平台,无法及时发现、共享车险诈骗线索。我们发现,不法分子正是看准这一漏洞,利用事故车辆频繁到不同的保险公司进行索赔。二是保险行业对发现的车险诈骗行为追打力度不够。事实上,多数保险公司对发现的车险骗赔案件,只要对方主动放弃索赔,大多不予深究,如此纵容骗赔行为,导致不法分子更加无所顾忌。

(四)部分消费者法律意识淡漠

从保险公司反映的情况看,最近几年普通消费者参与车险骗赔的行为不断增多,如编造单方事故骗赔,酒驾出险后隐瞒事实或找人顶包,主动配合修理厂造假等情况越来越多发。事实上,此类消费者多数只是想通过上述方式,逃避责任,减少损失,占点便宜,对保险诈骗的危害认识不足,多数行为人并未意识到自己的行为已触犯法律,甚至会构成保险诈骗罪,被依法追究刑事责任。近年来,保险行业在向消费者宣传普及车险承保理赔知识方面做了很大努力,但恰恰忽略了防范打击车险诈骗方面的警示教育,也是导致上述结果的重要因素之一。

(五)全社会诚信建设不到位

车险诈骗行为,对不法分子而言是蓄意为之的违法犯罪行为,而对于普通消费者而言更多属于偶尔为之的失信行为。每位消费者作为社会的一分子,不论程度轻重,总是会受到社会大环境的影响。我国当前社会的整体诚信环境不容乐观,对消费者个人的失信行为应负有一定的不可推卸的责任。

三、打击车险诈骗的法律依据

(一)《保险法》依据

我国《保险法》第176条规定:投保人、被保险人或者受益人进行保险诈骗活动,尚不构成犯罪的,依法给予行政处罚。保险事故的鉴定人、评估人、证明人故意提供虚假的证明文件,为投保人、被保险人或者受益人进行保险诈骗提供条件的,依照前款规定给予处罚。

(二)《刑法》依据

我国《刑法》第198条明确规定:进行保险诈骗活动,达到一定数额的,以保险诈骗罪论处。若行为人故意造成财产损失的保险事故,骗取保险金的,同时构成其他犯罪的,依照数罪并罚的规定处罚。单位犯保险诈骗罪的,对单位及其直接负责的主管人员和其他直接责任人员实行双罚制。另外,保险事故的鉴定人、证明人、财产评估人故意提供虚假的证明文件,为他人诈骗提供条件的,以保险诈骗的共犯论处。

（三）相关司法解释

（1）最高人民法院《关于审理诈骗案件具体应用法律的若干问题的解释》（1996年）明确规定：进行保险诈骗活动，数额较大的，构成保险诈骗罪。个人从事保险诈骗，数额在1万元以上的；单位进行保险诈骗，数额在5万元以上的，即构成保险诈骗罪。

（2）最高人民检察院《关于保险诈骗未遂能否按犯罪处理问题的答复》（1998年）明确规定：行为人已经着手实施保险诈骗行为，但由于意志以外的原因未能获得保险赔偿的，是诈骗未遂，情节严重的，应依法追究刑事责任。

（3）《最高人民检察院、公安部关于经济犯罪案件追诉标准的规定》（2001年）明确规定：个人进行保险诈骗，数额在1万元以上的；单位进行保险诈骗，数额在5万元以上的，应予追诉。

四、防范打击车险诈骗的相关建议

（一）完善内控管理，提高保险公司风险防范能力

保险公司是防范车险诈骗行为的第一关，也是最重要的一关。保险公司如果没有能力发现车险诈骗的疑点或线索，打击车险诈骗就无从谈起。"打铁还需自身硬"，只有抓好内控管理，加强技术手段，锻炼高素质队伍，全面提升风险控制能力，才能守住防范打击车险诈骗的第一关。

（二）启动平台建设，整合全行业的打假信息和资源

保险行业协会组织在打击保险诈骗工作中应大有可为。一是建设全行业车险理赔信息共享平台。在不影响各保险公司正常运营的前提下，通过报案和理赔信息整合，可以有效发现嫌疑车辆和嫌疑人员的线索，及时启动打假调查行动。二是充分发挥行业打假办公室的作用。对内协调各保险公司的打假力量，对外加强与法院、公安、交警等部门的联动，对发现的车险诈骗线索追查到底，对不法分子追究到底，真正维护好行业的共同利益。

（三）做好法制宣传，提升车险消费者的守法意识

俗语说"无知者无畏"，多数普通车险消费者正是因为对保险诈骗的危害认识不足，对《保险法》、《刑法》等相关法律内容知之甚少，才导致对车险骗赔的严重后果认识不到位。鉴于此，加强相关法律知识的宣传与普及，做好打击保险诈骗的警示教育，提高社会大众的法律意识，是防范和减少车险诈骗行为的重要手段。

（四）建立失信名单，大力开展"诚信保险"建设

中共十八大确立的社会主义核心价值观将"诚信"明确列为公民个人层面的价值准则之一，而最大诚信原则正是保险的四大原则之一。因此，保险业应借势而为，大力开展"诚信保险"建设，首先是约束保险主体诚信经营，其次是培养保险消费者的诚信消费习惯，减少非蓄意牟利型车险骗赔行为。保险业可以借鉴人民法院的做法，建立"失信人名单制度"，以适当方式在业内共享或面向社会公布名单，对消费者实施"软约束"。

（五）加强外部联动，充分借助公安机关的侦办力量

实践发现，当前车险诈骗的手段越来越多，形式也更加隐蔽，给保险机构的防范和打击工作提出了更严峻挑战。如制造真实交通事故，扩大事故车辆损失，勾结鉴定机构出具不合理鉴定结果等行为，单凭保险机构的技术和能力很难完全防范，因此必须充分借助公安机关经侦部门、交警部门的侦办力量，有效利用道路及社区的摄像监控系统等手段，提升疑点案件的调查落实能力。

（六）加大追究力度，对车险诈骗行为绝不姑息

对构成保险诈骗罪的车险骗赔行为，应严格追究刑事责任。对参与或协助车险诈骗的内部员工、鉴定人、证明人、财产评估人等人员或单位，对参与、协助或包庇车险诈骗的国家机关工作人员，应根据《刑法》或其他相关行政法规进行严肃查处，并探讨实施行业禁入制度。只有提高不法分子的违法成本，才能有效阻遏车险诈骗行为。

（七）实施车险改革，充分发挥车险价格的调控力

现行商业车险的费率调整系数多达十几种，大多数纯粹用于调整保费价格，谈不上对消费者的不良驾驶习惯和车险骗赔行为起到纠正和制止作用。下一步，建议通过商业车险市场化改革，扩大"无赔款优待系数"的浮动范围，发挥"交通违章系数""失信惩罚系数"等的惩罚作用，会在一定程度上减少交通违章行为，降低交通事故几率，减少小额车险赔案的数量。这不仅仅对保险行业自身发展有利，而且对减少社会资源浪费，建设诚实守信、遵章守法的社会大环境也颇有益处。

参考文献

[1] 黄艺苗. 浅谈汽车骗保及其防控 [J]. 江苏科技信息，2014（08）：40-41.

[2] 张键，臧笛名. 保险欺诈类型分析及防范对策——基于对吉林省保险欺诈现状的调研 [J]. 吉林金融研究，2014（04）：68-70.

[3] 刘旺春. 汽车保险欺诈现象与对策分析 [J]. 无线互联科技，2014（02）：103.

[4] 周夏静. 汽车保险诈骗及防骗策略研究 [J]. 法制与社会，2013（11）：295-296.

[5] 魏迎宁. 保险诈骗罪研究 [J]. 保险研究，2010（09）：93-103.

[6] 杨毓显. 保险诈骗罪疑难问题研究 [J]. 学术探索，2004（08）：63-68.

[7] 林荫茂. 保险诈骗犯罪定性问题研究 [J]. 政治与法律，2002（02）：61-69.

医疗纠纷的现状与防范处理

宋永青

（中国人民财产保险股份有限公司青岛市分公司）

摘　要：医疗纠纷成为社会矛盾最为突出的热点之一，矛盾尖锐、高额赔付、处理困难。医疗纠纷产生因素包括患方自身因素，也包括法律制度不完善、适用法律不统一、医院疏于管理等其他因素。预防医疗纠纷的措施包括：加强医疗管理，提高医疗质量，避免医疗事故的发生；将纠纷引向法制化轨道；建立医疗责任保险制度。

关键词：医疗纠纷；现状；防范；医疗责任保险

近年来，医疗纠纷成为社会矛盾最为突出的热点之一，并且愈演愈烈，主要表现为："数量激增、矛盾尖锐、高额赔付、处理困难"。医疗纠纷的处理成为政府、卫生行政管理部门和医疗机构"心中的痛"。

发生纠纷后，不仅是当事医务人员和处理纠纷的工作人员，甚至是医务科长、院长也要不得不亲自出面与情绪激动的患方沟通处理。各医疗机构相继成立"纠纷办"。各地政府也相继成立了"医疗纠纷第三方调解中心（委员会）"。

在"不闹不赔钱""小闹小赔钱""大闹赔大钱"的不良社会风气舆论的影响下，患者往往不采取正规的处理渠道甚至出现专业"医闹"，围攻医院、殴打医生、烧纸、挂横幅、堵塞交通等暴力行为，这严重影响了医疗机构的正常秩序，甚至也威胁到医务人员的人身安全。

著名的"福建南平事件""哈医大杀医事件"和最近的"温岭杀医事件"社会影响巨大，使医疗环境进一步恶化，医疗机构与医务人员的形象逐步下降。青岛市的情况也不容乐观，也曾发生过众所周知的围攻医院、殴打医务人员的案例。人保财险青岛分公司以统保的形式，自 2002 年承保青岛市医疗责任保险至今已有十几年，承保率 97%。每年平均接到或处理医疗纠纷案件 400～500 起，且案件数量逐年递增，赔付额度持续上升，经营举步维艰。

笔者从事医疗责任保险理赔工作十几年，通过案件的处理，逐步了解和熟悉目前的医疗环境和医务人员的处境，对理赔案件有着系统的统计与分析，下面介绍自己在工作中遇到的一些问题和一些想法。

一、医疗纠纷案件发生的因素

(一)患方自身因素

(1)患者医疗知识缺乏,不了解医学病情的复杂性;

(2)随着法律的不断健全,患者维权意识增加;

(3)当疾病医后达不到患者期望值时,发生纠纷。

① 否认(讳疾、忌医)。

患者患病后,原有角色及权利发生变化或者说是丧失,出现惆怅感,不愿承认和面对已发生的事实,总以为不该在自己身上发生。

医生要理解患者,不要批评或指责甚至说"为什么不早来","早干什么去了"。要耐心帮助他们分析病因,讨论治疗办法,积极治疗后的预期,使他们对疾病有信心,"既来之,则安之"。

② 恐惧焦虑。

疾病带来的身体、生理甚至心理的不适和痛苦,使他们背负沉重的家庭和社会压力。一旦医疗结果未达到预期的期望值时,不满与投诉随之产生。

③ 不良环境易造成极度情绪。

来自社会环境的压力,如排长队挂号、长时间候诊、交通不便、气候影响、经济无助、社会歧视等难以确诊治疗的疾病或已有明确诊断却难以治愈的疾病,常使患者产生无望的情绪而生怒。

如果医师对上述诸因素没有足够的重视,没有在接诊过程中作针对性的解释、说明和鼓励以化解患者心理的恐惧和怒气,极易产生医疗纠纷。

(二)医院疏于管理

(1)医师检查处理不仔细,责任心不强;

(2)对病情严重度估计不足,未引起足够重视;

(3)病例书写不规范(门诊病例或住院病例涂改,某些手术记录与病情记录前后不一致,应用的医疗器材的条形码与记录中不一致等);

(4)违反诊疗规范、常规操作;

(5)医患沟通不够;

(6)部分辅助科室抢救设备或措施不及时;

(7)服务态度生硬或解答询问粗暴。

(三)法律制度不完善,适用法律不统一

1.《医疗事故处理条例》与《人身损害赔偿标准》的不统一

在法院已审结的医疗纠纷案件中,有的案件依据《人身损害赔偿的标准处理》,赔偿的数额较高;有的案件则依据《医疗事故处理办法》的标准处理,患者或其近亲属只能获得数额很低的补偿。因此,经常会出现案件事实基本相同,而处理的结果相差很大的现象。

我公司在近年来已审结的医疗纠纷案件中,从整体上看,患者通过诉讼获得赔偿的比例明显呈上升趋势,且获得的赔偿数额高的已达到近百万元。由于适用《人身损害解释》的赔偿数额远远大于适用《医疗事故处理条例》,因此原告大多选择以医疗损害赔偿纠纷为案由提起诉讼,导致《医疗事故处理条例》的边缘化,暴露出允许"医疗事故"和"医疗损害"两种案由并存的弊端,以致出现医疗纠纷赔偿适用法律的混乱情况。

2. 医疗纠纷双重鉴定途径混乱

目前的专家鉴定体系,在程序设计上,患者可以选择专家,医院和患者都不知道谁将参加鉴定,但实际上,医院比患者更了解谁参加了鉴定,这样就有出现"猫腻"的可能。业内人士认为,目前医疗鉴定只做结论,不说明做出结论所依据的理论、材料,只划分责任和等级却不阐述理由,在医学这样一个信息高度不对称的行业,不公开就不能保证公平。大多数患者不会选择去进行医疗鉴定,而是通过协商等形式完成,吵闹、围攻医院也就成为在无法确定的协商结果出台前的重要手段。

在《医疗事故处理条例》实施前,由于医疗事故技术鉴定委员会的人员均是由相关医疗单位的人员组成,这种行政性的医疗鉴定缺乏中立性,其鉴定结果的权威性受到了广泛质疑。据有关资料,上海市司法鉴定中心受理鉴定的300多例医疗纠纷中,有80%的医疗鉴定被推翻。青岛也是如此,司法鉴定推翻医学会鉴定的概率几乎100%。因此,在医疗纠纷案件中,患者对医疗事故鉴定技术委员会的鉴定结论大多持有异议,而法院审理此类案件的一个重点是确认医院的医疗行为是否存在过错,因此往往又需要委托司法鉴定机构进行医疗过错鉴定,从而导致案件的审理周期较长。专家没有鉴定人资质、鉴定结论没有鉴定人签字、专家不愿出庭作证、医患双方提交病历材料未经质证等原因,司法活动中法院更倾向于采信司法鉴定结论进行判决。这种判决对患方有利,也同时造成了对医方的不公平,因为医生对于患者的健康权益侵害并非出于主观故意,并且人体和疾病本身具有高度复杂性,司法鉴定只考虑侵权后果与医方过失之间的因果关系,没有将患者罹患疾病所造成的健康损失和对治疗疾病应该承担的"自甘风险"计算在内,这种显失公平的鉴定已经对医学科学的发展造成影响,复杂疑难的疾病、高危的患者面临无人敢治的境地。

3. 信访途径干扰

信访途径严重干扰了医疗纠纷正常解决途径。解决医疗纠纷争议,国家有明确的鉴定程序和法律规定,应该按照法定途径解决,不应属于信访的范畴。但目前实践当中,各级政府信访部门为了政绩考核,不论青红皂白只要出现越级信访,考核一律扣分,并与主要领导的进步挂钩。这属于典型的"懒政"思维,这样做的结果帮助造就了一批闹访、缠访、非访的上访群体,在处理纠纷时如果不能满足其要求,马上威胁"不给我办进京上访,到时你到北京来接我",这严重不合程序造成了医疗资源浪费。

4. 执法力度不够

对围攻医院、私设灵堂、摆设花圈等医闹现象,执法机关在干预、处理过程中执法力度不够,助长了医闹的嚣张气焰,致使医院陷入被动局面。

（四）媒体不当炒作，片面的误导报道

部分新闻工作者，凭着对热点问题猎奇的职业敏感，追求新闻效应，断章取义。对医疗的不良后果极力渲染，更是在本已非常紧张的医患关系和各抒己见的医务界和法律界之间火上浇油，很大程度上加速了医疗纠纷的矛盾升级，使医患关系进一步恶化。

（五）纠纷表现形式多样，涉诉案件种类多

在法院已审结的与医疗相关的民事案件中，涉及的案由主要是医疗事故损害赔偿纠纷（有的案件直接确定为赔偿）和医疗服务合同纠纷，还有追索医疗费纠纷、医疗美容纠纷、医用产品质量纠纷。此外，有的案件以人身损害赔偿为由起诉，实际上为医疗事故纠纷，还有的案件以财产损害赔偿为由起诉，实际上涉及医院在诊疗过程中有关药物质量和仪器的使用等问题。

从案件性质方面分析，人民法院受理的上述案件，大部分属于对医疗活动产生争议引发的医疗纠纷，另一些纠纷则属于非医疗纠纷，即医患双方对医疗活动本身没有争议而在其他方面产生争议，如患者因被医院的陈旧设备砸伤而与医院发生的争议。还有的一些纠纷则属于非医患纠纷，这些纠纷看似与医疗有关，实质上其主体并不是医患双方，如非法行医纠纷、美容服务纠纷。

二、预防医疗纠纷的措施

（一）加强医疗管理，提高医疗质量，避免医疗事故的发生

（1）拥有良好医德，加强业务学习，提高医护人员的综合素质防范意识；

（2）加强医疗规章制度管理，建立健全医疗服务质量控制体系，规范行医，责任到人；

（3）严谨仔细、全面正确的估计患者病情，防止漏诊、误诊等现象发生；

（4）严格按照病历规范，书写门诊及住院病历；

（5）良好的沟通，互相尊重理解，构建和谐氛围；

（6）强化法律意识，树立法制观念，自觉依法行医，同时学会用法律武器保护自己；

（7）树立纠纷意识，诊疗过程中，保持清醒头脑，规范自己的一言一行；

（8）举证责任意识，不能重治疗、轻病例，不能光做不记，光说不记。

（二）将纠纷引向法制化轨道

（1）规范医疗纠纷调处的途径；

（2）做到医疗纠纷调处适用法律的统一；

（3）统一医疗纠纷鉴定制度，保证鉴定结论客观公正，确保医疗纠纷的审理有序公正。

（三）构建医患和谐关系的良好社会氛围

（1）建立完善各种医疗保险体制；

（2）发挥媒体的正确导向作用；

（3）优化医务人员的职业环境，提高他们的社会地位；

（4）进一步完善医疗纠纷人民调解制度。

三、医疗责任保险制度

推行医疗责任险制度是国家正在进行的医改工作之一。人保财险青岛分公司于2002年率先在青岛市公立医院,以统保的形式,推行了医疗责任保险,运行十几年,规模较大,覆盖率较广,市场占有率较高,保费规模已接近4 000万元,并且成立了专管专营团队,承保理赔集中管控,为青岛市的卫生事业作出了重大的贡献。承保青岛市170多家公立医疗机构,3万多医务人员参与责任保险,其意义重大:

（1）缓解了青岛市医患纠纷矛盾;

（2）保障了医患双方的合法权益;

（3）保证了医疗机构平稳经营;

（4）建立了和谐的医疗秩序。

但是,同全国的社会医疗环境一样,青岛的医患关系也日趋紧张。医疗纠纷案件的发生相当普遍。随着经济的发展,人均赔偿标准的逐年提高,赔偿数额逐年加大。2006年以前人均赔偿金额为4万元,2013年人均已达到12万元,使得该险种始终趋于亏损状态。因此在发展医疗责任保险过程中,出现了不少新的问题,面临不少困难。有些问题和困难是发展医疗责任保险的共性问题,如:医疗责任保险专业性强、险种趋于亏损、医疗责任保险历史数据少,精算技术落后、理赔管控技术落后等。

（一）需要建立专业的人才队伍

目前发展医疗责任保险专业力量不足,医疗责任保险所涉及的专业知识较多,包括医学、保险学及相关法律的专业知识和技巧,发展医疗责任保险存在较大信息不对称风险。保险公司由于开办医疗责任保险的历史较短,因此没有相关经验及人才的积累,在医疗责任保险开发、承保及理赔的过程中,保险公司往往需要借助医学会、律师及相关医疗鉴定机构的外部力量来完成。

（二）推广医疗行业综合保险工作,扩展保障范围,分担保险风险

青岛市在医责险连年亏损的情况下,推行了医疗行业的保险捆绑业务。即医疗机构在承保医疗责任保险的同时,承保财产险、医务人员意外伤害险、火灾公众责任险等,使整体业务出现盈利。下一步,将探讨推行手术或麻醉意外保险,分散风险。

（三）实行专管专营,加强专业理赔队伍建设

自上而下,成立专业的理赔队伍,建立专业的理赔流程以及专业的考核指标。目前,所有的理赔管控指标,都是按非车理赔指标参照执行,体现不出医责险的个性化和专业化,如报立案流程,未决跟踪,案件处理的滞后性,理赔程序的个性化,保额的冲减环节以及数据的综合性管理等,都需要专业化。

高速增长下中国农业保险发展探析

肖 莉

（中国人民财产保险股份有限公司青岛市分公司）

摘 要： 本文通过对我国高速发展的农业保险现状进行分析，提出农业保险发展中面临的困难和问题，并对农业保险的健康发展提出建议。

关键词： 农业保险；现状；问题；探索

自我国恢复保险业务以来，农业保险发展一直相对低迷，2006年，浙江省探索开展地方财政补贴型农业保险，点燃了政策性农业保险的星星之火。2007年，中央财政对能繁母猪保险等开展补贴，自此，农业保险如雨后春笋般蓬勃发展，历经七年高速发展，我国已成为全球第二大农业保险国。

一、农业保险发展现状

农业保险高速发展，一是保费收入快速增长，2006年全国农业保险保费仅为8.5亿元，2007年政策性农业保险开办当年即达53亿元，2008年农业保险规模突破百亿，保费111亿元，至2013年达到307亿，自2007年以来，7年平均增速超过66%，保费规模处于快速增长期；二是开办险种迅速扩大，种植业保险包括小麦、玉米、水稻等大宗农作物保险、花生、大豆等油料作物保险、葡萄、柑橘、甘蔗等特色经济作物保险，养殖业保险包含能繁母猪、育肥猪、奶牛、肉牛、牦牛、藏系羊等多个品种，近年来，更发展了天气指数保险等新型产品，险种的增多为农户提供了更多的选择空间；三是责任范围逐步扩大，从单一责任到综合责任，从主要承保自然灾害、意外事故扩大到病虫害，从常规风险事故逐步扩大到承保旱灾等巨灾风险，从主要针对标的物直接物质损失逐步扩展到对价格波动的保障，险种保障范围不断扩大。

同时财政补贴力度不断加大。2013年财政补贴的政策性农业保险占农险保费收入的比例超过90%，为农业保险的主要来源。中央财政补贴力度不断加大，从2007年的6种增加到2013年15种，补贴比例逐步提高，以种植险为例，补贴比例由2007年的25%提高至现在的35%～40%，补贴区域也基本扩大到全国范围。目前，更提出了特色作物以奖代补的方式，鼓励各地开展地方特色的政策性农业保险。

农业保险作用凸显。2013年底，全国农业保险提供保障9 006亿元，2009年东北旱灾，农业保险为5 200万亩受灾作物支付赔款19.5亿元，占东北地区受灾农作物面积的30%，在2010年全国重大洪涝灾害中，对受灾的1 900万亩农田赔付20.3亿元。无论是日常的灾害处理，还是应对巨灾风险，农业保险有效发挥了灾后赔付，支持恢复农业生产的保障作用。海洋渔业保险及指数保险等新险种的试点和推广，更增强了农户扩大养殖、种植规模的信心，有力助推农业发展。

农业保险法规制度逐步健全。2012年《农业保险条例》的颁布，在中国农业保险发展史上具有里程碑作用，是我国第一部关于农业保险的法律法规，首次以法律形式明确了"国家支持发展多种形式的农业保险，健全政策性农业保险制度"，并明确了农业保险的实行原则：政府引导、市场运作、自主自愿和协同推进；对农业保险合同的签订进行了规范。法规制度的不断健全，为农业保险依法合规经营奠定了基础。

二、农业保险发展面临的主要问题

基于农业保险的自身特性及服务对象的分散性，农业保险在蓬勃发展的同时，逐步暴露了巨灾风险增大、产品需要优化及综合效能未充分发挥等方面的诸多问题。

（1）巨灾保险发展缓慢。从历史统计来看，1987~2010年中国农作物平均受灾率为30.19%，平均成灾率15.61%，平均绝收率3.29%。农业保险赔付率随着农业保险高风险性的显现逐步走高，尤其是近年来，灾害天气频发，一次灾害的赔付金额持续走高。2013年财政部印发了《农业保险大灾风险准备金管理办法》，允许保险公司计提大灾准备，逐年滚存；2014年中国农业保险再保险共同体成立，中国农业保险虽然在巨灾保险上有所尝试和突破，但巨灾保险发展整体滞后。

（2）保障程度不高。虽然农业保险开办险种、投保面不断扩大，但基本是"低保障、广覆盖"，保险金额普遍不高。随着物化成本的不断加大，单个标的的价值在逐步提升，目前，政策性农险因受资金补贴额度、农户缴费能力、风险管控等因素影响，保险金额较低，有的地区自2007年试点工作开展以来，保险金额基本没有变化，已远远低于农户的实际投入，保障效果未能充分显现。

（3）商业保险滞后。农业保险的快速发展主要依赖于政策性农险，各级保险机构也主要盯着财政支持型业务，商业保险发展明显滞后。政策性业务开办险种调研时间周期长、补贴额度及范围受当地财政资金补贴能力影响，农业生产中还有大量的风险没有合适的险种予以风险转嫁，商业保险的灵活性没能有效发挥，还有很大的创新发展空间。

（4）综合效能未能充分发挥。农业保险作为国民经济中的重要一环，在发挥灾后补偿，扩大生产方面的作用不言而喻，而如何通过农业保险优化农村金融体系，助推农村小额信贷发展的探索尚处于起步阶段；以农业保险服务为抓手，提高农村灾害预防，保险赔付与无害化处理相结合，推动病死畜禽无害化处理多渠道监督，以及一揽子综合保障的农业产业化保险等工作，都有很长的路要走。农业保险服务农业生产的综合效能未能充分发挥。

三、农业保险发展探索

2014年8月13日国务院正式发布《国务院关于加快发展现代保险服务业的若干意见》（以下简称"新国十条"），进一步明确：积极发展农业保险，按照中央支持保大宗、保成本，地方支持保特色、保产量，有条件的保价格、保收入的原则，扩大农业保险覆盖面，提高农业保险保障程度。新国十条的颁布，为我们进一步发展农业保险提供了强有力的政策依据，中国农业保险将在稳步增长的前提下，开创多元化的发展局面奠定了信心。

（1）法规完善及合规性的提高。首先是进一步完善《农业保险条例》，例如条例中规定：保险公司可以委托基层农业技术推广等机构协助办理农业保险业务并可约定费用支付。在操作中保险公司面临基层涉农人员营销资格缺失、合同签订的规范性及实际支付困难等问题，需要有完善的实施规范。其次是开展农业保险涉及大量农村基础数据，农村以户为单位的基础信息分散在多个部门，要确保承保数量、地址准确，赔款支付到户，保险机构还需要做更为细致的工作以便政策落实；同时农业保险涉及保险公司、政府职能部门、农户等多个方面，在开展过程中，需要对三方行为进行规范和约束，以确保政策性农业保险基础数据准确，合规有序进行。

（2）巨灾保险制度的稳步建立。国家建立财政支持的农业保险大灾分散机制，以及鼓励地方人民政府建立财政支持的农业保险大灾分散机制，需要由保险条例规定变为逐步落地。巨灾保险制度有多种模式，探索建立财政支持的中央农业保险巨灾基金和地方农业巨灾基金两个层级的巨灾保险基金，在现阶段更具有可操作性。巨灾保险基金在设立上的基金主要来源于财政的固定投入、保险机构承保利润的一定比例以及保险基金的投资收益；在保险基金的启用上，需要根据区域实际，制定分险种的赔付率基准线，作为基金使用的起点线，并根据赔付率制定累进的基金启用比例，实行灾害大、平衡大，积累多、受益多的原则，通过基金合理平衡赔付曲线，保障经营的可持续性。

（3）保险产品的持续创新。首先，提高保障额度，保险产品应贴近农户实际，保险金额应逐步包括全部物化成本。其次，指数保险创新应遵循可持续发展原则，真正发挥保险的保障作用。农村合作社和龙头企业对价格保障的需求强烈，价格指数保险在全球尚处于探索阶段，目前，国内局部区域开办的价格指数保险，无论在规模还是保障程度上都还需要优化，需要在收费、风控及保障程度三个方面合理平衡，遵循可持续原则进行开发推广。再次，商业农险创新与政策性农险创新同步，在农户保险意识和保险需求逐步提高的情况下，商业保险应充分发挥好对政策性农业保险的补充、完善作用，在政策性业务没有触及的领域发挥自己的作用。尤其是对家庭农场、合作社及龙头企业，因投入大，政策性农险保成本的原则无法满足其转嫁风险的需求，需要建立在政策性农险保障基础上的商业保险补充机制，真正为其发展解决后顾之忧。

（4）保险服务的全面升级。一是农业相对分散的特性推高了农业的服务成本，在传统的农业保险服务中，大面积灾害发生时，更多依靠人海战术，保险机构与政府职能部门、村镇相关人员组成联合定损小组，在规定时间内完成大面积灾害的查勘工作，种植险还需要二次测产，成本高、效率低，应在更大范围内使用无人机遥感技术，增强高科技技术的应用，并应下大力气建立承保区域卫星遥感技术的基础数据库，为快速理赔提供技术保障，也为合规经营奠定基础。二是逐步建立和完善分区域、分险种的灾害定损手册,简化测定标准,让定损人员及农户更容易掌握,提高定损效率,也让农户放心。三是支持保险机构开展农村基层服务体系建设,鼓励地方政府对农村网点选点及税收方面给予支持和优惠;保险机构应建立真正的农村服务队伍,推动协保员、协赔员队伍建立;保险监管部门应制定协保员、协赔员监管规范,在合规的前提下,推动保险机构将工作由镇推到村,由村落到户,切实发挥保险在服务农村建设中的作用。

农险综合效能的充分发挥。一是创新农村金融模式,以农业保险为依托,探索农业保险与信贷政策的融合,在政府、银行、保险三家共同参与下,将农险、保证险、贷款三条并行,逐步优化农村市场共同担保形式下的信贷模式,让家庭农场等大型种植户、养殖户轻装上阵,扩大融资规模。二是支持农业产业化保险,以整个产业链条为服务对象的产业化保险,在生产、加工、存储、销售各环节,通过一揽子保险提供无缝式保障,通过龙头企业带动合作社及相关农户共同发展,探索对重点扶持的产业,实行政策性农业产业化保险,将财政补贴范畴扩大至一揽子保险。三是在传统的农业生产链条中,农业部门对后端损失的控制,缺乏有效的数据管控手段,农业保险的加入,将对损失端进行直接掌握,保险应更多发挥灾害预防和管控作用。以养殖险为例,在保险条款中增加病死畜禽无害化处理作为理赔要件,实现畜牧防疫与保险公司的联动,从源头上控制病死畜禽流入市场,能真正协助畜牧部门做好疫情控制,防止疫情蔓延;及时将出险异常的情况通知畜牧部门,防患于未然,充分发挥保险灾害预防作用,保障安全生产。

机动车保险合同纠纷浅析

宋　箴

（渤海财产保险股份有限公司青岛分公司）

摘　要：机动车保险是商业财产保险公司的主营险种，业务占比大，事故发生率高。由于民众的维权意识不断提高，法制建设不完善，以及保险公司内部管理不到位等原因造成机动车保险合同纠纷急剧增加。合同纠纷的增加不但耗费了相关人员大量的精力和高额的费用，浪费了国家资源，降低了保险公司的盈利水平，还大大损害了保险行业的声誉。如何化解纠纷，更好地维护保险消费者和经营者的权益是保险业当前急需解决的问题之一。

关键词：机动车；保险合同；纠纷；浅析

一、机动车保险合同纠纷现状

机动车保险是商业财产保险公司的主营险种，根据行业数据统计，在运营良好的大型保险公司中，其保费业务占比为70％左右，中等规模的公司为80％左右，近年来成立的新公司高达90％；事故报案率占比约为95％；合同纠纷率占比约为99％。以经济发达的沿海城市青岛为例，2009年至2013年机动车保险合同纠纷发生率分别约为1.3％、2.5％、2.9％、3.3％、3.5％，机动车保险合同纠纷呈现上升趋势。

二、机动车保险合同纠纷案件的分类

（一）人伤损失纠纷

1. 交强险合同纠纷

全国各地司法部门对交强险限额的额度标准执行不一致，内陆地区法院认可交强险分项限额的规定，而沿海经济发达地区则对交强险限额不分项。涉及交强险纠纷主要发生在法院对交强险判决不分项的地区。因为被保险人和第三者通过诉讼判决会得到远远高于保险公司按合同分项理赔的金额，所以一旦发生伤情较重的交通事故，被保险人和第三方会毫不犹豫地选择法律途径解决。

2. 商业险合同纠纷

商业险合同中涉及人伤纠纷的争议焦点为：由被保险人承担的超出交强险赔付之外的人伤费用。依据商业保险合同的约定，保险人根据国务院卫生主管部门组织制定的交通事故人员创伤临床诊疗指南和国家基本医疗保险标准扣除部分费用，但被保险人往往对理赔金额不满从而引起合同纠纷。主要涉及非医保用药的扣除、误工费、护理费、后续治疗费的赔付等。

(二)经济损失纠纷

我国当前对机动车损失确定有三种方式，一是物价局的价格鉴证，二是保险公司的损失评估，三是公估公司的损失评估。由于依据的评定原则、标准存在差异，物价局的评估价格往往高于保险公司和公估公司的定损价格。而在诉讼中，法院只认可具有政府职能的物价局出具的价格鉴证结论，不认可保险公司的定损价格，也不参考具有评估资质的公估公司评定的损失价格。因此，造成保险合同经济损失纠纷案件大幅增加。

(三)免赔条款纠纷

此类纠纷主要是指保险公司依据合同条款约定不属于保险责任或属于除外责任的情形应做拒赔处理或者已经拒赔的案件。客户对于保险公司给予的拒赔结论不认同，而向法院提起诉讼。被保险人在诉讼中的答辩意见主要是投保单上的签字不是投保人本人签署的，因此证明保险人未尽到说明义务。也就是说，被保险人认为保险合同中约定的格式条款无效。

据统计，以上三类合同纠纷案件占比相当。保险公司对于人伤损失纠纷案件采取庭前调解的比例较高。而其他两种类型的案件，特别是对保险公司依照合同拒赔的经济损失纠纷和免赔条款纠纷案件，经法院判决保险公司胜诉的可能性微乎其微。

三、机动车保险合同纠纷大幅增加的原因

(一)民众法律意识、维权意识增强

统计数据显示，诉讼案件发生率与地区经济发展水平成正比。经济发达地区民众法律意识较强，律师服务较完善，所以诉讼案件相对较多。具有较强法律意识和维权意识的公民，对于债权债务纠纷、侵权纠纷等一般倾向于采取司法途径解决问题。

机动车保险合同纠纷案绝大部分为交通事故侵权案件。自2009年10月1日起，《保险法》(修订)第六十五条赋予第三者直接起诉保险公司，向保险公司索赔的权利。因保险公司偿付能力相对较强，故第三者一旦与被保险人协商不成，就采取诉讼的方式将索赔的对象转移到保险公司。更有甚者，一些被保险人为减少个人损失，与第三者联合或串通，在法庭上一起对抗保险公司。

（二）法制不健全

1. 司法审判准绳不统一，有失公正

由于机动车保险合同纠纷一般发生在保险公司和被保险人个人之间，法院出于社会和谐稳定的要求，在审判中不能保持独立、公正的立场。而且各地法院判决时依据的标准不统一，同案不同判、同院不同判现象普遍出现。法院审判过程中对被保险人提交的一些证据审查过松，不考虑诉讼时效和索赔时效问题，有时甚至将举证责任倒置，加大保险公司的举证义务。不公正的司法环境，致使被保险人和第三者过于"信任"法院，他们不去保险公司索赔，而选择直接起诉。更有一些熟知法律空隙的人，发生保险事故根本就不向保险公司报案，保险公司在被侵犯知情权和丧失损失鉴定资格的同时，承担不可逆转的赔付责任。正是由于司法机关在司法实践中偏袒一方，造成了保险合同纠纷案件的激增。

2. 政出多门，缺乏协调和统一

国务院发布的《机动车交通事故责任强制保险条例》与保监会制定的《机动车交通事故责任强制保险条款》存在不统一。在《交强险条例》第二十二条中没有明确保险责任限额，而《交强险条款》第九条对条例中第二十二条的情况没有明确是否属于保险责任。

正是由于《交强险条例》与《交强险条款》的法律地位不同，且内容不统一，在审判实践程序中，法院通常不承认《交强险条款》的法律效力，或者否定《交强险条款》中的各分项限额赔偿，或者对《交强险条款》中医保用药的规定不予认可。

（三）损失确定的原则依据不同

目前，对于物损鉴定，法院普遍做法都是以物价局出具的价格评估报告为最高证据效力凭据，对于保险公司定损价格及公估公司、资产评估公司的估损报告一概不认可。物价局价格鉴证采取的是"最高最佳使用原则"，即以价格鉴证对象的最高最佳使用为前提。保险公司和公估公司是依照保险法规定的"损失补偿原则"，即通过补偿，使被保险人的保险标的在经济上恢复到受损前的同等状态，不允许被保险人因损失而获得额外的利益。这就导致物价局的评估价格高于其他部门的估损价格，产生大量纠纷。

（四）保险公司内控制度缺失

目前从事保险代理业务的人员数量众多，业务素质及道德水准参差不齐，不少保险代理人为获得更多代理手续费，在利益的驱动下，一方面欺骗投保人、被保险人或受益人，隐瞒与保险合同有关的重要情况事项，片面夸大保险产品的增值功能，回避说明保险合同中的免责条款。另一方面欺骗保险人，阻碍或诱导投保人不履行如实告知义务等。另外，保险公司对合同签章的真实性重视度不高，业务员代签现象比较普遍。正是由于保险公司内控管理不完善，为合同纠纷埋下隐患。

（五）经办人员职业道德需进一步提高

（1）公安机关交通管理部门对交通事故具有行政执法权，交通警察应当依照《道路交通事故处理程序规定》执法履责。但存在个别交通警察不履责现象，他们对于一些疑难案

件不愿意处理，"将皮球"踢给法院。甚至某些交警与当地律师私下交易，将案件介绍给律师，从中抽取提成。

（2）保险公司内部人员为了业务竞争或业务提成，唆使客户起诉。更有甚者，一些保险公司高管人员牵涉其中，不顾职业操守，不能正确处理客户与公司之间的利益冲突，与客户联手置保险公司于被动。

四、解决机动车保险合同纠纷措施和建议

（一）加强保险市场法制建设，为保险行业创造良好的法制环境

市场经济是法制经济，法律是保障市场诚信建设的制度基础。着手完善相关法律制度，统一相关规定，消除现存的法律歧异对保险行业的发展至关重要；在审判实践的层面，要严格而公正地执法，维护保险市场各方的利益。只有在有法可依、有法必依、执法必严、违法必究的法律制度环境下，才能促进保险市场持续、健康地发展。

（二）充分发挥保险监管部门和行业协会的职能作用

由于物价局下设的价格认证中心只对损失进行评估，并不确认事故的真实性、辨别损失与事故之间的相关性，因此以价格认证中心的鉴证结论为依据进行保险事故理赔对保险公司不公平，不利于司法公正。保险监管部门和行业协会应积极与物价局及其下设的价格认证中心等相关部门沟通，协调解决保险事故认定原则不统一的问题，营造良好的行业运行环境，减少合同纠纷。

（三）提升保险公司经营管理水平及社会责任感

1. 保险公司加强内部管控，防范纠纷风险

保险公司要加强对从业人员的教育培训。对高管人员重点提高其管理能力和合规经营意识，对营销人员和其他从业人员着重加强其业务素质和职业道德培训。特别要对员工进行守法教育，使其自觉遵守法律法规，塑造保险从业人员良好的社会形象。要求他们做到：真实宣传不误导，和谐宣传不扰民，风险提示不遗漏，除外责任不隐瞒。通过严谨合同条款来明确和保障合同双方的权益。

2. 保险公司提高理赔管理水平，及时化解纠纷

不断提高理赔服务水平，把高标准的服务质量和效率作为理赔工作的基本要求，贯穿于理赔工作的全过程。积极推进《车险小额人伤案件快速处理办法》简化理赔流程。成立人伤查勘调解专人工作组，从事故发生报案起，全程参与事故处理，跟踪人身伤害的治疗过程，积极介入促成第三者和被保险人达成调解协议，及时化解纠纷。

（四）拓展纠纷解决路径，减少保险合同诉讼

1. 积极推进保险合同纠纷调解机制

2011年1月1日起施行的《中华人民共和国人民调解法》规定，依法设立人民调解委

员会调解民间纠纷。各地区保险行业组织应积极推进设立保险合同纠纷调解中心,通过及时公正地调解保险合同纠纷,维护保险合同当时人的合法权益,促进保险业健康发展。

目前,调解中心的成立虽然可以减少理赔环节、节省结案时间和理赔费用,但难以被法律认可。如果不能确认调解书的执行力,有可能适得其反,不仅达不到预期目的,反而导致当事人反悔再次诉讼,影响理赔时效、加大赔案成本。因此,调解中心应与法院合作,通过确认调解书的法律效力,从而提高调解中心的法律地位。

2. 推行仲裁制度

仲裁一般是当事人根据他们之间订立的仲裁协议,自愿将其争议提交由非官方身份的仲裁员组成的仲裁庭进行裁判,并受该裁判约束的一种制度。仲裁活动和法院的审判活动一样,关乎当事人的实体权益,是解决民事争议的方式之一。其特点有以下几方面:一是自愿性,双方当事人自愿协商选择仲裁,是当事人双方主动解决纠纷愿望的体现;二是专业性,仲裁员是有各个领域专家担任,专家的专业威性为仲裁的公正性提供了重要保障;三是快捷性,仲裁实行一裁终局制,仲裁裁决一经仲裁庭作出即发生法律效力,这使得当事人之间的纠纷能够迅速得以解决;四是经济性,在时间上的快捷性使得仲裁所需费用相对减少,并且仲裁无需多审级收费,使得仲裁费往往低于诉讼费。

目前,保险消费者对仲裁还不是很了解,保险合同纠纷通过仲裁更是凤毛麟角。在国际上对于经济纠纷通常采用仲裁方式,因为仲裁所具有的特点对解决合同纠纷较为实用。保险行业协会应协同仲裁积极宣传仲裁特点,让消费者认识和了解仲裁,引导消费者将选择仲裁成为解决保险合同纠纷方式之一。

我国实施强制医师责任保险可行性研究

孙方晖

（中国人民财产保险股份有限公司青岛市分公司）

摘　要:近年来国内医疗纠纷频传,病人权益的意识高涨,医患关系紧张,对于整个医疗事业的发展有不利的影响。各国对医疗纠纷曾提出不同的解决之道,本文试着参考国内外现行的各种方案提出可能解决的方案。本文先简介了医疗行为与医疗纠纷,接着介绍医师面临的法律责任与责任基础,并说明我国的医师责任险保单与市场施行现况,比较各国目前的处理模式。本文研究认为,强制医师责任险虽有其必要性,但因国内缺乏施行的环境,目前仍不宜贸然施行。最后,本文建议我国现阶段仍应以现行的医疗责任险的制度作全面的分析与改进,并将国内医疗事故案件作完整的统计资料,作为日后施行强制医师责任保险的费率计算依据。

关键词:医疗纠纷;医疗事故;强制医师责任险

一、研究动机与目的

过去几年,医患关系逐渐成为社会关注议题,医生与患者间矛盾突出,索赔金额不断攀升。频繁与复杂的医疗纠纷,不仅会扰乱医院的诊疗秩序,也使得机疗机构以及医护人员面临前所未有的压力,而"南平事件"更是开启了国内对于医疗伤害事故应该采取过失亦或非过失的极大争议。所谓"南平事件"是 2009 年 6 月 21 日凌晨一点,一位"肾积水并尿毒症"的重症患者,在做完"经皮肾穿刺引流术" 10 小时后,因呼吸功能衰竭、心脏骤停,经抢救无效死亡。此时,家属想到的不是哀悼死者,也不是询问医生病人死亡的原因,而是希望利用医闹组织的非法活动来"狠敲"医院一笔。死者家属与医闹组织谈妥事后分成方案后,医闹组织按照既往的常用套路开始"指挥战斗",最终南平市政府经"研究决定",责成医院"赔款" 21 万元息事宁人,并要求不追究斗殴过程中双方的任何责任。这案件引起医疗界的极大反弹,医务人员执业中因受到医闹威胁,为求自保而产生大量不必要的"防御性医疗",使得医生无法专心于提升医疗服务质量,且需要花费许多成本应付医疗纠纷,使医疗成本与医疗质量难以兼顾。

此外医疗纠纷赔偿金出现高额化现象，天文数字赔偿的判决，从法界的角度来看，是依法论法，判决上并无瑕疵，但若站在医学界的立场，这将会使医师背负沉重的压力，甚至造成恐慌。结果只会让更多医师不敢再勇于救人，如此一来，医闹案势必愈演愈烈，这对社会秩序及广大患者也是一种伤害。医学生面对临床选科时，对五大科往往避之不及。救命医师人力断层的时代即将来临，医学界有识之士为此忧心不已，这对于医疗资源的使用及医患关系均非益事。

为解决紧张的医患关系，对比瑞典的医疗纠纷处理模式，并参考国内强制汽车责任保险成功的经验而设计的强制保险制度，为法律界与医疗界关注的解决办法，但是否有实务上的可行性仍有很大的讨论空间，强制汽车责任险的特性与医疗事故特性截然不同，强制汽车责任险的成功经验能否复制到医师责任险？若实施无过失强制保险，国内是否有足够的人力物力去处理庞大的医疗纠纷案件？这些问题就是本研究"我国实施强制医师责任保险可行性研究"的目的。

二、我国强制医师责任险施行可行性探讨

（一）可保风险概述

医疗事故多属意外行为而非故意行为，所造成的损失也是明确可衡量的，重大伤亡将造成患者的重大损失，如庞大的医疗费用支出，需要终身看护且失去工作能力，并使病人及家庭经济陷入困境，患者的经济损失若为被保险医师的民事责任，对医师而言也可能有重大损失的可能，故此类风险皆属于民事责任的可保范畴。

值得讨论的是，其他可保要件，如具有大量的同质危险，可解释为医师执行医业业务时或因医疗水平的限制，面临一定程度的风险，此风险无法避免，但因每年皆有固定发生的比例，故可有效预测机率，但若单独看个别的医疗行为，有些医疗意外是有一定几率的，例如羊水栓塞发生机率约两万分之一，但仍有许多医疗事故属未知阶段，不知其发生因原因与发生的确切机率，自然没有足够且大量的同质危险单位，这是医疗行为独特性，与汽车保险事故有本质上的不同。

（二）强制汽车责任险与强制医师责任险可保性比较

1. 需有大量的"同质危险单位"

车辆发生的事故较为单纯，而汽车责任保险可承保的种类更不外乎单车事故、车碰车事故与车碰人事故，虽依车种而有不同的发生机率，但也只就不同车种发生不同类型的车祸事故做交叉统计，故其危险单位具有大量且同质性，而医疗事故如前述有其独特性，不同的医疗事故可能发生的原因可能难以预料，以 1974 年 Helling V Carey 案为例，患者 23 岁时视力变差被医师诊断为近视，此后九年都是如此诊断，后来 Helling 失明被诊断出是青光眼，故判医师败诉，理由是医师没有用眼压计去测量而有过失，但在医疗实务上，青光眼病症很少发生在 40 岁以前，因此没想到 Helling 罹患青光眼，此类事故凸显许多医疗事故的罕见性，甚至有些医疗事故仍无法发现其发生的原因，属于医学的未知阶段，缺乏大量的同质危险单位。

2. 危险所致损失的发生需为意外

汽车事故属于意外事故，简单来说，开车上路时不会预料到该次上路是否一定会发生意外，若发生意外可能是本身过失也可能是其他人的过失造成的，属于不可预料的外来事故，但医疗行为医师执行医疗业务时仅能预估不同的状况可能有不同的风险，此时发生医疗事故是否就属于意外？不尽如此，我们还需要实际探究医疗事故发生的原因，治疗过程中的正常风险如并发症、副作用，即便突然发生，应属疾病范畴内，若是起因于医师的不正确诊断，则可属于意外事故，但实务上真正要判别属于疾病与意外仍相当困难。如医师未诊治出病人患有胰脏癌而只开了一般止痛药，而致延误病情而死于胰脏癌，判断死亡结果属于疾病还是医疗意外结果，有很大的讨论空间，如果不论是否有诊断出来，都无法拯救生命，那是否可以属于医疗事故？若依医务人员强制责任保险，如果该伤害为医务人员不正确诊断或行为所导致，即便主因是疾病，仍应理赔，除非医生能证明医疗事故发生与其判断无关。可预见的是，若强制投保无过失责任保险，类似的模糊空间都可能会被放宽认定，若以强制投保方式，势必将提高损失预估。若单纯以字面解释此可保危险为被保险人所无法控制的意外，以医疗险的角度来看，则因许多医疗意外多属医师无法控制，因此具有可保性。

3. 损失须为明确且可衡量的

汽车事故可能造成第三者人身伤亡或财物损失，而医疗事故可能会造成第三者人身伤亡，应没有发生财物损失的可能。因医疗事故造成第三者人身伤亡，如医疗费用支出、残疾赔偿金、丧葬费、被扶养人生活费等，皆有一定的计算方式，而精神抚慰金虽无法衡量，但实务上仍有一定的合理范围且必须以金钱赔偿，不至于无限上纲，故两种事故损失都是可以金钱衡量的。因损失可以衡量，故在保险金额拟定时，可依照如社会平均工资、人均可支配收入等经济指标来衡量一个案件受害者可能损失，而拟定一个基础社会保障保险额度。

4. 损失机率需可以有效预测

我国自 2006 年即开始实施强制汽车保险制度，因所有车辆必须在车管所登记，包含过户、注销、加退等信息皆有统计，而车祸发生原因也有警方纪录，经过了数十年的累积并参照国外的统计资料后，不论是在保险金额的厘定上与保险费率的厘定上都有完整的统计数据以供探讨，以利施行全面无过失汽车强制责任险。对医疗事故而言，每一次的就诊理应都有病历纪录，过往病历纪录皆掌握在医院，但仅有就医纪录，而就医时是否有发生医疗事故，此医疗事故的原因为何，并无法厘清，仅有真正走到医疗事故鉴定阶段才有较多的记载，但真正发生的原因仍不透明，对于保险人评估风险来说，有许多的不确定性，无法精准地测量损失机率与危险程度，使保险人对于此类风险强制纳入保险范围将持反对意见。

（三）我国施行全面性医师责任险可行性分析

国内研究指出，我国推行强制汽车责任险在社会保障方面，有较好的社会效益，如公平性及损害分散功能方面，使得被害人即便车主没有投保商业保险也能确实获得赔偿，赔款与成本控制方面在长期营运下已趋稳定,理赔速度上亦能使受害者能快速获得理赔,解决社会纠纷,理赔金额如死亡或致残案件赔偿金额虽尚不足,但属于商业车险可以涵盖的部分,无法要求强制提高如此高的保额。整体而言,强制汽车责任保险推行如此成功,也可比照此公办民营的方式,复制成功的经验到医疗责任险的领域。

国内亦有人建议以全民投保的方式,将医保总额中的部分基金提取作为补偿,根据美国学者 Kessler 等人的研究报告显示,通过法律改革减轻医师的责任压力,减少防御性医疗,可节省医疗费用的 5% ~ 9%。以此估算,中国所节省的医疗费用每年应为 843 亿 ~ 1 502 亿元,足以支付庞大的医疗纠纷理赔成本。

以上方法似乎能解决当今医疗纠纷面临的困境,笔者并不否认国内急需有解决医疗纠纷的有效方法,但我国现阶段是否适合实行全面性的限额无过失的强制医师责任保险,尚有许多讨论空间,具体如下:

1. 财务方面考虑

以目前全国已开展医疗责任保险省份看,各省保险公司该险种均处于亏损状态,况且还有经营成本尚未计算,若降低保额,过低的保额又可能无法符合受害人的期待,医疗纠纷依旧无法解决。故推行医师强制责任险面临最大的考验即是赔款金额与保险费来源这个最现实的问题,其保险成本可能不符合经济可行性。

2. 保费架构问题

目前医疗责任保险由保险公司向各医务人员收取保费,保险费由医师负担,患者不需负担,这对医师而言并不公平。造成医疗事故的原因很多,因医师的疏忽过失造成的事故并不是最主要的,许多不可避免的医疗意外风险对于患者来说,也是他们必须承担的,理应由患者自行承担保费,但若设立一个制度要求医师承担本来就不该负担的责任,对医师而言实属不公。目前的费率厘定采取医师保费"一元化"原则,保费只有职业差异,没有科别差异,不同的科理别应有不同的风险程度,应收取不同的保费,采"一元化"原则,亦不符合公平性原则。

3. 专业人员的质与量的问题

医疗行为不像行车事故可以简单判断肇事原因,行车事故可由各地方交警由事故现场状况初步判断肇事原因,若有不服可以向主管机关申请肇事鉴定。但医疗事故如前所述,具有高度专业性,为避免无过失补偿制度沦为漫无边际的社会救济,须设定一定的给付要件,如因果关系、可避免性、可预见性等,并非单纯以无过失三个字就所有的事故都须照单全赔,而究竟一个医疗事故是本身疾病造成的,还是医疗不幸或医疗意外等,其因果关系难以直接认定,而且无法单纯就受害人的受损状况直接判定是否为医疗事故所致,必须由医学背景的专业人士进行鉴定。

国内是否有如此多专业人才已是一大挑战,医疗事故鉴定报告须主管机关进行鉴定评估鉴定报告出炉后,要交由保险公司理赔人员受理,保险公司也须有足够的专业人员才能办理。现阶段经营医师责任险业务的保险公司并且真的具有一定规模的并不算多数,面临如此多的案件数量与鉴定报告,势必要成立一个团队才能运行,抛开成立的费用、员工的培训成本不提，保险公司是否愿意投入资源也是一个问题。若投入的资源能由其他商业保险取得利润，则或许有营利可能：例如强制汽车责任险带动汽车商业险，但因为国内机动车数量有上千万辆，商业险保费一年就有 4 000 亿元的商机，有很大的市场可以开拓商业车险市场。但国内医生不过 700 多万人，以目前平均保费不过 1 000 元左右，目前医师愿意接受最高的保险费也在此区间内，整体市场仅 70 亿元左右。即便法定的强制保费提高，扣除强制投保的保费金额亦有限，难以吸引保险公司投入资源培养足够的专业人员，若继续提高保费，则医师接受意愿会降低。

4. 医疗体制与环境条件

我国的社会背景、文化环境与外国有极大不同。以瑞典为例，瑞典的病人赔偿保险之所以被认为是成功的范例，主要因该国具有高度健全的社会保险与社会福利体制，以及高水平的医疗质量水平。病人发生医疗事故后，须先向其他的社会保险人、健康保险人、劳工补偿基金等请求后，仍不足的部分，才就不足部分向病人赔偿保险的保险人请求，因此病人赔偿保险很少支付大笔金额的赔款。据不完全统计，瑞典病人赔偿保险的赔偿金用以补偿受伤病人精神抚慰金的比例高达 68%～ 74%，也就是说大部分的病人损失，包含医疗费用、误工费、残疾赔偿金、被抚养人生活费等损失，皆由其他社会保险获得填补。与我国将所有的赔款金额以医师责任保险的方式给付有很大的不同，国内缺乏足够的社会保障机制，至少就医疗事故来说，除了医师或保险公司赔偿以外，并无其他补偿金的来源。在瑞典的病人补偿制度日趋严格的认定下，保险费足以收支相抵，略有盈余，若所有赔款皆由医师责任险的方式给付，在无其他补偿金的配合下，恐难以支撑。

瑞典的病人赔偿保险和医务人员惩戒制度分离独立，医务人员的惩戒结果并不会影响到病人赔偿保险的理赔结果，病人赔偿保险的档案也不会流通到惩戒系统中，使得瑞典医师较愿意承认错误，认为错误不等于医师有过失，使医师优先考虑病人的利益，在医疗纠纷处理上不是对立的。国内并无此机制，中国受传统医患关系的影响仍属于较权威式的沟通方式，与瑞典有很大的差别。瑞典法律规定，所有治疗过程中的病历数据，在病人提出赔偿保险的申请后，皆须出示给病人看，并详加解释，此规定让医患双方的沟通大大加深，减少患者的疑虑，医患沟通向来是国内最欠约束的一环。

三、结论与建议

本文认为医疗纠纷在国内的情况确实已经相当严重，但任何一个影响全民福祉的社会制度需有完整的规划与配套措施方能执行，强制医师责任险的立意很好，发展强制保险亦为世界趋势，但因为医疗事故的特殊性，并不能依照强制汽车责任保险的成功经验套用，且目前国内尚仍无环境可施行。

（一）结论

1. 相关统计资料不足

成立一个保险制度须有缜密的事前精算，查询国内关于医疗事故的相关统计资料仍有较大不足,内容并不透明亦不完整,大型的可靠数据模型尚未建立起来,冒然实施全面性的无责任保险将会面临极大的风险,强制汽车责任保险施行之所以成功,是因为施行前投保人数已能由交管局的统计资料大致掌握,只是实际推行后损率不明,故可先试行后再调整保费,试行期间由政府负担盈亏风险,若损失可以控制,保险方可执行,若医疗纠纷相关统计比照国外权威的统计研究方式,建立起完整的医疗事故发生几率、损失幅度等完整数据,足以作为保险精算的依据,再来讨论财务面是否有可行性较好,否则贸然实施强制医师责任险,应无法承担可能产生的巨额赔款。现行的医保强制投保制度虽然有其领先国际成功的地方,但在缺乏完善规划下其财务缺口仍相当的庞大,也不合适贸然直接以医保支付全部无责任的赔偿制度。

2. 国内相关配套的社会制度与法律规定并不完善

国内并无完整的社会保险制度外,若全由强制医师责任险支付赔款,势必会使损失难以控制与估计,此外,基本的医疗行为并无完整明确的范围,推行影响整个医疗体制下的责任保险制度,人社部门目前认定医疗行为的定义来决定医保给付范围,不代表范围外的即非医疗行为,许多医疗纠纷也发生于此,若推行至全面无过失的责任保险,在定义不清的情况下势必引发许多争议。若因果关系认定严格,不一定比一般民事赔偿容易获得理赔,但若因果关系认定宽松,又会使保险资金陷入不足。

3. 汽车事故与医疗事故本质上有很大的不同

车辆发生的事故较为单纯,大致上分为单车事故、车碰车事故与车碰人事故三类,虽依车种而有不同的发生几率,但也仅在不同车种发生不同类型的车祸事故作交叉分类,风险态样较少。医疗事故如前述有其独特性,包含治疗过程中的正常风险如并发症、副作用等医疗不幸,或者不可预料与不可抗力的医疗意外等,且医疗事故可能发生的原因难以预料,是疾病本身所致还是医师的疏失所致往往难以区分,而若将人类必然发生的疾病全由保险或补偿制度支付,将会扩大许多原先非保险应给付的范围,其预估损失金额将难以衡量。

4. 医师责任险在国内尚不成熟

国内医师责任险投保率偏低,原因有很多种,如条款解释争议,保险公司毕竟是营利的单位,在保单条款与法律规定有限的情况下,各自解读保单与依法应负赔偿责任的范围,若以严格的解释将导致保单赔偿不易,推动强制保险,若保险公司仍采用严格定义,将面临一样的问题。产险业务员的素质参差不齐,在产险市场极度竞争的环境下,仍有许多业务员为了争取业务而夸大医师责任险承保与服务范围,导致实际面临损害赔偿时保险公司认定无法理赔而产生落差。

国内医师责任险因投保率低,获利不足的情况下,医师责任险的理赔人员多为其他险种理赔人员兼任,对于医师风险并无足够了解,无法确定医疗事故是否属于医疗过失所致,也采取较严格的认定婉拒理赔,而并非真正解决医师问题,若推行强制保险,案件量激增应将更凸显理赔人员素质不足的问题。

（二）建议

1. 应建立起完整的医疗事故统计数据

一个保险制度的设立是依据大数法则为基本原则,唯有足够的风险统计资料方能针对风险核定适当的保费,让保险制度能正常运作,故完善统计资料是当务之急,哈佛当时花了三百多万美金才完成医疗行为造成住院患者的医疗伤害等相关统计,成本相当高,故为免事后调查成本的浪费,我们各医疗机构应将每次病人就诊作完整的纪录以外,若属于可避免的风险或由医疗过失所致,也应翔实记载;为免医师基于人性自然防卫心态而不愿据实记载,应可参考瑞典将病人赔偿保险和医务人员惩戒制度分离独立,医务人员的惩戒结果并不会影响到病人赔偿保险的理赔结果,病人赔偿保险的档案也不会流通到惩戒系统中,使得瑞典医师较愿意承认错误,认为错误不等于医师有过失,使瑞典医师得以优先考虑到病人的利益,也才能使统计资料更具真实性与参考价值。

2. 许多法规与制度需逐步建立

最基本的医疗行为定义,医学美容与传统整复推拿是否应列入医疗行为,到医疗纠纷的调解机制、医疗民事合理化等法律与制度层面的全盘规划,循序渐进,不宜操之过急,此外若要改善医患关系,须从良好的沟通做起,增加彼此信任,才能有效降低纠纷。

针对不同特定的事故,依国内外成功的经验,将无过失补偿制度延伸至此类特定病情,慢慢将此无过失补偿经验累积后,如果可行,再推行到全面医疗行为,若患者获得足够赔偿,以瑞典经验看来,可大大减低民众走民事诉讼的意愿。

3. 改善现行医师责任险的不足

世界主要发达国家,针对某些专业人员立法须强制投保专业责任保险,例如保险经纪人、保险公证人及工程顾问公司,需先投保责任保险或缴纳保证金后方能营业,故仍可立法强制医师应投保医师责任险,但是建立在民事过失责任基础上,而并非以无过失的方式要求医师负担全额风险。而国内的医师责任险仍应发挥其应有的功用,除了可参考日本的医师会责任模式,由专门且具权威的组织处理医疗纠纷处以外,保险公司应发挥保险应有的社会责任,解决社会问题,应针对国内现行医师责任险制度作检讨,具体如下:

（1）针对医师责任险的保单架构作修改。

目前的保险条款设计仍显粗略,无法针对不同需求的医务人员作个别的设计,同一个风险类别的科室,其风险也有大小之分,但并未反映在保费当中,造成风险与保险间对价不平衡。

（2）产险从业人员专业经验的提升。

目前国内的市场销售型态仍偏向核保从宽理赔从严,或者说在前线推销的产险业务员不够专业,且受制于业绩与市场压力而急于引进业务,而医师也没有足够时间了解投保内容,在发生事故时,保险公司的处理又不符合医师的期待,而在医师的角度,即便在社会上属于精英,但针对保险的领域毕竟相当陌生,对保险的了解不深,对医师而言理赔繁琐且往往无法及时处理,故在前期销售时的沟通显得相当重要,到底保了以后保险公司可以协助医师处理的范围到哪,事前应充分沟通,保险事故发生后医师与保险公司之间的配合模式也应在投保时建立完成,以利于后续保险理赔时,能有效且迅速的解决医疗纠纷,此外保险公司应招募专门医师责任保险理赔人员,对于医疗事故的专门性与特殊性能切实掌握,解决医疗纠纷。

(3)提供医师责任险足够的赔偿限额。

保险公司基于商业利益的角度,通常针对于高风险业务会大大限缩保额,风险较低的业务才会提供较高保额,但医师投保的初衷当然是希望发生损害赔偿时,保险公司能够全额承担赔偿,以解决无法预测的赔偿风险,而保险公司的控制限额做法,无法真正解决风险的转移和保障作用,造成医院认为买与不买保险差异不大而选择不购买。若保险公司妥善规划合理完善的医疗纠纷处理模式,整合国内可配合的医师或律师作全盘规划,与医师建立起沟通桥梁,在医师想要的责任险范围与保险公司可接受范围中取得平衡。若保险公司提供的服务能协助医师解决医疗纠纷,医生也愿意付出较高的保费作为补偿,保费提高自然较能提高保额,解决保额不足的问题,使其能真正发挥转移医疗责任风险的作用。

参考文献 ▶

[1] 李国炜. 中美医疗责任保险之比较研究 [J]. 医学与哲学, 2005, 26(4): 52-53.

[2] 邢润峰. 上海医疗责任保险市场现状存在的问题及对策 [J]. 上海保险, 2004(9): 15-17.

[3] 李 松. 医疗责任保险在国外 [J]. 当代医学, 2002(12): 55.

[4] 陈玉玲. 我国医疗责任保险的现状及其发展的前提条件 [J]. 中国卫生事业管理, 2002(6): 345-346.

[5] 郭丽军. 论医疗责任保险的发展 [J]. 保险研究, 2002(10): 48-50.

财产保险业的"高筑墙"与"广积粮"

——浅谈风险控制和业务创新

宋 浩

（平安财产保险股份有限公司青岛分公司）

摘 要：改革开放以来，中国的财产保险业开始了 30 多年的高速增长，在补偿灾害损失、维护社会安定、支持中国的经济建设等方面发挥了重要的作用。但总体来看，我国的财产保险业仍处于发展的初级阶段，与国外同行在很多方面仍存在较大差距，尚不能完全适应全面深化改革和经济社会发展的需要。本文重点论证风险控制和业务创新这两大方面，风险控制水平的提高，就是"高筑墙"，提高行业抵御风险的能力，有利于稳固整个财产保险业平稳发展的基础；业务创新能力的改善，就是"广积粮"，以更加创新的手段和方式来吸引更多客户，实现整个财产保险行业的长足发展。

关键词：财产保险；风险控制；业务创新

一、财产保险业的现状和发展

据调查，保险业已成为国民经济发展最快的行业之一。据保监会统计数据显示，自 1980 年以来，我国保费收入年均增长 28.3%，2013 年底，保费收入达到 1.72 万亿元，居世界第四位，4 家保险公司进入世界 500 强。而财产保险作为保险业的重要组成部分，多年保费收入增幅略高于同期寿险公司的增长水平，在社会生活和经济生活中发挥了经济补偿、资金融通和社会管理等功能，是市场经济条件下风险管理的基本手段，也是金融体系和社会保障体系的重要组成部分，在社会主义和谐社会建设中具有重要作用。

保监会主席项俊波在公开场合强调，未来 10～20 年，我国保险市场有望实现保费收入跻身世界前两位，行业总资产在金融业总资产的占比达到 20% 的发展目标，以保险深度、保险密度等指标衡量的保险业综合影响力将达到发达国家水平。但截至 2013 年，我国保险业保费收入 1.72 万亿元，保险深度为 3%，保险密度不足 1 300 元/人，如果要实现既定目标，2020 年我国保险行业当年保费收入规模必将达到 4.73 亿元，保费年复合增长率接近 15.5%，这意味着未来 6 年保险业必须保持超速发展。

　　经历过 2011 年的行业发展低潮期的我们必须意识到,我们在着眼于保费规模的快速增长的同时,还必须要提高整个行业的风险控制水平和自身的业务创新能力,这样才能为整个行业的又好又快发展保驾护航!

二、财产保险业的风险

　　财产保险公司是以特定风险为经营对象的保险业,是对所承保的财产及其有关利益因自然灾害或意外事故所造成的损失承担赔偿责任的特殊行业。当前我国财产保险业务主要有财产损失保险、责任保险、信用保证保险等保险业务。针对风险形成的原因,其面临的风险类别主要有:

(一)因同业过度竞争,一味追逐保费规模而产生的经营风险

　　(1)费率过低、定价不足甚至出现分保的风险。

　　该类风险具体变现为赌博性承保、超出承保能力承保、降低承保条件承保等不规范承保行为。明显偏低的定价水平直接导致了保费收入很难覆盖风险。目前我国的企业财产险、工程险的费率已经远远低于国际市场费率水平,一些大型项目的保险费率甚至低到万分之一以下。如深圳地王大厦这样投资额高达 40 多亿港元的巨型保险标的,保费仅收取了 20 多万人民币。再如,有的公司承保道路建筑工程全部险项,保额好几十亿,仅收了100 多万的保费。费率过低将使保险公司经营的稳定性受到极大影响,保费的收取不足使得企业无法提足准备金,也加大了公司资金运用的压力,还可能使企业管理者违背保险资金稳健运行的原则而参加金融市场的投机行为。因为资金紧张,部分财产保险公司就会对应该分保的业务抱有"惜分"心理而进行自我蒙蔽,心怀侥幸,这种冒险承保,实际是掩耳盗铃,一旦出险,就将是灭顶之灾。

　　(2)缺乏风险选择、导致承保业务质量低的风险。

　　该类业务具体表现为承保门槛低,不进行风险查勘即承保,防灾减灾措施不到位等情况。我们很容易看到一个现象,有的公司年年超额完成保费任务,却又年年亏损,为了追求所谓的规模效益,更加"饥不择食"地揽进业务,导致了恶性循环。有的业务人员明知某类业务风险很大,但为了完成保费考核指标,对此类业务主动提出承保,把不该保的保了进来。无论是公司还是个别业务员的此类行为,都是以牺牲财产保险业的大局利益为前提,造成了承保业务质量的急剧下滑。

　　(3)理赔管控不严,以赔促保的风险。

　　该类风险具体表现为通融赔付案的时有发生和理赔制度的不严格执行。由于理赔制度自身的漏洞和监管力度的缺失,部分公司存在利用做赔案与保户维护关系,无视行业和企业的相关赔案规章制度,一味迎合客户的无理要求,大肆"放水式"赔付,造成不该赔的赔了,应该免赔的不免赔。更有甚者,出现"倒签单"现象,出险后才办理投保手续,骗取理赔款。甚至有少数保险业务人员为一己私利,利用工作之便,与客户互相勾结,制造假案子,套取公司赔款,严重影响了公司的正常经营活动,使所在公司的盈利水平大幅下降。

（二）资产与负债风险

（1）资产过度集中风险。

当保险公司资产高度集中于于某一单项资产或某一类别资产上时,资产价值的波动极易给保险公司带来风险。这类风险的解决之道就是资产多元化,通过不断拓宽保险资金的运用渠道,推动保险机构购汇投资境外市场,保险资金积极参与投资基础设施建设等手段来降低资产过度集中的风险。

（2）产品结构不合理。

一直以来,产品结构不合理的问题在我国保险业务中相对集中,在产险业务中体现得更明显。在财产保险业务主要险种中,机动车及第三者责任险的比重一直保持在60%以上,企业财产险占比11%左右,并有不断下降的趋势;其他比较大的险种如货运险、责任险的市场份额均在5%以下,信用险、农险等则占比更低。机动车及第三者责任险具有较广的普及度和认知度,某种程度上也因为其保障对象风险的发生概率在日常生活中普遍存在。近年来,我国物流业迅猛发展,货运车保险业务的高速增长在某种程度上也带动了这个险种赔付率的上升。与此同时,新的《道路交通安全法》为保护受害人的弱势群体的利益,出台了如机动车无过错责任等多项新规定,很多地方的执法部门在事故发生后往往就裁定保险公司先行支付事故相关费用。新规定的实施在某种程度上造成了保险成本的增加,对保险公司的业务发展产生了重大影响。

（三）外部风险

（1）法律法规和监管政策等政治因素的变动引起的风险。

保险业的属性决定其对外部政策的敏感性,国家司法制度建设和保险行业监管政策对其影响重大。国家政策方针的导向决定了整个保险业的发展态势,以新的《道路交通安全法》为例,刚出台立即就对财产保险业占比最大的车险业务产生了直接的影响。

（2）经济政策的调整引起的风险。

经济政策的较大调整会导致汇率风险和利率风险。汇率风险会对保险公司的外汇资产价值和涉外保险业务的承保产生直接的影响,进而造成公司的财务状况的动荡风险,引发经营风险。财产保险公司应对风险,要遵循步步为营、由浅入深的原则,根据风险的特点,选择采取相应的合理的风险防范和应对措施,对不同的风险责任区别对待,对症施治地开发相应的险种。最关键的还是要联系我国财产保险的经营与实践经验,逐步构建起具有中国特色的财产保险业的新型风险管理和防范体系。

三、财产保险业的业务创新分析

当前,我国的财产保险业处于日益激烈的市场竞争环境之中。对于我国的保险公司而言,竞争来源于内外两个方面:一是随着我国行业市场化的不断推进和保险市场的逐步完善,本土保险主体迅速增加,到2013年底,已有大小中资保险公司100多家;二是中国加入世界贸易组织之后,国内市场不断开放,随着时间的推移,保险业向外资开放的深度和广度不断加深,大量的外资保险机构进入中国市场。这就使得原本"一家独大"变成"群雄逐鹿",面对资源有限的局面,中资保险公司面临的竞争将会越来越激烈。

如果着眼于竞争对手的实力来看,中资保险公司面临的挑战将更加严峻。国外的保险机构,早已实现了从单纯经营保险产品到依赖综合性服务手段获得效益的转变。更雄厚的资金实力,更丰富的管理经验,更先进的服务观念,更专业的企业运营,更有效的服务管理,外资企业自身优良的 DNA 和丰富的市场经验恐怕会在短时间内让中资企业难以招架。如果中资保险公司不通过创新手段,提升服务品质,让服务创新贯穿于企业经营的各个环节,形成真正属于自己的新的核心竞争力,并在有限的缓冲期内加速赶上外资企业的步伐,以后的日子恐怕会更加举步维艰。

创新,已经迫在眉睫!财产保险业的业务创新,我们应从以下几个方面入手。

(一)保险产品创新

市场有需求和经营有效益是保险产品开发创新的两大原则。经济社会生活和城乡居民消费热点的不断变化,给保险产品的创新带来了契机,与此同时,不断开拓市场和持续获取利润的内在驱动力使得保险公司集中更多的资源来进行产品创新。例如,随着社会的变迁和经济的快速发展,相伴而生的环境问题和食品安全问题每天都在曝光,客观上要求保险公司为社会公众和企业提供相应的保险服务——环境污染责任险和食品安全责任险便应运而生;还有很多的新型保险产品迎合社会热点不断推出,如雾霾险等。我们在开发创新保险产品的同时,还要避免为了博眼球而标新立异,要使开发的新产品真正解决问题发挥功用,为整个保险业的持续健康发展贡献自己的一份力量。

(1)按政策导向和市场需求开发创新保险产品。

政策的变动往往能带来巨大的保险市场,要认真研究,及时根据政策导向,密切贴近市场需求和消费需求来开发满足社会需要的保险产品。

(2)细化保险创新产品的开发和推广工作。

时刻以客户的需要为导向,积极调研市场,掌握客户的产品需求和心理价位,在结合精算的基础上,兼顾不同地域不同客户群的购买习惯和消费特点,推出适应市场需求的新产品。同时,利用多媒体的时效性和广泛性,通过多种营销手段积极宣传和推广新产品。

(3)做好创新技术和专业人才的培养和储备工作。

先进的技术和专业的人才是产品创新的前提条件,只有技术和人才到位,产品创新工作才能积极有效的推进。在"大数据时代",还要加快保险行业的信息化建设,为保险产品创新提供源源不断的数据和资料支持。

(二)保险服务创新

服务创新是保险公司形成核心竞争力的重要内容。在保险市场竞争日益激烈的今天,核心竞争力已不再只表现为产品、资本等有形的资源,服务、管理、品牌形象等无形的资源开始发挥更加重要的作用。服务创新是贯穿保险公司经营的全过程的,整个保险业务流程都要围绕为客户服务来设计,进而不断提升客户的服务体验,形成自己优于他人的竞争优势。

（1）服务观念创新。

保险服务创新必须牢牢树立"以客户为中心"的营销观念，通过与客户的交流，全方位了解客户的实际需求和能力，做好风险评估工作，有针对性地设计出适合客户的保险计划和方案，根据客户要求，不断修正方案，在合规的前提下尽量满足客户的保险消费需求，"售前"吸引客户，"售后"稳固客户，"严核保快理赔"，力求在专业服务的过程中与客户建立起稳定的双赢互惠关系，不断积累客户，才能真正做大做强。

（2）服务手段创新。

随着社会的进步和技术的更新，消费者对保险服务的要求越来越高。我们需要不断提升客户的服务体验，便捷化、智能化、与时俱进地利用最新的科技产品来更新我们的服务手段，如互联网、手机终端等，融入客户的日常生活，为客户提供个性化的服务，在服务过程中不断增强与客户的"黏度"。

（三）保险营销创新

保险营销的主要方式就是关系营销，如何用新的保险营销观念去吸引客户，还需关注客户的不同层次需求。在公众的消费价值观由感性消费时代、理性消费时代跨入感情消费时代的过程中，消费者更多地注意在商品的购买与消费的过程是否带来心灵的满足，即追求商品的"附加值"。

美国咨询企业贝恩公司的研究显示，保留顾客的投入和公司利润率之间有着非常高的相关性：在保险企业中，保留顾客方面增加 5 个百分点的投入，利润可以增加 50％。波士顿论坛公司调查也显示：留住一位老主顾只需花费意味新顾客 1/5 的成本。留住客户是所有保险企业都要面对的关键性战略问题。

现代企业，要想在市场上立足进而发展壮大，首先必须建立稳固的客户关系和市场关系。这就要求保险企业必须最大可能地利用各种关系作为营销手段去加强与这两者之间的信息交流。具体来说，保险营销中的关系营销应体现在：首先，建立并维护与客户的良好关系，无论是陌生拜访还是熟人拜访，营销人员都应秉持主动坦诚的拜访态度，通过与客户的积极交流，找到与客户的话题共同点，通过话题互动建立起与客户的初步信赖感，让客户在心理上接受你，进而在交流中逐步了解客户的实际需求，进而推介产品，接触应亲和，销售应专业，两者缺一不可。其次促进与同业的日常交流和合作；例如，保险公司之间除了适度竞争、争夺市场之外，还应相互取长补短，借鉴经验，在某些大的投标项目上双赢合作，共同开发新的市场，抵制行业的不良之风，在竞争中不断增强自身的实力。

另外，我们也需学习借鉴外国保险业的经营经验，结合我们自身情况，大力发展新的营销手段和方式，尽早为开展网络保险做好铺垫。将发展网上保险作为 21 世纪的战略举措，利用互联网平台开发适应市场的保险业电子商务模式，为占领网上市场做好积极的铺垫。

（四）保险管理创新

企业内部管理制度的科学性往往决定一个企业的成败。我国保险公司的管理创新，要以管理效能最大化为目标，紧紧围绕建立现代企业制度而实行科学化的管理。

（1）创新组织管理体系。

合理分析和利用渠道管理、产品管理和项目管理等三种维度建立适合自己的组织管理体系，实现不同渠道的综合销售和各个险种的联合销售，最大限度地提高销售组织的绩效，并在产品开发、技术创新等后续活动中提供积极高效的组织和运作模式。

（2）创新保险业务流程。

秉承"以客户为中心"的经营模式，综合考虑自身防范风险和客户的需要，优化业务流程设计，对人员分工、岗位、部门设置等进行重新组合，提高工作效率。

（3）创新业绩评价和激励分配机制。

注重人才培养，建立科学的人才评价标准，强化科学的管理意识，坚持效益为先，实现由"注重扩张速度"向"注重经营效益"的转变，处理好速度、规模和效益之间的关系，充分考虑员工利益，合理利用分配机制，建立符合实际的长期激励制度，让员工共享企业发展的红利，进而充分调动起各方面的积极性和创造性，为企业的长久持续经营发展提供源源不断的动力支持和人才支持。

（4）创新财务管理体制。

抓好保险资金的筹措管理，完善核保核赔机制，加强财务核算中心、业务处理中心和理赔鉴定中心建设，利用"云计算"和"大数据"的技术优势，建立先进的电子计算机网络系统，深化精算体制改革，管控好赔付率和成本费用率。

我国在实现伟大复兴的征程上稳步前进，不断发展变化的社会经济环境为我们提供了挑战的同时，也提供了巨大的发展机遇。我们要迎难而上，克服各种不利因素，勇敢接受外国同业的竞争和挑战。做好风险控制，有利于整个财产保险行业的发展稳定和维持较好的赔付能力，进而避免出现信用风险，树立起社会公众对整个财产保险业的信心。做好业务创新，着手于外部产品、服务的不断推陈出新，内部营销、管理的升级换代，这样才能不断得增强我们自身的竞争实力，满足客户的需求，赢得客户的信赖，实现我们财产保险行业的长足发展。

参考文献

[1] 黄英君. 保险和保险法理论与实际问题探索 [M]. 成都：西南财经大学出版社，2007.

[2] 吴定富. 中国保险业发展蓝皮书（2004—2005）[M]. 北京：中国广播电视出版社，2006.

[3] 黄英君. 我国财产保险公司面临的风险探析 [J]. 云南财经大学学报，2008（5）：79-85.

[4] 魏华林，林宝清. 保险学 [M]. 北京：高等教育出版社，1999.

[5] 薛梅. 保险营销及创新思路 [J]. 社会科学家，2000，15（3）：71-74.

[6] 陈鹭. 全面开放中的我国保险业创新研究 [D]. 广州：暨南大学，2007.

[7] 史晓滨. 浅谈以人为本在保险中的运用 [J]. 上海保险，2001（3）：42-43.

[8] 粟丽丽. 对当前我国保险服务创新与经营体制创新的思考 [J]. 商业研究，2005（11）：41-44.

关于发展网络保险有关建议

——以货运险为例

林凡浩

（中国人民财产保险股份有限公司青岛市分公司）

摘　要：当网络遇上保险，便赋予保险一种全新的形式，因此即产生了网上保险。网上保险的目的不仅是通过网络途径宣传保险品牌及产品，其最终目的是实现保险的电子交易，即通过网络实现投保、核保、理赔、给付等一系列流程。同时，网络保险不单是保险业务从传统到网络的一次简单的移植，而是要借助电子商务的特点为客户提供更全面优质的服务。因此，作为保险业历史最悠久的货运险业务，如何在互联网浪潮中觅得先机显得尤为重要。

关键词：网络保险；电子商务；货运险

一、网络保险概述

随着信息技术的不断发展，网络已经深入社会的每一个角落。网络的优势在于可以为用户提供一个自由交流的平台以满足其对信息的渴求。因此，保险作为一个需要多种部门协同工作、时效要求高的行业，便产生了电子商务的需求。

网上保险是指保险企业采用网络来开展一切活动的经营方式，它包括保险公司与客户之间通过电子工具来共享结构化和非结构化的信息，并完成商务活动和消费活动。

网上保险的最终目标是实现电子交易，即通过网络实现投保、核保、理赔、给付。客户在保险公司提供的保险服务中选择适合自己的险种、费率等投保内容，依照网上设计表格依次输入个人资料，确定后将信息反馈回保险公司，经保险公司审核无误后签发保单，客户通过网络转账将保费自动转入保险公司，保单正式生效。

二、发展机遇

随着时代的发展，物质生活极大丰富，老百姓消费水平不断提高，消费意识和消费观念也在逐步改变，从单纯比较价格低廉到逐渐注重质量信誉，从偏重样式花色到追求时尚定位。消费者的选择面越广,接触到的信息越多,就越来越抵触强硬推销,更倾向于自我选择。

互联网的高速发展,为消费方式的更快改变提供了技术平台,也促进了电子商务的迅猛发展。当前庞大的互联网人群和快速普及的网络消费习惯,让互联网成为保险业不能忽视的重要销售渠道。根据中国保险行业协会的最新统计,2011年行业28家公司的互联网保险规模保费为31.99亿元,2012年行业34家公司的规模保费为106.24亿元,增长2.3倍;到2013年,60家公司的规模保费增长到291.15亿元,比2012年增长1.74倍。三年间行业互联网保险保费增幅总体达到810%,年均增长率达201.68%。

在发达国家的保险市场,保险网销渠道占比已经接近三成,保险产品正经历电子化的趋势。国际数据公司(IDC)预测"十二五"期间将是中国保险电子商务迅速发展的重要时期,其用户数量将以50%以上的年增长率递增,2015年中国保险行业电子商务收入将超过300亿元。来自艾瑞咨询集团的数据显示网销保险更容易被年轻人接受。2012年中国保险网销用户渗透于各年龄层中,25岁以上人群占比达65.7%。他们预计,2016年中国保险电子商务市场保费收入规模将达到590.5亿,渗透率将达到2.6%。而据IBM预测,到2020年国内保险业电子自助渠道将从2005年的0.16%上升到10%;保险网销市场未来10年的保费潜力将突破千亿元规模。

所有的预测都在指引着一个方向,即互联网保险的发展将对整个保险业带来深远的影响和变革,并将改写保险原有格局。互联网保险具有成本低、信息透明、覆盖广、效率高的天然属性,这为传统保险业改革创新提供了无限的发展空间,将进一步解放生产力,提高效率,我们即将迎来保险业的新变革时代!

货运险单量大,时效性高,零售性质突出,适合借助网销渠道进行推广,当前就保险市场上的主体都早已经着手准备各自产品的网络销售。平安保险早在2001年5月15即启动了平安货运险网上交易平台系统,这也是我国第一个货运险网上交易的多功能平台。我们人保公司也于2005年开发出台了适于客户网上投保的E-Cargo系统。

除常规货运险产品以外此之外,各保险公司也在积极跟进细分市场的变化,根据新的市场需求推出了一系列试销对路的产品,比如当前快递物流快速发展,平安保险在其官网开发货运险新产品——快递邮包险,保障货物由快递或邮包运输过程中的风险。与此同时,随着保险专业化程度的不断提高,网络上出现了很多保险第三方服务商为客户提供服务,如保运通、新一站等。

针对当前这一现状,我们必须加紧对保险电子商务特别是对货运险电子商务进行研究,以确保和扩大公司的市场份额。

三、推广意义

(一)增强社会影响力,提升保险的社会形象

保险公司通过网络传递的信息内容真实可靠,除此之外,保险公司通过设立主页介绍保险产品,为客户提供保险咨询服务,是保险在社会正名的有效方式。

（二）简化保险商品交易手续，提高效率，降低成本

当前保险公司业务的开展很大程度上依靠传统的代理人制，中间环节繁多，这不仅增加了销售成本，还增大了管理难度，而通过电子商务则可以省去这些纷繁的中间环节提高运作效率。通过网上保险业务的开展，投保人只要简单地输入一些情况，保险公司就可以接收到这些信息，并作出相应的反应，从而节省双方当事人之间进行联系以及商谈的时间，提高效率，同时降低了公司的经营成本。电子化的发展大大简化了商品交易的手续。

（三）为客户创造和提供更加高质量的服务

互联网能够加快信息传递速度的优势可使保险服务质量得以大大提升。很多在线下不能获得或不易获得的服务，在互联网上变得轻而易举。比如保险消费者可以在投保前毫无销售压力的情况下从容选择适合自己的产品和保险代理，获得投保方案，而无须不厌其烦地去和每家保险公司、保险代理打交道，在投保后轻松获得在线保单变更、报案、查询理赔状况、保单验真、续保、管理保单的服务，从而避免了烦琐的手续、舟车劳顿、长时间等待等不利因素。同时，网络客户享受到的不再是单一业务员所提供的有限服务，而是整合了整个公司资源所提供的全方位的优质服务。再者，当保险公司决定提供在线服务后，其所提供的服务都会是标准化、规范化的，这种方法杜绝了中间可能会产生的不规范行为。

（四）利于保险公司长久稳健经营

保险电子商务属于直销业务，能够增加公司直销业务的占比比重，帮助公司直接掌握客户信息。省去了中间环节中的代理或中介能够避免信息可能存在的失真，同时保险公司通过直接跟客户交流能够掌握一手市场咨询，利于其及时调整对接市场的政策。

同时，网络保险是不可逆转的时代潮流。中国保监会主席项俊波在2014年全国保险监管工作会议上指出"以互联网金融为代表的新兴金融业态的出现和发展，成为影响金融市场格局的重要力量。现在，互联网金融崛起的势头很强劲，互联网已经不仅仅是一个销售的渠道，其本身的特点也在改变着金融业的行为方式和市场格局。如何把握互联网金融的发展趋势，增强保险行业的竞争能力，是值得深入思考和研究的课题。"除此之外，当"80后"、"90后"逐渐成长起来，慢慢成为这个社会的生力军，整个社会的风气和习惯都会发生变化。作为信息化的第一批受益者，他们会将自己的消费习惯带到这个社会中。因此，电子商务会慢慢地渗透到各领域及行当，而作为金融系统中的三大主力之一，保险电子商务的发展是大势所趋。

四、网络保险发展现状

与西方发达国家相比，我国的网上保险起步比较晚，最早可追溯到1997年由中国保险学会牵头开办的中国保险信息网的正式开通，该网涉及保险业的培训、咨询、销售、投诉等内容。在信息网开通的当天，中国内地第一份由网络促成的保单在新华人寿保险公司诞生。随后各商业性保险公司纷纷推出了自己的网站来介绍产品、介绍公司的背景，并与客

户进行网上交流,宣传扩大影响。

在我国,网络保险销售尚处于初级阶段,可以说是低水平的。多数保险公司对于网络保险的认识仍处于摸索阶段。真正意义上的网上保险意味着实现电子交易,即通过网络实现投保、核保、理赔、给付,但现在虽然各保险公司都推出了自己的网站,主要内容却大都局限于介绍产品、介绍公司的背景,并与客户进行网上交流,宣传自己,用于扩大影响。当然近些年也有很多保险公司在公司官网上推出了保险产品,但网销产品大都是方案设计简单的定额保险产品,目标客户集中在车险、意外险或责任险等分散性个人客户群体。

单从货运险而言,当前网销渠道发展乏力。从市场看,当前货运险网销产品主要有退费险及行李保险两大类,面向的主要是个人客户群体。因此,货运险网销模式与传统货运险客户多为法人客户销售模式完全不同。从当前货运险网销结果来看,较传统模式下的销售仍有很大差距。

五、当前已有的网销做法

就具体的货运险网销来看,不同层次的市场主体也有不同的做法,现按照保险公司、中介渠道两个维度进行介绍。

(一)保险公司

目前市场上,人保、平安和太保均开发了 B2B 投保工具,以方便客户投保。

1. 人保财险 E-Cargo 系统

图1

E-Cargo 系统是我公司于 2005 年投入使用的货运险电子商务系统。用户与我公司签订使用协议后,我公司会分配给客户唯一的一个用户名和密码,当客户有货运险业务时便可以按照协议规定自行录单,我公司审核无误并通过后便可以自动生成电子保单,方便客户自行打印或留存。

2. 平安网上货运险系统

图2

平安货运险网上交易系统是我国第一个货运险网上交易多功能平台,与人保财险E-Cargo 系统一样,该平台也是专门为货运险网上交易而设置的,具体包括客户网上投保、后台核保、出单、送单。除此之外,该系统还设计了客户与保险公司进行在线沟通的工具,方便客户就问题及时与专家在线交流。

由此可以看出,两个系统基本架构相同,都是基于现有客户提供的附加便捷服务。从用户体验来看,人保系统涵盖范围广,承保类别全;平安系统的自动核保设置较宽泛,流转速度快。

（二）中介渠道

当前网上货运险服务平台有很多,为人们所熟知的有新一站、保运通等。这些保险中介可以帮助有货运险潜在需求的企业提供有关投保货运险的相关资讯工作。例如有一个企业需要投保货运险,该企业可以登陆"新一站"网站,在货运险项下选择任一保险公司,然后按照要求填写相关项,之后即会出现这个保险公司可能会报出的承保条件及保费。例如该企业选择人保货运险,具体如下:

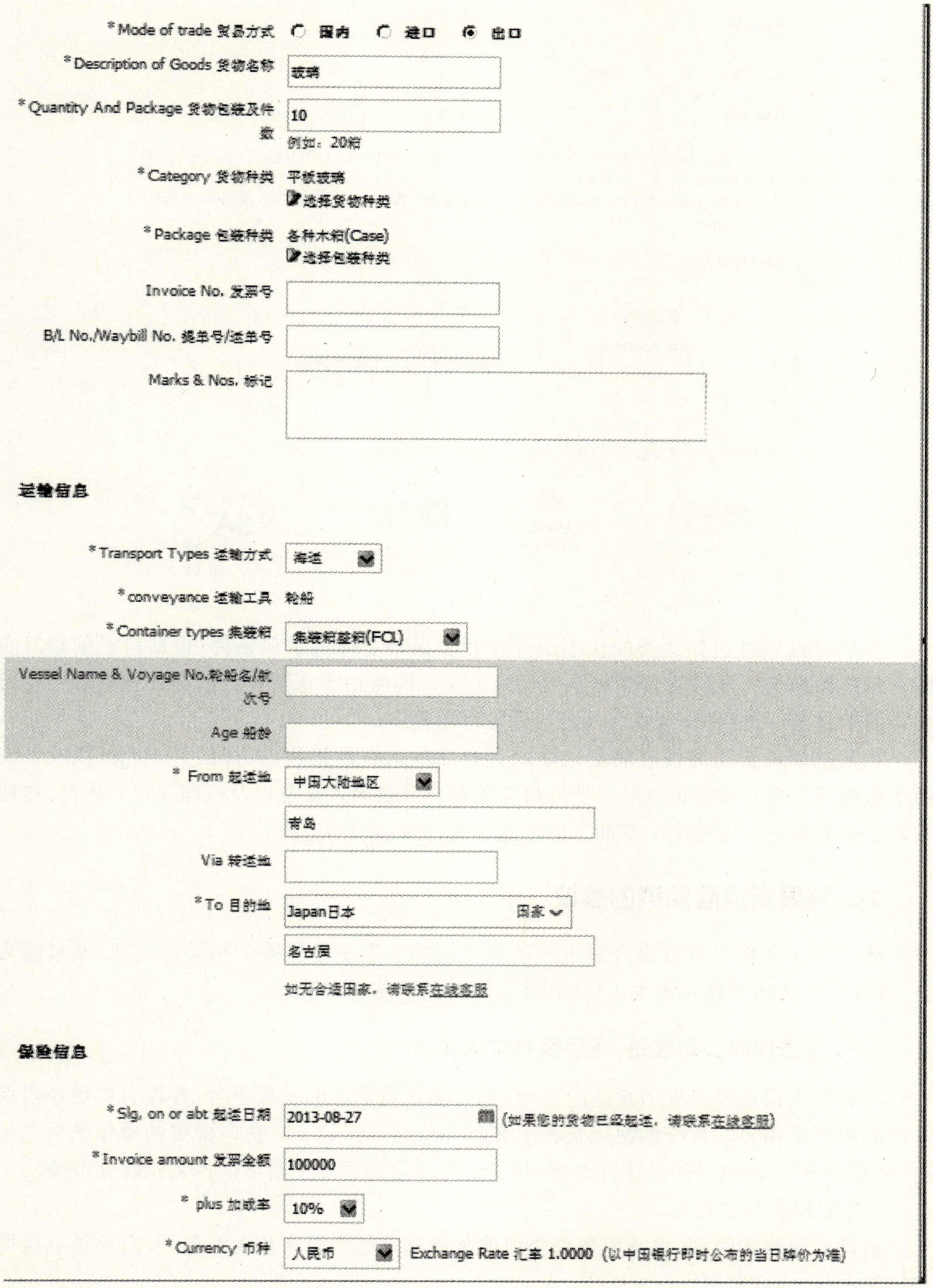

*Mode of trade 贸易方式	○ 国内　○ 进口　● 出口	
*Description of Goods 货物名称	玻璃	
*Quantity And Package 货物包装及件数	10	
	例如：20箱	
*Category 货物种类	平板玻璃	
	☑选择货物种类	
*Package 包装种类	各种木箱(Case)	
	☑选择包装种类	
Invoice No. 发票号		
B/L No./Waybill No. 提单号/运单号		
Marks & Nos. 标记		

运输信息

*Transport Types 运输方式	海运 ▾
*conveyance 运输工具	轮船
*Container types 集装箱	集装箱整箱(FCL) ▾
Vessel Name & Voyage No.轮船名/航次号	
Age 船龄	
*From 起运地	中国大陆地区 ▾
	青岛
Via 转运地	
*To 目的地	Japan日本　国家 ▾
	名古屋
	如无合适国家，请联系在线客服

保险信息

*Slg. on or abt 起运日期	2013-08-27 📅 (如果您的货物已经起运，请联系在线客服)
*Invoice amount 发票金额	100000
*plus 加或率	10% ▾
*Currency 币种	人民币 ▾ Exchange Rate 汇率 1.0000 (以中国银行即时公布的当日牌价为准)

图 3

将上述信息输入完毕后，会出现的结果如下：

207

保险条款

查看所有条款

免赔说明

1、一般免赔为每次事故免赔RMB500.00元或损失的10%,以高者为准。特殊风险免赔,按双方约定的免赔条件执行。
2、全程为公路运输的国内货物运输保险申请加保盗窃险时,需要增加0.02%的保费,免赔条件按照双方约定执行。

图4

客户可以通过诸如此类的保险中介比较各保险主体的承保条件,根据自己的切身实际有目的性地选择最符合自身需求的保险公司。同时由于保险中介的存在使得各个保险公司的承保条件透明化,客观上规范了保险市场秩序。

当前的保险公司并没有将货运险相关产品放入官网销售,人保的 E-Cargo 以及平安的货运险网上交易系统也只是方便签协议的客户自己录入信息以及打印保单。因此,这些保险中介的存在一定程度上帮助了中小企业进行货运险的选择。

六、开展货运险网销的建议

通过上述分析可以看出今后电子商务货运险一定是各保险公司必争之地,发展潜力巨大,现结合市场现状和相关主体的做法,提出如下发展建议。

(一)改进保险公司直销,直接面对市场客户

无论是人保还是平安的货运险平台,都只能算是业务的处理平台,并没有实现各自保险产品的网络销售。系统的使用是基于客户先前已与保险公司协商确定的承保条件之上的,未实现 B2C 功能。针对这种现象,我们认为保险公司要主动出击占领此部分市场。

(1)航程产品定额化。

梳理运输货物类别,将承保条件类似的货物制定统一费率和免赔条件,自动关联至用户投保系统,使得客户可自主完成。

(2)定额产品零售化。

针对很多保险产品比如公路定期定额保险、随车行李险具有保费低、保险责任固定等

特点,可以设计成固定的模板,按份固定销售。

（3）增加广告宣传。

在物流、报关等相关客户日常登录的网站投放广告并设置网络连接,扩大公司影响力的同时方便客户投保。

（二）深化与网销保险中介的合作

当前市场上的网销保险中介类似保运通、新一站等都已经形成规模,与类似网销网站建立战略合作关系,将保险公司的核心业务系统与其网站系统对接,实现网站投保数据与保险公司数据同步,与网销保险中介共同发展。

（三）建立在线支付功能

链接网上银行或支付宝等第三方支付平台,在完成网络投保的同时缴纳保险费,即时投保即时生效,也避免应收保费的形成。但是要真正实现网销产品的快速发展,还需要国家政策等多方面的支持,具体为:

（1）制定完善的用户使用协议,规避合规及诉讼风险。

与其他商品不同,保险产品的保险利益为保险是否生效的先决条件,而且除外责任和免责条款的告知经常比保险责任的描述更为重要。因此,当产品进行网络销售时,要确保相关合规要求的实现,比如在产品销售前可以要求客户网上签署"用户协议书",开发符合电子签名软件等,规避经营风险。

（2）推进科技创新,提高客户体验。

保险电子商务要求流程和客户之间只有一个联系点。当流程比较复杂或过于分散时,往往不可能由一个人包办,同时,也达不到全面收集信息的作用。只有通过大力推进科技创新,建立网上保险一站式服务,将网上保险从主要侧重销售延伸至实现核保出单全过程,提高客户的满意程度,进而将客户的满意度转化为忠诚度,优化电子商务平台,提高整个公司的竞争实力。

当前我们已经实现了货运险的 E-Cargo 出单,货运险在 B2B 领域已取得重要突破,只要我们加紧跨越,完善网销系统和产品,相信货运险电子商务未来的发展道路会更加辽阔。

关于我国家庭财产保险问题研究

张　瑾　杨晓燕

（安邦财产保险股份有限公司青岛分公司）

　　摘　要：家庭财产保险在我国发展较早，在财产保险领域中属于经营历史比较悠久，经营效益也相对较好的业务。随着国民经济的增长及人们风险意识的提高，我国人民对家庭财产保险的需求日益增长，但近几年由于种种原因，家庭财产保险面临发展变缓势头，且存在发展困难、举步维艰、业务下滑、比重减小等问题。面临这些现状，保险公司应从提高从业人员的整体素质，积极进行保险产品创新，提高宣传推广的力度等方面入手，从而促进家庭财产保险健康、稳定发展。

　　关键词：家庭财产保险；发展策略；展业方式

　　家庭财产保险是财产保险中的传统业务，能够为居民的家庭财产提供多方面的安全保障，社会效益较好。随着我国经济的发展，家庭财产在不断增加，人们风险意识也在逐步提高，我国对家财险的需求必然逐步增长。然而，在我国财产保险迅猛发展的同时，家财险却停滞不前。

　　家庭财产保险是我国恢复国内保险业务以来，开展业务较早，发展较快，覆盖较宽的骨干险种之一。家庭财产保险包括灾害保险、第三者责任保险、盗窃保险等。它面对全国十几亿人口、数亿个家庭，市场潜力巨大。据了解，世界发达国家家庭财产保险的普及率已达 70%，但我国目前的家庭财产保险覆盖面不到 10%。近年来，各家保险公司为了调整业务结构，提高经济效益，纷纷加大了对家财险业务的重视与投入，但成绩却不尽理想。我国家财险的发展一直处于一种"亚健康"状态，成为各家保险公司的"鸡肋"业务。我国家财险发展中存在的问题理应引起各界的高度重视，特别是应当认识到发展家财险与构建和谐社会的内在联系，认真分析问题的深层原因，研究制定系统解决方案，进行综合治理，以促进我国家财险业务的持续、健康发展。家庭财产保险业务何去何从，是值得认真研究的课题。

一、家庭财产保险的现状与问题

（一）现状

家庭财产保险在我国财产保险领域中是最早开展的险种且经营效益相对较好。但是我国家庭财产保险的业务总量一直不大,在财产保险业务中的占比也很小。上海 2010 年"11.15"大火造成百余人伤亡的同时,让几百个家庭财产遭受严重损失。上海"11.15"特大火灾经保险排查,共计 9 家保险公司涉及赔案 34 件,保额约 1 648 万元。截到 2010 年 11 月 19 日中午,上海保险业已赔付共计 778.55 万元[①]。家财险投保率低的类似情况也发生过,2008 年南方大范围的雪灾,让南方受灾地区许多家庭损失惨重。而这其中有 9 成以上的家庭因为没有投保家庭财产保险,无法在灾后得到保险公司的赔偿。而同样的场景在近几年台风、洪水等灾害发生后已经多次重复上演。此次,"11.15"特大火灾事故,再一次折射出了国内家财险投保率低的现状。相比之下,国外发达国家的投保率已达 80% 以上,是仅次于机动车第三者责任险的第二大普及险种,一般家庭无论是自有住房还是租居他人,搬家后第一件事就是去保险公司买份保险,而我国初步估计还不足 5%,较发达地区如上海、北京的普及率较高,但也估计就是在 5%～7%,绝大部分不足 5%。而且有很大一部分是各企事业单位作为职工福利发放的,保障范围窄、保额低,起到的保障作用极为有限,无法满足实际需要。

1. 国内业务恢复初期,家庭财产保险与其他业务一起高速增长

恢复国内保险业务初期,家庭财产保险与其他业务一样发展很快。以中国人民保险公司江苏省分公司为例,1981 年至 1985 年增长率分别为 40.4%、18.3%、26.6%、39.9%、80.7%。由 1980 年的保费总收入 4 118 万元增至 1985 年的 2.2 亿元。家庭财产保险费由 1980 年的 0.3 万元(承保 1 730 户)上升到 1985 年的 1 623 万元(承保 504 万户),所占保费的比重上升为 7%。当时,人保江苏省分公司大力公关,得到了当地人民政府的支持,取得了较好的效果。1990 年江苏省保费收入达到 10.2 亿元,同期增长 17.4%,财产保险保费收入 7.41 亿元,其中家庭财产保险保费收入为 4 061 万元(承保 868 万户),占保费总量的 4%。1995 年人保江苏省分公司家庭财产保险费收入达到 7 507 万元,当年增长 26%。这一时期,家庭财产保险业务保费收入绝对数虽然不大,但发展较快,也达到了一定的比例,人保徐州市分公司 1995 年业务总收入约为 1.8 亿元(当年增长 17%),财产险保费收入为 9 183 万元(增长 19%)。当年家庭财产险保费收入为 774 万元,比上年增长 68%,占产险总量的 8.43%,业务量较小的睢宁县该年家财险占总量的 14.8%（185 万元）。1996 年人保徐州分公司家财险保费收入 856 万元,同比增长 11%,占财产险业务总量的 8.05%,承保总户数超过 120 万户,覆盖面为 55%,达到了家庭财产保险的最高峰。

2. 财产保险业务稳步发展时期,家庭财产保险业务却大幅下滑

1996 年之后的三年时间,亚洲金融危机爆发,世界保险业都受到较大影响。以人保徐州分公司为例,其家庭财产保险业务 1997～1999 年三年大幅度下滑,降幅分别为

---

① 韩锦慧. 浅谈家庭财产保险发展的现状及推广策略 [J]. China Foreign Trade, 2011(24).

17.44%、31.22%、34.00%,直到2000年才与上年基本持平(详见表1)

表1 人保徐州分公司家庭财产保险业务统计[②]

年 份	财险业务总收入(万元)	家财险			
		保费收入数(万元)	同比增减(%)	赔付率(%)	占业务比重(%)
1996	10 634	856.00	11.00	54.20	8.05
1997	11 500	700.00	-17.44	41.43	6.09
1998	12 195	481.6	-31.22	47.65	3.95
1999	12 185	318.00	-34.0	28.30	3.00
2000	11 952	276.90	0.91	30.84	2.32

资料来源:《保险研究》2001年第5期总第157期。

3.改革深入发展期,家庭财产保险业务徘徊不前,陷入困境

随着我国住房制度改革的推进,大多数城镇居民、家庭已拥有了自己的住房;随着人民收入的提高,住房的装潢,高档、较高档的家具渐渐成为人们追求的时尚,这一切,都给了家庭财产保险新的发展契机。家庭财产保险理应进入较好的发展阶段。但是,到目前为止,这项业务仍未有起色,仍在泥潭中徘徊。这几年家财保险业务发展状况就是例证。

（二）存在的问题

家庭财产保险由快速发展到急剧下降,目前业务发展比较困难,举步维艰;业务下滑,比重减小。1999年中国人民保险公司家庭财产险保费总收入10.16亿元,同比下降了7.25%,仅占全部财产保险业务的2.41%。比重也在下降,产险储金59.30亿元,比去年同期下降40.21%。在赔付率方面,与城市家财保险赔付率较低形成鲜明对照的是农村家财险赔付率大幅度攀升,徐州市某县支公司1998年家财业务仅为49.2万元,同比减少73%,其赔付率也由14.17%上升为50.41%。该年度人保徐州分公司家财险赔付率最高的基层支公司高达158%。家庭财产保险业务存在着较严重的问题。

1.保险从业人员整体素质偏低

保险业中仍存有一种浅显片面的认识,认为家庭财产保险业务单一,因此不注重从业人员的选拔、培养及考核。据了解,南京的寿险公司正常情况下有几千营销人员,但却只有几十个做家庭财产保险的业务人员。另一方面是因为报酬太少,家财险的保费只有保额的0.1%～0.2%,代理人做成一笔业务的佣金是保费的千分之几,很多优秀的保险业务人员都不愿意做家财险。事实上,家庭财产保险岗位虽不如企业财产保险岗位重要,但每项工作都直接与客户打交道,都会让客户对企业形象有一个重新的认识,就此来发展客源也是一个很好的手段。正是由于企业对人才的忽视,使家财险的成功失去了一个非常关键的因素。

---

② 史先超. 家庭财产保险的现状及发展策略 [J]. 保险研究,2001(5):12-19.

2.产品结构单一

家庭财产保险的保险对象是不同的家庭,其收入水平、财产结构及风险程度的差别就凸显出来。且随着经济水平的提高,家庭财产的种类随时都在发生变化,因而不同的家庭有不同的财产保险需求。但目前家庭财产保险的产品结构单一,保险表的范围过于狭窄,在保险责任等的设计上具有很大的局限性,可供居民选择的范围很小,而对于一些新的需求、如保单家庭装修、单保盗窃、短期外出临时投保等问题,目前的条款和险种设置均不能解决。

3.宣传力度不到位

当前,保险公司宣传的工作重心仍在媒体对企业形象的宣传,而对产品深入细致的推介则较少,居民不能透彻地了解家庭财产保险的具体保障作用及条款内容,很大一部分不会进行投保。一般家庭购买保险与否,除家庭主要成员的风险意识外,还取决于其对如何转嫁风险方法的了解和认同,保险宣传就是唤起亿万家庭对风险的正确意识,了解转嫁风险方法的手段之一。但是,保险公司很少对家庭财产保险进行宣传,一般居民对家庭财产保险不了解,部分居民存在侥幸心理,认为家庭财产发生风险的概率很小。因此,薄弱的风险保障意识导致了家庭财产保险投保率低。

4.销售渠道不通畅

宽广的销售渠道是任何险种发展必不可少的条件。然而,在我国家庭财产保险每单保费金额小,提成少,营销员主动推销家财险的热情不高,家庭财产保险的销售渠道很不通畅,这在相当程度上制约了我国家庭财产保险的发展。

二、家庭财产保险存在问题的原因

通过对我国家财险业务的发展模式分析,不难看出我国家财险的发展一直没有形成一种推动业务持续发展的机制与动力。所以,近十年的保费规模一直在 10 亿～ 20 亿元之间徘徊,而且,从 2003 年开始呈现逐年下滑的趋势,同时,家财险在财产保险业务中的占比也不断降低,2006 年甚至跌破 1%（见表 2）导致我国家财险困境的原因十分复杂,有需求方面的因素,也有供给方面的因素,也有营销因素,更有经营的因素。笔者认为,在我国家财险的发展过程中,供给是主要矛盾,具体表现在产品、营销和经营三个方面。

表 2　我国家财险保费及占比（1997～2006 年）

年份	1997	1998	1999	2000	2001	2002	2003	2004	2005	2006
保费（亿元）	12.33	12.17	12.26	13.00	18.86	23.70	19.42	15.28	15.97	11.26
占比（%）	2.57	2.44	2.35	2.17	2.74	3.05	2.23	1.40	1.25	0.71

资料来源:我国家庭财产保险问题研究（作者:王和）。

（一）产品方面的原因

从数量和类型看，我国家财险的产品不能说不丰富。目前,各家保险公司在产品开发方面做足了文章,因此,我国家财险产品可以说是名目繁多,种类齐全,类型丰富。除了有传统产品外,还有综合家庭客户各种需求的组合产品,以及可供客户自由选择的菜单型自助产品,如人保公司的"金锁"产品,除了有保费型产品外,还有储金产品,近几年还出现了投资连结产品,除了有传统渠道销售的产品外,还有适应银保合作的专用产品和网上销售的产品,以及结合传统与电子商务渠道的保险卡产品。除了有一年期的产品外,还出现了一些长效家财险。然而我国家财险的发展仍然存在产品问题,分析其原因,关键是产品并没有适应形势的变化,产品并没有指向客户的核心需求。所以,保险公司在产品开发过程中,不太关心最终客户的实际风险与需求也就是顺理成章的事了。

目前,我国家财险产品存在的突出问题有:一是对于核心风险关注不足,例如地震风险、盗窃风险,导致客户普遍感到家财险缺乏实用价值;二是产品和定价的地区差异性不强,仍然处于"一张保单保全国"的状态;三是产品的综合保障能力不强,不能满足客户全面风险转移的需要;四是价格的总体水平偏高,尤其是针对不同建筑类型、社区管理水平的差异化程度不高。因此,我国家财险产品的市场和客户认同程度比较低。

（二）营销方面的原因

在我国家财险的发展过程中存在的一个最为突出的问题是没有形成真正意义上的营销能力。这种真正的营销能力应当是能够有效地针对家财险的特点,并且形成一种持续、健康发展的动力。分析营销能力问题产生的原因有二。

一是长期以来习惯对单一渠道的依赖。保险公司在发展家财险的过程中,早期是依赖单位工会等组织投保,后来是依赖银行代理。这些渠道在不同时期均成为营销的主力渠道,而其他渠道的发展基本处于停顿状态。"单位福利型"业务随着时代的发展已经逐步淡出,而银行代理的"按揭业务型",由于保险公司对于业务缺乏实际控制能力,加上保险公司之间的争抢业务,导致手续费节节攀高,致使保险公司不堪重负。另外,这些年由于银行调整利率,客户纷纷提前还贷,引发了退保高潮,使得保险公司的家财险业务出现了负增长。同时,在退保过程中,已经支付给银行的手续费大部分难以返回,导致一些保险公司的银行代理业务陷入了一种进退两难的窘境。

二是在家财险的发展过程中存在着突出的激励问题。家财险业务的一个主要特点是单均保费少,相应的能够计提的销售费用也就更少。如果平均一单业务的保费是200元,按照目前的手续费标准只有10～16元的销售费用,这显然与营销人员的付出是不成比例的。所以,无论是保险公司的内部营销人员,还是代理机构的代理营销员,均不愿意发展家财险。于是形成了家财险被公司视为好业务,希望能够大力发展,而营销人员就自身利益而言,则认为出家财险付出不小,报酬很少。

（三）经营方面的原因

我国保险公司在经营家财险的过程中一直处于一种怪圈:好业务,却做不大。从各家公司的经营情况看,家财险的赔付率均比较低,一般为30%~50%,有的则更低,可见,家财险具有较好的盈利能力。但与此同时,令人感到困惑的是家财险的规模却一直做不大,甚至出现了下滑的趋势。分析产生这种现象的原因,主要包括以下几个方面:

首先,是重视问题。近几年各家公司在调整业务结构的思路指导下,纷纷加大了发展非车险的力度,家财险也得到了一定程度的重视。但大多数公司仍然认为家财险是属于小险种,无碍公司的发展与盈利的大局,要完成保费和利润指标,还是要靠车险、企财险这些大险种。因此,家财险就成了说的时候重要,做的时候就不重要的险种。家财险在业务发展的诸多因素中,观念是关键,如果不能从战略的高度真正加以重视,家财险就不可能持续、健康地发展。

其次,是投入不足问题。尽管家财险是属于保险公司的优质业务,但在家财险的发展过程中,由于各种制度和条件的限制,无论是营销手续费,还是各种宣传推广费用,并没有给予更多的投入和特殊的政策。经营单位明明知道家财险的效益好,希望能够加大投入,却苦于难以加大投入,甚至是陷入一种家财险发展的越大,费用贴越多的困境。

第三,是投入形式问题。投入不足固然是制约家财险发展的关键因素,但投入的方式不当则是更深层的因素。保险公司在发展家财险的过程中普遍采用的方法是通过提高销售费用比例、进行劳动竞赛和专项考核等办法,希望通过费用因素的刺激来促进业务的发展。但这些方法均具有明显的项目性和阶段性特征,这种投入方式无益于促进家财险业务的持续、健康发展,使基层单位更多地关注局部和短期利益,甚至还产生一种"政策依赖综合症"。要促进家财险业务的持久发展就必须关注业务发展的基本面,这些基本面包括了产品研发、渠道建设、营销能力培养、宣传教育等。

三、家庭财产保险的发展思路与对策

为了适应经济改革、发展的形势,满足城乡居民家庭财产安全保障的要求,必须认真分析新情况,研究新问题,找出当前发展家庭财产保险业务的对策。

针对家庭财产保险的现状,主要应从下面几方面做努力。

(一)提高从业人员的整体素质

财产险公司须加强人才教育培养,建立多层次、多渠道、多形式的教育培训体系。促进高等院校与科研院所保险人才培养基地建设,加强保险业继续教育制度。结合家财险的特点培养专业的营销人才和产品设计人才。对家庭财产保险岗位从业人员做有关方面的知识培训,强化整体素质,以适应工作需要。因为家庭财产险业务员应具备相当的敬业精神,既要能够提供对家庭的上门服务,又要能够通过开报告会、联系团体与单位等方式发展业务。财险公司要让员工明白,虽然家庭财产保险的报酬不多,但是是家家户户都需要的,能够薄利多销,也能有丰厚回报,而且在积极发挥代理人员工作的主动性的同时,给职工定任务、定指标,使其成为一项经常性的工作,常抓不懈。

（二）积极进行保险产品创新

1.完善保障型产品

在目前家财险产品创新成果的基础上，可借鉴美国的屋主保险，进一步扩大综合保险的承保范围和保障程度，让家庭"享受"全方位的保障。另外，综合保险的保障虽然全面，但有强行搭配之嫌，保险公司可从附加险中挑出一些针对型强、责任独立的险种，如盗抢险，作为专项保险承保，客户担心什么损失，就买什么保险，完全自主。

2.开发投资型产品

投资型家财险兼具保险保障、投资理财双重功能，迎合了我国居民防范家庭财产风险和家庭财产保值增值的双重需要，也有利于产险公司聚集一部分社会闲置资金，提高巨灾年度的偿付能力，但此类保险对保险公司的资金运作有着比较高的要求。

3.探索衍生型产品

如指数联动型家财险等，指数联动型家财险是指投资收益与某一经济指数保持一致变动的家财险产品，指数可以是股票价格指数或房价指数等。指数联动型产品能使保户分享到指数上升所带来的好处，也要承担一定的风险，可满足风险偏好家庭投资理财的需要。此类产品在欧美国家比较多，对保险公司的投资能力也有非常高的要求。保险公司可对衍生型家财险产品进行一些探索，未来可作为家财险的一个补充险种而存在。

（三）提高宣传推广的力度

通过全方位、多角度的宣传增加居民对家财险的认识和了解，让居民意识到家庭财产风险的存在，理解家财险与政府救灾的区别，意识到购买家财险是必要的。宣传推广的手段应多样化，如在大灾现场召开理赔现场会，通过新闻媒体报道理赔案例，开办家财险知识讲座，节假日在市区开展宣传活动，举办家财险知识有奖竞猜，柜台和保险销售人员散发家财险宣传单，建立保险知识网站等。提高居民保险意识不是短期就能实现的，因此，宣传应长期进行，持之以恒，逐步渗透。

（四）拓展并完善销售渠道

1.主动营销家庭财产保险产品

当前，人们对家财险不了解，保险意识不强，因此主动营销不可缺失。但家财险单笔保费低，建立专门的家财险营销队伍，成本高，也不切实际，眼下，一些保险公司正忙于产寿险合璧，以便整合内部资源，因此，家财险的营销可以采用寿代产的交叉销售模式，产险公司也可利用本集团公司内部寿险公司庞大的营销队伍，现有的家庭客户资源，交叉销售家财险产品。这一营销模式最终可以实现产、寿险的双赢；产险公司既推销了家财险产品，又宣传了家财险知识，还能节省营销成本；寿险公司可以满足家庭客户全方位的保障需求，更方便客户，从而增加客户的忠诚度。

2.充分利用网络营销的优势

家财险网络营销不仅可以方便居民任何时间、地点在网上进行投保,也可以降低保险公司的经营成本,随着我国网络用户数量的迅速膨胀,家财险网络营销有着良好的发展前景。

3.不断完善和拓展代理销售渠道

一是完善现有的银行、邮局代理销售渠道,保险公司应扩大与银行业务合作的广度和深度,让更多的家财险产品可以通过银行、邮局代理销售,使得询价、缴纳保费、缴纳保费、获取正式保单都可在银行、邮局代理销售外,还可利用商场、超市、社区服务中心等代理业务,在这些居民经常光顾的地方设点,开展家财险的宣传和推销活动,可以弥补传统柜台直销方式网点稀少的缺陷,也方便居民就近投保。

总之,我国财产保险公司只有通过积极主动的创新才可能扭转家财险的现状,才会更好地满足消费者的需求,该市场才会健康发展。

参考文献

[1] 吴焰.中国非寿险市场发展研究报告(2008)[M].北京:中国经济出版社,2009.

[2] 刘波.我国家财险发展中存在的问题及对策分析[J].企业家天地(理论版),2007(5):61-62.

[3] 王和.我国家庭财产保险问题研究[J].保险研究,2008(3):32-35.

[4] 岑敏华,罗向明.以创新推动家庭财产保险业务发展[J].南方金融,2007(8):56.

[5] 徐春红,艾小莲,路正南.我国家庭财产保险的现状与发展[J].特区经济,2008(5):87.

[6] 张汉萍.我国银行保险发展对策研究[D].厦门:厦门大学,2008.

[7] 聂焱.中国人民财产保险股份有限公司家庭财产保险营销策略[D].兰州:兰州大学,2006.

[8] 杜金琦.我国保险业的发展与监督[D].北京:中央民族大学,2006.

[9] 崔志娟.家庭财产保险发展的现状与创新[J].山东商业会计,2004(2):23-24.

[10] 陈琦.我国家庭财产保险发展现状简析[J].上海保险,2005(2):26-29.

[11] 史先超.家庭财产保险的现状及发展策略[J].保险研究,2001(5):18-25.

对完善渔工险业务经营管理的思考①

公丕成

（中国保险监督管理委员会青岛监管局）

摘　要：我国是世界渔业大国之一，多项渔业指标位列世界第一，渔业已成为我国国民经济的重要组成部分。但因渔业属天然高风险行业，渔业从业者特别是广大渔船渔工常面临着巨大的意外伤害风险，很容易遭受人身伤亡的重大损失。因此，发展好渔工险业务，为广大渔工提供完善的风险保障显得格外重要。在实践中，我们发现保险公司经营渔工险业务在条款设计、承保管理、理赔操作等方面还存在很多漏洞，面临很大的风险。本文建议保险公司应该在风险评估、合同设计、承保管理、理赔管控等方面加以完善，保险行业也应该在高风险业务的信息共享和风险预警方面有所应对。

关键词：渔工险；发展情况；必要性；风险；建议

近几年，青岛市多家产险公司先后以渔工责任险或渔工意外险的形式承保过威海荣成市石岛镇的渔工险业务。从经营结果看，这些渔工险业务的经营效益均不理想，截至2013年，多家产险公司渔工险业务的满期赔付率都接近甚至超过了200%，亏损严重。本文的出发点是了解渔工险业务的具体情况，摸清经营管理中存在的风险和问题，为完善保险公司渔工险业务经营管理提出相关建议。

一、发展渔工险的重要意义

（一）我国渔业的发展情况

渔业是国民经济的重要组成部分，渔业生产是丰富人民群众餐桌、调整农业经济结构、维护国家粮食安全、增加出口创汇的重要手段。改革开放以来，我国的渔业取得了长

---

① 本文所提渔工险是船东雇主责任保险（简称渔工责任险）和渔工团体意外伤害保险（简称渔工意外险）的统称，两者投保人均为渔船船东。渔工责任险被保险人为渔船的船东，承保船东对所雇佣渔工在海上作业期间因意外事故导致死亡、伤残而承担的经济赔偿责任。渔工意外险被保险人为渔船的渔工，承保渔工在海上作业期间因意外事故导致的死亡、伤残赔偿责任，两者一般包含一定额度的意外伤害医疗费用保险责任。

足的发展和进步。统计数据显示，2013年我国国内渔业产值超过一万亿元，全年水产品产量6 172万吨，比上年增长4.5%。其中，养殖水产品产量4 547万吨，增长6.0%；捕捞水产品产量1625万吨，增长3.5%。截至2013年，我国水产品总量、养殖水产品总量、水产品出口总值、水产品国际贸易总额、渔船拥有量、渔民总数和渔业从业人员数量以及远洋渔业水产品产量均居世界首位。我国已经成为名副其实的世界渔业生产大国。

（二）发展渔工险的必要性

渔业的健康、稳定发展离不开广大渔工的巨大付出。事实上渔业恰恰被世界公认为风险最大、死亡率最高的产业，美国劳工局将渔业列为十大最危险的工作之首。我国渔业互保协会统计数据、部分省份统计数据和相关研究数据综合表明，自1994年至2008年，我国渔船渔工平均每年每10万人死亡160人左右，死亡率远高于煤矿工人和建筑工人。残酷的现实使得渔工的风险保障显得格外迫切和重要。为广大渔工提供完善的保险保障，解决好船东和渔工的后顾之忧，既是渔业从业者的自然需求，也是维护我国渔业健康、稳定、可持续发展的必然要求。正是基于此，近几年来沿海省份特别是渔业发达省份都很重视渔工保险的推动工作。以福建省为例，该省当年率先在国内开展渔工责任险业务，且将渔工险确定为政策性保险，由政府向渔船船东补贴30%的渔工险保费，大大降低了渔船船东的经济支出，有利于迅速扩大渔工险的覆盖面，增强渔民投入渔业生产的信心。

二、对渔工险业务风险的分析

大力发展好渔工险是利国利民的好事，保险行业应该充分发挥自身优势，做好保障服务，为我国渔业发展贡献应尽的力量。与此同时，充分把握好渔工险业务的天然风险和经营管理风险，完善承保、理赔服务，提升业务质量和经营效益也是渔工险业务持续健康发展的重要保证。

（一）渔工面临的风险因素

前文已述，与农业、林业等其他行业相比，渔业因受多种主、客观因素影响，属于高风险产业，渔工是最容易受到意外事故伤害的群体。

1. 客观风险

一是作业环境复杂。渔船出海捕捞，追逐鱼群，远离陆地，甚至经常出入陌生海域、国际海域，海况错综复杂，增加了危险度。二是海上天气恶劣。海上天气多变，渔船出海经常会遭遇大雾、风暴、大浪等恶劣天气，给渔船和渔工安全构成很大威胁，稍有不慎就可能发生意外事故。三是渔船质量差，装备落后。国内很多在用渔船属于老旧船，船龄老，设备差，加之维修和保养投入不足，导致渔船整体质量较差。另外，很多船东为节约费用，也未给渔船配备卫星导航、计算机设备等先进装备，有的甚至私自更换发动机或改变渔船结构，直接影响到渔船的自身安全。

2. 主观风险

一是渔工整体素质偏低。经调查，渔船渔工大多来自东北、河南及鲁西南等偏远地区、山区，文化程度不高，很多人未从事过渔船作业，加之培训工作不到位，设备操作能力和应变能力差，增加了发生意外事故的机率。据《中国渔船安全分析报告（1999—2008）》统计数据显示，十年间造成渔工死亡的首要原因是落水，占到47%。造成渔工伤残的主要原因是起网机事故，约占全部伤残人数的15.8%。二是船员安全意识薄弱。中国渔业互保协会统计数据显示，1999～2008年，所承保的渔船共出险3.3万艘次，其中碰撞事故占60.1%，触礁、搁浅事故约占14.8%，触损事故占12.1%，火灾事故占2.4%。船员安全意识差、盲目违章航行等因素是导致上述意外事故的重要原因。三是冒险出海增加了作业风险。近年来，因为过度捕捞、环境污染等因素影响，我国近海渔业资源已日渐匮乏，部分渔民有时会到邻国海域捕捞，为躲避他国海事部门检查，渔民经常选择在恶劣天气中出海，这更加大了海上作业的危险程度。

（二）渔工险业务的承保漏洞

1. 中介代签单问题

我市产险公司承保的渔工险业务多由中介公司代理，保险合同双方极少在承保环节接触，多数渔工险投保单是由中介人员代签单，因此存在中介人员向投保人夸大保险责任、允诺不合理赔付方式等问题，这给保险公司后期的服务和理赔工作都埋下了风险隐患。

2. 不记名投保问题

经了解，多家保险公司对渔工险业务采取"不记名投保"方式承保，即投保时未明确列示渔工名单，在承担保险责任期间也没有要求投保人及时报备渔工名单、渔工变动情况，加之渔工群体流动性较大，当地边防等部门对出海船员管理较为松散，使得渔船渔工信息更难核实，给个别投保人在理赔中虚增或偷换渔工留下了操作空间。

3. 条款不完善问题

渔工险保险合同基本由通用雇主责任保险或团体意外伤害保险附加特别约定条款组成，但合同的特别约定条款往往存在不完善之处。如有的双方约定，保险人承担被保险人的雇员在约定的渔船上作业期间因意外伤害事故导致的死亡、残疾和意外医疗责任，但没有明确渔船户口簿中未登记的临时上船渔工是否在保险保障范围内，这给后续理赔工作带来很大风险。

4. 合同外约定不合理问题

一些保险公司为承揽业务，在承保渔工意外险时承诺投保人（船东）在向出险渔工或其家属支付赔款后，可以凭赔款协议向保险人申领赔款。投保人（船东）的目的是想通过此种方式减轻自身的赔偿责任，但该赔付方式不符合意外险的理赔规则，模糊了渔工意外险和渔工责任险两个险种的区别，也为部分黑中介和投保人骗取、截留保险赔款留下了可乘之机。

（三）渔工险业务的理赔风险

调查发现,渔工险业务在理赔方面也面临诸多风险,特别是投保人、黑中介等进行保险诈骗的道德风险,主要表现为以下几种方式。

1. 利用赔款协议骗取保险赔款

保险公司在理赔实务中发现通过伪造虚假赔偿协议骗取保险赔款的情形最多。部分船东、黑中介利用了该业务在投保时约定可以"转赔付"的漏洞,欺骗被保险人家属先签订赔偿协议或直接伪造赔偿协议,然后向保险公司索赔并截留部分或全部理赔款。如某保险公司发现船东王某渔船上的被保险人连某失踪,王某向保险公司提交了海事法院、边防、海事等部门的证明材料,包括王某与被保险人家属签订的 62 万元的已经赔偿的协议书,向保险公司索赔 40 万元赔款。经核实,该死亡渔工家属从未与船东王某签订过任何赔偿协议,该协议实为船东伪造。

2. 伪造理赔材料骗取保险赔款

保险公司发现有些船东利用"不记名投保"的漏洞骗取赔款。如船东赵某因渔船雇员张某失踪,向保险公司提起索赔并提交了齐全的理赔材料,包括船东赵某向死亡渔工家属已经赔偿 20 万元的赔偿协议书。然而保险公司通过核实船舶户口簿等材料发现,张某并非该渔船上的渔工,为后来填加进来的。还有保险公司发现过个别船东将陆上打架斗殴致死的人员冒充被保险渔工进行骗赔的行为。

3. 超出保险责任范围索赔

经了解,有些船东为减少个人损失,会就所雇渔工因疾病等非意外伤害事故导致的死亡、医疗费用或在陆上受伤产生的医疗费用向保险公司进行索赔。如,船东王某为其已投保渔工险的船员梁某因意外事故受伤产生的医疗费用进行索赔,索赔金额一万多元,病历、医疗费用票据及船东证明等相关材料齐全。但经保险公司调查核实,梁某是在骑摩托车过程中因意外摔倒受伤,并不属于渔工险的责任范围。

4. 通过重复索赔获利

渔船船东为最大程度降低自身的经济损失,通常为其所雇渔工在不同的保险公司投保多份渔工险。保险公司在理赔实务中发现,个别船东勾结黑中介通过重复索赔,截留赔款,非法得利。如船东陈某的渔工王某失踪,陈某向保险公司提交了法院、边防等部门的证明材料及与死者家属签订的 28 万元已赔偿协议,向保险人索赔 20 万元赔款。经核实,该船东已向另一家寿险公司索赔 20 万元,想通过重复索赔截留赔款获利,而死亡渔工家属并不知晓此保险事项。

三、完善渔工险经营管理的建议

针对渔工险业务在承保和理赔环节存在的问题和风险,提出以下建议,以期行业能够有所借鉴。

(一)重视调查研究,做好风险评估

调查发现,多数承保过渔工险业务的保险公司在承保前对该业务的真实情况调查了解不够,对风险的评估不足,片面听取中介人员介绍,过于看重保费收入,这是导致盲目承保的重要原因。因此,保险公司对于类似渔工险的高风险业务、陌生领域业务在承保前应加强调查研究,既要做好对业务的风险评估工作,也要认真衡量好自身的承接能力,这是防范经营风险的必要工作。

(二)完善合同设计,避免条款漏洞

目前保险公司使用的渔工险保险合同多采取通用雇主责任险、团体意外险保险条款附加特别约定的模式,部分特别约定内容并不严谨,容易造成理赔漏洞。因此,针对渔工险业务的特点完善保险合同设计,消除特别约定风险就显得十分必要。

(三)改进承保方式,落实实名投保

多家保险公司都反映"不记名投保"方式是该业务的重大风险点,给不法人员虚增、偷换死亡标的、骗取保险赔款留下了操作空间。所以,改进渔工险业务承保方式,落实实名投保,及时核实好渔船上被保险渔工的身份信息显得格外重要。

(四)加强内控管理,降低理赔风险

保险公司应提高对渔工险业务的理赔风控等级,对报案、查勘、调查、赔付等各理赔环节实施全过程监控。对于渔工意外险,严格执行直接赔款至被保险人或者受益人的理赔规则;对于渔工责任险,建议保险公司采取与船东、渔工或渔工家属进行三方会谈,当面签署赔偿协议的方式来防范风险。

(五)行业信息共享,及时预警风险

经了解,我市多家产、寿险公司先后经营过渔工险业务,都因风险大、效益差,在经营一段时间后先后放弃。之所以不断有保险公司来承接该业务,除出于获取保费考虑之外,多是因对该业务风险缺乏深入了解,听信中介人员单方信息所致。因此,行业有必要搭建信息共享平台,对高风险业务及时做好信息汇集和风险预警,维护好全行业的共同利益。

参考文献

[1] 孙颖士. 对渔船船员风险和建立政策性渔业保险制度的思考 [N]. 中国渔业报, 2005-03-28(3).

[2] 夏陆军,王飞. 渔船安全管理现状与对策 [J]. 安徽农业科学,2014(15)4864-4866.

[3] 张祝利,郑熠,王君. 我国渔船作业过程事故分析与措施建议 [J]. 中国渔业质量与标准,2012,2(1):47-50.

[4]　贾宪飞,刘海英,同春芬. 政府介入渔业保险的必要性和政策选择 [J]. 桂海论丛,
　　　2012（4）：90-94.

[5]　曾省存,刘飞,刘明波,吕瑞贤. 中国渔业保险现状分析和发展模式探索 [J]. 中国渔
　　　业经济,2011（3）：36-46.

浅谈机动车险费率之改革创新

孙知光

（安诚财产保险股份有限公司青岛分公司平度支公司 ）

摘　要：自国内保险业恢复发展以来，费率管理就作为一项重要的保险管理制度确立起来。随着保险业发展情况的变化和政府对保险业管理体制的调整，中国保险业费率管理制度先后经历了三个发展阶段，如何继续推进保险费率市场化改革，使我国费率管理向更加全面的费率市场化管理迈进意义重大。

关键词：费率变迁；改革；创新；市场化

引言

机动车辆保险费率市场化是近些年来保险市场上的一个热门话题，也是制约机动车辆保险市场发展的重要因素。回顾 30 多年来车险费率的变化、利弊以及市场化的前提条件等，对加快费率市场化有一个更为清晰的认识，要充分认识车险费率市场化的重要性和必要性，从市场经济和市场化对接的高度理解车险改革特别是费率改革的迫切性，坚定不移地走机动车辆保险费率市场化改革之路。保险费率是指按保险金额计算保险费的比例。计算保险费率的保险金额单位一般以每千元为单位，即每千元保险金额应交多少保险费，通常以千分比来表示。车险费率应该由车辆类别、使用性质、行使区域、使用年限、司乘人员情况、保险保障程度、历史出险情况及保险公司的经营成本等多种因素来确定的。

一、机动车险费率管理变迁

中国机动车费率自 1980 年恢复国内保险业务始经过了由分散的指导性管理、严格的集中统一管理和市场化管理三个发展阶段，最终将实现费率自由化、市场化的过程。

（1）1988 年中国人民银行规定同一地区存在的多家保险公司必须经营同一险种、执行同一费率的原则，各保险公司不得随意更改同时给各级人民银行一定的费率上下浮动权限，最高浮动幅度为上下 30%，当时各家公司基本效仿人保公司费率管理模式。这一时期费率管理模式具有事前审批的性质，但管理相对宽松。

（2）随着平安保险、太平洋保险公司相继成立，保险市场由完全垄断变为垄断与竞争并存，各家公司费率竞争日趋激烈，许多公司出现全面亏损的局面，为了维护保险市场正常经营与发展，保险监管部门全面介入保险费率的严格管理环节。当时的保险监管机关中国人民银行于1993年4月颁布《关于下发全国性保险条款及费率（国内部分）的通知》，要求各保险企业均应按核准的保险条款及保险费率执行，国内保险市场进入集中统一管理阶段。《保险法》出台后，规定商业保险的主要险种基本保险条款和保险费率由监管部门制订，保险公司拟定的其他险种条款和费率报监管部门备案。2000年中国保监会对此进行重申。对费率和条款的严格管理，成为监管的重心。上次车险费率改革始于2001年的广东地区，2003年正式推广至全国，但随后的价格战使行业陷入混战之中。2006年，保监会推出三套车险条款并规定费率折扣上限，价格战得到一定程度缓解，但被寄予厚望的车险费率改革也基本宣告失败。

（3）2007年以来，我国车险市场上各家保险公司产品按照规定均采用统一费率，随着市场规模的扩大和竞争的加剧，统一费率已经无法体现各家公司成本控制的优势，业内对车险费率市场化呼声不断。2011年9月保监会下发了《关于加强机动车辆商业保险条款费率管理的通知（征求意见稿）》，此次通知对车险费率进行了改革，打破了传统的条款单一、费率一致的模式并允许符合条件的公司独立开发商业车险条款和费率。

二、机动车费率改革的必要性

有专家分析，目前中国车险市场还不到适应费率市场化改革的阶段，改革恐会对公司经营造成压力。首先，价格下调将造成成本倒逼压力，其次，短期或致使部分公司经营状况和市场环境恶化，甚至可能因此掀起新一轮的价格战。北京工商大学保险学系主任王绪瑾向《经济参考报》记者表示，费率市场化改革是在市场经济条件下的一种必然的趋势，对于经营完善的保险公司将会是好消息，而反之则可能是不好的影响。

机动车辆保险费率市场化，既是一个关乎保险市场体系建设的关键环节，又是各保险公司经营中的一个敏感话题，同时也关系到广大保险消费者的切身利益。因此，对于我国的车险费率市场化问题，近年来的讨论、观点、评价不绝于耳，无论是监管部门、经营主体，还是高等院校和学术团体，都对此举从不同的角度展开讨论、分析。但从目前机动车保险市场形势来看，各家公司还在大打费率战，投保优惠系数使用混乱，导致多家公司经营成本倒逼，亏损严重，保险费率市场化已是大势所趋。

三、车险费率改革思路

（一）从保险主体全盘考虑

市场化改革长期来看是好事，它会使保险公司架构及运营模式更加市场化，此外，改革也对险企的资金运用提出更高要求，会倒逼公司改善资金运用的方式。不过，大公司在数据积累、成本控制、产品创新、管理经验等方面具有明显优势，因此将掌握着市场定价能力，更多地受在改革中受惠，中小保险公司则在客户资源控制等方面存在缺陷，成本控制能力有压力。短期来看,行业综合成本率并不会有明显变化,大公司在品牌和成本上更占优势。长期来看,提前布局创新渠道的大公司将持续保持优势。多家中小保险公司车险人士也因此希望政策能够进一步放开一些,比如在独立开发产品公司限定条件上更加宽松一些,让更多中小保险公司可以参与其中,这样大家就可以相对公平地竞争。

(二)从费率监管条件统筹考虑

对于大部分公司来讲,此次放开主要是附加费率,纯费率(根据损失概率确定)是参照协会制定的示范费率,因此保险公司可调整的费率范围有限,价格不会出现大幅变动,除非做赔本买卖。

改革后行业整体费率下降趋势是必然的,但幅度不会太大。业内人士认为《关于加强机动车辆商业保险条款费率管理的通知(征求意见稿)》中对具备独立开发权保险公司的条件限定,大的保险公司并不是都能够满足,同时如果中小公司经营成本控制得好,会更有优势,另外对独立开发权保险公司的条件限定,特别是中小公司是否在第一点,只要考虑好资本金充足率、综合成本率,对于中小公司或许更有优势。

(三)参照其他金融企业

中国银行业从前几年的无序竞争已经逐步走向市场正规化,主要原因在于银行业存、贷款利率是统一的,但允许中小银行适度上浮或下调,保险行业是否也能参照执行。我们很少听说到银行存款有什么手续费,而保险行业手续费支出却是一浪高过一浪,甚至有些公司不顾综合成本,导致经营连年亏损。近几年随着电销业务不断开展,直销业务几乎无法生存,能否将保险费率降至电话营销程度,直接从费率上让惠于广大客户,给中小公司适度的市场费用权限,保险企业重点是从加强服务方面入手,为客户提供更全面、更优质的服务,不断坚定广大消费者对保险业的信心,以促使民族保险业健康、稳定、持续发展。

银行业的资金运用也可以借鉴,继续推进保险业资金运用体制改革,项俊波主席也重点强调过要进一步放开投资领域和范围,把更多的选择权交给市场主体。按照"抓大放小"的思路,推进资金运用比例监管改革,增强资管产品的流动性,发挥市场的定价功能。支持成立中国保险资产管理业协会,推动行业自我管理、自我提升。

结语

总而言之,随着保险市场日趋成熟、扩大,政府对保险事业越来越重视,监管部门也在努力完善保险监管的方方面面,只要继续坚持"深化改革、创新发展"的思路,中国的保险业必将蒸蒸日上,跻身于世界保险的前列。

参考文献

[1] 王佳来. 我国车险市场费率化改革研究 [D]. 上海:复旦大学, 2008.

我国车险市场改革的深入研究

李淑琦

（中国人民财产保险股份有限公司青岛经济技术开发区支公司）

  摘　要：车险作为我国财产保险业的重要支柱险种，其经营发展状况直接关系到我国非寿险业做大做强目标能否实现。如何促进车险市场的快速健康发展，全面提升保险公司经营车险的核心竞争力，始终是我国财产保险监管工作的重心。随着经济全球化、保险市场国际化、金融自由化趋势的日渐增强，随着国内保险市场的不断发展壮大和保险业各项市场化改革向纵深推进，中国保监会在认真总结从 2000 年 4 月起在深圳、广东进行的车险改革试点经验的基础上，决定从 2003 年 1 月 1 日起，在全国实行车险条款、费率管理制度的改革，也就是车险市场化改革，即保险监管部门从条款费率制订者的角色中转换出来，各保险公司从此拥有车险产品的自主开发、定价权。

  关键词：车险市场；改革；创新

一、车险市场的基本现状分析

  汽车保险是财产保险的一种，在财产保险领域中，汽车保险属于一个相对年轻的险种，汽车保险是伴随汽车的出现和普及而产生和发展的。同时，与现代机动车辆保险不同的是，汽车保险的初期是以汽车的第三者责任险为主险的，再逐步扩展到车身的碰擦损失等风险。

  汽车保险可以分为三部分，即车辆损失险、第三者责任险和汽车附加险，保险公司分别承担不同的保险责任，而这些保险责任也正是被保险人通过参加保险，将本来应由自己承担的各种风险，现在转嫁给了保险公司的。

  汽车保险是我国财产保险中份额最重的一项，随着中国汽车工业的迅猛发展，我国的汽车保险业也迎来一个黄金期。自从进入新世纪以来，我国汽车保险已经历了若干次的大规模调整，并且取得了一定的成效。

  改革开放以来，我国汽车保险业经过了 30 多年的发展，保险程度尽管不能同较发达的国家相比，但是就以险种来分析，也有了一定的发展。

车险市场化改革这种制度变迁的效应在市场主体经营行为、保险监管和外部环境等各个层面逐步显现。

（一）保险公司经营观念开始转变

车险改革将保险公司推向市场，监管部门不再为车险经营亏损兜底，保险公司要根据自身经营管理水平、市场需求及市场环境自主制订条款费率。面对市场竞争的压力，保险公司开始逐步树立起以利润为中心、追求经济效益的经营观念。

1. 对分支机构下达的考核指标向效益指标倾斜

保险公司经营观念的转变对其经营考核指标产生了直接影响。各公司都加大了对利润指标的考核力度，如有的公司的考核指标中利润的权重已经超过了保费规模。

2. 主动进行业务结构调整

针对车险竞争激烈、利润空间减少的情况，一些保险公司主动进行业务结构调整，大力发展企财险、责任险、意外险等非车险业务，非车险业务在总业务中的比重增加。因此，车险改革促进了产险市场的结构调整。

（二）产品创新和服务意识得到加强

车险改革借助市场力量促进保险公司增强了服务意识和创新力度。

1. 产品创新

车险改革后，保险公司根据自身的实力和特点，针对不同的市场客户群，制订了不同的车险产品，在产品设计中注重风险细分，设计出了许多附加险种，基本形成了较为完善的主险和附加险产品体系，改变了改革前车险产品"大一统"的老面孔，以适应消费者的需求。

2. 服务创新

车险改革以后，费率有所下降，保险公司开始通过服务创新吸引消费者，提高市场竞争力。

一是首次在车险条款中引入了"保险人的义务"条款，增加了对保险人的约束，保护了投保人的利益。同时，很多公司都将服务条款载入合同，努力提高服务质量。

二是特色服务措施不断推出，保险公司的核心竞争力不断提升。例如，在全国范围内开展"异地出险、就地理赔"等服务内容，全方位为广大被保险人提供快捷优质的保险服务。

三是进一步强化品牌意识。比如，实行24小时值班服务制度，成立客户救助服务中心，实行客户经理制，对保户从承保、理赔专人负责服务到底，加强感情联系，增强保户对保险公司的信赖感等。

（三）经营管理水平逐步提高

1. 经营管理科学化

在经营过程中，加强业务人员培训，从核保、核赔以及风险防控入手，开发系统管理软件，实现在线核保、核赔。

2. 经营管理市场化

保险公司面对激烈的市场竞争，开始研究市场细分，注意目标市场和客户群的选择，创新产品功能，开发具有针对性和公司特色的产品，满足不同地区、不同人群的需要。如有的保险公司在车损险中扩大承保玻璃破碎、自燃责任，新增加了车身划痕险，受到了消费者的欢迎。

二、车险市场正面临的问题和困难

（一）单证摆放混乱，单证库的建立不够完善

往往有很多保户不注意存放自己的保险单，只能在审车期间到保险公司查找复印件。而公司用过的单证大都随便一放，仅仅是按年份堆在一个房间，找起来实在浪费人力物力，并且，这么重要的单证库也无人看管。

都说"细节决定成败"，那么对于一个偌大的保险公司，拥有一个完善的单证库，就好比一所高等院校拥有一座代表性的图书馆一样，既装饰了脸面，也提高了工作效率。

另外，人工看管的单证库也早已跟不上信息时代的脚步。就像电子图书馆一样，电子单证库的建立更是有其必要性。

（二）信息化水平较低，数据的积累和管理薄弱

车险改革前，在当时的特定条件下，多数公司不注重也不可能注重基础数据的积累和管理。多数公司根本不愿意进行硬件投入，致使信息系统建设严重滞后，信息功能十分薄弱。车险改革后，保险公司逐步意识到了数据积累和管理的重要性和紧迫性。但是，就整个行业来讲，数据的积累和管理还十分薄弱。

一是没有建立起行业数据库，行业数据资源没有整合。监管机构和行业协会也仅仅通过各种报表了解行业大致情况。

二是仍有相当部分的公司对车险数据的收集、整理、分析和应用不重视。信息化建设水平低，信息系统的分类、汇总、统计、分析功能薄弱，不能真实、准确地反映车险各险种的经营成果。

（三）条款费率的简洁通俗性有待提高

车险条款是一种由保险人制订的专业性较强的格式合同，被保险人有接受或不接受的权利和完全履行的义务。

很多车险合同存在着文字表述复杂难懂、部分条款叙述模棱两可的问题。车险条款费率的不简洁、不通俗和不标准，无疑增加了被保险人理解和把握保险人的承保责任和责

任限制的难度,既不利于满足消费者的偏好,也不利于保险人积极拓宽电话、网络、银行、邮政等新型销售渠道。

(四)对外宣传需进一步深入

各家保险公司之间的车险产品差异性较大,加之对外宣传不深入,部分客户投保时片面强调费率的高低、简单对比新旧保费的多少,而忽略了产品的责任范围、保障程度、赔偿处理以及各公司的服务质量、行业信誉等重要因素。

(五)沿用传统的销售渠道

1. 车商渠道

一直以来,车商渠道是保险公司推展车险业务的重要渠道之一。车主通过经销商购买车辆后,可以直接在店内投保,非常方便。在办理车险投保时,4S 店的角色实为保险代理公司。出现后,4S 店可以帮车主打点相关理赔事宜,部分 4S 店为吸引车主投保,还会提供一些附加服务。但是这样投保方式保费浮动较大,投保人享受到的费率折扣有限,仅仅是新车车主会选择这种投保方式。

2. 专业保险中介代理

由于一些保险代理机构可以同时代理多家品牌,所以,通过维修厂等保险代办机构投保时车主通常可以"货比三家"。但是这种销售渠道方法费率折扣不透明,车主投保费用高于直销渠道。如果车主碰到一些非法中介,还会私自拖欠和挪用客户的保费。

3. 直销业务

保险直销业务就是不通过代理机构,保险营销员直接到保险公司办理业务,可以避免被一些非法中介误导和欺骗。目前很多保险公司采用电子商务模式在保险公司网站、网上保险超市等方式拓展直销业务。但是保险公司的营业网点较少,车主需要上门办理业务,时间、交通成本较高。电子商务的模式对于新客户的拓展需要较多的资源投入。

4. 电销业务

所谓"电销",就是车险电话销售省去代理环节的中间成本,直接让利给消费者。消费者可享受与传统渠道一致或更多的服务内容,并在传统渠道商业险最低折扣的基础上再享受一定的优惠,是综合性价比最高的车险投保渠道。但是车险在电话市场上越来越受欢迎的同时,也会出现一些不法分子冒充保险销售员对车主进行诈骗的现象。

三、车险市场未来的发展方向

为了进一步深化我国车险市场化改革,切实解决目前改革实施中遇到的各种问题,确保车险改革达到预期目的和效果,首先要立足长远,科学定位我国车险市场化改革的目标,并科学选择各目标实现的层次,其次要准确把握改革原则,然后在此基础上采取切实有效的对策措施。

（一）建立电子单证库，并有专人看管

单证库建立的必要性在前文已经提到，而在这个信息化的大时代背景下，计算机技术也早已深入各行各业，并极大地提高了工作效率和准确性。

因此，利用计算机技术建立电子单证库一方面可以保证保险公司各类单证存放的安全性、永久性，另一方面，计算机的介入可以使单证分类做得更详细，工作人员在找单证时也会更便捷，节省人力、物力与财力。

（二）加强数据积累，尽快建立车险行业数据库

依据数据积累，分析车险的风险因素，确定相应的费率和制定相应的核保政策，是成熟市场和保险公司理性经营的体现。不论细分风险，对风险进行不同组合，还是根据保户的消费偏好，实施差异化产品经营，其基础和条件就是要有原始的数据资料储备做支持。

车险产品要创新，基础在于技术的积累，车险的核心技术就是数据的积累、科学的精算以及准确的市场分析，这些都必须建立在数据的积累和科学分析基础上。

（三）加强信息共享，建立信息共享机制

信息共享包括行业内的信息共享和行业外的信息共享两个方面。行业内的信息共享，可通过对上述车险数据库设置不同查询权限来解决。行业外的信息共享，应以车险数据库为基础平台，当前重点应加强与公安交管部门的信息共享。

一是建立机动车及驾驶员信息与车辆保险信息的交换机制，即公安交管部门与各财产保险公司定期相互交换交通违章信息、交通事故信息和机动车辆出险及理赔数据信息。

二是建立保险部门与公安交管部门的协查合作机制，即公安交管部门协助向保险行业提供理赔的机动车辆和驾驶员信息或证明，同时保险行业协助公安交管部门在其营业网点和相关修理厂协查交通肇事逃逸车辆及其他相关事宜。

（四）加强产品创新，促进市场竞争方式的不断转型

目前，车险市场由于产品和客户细分不足，专业技术和基础数据积累不够，市场中的车险产品简单模仿多，独立创新少，具有特色的产品较为缺乏，针对不同客户需求、具有市场生命力的新产品创新不足。

一是要更加全面地考虑风险因素，积极吸收借鉴国外先进的风险分级技术，进一步细化风险，细分客户。

二是保险公司可以开发根据不同厂牌车辆特点和不同客户风险特征的品牌保单，提供具有较强竞争力的产品，并积极探索按销售渠道特点设计产品的模式。

（五）推进车险产品的简洁通俗标准化

目前各公司在推行车险产品风险细分时，对产品的简洁通俗标准化重视不够，考虑不周全。简洁通俗标准化后的车险产品，既可以单独销售也可以组合销售，还可以由客户按照自己的需求进行自我组合。由于它把销售渠道作为一个重要参照标准，因此可以降低交

易成本和提高交易效率,实现车险经营的规模经济。

(六)加强服务创新,切实提高车险服务水平

创新理赔服务手段,切实提高理赔质量。在车险服务中,理赔服务不佳一直是引起客户不满甚至要求退保的一个重要原因,其主要表现是车险理赔流程不够科学,理赔环节不规范、不透明。

创新车险服务品种,探索提供超值延伸服务。随着经济的发展和车险市场化的深入实施,客户对保险公司的车险售后服务水平也会提出更高的要求。比如与石油公司合作,为车险客户提供加油优惠服务、与电信、气象等部门合作,为客户提供天气、路况等相关服务,与汽车维修单位合作,为客户提供紧急救援、代办年审、免费洗车、维修保养优惠、免费车辆常规检测等一系列优质服务等。

(七)细分投保人群

建立投保人的风险等级体系,为精算提供可靠的数据。新车险从车、人、地域等因素出发,客观上比老费率来得合理。但是,"车"因素数据比较容易定,而"人"因素依据很难把握。从长远的观点出发,保险公司最好有偿向交管部门获取投保人全年的驾车记录资料,结合保监会的数据库,对出险率高、中、低的人群,结合具体情况,制定明细的风险等级系数,以便制定科学合理的费率,从而减少因费率厘定不准而引起的损失。

参考文献

[1] 赵杰昌. 车险改革中要注意的问题 [N]. 中国保险报,2003-1-16(256).

[2] 王绪瑾. 海外保险投资方式比较研究 [J]. 金融研究,1998(5):47-52.

[3] 朱俊生. 保险与车商博弈 [J]. 中国保险,2003(5):18-19.

[4] 惠雯. 新车险返佣暗流涌动 [J]. 中国保险,2003(5):16-17.

[5] 方春银. 论保险公司实为风险资产管理人 [J]. 保险研究,2003(7):29-32.

[6] 侯广庆,成学亮. 车险改革:问题现象与理论分析 [J]. 山西财经大学学报,2004,26(3):100-103.

[7] 黄雅卓,金敏尔. 车险改革中的问题及对策 [J]. 上海金融,2005(3):60-61.

浅谈车险当前存在的问题及发展对策

尚 彤

（太平财产保险有限公司青岛分公司）

摘 要： 随着经济和社会的不断发展，人们生活水平的日益提高，机动车辆保险越来越普及，中国是世界上最大最有潜力的机动车辆保险市场，但与发达国家相比，中国机动车辆保险业实力相对薄弱。因此，我国各家财险公司能否抓住机遇扬长避短，充分发挥我国保险业的自身优势，是我国各家财险公司能在竞争中保持优势的关键。

为了在今后的车险市场竞争中继续保持优势，各家财险公司必须采取相应的对策来解决当前存在的问题。本文认为应通过对车险保单形式的创新，加强保险监管和行业自律，规范竞争行为，导向多元化的服务，针对理赔难采取有效的措施等手段来完善管理，以促进各家财险公司车险业务的健康发展。

关键词： 车险发展；监管自律；多元化服务

一、各家财险公司完善车险的发展对策及未来趋势

车险体系的完善和发展对我国汽车工业的发展意义重大，为了在今后的车险市场竞争中继续保持优势，各家财险公司必须采取相应的对策来完善机动车辆保险的管理。本文认为应通过对车险保单形式的创新，加强保险监管和行业自律，规范竞争行为，导向多元化的服务，针对理赔难采取有效的措施等来完善管理，以促进车险业务的健康发展。

（一）财险公司完善车险的发展对策

1. 车险保单形式的创新

目前车险采用的大多是单期保单，单证繁多，操作起来较为繁琐，且单期保单增大了公司的管理成本。保单形式的创新，不仅可以减少不必要的操作步骤，也可以减少成本。将单期保单转为复式保单，仍可以采用其他方式来合理地控制承保风险，如免赔或无赔款优待系统。

2. 加强保险监管和行业自律，规范竞争行为

我国民族保险业发展很快已初具规模，但仍处于发展的初级阶段，不同程度地存在擅自设立营业机构、任命高级管理人员、无序竞争、不规范竞争、误导消费者等问题。这些问题不仅会形成保险经营风险，同时也损害了保险行业的社会信誉，损害了消费者的合法权益，政府监管部门应加强监管，对违法违规行为严惩不贷，营造公平有序的市场竞争环境。

3. 导向多元化的服务

2012年，保监会除了废除霸王条款之外，不久前发布的《关于加强机动车辆商业保险条款费率管理的通知》中还有一个最大的亮点就是，实行了5年的全国商业车险费率统一制定模式正式告终。规定符合条件的保险公司将可以实现自定费率，最高不得超过35%。

延续了5年的全国商业车险费率统一模式，由于价格趋同，各财险公司在追逐规模的同时，很难做到控制成本，使得车险市场两极分化加剧。而通过实行差别化的车险产品开发机制，为车险产品创新提供了制度基础，能更好地满足市场多元化的保险需求，促进市场从单纯的价格竞争向以产品创新和服务创新为核心的竞争方式转型。另一方面，监管部门设定了较严格的独立开发条件，通过奖优罚劣的政策措施，鼓励经营稳健、财力状况良好的公司开发个性化产品并扩展责任，更好地满足社会对商业车险保险保障的需要。对于消费者来说，车险费率市场化的推行，意味着消费者将有更多选择权。保险业也因此迎来激烈竞争，不过对于消费者来说是件好事。

4. 针对理赔难采取有效的措施

2012年，保监会下发《关于做好保险消费者权益保护工作的通知》以下（简称《通知》），针对社会上普遍反映的车险理赔难问题，提出五条解决措施。保监会主席项俊波在主席办公会上对车险理赔发出最后通牒，要求用3年左右时间解决理赔难。《通知》针对车险理赔难问题提出五条解决措施：一是要求财产保险公司缩短各环节的工作时限、简化理赔手续，建立完善小额纯财产损失车险快赔快处机制；二是修改完善车险条款，定细定实权利义务，特别是在理赔实务中易引发争议的车辆维修厂商、零配件来源、部件修换等问题，在合同中要予以明确；三是要定期开展车险积压赔案清理工作；四是要加强对车险工作人员的培训，提高责任意识、业务能力和服务素质。此外，《通知》还要求保险监管机构提升车险理赔服务的监管考核标准，定期向社会公布，并要求尽快在全国设立统一的保险消费者投诉维权电话号码。项俊波指出，要通过3年左右时间的综合治理，使财产保险公司车险理赔服务意识明显增强，理赔管理和服务体系进一步健全完善；行业规范、统一的车险理赔服务制度、服务流程和服务标准初步形成；以信息化、透明化为基础的车险理赔服务评价机制、公开机制和监督机制初步建立；加强车险理赔服务质量监管的制度机制不断健全；使保险消费者对车险理赔服务投诉明显减少，社会公众对车险服务的认可度和满意度明显提高。

（二）车险未来的发展趋势

首先，小排量汽车数量的增长改变客户构成，在小排量车购置税减半、汽车下乡、以旧

换新等多项利好政策影响下,车险市场继续保持较快的增长。而随着小排量汽车的增加,车险市场客户群也随之发生改变。

汽车市场快速增长的一个重大因素是国家的政策措施:2009年1月,将小排量汽车购置税减半。这给车险市场带来的最直接的影响就是,拉动新增车险的增长。中央财经大学教授郝演苏如是说。

针对车险市场,他表示,2010年财产保险市场将可能继续保持较快增长,其重要原因在于车险市场的增长潜力。"2009年我国汽车销售量在小排量车购置税减半、汽车下乡、以旧换新等多项利好政策综合作用下激增了50%,从而带动了车险的较快增长。2010年,作为国家支柱性产业之一的汽车行业将继续受到政策的激励。"郝演苏说,2009年12月9日召开的国务院常务会议明确,将汽车下乡政策延长实施至2010年底,已纳入汽车下乡补贴渠道的摩托车下乡政策执行到2013年1月31日。其中,行业最为关注的减征1.6升及以下小排量乘用车车辆购置税政策,延长至2010年底,减按7.5%征收。另外,汽车以旧换新的单车补贴金额标准提高到2 000元至1.8万元;节能与新能源汽车示范推广试点城市也由13个扩大到20个。在这些政策的促进下,车险市场能够继续保持较快的增长,从而带动财产保险市场的增长。

小排量车的增加首先使得客户群体发生改变。不发达地区的一些驾驶员与城市的司机在驾驶习惯、交通意识等方面有一定的差异。另外,当地交通状况与大城市也存在着差异。小排量汽车车险的快速增长,带来客户群的改变,无论是出险还是理赔,这都会给车险行业带来一些挑战。李文昱表示,针对这些额外问题,人保产险一方面将从承保角度加强风险选择,另一方面也注重与相关部门一起做交通安全、交通教育方面的宣传。

其次竞争转向以服务手段吸引客户。随着车险从保费和条款竞争转向服务竞争,服务水平与质量成为保险公司的核心竞争力,保险公司围绕车险展开的一系列提高服务质量和服务效率的举措,使得车险理赔时效明显加快,服务范围也不断延伸。

现在车险在险种结构、保费费率等方面越来越趋向统一,车险行业的竞争正逐渐从依靠价格优势争取客户,转向从服务上入手吸引客户投保。

保险公司不断提升自己的服务质量,最终受益的是广大车主。随着保险公司服务的延伸,车主们不必再为定损、理赔等烦恼,而且还可以享受到保险公司提供的临时救援、酒后代驾等特色服务。

再次开辟新渠道。车险电销渠道已经成为保险公司发展车险的必经之路,越来越多的保险公司打造符合监管要求的集中呼叫中心和配送系统于一体的车险电销业务。

打一个电话就有保险公司人员上门来收取车险保费、送车险保单。电话销售车险以其低成本、低价格的优势,正成为财险行业越来越热的渠道。

最早进行车险电销的是平安财险。2005年,平安首次尝试电话直销时只有2.5亿元的保费收入,2008年电销收入16.4亿元,而到了2009年,其收入超过30亿元。

但近些年来,电话车险也遭遇了瓶颈,目前正陷入产品同质、价格同质,和在新增客户有限的情况下,存量客户被挖掘殆尽的困境。相信网络车险将是未来发展的一个方向。对于广大车主而言,车险网销平台最大的特点在于"全流程电子化",从选择投保到网上支付、从电子保单下载到理赔信息查询，客户都可以在网上轻松搞定，无须亲自前往营业厅办理，尽享网络时代"足不出户，一键搞定"的轻松与便捷。而且，通过车险网销平台，客户可以灵活选择自己真正需要的各个险种，同时，由于省却了中间环节，网销平台的车险价格更为优惠。

二、结论

我们要认清目前我国车险的发展现状及存在的问题，同时借鉴机动车辆发达国家的成功经验，并结合我国保险市场的实际情况，找出解决汽车保险产业存在的问题的有效途径。要将整个车险产业链整合起来，通过建立一个沟通和交流的平台，共同解决汽车保险发展中存在的问题，实现整个产业链上各个主体的协同发展。同时，发达的汽车服务业是成熟的汽车市场的重要标志。本文提出如下几点结论与建议：

（1）对于我国各家财产保险公司，其车险业务的保额是巨大的，其机动车辆保险经过了近30年的发展，保险程度尽管不能同较发达的国家相比，但是就以险种来分析，也有了一定的发展。我国车险行业虽然仍未完全市场化，里面的利益分配错综复杂，但像人保这种大保险公司，已拥有庞大的网点分布以及广泛的知名度，外资公司的进入近几年不会给这种大保险公司造成明显压力。

（2）要求各家财险公司在车险承保与理赔环节出现问题的原因是多种多样的。从主观上来说，在外资公司近几年还没壮大的背景下，我国各家财产险公司对于机动车辆保险市场其实是有垄断地位的，所以思想观念未能完全转轨：传统的经营风险管理意识薄弱；片面追求保费收入而忽视承保利润的经营理念一时难以改变；在过去"官商"的经营思想影响下，理赔服务水平低，效率低下。从客观上来说，由于我国财险公司未完善标准的承保风险评价体系，理赔服务方法、手段还不够丰富，理赔服务体系不够系统化，汽车零配件报价系统不完善，理赔人员素质亟待提高。

（3）要使我国各家财险公司在今后的机动车辆保险市场竞争中继续保持优势，就必须尽快采取各种措施，解决当前存在的问题并完善其承包与理赔体系。

根据实际情况，本文认为我国财险公司首先应该加强以客户服务为中心，以实现股东权益最大化为目标的集约型经营方式，应该强化稳健经营理念，应完善公司内部管理规程制度和业务流程为机动车辆承保与理赔管理提供制度支持。具体到公司内部运作的层面而言，财险公司应从以下几个方面着手：设立统一的承保风险评价体系；建立费率厘定标准体系；完善大型风险项目再保机制；确立理赔管理在车险市场竞争中的核心优势地位；建立专业损失评估标准，及时、准确确定损失；采取各种措施，加快理赔速度；强化财务管理在车险承保环节与理赔环节中的中心作用。

参考文献

[1] 李迎春. 当前保险业面临的突出问题及对策建议 [J]. 保险研究，2006(4).
[2] 薛恒. 浅谈机动车辆保险产品创新的动力因素 [J]. 时代金融，2011(10):93.

［3］ 陈荣,曾勇平.中国机动车辆保险发展的问题探讨［J］.金融经济,2007(12):167-168.

［4］ 孙琪.中国机动车辆保险市场发展和问题分析［J］.汽车与配件,2007(20):38-41.

［5］ 沈传培.我国机动车辆保险市场分析［D］.长春:吉林大学,2009(4).

［6］ 李景芝,汽车保险与理赔［M］.北京:国防工业出版社,2008.

［7］ 曹红欣.我国汽车保险业务发展问题研究［J］.山东青年管理干部学院学报,2009(4):119-121.

［8］ 李建鹭.浅谈机动车辆保险的经营风险及控制［J］.现代商业,2010(29):128-129.

［9］ 崔振华.机动车辆保险经营风险分析［J］.科技资讯,2009(27):198-2000.

［10］ 董元松.机动车辆保险反欺诈初探［J］.铜陵职业技术学院学报,2007(2):18-20.

［11］ 武冬铃,萧军.车险骗赔防范研究—基于车险实务的视角［J］.保险研究,2010(2):82-86.

［12］ 陈鑫.保险欺诈及其防范对策［J］.中共山西省委党校学报,2008(1),31(1):103-104.

［13］ 梁军,焦新龙.汽车保险与理赔［M］.北京:人民交通出版社,2011.

［14］ 李景芝.汽车保险理赔［M］.北京:机械工业出版社,2011.

［15］ 陈家亮.交强险市场对外资公司开放［N］.新快报.2012(5),2012-05-01(14).

［16］ 汪莹.汽车保险改革后的市场现状分析［J］.合肥工业大学学报,2005(2):54-59.

［17］ 王宇航,王斌.新时期浅谈汽车保险［J］.技术经济,2003(9):44-46.

［18］ 陈立辉,吴立勋.浅谈我国汽车保险现状及发展趋势［J］.上海汽车,2004(11):16-18.

［19］ 刘亮.游戏规则的改变是入世后保险业所面临的最大挑战［J］.保险研究,2002(6):34-36.

［20］ 李迎春.当前保险业面临的突出问题及对策建议［J］.保险研究,2006(4):18-19.

开创性发展财产保险的生态产业链模型

王 振

（中国太平洋财产保险股份有限公司青岛分公司）

摘 要：财产保险是一种社会经济补偿。伴随着现代科技的不断发展，新的风险也在相继地显现出来，为了保障社会生产的顺利进行和社会财富的安全积累，财产保险应该大力发展。本文从六个方面分别阐述了财产保险的行业发展、公司经营、业务创新、风险管理、消费者权益保护和监管研究，并且借鉴战略管理的理论建立起新型生态产业链模型。

关键词：财产保险；产业链；战略

一、运用战略群组分析法寻求产业与企业间发展的桥梁

2005 年欧洲工商管理学院钱·金和勒妮·莫博捏两位教授撰写了《蓝海战略》一书，他们认为过去的战略思维立足于当前已存在的行业和市场，采取常规的竞争方式与同行业中的企业展开针锋相对的竞争，那是一种"红海战略"，而"蓝海战略"是指不局限于现有产业边界而是极力打破这样的边界条件，通过提供创新产品和服务，开辟并占领新的市场空间的战略。

在红海中，产业边界是明晰和确定的，竞争规则是已知的。身处红海的企业试图表现得超过竞争对手，以攫取已知需求下的更大市场份额。因此，竞争是红海战略永恒的主题。公司提升市场份额的典型方式，就是努力维持和扩大现有客户群。而这通常引发对客户偏好的进一步细分，以便提供量身定做的产品。通过对客户需求变化的追踪来提升自己的应变能力，这可以被称为"随需应变"。

蓝海意味着未开垦的市场空间、需求的创造以及利润高速增长的机会。在蓝海中，竞争并不存在，因为游戏规则还没有建立。价值创新是蓝海战略的基础，价值创新力图使客户和企业的价值都出现飞跃，由此开辟一个全新的、非竞争性的市场空间。蓝海战略者认为市场的边界并不存在，所以思维方式不会受到既存市场结构的限制。他们认为市场中一定会有尚未开发的需求，问题是如何发现这些需求。因此，着眼点就应该从供给转向需求，从竞争转向发现新需求的价值创造。

目前的财产保险产业就应当运用战略群组分析法将永恒的红海战略逐渐向蓝海战略发展。实施蓝海战略的方案包括：开发新的财产险品种满足客户新的需求；开发新的客户群比如说通过与寿险的交叉销售吸引新的消费者；开发新的营销服务，例如销售部采用网络、微信平台等新型简洁的方式方法、理赔服务可以分层次化和等级性，如规定5 000元以下的通过4S店、修理厂、银行网点、车行等代理，给予其相应的佣金或者手续费；公司只关注大额的、难处理的案件，从而提高应对紧急重点理赔项目的工作效率和服务质量。

二、产业中的各企业应用 SWOT 分析财产保险的经营方向

SWOT 分析是一种综合考虑企业内部条件和外部环境的各种因素，进行系统评价，从而选择最佳经营战略的方法。因此，SWOT 分析实际上是将对企业内外部条件各方面内容进行综合和概括，分析企业的优劣势、面临的机会和威胁，进而帮助企业进行战略选择的一种方法。

通过 SWOT 分析，可以帮助企业把资源和行动聚集在自己的强项和有最多机会的地方，并让企业的战略变得更加明朗。优势和劣势分析主要是着眼于企业自身的实力及其与竞争对手的比较，而机会和威胁分析则将注意力放在外部环境的变化及对企业的可能影响上。在分析时，应把所有的内部因素（即优势和劣势）集中在一起，然后用外部的力量来对这些因素进行评估。

财产保险应用 SWOT 分析就能够最优地运用自己的资源，并且考虑建立公司未来的资源。这种分析将财产保险经营的内外部条件分成四个矩阵：优势机会增长型战略、劣势机会扭转型战略、优势威胁多元化战略和劣势威胁防御性战略。

优势机会增长型战略是当企业具有特定方面的优势，而外部环境又为发挥这种优势提供有利机会时应当采用。例如，农业险有良好的产品市场前景、政府政策性大力支持和竞争对手很少有能力承保等外部条件，配合企业市场份额提高等内在优势可成为该财产保险企业扩大此险种业务规模的有利条件。

劣势机会扭转型战略是利用外部机会来弥补内部劣势，使企业改劣势而获取优势的战略。存在外部机会，但由于企业存在一些内部劣势而妨碍其利用机会，可采取措施先克服这些劣势，例如，家庭财产保险非企业的优势，一直发展缓慢。但是随着社会不断发展和大众保险意识增强，家庭财产保险的需求量必定前景广阔，此时企业应当建立目标项目小组，专门研究家财保险的一系列运营，克服专业不足与市场开发滞后等，为将来分一块蛋糕而做好现在的储备和积累。

优势威胁多元化战略是指企业利用自身优势，回避或减轻外部威胁所造成的影响。如企业面临着消费者要求大幅度提高产品和服务的质量，且要支付高额的监管成本，但却拥有充足的资本和较强的产品开发能力，便可利用自身的优势开发新的财产险种产品。新险种的开发与应用是最具潜力的获取利润措施，同时它可提高产品质量，从而回避外部威胁影响。

劣势威胁防御型战略是一种旨在减少内部劣势，回避外部环境威胁的防御性技术。当企业存在内忧外患时，往往需要面临生存危机，进行业务调整，设法避开威胁和消除劣

势。当某个财产保险业务不具备内外两方面的发展条件时就应当考虑退出市场,以此来避免影响企业的竞争力或是品牌形象。

三、产业中的各企业运用产品生命周期论定位业务发展目标市场

产品生命周期理论背景产品生命周期理论是美国哈佛大学教授费农 1966 年在其《产品周期中的国际投资与国际贸易》一文中首次提出的。费农认为,产品生命是指市场上的营销生命,产品和人的生命一样,要经历形成、成长、成熟、衰退这样的周期,而这个周期在不同技术水平的国家里,发生的时间和过程是不一样的,其间存在一个较大的差距和时差,正是这一时差,表现为不同国家在技术上的差距,它反映了同一产品在不同国家市场上的竞争地位的差异,从而决定了国际贸易和国际投资的变化,为了便于区分,费农把这些国家依次分成创新国(一般为最发达国家)、一般发达国家、发展中国家。费农还把产品生命周期分为三个阶段,即新产品阶段、成熟产品阶段和标准化产品阶段。费农认为,在新产品阶段,创新国利用其拥有的垄断技术优势,开发新产品,由于产品尚未完全成型,技术上未加完善,加之竞争者少,市场竞争不激烈,替代产品少,产品附加值高,国内市场就能满足其摄取高额利润的要求等,产品极少出口到其他国家,绝大部分产品都在国内销售。而在成熟产品阶段,由于创新国技术垄断和市场寡占地位的打破,竞争者增加,市场竞争激烈,替代产品增多,产品的附加值不断走低,企业越来越重视产品成本的下降,较低的成本开始处于越来越有利的地位,且创新国和一般发达国家市场开始出现饱和,为降低成本,提高经济效益,抑制国内外竞争者,企业纷纷到发展中国家投资建厂,逐步放弃国内生产。在标准化产品阶段,产品的生产技术、生产规模及产品本身已经完全成熟,这时对生产者技能的要求不高,原来新产品企业的垄断技术优势已经消失,成本、价格因素已经成为决定性的因素,这时发展中国家已经具备明显的成本因素优势,创新国和一般发达国家为进一步降低生产成本,开始大量地在发展中国家投资建厂,再将产品远销至别国和第三国市场。

财产保险企业在市场定位的过程中应当根据生命周期理论准确估计自己产品在市场上的位置,例如,处于新产品阶段的险种拥有较高的利润,企业应该将大量的资源配置给它,并且由于新险种的各项维护与支持尚有待完善,所以在技术应用上需加大投入。而已经成熟的财产险种则是由于竞争者的模仿,利润率开始下降,市场逐渐饱和,此时此刻应当全力以赴巩固自己的市场份额,避免引起价格激烈的竞争。比如说车险,它在财产保险中的地位非常重要,常常是被称作企业可以依赖的"救命稻草",但是由于该险种已经过长期的发展和激烈的市场竞争,车险已经成为薄利险种,规模难以持续扩大,因此做好做精才是上策,优良的保险资源需要大力支持,不良的保源应尽量控制。最后是处于标准化的险种产品,这类产品需配合高明的促销方案,薄利多销。

根据以上生命周期论的启发,财产保险产业中的各企业应当建立战略协作同盟。这种企业联盟是指企业个体与个体之间结成盟友,交换互补性资源,以期获得长期市场竞争优势。迈克尔波特曾说过,联盟是企业之间的长期协定,它超出了正常的市场交易,但又没有达到合并程度,是扩大市场而又不扩大企业的方法。企业联盟的好处在于通过联盟双

方均可以用更低的成本,共同进行更敏捷的对外竞争。联盟不仅局限于业内,也可扩大到业外,主要是借助其他行业企业或组织的行销通路扩大自身产品的销售。策略联盟分研发联盟、技术合作联盟、销售通路联盟、信息联盟、培训联盟、分保联盟、管理联盟、承保联盟、服务联盟等。销售通路联盟的建立有利于解决保险企业,特别是新生企业,目前面临的一个非常棘手的问题是如何解决企业高位切入社会的问题,即如何让自己的业务人员能够尽早接触到潜在保户的上层人员,把推销变成"拉销",从而迅捷地打开效益型险种承保的大门。

四、建立完备的风险管理体系

(1)对于企业而言,为了保证财产保险的稳健经营,防范与化解风险需要做到以下几点:

一是要健全产权清晰、责权明确的经营管理机制。

二是财产保险要坚持商业保险原则,建立承保与理赔两头并重、财务监督与内部管理相互匹配的经营体系。

(2)对于政府而言,需要健全保险业监管体系与监管制度,要建立以保监会监管为主导、保险公司自身约束为基础、社会监督与行业自律为补充的保险行业监管体系与监管制度:

一是营造宽松的经营环境,保证市场主体和中介机构进行公平竞争。

二是各保险公司与中介机构均要加强建设内控制度,完善各项业务操作规程与管理制度。

三是强化监督指导,以效益监管为导向。

五、产业中的各企业注重品牌建设关注消费者权益

(一)加强保险宣传,提高保险意识

要建立服务社会的理念。服务社会管理空间巨大,观念与创新是关键。服务社会的理念对于经济和社会发展起到了很好的减震器的作用,理念领先是财产保险产品创新的导航。保险宣传是一种观念的引导,更是一种情感的交流与互动。我国由于受到传统经济方式和传统文化的影响,很多人的思想是偏于保守的;我国的保险业真正意义上的发展只有20多年的时间,所以我国老百姓的保险意识普遍不足,甚至还有错误认识。在保险宣传方面,保险行业一定要加强与各类传播媒体的合作,利用大众媒体覆盖面广、百姓对之信任度高的优点,开展形式多样的保险宣传活动,培育良好的外部环境。

(二)激发保险需求、合理推销险种

财产保险商品的非渴求性,从根本上决定了顾客不可能像购买有形商品那样主动购买保险,即使是有保险意识的顾客,也会因为需求的潜在性而拖延或放弃。部分保险公司提倡需求导向式销售,就是要改变以往的产品导向式和销售导向式的营销观念。销售过程中要充分了解顾客的家庭状况,分析顾客可能会面临的各种风险,把顾客家庭中潜在的保

险需求激发出来,使他们意识到不买保险可能带来的风险和财务危机,适时推荐符合客户需求的保险产品组合。深度开发,提高保险覆盖面,调整保险产品的发展环境和产品服务的空间分布,从根本上改变通过人情关系,通过强行销售或者恶意竞争来占领市场份额的做法。

（三）拓宽服务领域,细化服务环节

在传统的财产保险和人身保险业务基础上,保险业积极创新,服务领域不断拓宽。在服务新农村建设方面,开展了政策性农业保险、农民工养老保险、失地农民养老保险、农房保险等一系列保险服务;深入教育领域,有学校的责任保险、旅行社责任保险、环境污染责任保险、煤炭开采等高危行业责任保险;在参与社会保障体系建设方面,有企业年金、商业养老和健康保险。同时,更进一步精细化深入到生产的具体步骤和关键环节中,同时也可以深入企业产品销售等关键步骤中,挖掘传统财产保险市场中的精深财产保险市场。跟随价值和风险较高的新型产业或者创业群体,推出新型创业保障型产品。

（四）理赔服务的价值观的实现

财产保险理赔工作的价值,体现在以合同为基础的审核、以客户为中心的服务这两个方面。就是说,卓越的理赔工作给公司、给客户、给社会带来的除了审核的价值外,还包括了服务的价值。这可以说是适应当前监管环境、竞争模式及客户选择的,符合保险本质的一种复合型价值意识。要使理赔服务价值链的各项活动都能充分发挥作用,为完整实现客户价值、社会价值、公司价值和员工价值贡献力量,就需要在价值链各环节执行上述复合型价值意识的过程中,把握以下三个关键层次:第一层次,就是协调价值链所属的体系外部所有可影响的部分,如经营单位、产品线、具体业务经办人、经纪人、公估人等,将之调整为一个连贯的、统一的整体。第二层次,必须建立相应的组织机构,从组织上保证理赔服务价值链,特别是复合型价值意识的实施与执行,保证理赔服务价值链的连贯通畅。第三层次,推动理赔政策与监管政策、市场情况的匹配。公司层面要制定与监管政策、市场情况匹配的相关政策。综上所述,每一个理赔工作人员要将着眼点放在客户身上,把我们惯性关注的赔案质量、赔案审核、减损的焦点一分为二,在重视赔案质量及审核的同时,进一步关注客户对理赔工作的各项需求。这样不仅能达到公司的赔案审核要求,还能满足内外部客户的理赔服务需要。

六、政府的相关部门应对产业采取支持性措施和实施等级性监管

保险业监督管理是指国家保险业的监督管理部门中国保险监督管理委员会根据《保险法》等有关法律、行政法规的规定对在中华人民共和国境内注册登记的保险公司、保险中介机构及其分支机构进行监督管理。

当前,中国保险监管主要存在以下几方面的问题:

第一,保险监管发展不成熟。中国保险监督管理委员会1998年成立,时间不长,在保险监管方面还缺乏经验。

第二,保险监管目标有局限性。保险监管通常比较重视对保险公司的监管,目标往往是为了保护被保险人的利益,这样必定导致保险市场其他方的利益无法得到充分的重视和有效的保障,从而造成了保险监管目标的局限性问题,不利于保险业的发展。

第三,保险监管存在信息不充分的问题。与市场存在的信息不充分问题类似,政府在实施保险监管时同样存在信息不充分的问题。由于信息不充分问题的存在,导致政府实施保险监管时,在提出保险问题与采取保险方法等方面存在困难。

第四,保险监督的外部审计制度不健全。对于保险公司公布的报表和其他数据资料的正确性、准确性、真实性等方面,保险监管机构缺乏必要的外部审计制度,导致保险行业在数据准确性方面普遍存在虚假问题。

第五,保险监管人员素质方面存在问题。在业务知识方面,很多保险监管从业人员保险监管知识缺乏,导致保险监管方面存在漏洞等问题。

要解决这些问题政府就应当采取新型的监管措施即等级分类监管。把财产险市场划分出三个等级,好、中、差。好的典型应该作为模范推广,给予适当的奖励和政策性支持,比如将某一险种的试点推广授权予某家表现好的保险公司专业发展,这就好比是通过了ISO质量认证,企业可以获得优先发展的先机。在政府对保险业进行管理时,应该实现的目标为:

第一,创造整体保险环境,使保险监管者、保险企业、保险消费者均能理解保险的真正含义——救助危难。促使监管者公正执法、促使保险企业诚信合法经营、促使保险消费者理性消费诚实履约。

第二,疏解保险企业与消费者之间的矛盾,使保险能够发挥稳定社会的正面作用,避免保险交易双方的矛盾问题成为社会突出问题。

总结

财产保险需要建立一个生态产业链模型,将所有企业的优势发挥出来,采取差异化经营、专业化经营、战略化经营的创新发展模式。让我们统一在政府有效监管和积极支持的良好氛围下通往财产险合理化、规范化、可持续化的新篇章。

寿险篇

法的健康保险欺诈风险度量研究

魏 超[1] 刘喜华[2]

（1.潍坊市潍城区委党校；2.青岛大学经济学院）

摘 要：健康保险欺诈严重扰乱了保险市场秩序，侵害了诚实投保人的合法权益，威胁着保险行业的健康发展。本文根据2006年至2013年的新农合欺诈损失数据，借鉴损失分布法原理，以VaR方法为基础，对欺诈损失频率和欺诈损失强度分别建模，拟合出它们的最优分布函数，根据这两个分布函数拟合总损失的最优分布函数，并采用蒙特卡洛模拟方法进行拟合，从而计提欺诈风险损失准备金。结果表明：在一年内新农合欺诈损失金额有99%的可能性不会超过1 749.46万元，即在99%的置信水平下，新农合基金每年需要计提1 749.46万元的欺诈风险损失准备金。

关键词：保险欺诈；损失分布法；蒙特卡洛模拟；度量

一、引言

健康保险欺诈是指投保人故意虚构保险标的，在没有发生保险事故的情况下谎称发生了保险事故，或者故意制造保险事故，或者在保险事故发生后以伪造、虚构的有关证明、资料和其他证据来编造虚假的事故原因，或者夸大损失程度，向保险人提出索赔或给付请求的行为。近年来保险诈骗案件不断发生，如重庆市秀山县一个欺诈团伙一年多的时间内诈骗新农合基金450万元；陕西省洋县妇幼保健院的职工利用职务便利通过伪造资料骗取新农合38万元；江苏省溧阳市新农合管理办公室职工勾结社会诈骗团伙骗取新农合基金130余万元等。据保险业内人士估计，在我国每年发生的保险诈骗案损失金额大约占到赔付总金额的20%～30%。

对于健康保险欺诈问题的研究学者们是从理论和实证两方面入手的。主要的理论研究问题包括健康保险欺诈的表现形式及其成因、欺诈的经济学分析和反欺诈措施等。赵曼（2006）等认为，易滋生欺诈的社会医疗保险道德风险主要分为需方道德风险（过度消费）和供方道德风险（诱导需求），在准确界定了社会医疗保险的各参与方关系基础上，可通过设立针对供方提供医疗服务的约束性机制来降低道德风险发生的概率。李亮（2009）等针对社会医疗保险欺诈现象设计调查问卷,根据理论基础成本——收益决策树模型,提出从成本——收益角度入手制定合理的社会医疗保险制度。实证研究目前主要集中于健康保险欺诈的识别研究和度量研究。王珺(2010)利用国内一家保险公司健康险保单数据,通过普通保险和重大疾病保险建立 Probit 模型,实证分析了健康保险市场中的道德风险。李连友(2011)利用 2006 年至 2009 年的部分新农合欺诈损失数据,借鉴高级计量模型中的VaR 方法,在得出新农合欺诈损失频率拟合分布和欺诈损失强度拟合分布的基础上,借助SAS 软件对新农合欺诈损失数据进行了实证分析,上述研究方法对本研究具有重要的借鉴意义。

本文在借鉴相关文献的基础上,着重对健康保险欺诈的风险度量进行实证研究,研究主要以我国新型农村合作医疗保险为例,通过对收集到的新农合欺诈数据进行分析和推演,来预提新农合基金的欺诈风险准备金。本文希望可以在一定程度上揭示我国健康保险欺诈的内在特征与规律,提高保险机构识别欺诈风险的能力与水平,促进健康保险市场的稳定发展及保障医疗保险政策的有效实施。

二、研究设计

本文采用损失分布法的基本思路是:在一定时期内(通常为一年),给定置信区间,以VaR 方法为基础,对欺诈损失频率和欺诈损失强度分别建模,拟合出它们的概率分布函数,然后根据这两个概率分布函数拟合总损失的概率分布函数,并采用蒙特卡洛模型进行拟合,从而计算预提欺诈损失风险准备金。

利用损失分布法计算欺诈风险准备金可以分成以下几个步骤进行:

(1)估计健康保险欺诈损失频率的概率分布;

(2)估计健康保险欺诈损失强度的概率分布;

(3)估计健康保险欺诈总损失分布;

(4)总损失分布的蒙特卡洛模拟;

(5)计提欺诈风险准备金。

损失分布法的一般模型为:

$$S = L_1 + L_2 + L_3 + \cdots + L_i + \cdots + L_N = \sum_{i=1}^{N} L_i \qquad (1)$$

其中,L_i 表示第 i 次保险欺诈造成的损失金额,即损失强度;N 表示一定时期内发生保险欺诈的次数,即损失频率,在本研究中指一年内发生的健康保险欺诈的次数;S 表示在一定时期内保险欺诈造成的总损失,本研究中指健康保险欺诈在一年内造成的总损失金额。

损失分布法应用于健康保险欺诈度量的基本假定为:

(1)损失强度 L_i 之间独立同分布;

(2)L_i 是随机变量且独立于 N;

(3)欺诈风险损失频率和损失强度的统计分布短期内是不变的。

N 的分布是离散的,可选用二项分布、泊松分布等离散型分布模型;L 的分布通常选用正态分布、对数正态分布、指数分布、Weibull 分布等连续型分布模型；S 的分布可以通过特征函数法、Fourier 转换、蒙特卡洛模拟或者其他解析近似方法获得。本文中，对于 N 和 L 的分布将根据实证数据选择拟合效果最好的分布模型，对于 S 的分布，先利用特征函数法将其进行 Fourier 转换得出便于下一步模拟的密度函数公式，然后进行 S 的蒙特卡洛模拟分布（图 1）。

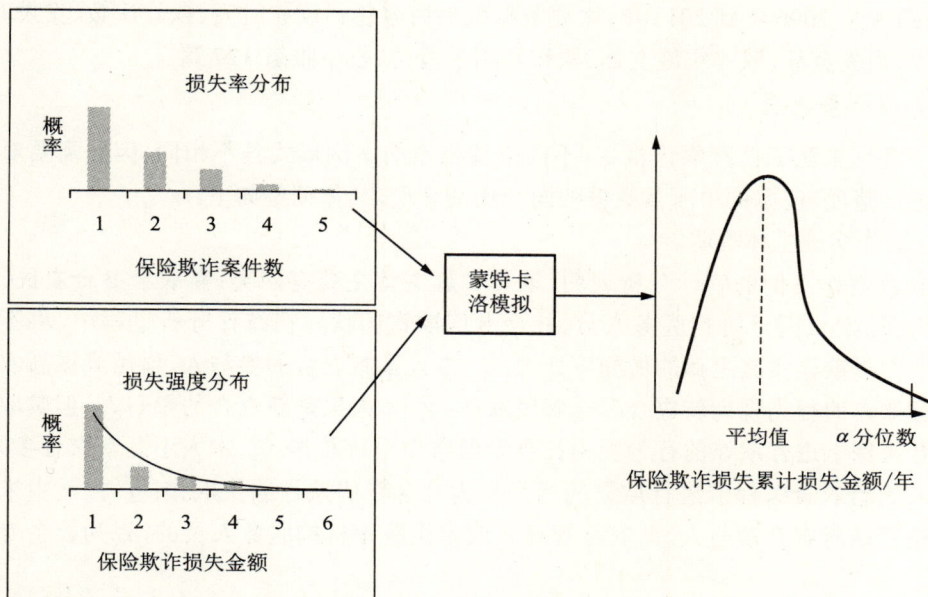

图 1　蒙特卡洛模拟示意图

　　蒙特卡洛模拟又称随机模拟，对数据的随机模拟有很好效果，国际金融机构经常用其来预测风险发生和度量风险造成的损失概率分布。可采用 Matlab 软件或者 Eviews 软件实现蒙特卡洛模拟，步骤如下：

　　（1）在得到健康保险欺诈频率的分布函数后，进行一定次数的模拟，模拟次数 n 根据需要确定，这样就可以产生符合该分布的随机数 $m_1, m_2, \cdots, m_n$，对每个 m 值进行下一步模拟；

　　（2）假设 m 取值 m_1，即在一定时期内损失事件发生 m_1 次，对健康保险欺诈损失金额进行 m_1 次模拟，得到 m_1 个欺诈损失金额值 $L_1, L_2, \cdots, L_{m1}$，它们代表一定时期内每一次保险欺诈造成的损失金额；

　　（3）将 m_1 个保险欺诈损失金额相加，得到一定时期内健康保险欺诈总损失的模拟结果 S；

　　（4）将 m_2 至 m_n 重复步骤（2）和（3），我们可以得到 n 个可能的健康保险欺诈损失值；

　　（5）利用这 n 个健康保险欺诈损失值，健康保险欺诈的损失分布情况便可获得，根据欺诈损失分布可以在 VaR 模型的基础上，得出不同置信水平下健康保险欺诈的损失情况。

三、实证研究

(一)数据来源和调整说明

1. 数据来源说明

考虑到数据的可得性和研究结论的实用性,本文选择采用单一的新农合欺诈损失数据,时间跨度从 2006 年到 2013 年,主要数据收集内容包括欺诈时间、欺诈次数、案发时间、涉案金额、损失金额、欺诈实施主体、欺诈实施手段,共收集报道 127 篇。

2. 数据调整说明

由于数据来源于公开媒体报道,不同媒体报道的案例形式各不相同,因此需要对收集的案例进行整理,使案例中所需数据按同一规则呈现,具体调整如下。

(1)欺诈实施主体说明。

新农合欺诈案例的统计分析表明,欺诈实施主体主要有四类:新农合参合农民、新农合管理人员、定点医疗机构医务人员、社会专门欺诈团伙。在统计分析过程中,将不明确属于以上四类欺诈实施主体的做如下处理:① 本人是新农合的参与人,借用亲戚新农合医保卡实行欺诈的行为视为新农合参合农民欺诈;② 本人虽是新农合的参与人,但骗取陌生人新农合医保卡进行欺诈的行为视为社会专门欺诈团伙欺诈;③ 本人不是新农合参与人,借用他人的新农合医保卡进行欺诈的行为视为社会专门欺诈团伙欺诈;④ 报道中未提及欺诈人是否是新农合参与人、新农合管理人或定点医疗机构医务人员的,视为社会专门欺诈团伙。

(2)欺诈时间说明。

欺诈时间是指新农合欺诈的作案时间,本文研究的时间跨度从 2006 年到 2013 年,收集的新闻报道中的作案时间都在此阶段,并非指新闻报道的时间,对于欺诈时间有争议的欺诈案件,本文做出如下处理:① 对于同一欺诈主体在数年里进行的一次欺诈案件且无法确定具体作案时间的,以其中期时间为欺诈时间;② 对于同一欺诈实施主体数年发生多次的欺诈案件,将欺诈次数和欺诈损失金额按每年时间长短按比例单独计入;③ 对于报道中欺诈时间未做说明的欺诈案件,可以从文中推测得出的,以推测所得为依据;无法从文中得到欺诈时间的,以案发时间往前推两个月为欺诈时间(统计数据表明大部分欺诈案件的案发时间要迟于作案时间一个月以上,三个月以下);④ 对于文中无任何提示作案时间或者案发时间的欺诈案件,以新闻报道时间往前推两个月为欺诈时间。

(3)欺诈次数说明。

不同的媒体对于新农合欺诈的报道形式各不相同,欺诈次数的说明也各不相同,为研究需要,本文做出如下说明:① 有明确地说明作案次数或件数的,以明确说明的为准;② 收集的报道中出现多少余次的,视为具体到的整数(例如,作案 30 余次,视为 30 次);③ 同一欺诈实施主体多年进行的多次欺诈案件,将多次欺诈案件按时间比例分摊至各年(例如,某一社会欺诈团伙在 2008 年 7 月至 2009 年 12 月共实施 36 次欺诈行为,则 2008 年计入欺诈次数 12 次,2009 年计入 24 次);④ 对于欺诈实施主体以户、份、套为单位的虚假资料作为欺诈材料的,将每户、份、套虚假资料分别作为实施一次欺诈行为的依据;⑤ 对于欺诈次数未作出说明的媒体报道,视为一次欺诈行为。

(4)欺诈金额说明。

本研究收集到的金额有涉案金额、损失金额和追回金额,其中,欺诈金额指的是损失金额,是由于具体欺诈行为实施后,给新农合基金造成的具体损失,对此,做出如下说明:① 收集的报道中欺诈金额是不确定的,采用确定的数据表示(例如,欺诈损失金额30余万元,视为30万元);② 同一欺诈实施主体数年进行的多次欺诈行为,欺诈金额按次数分摊到各年;③ 欺诈金额没有明确说明的,但是报道中有涉案金额的,以涉案金额作为欺诈金额;④ 对于金额较小且确定的欺诈金额,为便于研究,将其四舍五入到百位(例如,欺诈损失金额2 980元,近似为3 000元)。

(二)欺诈损失数据的描述性统计分析

1. 不同年份的欺诈损失情况统计分析

利用表格形式将2006年至2013年发生的新农合欺诈次数、涉案金额及损失金额表示如下(见表1)。

表1　不同年份的欺诈损失数据

年　份	欺诈次数(次)	涉案金额(万元)	损失金额(万元)
2006	203	138.00	117.00
2007	96	237.10	149.60
2008	413	1 637.27	553.87
2009	338	925.57	360.70
2010	237	459.60	326.70
2011	350	579.30	442.80
2012	319	790.61	634.81
2013	114	455.77	401.57

观察表1可知,从欺诈次数来看,欺诈次数最少的为2007年的96次,占欺诈总次数的4.63%;欺诈次数最多的为2008年的413次,占欺诈总次数的19.95%。从欺诈涉案金额来看,涉案金额最少的为2006年的138万元,占欺诈涉案总金额的2.64%;涉案金额最多的为2008年的1 637.27万元,占欺诈涉案总金额的31.35%。从欺诈损失金额来看,损失金额最少的为2006年的117万元,占欺诈损失总金额的3.92%;损失金额最多的为2012年的634.81万元,占欺诈损失总金额的21.25%。由此可见,2006年新农合欺诈现象较少,主要原因在于新农合制度在2003年开始试点,2006年刚开始在全国范围内推广,犯罪分子的作案手段还不娴熟;在2008年欺诈较为严重的主要原因是重庆一欺诈团伙通过伪造病历资料骗取大额新农合基金。

2. 欺诈行为统计分析

欺诈行为主体主要有四类:新农合参合农民、新农合管理人员、定点医疗机构医务人员、社会专门欺诈团伙。新农合欺诈案件有的是某一类欺诈主体单独实施的，有的是两类或三类欺诈主体共同实施的，根据欺诈类型对欺诈次数、涉案金额、损失金额分类的直观表示如图 2 所示。

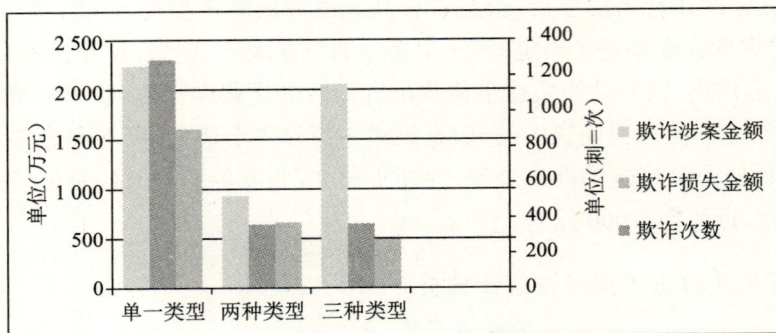

图 2 欺诈行为人类型划分

对 2006 年至 2013 年发生的新农合欺诈案件统计可得，单一类型的欺诈主体作案次数最多，达到 1 297 件，占比 62.66%。欺诈涉案金额、欺诈损失金额占比最多的同样是单一类型欺诈，这说明新农合欺诈实施主体主要集中于某一类欺诈行为人，因此，接下来本文主要分析单一类型欺诈行为人的欺诈情况。

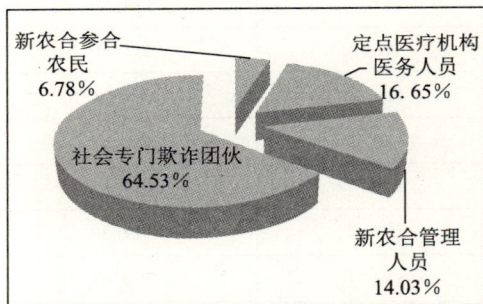

图 3 单一类型欺诈行为人欺诈次数占比

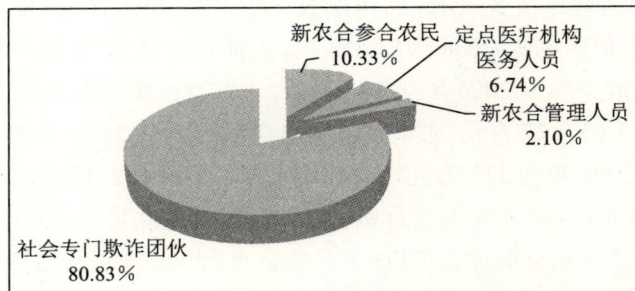

图 4 单一类型欺诈行为人欺诈损失金额占比

从欺诈行为人欺诈次数来看，社会专门欺诈团伙共欺诈 837 次，占比 64.53%。社会专门欺诈团伙的欺诈手段主要是伪造新农合定点医院的住院病历、住院费用明细，通过骗取新农合参合农民的医保卡来实施犯罪行为。作案主体主要是多人，且同一伙欺诈人作案次数多于 2 次的比例高达 98%。此外，新农合参合农民欺诈手段主要是虚报医疗费用，有少数人冒用熟人的医保卡实施欺诈行为；定点医疗机构医务人员通过虚列收费项目、伪造"患者"住院证明等方式骗取社保基金；而新农合管理人员则多是利用工作上的便利侵吞新农合基金。

从欺诈行为人造成的损失金额来看，社会专门欺诈团伙的欺诈行为造成的新农合损失金额是最多的，高达 1 307 万元，占比 80.83%；最少的是新农合管理人员，欺诈金额达33 余万元，占比 2.10%。分析认为，团伙作案仍是新农合基金损失的主要原因，且团伙作案欺诈金额普遍较大，欺诈成功率较高，并且欺诈手段较为复杂。

此外，在两类欺诈行为主体联合欺诈的案件中，新农合参合农民联合社会专门欺诈团伙的欺诈给新农合基金造成的损失比较严重，在统计的期间内，欺诈达到 323 次，欺诈损失金额达 487 万元，在两类欺诈主体联合欺诈总案件中的占比分别是 89.23% 和 73.12%。欺诈方式主要是新农合参合农民持欺诈团伙提供的虚假报销资料，使用自己的新农合医保卡或者近亲属的新农合医保卡行骗，一般分多次进行且数额平均在 1 万元/次左右，病种大多是纳入全国范围的大病统筹。两类欺诈行为主体联合欺诈的案件中，新农合管理人员联合社会专门欺诈团伙给新农合基金造成的损失也比较大，欺诈方式主要是新农合管理人员利用自身职务的便利，通过勾结社会专门欺诈团伙，采用其提供的虚假资料侵吞新农合基金。

在三类及以上欺诈主体联合欺诈案件中，新农合参合农民、新农合管理人员和社会专门欺诈团伙共同欺诈现象较为严重，统计期间内，欺诈次数高达 304 次，造成损失 449 万元，在三类及以上欺诈案件中占比分别达到 82.83% 和 90.71%。欺诈手段主要是新农合管理人员对于参合农民利用虚假报销资料进行医保卡报销的行为持消极态度，放纵犯罪行为的发生，之后三类欺诈行为主体对于欺诈所得进行分摊。

（三）欺诈损失频率的拟合分布

2006 年至 2013 年的新农合欺诈损失频率直方图如图 5 所示。

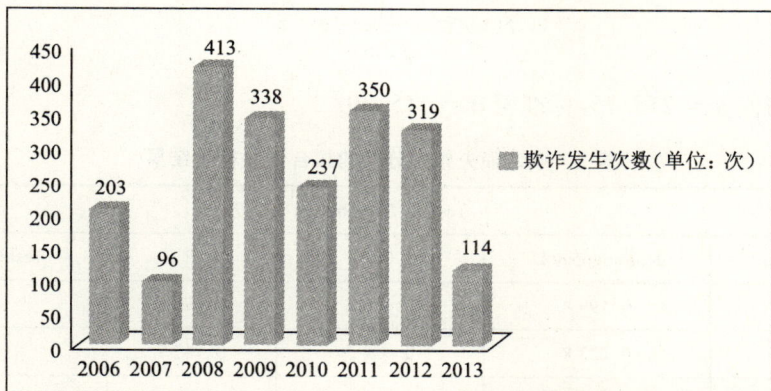

图 5　新农合欺诈损失频率分布直方图

253

　　对于损失频率的拟合,优先考虑常用的二项分布和泊松分布。二项分布的应用前提是 n 和 p(n 是指事件总数,本研究中指所有新农合报销件数;p 是指新农合欺诈发生的概率)已知,但由于新农合报销件数并无完整的统计记录,故 n 和 p 都无从得知,二项分布对于损失频率的拟合分布研究失效。泊松分布是二项分布中的 n 值很大,p 值很小时候的特殊形式,适用于本研究中的新农合数据。在图 5 数据的基础上,利用 Matlab 软件进行泊松分布拟合,在 0.05 的置信度水平下,得出 Kolmogorov-Smirnov 检验值为 0.749 7,大于临界值 0.623 9,故新农合欺诈损失频率拒绝服从泊松分布。

　　由于离散型分布未能拟合出欺诈损失频率的分布,考虑用正态分布、对数正态分布、指数分布和韦伯分布尝试拟合。四种分布均通过了检验(表 2),其中,正态分布的 KD 值最小,p 值最大,拟合效果最优,故选用正态分布来拟合新农合欺诈损失频率的概率分布(图 6)。

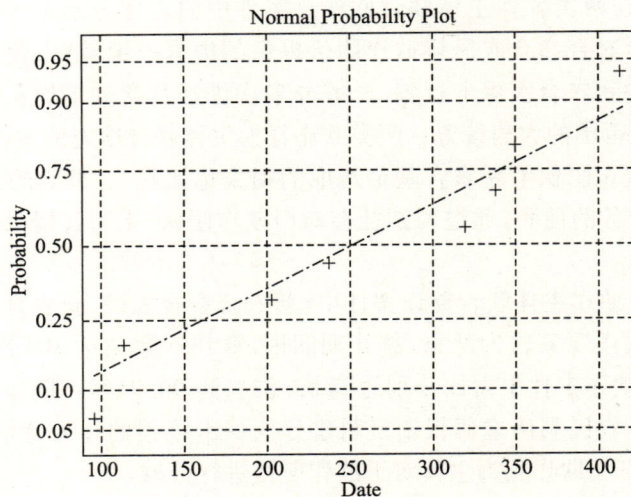

图 6　欺诈损失频率的正态分布拟合 q-q 图

正态分布的密度函数为:

$$f(x) = \frac{1}{\sqrt{2\pi\sigma^2}}\, e^{-\frac{(x-\mu)}{2\sigma^2}} \qquad (2)$$

其中,均值 $\mu = 258.75$,标准差 $\sigma = 115.30$。

表 2　欺诈损失频率分布的拟合优度检验结果

Test for Distribution				
Distribution	Kolmogorov D	CV	P	Test Conclusion
Normal	0.199 4	0.454 3	0.870 1	接受
Lognormal	0.223 8	0.454 3	0.762 7	接受
Exponential	0.310 0	0.454 3	0.357 9	接受
Weibull	0.219 0	0.454 3	0.785 3	接受

（四）欺诈损失强度的拟合分布

2006 年至 2013 年的新农合欺诈损失金额分布直方图如下：

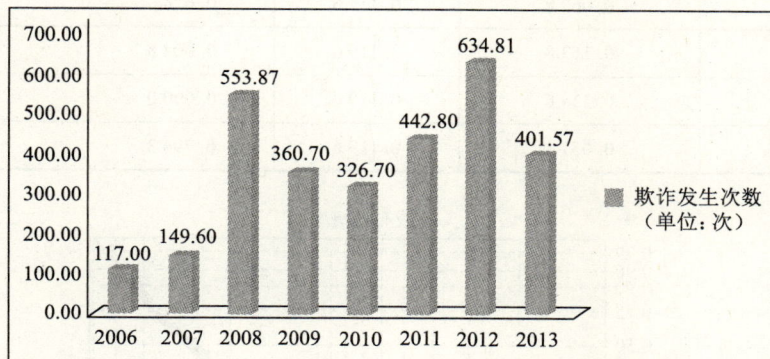

图 7　新农合欺诈损失强度分布直方图

对于新农合欺诈损失强度分布的拟合考虑用正态分布、对数正态分布、指数分布和韦伯分布。将欺诈损失金额分成九组的直方图显示（图 8），欺诈损失强度集中在 0～5 万元的欺诈高达 1987 次，而欺诈强度高于 20 万元的仅有两次，可见，大部分的损失金额在 5 万元／次以下。故选用欺诈损失金额的对数进行概率分布拟合，描述结果较为理想。

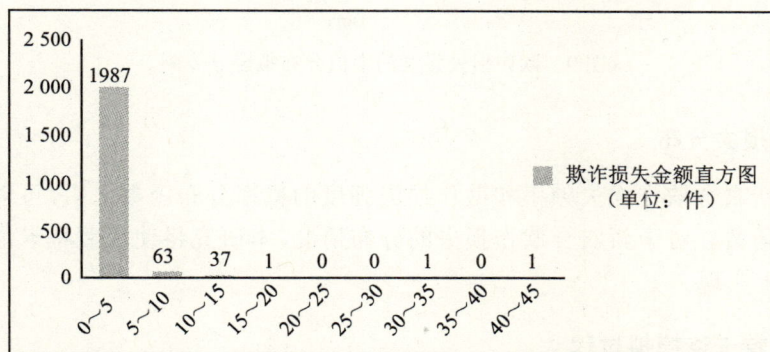

图 8　欺诈损失金额分组分布直方图

欺诈损失强度取对数进行正态分布、对数正态分布、指数分布和韦伯分布的拟合优度检验。其中，对数正态分布和指数分布未通过检验，正态分布和韦伯分布通过了检验（表 3）。其中，韦伯分布的 KD 值最小，p 值大，拟合效果最优，故选用韦伯分布来拟合新农合欺诈损失强度分布概率如图 9。

韦伯分布的密度函数为：

$$f(x) = \frac{\alpha}{\beta}\left(\frac{x}{\beta}\right)^{\alpha-1} e^{-(x/\beta)^\alpha} \tag{3}$$

其中，形状参数 α 值为 3.20，尺度参数 β 值为 2.73。

表 3　欺诈损失强度分布的拟合优度检验结果

分布	Kolmogorov D	CV	P	测试结果
一般	0.069 8	0.119 6	0.678 3	接受
对数	0.153 8	0.119 6	0.004 8	拒绝
指数	0.334 6	0.119 6	0.000 0	拒绝
威布尔	0.057 1	0.119 6	0.794 3	接受

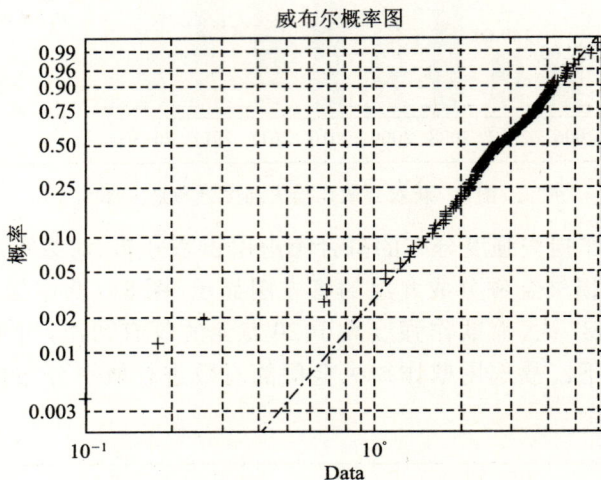

图 9　欺诈损失强度的韦伯分布拟合 q-q 图

（五）总损失分布

在得出新农合欺诈损失频率和欺诈损失强度的概率分布函数之后,可以求出总损失的概率分布函数。对于新农合欺诈损失的分布情况,本研究将使用蒙特卡洛模拟方法在 Matlab 软件上实现。

（六）蒙特卡洛模拟过程

由上文研究得知,新农合欺诈损失频率服从正态分布,欺诈损失强度服从韦伯分布,总损失的分布可在欺诈损失频率和损失强度的基础上,利用蒙特卡洛方法来模拟。过程如下:

（1）根据新农合欺诈损失频率的分布函数产生服从正态分布的随机数 m1,将 m1 作为下一步迭代的次数。

（2）根据新农合欺诈损失金额对数值的分布函数产生服从韦伯分布的随机数 m1 个,将其对数值还原并加总,得到一年内的模拟欺诈损失总额。

（3）重复以上步骤 10 000 次,得到 10 000 个模拟欺诈损失金额。

（七）实证结果

从蒙特卡洛模拟的结果来看,欺诈损失金额最大值为 1 994 万元,最小值为 0,平均损失金额为 864 万元,其他相关值见表 4。

表 4　蒙特卡洛模拟欺诈损失描述 单位(万元)

	均值	最小值	最大值	标准差	中位数
$N = 10\,000$	864. 04	0. 00	1 994. 00	379. 62	863. 72

除此之外,还可根据其分布情况得到欺诈风险损失的 VaR 值,进一步得出欺诈损失金额在不同置信水平下的大小(表 5)。根据 VaR 模型定义,在一年之内,欺诈风险损失金额有一半的可能性不会超过 862. 72 万元,有 95% 的可能性不会超过 1 502. 34 万元,有 99% 的可能性不会超过 1 749. 46 万元。据此,新农合基金管理部门可根据具体的情况确定预提的风险准备金。此外,其他的健康保险欺诈管理部门也可通过此方法预提欺诈风险准备金。

表 5　不同置信水平下保险欺诈损失金额 单位(万元)

置信水平	1%	10%	50%	75%	90%	95%	99%
VaR 值	0	373. 04	862. 72	1 115. 11	1 367. 42	1 502. 34	1 749. 46

四、结语

通过新农合欺诈度量的实证研究发现,每年因新农合欺诈而造成的损失金额巨大,社会各界必须采取必要的措施来遏制新农合欺诈行为的发生。要改革现有的医疗保险费用支付方式,由后付制向预付制、由按项目收费向总额预算制转变。要建立合理的医疗成本分担机制,设置合理起付线,设置最高支付额,设置合理的自负比例。要提升医疗服务质量水平,推进医药分离制度改革,解决目前存在的"以药养医"问题,抑制药品价格和医疗服务费用过度上涨。要加强保险的法制建设,严厉打击保险欺诈行为。要在全国范围内建立新农合信息库,弥补我国社保制度受制于地域的缺陷。要加大保险诚信宣传力度,推进保险诚信体系建设,通过公益讲座、宣传栏、宣传页等向公众传达正确的保险信息。此外,要构建完善的保险监管体系。

参考文献

[1] 全国保险业标准化技术委员会制定. 保险术语 [S]. 北京:中国财政经济出版社,2007:106.

[2] 赵曼,吕国营. 社会医疗保险中的道德风险 [M]. 北京:中国劳动社会保障出版社,2006.

[3] 李亮,李连友. 基于成本－收益理论的社会医疗保险欺诈问题研究 [D]. 湖南:湖南大学,2009.

[4] 王珺,高峰,冷慧卿. 健康险市场道德风险的检验 [J]. 管理世界,2010(6):50-55.

[5] 李连友,林源. 新型农村合作医疗保险欺诈风险度量实证分析 [J]. 中国软科学,2011(9):84-93.

[6] 樊欣,杨晓光. 我国银行业操作风险的蒙特卡洛模拟估计 [J]. 系统工程理论与实践,2005(5):12-19.

[7] 刘睿,詹原瑞,刘家鹏. 基于贝叶斯 MCMC 的 POT 模型——低频高损的操作风险度量 [J]. 管理科学,2007(3):76-83.

[8] 张宏毅,陆静. 运用损失分布法的计量商业银行操作风险 [J]. 系统工程学报,2008(4):411-416.

青岛保险业对养老服务业的发展支持研究

夏克清　张　宁　李　齐　郭金池

（中国保险监督管会青岛监管局）

摘　要：当前,我国已经进入人口老龄化阶段,目前的养老保障体系难以与巨大的养老需求相匹配,必须加快发展养老服务业。保险业在支持养老服务业发展方面,具备独特的优势,同时也获得了诸多支持政策。青岛保险业积极参与养老服务业建设,在养老产品供给、养老产业市场投资和养老产业后援保障等方面均发挥了积极作用,但同时也存在一些问题和不足,使得保险养老服务的广度和深度都远远不够,多层次养老保障的作用未能充分发挥。本文从丰富养老保险产品供给、推动政府购买公共服务、注重政府引导规范以及发挥税收政策导向作用等方面提出了相关建议。

关键词：青岛保险；养老服务；社会保障

一、保险业参与养老服务业的背景优势

（一）老龄化社会发展催生养老服务需求

《国务院关于加快发展养老服务业的若干意见》(国发〔2013〕35号)指出,2012年底我国60周岁以上老年人口已达1.94亿,2020年将达到2.43亿,2025年将突破3亿。根据《中国老龄产业发展报告(2014)》预测,到2050年,中国老年人口将达到4.8亿,约占全球老年人口的四分之一,是世界上老年人口最多的国家。中国已经处于老龄社会初期,人口老龄化快速发展,未来养老服务业需求巨大。据预测,2014～2050年,中国老年人口的消费潜力将从4万亿左右增长到106万亿左右,占GDP的比例将从8%左右增长到33%左右。仅在老年医疗方面,据测算,老年人人均医疗费用是国民平均医疗费用的2～3倍。而未来40年,中国老年人的慢性病患者病例将从目前的1.1亿例,增长到2050年的3亿例,就诊人次将由当前的13.5亿人次,增长到2050年的36.8亿人次。

（二）养老保障体系面临巨大压力

西方发达国家的养老保障体系,多数是由国家、企业和个人共同担负养老的多支柱保

障模式,虽然各国的具体设计和名称不尽相同,但大致可概况为"公共(基本)养老金"、"企业年金(补充养老金)"和"个人养老储蓄计划"三支柱。借鉴国外经验,我国在1991年确定逐步建立国家基本养老保险、企业年金和个人储蓄性养老保险相结合的三支柱养老保险制度的目标。三个支柱互为补充,享有同等重要的战略地位。但在目前,我国养老保障体系在外部环境压力和自身发展方面存在多个问题。一是老龄化进程过快且未富先老,给养老保障体系带来了巨大外部环境压力。我国人口老龄化的速度要快于大多数发达国家的速度,发达国家都是在成为发达国家后才开始人口老龄化的,我国进入老龄化社会时,仍然属于收入较低的发展中国家。《中国老龄社会与养老保障发展报告(2013)》数据显示,中国人均GDP水平未达到1万美元即进入老龄社会。对人口的快速老龄化,目前的养老保障体系准备严重不足。二是基本养老基金的自身可持续性面临巨大压力。由于历史原因,目前在职职工缴纳的个人账户资金长期被用于统筹基金发放,由此形成个人账户空账运行、资金缺口巨大的状况,且缺口将越来越大。《中国养老金发展报告(2013)》称,2012年城镇职工基本养老保险个人账户缺口为5 602亿,比2011年扩大约240亿。除了空账缺口,基本养老金资金运用效率低下,投资收益低,难以跑赢通货膨胀。据中国社科院世界社保研究中心主任郑秉文计算,从2001年到2011年间,中国基本养老保险基金获得的年均收益率不到2%,同期年均通胀率却高达2.47%。[①]三是补充养老发展缓慢,养老金替代率低且保障不足。截至2013年底,我国基本养老保险覆盖了8.2亿人,年末累计结存3.13万亿元;而全国仅有6.6万户企业建立企业年金,覆盖2 056万人,积累资金6 035亿元。[②]据此计算,企业年金的总规模仅是基本养老保险的19.3%,人数仅占参加基本养老保险人数的2.5%。补充养老发展缓慢,使得我国养老金替代率低于国际警戒线。根据《中国老龄社会与养老保障发展报告(2013)》数据显示,显示目前我国养老金替代率仅为40%左右。

(三)保险业参与养老服务业具备独特优势

大力发展养老服务产业,通过社会化手段提高效率、丰富手段、增强多层级保障,是解决我国养老问题的重要途径,保险业作为市场化的风险转移机制、社会互助机制和社会管理机制,具备独特的优势。一是专业技术优势。保险业作为经营风险的行业,在寿险、养老险和健康险等产品的经营过程中,培养吸纳了大量专业人才,收集了大量的居民健康精算数据,积累了丰富的健康管理经验,发挥这些专业优势,能够提升养老服务业经营管理水平,促进养老服务业的专业化和规范化运作。二是服务资源优势。保险业有强大的经营网络和健全的服务体系,并与医疗机构、护理机构和保健机构等医疗卫生机构建立了长期合作关系,能够有效整合各种资源,发挥协同效应,提升服务质量,促进养老服务业产业链

---

① 养老金替代率是指劳动者退休后的养老金与退休前的工资的比例,是衡量劳动者退休前后生活保障水平差异的基本指标之一,替代率越高,越能保证老年生活的品质,反之,则会影响养老生活。

② 以国际经验来说,如果退休后的养老金替代率大于70%,即可维持退休前的生活水平,如果达到60%~70%,即可维持基本生活水平;如果低于50%,则生活水平较退休前会有大幅下降。按照国际劳工组织的建议,最低养老金替代率以55%作为警戒线。

的构建和完善。三是长期资金优势。养老服务业往往具有投资规模大、回报周期长的特点，需要巨大的资金投入和长期的理财能力。保险业具有大量长期性、稳定性的资金，能够为养老服务业提供长期稳定的资金来源，有力推动养老服务业的建设。

二、保险业参与养老服务业的支持政策

近年来，随着社会的快速老龄化，我国对养老问题的重视程度进一步提高，先后出台了一系列政策鼓励和支持养老服务业及相关产业的发展，并充分肯定了保险业在其中的作用，明确了保险业参与养老服务业的多项具体支持政策。

2013年9月，国务院出台了《关于加快发展养老服务业的若干意见》（国发〔2013〕35号）。一是明确支持养老保险产品发展，提出引导和规范保险公司开发适合老年人的保险产品，"鼓励老年人投保健康保险、长期护理保险、意外伤害保险等人身保险产品，鼓励和引导商业保险公司开展相关业务"，"鼓励养老机构投保责任保险，保险公司承保责任保险"等措施。二是鼓励保险业投资养老服务领域，提出"逐步放宽限制，鼓励和支持保险资金投资养老服务领域。开展老年人住房反向抵押养老保险试点"等措施。同月，国务院出台了《关于促进健康服务业发展的若干意见》（国发〔2013〕40号）。一是鼓励保险业投资医疗服务业，提出鼓励商业保险机构"以出资新建、参与改制、托管、公办民营等多种形式投资医疗服务业。大力支持社会资本举办非营利性医疗机构、提供基本医疗卫生服务"。二是鼓励保险业发展长期护理、养老服务等相关健康保险产品，提出"鼓励商业保险公司提供多样化、多层次、规范化的产品和服务。积极开发长期护理商业险以及与健康管理、养老等服务相关的商业健康保险产品"。三是鼓励保险业与医护机构的合作，提出"建立商业保险公司与医疗、体检、护理等机构合作的机制，加强对医疗行为的监督和对医疗费用的控制，促进医疗服务行为规范化"，"推行医疗责任保险、医疗意外保险等多种形式医疗执业保险"。四是明确税收优惠政策，提出"企业根据国家有关政策规定为其员工支付的补充医疗保险费，按税收政策规定在企业所得税税前扣除。借鉴国外经验并结合我国国情，健全完善健康保险有关税收政策"。2014年10月，为进一步贯彻落实相关工作，国务院办公厅又专门下发了《关于加快发展商业健康保险的若干意见》（国办发〔2014〕50号），进一步丰富细化了相关细则。

2014年8月，国务院发布《关于加快发展现代保险服务业的若干意见》（国发〔2014〕29号），进一步明确了保险业的定位，完善了保险业的顶层设计，并专门就服务养老服务业明确了多项措施。一是提出把商业保险建成社会保障体系的重要支柱，"商业保险要逐步成为个人和家庭商业保障计划的主要承担者、企业发起的养老健康保障计划的重要提供者、社会保险市场化运作的积极参与者。支持有条件的企业建立商业养老健康保障计划。支持保险机构大力拓展企业年金等业务。充分发挥商业保险对基本养老、医疗保险的补充作用"。二是鼓励创新养老保险产品服务，"为不同群体提供个性化、差异化的养老保障。推动个人储蓄性养老保险发展。开展住房反向抵押养老保险试点。发展独生子女家庭保障计划。探索对失独老人保障的新模式。发展养老机构综合责任保险。支持符合条件的保险机构投资养老服务产业，促进保险服务业与养老服务业融合发展"。三是鼓励发展多

样化健康保险服务，"鼓励保险公司大力开发各类医疗、疾病保险和失能收入损失保险等商业健康保险产品，并与基本医疗保险相衔接。发展商业性长期护理保险。提供与商业健康保险产品相结合的疾病预防、健康维护、慢性病管理等健康管理服务。支持保险机构参与健康服务业产业链整合，探索运用股权投资、战略合作等方式，设立医疗机构和参与公立医院改制"。此外，文件明确了保险业参与养老服务业的税收优惠和用地保障，提出"完善健康保险有关税收政策。适时开展个人税收递延型商业养老保险试点。落实和完善企业为职工支付的补充养老保险费和补充医疗保险费有关企业所得税政策"，"加强养老产业和健康服务业用地保障。各级人民政府要在土地利用总体规划中统筹考虑养老产业、健康服务业发展需要，扩大养老服务设施、健康服务业用地供给，优先保障供应。加强对养老、健康服务设施用地监管，严禁改变土地用途。鼓励符合条件的保险机构等投资兴办养老产业和健康服务业机构"。

山东省政府结合地方实际先后出台了发展养老服务业的政策。2012年12月，山东省政府出台《关于加快社会养老服务体系建设的意见》（鲁政发〔2012〕50号），推动养老服务业发展。国务院出台《关于加快发展养老服务业的若干意见》后，2014年5月，山东省政府出台了《关于加快发展养老服务业的意见》（鲁政发〔2014〕11号），提出多项具体措施和落实细则。一是健全养老服务保险产品，引导和规范保险公司开发适合老年人的保险产品，"支持发展养老机构责任保险、老年人意外伤害保险、长期医疗护理保险、养老保险等，提升个人养老能力，降低养老机构经营风险"。二是落实财政支持，"积极争取通过补贴保险费等政策，鼓励和引导养老机构自愿参加责任保险，有效化解运营风险。鼓励和支持政府主导，政府、企业和个人共同负担，为经济困难老年人、失能老年人统一提供人身意外伤害保险、长期医疗护理保险等综合保险，为老年人提供更加全面的养老服务保障"。三是支持保险投资，"支持保险资金投资建设养老服务社区，探索开展老年人住房反向抵押养老保险试点"。

青岛市政府一直非常重视养老服务业的发展，持续以较大的力度推动相关工作，并积极鼓励保险业的参与。2012年12月，青岛市政府出台了《关于进一步加快养老服务业发展的意见》（青政发〔2012〕60号）。2013年10月，为加强落实力度，青岛市政府办公厅发布《关于加快社会养老服务体系建设任务分工的通知》（青政办字〔2013〕125号），细化推进养老服务业发展的各项工作，明确工作责任落实部门。2014年，青岛市政府进一步加大工作力度，制定了《青岛市养老服务业促进条例（草案）》，拟以地方立法的形式，推动养老服务业发展。《条例（草案）》中对养老服务设施建设有了新要求和标准，确定了养老服务设施用地保障机制，明确了政府各相关部门对养老服务业的规范与监督。2014年10月底，《青岛市养老服务业促进条例（草案）》已提交青岛市人大常委会审议。

三、青岛保险业参与养老服务业的发展情况和存在问题

（一）青岛保险业参与养老服务业发挥多种作用

在各级政府的大力支持和各项政策的有力推动下，青岛保险业积极参与养老服务业

建设,在养老产品供给、养老产业市场投资和养老产业后援保障等方面均发挥了积极作用。

1. 经营发展养老产品

青岛保险业承接了青岛市社保转制后补充养老保险金的资金管理工作,作为受托人和投资管理人,管理了1.7亿元的补充养老资金,减轻了政府的负担,提升了资金的专业化运作水平。此外还积极开拓企业年金市场,截至2013年底,青岛保险业受托投资运作企业年金基金15亿元,服务企业年金客户1 553户,为包括青岛港、青岛海尔、青岛海信、青岛南车等知名企业职工在内的5.7万个个人账户提供企业年金日常管理和资金投资增值服务。在个人自主购买的商业养老储蓄计划层面,青岛保险业还提供了商业年金养老保险、长期健康险、意外险等保险产品,为城乡居民提供了养老、医疗、大病救助等方面的更高保障。截至2013年底,青岛商业年金保险期末有效承保件数67万余件,提供了133亿元的保障额度;长期健康险期末有效承保件数56万余件,提供了545亿元的保障额度[③]。此外,青岛保险业提供的分红险、万能险等具有储蓄和投资性质的险种,也为受益人提供了较高的投资收益,实现了资金的保值增值,为受益人的老年生活提供了资金保障。

2. 投资经营养老产业

在养老产业投资经营方面,目前已有多家保险公司建立了健康管理中心、体检中心等多家健康管理机构,为客户提供健康管理服务。同时在养老社区的建设方面,目前保险业已进行创新试点,目前有多家保险公司来青岛进行了前期考察论证。从现有实例看,保险业养老社区的建设主要采用两种模式:一种是保险公司独立建设,保险公司成立专门的机构,自己出资建设养老社区,建成后自己运营管理,建设、运营为同一主体;第二种是合作共建,与地产开发商等机构合作,由开发商进行基础设施建设,保险公司运营。2013年下半年,采用合作共建方式的养老社区在青岛落地,保险公司与青岛市政府、房地产商、三甲医院四方达成合作协议,将在青岛建设大型健康养老产业园,打造高端的养老基地。后继随着商业模式的成熟,更多的保险公司也将逐步在青岛建设养老社区,这些项目将整合各方优势资源,促进当地的养老、医疗基础服务设施的完善,带动当地就业和服务业发展,增强青岛对高端人才的吸引力。

3. 后援支持养老产业

在基本养老保障服务支持方面,青岛保险业发挥专业优势,经办青岛城镇居民基本医疗保险和新型农村合作医疗,保险公司在政府服务窗口派驻工作人员,解决了政府管理人员有限、专业人才不足等问题,辅助政府提升了社会保障工作服务水平和风险防范能力,为改善养老医疗服务水平做出了积极贡献。在为养老服务业进行风险管理方面,青岛保险业积极推动医疗责任险在医疗机构的覆盖面,目前已全面覆盖公立医院,并争取将责任险进一步覆盖到民营医院,化解医疗机构医疗事故责任风险;探索推动养老机构综合责任险,化解养老机构因老年人出现意外事故导致的民事纠纷、巨额赔偿风险,保障养老机构

---

③ 数据来源于中国保险统计信息系统。

的平稳运营。

(二)青岛保险业参与养老服务业存在一些问题

受外部环境和自身原因影响,青岛保险业在支持养老服务业发展过程中存在基础薄弱、覆盖面窄、深度不够等问题。

1. 企业年金补充养老保险覆盖面较低

作为第二支柱的企业年金补充养老保险发展缓慢,是我国企业年金发展的一个普遍性问题,在青岛也表现得比较突出。据人社部发布的《2013年全国企业年金基金业务数据摘要》,截至2013年末,青岛市参与建立企业年金的企业数1 553个,而根据《2014青岛统计年鉴》,2013年青岛市仅工业(不含个体)、限额以上批发零售业、限额以上住宿和餐饮业以及建筑业等几个主要行业就有2.9余万家企业,可见参与企业年金的企业在全部企业中的占比很小,而且大多集中于大型国有企业或高收入行业,数量众多的中小企业、民营企业却未在其中。参与企业年金的职工有5.7万人,仅占青岛市571万社会从业人员的1%左右。企业年金发展缓慢,覆盖面较低,除了部分企业经济状况不佳的原因,与企业参与年金会增加税收负担有很大关系。一直以来,企业年金的发展缺乏税收政策支持,由于企业缴纳的企业年金不能列入福利费项目,必须交纳企业所得税,这增加了企业的负担,影响了企业通过企业年金安排养老保障的积极性。

2. 现有养老保险产品缺乏吸引力

目前的商业养老保险产品总体吸引力不足,难以满足多样化、个性化的养老保障需求。一是品种较少、同质化明显。商业保险产品对老年群体需求发掘不足,产品同质化高,缺乏灵活性,难以满足不同老年群体在不同时期的个性化需求。二是保障范围较小。老年群体面临的各种健康、意外风险要高于年轻群体,需要更广泛的保障,而目前产品保障的风险范围和额度往往有限,与国外类似产品相比,很多风险尚未覆盖,能够全方位进行综合保障的产品较少。三是缺乏税收优惠。与发达国家普遍性的税收优惠相比,我国商业保险养老产品缺乏优惠,价格相对较高。四是居民信任度不足。由于行业形象等原因,居民对包括养老保险产品在内的保险产品不是很信任,而且保险产品的条款较为专业晦涩,一定程度上增加了居民的接受难度。

3. 养老保险产品创新基础薄弱

养老保险产品创新基础薄弱是造成养老保险产品创新力度不够的重要原因。一是地方保险分支机构创新动力不足。目前,多数保险公司为加强经营风险控制,逐渐把管理权集中到总部,地方的保险分支机构自主权较低,有的甚至仅成为了单一的产品销售机构。在总公司统一的产品开发和营销策略下,地方保险分支机构只能使用全国统一的费率销售全国统一的产品,难以根据当地的风险特点进行灵活的调整和创新。二是养老相关数据积累匮乏。养老保险产品的创新需要大量当地居民的养老、医疗、保健等数据的积累,在大数据的基础上进行精算,才能科学厘定费率,设计出价格合理、保障适度的产品。目前行业缺乏相关数据的积累,这一方面是保险机构自身原因,另一方面是大量数据分散在地方相关部门,难以有效获取,数据的缺失使产品创新缺乏基础。

4.保险业直接投资养老服务业储备力量不足

虽然保险业在直接投资参与养老社区、医疗保健机构方面具有优势,但养老社区一般囊括了医疗、护理、娱乐、物业等多项服务在内,要求保险公司承担综合运营的角色,这对之前经营业务较为单一的保险公司来说是一种挑战。目前保险业虽然有大量的客户,以及雄厚的资本,但在养老机构开发建设及运营管理方面的人才储备较少,缺乏管理经验,需要保险公司进行较长时间的探索适应。目前已有多家保险公司来青岛考察养老社区事宜,非常认可青岛优越的自然环境,但受多种因素影响养老社区未能落地,仍处于洽谈过程中。

5.保险业参与养老服务业外部发展环境有待完善

保险业参与养老服务业建设需要多方面的支持,目前外部环境尚需进一步完善。一是社会化养老服务的标准尚未明确。对各类服务机构的软硬件设施没有统一的标准,保险业在参与过程中缺乏参照标准,基础设施建设的规范不明确,提供的服务难以具体量化和比较,给保险业投资建设养老机构和销售养老服务产品带来困难,也容易产生前期销售宣传与后期实际服务不一致引起纠纷的问题。二是社会信用体系有待健全。部分投保人购买保险产品时隐瞒自身健康状况,部分保险销售人员销售保险产品时存在误导现象,还有部分医疗卫生机构协助投保人骗取理赔金,虽然这些行为的总体数量不多,但造成了较坏的影响,提高了保险业参与养老服务业的经营成本,也损害了诚信投保人的利益。三是居民自身的养老观念需要较长时间的转变。长期以来,居民形成了靠传统家庭养老和国家基本社保养老的观念,对多层级养老保障体系认识不足,对补充养老缺乏了解,对个人补充养老产品的重视程度较低,要转变这种观念需要较长的时间。

四、推动青岛保险业支持养老服务业发展的建议

(一)丰富养老保险产品供给,扩大保险养老服务领域

保险公司要进一步加强产品研发,丰富养老保险产品,特别是针对老年人的需求设计产品,满足不同层级的养老保障需求,提高商业保险在养老服务领域的参与度。

1.增强保险分支机构创新基础

产品创新是丰富养老保险产品的根本,而创新的关键则是完善当地保险分支机构创新机制,加强创新基础建设。一是鼓励分支机构争取创新资源。本地分支机构应充分发挥主观能动性,深入发掘当地特色养老保险需求,并积极向总公司争取资源,探索开发相关产品,并在本地开展先期试点。保险公司总公司应为试点工作提供便利,对于本地区首先试点或填补本地区空白领域的养老保险创新产品,如果受到市场认可,可以考虑给予一定的创新奖励。二是为养老保险产品创新提供数据支持。在保险业自己加强养老数据积累的同时,对于大量由政府相关部门掌握的疾病、医疗、健康护理等数据,还需要相关部门为

保险业进一步参与养老服务业来提供数据支持。三是完善创新保护机制。监管单位可以对本地区首创的养老保险产品提供一定的创新保护期,避免产品被简单抄袭和模仿,保护创新者的积极性。

2. 加强养老保险产品的推广完善

在完善养老保险产品的基础上,增强产品保障能力,加大宣传推广,增强居民对产品的认知和接受程度。一是积极承担风险保障责任。由于老年人在健康和意外等方面的风险较高,使得面向老年群体的保险产品费率较高,而且往往不提供对高龄老年人的服务。保险业应该在合理厘定费用的基础上,适当扩大养老保险产品的覆盖范围,通过满足市场风险管理需求,覆盖更多的消费者以实现规模效应,达成自身与消费者的双赢。二是提高综合保障能力。目前的养老保险产品主要针对老年群体养老、健康与意外三个方面的风险需求,对老年人看病、治病方面的保障较多,而对其日常保健、疾病预防和长期治疗等方面的保障较为缺乏,需要进一步加强养老保险产品的覆盖深度,完善对日常保健等方面的保障。三是提高产品投资收益率。对于具备个人储蓄功能的养老产品来说,在数十年长期投资下,投资收益率的高低将极大地影响未来获得养老金的多少,是一个决定养老保险产品保障效果的关键因素。应当在保证长期稳健的基础上,尽可能地提高养老保险产品的投资收益率,并提升最低保障收益的标准。四是推动长期护理保险的发展。随着老年群体的增多,使得老年人群的护理需求日益增长,但与发达国家相比我国长期护理保险仍在探索阶段,大部分地区尚未开展,需要进一步加强市场培育和政府引导。

3. 健全保险养老服务产业链

作为养老服务业的投资者和经营者,保险业有能力对医疗、保健、护理等机构进行资源整合,推动养老服务产业链的健全。一是协调相关机构资源。整合从前方保险销售到后方医院、养老社区等机构的资源,通过商业保险产品的串联,实现"一条龙"服务。二是加强对医疗保健机构的监督。通过监督、管理保险客户的治疗过程,加强对医院医疗行为、养老机构服务的监督,促进养老服务规范化。三是推动相关责任险的发展。推动医疗责任险、医疗意外保险、养老机构责任险、护理机构责任险和护理人员责任险等险种的开展,减少因意外或过失导致的责任纠纷,化解养老服务产业链中的风险,保障养老服务的平稳运行。

(二)推动政府购买公共服务,促进保险融入社会养老体系

推动政府进一步转变职能,通过购买养老服务的方式,将可以通过市场来实现高效运作的服务交给市场,优化资源配置,提高行政效能。

1. 推动保险参与养老经办业务

鼓励保险公司参与社会养老保险和社会医疗保险的经办服务。进一步扩大医疗、养老领域政府购买保险服务的范围,发挥保险机构专业人员的技术优势和遍布城乡的网络优势,鼓励保险公司参与社会保障项目的经办服务,减轻政府人力财力负担,推动政府服

务方式转变,提高社会保险的运行效率。同时,购买服务应在引入市场竞争机制的基础上,遵循保本微利的原则,以保证保险公司的经营动力和服务质量。

2. 鼓励保险参与地方养老产业发展

青岛经济发达,自然环境优良,非常符合养老服务业的建设需求,对吸引保险业投资有较大的优势,而保险业投资对当地的就业和经济也有较大的拉动作用。一是加强与保险总公司的沟通。加大招商引资力度,鼓励保险公司直接或间接参与公立医院改制、民营医院建设、养老机构以及养老社区建设等。 二是做好配套规划。在城市总体规划中,做好养老服务业的土地、交通以及医疗等各类公共服务设施的统筹配套、科学布局。三是提供土地出让优惠。对保险机构参与养老社区、医疗机构建设的土地需求提供优惠的出让条件。

(三)注重政府引导规范,实现养老服务业良性发展

目前,要实现养老服务业的快速健康发展,对市场的培育和规范必不可少,应充分发挥政府的引导作用,优化保险业参与养老服务业的外部环境,加强对参与过程的监督指导。

1. 明确规范标准,建立评价体系

健全市场规范和行业标准,开展认证评价,确保养老服务和产品质量。一是明确养老服务业市场规范和行业标准。明确养老服务机构的资本、人员、基础设施等准入条件,对服务质量进行规范,逐步实现养老服务机构的规范化和专业化,避免零散运作和无序发展。二是建立对养老服务机构的评价体系。参考对酒店星级和旅游景点星级评价模式,建立对养老机构的评级认证,引导级别不同的养老机构提供差异化的服务,满足市场各层次的养老需求,推动养老机构不断提升服务品质,实现养老品牌效应。

2. 建立协调机制,完善信用体系

建立协调机制、完善信用体系,进一步推动保险业参与养老服务业发展。一是建立相关政府部门间的协调机制。建立发改委、财政局、人社局、卫计委和国地税等部门的协调机制,在保险业参与养老服务业的发展规划、财税政策、行政管理等方面给予必要的支持。二是完善社会信用体系。将保险服务领域出现的不诚信行为记入个人诚信档案,建立惩罚机制,杜绝保险产品的销售误导现象,同时遏制部分医疗卫生机构协助投保人骗取理赔金的非道德行为,降低养老服务业的信用成本。

3. 强化外部监管,加强宣传教育

通过外部监管和宣传教育,营造安全、便利、诚信的消费环境。一是严厉打击保险养老服务领域的销售误导与拖赔惜赔行为。保险养老服务是关系老年群体权益的大事,如出现销售误导或拖赔惜赔行为,将对老年人生活造成较大影响,损害保险业形象,对此类行为必须进行严厉打击。二是加强保险公司治理。养老金是参保人的养老钱,要进一步加强对保险公司内部治理的监管,督促保险公司完善管理制度,保证养老资金的平稳健康运

作,确保其保值增值。三是加强对保险消费者养老保险知识的宣传教育。强化社会公众的投保意识,同时推动养老保险产品条款通俗化,使保险产品的条款更通俗易懂。

(四) 发挥税收政策导向作用,推动补充养老体系加快发展

我国养老保障体系存在第一支柱一支独大,第二、第三支柱发展缓慢,三支柱失衡的情况。三支柱的失衡,与第二、第三支柱产品费用投入较高,对企业和个人吸引力较低有很大关系。从成熟市场经济体的经验看,发达国家补充养老体系得以迅速发展的核心动力,就是"减税养老",通过税收优惠政策,增强补充养老产品的吸引力,从而刺激多层级养老体系的完善。

1. 推动企业补充养老产品税收优惠政策落实

目前作为第二支柱的企业年金覆盖率很低,仅限于少数国有大中型企业。而美国推行的"401K"员工养老金计划,虽然是非强制性的,但仅发展20年的时间就覆盖了美国70%以上的企业,到2010年底,"401K"计划的资产已超过3万亿美元,占美国养老金总额的近20%。其迅速发展的主要原因就是延迟纳税等税收优惠政策的支持,美国对按照401K条款设立的退休基金,允许对员工缴纳的不超过一定限额的养老基金进行税前列支,等到退休后提取时再缴税。通过个人缴费税收优惠政策,"401K"计划实现了国家、企业、个人三方为员工养老分担责任的制度设计,对企业和员工产生很大的吸引力,极大刺激了美国养老体系第二支柱的发展。

目前,在企业年金方面,我国也在研究借鉴发达国家通行做法的基础上,出台了税延优惠政策。2013年12月,财政部、人力资源社会保障部和国家税务总局联合下发《关于企业年金职业年金个人所得税有关问题的通知》,自2014年1月1日起,开始实施企业年金、职业年金个人所得税递延纳税优惠政策。在年金缴费环节,对单位根据国家有关政策规定为职工支付的企业年金或职业年金缴费,在计入个人账户时,个人暂不缴纳个人所得税;个人根据国家有关政策规定缴付的年金个人缴费部分,在不超过本人缴费工资计税基数的4%标准内的部分,暂从个人当期的应纳税所得额中扣除。政策的出台,有助于提高企业建立企业年金的积极性.但由于政策出台时间较短企业不了解、目前企业年金的服务对象较少等原因,政策尚未完全发挥应有的作用,需要进一步加大宣传、推广和落实力度,推动政策发挥导向作用,争取快速扩大企业年金覆盖面,提高中小企业对年金的参与水平。

2. 争取个人储蓄性养老保险产品税延优惠政策试点

对于第三支柱的个人储蓄性养老保险的税收优惠政策,主要是开展个税递延型养老保险,即在个人收入用于购买商业养老保险时,将其当期应缴的个人所得税延期至退休后提取保险金时再缴纳。通过合理的优惠幅度,实现在对政府财政收入影响较小的情况下,提供对投保人有吸引力的税收优惠,激发个人购买商业养老险的需求,带动当地保险业和养老产业的快速发展,同时减轻基本养老保险的压力,减少政府用于保障老年人群生活的财政投入。我国已对这项政策进行了十余年的研究和探索,上海、天津、深圳、江苏等地均

开展了相关研究工作。随着相关部门的推动,2015 年个人税收递延型养老保险试点预计将在全国范围内逐步启动。建议加大前期调研和准备,积极与国家相关部门沟通,争取先行先试,进入首批启动城市,加快个人商业养老计划的发展,不断完善三支柱的养老保障体系。

参考文献

[1] 吴玉韶. 中国老龄产业发展报告(2014)[M]. 北京:社会科学文献出版社,2014.

[2] 杨燕绥. 中国老龄社会与养老保障发展报告(2013)[M]. 北京:清华大学出版社,2014.

[3] 郑秉文. 中国养老金发展报告(2013)[M]. 北京:经济管理出版社,2013.

对销售误导治理的深层思考

刘京村

（中国保险监督管理委员会青岛监管局）

摘　要：产品和经营模式偏失是销售误导的深层原因，经营体制不完善是销售误导的根本原因；修正偏失的经营理念是治理误导的主要方向，切断利益输送链条是治理误导的主要手段；治理效果评价应以跟踪评估监管规定落实情况为主。

关键词：销售误导；综合治理；效果评价

销售误导之所以成为困扰寿险业的顽疾，绝非仅仅是因为销售人员的诚信缺失，而是存在更深层次的机制、体制问题。不下大力气解决误导产生之"本"，而是"头疼医头、脚疼医脚"，即便能够短期控制误导现象，也无法确保误导行为得到长期性、根本性处置。

一、关于误导根源

销售人员缺乏诚信意识和职业道德，分支机构管控不力甚至故意纵容，这些只是销售误导表层原因。误导的目的无非是"逐利"，而利益的最终兑付权在保险公司总部，分支机构的经营行为往往受制于总部的考核导向。

（一）产品和经营模式偏失是深层原因

一方面，产品不适销问题较为突出，销售难度较大，极易诱发误导行为。近年来，居民生活方式、消费结构都发生了较大变化，但寿险业产品开发仍停留在照搬国外条款的初级阶段，缺乏对国内居民真实需求的即时跟踪和深刻分析，而对市场投资趋势的过度盲从又使产品偏离了保障的行业本质。强推不适销的产品，无疑会引发误导泛滥。另一方面，经营模式过于粗放，重业务、轻管理，对误导行为难以有效管控。产品不适销，寿险产品主要依靠"推销"，导致业务发展过度依赖"人头"规模，人员大进大出，职业素养低下，销售误导时有发生；刻意追求保费规模，同业恶性竞争，导致保险公司对银邮代理渠道过度依赖，银保合作关系失衡，公司合作地位低下，对银保渠道的销售品质几近失控。

（二）经营体制不完善是根本原因

产品的不适销、经营模式的粗放，追根溯源在于经营体制的不完善。现代企业制度的组织架构表面上看已比较完备，但由于所有者缺位的问题没有得到根本解决，"信托精神"在保险职业经理人中也远未形成，"利润导向"的基本经营规律并未被真正遵循，追逐保费规模、追求话语权的"官本位"经营理念在国有背景保险公司中甚为突出。而这种经营理念往往通过考核体系传导至分支机构和基层销售团队，并通过竞争手段影响到整个行业的经营方向。

二、关于治理方法

"冰冻三尺，非一日之寒"，要使误导现象得到根本改观，不可能一蹴而就。治理销售误导，应厘清思路、明确措施，在法律框架内长期坚持。

（一）基本思路

经营体制存在的缺陷是销售误导的根本原因，治理工作的"顶层设计"显得尤为重要。因此，销售误导治理的根本方向是完善公司治理结构，培育企业家"信托精神"，进而逐步修正偏失的经营理念；其有效手段是以"釜底抽薪"的方式，切断误导行为利益传输链条，使销售误导丧失经济动力。在此基本思路指导下，治理销售误导，应做到四个坚持：

一是应坚持"标本兼治、重在治本"。"标"为诚信缺失现状、误导行为本身，"本"则是指经营体制缺陷以及由此产生的产品问题、经营模式问题、销售体制问题。基层的误导行为不尽快加以扼制，消费者利益将会受到直接侵害，行业社会形象将愈发负面，而误导的根源问题若得不到有效解决，无论是多强硬的治理手段，其治理效用将逐渐递减，误导状况将会不断出现反复。

二是应坚持"长短结合"。根源层面的经营理念问题，非一朝一夕可以解决，必须长期加以引导。基层机构的销售误导行为，却是可以通过科学、有效的治理手段，在短时间内取得明显改观。坚持长短结合，就是治本要从长计议，治标要雷厉风行。

三是应坚持"上下联动"。从目前的监管部门的组织架构、职能划分来看，保监会应侧重于"顶层设计"，即制度完善、经营理念转变及总部市场行为监管，保监局则侧重于区域市场，对基层保险机构和业务人员的销售行为进行规范、约束。只有坚持"上下联动"，各项科学的治理制度才能得到有效贯彻，治理工作才能取得最大成果。

四是应坚持"依法治理"。治理销售误导不能突破法律边界，更不能形成"运动式"监管。在现行法律框架内，进一步建立完善相关制度，以制度约束作为治理工作的主要手段，才能达到"长治久安"的效果。此外，对于根源问题的治理，也应明确监管定位，避免重回"主管部门"的老路。

（二）治理重点

严查重处误导行为，加强从业人员诚信及合规教育，积极引进社会舆论监督，这些都是治理销售误导的必要手段。从当前市场状况来看，重中之重，应在以下三个方面：

一是修正经营理念。总部经营理念及考核导向，对基层机构的销售行为具有决定性影响。由于监管职能和定位因素，保监会无法对公司的经营理念进行直接行政干预，但可以通过高管培训等方式进行积极引导。更重要的是，可以利用监管制度的刚性约束，推动产品开发、营销体制等方面的转型。例如，适时调整预定利率，提升人身险产品的竞争力；降低保障型产品的附加费用率，提升人身险产品的吸引力；降低保障型产品的准备金比率，提升公司结构调整的积极性；积极推动营销体制改革，提升销售队伍的整体素质，等等。令人欣慰的是，保监会已着手研究并积极推进包括上述措施在内的监管制度，必将对修正经营理念发挥重要作用。此外，建议对现行产品开发体制及行业精算基础数据统计工作加强关注，引导保险公司加大产品研发投入，逐步建立符合国情的产品开发体系，同时，强化生命周期、理赔信息等数据统计、系统建设工作，为保险公司开发适合中国居民需求的产品提供完备的数据支持。

二是强化消费者教育。销售误导之所以形成危害效果，销售人员的不诚信行为是主要原因，消费者对保险知识的匮乏也是一个客观因素。国民经济飞速发展，居民消费能力不断提高，而保险消费意识、保险知识水平却出现了严重脱节，误导"免疫力"远未形成。多年来，各地区、各保监局也开展了各种消费者教育活动，但由于缺乏统一的组织和足够的资源，宣传教育效果差强人意。在全社会范围内开展大规模的、制式的、长期的消费者教育活动，已是当务之急。这不仅有利于提高居民对保险的认知程度，切实降低销售误导危害，更有利于提升居民的保险消费意识，有效挖掘和引导的保险消费需求。

三是严格客户回访制度。客户回访制度是纠正误导行为的一项科学监管设计。这项制度的落实对于强化公司责任、抑制销售误导、维护客户利益具有举足轻重的作用。但由于目前的客户回访制度相对笼统，相关规定容易被部分公司利用各种技巧进行规避，回访制度流于形式。建议对客户回访制度进一步完善、细化，并重点监管制度执行情况，真正发挥其误导纠偏功能。例如，强化客户信息真实基础，地址及电话不全的，无论是后台核保还是银保通自动核保都禁止出单；明确电话回访身份校验方式，杜绝冒名受访现象；建立雷同号码筛查制度，实行回访结果统计上报，有针对性地查处导致保单回访不成功的销售行为。最重要的是，建议积极研究在全国范围内禁止对回访不成功保单支付佣金（包括手续费或绩效）的可行性，以切断利益链条的方式消除销售误导的存在基础。

三、关于效果评价

建立科学的评价体系，即时评估治理效果，是调整监管力度、完善治理措施的重要依据。从当前可使用的评价手段看，主要有社会满意度调查、信访投诉状况评估、制度落实情况跟踪三种。考虑到治理效果反馈到社会评价层面具有一定的时滞，对信访投诉的影响也往往有1～3年的时间间隔，适时的、短期的评价手段应以跟踪监管制度落实情况为主。

（一）社会满意度调查应立足长远

首先，社会形象的改变是一个渐进过程，强力监管手段短期内可以有效抑制销售误导行为，但社会公众、媒体舆论对这种变化的感知需要时间；其次，社会满意度调查受制于样本数量、样本结构、区域特点等诸多因素影响,其评价结果与客观事实可能会存在偏差;再就是,社会满意度调查更适合对行业或公司服务水平进行整体性评价,对销售行为规范性这一单项指标进行评价,以特定群体(即保险消费者)为调查对象更为合适。

(二)信访投诉状况评估无法短期反映治理效果

按照目前的误导特点,由销售行为引发的信访投诉绝大多数发生在1~3年之后,即信访投诉相对于销售行为具有明显的滞后性。当期信访投诉主要是针对往期存量业务,并不能客观反映现时的治理效果,反而可能因为打击误导宣传力度的增大而出现信访量上升的现象。因此,目前使用的投诉率指标只能用于公司之间的简单对比。要使该指标客观反映销售误导治理效果,应对现行指标进行大范围调整,一是设定合理的"窗口期",即确立基期数据后,将其后的两到三年设定为"窗口期",该时间段数据变化存在较多的历史遗留因素,不作为治理效果评价依据;二是与存量业务挂钩,建立误导类信访投诉专项统计制度,运用平滑移动原理,跟踪年度信访投诉率变动趋势。

(三)制度落实情况跟踪应成为主要评价手段

要对治理效果进行短期评价,应主要跟踪监管制度落实情况。方法之一,评价客户回访制度落实情况。例如,对电话回访成功率进行动态跟踪,若呈明显上升趋势,则表明治理措施发挥了实质效果,这项评价手段通过建立客户回访结果统计上报制度即可实现。方法之二,对保单持有人进行问卷调查。按照购买时点,选取一定数量的客户,对保险公司销售行为进行专项统计调查,根据调查结果评估销售行为的合规性,从而客观反映误导治理效果。鉴于存在客户信息保密性问题,这项评价手段只能由监管部门具体负责,并且由于涉及渠道分布、区域分布、年龄分布、样本比例、结果统计等诸多因素,评价过程较为烦琐,因此应选择几个地区先行试点。

保险营销人员违法案件的成因分析及政策建议

付 玲

（中国保险监督管理委员会青岛监管局）

摘 要：近几年,保险营销员违法犯罪的问题逐渐多发,主要表现为诈骗、侵占和非法集资。保险公司内部控制制度不健全、营销员管理体制自身存在的问题、社会信用体系、道德体系缺失以及保险消费对保险认知的缺失都是导致违法案件发生的原因。从政策层面上来讲,积极推动营销员体制改革,不断建立健全内控体系,加大监管力度,加强消费者教育是防范保险营销员违法案件的有效措施。

关键词：保险营销；案件；政策建议

1992 年,友邦将保险营销员制度引入中国,经过 20 多年的发展,我国的保险营销员队伍日益壮大,逐渐成为保费收入来源的主要渠道,对于推动保险业的发展发挥了重要作用。与此同时,营销员在展业过程中违法的问题也逐步暴露出来,特别是近几年,营销人员诈骗、职务侵占以及非法集资等大案要案时有发生,无论在广度上还是频度上都有所增加。营销员违法案件的发生,不仅侵害了保险消费者以及保险公司的利益,而且严重损害保险业的社会形象,还极容易造成群体事件,增加社会的不稳定因素。此问题已经成为影响保险业健康稳定发展重要因素。本文将结合近几年保险营销员的违法案例以及现场监管、非现场监测中发现的问题对保险营销员违法案件的成因进行分析,并提出相应的政策建议。

一、保险营销人员违法案件的主要表现形式

从近几年保险营销员违法犯罪的案例来看,主要有以下几种表现形式。

（一）诈骗

在实践中,营销员的诈骗行为主要有以下几种：一是通过私刻公章或者盗用保险公司公章骗取投保人钱财。如新华人寿湖南分公司李志勇案件[①],就是私印保单、私刻公章,虚

---

① 案例来源于保监会稽查局稽查情况通报。

构银行储蓄保险业务骗取资金。二是通过伪造、变造或者利用作废的保险单据骗取钱财。如中国人寿大连分公司石超案件 [②]，就是以高息为诱饵，将伪造的保单销售给被害者。而中国人寿大连分公司张晓红案件 [③]，则是以伪造保费发票的形式欺诈多人。三是通过伪造或者假冒投保人或受益人名义领取退保金、理赔金和满期给付金。

（二）侵占

侵占主要表现在保险营销员通过合法的保险单据收取投保人保费后，不交给保险公司而是据为己有。只要表现在一是挪用首期保费；二是挪用续期保费。此类违法行为一般容易发生在资深营销员中，因其从业时间较长，客户资源丰富，利用客户交费的时间差，始终将部分资金放在自己手中进行体外循环。如中国人寿某分公司保险营销员姜某案件 [④]，就是利用职务上的便利，采取出具保险公司收款收据、投保单、白条等形式，将投保人缴纳的保险费挪为己用。

（三）非法集资

此类案件是近几年保险营销员违法作案的新手段。通常，作案人以高息、高收益为诱饵，利用伪造、变造的保险单据，私刻公章骗取投保人资金，然后将此部分资金进行"资金运作"，以拆东墙补西墙的方式部分兑现对投保人的承诺，将资金用于体外循环。如中国人寿青岛分公司张金华案件 [⑤] 就是以私刻公章、财务专用章，私印收据、协议等手段，以某"大型基金"名义，承诺给予 8% 至 30% 的高息非法揽集资金。

二、保险营销员违法的原因分析

（一）内部控制制度不健全、执行不到位，是保险营销员违法案件发生的主要原因

完善的内部控制制度是保险公司保持稳定经营和健康发展的重要制度保证。完善的内部控制制度作为一种风险预警机制，在一定程度上能够有效地预防保险营销员违法案件的发生。从保险营销员违法案件情况分析来看，收付费管理制度、单证管理制度、印章管理制度以及内部审计制度的缺失和执行不到位是营销员违法案件发生的主要原因。正是这些薄弱环节的存在，给保险营销员违法作案有了可乘之机。

1. 收付费制度管控薄弱

保监会于 2008 年下发《关于加强人身保险收付费相关环节风险管理的通知》，对于收付费环节的资金管控进行了严格规定，各保险公司在总公司层面基本上也都有关于资金管控方面的规定。但从近几年的现场监管情况来看，在收付费制度方面依然存在制度漏洞与管控薄弱的环节。一是在现金缴费方面，部分保险公司依然存在保险营销员代收超过 1 000

---

② 案例来源于保监会稽查局稽查情况通报。

③ 案例来源于保监会稽查局稽查情况通报。

④ 案例来源于《河南法制报》。

⑤ 案例来源于青岛保监局司法案件报告。

元以上现金保费的情况。二是在非现金转账缴费方面,从制度设计上看,部分保险公司的资金管控制度无法确保该流程不受保险营销员控制。如个别公司以银行缴款或网银缴款的方式进行的收费,无法核实缴费人的真实身份,即存在营销员代缴的可能性。三是在付费方面。个别保险公司允许非客户本人办理委托带领业务,有的公司甚至允许保险营销员代领理赔金和退保金。

2. 单证管控不严格

一是无专人管理,个别公司对于重要单证尚未实现系统管理。二是对于单证管理无法形成收、发、存的闭环管理,对于领用登记、核销回收缺乏明确清晰的记录。三是对于作废、遗失的单证管理不善,处置不当。四是单证实物管控混乱。

3. 印章管理使用存在风险隐患

一是个别公司特别是基层分支机构存在私刻公章的行为。二是个别公司私刻其他单位印章。

4. 内部审计制度不健全,公司内部缺乏有效的监督制约机制

一是公司管理层对于内部审计工作不重视。二是部分公司内部审计部门独立性差,内部监管制约作用得不到有效发挥。三是审计监督力量薄弱,人员配备不足,审计覆盖面窄,审计工作范围不能覆盖重要的风险点。

这些内部控制薄弱环节的存在,使得保险营销员的违规违纪行为得以存在,甚至演变成影响行业稳定发展的大案要案。

(二)营销员管理制度存在的缺陷是保险营销员违法案件产生的重要原因

截止到2013年末,全国保险营销员近300万人。保险业的快速发展孕育了保险营销员群体的迅猛发展,保险营销员群体的发展又在很大程度上促进了保险业的快速发展。在保险营销群体迅速发展的同时,营销员管理制度自身存在的缺陷也逐渐显露出来。

1. 保险营销员与保险公司之间的委托代理关系,使得保险公司对于保险营销员的管控处于较为松散的状态

保险营销员与保险公司之间是一种委托代理关系,是保险公司委托保险营销员扩展其保险业务的一种制度。在这种制度下,保险营销员与保险公司之间签订保险业务委托代理合同,保险营销员按照合同规定的比例提取业务佣金,二者之间是一种松散的经济利益关系。保险公司难以通过有效的激励约束机制实现对保险营销员的管控,极易出现保险营销员偏离保险公司的目标,发生为追求自身利益而损害保险公司和投保人利益的违法案件。

2. 奉行"人海战术"的增员模式,使得保险营销员队伍稳定性下降,素质不高,为违法案件的发生埋下了隐患

从目前的保险营销现状来看,绝大多数公司依然奉行"人海战术"的增员模式。在

这种模式下,一是保险营销员成为稀缺资源,多家保险公司同时出现增员难问题,使保险公司对于保险营销员的管控与惩戒更加不可行;二是各保险公司纷纷降低人员准入门槛,最终导致招募到的人员素质低,短期行为凸显,违规、违法问题时候发生,侵害了投保人利益,损害了保险公司形象,导致保险营销队伍整体形象下滑,形成恶性循环,更加难以吸引优秀人才加入。甚至在保险营销员市场上出现劣币驱逐良币的现象;三是"人海战术"还造成了保险营销员的高脱落率,队伍稳定性下降。

(三)社会信用体系、法律体系薄弱是保险营销员违法案件的根本原因

上述分析的保险营销员违法问题的几种形式,究其根本原因,最终都能够归结于社会信用体系和法律体系薄弱的原因上来。当前社会信用体系薄弱是我国市场经济发展过程中面临的较为严重的问题,已成为影响和制约经济发展的突出因素。与此同时,法制体系在在执法体系、守法体系以及法律监督体系方面也存在薄弱环节,失信惩戒体制不健全,保险法律教育宣传跟不上。在这种社会大氛围下,个别保险营销员法制观念淡薄,往往在短期利益的驱动下以身试法,导致保险诈骗、侵占以及非法集资等违法行为的发生。

(四)保险消费者保险知识欠缺,自我保护意识不够或者是受利益驱动是保险营销员违法案件发生的客观原因

在众多的保险营销员违法案件中,我们可以看到诸多受害者对于保险的认知在很大程度上是欠缺的,他们对于自我财产的保护意识明显不够,同时由于自身利益驱动,受实施欺骗行为的保险营销员所承诺的高收益、高回报的吸引而导致受骗,造成自身的经济损失,也使得保险营销员欺骗的伎俩得逞。

三、政策与建议

(一)积极稳妥推进保险营销员管理体制改革,适应当前社会发经济发展的需要

保监会明确提出要稳步推进保险营销员体制改革的要求,支持保险公司等市场主体结合公司实际,本着体制更顺、管控更严、素质更高、队伍更稳的原则,积极探索保险营销新模式。一是明确保险营销员的法律定位。改变当前保险营销员法律地位模糊、归属意识单薄的现状,改代理制为雇佣制,改变保险公司对于保险营销员松散的管控状态,给予保险营销员更多的约束机制。二是提高保险营销员准入门槛。依靠增员增效的经营模式使得保险营销员群体素质较低,借保险营销员法律地位改变时机,提高保险营销员准入门槛,逐步提升保险营销员的群体素质。三是加强保险营销员营销培训制度。改变当前重保费规模轻业务品质的经营理念,对保险营销员的培训,应该从以销售技巧为主转变到以保险基础知识宣导、保险产品功能介绍、客户真实保险需求分析等方面上来,同时加强保险营销员法律法规培训、职业道德培训,使保险营销员树立守法合规的执业理念。

(二)提高风险防范和依法合规意识,切实加强保险公司内控管理

健全有效的内控管理制度,能够提高保险公司的自我约束能力,及时防范和化解经营

风险。一是严格落实收付费管理的相关文件要求,全面推动收付费管理,强化风险防范和集中管控。二是加强单证管理和印章管理。妥善保管各项业务、财务单证和印章,确保在单证印制、保管、发放、领用、核销等重要环节实行严格的风险隔离和控制,切实采取有效措施对已停止使用的空白单证和作废印章进行彻底清理。三是强化内部审计的监督约束作用,切实发挥内部审计在风险预警和防范方面的作用。有效的内部审计能够发现保险公司在常规经营活动中存在的异动行为,尽早发现可能存在的违规违法案件,使一些轻微的违法案件演变成危害严重的大案要案的可能性较少或降低。四是加强风险排查工作。保险公司要加强对关键风险点的风险排查工作,对于公司的可疑业务、异常人员要进行重点关注。

(三)加大保险监管力度,健全案件报告和责任追究机制

保险监管部门要不断加大保险监管力度,坚持科学、依法、有效监管,将防范化解保险风险作为保险监管的首要任务。一是加大现场检查力度,对于查实的违法违规行为进行从严处罚。二是加强非现场监管和保险公司风险监测,通过常规非现场监管,及时发现可能存在的风险隐患。三是严肃查处保险领域的重要违法案件,严格司法案件报告制度。全面掌握辖区内司法案件的发生数量和发案特点,督促保险机构采取有针对性的防范措施。四是进一步强化责任追究,加大对法人机构和高管人员的责任追究。

(四)加强保险消费者教育,提高自我保护意识,切实保护消费者利益

一是通过各种途径,广泛利用报纸、电视、网络等现代媒体的作用,加大保险知识的宣传和普及。二是对保险消费者进行警示教育。通过部分保险违法案例的宣导,加大消费者对于保险营销员违法手段的认知和了解,提高自我保护意识。三是多方位进行保险公司与保险消费者之间的直接沟通,如通过电话回访、网络查询、手机短信等多种方式,为保险消费者提供及时便利的关于缴费信息、保全、理赔等各环节的信息服务。

参考文献

[1] 杨靖伟. 新形势下保险欺诈的成因分析及防范对策[J]. 保险研究,2011(4):48-51.
[2] 韩萍. 浅析寿险营销员道德风险及其制度设计——基于济南市保险市场的调查分析[J]. 经济研究导刊,2011(31):115-116.
[3] 王耀斌. 寿险公司内部控制现状及建议[J]. 合作经济与科技,2013(13):47-48.
[4] 黄欢. 我国保险代理人欺诈问题研究[D]. 厦门:厦门大学,2009.

青岛农村小额保险发展现状分析

张 欣

（中国保险监督管理委员会青岛监管局）

摘 要："三农"问题一直是党和政府高度关注的问题，农村小额保险作为一种重要的金融扶贫手段，积极发展农村小额保险，对于做好农村金融服务，满足广大农民群众的保险保障需求，都具有重要的意义。本文详细阐述了农村小额保险的定义和特征，回顾了近几年来国内农村小额保险的发展历程，分析了青岛地区发展农村小额保险面临的机遇与挑战，并提出了若干推动青岛农村小额保险发展的建议。

关键词：农村小额保险；机遇与挑战；政策建议

2010 年中共中央"一号文件"明确指出，要发展"农村小额保险"。农村小额保险是面向农村低收入群体提供的人身保险的总称。在 2012 年初的保险监管工作会议上，保监会主席项俊波明确表示监管部门要积极争取政策支持，促进农村小额保险等关乎国计民生的保险业务的发展。农村小额保险作为一种市场化的金融扶贫手段，能够有效扩大在广大农村地区的保险保障范围，增强农村低收入群体抵御各类风险冲击的能力。积极发展农村小额保险，对于发挥保险经济"助推器"和社会"稳定器"的作用，对于构建农村和谐社会、建设社会主义新农村都具有重要意义。

一、农村小额保险的定义

国际上关于小额保险的内涵定义有两种：一是根据国际扶贫协商组织（CGAP）的界定，小额保险主要是面向中低收入人群，依照风险事件发生的概率以及所涉及的成本按比例定期收取一定的小额保费，旨在帮助中低收入人群规避某些风险的保险；二是按照国际保险监督官协会（IAIS）关于小额保险的定义——根据公认的保险惯例运营的，由多种不同实体为低收入人群提供的保险。

结合两家权威组织对于农村小额保险的定义，中国保监会在起草的《农村小额保险试点方案》中做出了自己的定义：小额保险是面向低收入群体提供的保险产品的总称，具有保费低廉、保障适度、保单通俗、核保理赔简单等特点。

二、农村小额保险的特征

(一)农村小额保险服务特定人群

传统的商业保险主要面向社会上能够负担起较高的商业保险费用的中高收入群体。而小额保险的客户群体主要是农村广大的贫困和低收入群体,这部分人群难以被传统的商业保险关注,而且政府也缺乏足够的财力对这部分人群提供全面的风险保障。

(二)农村小额保险只针对特定风险

由于农村低收入群体抵抗风险能力弱而经济负担能力又不强,与一般的商业保险相比,农村小额保险只关注发生频率较高而且直接危及低收入者基本生存的风险,所涉及的范围相对于商业保险比较狭窄。疾病、死亡、伤残是低收入群体面临的主要风险,也是小额保险所关注的地方。

(三)农村小额保险具有保费低廉、保障适度、流程简便等特点

农村低收入人群的价格敏感度很高,决定了农村小额保险只能收取较低廉的保费,因此小额保险的保额不会太高,仅能以保障农村低收入群体的基本生活为限。同时由于广大农民客户群体保险意识较为单薄、文化程度相对较低,要求小额保险产品的说明必须通俗易懂、易于接受,同时承保和理赔流程也应尽量简化。

三、我国小额保险发展概况

中国保监会于 2008 年 6 月 23 日正式下发了《农村小额人身保险试点方案》,标志着我国小额保险试点工作开始正式起步。首批批准了中国人寿、太平洋人寿、泰康人寿和新华人寿四家保险公司在河南、广西、山西等九个省自治区开展农村小额保险试点,2009 年在原有试点的基础上,又进一步扩大试点范围,增加小额保险覆盖面。

(一)农村小额保险的运作模式

目前我国农村地区之间经济社会发展状况差异较大,农村小额保险的运作模式也不宜采用"一刀切"的统一模式,目前比较成熟的有三种模式。

一是纯商业化运作模式。目前国内农村小额保险 90% 采用这种模式,主要以寿险公司县以上分支机构为平台,构建农村营销服务部、驻村服务员两级服务网络,辅以少数农村金融机构和中介组织,向农民销售寿险、意外险和重疾保险等以保障为主的产品。政府不参与寿险公司实际运作,也不向参保农户提供财政补贴或其他支持。在这种模式下,提供农村小额保险的保险公司必须实力雄厚、规模较大,并且拥有庞大的农村服务网络。目前国内最适合这种模式的只有中国人寿一家,作为最大的寿险公司,中国人寿在农村的销售网点超过 1.4 万个,农村营销员队伍超过 40 万人,强大的农村销售和服务网络为农村小额保险的开展提供了有力的支持。

二是政府支持下的半商业化运作模式。在这种模式下,保险公司负责产品开发、精算、

核保、理赔、服务等,政府则基于社会管理的需要,提出初步的产品需求和保险方案,寻求满足这些方案的保险公司,然后利用政府自身公信力,组织农村低收入群体投保,并通过提供补贴等刺激手段推动小额保险的发展。例如,中国人寿重庆分公司 2005 年以来,针对低收入农民,推出了一款保费 50 元、最高意外伤害保额 3 万元的意外伤害综合保险产品,其中地方补贴 30 元,农民出资 20 元,试点地区短期内参保率很快达到了 70%,取得了很好的成效。

三是多主体合作模式。多主体合作模式是保险代理模式的一种,主要是选择与农村低收入群体有着密切联系的公共机构、团体等,参与到农村小额保险推广上来。例如,村委会、农机站等基层组织以小额保险代理人的身份介入小额保险业务,这些基层组织不仅可以负责保单销售,甚至可以承担一些保单管理、保费收取等工作,从而有效地降低农村小额保险运作成本。例如,中国人寿山西分公司在山西借助村委会作为媒介创造了"全村统保模式",在山西以团单方式承包的村子将近 1 200 个,以及与农信社建立了"联动合作模式",极大地提高了农村小额保险的覆盖面,实现了保险公司、代理机构、农村低收入群体的共赢。

(二)青岛农村小额保险发展现状

目前青岛共有 4 家公司开展了农村小额保险业务,分别为中国人寿、太平洋人寿、新华人寿、人保寿险 4 家公司。在已开展农村小额保险业务的公司中,中国人寿、太平洋人寿、人保寿险三家公司主要开办了农村小额信贷借款人保险,借助农信社渠道,为办理小额信贷的低收入群体提供人身保障,截至 2014 年,三家公司的年度保费平台均超过了千万。新华人寿开办了一款针对农村老年人群的小额意外伤害保险。总体上看,青岛农村小额保险试点主要集中于小额信贷借款人意外险,该险种发展情况较好,其他农村小额信贷产品在仅局部地区(例如城阳区)推动情况较好,参保率较高,更多的农村县域地区则仍在摸索阶段。

四、青岛农村小额保险发展的面临的机遇

(一)农村地区对于小额人身保险的潜在需求巨大

由于长期受城乡二元结构影响,城乡居民收入差距悬殊,农村居民收入偏低。同时,农村低收入群体也时刻面临着疾病、意外伤害、意外死亡等风险,由于其经济承受能力偏低,一旦发生意外风险,会对这部分人群的基本生活带来巨大打击。可见,农村低收入群体有着迫切的风险转移需求,但却在传统的商业保险产品时力不从心。因此,小额保险作为专门针对农村低收入群体的保险,能够很好地满足广大农民群体的保险保障需求,而且也不会增加其负担,具有很好的市场前景。

(二)保险公司也具有推动农村小额保险的动力

目前多数保险公司集中在城市地区,激烈的市场竞争导致价格战、挖墙脚、诋毁同业等非理性竞争行为愈演愈烈,很多寿险公司很难盈利甚至亏损,赔本赚吆喝。相比城市市

场农村小额保险市场潜力更大。首先,农村小额保险以普通寿险和意外险等保障性险种为主,对公司内涵价值贡献较高;其次、小额保险营销市场在农村,人力成本、办公成本远低于城市,运营良好的话实现盈利并非不可能;最后,农村小额保险的开展也为寿险公司开拓农村市场和树立品牌形象提供了良好的机遇。随着国家对于"三农"扶持力度的逐渐加强,农民收入水平也逐渐提高,保险公司完全可以利用小额保险这一契机在农村市场率先布局以占据领先地位。

（三）保监会对农村小额保险的发展给予政策支持

保监会一直将农村小额保险的推动作为一项重点工作,2008 年下发了《农村小额保险试点方案》,出台了若干项鼓励政策,一是放宽农村小额保险的代理资格,允许保险公司委托农村基层组织或机构销售小额保险。二是降低或免除农村小额保险产品的监管费,以降低公司的经营成本。三是允许保险公司在准备金评估利率不高于 3.5% 的情况下,根据市场状况自行设定小额保险预定利率,给予产品定价更大的灵活性。四是鼓励保险公司开展技术创新,通过与银行、电信运营商合作等方式,开展便捷的投保和保全服务。2012年以来保监会主席项俊波在全国保险监管工作会议上强调要争取财税政策支持,下大力气推动农村小额保险等关乎国计民生、发挥保险功能的险种的发展,争取行业发展经济效益、社会效益的统一。

五、青岛农村小额保险发展存在的问题

（一）农村小额保险现有的险种与市场需求不匹配

受限于当前农村低收入群体的支付能力,农村小额保险设计的保费水平不高,相应的保额水平也不会太高,而且保险责任范围较窄,仅限于意外身故和意外残疾,对于农民比较关心的养老、健康、子女教育问题则几乎没有涉及,这就造成农村居民对于小额保险的需求大大降低,无法使农村居民真正重视该保险。同时一些小额保险产品在设计时仅是原有的保险产品的简单移植,在险种、期限、费率、保险责任上没有考虑城乡差异。例如,部分农村小额保险产品缴费期过长,而没有考虑到农民多数收入不稳定而且有很强的季节差异,因此很难按时缴费。

（二）小额保险经营成本过高导致各保险公司经营的积极性不强

自 2009 年起,青岛地区几大保险公司都曾尝试在农村开展小额保险业务,并对农村保险市场抱有很大期望,但从目前情况看除小额信贷保险经营状况尚好,其他农村小额保险均没有形成规模,其中主要原因就是农村保险展业成本过高。由于保险公司在农村基层设立的网点较少,加上农村交通基础设施不发达,展业、承保、理赔都要往返于县区机构和农村乡镇之间,经营成本极高。

（三）农民保险意识淡薄,主动投保意识不强

受传统体制、文化传统、受教育水平等因素的影响,农民群体风险防范意识较差,更习

惯依靠自己或亲朋来应对风险,认为手中有钱就不用购买保险,宁肯发生意外后再投入金钱,也不愿花费较少的钱购买无形的保障。同时农民群体对于保险这种风险转移手段缺乏正确认知,单纯认为保险是一种投资,如果农民连续几年投保未发生保险事故而没有得到任何赔付,会认为买保险的钱打了"水漂",有种"亏本"的感觉投保积极性必然会大打折扣。

(四)农村小额保险的销售渠道和服务网络亟待完善

目前农村小额保险销售渠道单一,主要是依赖个人销售和银行代理,这两种展业方式沿袭自传统城市保险的销售模式,虽然比较成熟,但并不适合农村小额保险低成本的要求,小额保险的低成本策略就决定了其必须采取集体展业、整体投保的销售模式。同时由于保险公司在乡镇乃至村一级单位缺乏分支机构和从业人员,小额保险的理赔都在县级公司进行,随着小额保险的深入开展,理赔案件的增多,也会给基层保险机构带来很大的工作压力。

(五)农村小额保险缺乏明确的政策法律支持

从农村小额保险发展好的国家的经验看,政府的支持是重要的推动力。农村小额保险具有半商业化和半公益化的特征,相对于其他商业保险,费用成本和赔付成本不易得到控制,如果没有持续的政府政策支持,小额保险对商业保险公司的吸引力很小。从监管部门层面看,虽然保监会支持农村小额保险的发展,但其政策力度依旧不够,由于缺乏明确的政策支持和法律规范,目前农村小额保险基本上属于各公司自发的探索状态。从地方政府的层面看,个别地方政府对于农村小额保险的重要性认识不够,片面地认为地方政府财力紧张,补贴农民群体参保是增加额外负担,而忽视商业保险所能发挥的社会功能和社会效益,这些都不利于小额保险在农村的试点发展。

六、推动农村小额保险发展的政策建议

(一)加强农村小额保险产品的开发与创新

产品设计是否合理是农村小额保险业务能否在农村地区拓展的关键因素。农村小额保险产品绝不是现有的成熟保险产品的移植与复制,而是应当综合考虑农村经济水平、地域文化特点、农民保障需求、传统文化观念、农业生产周期和农民收入特点,注重产品的创新设计,使小额保险能够为更多的农村低收入群体所接受。

农村小额保险的开发与创新要重点关注两个方面:一是由于我国幅员辽阔,不同地区的农民对于小额保险需求差异很大,因此在对农村小额保险的开发上,要根据不同地区的特点开发出针对性强、适应性高的小额保险产品,避免"一刀切"模式。二是农村低收入群体对于小额保险价格异常敏感,一个较小的价格变动就会导致大量客户购买或是放弃。这就需要保险公司在小额保险的开发上突出产品的风险保障功能,尽量去除其他不必要的功能,维持农村小额保险价格低廉的优势。

（二）探索建立多元化、低成本的农村小额保险营销渠道

我国农村居民居住分散、交通不便,必然导致保险营销成本提高,而农村小额保险低保费、低成本的特点必须要求保险公司压缩营销成本,这就形成了一个天然的矛盾。这就决定了农村小额保险在营销渠道构建方面必须与传统商业保险有着显著不同。

通过借鉴国际上小额保险发展的成功经验,一个多元化、多层次的营销体系才能更好地适应小额保险营销的要求。因此,结合我国现行农村地区的特点,可以从以下几个方面构建农村小额保险营销体系:一是进一步加强与农村基层金融机构的合作,由于小额信贷机构拥有庞大的农村客户群,因此可以承担小额保险的销售以及部分保单理赔及赔付工作,大大降低小额保险的运营成本。二是鉴于我国广大农村地区居住分散,组织成本较高,而当地政府拥有很强的公信力及组织能力,可以积极探索政府介入小额保险体系的途径,例如通过村委会组织农村低收入群体以"全村统保"的方式加入小额保险计划。三是培育出农村本土的营销队伍,建设符合小额保险营销特点的农村直销渠道。针对农村地区生活环境较为封闭,农民对陌生人信任感较低的特点,积极培育熟悉当地环境的本土营销员完成小额保险的销售。四是公司可以借助经办政府社保项目、民生项目等的契机,推动农村小额保险的发展。近些年来,全国各地掀起了地方政府引入商业保险公司参与社保项目经办的东风,商业保险公司经办农村新农合、城乡居民大病保险等都是典型的案例。商业保险公司可以借助这些民生项目的契机,推动农村小额保险的发展。例如中国人寿城阳支公司承接了当地新农合经办工作,公司借助宣传、理赔等与参保人接触的机会营销农村小额意外保险,取得很好的效果。该险种年度保费 15 元,提供 3 万元的意外保障,经过多年的推动,截止到 2014 年,当地参保比例已经接近 45%。

（三）加大农村小额保险的宣传力度,增强农村低收入群体的保险意识

农村低收入群体虽然普遍存在风险保障需求,但却对保险产品的重要性认识不够,主动投保意识淡薄。因此要加强农村小额保险在农村地区的宣传力度,一方面可由地方政府通过多个平台对小额保险进行宣传,让农民从思想上认识到保险的重要性。另一方面保险公司也要深入农村田间地头开展小额保险宣传,充分利用电视、广播、报纸等宣传媒介,树立保险公司的良好形象,使农民逐渐培养起保险消费的理念。例如,保险公司可以开展理赔宣传,用真实案例向农民宣传这项惠民举措;保险公司可以出资在农村地区建立民心工程,开展公益事业等多种方式培育自身社会责任感强的企业形象,有助于小额保险的推广。

（四）创新监管政策,建立农村小额保险统计评价体系

农村小额保险在经营原则、服务人群、销售模式等方面与传统商业保险均有很大差别,因此在监管政策上也需要将农村小额保险和传统商业险区别对待,尤其是在代理渠道管理上,鉴于农村地区的特殊性,可适当降低标准。一方面修改保险兼业代理机构管理规定,允许村委会、农机销售点、农业合作社等社会组织代理相关小额保险产品。另一方面探索农村营销员的分级管理,适当放宽农村小额保险代理人的准入门槛。同时尝试建立分

地区的农村小额保险统计报送制度,定期对业务、财务等方面的指标进行统计分析,使各地保监局能够及时了解本区域内农村小额保险的发展状况,改变当前仅能依靠调研和临时统计的方式获取数据的现状,为地方层级推动农村小额保险发展提供有力的数据支持。

(五)与地方政府加强协调,积极争取相关政策支持

农村小额保险与传统商业险相比有其特殊性,如果没有地方政府的大力支持,仅靠公司自主推动难度较大,成效也不显著。地方政府的介入能够促进农村小额保险有序健康发展。鉴于我国小额保险发展现状,加强与地方政府协调,争取政策支持可以从以下几方面进行。一是尝试将农村小额保险纳入地方社会保障体系建设,可将农村小额保险与失地农民养老保险、新型农村合作医疗等相结合,利用其网络收费并提供相关服务,使政府的惠农政策相衔接,在为农民提供医疗保障的同时还能提供意外伤害保障。二是借助地方政府在宣传方面的影响力,开展保险下乡活动,在农民群体中宣传小额保险的正面效应,树立良好的行业形象,培育良好的展业环境。三是争取基层政府支持,在获得农民广泛认可的基础上,以村为单位,对符合条件的低收入群体进行以团单方式统一承保,最大限度地降低农村小额保险的展业和归集成本。四是为农村低收入人群购买小额保险提供保费补贴,这不仅降低了农民购买小额保险的经济负担,而且有助于扩大小额保险的覆盖面,推动我国农村小额保险的发展。

参考文献

[1] 庹国柱,王德宝. 关于我国农村小额人身保险的几个重要问题 [J]. 中国保险, 2009(11):8-17.

[2] 张洪涛. 农村小额人身保险可持续发展面临的问题和建议 [J]. 金融纵横,2010(7): 67-69.

[3] 刘玉焕. 农村小额人身保险试水面临的难题及对策 [J]. 中国保险,2008(9):39-42.

青岛市新型农村合作医疗"参合"满意度调查研究

李　坤

（青岛大学经济学院）

摘　要：本研究共对青岛市300位农民进行问卷调查，利用统计软件对调研数据进行了统计分析和计量分析。研究发现：青岛市新农合医疗"参合"率为100%。"参合"农民对新农合医疗定点医院和医保经办机构的各方面满意度基本都在75%以上，"参合"农民对新型农村合作医疗的总体满意度达81%。单因素分析发现："参合"农民的年龄、文化程度、家庭人均年收入、"参合"时间以及是否报销过对新型农村合作医疗满意度是有显著影响的。多因素分析发现：定点医院满意情况、医保经办机构满意情况、新型农村合作医疗了解程度以及是否减轻经济负担是新农合的四大影响因素且均为正相关，同时定点医院和医保经办机构满意度影响显著。

关键词：新型农村合作医疗制度；满意度；调查研究

引言

为了真实有效地了解新型农村合作医疗制度的开展情况，客观反映农民对新农合医疗制度的意见和建议，从而为新型农村合作医疗制度的推广提供决策参考，推进新农合医疗制度的可持续发展。本研究利用实地调研方法，分析和调查农民对新农合制度的满意程度，发现制度在推广过程中所存在的缺陷与不足，有助于进一步完善我国农村基本医疗卫生制度，保证广大农民"病有所医"。本报告选择青岛市崂山区、黄岛区和城阳区为调查地，以这三个行政区的全部农村家庭作为调查总体。本次调查的样本容量定为300个农村居民，三个行政区各分别收集有效样本100个。采用分层整群随机抽样方法获取样本。首先分别将崂山区、黄岛区、城阳区的所有乡镇按照行政区分为三类；其次从每个行政区中按照经济状况随机抽取好、中、差各一个乡镇；第三在每个乡镇按照经济状况随机抽取好、中、差各1个行政村，共计9个乡镇、27个村；最后从每个村随机抽取20~25户参合农民家庭作为入户调查对象。

一、青岛市新型农村合作医疗基本情况分析

（一）农民参加新型农村合作医疗的基本调查情况

本次实地调查共收回有效问卷300份,参与调查的农民样本基本信息包括性别、年龄、文化程度、家庭人均收入四个方面,具体详见表1:

表1　调查抽样农民基本信息

变　量	分　类	百分比
性别	男	52%
	女	48%
年龄	29岁及以下	19.7%
	30岁~44岁	35%
	45岁~59岁	41.3%
	60岁及以上	4%
文化程度	小学	14.7%
	初中	58.7%
	高中及中专	21%
	大专及以上	5.6%
家庭人均收入	低于1万元	20.5%
	1万元~2万元	37.6%
	2万元~3万元	29.2%
	高于3万元	12.7%

新型农村合作医疗的基本调查情况主要包括经过实际调查得到的青岛市新型农村合作医疗的"参合"率、"参合"的原因和农民"参合"的时间三个方面。

1. 青岛市农民"参合"率

此次抽样调查的300位农民全部参加了新型农村合作医疗,参合率达到了100%,此前青岛市新农办公布的青岛市新型农村合作医疗亿全部覆盖,农民参合率达到100%,两者结果是一致的。另外,在这300位农民中有25位(占比8.3%)购买了商业医疗保险,从实践调查过程中觉察到家庭人均收入较高的农民会在新型农村合作医疗的基础上再购买一份商业医疗保险。

2. 青岛市农民"参合"原因

如图1所示,在本次调查的300位农民样本中,超过80%的农民参加新型农村合作医疗是因为医药费可以报销,减轻经济负担,11.7%是随大流,是一种"看见别人参加我也参加"的态度。以上数据表明绝大部分的农民还是意识到新型农村合作医疗制度能够在看病就医上给农民自身带来实惠和减轻经济负担,是国家推行的一项惠民政策,基于此才参加新型农村合作医疗。随大流和其他原因而参加新型农村合作医疗的现象说明新型农村

合作医疗的宣传推广工作在个别农村还是没有切实有效的开展,没有让农民真正了解到新型农村合作医疗制度是对农民百姓是有用的。

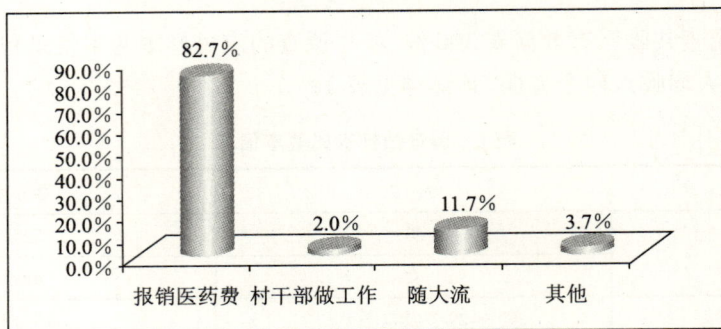

图1 农民参合原因分析

3.青岛市农民参合时间

从图2来看,有接近90%的农民"参合"时间已超过6年,说明青岛市新农和政策宣传和推广工作相对来说比较到位,农民对新型农村合作医疗制度能够及早有效了解,并且参加新型农村合作医疗。

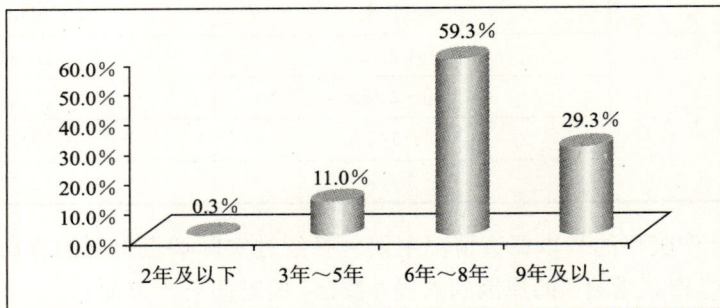

图2 农民参合时间分析

(二)农民对新型农村合作医疗认知情况分析

本报告中农民对新型农村合作医疗认知情况分析包括对新型农村合作医疗的了解程度和对新型农村合作医疗的了解途径两个方面。

1.对新型农村合作医疗的了解程度

由图3可知,本次调查中有近20%的农民对新型农村合作医疗整体的政策情况非常了解,包括具体的报销比例和流程以及定点医院,有54.3%的农民对新型农村合作医疗的政策比较了解,有24.7%的农民对新型农村合作医疗制度仅是一般性了解,对新农和政策不了解的仅仅有2.3%。说明经过青岛市这几年的推广和宣传,农民对新型农村合作医疗制度的了解程度有了很大的提高。

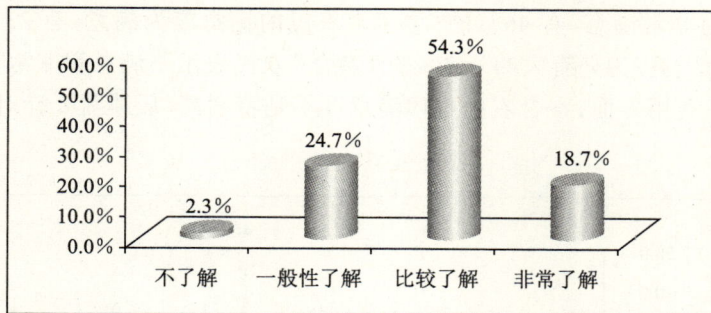

图3　农民对新农合的了解程度

2. 对新型农村合作医疗的了解途径

由图4可知,本次调查中有 56.3% 的参合农民是通过政府发放的宣传材料来了解新型农村合作医疗制度,有 31.3% 的"参合"农民是通过村委广播来了解新型农村合作医疗制度,另外有大约 12% 是通过其他途径,包括邻里乡亲口口相传,新型农村合作医疗办公室下乡指导以及村干部上门单独介绍。但是发放宣传材料和村委广播这两种方式的比例之和超过了 87%,是最主要的两种宣传方式,也是农民了解新型农村合作医疗制度的主要渠道。我们所调研的样本农村基本上都会发宣传材料小册子,详细介绍了新农合作医疗的就医医院、覆盖范围、报销比例和报销流程。

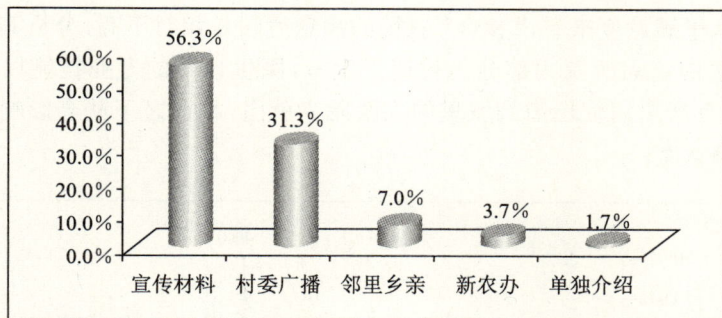

图4　农民对新农合的了解途径

二、青岛市农民对新型农村合作医疗制度的满意度分析

(一)农民对定点医院的满意度分析

定点医院是新型农村合作医疗制度的供方,作为新型农村合作医疗提供服务的一方,定点医院为参合农民提供直接的医疗救助服务。因此,定点医院的医疗费用、自身的医疗水平以及医护人员的服务态度等都将影响参合农民对新型农村合作医疗制度的满意度。本次调查报告对于定点医院的满意度包括对定点医院医药费用满意度、对定点医院医疗水平满意度、对定点医院服务态度满意度以及对定点医院就医方便性满意度四个方面。

1. 定点医院医药费用满意度

从图5可以看出,在本次调查的300个受访农民中有 26% 的参合农民对定点医院医疗费用满意度为非常满意,有 46% 的"参合"农民的满意度为满意,有 23.7% 的"参合"农民的满意度为一般,另外有大约 4.3% 的"参合"农民表示不满意和非常不满意。因此,在定点医院医疗费用方面,参合农民整体满意度不是特别高,后续需要针对该方面进行改善和提升。

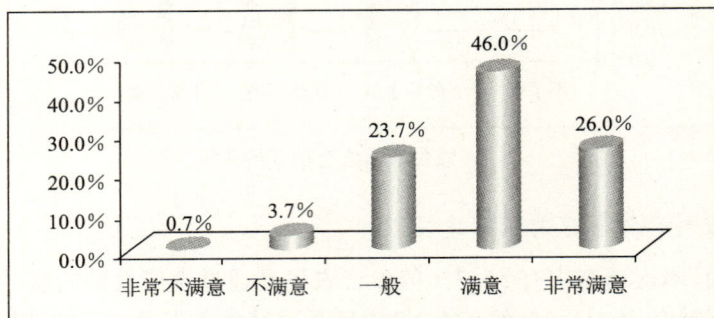

图 5　农民对定点医院医药费用满意度

2. 定点医院医疗水平满意度

从图 6 可以看出,在本次调查的 300 个受访农民中有 27.3% 的"参合"农民对定点医院医疗水平是非常满意的,有 46% 的参合农民对定点医院的医疗水平是满意的,有 19.7% 的"参合"农民的满意度为一般,另外有 7% 的"参合"农民表示不满意和非常不满意。从定点医院医疗水平满意度来看,"参合"农民的满意度还是相对不高,分析其原因主要是因为方便农民就医的定点医院大部分为村镇卫生室,医生自身的专业技能以及配套的医疗器械有局限,如有严重病症还需到城里的大医院来就医,相比之下就会影响农民对定点医院的医疗水平满意度。

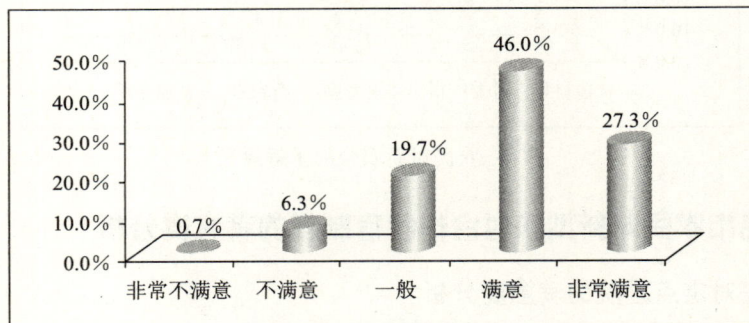

图 6　农民对定点医院医疗水平满意度

3. 定点医院服务态度满意度

由图 7 可知,本次调查抽样中有 51% 的"参合"农民对定点医院服务态度表示非常满意,有 30.3% 的"参合"农民的满意度为满意,有 16.3% 的"参合"农民的满意度为一般,另外有 2.4% 的"参合"农民对定点医院服务态度表示不满意和非常不满意。由此可知,农民对定点医院服务态度的满意度是相对较高的。

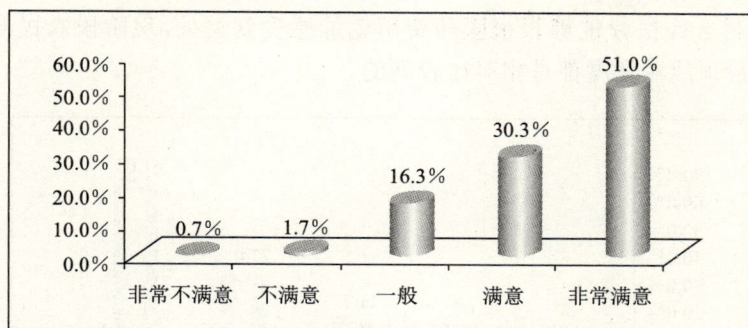

图7　农民对定点医院服务态度满意度

4.定点医院就医方便性满意度

由图8可知,本次调查抽样中有57.7%的"参合"农民对定点医院方便性满意度为非常满意,有32.7%的"参合"农民的满意度为满意,有9.7%的"参合"农民的满意度为一般,另外本次调查抽样中没有农民表示不满意或者非常不满意。从整体来说,"参合"农民对定点医院方便性的满意度是相对最高的。根据调查时的观察,基本上相邻几个村就有一个村级定点医院,每个镇都会有一个镇级定点医院,农民在患病后就医还是很方便的,能够得到及时的诊治。

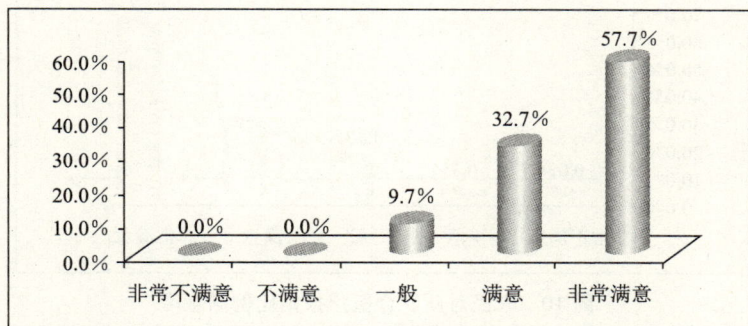

图8　农民对定点医院方便性满意度

(二)农民对医保经办机构的满意度分析

医保经办机构作为新型农村合作医疗的管理和运作部门,其工作情况如何,将会对参合者的满意度有很大的影响。医保经办机构设定报销起付线、封顶线、报销比例以及报销覆盖范围都是参合农民对新农合医疗评价的重要方面。

1.农民对医疗费用报销的满意度

由图9可知,在本次调查抽样的300为受访农民有61%的对新型农村合作医疗报销的起付线和封顶线满意度为非常满意,有27%的参合农民的满意度为满意,有11.7%的参合农民的满意度为一般,仅有0.3%的"参合"农民表示不满意。整体来说,农民对新型农村合作医疗报销的起付线和封顶线满意度还是相对比较高的,我们分析其原因主要是农民参加新型农村合作医疗能够报销医药费用就能感受到益处,现阶段农民对新农合医疗报销起付线和封顶线满意度都是相对比较高的。

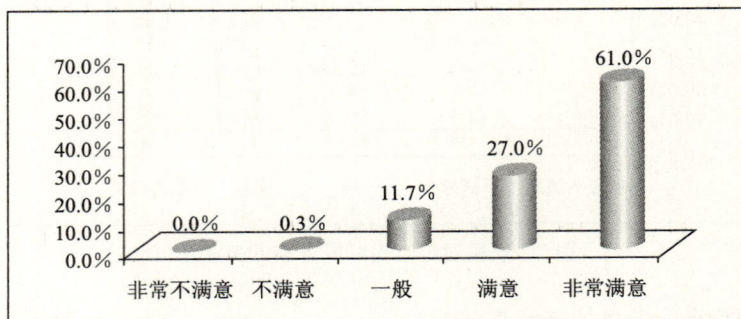

图 9 农民对新农合医疗报销起付线、封顶线满意度

由图 10 可知,在本次调查抽样的 300 为受访农民有 61.7% 的对新型农村合作医疗报销比例满意度为非常满意,有 25.7% 的"参合"农民满意度为满意,有 12.3% 参合农民的满意度为一般,另外有 0.3% 的"参合"农民表示不满意。整体来看,农民对新型农村合作医疗报销比例满意度还相对较高。

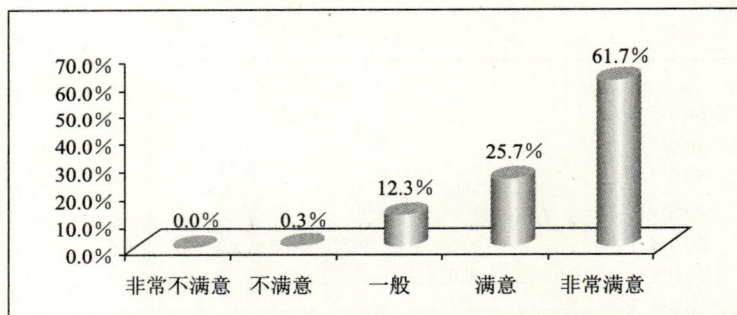

图 10 农民对新农合医疗报销比例满意度

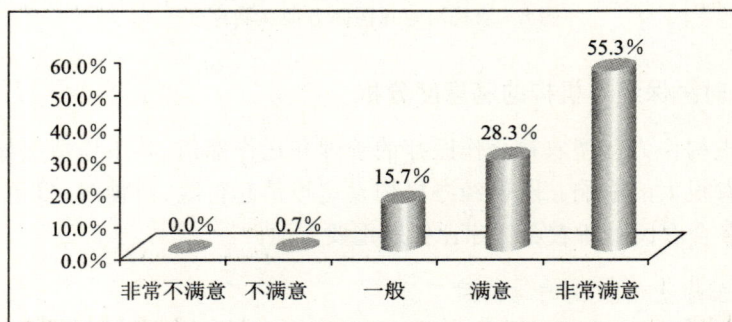

图 11 农民对新农合报销覆盖范围满意度

由图 11 可知,在本次调查抽样的 300 为受访农民有 55.3% 的"参合"农民对新型农村合作医疗报销覆盖范围满意度为非常满意,有 28.3% 的"参合"农民表示满意,有 15.7% 的参合农民的满意度为一般,另外有 0.7% 的"参合"农民对新型农村合作医疗报销覆盖

范围表示为不满意。由上可以看出,农民对新型农村合作医疗报销覆盖范围满意度还是相对较高的。

2. 农民报销过程中的难题分析

本次调查的 300 位农民有 84 位去医保经办机构报销过医疗费用,在这 84 位报销过医疗费用的农民中没有遇到任何问题的有 44 位,大约占比 50%,还有 50% 的参合农民在报销医疗费用过程中遇到种种问题。经过统计分析发现有超过 1/3 的农民表示报销手续太麻烦是报销过程中遇到的最大问题,大约 1/3 的农民表示不能足额报销是报销过程中遇到的最大问题。整体来看,报销手续太麻烦和不能足额报销是报销过程中遇到的比较突出的问题。这两个难题都与之前分析过的农民对新型农村合作医疗制度的了解程度有很大关系,新型农村合作医疗制度宣传不到位或者农民自身不求甚解,这样必然会在报销过程中遇到各种各样的问题。因为对报销流程不清楚,忘记带相关证件,来回跑好几趟才得以报销。对报销起付线和封顶线、报销覆盖范围、药品报销目录不清楚,导致报销时才发现有些费用不能报,就会产生不能足额报销的误解,甚至有种欺骗上当的感觉。这就需要一方面加大宣传力度,使农民对新型农村合作医疗制度的各项内容和要求更加清楚了解,另一方面从农民认知水平相对较低的这一客观事实出发,尽量简化报销流程和手续。

(三)农民对新型农村合作医疗制度的总体满意度

自从新型农村合作医疗制度 2002 年实施以来,经过这么些年的推广和宣传,完善和提升,现阶段参合农民对新型农村合作医疗制度的满意度是怎样的呢?这正是本次调研报告的重点调查部分,报告中将农民对新型农村合作医疗制度的总体满意度情况分为新型农村合作医疗对农民医疗经济负担的改善程度和农民对新型农村合作医疗总体满意度两部分。

1. 新型农村合作医疗对农民医疗经济负担的改善

由图 12 可知,在本次调研抽样的 300 位受访农民中有 27.7% 认为新型农村合作医疗显著减轻了农民医疗经济负担,有 53% 的参合农民认为新型农村合作医疗减轻了农民的医疗经济负担,有 19.3% 认为新型农村合作医疗对农民的医疗经济负担,另外没有人认为新型农村合作医疗制度会加重农民的医疗经济负担。总体来看,农民对新型农村合作医疗减轻医疗经济负担认可的,只要在指定医院看病拿药就可以到医保经办机构进行报销,这

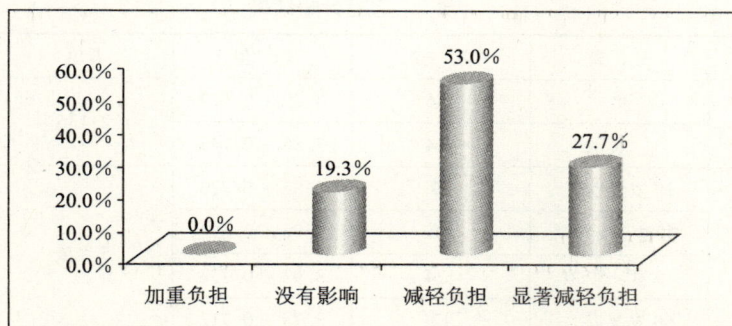

图 12 新农合医疗对农民医疗经济负担的改善情况

是能够看到的还是实际好处。

2.农民对新型农村合作医疗总体满意度

由图13可知,在本次调研抽样300位受访农民中,有58.7%对新型农村合作医疗制度表示非常满意,有22.3%的"参合"农民对新型农村合作医疗制度表示满意,有14.7%的参合农民对新型农村合作医疗制度满意度为一般,另外有4.3%的"参合"农民对新型农村合作医疗制度表示不满意。从整体上来看,现阶段农民对新型农村合作医疗制度总体满意度还是相对较高的,这说明青岛市在新型农村合作医疗制度的推广和实行方面都做得不错,真正将新型农村合作医疗制度落实到实处。新型农村合作医疗本身就是一项惠民政策,是为农民群众谋福利,减负担的,农民的满意也就是对该项政策的最好的认可和肯定,但是我们仍看到有近20%的"参合"农民表示一般或不满意,说明新型农村合作医疗制度在某些方面做得不足,还是有很大的提高空间。

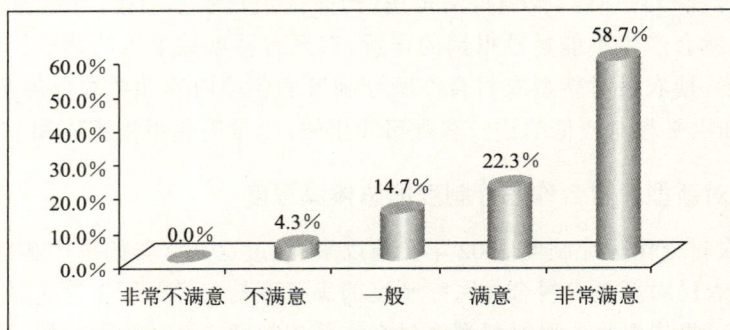

图13 农民对新农合医疗总体满意度

三、新型农村合作医疗制度满意度影响因素测评

(一)总体满意度的单因素分析

本报告考察的单因素主要为常用的社会经济特征指标及其他相关指标,主要包括性别、年龄、文化程度、家庭年收入、参合时间及是否报销过等,通过方差分析研究这几个变量与新型农村合作医疗制度总体满意度的关系。SPSS软件方差分析结果表2所示。

表2 方差分析结果

变 量	分 类	人 数	均 值	F值	P值
性别	男	156	3.89 + 0.679	2.136	0.131
	女	144	3.85 + 0.745		
年龄	29岁及以下	59	3.85 + 0.720	5.826	0.001
	30岁~44岁	105	3.96 + 0.694		
	45岁~59岁	124	3.92 + 0.734		
	60岁及以上	12	3.78 + 0.712		

变 量	分 类	人 数	均 值	F 值	P 值
文化程度	小学	35	3.92 + 0.679	6.089	0.000
	初中	176	3.94 + 0.694		
	高中及中专	63	3.90 + 0.767		
	大专及以上	26	3.84 + 0.697		
家庭人均年收入	低于 1 万元	61	4.04 + 0.923	10.510	0.000
	1 万元～2 万元	89	4.01 + 0.721		
	2 万元～3 万元	112	3.92 + 0.790		
	高于 3 万元	38	3.86 + 0.752		
参合时间	2 年及以下	1	3.94 + 0.708	13.462	0.000
	3 年～5 年	33	3.96 + 0.796		
	6 年～8 年	178	3.96 + 0.864		
	9 年及以上	88	4.04 + 0.763		
是否报销过	是	84	3.99 + 0.689	20.759	0.000
	否	216	3.97 + 0.825		

从表 2 可以看出,"参合"者的性别对于新型农村合作医疗制度总体满意度的影响没有统计意义($p > 0.05$);"参合"者年龄对总体满意度的影响有统计意义,30～44 岁组的满意度最高为 3.96,60 岁及以上组的满意度最低为 3.78,我们认为主要是年龄较大的人患病就医的频率会远大于年轻人,因此对新型农村合作医疗的接触和认识更为全面深刻,进而会更为挑剔;"参合"者文化程度对总体满意度的影响有统计意义,初中文化程度的"参合"者的总体满意度最高为 3.94,而大专及以上文化程度的"参合"者的满意度最低,我们考虑到人的评价标准会随着知识水平的提高而提高,所以文化程度较高的农民对新型农村合作医疗制度进行评价时会从多方面来考虑;"参合"者家庭人均年收入对总体满意度的影响也有显著的统计意义,从分析结果可以看出,随着收入的增加,"参合"农民对新型农村合作医疗整体的满意水平呈现下降的趋势,分析其原因主要是由于低收入组参合者对医疗费用的承受能力相对较低,而随着家庭人均收入的增加,新型农村合作医疗的补偿报销比例难以达到高收入组参合者的要求进而导致对新型农村合作医疗满意度降低。另外,高收入组的参合者会附加购买商业医疗保险,真正遇到医药费报销时,首先会选择用商业保险来进行报销,因为商业保险的报销比例和覆盖范围相对较大,这也导致了对新农和政策满意度的降低。"参合"者的"参合"时间对总体满意度的影响同样有统计意义,从分析结果来看,"参合"农民的"参合"时间越长,对新型农村合作医疗的满意度也越高,原因是"参合"时间越长的农民对新型农村合作医疗了解越深,对新型农村合作医疗带来的好处也有更深的体会。通过是否报销过医疗费与总体满意度的关系可以看出两者间影响有统计意义,报销过医疗费的"参合"者对新型农村合作医疗的满意度较高,我们分析是因为报销过医疗费而真切地体会到新型农村合作医疗带来的好处。

（二）总体满意度的多因素分析

为了更好地分析影响农民对新型农村合作医疗制度满意度的因素，本报告将进行多因素分析，由于调查问卷涉及的自变量较多，若直接进行模型分析将会产生诸多偏差，如自相关、多重共线性等。所以先利用因子分析方法来对自变量进行降维，使其缩减为几个代表性较强的公共因子，然后再进行 Logit 模型回归分析。

多因素分析涉及 12 个变量数据，具体为对定点医院的医疗费用满意度 X_1，对定点医院的医疗水平满意度 X_2，对定点医院的服务态度满意度 X_3，对定点医院的就医方便性满意度 X_4，对新型农村合作医疗报销起付线满意度 X_5，对新型农村合作医疗报销报销比例满意度 X_6，对新型农村合作医疗报销封顶线满意度 X_7，对新型农村合作医疗报销覆盖范围满意度 X_8，参合原因 X_9，普及宣传方式 X_{10}，对新型农村合作医疗的了解程度 X_{11}，新型农村合作医疗是否减轻经济负担 X_{12}。

1. 因子分析

因子分析是将具有错综复杂关系的变量或样品综合为少数几个因子，以再现原始变量与因子之间的相互关系的一种多元统计方法。因子分析方法能把多个指标简化为少数指标，这少数指标就能够反映原始指标的绝大部分信息。

数学模型为：
$$\begin{cases} X_1 = a_{11}F_1 + a_{12}F_2 + a_{1m}F_m + \varepsilon_1 \\ X_2 = a_{21}F_1 + a_{22}F_2 + a_{2m}F_m + \varepsilon_2 \\ \cdots \\ X_p = a_{p1}F_1 + a_{p2}F_2 + a_{pm}F_m + \varepsilon_p \end{cases}$$

简记为：$X_{p\times1} = a_{p\times m}F_{m\times1} + \varepsilon_{p\times1}$ （1）

且满足：（1）$m \leqslant p$；（2）F 和 ε 是不相关的；（3）$F_1, \cdots, F_m$ 不相关且方差皆为 1；（4）$\varepsilon_1, \cdots, \varepsilon_p$ 不相关且方差不同。其中 X 是可实测的 p 个指标构成的 p 维随机向量，矩阵 A 是称为因子载荷矩阵，F 是 X 的公共因子，ε 称为 X 的特殊因子。

我们利用 SPSS 软件进行因子分析，首先要对变量数据进行巴特利特球度检验和 KMO 检验，相应结果为 Bartlett 检验值为 152.41，显著性为 0.000，KMO 值为 0.738 > 0.7，因此变量数据适合做因子分析。然后采用主成分分析法来提取因子，得到的变量相关系数矩阵的特征值和方差贡献率及其累积贡献率，如下表所示：

表3 解释的总方差

因 子	初始特征值			提取平方和载入		
	合 计	方差(%)	累积(%)	合 计	方差(%)	累积(%)
1	5.031	41.925	41.925	5.031	41.925	41.925
2	2.014	16.786	58.711	2.014	16.786	58.711
3	1.407	11.725	70.436	1.407	11.725	70.436
4	1.389	11.578	82.014	1.389	11.578	82.014
5	0.737	6.14	88.154			

因 子	初始特征值			提取平方和载入		
	合 计	方差(%)	累积(%)	合 计	方差(%)	累积(%)
6	0.545	4.542	92.696			
7	0.382	3.182	95.878			
8	0.248	2.066	97.944			
9	0.139	1.159	99.103			
10	0.065	0.54	99.643			
11	0.027	0.226	99.869			
12	0.016	0.131	100			

由上表可知,前四个因子累积的方差贡献率达到 82.01%,一般超过 80% 就说明这四个因子包含原始数据的绝大部分信息,可以代表原始变量数据。

为了使因子实际意义更加清晰,用方差最大化法对因子载荷矩阵进行正交旋转,如下表所示:

表 4 旋转后的因子载荷矩阵

	因 子			
	1	2	3	4
医疗费用满意度 X_1	0.934	0.216	0.115	0.106
医疗水平满意度 X_2	0.919	0.022	0.05	0.019
服务态度满意度 X_3	0.877	0.137	0.032	0.082
就医方便性满意度 X_4	0.905	0.353	0.027	0.105
起付线满意度 X_5	0.103	0.853	0.235	0.349
报销比例满意度 X_6	0.344	0.916	0.178	0.212
封顶线满意度 X_7	0.193	0.898	0.014	0.444
覆盖范围满意度 X_8	0.082	0.874	0.087	0.241
参合原因 X_9	0.253	0.33	0.753	0.231
普及宣传方式 X_{10}	0.254	0.461	0.654	0.103
了解程度 X_{11}	0.386	0.184	0.711	0.209
是否减轻经济负担 X_{12}	0.206	0.379	0.236	0.603

由表 4 可知,对定点医院的医疗费用满意度 X_1,对定点医院的医疗水平满意度 X_2,对定点医院的服务态度满意度 X_3,对定点医院的就医方便性满意度 X_4 在第一个因子上有较大载荷,主要解释说明了参合农民对定点医院的整体满意度情况,故我们可以称之为定点医院满意度因子 Z_1。对新型农村合作医疗报销起付线满意度 X_5,报销比例满意度 X_6,封顶线满意度 X_7,覆盖范围满意度 X_8 在第二个因子上有较大载荷,主要解释说明了参合农民对新型农村合作医疗制度的报销方面的满意度情况,故我们称之为新农合医疗报销满意

度因子 Z_2。农民参合原因 X_9，新型农村合作医疗普及宣传方式 X_{10} 和对新型农村合作医疗的了解程度 X_{11} 在第三个因子上有较大载荷，主要解释说明了农合对新型农村合作医疗了解情况以及了解途径，故我们称之为新农合医疗了解情况因子 Z_3。认为新型农村合作医疗是否减轻经济负担 X_{12} 在第四个因子上有较大载荷，主要解释说明了新型农村合作医疗制度实施对参合农民的经济负担的影响情况，故我们称之为新农合医疗经济减负因子 Z_4。

通过因子分析将原来 12 个变量数据在不失原有大部分信息的情况下简化为四个综合性因子，随后运用回归法来估计因子得分矩阵，可以得到各个因子的评分模型并计算得到各自因子得分数据，为后续的 Logit 模型回归做好数据准备。

2. Logit 回归

由于本报告中的新型农村合作医疗整体满意度为五个档次，相当于是一个排序选择问题，需要建立排序选择模型。实际调研中发现没有参合者对新农合医疗制度表示非常不满意，故本文建立的排序选择模型仅需考虑四个档次即可。

本报告利用 SPSS 建立排序选择模型进行 Logit 回归，首先要看 Model Chi-Square 的检验值，显示为 78.145，相应的显著性水平为 0.000，这说明假设模型整体检验十分显著，自变量有显著解释作用。SPSS 软件输出的 Logit 模型的非标准化回归系数估计如下表所示：

表 5　非标准化系数估计

		估计值	标准误	Wald 值	自由度	P 值
	［满意度 = 2］	2.743	0.933	8.643	1	0.007
	［满意度 = 3］	4.394	1.463	9.021	1	0.001
	［满意度 = 4］	5.601	2.018	7.704	1	0.012
自变量	定点医院满意度因子 Z_1	1.822	0.387	22.165	1	0.007
	新农合医疗报销满意度因子 Z_2	1.314	0.167	61.910	1	0.000
	新农合医疗了解情况因子 Z_3	0.664	0.094	49.898	1	0.000
	新农合医疗经济减负因子 Z_4	0.803	0.131	37.574	1	0.001

由表 5 可知，回归方程为 Logit $Y = 1.822 \times Z_1 + 1.314 \times Z_2 + 0.664 \times Z_3 + 0.803 \times Z_4$，其中每个自变量的非标准化系数都顺利通过了 wald 检验，说明每个自变量都有显著的影响作用。同时，我们看到各自变量对应的非标准化系数均为正值，说明各项因子变量变动与新农合政策满意度是都是正相关关系，也就是说新型农村合作医疗的整体满意度随着各因子变量的增加而提高。

SPSS 软件输出的回归方程中自变量的系数为非标准化的回归系数，如果要想比较各自变量对新型农村合作医疗制度满意度的相对影响作用大小，还需要进行标准化转化后才能进行比较。遗憾的是 SPSS 不提供自动标准化处理，需要手动进行标准化，具体标准化计算公式为：

$$\beta_i = \frac{b_i s_i}{\pi / \sqrt{3}} \approx \frac{b_i S_i}{1.813\ 8} \tag{2}$$

其中 β_i 为第 i 个自变量的标准化回归系数；b_i 为第 i 个自变量的非标准化回归系数；S_i 为第 i 个自变量的标准差；$\pi/\sqrt{3}$ 实际上是标准 logit 分布的标准差，近似等于 1.813 8。我们利用 SPSS 获取各个自变量的标准差，然后套入公式由非标准化回归系数得到标准化回归系数，具体结果如下表所示：

表 6　标准化回归系数

自变量	非标准回归系数	标准差 s	$s/1.8138$	标准化回归系数
定点医院满意度因子 Z_1	1.822	1.82	1.003	1.828
新农合医疗报销满意度因子 Z_2	1.314	2.07	1.141	1.500
新农合医疗了解情况因子 Z_3	0.664	2.31	1.274	0.846
新农合医疗经济减负因子 Z_4	0.803	1.86	1.025	0.823

由表 6 可知，通过比较四个因子变量的标准化回归系数，我们发现对于提高新农合政策满意度来说，定点医院满意度因子和新农合医疗报销满意度因子对提高新型农村合作医疗制度满意度的作用是较大的，新农合医疗了解情况因子和新农合医疗经济减负因子对提高新型农村合作医疗制度满意度的作用相对较小。农民对定点医院的满意度对提升对新型农村合作医疗整体满意度有举足轻重的作用，"参合"农民对定点医院的评价满意度每提高 1 个单位，总体满意度将会提高接近 1.9 个单位，由此可见加强对定点医院的监管对推动新型农村合作医疗的进一步发展，提升参合农民满意度是有极其重要的意义的，加强监管主要在两个方面：控制医疗费用和提升医疗水平和质量。同样，农民对医保经办机构满意度情况显著影响对新型农村合作医疗总体满意度，参合农民对医保经办机构的评价满意度每提高 1 个单位，总体满意度将会提高 1.5 单位，所以要加强对医保经办机构的监管，优化新型农村合作医疗的服务管理质量，让农民更好地享受新型农村合作医疗的好处，提升对新型农村合作医疗制度总体满意度。另外新农合医疗了解情况因子和减负因子对提升参合农民满意的影响也是显而易见的，结果显示参合农民对新型农村合作医疗了解和对新型农村合作医疗减负每提高 1 个单位，总体满意度将会提高 0.8 个单位，这就需要政府机构部门加大新型农村合作医疗制度的宣传力度，提高参合农民的新型农村合作医疗制度各项内容的了解程度，提升参合农民满意度，促进新型农村合作医疗有序、健康、长期发展。

四、研究结论

经过以上数据统计分析，我们得出了以下结论：

（1）青岛市的农民都参加了新型农村合作医疗制度，参合率为 100%，"参合"时间集中在 6～8 年的时间段，这与政府发布的数据一致。农民的"参合"原因绝大部分是感觉新型农村合作医疗制度能够报销医药费用，减轻家庭经济负担，这说明青岛市政府在新型农村合作医疗制度推广方面真正做到有效到位，让全市农民及时地了解国家的惠民政策，享受到新型农村合作医疗制度带来的益处。

（2）青岛"参合"农民对新型农村合作医疗制度的相对比较了解，但仍存在一部分

"参合"农民对新型农村合作医疗的了解程度仅为一般性了解,农民的了解途径主要集中在村委发放的宣传小册子和村委广播。相比较来说,发放宣传小册子的村镇里的参合农民对新型农村合作医疗制度的了解程度比仅是村委广播或是贴标语的村镇的参合农民要高出很多。

(3)"参合"农民对定点医院各方面情况整体较为满意,尤其是对定点医院的就医方便性满意度最高。调研发现"参合"农民希望定点医院能够提高改善的主要是降低医药费用和提高医疗水平,定点医院的医药费由于能够报销,所以存在同样药品,价格较高,并且"参合"农民看病,医生开药较多的问题。由于各方面限制,村镇的定点医院的医护人员的专业技能相对较低,以及配套医疗设施落后,这就造成参合农民生大病基本就直接去市级定点医院或者其他综合性医院。

(4)整体来看"参合"农民对医保经办机构的满意相对较高,这主要是由于推出新型农村合作医疗制度本身就是对农民的关怀和照顾,所以农民对政策机构心存感激之情。但也存在由于参合农民对政策理解不到位,误以为参加新型农村合作医疗后就是全额报销,全部覆盖疾病,造成对医保经办机构的误解,感觉自己"受骗"了的情况。同时参合农民在报销时会遇到的各种问题,主要是报销手续太麻烦和不能全额报销。另外,有些知识水平相对较高的"参合"农民会将新型农村合作医疗与国外的政策比较,对新型农村合作医疗某些条款不是很满意。

(5)经过调研分析,绝大部分参合农民认为新型农村合作医疗制度的确是能够减轻经济负担的,有81%的"参合"农民对新型农村合作医疗制度总体表示满意,说明新型农村合作医疗制度在青岛市推广和实施效果是不错的。

(6)通过对新型农村合作医疗总体满意度的单因素分析发现,"参合"农民的性别对新型农村合作医疗满意度是无影响的,参合农民的年龄、文化程度、家庭人均年收入、参合时间以及是否报销过对新型农村合作医疗满意度还是有显著影响的。

(7)通过对新型农村合作医疗总体满意度的多因素分析发现"参合"农民对新型农村合作医疗的满意度影响因素可归结为定点医院满意情况、医保经办机构满意情况、新型农村合作医疗了解程度以及是否减轻经济负担四大方面,这与我们之前分析也是一致的。Logit回归结果显示各个方面与满意度都是正相关的,并且参合农民对定点医院满意情况和医保经办机构满意情况对新型农村合作医疗总体满意度影响非常显著。

参考文献

[1] 樊丽明,解垩,尹琳. 农民参与新型农村合作医疗及满意度分析——基于3省245户农户的调查[J]. 山东大学学报(哲学社会科学版),2009,(1):52-57.

[2] 周旭亮,石绍宾. 新型农村合作医疗费用报销制度的满意度分析[J]. 财经论丛,2009,(6):25-30.

[3] 黎莉,余红燕,李小燕. 韶关市新丰县新型农村合作医疗的实施现状及满意度调查[J]. 中国全科医学,2011,14(8):876-878.

[4] 时松和,吴予红,张体华. 郑州市农户对新型农村合作医疗制度认知情况调查 [J]. 郑州大学学报(医学版),2007,42(6):1117-1119.

[5] 段春阳,周静. 农户参加新型农村合作医疗满意度状况调查与统计性分析 [J]. 农业经济,2012,(3):47-49.

[6] 王珍珍,同立平,鱼敏等. 广东省新型农村合作医疗满意度及影响因素研究 [J]. 中国卫生事业管理,2011,28(11):851-854.

[7] 李婷,沈文华. 延庆县新型农村合作医疗满意度影响因素的实证分析 [J]. 北京农学院学报,2012,27(1):48-50.

[8] 周贤君,李立清. 以农民满意度为视角的新型农村合作医疗制度研究——基于湖南省中方县的问卷调查 [J]. 湖南农业大学学报(社会科学版),2009,10(1):19-24.

[9] 李丽,胡伟,冯小影等. 农民参加新型农村合作医疗的影响因素及满意度分析——基于安徽省 13 县 368 个农户调查的实证研究 [J]. 经济经纬,2012,(1):117-121.

[10] 段春阳,谭晓婷,周静等. 新型农村合作医疗参合农民满意度状况实证研究 [J]. 农业经济,2011,(11):78-80.

[11] 潘林,张德元. 农民对新型农村合作医疗的评价和建议 [J]. 卫生经济研究,2009,(2):28-30.

[12] 王红漫,陈江,傅强等. 新型农村合作医疗满意度影响因素实证研究——北京地区 2007 年调查数据分析 [J]. 中国全科医学,2009,12(7):575-578.

[13] 张雪. 济南市新型农村合作医疗制度农民满意度研究 [D]. 济南:山东大学,2010.

[14] 李松涛. 威海市新型农村合作医疗制度满意度评价及影响因素研究 [D]. 济南:山东大学,2008.

[15] 王鑫禹. 江苏省新型农村合作医疗农民满意度测评及实证研究 [D]. 南京:东南大学,2008.

商业健康险服务全民医保发展路径探析

尹相录　　刘志刚

（中国人民健康保险股份有限公司青岛分公司）

摘　　要：本文基于《国务院关于加快发展现代保险服务业的若干意见》颁布后现代保险面临的新形势，详细阐述了商业健康险介入社会医疗保险的必要性和战略意义，在借鉴国外商业健康险介入社会医疗保障体系成功经验的基础上，我们进一步分析了商业健康保险公司服务全民医保、参与社会医疗保障体系建设中面临的挑战，创新性地回答和构建了中国商业健康险服务全民医保的发展模式框架。

关键词：医疗保险；健康保险；全民医保；发展模式

保险是基本的民生问题，也是构建社会主义和谐社会的基础性工程。党中央、国务院高度重视保险业的建设，社会保险和商业保险在大力支持下得到了空前的发展，在社会医疗保险和商业健康保险方面，更是得到了飞速的发展。尤其是新"国十条"的推出，把发展现代保险服务业放在经济社会工作整体布局中统筹考虑，为商业健康险服务全民医保、服务社会经济建设指出了发展的方向，但是商业健康险在构建和谐社会的医疗保障体系中，还面临着许多巨大的困难和挑战。

一、商业健康险介入社会医疗保险的必要性和战略意义

商业健康险介入和谐社会的医疗保障体系势在必行，而具有和谐社会特征本质的商业健康险介入社会医疗保险体系的运行和管理，不仅是当前中国健康保险业转变旧的思想观念，提高保险服务功能的重要举措，从长远来看，更是促进中国保险业蓬勃发展的有力保障。

（一）内力：保险制度的原生动力

加快商业健康险介入社会医疗保险是现阶段保险业产生、衍变与完善内力所致。保险是人类文明进步的一种表现，其产生和发展是一种历史的必然。保险与生俱来的历史使命与战略性意义呼唤其在和谐社会的框架下健康成长，平稳发展，而商业健康险介入社会

医疗保险制度的运营和管理作为构建和谐社会医疗保障体系建设的重要内容,是商业健康险在新医改形式下服务全民医保的必然选择。

(二)推力:保险的政策推进

构建由商业保险和社会保险组成的社会保障体系是我国政府日益关注突出的社会问题、关注民生的政策导向的推力所致。中共十六届六中全会明确提出 2020 年要基本建立"覆盖城乡居民的社会保障体系",并大力发展以商业保险为补充的保险体系,并把它作为构建社会主义和谐社会的重要目标任务。2009 年的《中共中央、国务院关于深化医药卫生体制改革的意见》中明确指出,在确保基金安全和有效监管的前提下,积极提倡以政府购买医疗保障服务的方式,探索委托具有资质的商业保险机构经办各类医疗保障管理服务。当前,国务院颁布了《关于加快发展现代保险服务业的若干意见》,这是继 2006 年颁布"国十条"之后,国务院再次以"顶层设计"的形式,对我国保险业的改革发展进行全面部署。由此可见,党和国家对于中国保险事业何等重视。也正因为国家在制度、政策层面上的大力推进,加快商业健康险介入社会医疗保障体系建设具有十分重要的政策意义。

(三)拉力:保险业试点的发展需要

无论是社会医疗保险还是商业健康险,其改革与试点在很大程度上是拉动我国构建城乡和谐社会保障体系的力量之一。因此在新医改方案实施后积极探索商业健康险如何介入社会医疗保险是社会保险和商业健康保险共同面对的一个问题,是保险业试点的发展需要。

(四)压力:社会医疗保险制度的改革瓶颈

党和政府十分关注广大人民群众的健康,积极推动卫生事业的发展,但包括医疗保障在内的卫生事业发展仍不甚理想。2000 年,在世界卫生组织对 191 个成员国的卫生总体绩效评估排序中,中国仅列 144 位,结果令人深思[①]。仅仅依靠社会医疗保险还不能满足广大人民群众的身心健康需要,很有必要以商业健康保险作为补充。

当前社会基本医疗保险完全由政府经办机构自我运营,就连城镇职工大额医疗保险、城镇居民大额医疗保险和新型农村合作补充医疗保险也由政府经办机构主办。政府既当裁判员又当运动员,医疗保险基金的征收、管理、支付、监督都由政府独自操作,征管监大权集于一身,给基金的运营带来了巨大的风险。而商业保险公司介入社会基本医疗保险和政府举办的大额补充医疗保险,不仅有利于分担政府风险、减轻政府经办压力、弥补政府办公人员和经费不足,更可以使医疗保险基金安全运行,有利于保证基金的稳定,不被挪作他用。

社会医疗保险的风险控制和基金监管是制度运营和管理当中最为重要的一个环节。由于医疗保险基金的特殊性,风险控制机制非常复杂,加上它又涉及多个主体,医生、患者、医疗服务方和医疗保险方的博弈使风险控制和监管变得更加困难。风险控制和基金监

① 王振平,王金营. 我国城镇居民基本医疗保险制度初探 [J]. 中国卫生事业管理 2007(10):677-678.

管的好坏,不仅关系到医疗保险基金的收支平衡,还关系到基金的可持续发展。但从全国来看,包括城镇职工、城镇居民、新农合医疗保险制度在内的社会医疗保险制度普遍存在着风险控制和监管能力较弱等问题,而商业健康险公司的风险控制和监管能力很强,商业健康保险公司通过与医疗保险经办部门、定点医院合署办公的形式,可以有效解决医疗保险中的风险控制问题。

二、他山之石:国外商业健康险介入社会医疗保险的借鉴

由于社会医疗保险具有维护社会公平和增进国民福利的本质属性,虽然政府在医疗保障中承担主要责任已成为基本共识,但是实践证明,政府与市场、公平与效率、商业健康保险与社会医疗保险适度结合已经成为世界各国医疗保障制度的共同特征和主要发展趋势。我们知道,任何政府都是有限性的政府,实践一次次证明,在社会医疗保险领域,实现政府与市场、公平与效率的适度结合是社会医疗保险的必然选择和未来发展的主要趋势。

从世界范围来看,鉴于经济全球化、失业率增加、人口老龄化导致非生产性人口比例上升等原因,全球很多地方的社会保障制度均出现了财政困难。在此背景下,如何有效地利用民间保障制度来化解社会保障的危机也成为各国关注的焦点。西方一些发达国家从20世纪80年代开始,纷纷进行社会保障制度改革,总的趋势体现为三个转变:一是从政府统包和单一的社会保障,转变到多层次的社会保障;二是从政府垄断运作,转变到运用市场机制、加强宏观调控、鼓励和支持商业保险公司竞争经营;三是从政府是社会保障的提供者,转变成为社会保障制度的规范者和监督者。而第三个转变即是从政府是社会保障的提供者,转变成为社会保障制度的规范者和监督者,这也已经成为大多数国家遵循的基本原则和流行趋势。

在美国,保险公司一直就是国家医疗保障计划的重要经办机构,为老年人医疗保障和低收入人群医疗救助计划提供管理服务。政府只负责对基金的运营进行管理和监督,而不负责具体操作,这种模式大大地提高了政府的管理职能,提高了政府的工作效率,减少了基金挪用违规的风险,使征、管、监三者进行分离,大大提高了基金的运营效率。随着上世纪90年代美国政府医疗保障制度的改革,越来越多的商业保险机构参与到经办政府医疗保险计划的管理中,国家医疗保障计划的服务内容不断丰富、保障水平不断提高,获得参保人群的广泛认可[②]。美国的成功经验,说明商业健康险公司在参与社会医疗保险体系中发挥了重要作用,也说明政府在为国民提供社会医疗保险的同时并不一定要排除社会力量和市场机制。

三、商业健康险服务全民医保面临的挑战

现阶段,关于补充医疗保险的经营模式,国内主要有捆绑式经营和商业化经营两种。前者是由政府的社会保障部门,以基本医疗保险的方式来经营补充医疗保险,北京和上海均采用过这种模式。我们知道,社会医疗保险是一种政府行为,具有强制性和非盈利性,

---

② 凌秀丽. 新医改背景下中国商业健康险的发展 [J]. 中国金融,2009(14):52-54.

而商业健康保险是一种契约行为,坚持自愿原则,以盈利为目的。在医疗保障体系中,社会医疗保险是基础,用来保障基本医疗需求,而商业健康保险是对前者的重要补充,因此,两者既要同步发展,实现优势互补,同时又要各司其职,不可相互替代。目前,在发展补充医疗保险的过程中,有些地方政府发文明令大额补充医疗保险只能由社保机构经办,限制保险公司进入该领域,这种做法实际上混淆了社会医疗保险与商业健康保险的界限,其弊端是显而易见的。因此,将捆绑式经营模式逐步向商业化经营模式过渡,鼓励商业保险公司积极参与大额补充医疗保险的市场运作,应该是补充医疗保险的发展方向。

应该说,商业健康保险在完善社会医疗保障体系中将会发挥越来越重要的作用,但是由于目前发展商业健康保险的相关政策法规环境不配套,从而极大制约了其发展步伐。

(1)国家对补充医疗保险的发展定位不明确。补充医疗保险作为基本医疗保险的一种补充形式,是单位及其职工在统一参加基本医疗保险之后,由单位或个人根据自身特点和财力,在坚持自愿基础上适当增加医疗保障项目、提高医疗保障水平的一种保险形式。补充医疗保险是社会医疗保障体系的重要组成部分,是未来商业健康保险的发展方向。但是,目前国家尚未在政策法规上对于补充医疗保险的业务性质、经营主体、商业保险公司是否可以开办以及如何开办等一系列问题予以明确,导致社会保险机构与商业保险公司从各自行业利益出发,互相争办补充医疗保险业务,互抢医疗保险资源,造成了目前医疗保险市场上的混乱局面,在很大程度上阻碍了商业健康保险的快速发展。

(2)当前,政府没有制定有利于指导中国社会医疗保障体系发展的长远规划及其相关实施细则,因而商业健康保险的发展也就缺乏制度保证。

(3)相关财政税收政策严重滞后。虽然财政部为鼓励发展补充医疗保险而给予了4%的财务优惠政策,但是,一方面该税前列支比例过低而弱化了现有的政策作用,另一方面,缺乏专门的会计科目对补充医疗保险业务进行专项财务核算。有关税收优惠政策不配套。如对于参加商业健康保险的单位和个人以及经营健康保险业务的保险公司缺乏相应的税收优惠政策。

四、商业健康险服务全民医保的发展路径

商业健康保险参与全民医保,参与多层次社会医疗保障体系的建设是实现保险管理功能的重要实现途径和方式,对于商业健康险的发展和和谐社会医疗保障体系的构建都具有十分重要的意义。商业健康险尤其是专业健康保险公司应该从以下几个方面介入社会医疗保险,参与全民医保的构建。

(一)基本医疗经办方面

商业保险公司介入社会基本医疗经办,一是可以有效缓解政府人力编制不足,由于城镇居民和城乡医疗救助业务的陆续启动,往往造成经办机构人手不足,这给做好做优基本医疗保险业务带来较大的压力。二是针对地方医保经办机构的医疗网络局限性,可以充分发挥商业保险公司遍布全国的医疗网络优,为参保患者异地转诊或异地安置提供包括诊疗监控在内的过程管理。三是可协助政府开展健康管理服务,充分发挥商业保险公司尤其

是专业健康保险公司在医疗健康服务和专业健康管理方面的优势,全面落实以人为本的科学发展理念,不断提高广大参保群众的健康水平。此外,社会基本医疗保险通过引入商业保险机制,可以不断降低基本医疗保险运营管理成本,切实协助各级地方政府提高管理服务效率。在具体经办领域,有城镇职工基本医疗保险、城镇居民基本医疗保险、新型农村合作医疗、城乡医疗救助制度等领域;在具体经办环节方面,根据具体情况,可全部和部分参与宣传发动、基金征缴、凭证审核、费用报销、诊疗监控、异地转诊、信息与档案管理等基本医疗经办服务。

(二)补充医疗保险方面

发挥商业健康保险公司优势,积极介入城镇职工大额医疗保险、城镇居民大额医疗保险和新型农村合作医疗保险业务。一般来说,全国各地在建立城镇职工基本医疗保险的同时,都同样建立了城镇职工大额医疗保险业务。而城镇居民大额医疗保险和新型农村合作医疗保险由于没有相关政策支持,很多地方还没有建立大额补充性医疗保险,只在少数地方进行了局部有益的尝试。商业健康险公司在对待城镇居民大额补充医疗保险和新型农村合作补充医疗保险方面,在积极寻求政策支持的同时,一定要凭借自己的专业优势积极介入这块领域,为和谐社会医疗保障体系的构建过程中作出自己的贡献。毋庸置疑,基本医疗保险和大额医疗保险都由政府经办,可能会出现基本医疗入不敷出的情况下透支大额医疗保险基金的情况,给大额医疗保险基金的运营和可持续发展带来较大的挑战。把由政府经办的大额医疗保险交由商业保险公司经办,不仅可以实现管办分离、提高政府工作效率、保证基金运营安全,更可以借助商业健康险公司的精算技术和风险控制技术控制大额医疗保险基金的运营风险。

在具体风险控制方面,建议商业健康险公司针对城镇职工大额医疗保险与当地医保中心采取合署办公的形式,具体管理部门和岗位职责如下:

1. 健康管理室

(1)健康服务岗:负责组织对大病人员尤其是门诊慢性病患者的健康档案、健康讲座、健康咨询、健康干预等管理服务;

(2)异地就医管理岗:主要负责与本系统外地分公司的协调,联系,对异地就医行为进行管理。一是对目前在外地居住的参保人员就医情况进行监管,同时视情况提供相应形式的就医安排服务;二是协助医保部门对有异地诊疗需要的参保人员进行转诊审核,并与外地分公司协调,为转诊后的人员提供相关服务并进行就医行为监管;三是协助开展异地就医的理赔调查。

2. 事中监管室

(1)网络监督岗:在当地医保经办机构分别配备1~2名专门人员,通过医保信息系统,负责对参保人员医疗发生情况进行实时监控,一旦发现有医疗费用超过某一数值或其他异常情况的,立即通知医疗巡查或驻院代表采取相关措施。

(2)驻院代表岗:在发生住院费用的医院,视情况设立1名驻院代表,负责对相关参保人员在该医院的就医行为进行监管,并提供探视及其他相关就医服务,同时负责该院理赔调查工作。

（3）医疗巡查岗:对未设驻院代表的医院进行定期或不定期的常规巡查,抽查相关就医行为,或根据网络监督员提供的线索进行针对性事中巡查,同时负责所巡查医院的理赔调查工作。

3.理赔管理室

理赔服务岗:协助医保中心对大额相关医疗费用进行审核。

（三）附加保障服务方面

基本医疗保险现在虽然规定由政府经办机构经办,但商业健康险公司可以凭借自己的专业技术优势做好基本医疗的配套服务。具体来讲,在资金来源方面主要是利用基本医疗方面的结余基金来建立针对基本医疗保险的配套保险服务,商业健康险公司应该从以下三个方面积极介入。

1.大力发展基本医疗保险的附加意外伤害保险业务

目前,全国各地的基本医疗保险一般都没有对参保职工承保意外伤害保险,包括意外死亡险。一旦职工发生意外死亡或意外伤害,得不到及时的补偿,家庭有可能因为经济原因出现瘫痪。为了维护社会稳定,建议医保经办部门作为组织方集中向商业健康险公司集中投保。资金来源一般有两种方式,第一种一般由企业和个人共同缴纳,这种方式可能会加重企业和个人的负担;第二种是在有条件的地区,即基本医疗保险基金有结余的地区,从基本医疗统筹基金中拿出一部分资金来投保商业健康险公司的包括死亡责任在内的意外伤害保险。当前,为了不增加企业和个人的经济负担,建议在有条件的地区即基本医疗保险基金有结余的地区开展附加意外伤害保险业务。

2.大力发展基本医疗保险的附加重大疾病保险业务

同附加意外伤害保险业务一样,全国各地的基本医疗保险一般都没有涵盖重大疾病保险。参保人员一旦发生重大疾病,如白血病、恶性肿瘤、冠状动脉硬化等重大疾病,仅仅依靠医疗保险远远不能满足需要,迫切需要重大疾病保险的保障。同理,为了不增加企业和个人的经济负担,建议在有条件的地区即基本医疗保险基金有结余的地区开展附加重大疾病保险。

3.大力发展与基本医疗保险相配套的附加住院津贴业务

现阶段,全国各地的基本医疗保险一般都没有附加住院津贴服务,参保人员一旦住院,因疾病导致收入损失而没有相应的补偿。事实上,广大参保群众也迫切需要这种津贴服务,为了不增加企业和个人的经济负担,建议在有条件的地区即基本医疗保险基金有结余的地区开展附加住院津贴保险服务。如某商业保险公司在安徽黄山开展职工附加住院津贴服务,开辟了商业健康保险介入社保补充业务的新通道和新模式。

4.创新服务模式,积极介入基本医疗的门诊慢性病管理服务

现阶段,针对慢性病人群,各地医保经办机构都规定了当地的门诊慢性病的管理办法。一般的做法是列出一些慢性疾病作为门诊报销的对象,然后合理地设定一个起付线和封顶线,每增加一个病种,多支付几百块钱这种方式。但是有一个问题就是没有引入健康管理机制,而专业健康险公司恰恰具有这种社保经办机构不具有的优势,尤其是专业健康险公司,在提供健康保障的同时,还提供健康管理。专业健康保险公司把关注被保险人遭受保险事故后的事后经济补偿转移到关注被保险人遭受保险事故前的预防保健和健康教育以及被保险人生存期间的健康管理,以提高参保人员健康水平。在具体操作模式方面,一种是医保经办机构把统筹基金中的一部分基金划入商业健康险公司,集中投保门诊费用医疗保险,专业健康险公司在提供健康保障的同时,提供健康管理即慢病管理服务。另一种是专业健康险公司对门诊慢性病人群提供健康管理服务,医保中心在统筹结余基金拿出一部分资金给予专业健康保险公司进行补偿。

(四)在城乡医疗救助制度方面

积极介入包括五保户和低保户在内的城乡医疗救助制度。社会基本医疗保险、商业补充性医疗保险和医疗救助制度是构建我国和谐社会医疗保障体系的三个重要方面,三者相辅相成,互相衔接,缺一不可。从实践来看,商业健康险积极介入城乡医疗救助制度,不仅可以提高医疗救助基金的使用效率,而且可以成倍地放大医疗救助制度的保障功能。如在全国农村局部试点的五保户和低保户医疗救助制度,政府对五保户和低保户人群一般都给予一定的医疗补助。即五保户和低保户人群在患大病的时候给予一定的医疗救助,由于五保户和低保户一般多为贫困年老人群,医疗费用发生频率高是一个普遍特点,因此医疗救助基金往往捉襟见肘,如果能把政府经办的医疗救助基金投保商业保险公司的补充性医疗保险,则可以成倍地放大医疗救助基金的使用功能。因此商业健康险公司一定要积极介入城乡医疗救助制度。

(五)企业补充保险方面

积极介入企业补充医疗保险,为构建和谐社会的医疗保障体系贡献力量。目前在城镇,虽然广大职工有城镇职工基本医疗保险和大额补充医疗保险,但是对起付线以下、乙类先自付部分、全自费部分、基本医疗和大额医疗的个人自付方面、大额医疗以上部分都不能报销,这样无疑会加重参保人员的负担。因此,在那些企业效益好、工资收入高的参保人员中积极推进商业补充医疗保险具有十分重要的意义。

(六)在特定人群补充保险方面

针对部分特定人群条件,针对社会医疗保险保障不足的特点,有选择性地针对特定人群发展补充健康保险。特定人群主要包括以下几种:农村计生户、农村村干部以及农村教师。农村计生户为国家的计划生育建设作出了重大贡献,国家每月现在给予计生户一定的补助资金,如果能把这笔钱的一小部分用来给计生户建立补充医疗保险,保障他们没有后

顾之忧,无论对国家还是对个人都是一个十分有益的事情。另外,农村干部和乡村教师为新农村的建设作出了重大贡献,理应在新农合基础上享受补充医疗保险,商业健康险公司需要要从构建和谐社会的角度、建立新农村的大框架下积极介入农村村干部和乡村教师的补充医疗保险工作。

五、总结与展望

社会保障是民生之本,和谐社会医疗保障体系的构建是重中之重,商业健康险公司介入社会医疗保障体系建设更是具有其独特战略意义,是内力、拉力、推力、压力四力齐发的产物。新的政策形势为商业健康险公司介入社会医疗保障体系建设提供了难得的契机和机遇,为保险管理社会功能的实现提供了重要的政策依据和展业平台。相信商业保险公司尤其是专业健康险公司一定会抓住这次难得的历史机遇,为构建和谐社会医疗保障体系的建设作出自己最大的贡献!

大数据时代的客户经营

张 媛

（中国平安人寿保险股份有限公司青岛分公司）

摘　要：文章从一则超市购物案例开始，引发对互联网时代代理人客户经营的思考。文章分为四部分：(1)大数据时代引发营销变革；(2)客户经营重在提升客户体验。在当前环境下，代理人可以通过降低保单获取成本，提供极致的服务体验，提供定制服务三个途径保持优势；(3)案例带给我们的启示。我们必须重视新老客户信息收集，不断维护老客户，建立在客户心中的独特标签；(4)中国平安营销员客户经营策略。

关键词：大数据；客户经营；客户体验；价值

有这么一则看起来像笑话更多一些的案例：某超市通过分析一位女顾客的购物数据（包括购物清单、浏览物品、咨询信息、视频监控信息等），给该女顾客寄来了孕婴童试用品，这一举动让该女顾客的父亲非常生气，立马致电该超市投诉，因为她女儿还未成年！超市经理立马登门拜访道歉，不过事实是，不久后这位小女孩因遮盖不住隆起的腹部而不得不向父亲告知真相：她真的怀孕了。对于企业而言，大数据有时候像是一个侦探，能够拨开重重迷雾，找到客户真正在乎的并予以满足，从而帮助企业取得先机。鉴于此，本文大胆畅想了大数据时代营销员客户经营所面临的难题、机遇及应采取的策略。

一、大数据时代引发营销变革

"大数据"（Big data），是指需要新处理模式才能具有更强的决策力、洞察发现力和流程优化能力的海量、高增长率和多样化的信息资产。在这个时代，海量用户和良好的数据资产将成为未来核心竞争力与收入的重要来源。

互联网开启了大数据时代。智能手机在内的传感器的大量应用使得人类不断采集海量数据并上传，人们的生活、工作和社交活动日益转移至网络，网络保存海量的个人信息。根据这些数据可以对人们的某些行为、心理和决策进行预测。

互联网时代，网民上网时间逐渐增加。截至2014年上半年，全国网民总数6.31亿人，较2013年底增加了1 442万人；全国手机网民总量5.27亿人，较2013年底增加2 699万人；网民人均周上网时长达 25.9 小时，较 2013 年底增加 0.9 小时；网民手机上网使用率达 83.4%，超越传统 PC 计算机使用率三个百分点。

互联网时代，互联网保险保费规模增长也十分迅速。2011 年到 2013 年，互联网保险保费规模从 32 亿元增长至 291 亿元，经营互联网保险业务的公司数量从 28 家增长至 60 家，互联网保险投保客户从 816 万人增长至 5 437 万人。

互联网时代给代理人带来了渠道挑战。面对电话营销、网络营销、微营销等新渠道的快速兴起，代理人"低投入、低素质、粗放式"的发展模式已经无法持续，未来在销售端和服务端不能提供差异化服务，不能帮助保险公司降低成本的传统中介将自动消失。

互联网时代，金融由粗放型经济转变为集约型经济，这是时代赋予金融行业的最强外部需求，构成了互联网金融的第一层次创新驱动力，也因此给企业和代理人带来更大挑战。金融需求更趋向于局域性、小众化、个性化，需要先进的技术与管理手段，各类企业客户的生产模式发生变化，其所需的产品与服务也相应地发生变化；金融服务需求民主化，用户可能需要参与金融产品的设计与反馈。

二、客户经营重在提升客户体验

从国外保险市场发展经历看，保险中介不但是保险公司主要的保费贡献渠道，还是推动整个保险业创新发展的重要力量，中国也不应例外。在当前环境下，代理人可以通过以下三个途径保持优势。

（一）降低保单获取成本

未来只有建立极低保单获取成本优势的代理人才可以在激烈的市场竞争中立足。保险公司可以通过整合内部资源、优化服务组织、规范化、标准化经营提升竞争力。因为成本重叠，新增少量要素投入就可以实现规模保费报酬递增的效果。

（二）提供极致的服务体验

实践证明，无论哪个行业，谁能打造让人交口称赞叫的产品或服务，谁就可以通过极致的客户体验征服客户，赢得成功。以经营客户为中心是代理人在市场中的立足之本，为客户带来极致体验、创造顾客价值，是保险中介赢得客户忠诚的关键所在，增加售后服务对赢取客户忠诚至关重要。以"保单价值 + 衍生服务"模式，围绕人身险提供各种衍生服务，比如身体健康管理、预约体检等，不但带动健康险产品销售，而且大大增加了客户体验。

（三）定制服务决定未来

未来十年，中国将跨过"中等收入陷阱"向高收入国家迈进，欧睿信息咨询公司曾称 2020 年中国中产人数将达到 7 亿，中产阶层个性化和多样化的特点表现得更淋漓尽致。保险属于专业化要求极高的知识密集型行业，代理人只有从现在的劳动密集型向知识密集型转型，从提供低附加值向提供高附加值服务转型才能有未来。代理人通过参与保险公司产品研发,从功能、定价、投保、服务等方面设计差异化产品和产品组合,针对细分市场个性化需求提供定制化的保险服务。

三、案例带给我们的启示

回看前面案例,发现这家企业的销售有以下关键环节:

关键环节一:数据信息记录。每位顾客初次到这家超市刷卡消费时,都会获得一组顾客识别编号,这个编号将会含有许多信息(姓名、信用卡卡号及电子邮件、年龄、是否已婚、是否有子女、所住市区、住址、薪水情况、最近是否搬过家、钱包里的信用卡情况、常访问的网址、本超市消费内容和时间、种族、就业史、喜欢读的杂志、破产记录、婚姻史、购房记录、求学记录、阅读习惯等),这样便能形成一个庞大数据库,运用于分析顾客喜好与需求。

关键环节二:数据模型建立。对顾客的消费数据进行建模分析,不久就会发现许多非常有用的数据模型。比如超市选出了25种典型商品的消费数据建立的"怀孕预测指数",通过这个指数,就能够在很小的误差范围内预测到顾客的怀孕情况,并早早地把孕妇优惠广告寄发给顾客。

关键环节三:建立和用户沟通渠道。超市把孕妇用品的优惠广告夹杂在其他一大堆与怀孕不相关的商品优惠广告当中,这样顾客在不会被吓坏的同时激发了顾客的潜在需求。

以上案例对寿险代理人营销的启示为:我们必须重视新老客户信息收集,不断维护老客户,建立在客户心中的独特标签。靠直觉做业务的日子已经一去不复返了,数据和服务构成的客户关系才更加稳固。

同时,以上案例对代理人营销带来了营销法则的启示。法则如下:

(1)电梯法则。即假设你在电梯里,只有30秒的时间来向一位关系公司前途的大客户推广产品并且成功。营销员需要在最短的时间内把结果表达清楚,在30秒内讲清公司、行业及自我优势。

(2)领先定律。即创造一个你能成为"第一"的新领域,成为第一胜过做得更好。营销员需要在潜在客户心智中先入为主,要比让顾客相信你的产品优于该领域的首创品牌容易得多。

(3)品类定律。即如果你不能第一个进入某个品类,那么就创造一个品类使自己成为第一。虽然不是第一个认识某位潜在客户的营销员,但你可以有某个独特的地方让他记住你。

四、中国平安营销员客户经营策略

面对互联网金融,平安集团一直走在自我重塑的路上。围绕综合金融体验,2013年5月,马明哲在一次内部讲话中表示,未来20年平安集团员工需要面临和跨越"三留"(留住客户资产、积分和健康档案)和"五增"(增加客户数量、客户使用频率、客户资产规模、单一客户产品数和单一客户利润)的"三个转变"。

首先,平安集团面对客户消费行为的改变,充分利用科技手段,引导客户行为变化,让客户只要通过平安的任一接触点(包括业务员、柜台、网点、网络或者手机等)都可以随时享受所需的金融服务。其次,更多地从客户出发,从交叉销售向综合金融转变,实现"一个客户,多个账户,众多产品,多种服务"的互联网金融业务模式;最后,平安集团的业务队伍技能需要发生转变,掌握更加全面的保险及综合金融知识。

同时,科技让平安队伍插上了腾飞的翅膀。E化平台发展将促进客户经营、产品销售、团队管理及人力发展的自动化,需求分析、保障建议、产品销售、面谈、约访、主顾开拓、增员、基本法管理、活动量管理都可以通过自动化实现。平安的业务员只要紧跟公司科技革新的步伐,不仅不会被淘汰,恰恰相反,科技会为你们插上新的腾飞的翅膀!特别对于平安的寿险业务员来说,更不可能轻易被互联网科技所取代!

不仅如此,代理人也要争做综合金融和财富管理的专家。当今社会,客户不仅需要消费贷款、车险、医疗险,也需要投资理财、教育储蓄、保险保障、避税避债、国际业务、企业年金等等,代理人要不断学习,打造独特优势,成为客户心里的重要理财依靠。

我们处在互联网时代客户的共性需求不断衍化为个性化需求,标准化向多样化转变,供给方向需求方转变。信息时代的主要竞争手段是以差异化的个性化产品最大限度地获取利益。而信息产品是非物质性生产,可变成本很低,这就为生产者提供个性化产品创造了条件。当繁花落后,只有真正做产品和服务的人才会获得成功。

合资寿险公司如何借深化改革之机创新发展

姜 兆

（海康人寿保险有限公司青岛分公司）

摘 要: 从 1998 年第一家合资寿险公司成立以来,合资寿险公司就迅速成为中国寿险市场上的一支重要力量。随着多年发展,合资寿险公司业务能力不断加强,但远没有中国加入 WTO 之时专家预测的迅猛。本文将以青岛市场为例,分析目前青岛市场上中外合资寿险公司所占市场份额,以此来探讨合资寿险公司如何借深化改革之机创新发展。

关键词: 合资寿险公司;深化改革;创新发展

一、引言

2013 年,不论是国际还是中国国内的经济形势都发生了巨大的变化,给我国保险业带来了巨大的机遇和挑战。中国保险市场一方面由于结构的调整还有新会计准则的运用等各方面因素影响,寿险行业的增幅变慢,但是仍然维持在一个比较高的水平。同时国家实行深化改革的政策,对保险市场的开放和鼓励,使得我国的保险市场的整体利润状况得到进一步优化。合资寿险公司作为中国保险市场重要组成部分,合资寿险公司如何把握深化改革之机创新发展成为了当前不可回避的话题。本文以青岛市场为例,首先对开放背景下青岛寿险业的现状做了分析,其次合资寿险公司优势和劣势进行分析,最后对合资寿险公司的营销策略提出建议。

二、青岛寿险市场发展现状

青岛寿险市场共拥有保险公司 30 家,其中合资寿险公司 9 家,占比为 30%。2013 年,青岛寿险市场保费收入 1 023 120 万元,其中合资寿险公司合计保费收入为 45 390.46 万元,占比仅为 4.44%。合资寿险公司 2013 年合计保费收入仅为中国人寿保险有限公司青岛分公司 2013 年全年保费收入的 26.74%,为平安寿险青岛分公司 2013 年全年保费收入的 19.54%。

2014 年上半年,青岛市寿险市场保费收入为 687 194.83 万元,其中合资寿险公司合计保费收入为 28 225.89 万元,占比仅为 4.11%,合资寿险公司 2014 年上半年保费收入总和仅为中国人寿保险有限公司青岛分公司 2014 年上半年保费收入的 21.28%,为平安寿险青岛分公司 2014 上半年保费收入的 18.51%。

由此可以看出,就目前青岛市寿险市场而言,合资寿险公司通过多年的发展及渗透,目前数量上已经发展到一定规模,但在保费收入方面,整体而言相对较弱,与国寿、平安、太平等中资保险公司相比,市场份额相对较小、在售商品相对较少。

三、合资寿险公司优劣势分析

目前青岛市场上的合资寿险公司中,中外方股东实力都相当雄厚,外国股东均为国际知名的寿险公司,而其中方合作伙伴无一不是实力雄厚的大型企业集团如中海油、中国航空集团等大型企业。雄厚的股东实力及对中国市场的长期看好和投资回报的良好预期,使得中外股东对合资公司发展具有良好的信心,资本金持续投入,包括中英人寿、海康人寿在内的多家合资寿险公司的外方股东都有增资行动,这对合资寿险公司的发展具有一定的积极作用。

中外合资寿险公司能够享受中方股东的本土化垄断资源,外资保险公司选择中方合作伙伴时,一般要考虑其在以下几个方面的垄断资源:一是行业垄断资源,指中方股东在某个行业内处于完全垄断地位或者寡头垄断地位,典型的例子有中石油、中粮集团、中海油、中国航空集团等中方股东;二是地区垄断资源,指中方股东在某一区域内具有排他性,或者在某一区域的某一行业内处于优势地位,比较典型的例子是招商局集团;三是金融混业资源,指中方股东为非保险金融机构,可以从事多项金融业务,典型的例子有中国对外经济贸易信托投资公司、中国中信集团公司、光大集团等。

合资寿险公司的外方股东大多数是具有丰富保险经验和管理经验的大保险公司,因此,在与中方股东成立合资寿险公司的同时,他们也带来了先进的财务管理技术,主要表现在全面的预算管理方面,合资公司普遍实行全面预算管理。预算的种类,一般包括销售预算、投资预算、利润预算、费用预算、现金预算、支持部分预算等;根据需要,支持部分预算可能按照部门细分、产品细分、项目细分等。预算的制定过程,一般是自上而下或自下而上进行,反复几次,延续几个月。全面的预算管理对公司来说主要的好处是不仅可以为管理层提供一个可控制到个人、可计量的内控系统,同时还可以为评估绩效提供基础标准,帮助公司各职能部门沟通,为费用控制提供依据,确保职能部门按计划以经济的方式制定行动方案。此外,合资公司还非常注重核保核赔、人才培养及信息技术等方面的建设。

合资寿险公司在保险市场中的发展也存在明显的劣势,首先是合资成立的保险公司一般管理层次越多,最高管理层与基层操作层之间的信息传递泄露和扭曲也会相应增多,同时层次增多也会带来计划与控制的复杂化。公司系统的决策效率对于公司的运行效率乃至规模经济是否形成至关重要。决策效率低会进一步降低经济单位的有效产出量,使给定的需求水平下的总供给不足,也就会造成合资的失败。另外,不同企业传统文化的差异也是合资寿险公司的主要障碍之一,这同样会阻碍合资寿险公司的健康发展。

中外合资寿险公司和其他合资公司一样,如何协调中外双方的战略和利益是其永恒的话题,也是"硬伤"所在。首先,外方股东把中国当作未来世界最大的寿险市场,在其全球战略中有着举足轻重的地位,他们看重的是在中国寿险市场的份额,因此,外方股东更倾向于控制合资寿险公司,并向其输入资金、高管人员、管理理念、管理技术、销售方法甚至包括管理软件等生产要素,从而使合资企业的经营决策和日常运行严重依赖外方母公司。其次,中方股东对为非保险类企业,其投资目的大致有三个:一是多角化经营,实现金融控股公司远景;二是战略投资,实现资本增值;三是部分实现自保功能,挽留大量保费。由于中方股东自身的局限性,他们更多关注的是成立合资寿险公司的宣传效应,以及中短期的资本增值,而对于寿险公司的盈利模式、所需的大量资本投放往往估计不足,因此中方股东在保险公司的经营上缺乏主动性和优势,在保险公司的盈利期限上缺乏耐心,在后续资本投入上缺乏积极性和实力。再次,中外双方这种长期战略和资本实力的差距往往导致合资寿险公司战略方向不明,并有可能产生二者关系的不协调。另外,合资寿险公司均为两主合资,从而公司治理机构也存在着明显的缺陷。最后,合资寿险公司还面临着其他的一些不利因素,比如基础设计薄弱、中西方企业管理理念的不同妨碍合资寿险公司的协调发展,以及其新产品和销售渠道被竞争对手迅速地复制等等。

中外合资企业是中国企业与跨国公司进行战略合作的一种典型形式。然而,中外合资企业毕竟是潜在的竞争对手之间的合作,为了解决一些暂时的困难,双方走到了一起。合作动机的短期性和双方长期发展目标的冲突,使得这种合作关系面临各种机会主义行为的威胁。中外合资寿险公司虽然作为一个独立的法人实体而存在,但其公司治理结构并不具有独立性。这些因素导致了中外合资寿险公司的治理结构与一般企业的公司治理结构的重大差异。这种差异集中表现在三个方面。

(一)缺乏独立董事会

合资企业通常是采取有限责任公司的形式设立,股东一般只有中外两家投资公司,因而在治理结构上通常没有股东大会。由于双方各出资50%,董事会由双方对等派出,一般不存在外部董事。合资企业的董事和董事长由母公司直接指派,因而合资企业的战略制定和实施需要得到母公司的同意方能执行,一些重要的决策,如增资、撤资、高级主管的任免以及产品销售市场的选择等基本上由母公司决定。由此可见,合资企业董事会的非独立性表现得非常明显。

(二)委托代理关系不清

公司治理结构的一般委托代理关系是股东大会或股东会对董事会是一级委托代理关系,董事会对经理层是另一级委托代理关系。在这两层委托代理关系中,关系清晰,责任明确,经理层对董事会负责,董事会对股东负责。然而合资寿险公司中,母公司不仅直接任命总经理和副总经理,而且还直接任命关键部门的经理,这种状况直接导致了合资企业高级管理人员行为的扭曲,一方面,合资企业作为独立的法人实体,具有自己的利益目标,因而,高级管理人员应对合资企业的董事会负责;另一方面,由于母公司掌握着高级管理人员的实际任免权,因而,他们有必须服从母公司的指令的义务,并在一些关键问题上代表母公司的利益而不是合资企业的利益。这使得合资企业的董事会处于极为尴尬的境地，难以真正履行受托人责任，并对经理层实施有效监督。

（三）中外股东理念的冲突

合资寿险公司中，外资保险企业在业务经营发展战略上强调先规范、后发展，在效益和规模两者之间往往更倾向于前者；中资企业往往相反。中外双方矛盾的核心是：外方认为，自己来自于一个成熟市场，具有完善的管理保险企业的经验；而中方认为，自己拥有本土化优势，更加熟悉和了解中国市场的脉搏。由于中外双方的分歧使得合资寿险公司难以协调发展。

综上所述，合资寿险公司在公司治理、资本、内部协调、控股权和利益等方面还存在一些限制性因素，从而造成目前我国合资寿险公司市场份额惨淡的局面。

四、深化改革对保险市场的影响

2013年11月9日至12日，中共十八届三中会议通过了《中共中央关于全面深化改革若干重大问题的决定》，全面阐述了深化改革的意义、目标、内容和路径，表明了全面深化政治体制改革和经济体制改革对推动我国经济社会持续健康发展具有重大的现实意义。《中共中央关于全面深化改革若干重大问题的决定》提出，要让市场发挥决定作用，完善保险经济补偿机制，建立巨灾保险制度。建立存款保险制度，完善农业保险制度。《决定》虽然对保险业着墨不多，但对保险业今后的发展影响很大，未来十年保险业势必将步入黄金期。

如果按《决定》进行发展的话，未来我国要解决的一个大问题是老百姓的养老问题。2012年，美国保险业和银行业的资产比是55%对45%，因为保险业是美国养老金重要的托管机构。所以，我国保险业在这方面将有大发展。另外，发挥市场的决定作用，意味着风险转移将不再是靠国家而是靠市场。市场如何转移风险？那就是通过保险来进行经济补偿。所以，建立巨灾保险、存款保险等风险转移机制将导致银行保险资产结构出现变化。现在我国储蓄率高，居民不愿消费，一个重要原因就是相关保障机制不完善，没有完善的风险补偿机制。所以，"建立相关风险机制对带动相关行业发展作用重大，未来十年二十年是保险发展黄金期"。

保险业是金融行业中市场化程度较高的，但还要进一步市场化，关键是保险产品的市场化。保险产品由保障内容和价格两部分组成，监管部门主要监管产品的保障内容、保障条款，而产品价格则由市场决定。价格放开后，保险业的竞争将更加激烈，这将促进保险业价格、条款、标准和服务的全面提升。市场化越高，保险消费者越获利，保险业越发展。由此可以看出，深化市场改革能够给中国保险市场及中国寿险市场能够带来积极的作用。

五、合资寿险公司的创新发展

中国寿险市场的现有格局不是一朝一夕能够改变的，同时，合资寿险所具有的劣势也不是能够迅速转化和改变的，在激烈的市场竞争中，合资寿险公司要发挥自己的优势，稳步发展。当然其优势的发挥离不开宏观政策的扶持和微观经营效率的不断提高。

从宏观环境来看,深化改革使得中国当前的保险市场正在从粗放经营向集约化经营转变,市场机制不断完善,保险监管不断成熟。在市场的作用下,将有可能会出现几家能与国有股份制保险公司抗衡的新生力量。这一新生力量是否来自合资寿险公司还不得而知,但可以肯定地说,合资寿险公司在中国保险市场上正在扮演着越来越重要的角色,它不仅直接或间接地输入了国外资金,也输入了新的金融经营机制和先进的经营管理方式。

合资寿险公司要想取得长远的发展,中外双方股东需要在长期利益和长期战略上有着广泛的认同和协同。中外股东双方对合资寿险公司的发展战略和经营策略要有明确而统一的认识,加强沟通,不断消除分歧,为合资公司创造一个良好的股东环境。同时,还应对合资寿险公司治理结构进行改造,打造一个强有力的董事会,从根本上解决合资寿险公司治理结构的先天不足。

在激烈竞争的保险市场上,无论实力多么雄厚的保险公司也很难占领全部市场领域,每个公司只能根据自身优势及不同的市场特点来去占据某些市场。合资寿险公司要在我国市场上扎稳脚跟,更要根据市场定位严格选择目标,选择理想的客户群并为之提供相应的产品,同时应该加强对产品的研发频率,满足目标客户的多种需求。

此外,合资寿险公司的发展是一个长期的过程,满足消费者的需求,同时能够连续不断地提供优质服务,才能够得到中国广大销售者的信赖。这就要求合资寿险公司加大对公司品牌及理赔等方面的关注力度。

树立良好的企业形象,守信用、担风险、重服务、合规范,只有踏实做到这些,才能取得稳步发展。

参考文献

[1] 徐慧丹. 中外合资寿险公司研究 [D]. 成都:西南财经大学,2005.
[2] 田志龙,吕欣. 现代公司合资经营战略 [M]. 武汉:华中理工大学出版社,1997.

浅谈我国银行保险渠道的发展和创新

郭凤燕

（建信人寿保险有限公司青岛分公司）

摘　要：银行保险业务实践已经在我国存在了一定的时间,并取得了不错的成绩。银行保险是银行、保险公司在各自进行市场化改革过程中,为了降低彼此的市场运作成本而形成的合作,而我国银行保险所表现出的状态是艰难的博弈过程。特别是近些年来伴随着银行代理保险业的迅猛发展,在银保业务中暴露出来的问题也越来越严重。本文从银行保险目前面临的发展困境和对国外经验的借鉴,对银行保险存在的问题提出解决策略。

关键词：银行保险;渠道;创新

一、银行保险的概念与发展

银行保险指利用银行传统的销售渠道和广泛的客户资源,进行包括电话、邮寄及银行职员直接销售保险产品的服务活动。从 1995 年开始,国内银行和保险公司开始进行合作,当时,一些新设立的保险公司为了尽快占领市场份额,纷纷与银行签订了代理协议,如华安、泰康、新华等,起中国金融业开始出现银行和保险公司合作的浪潮,并取得了一定得成绩。

随着银行一体化程度越来越高,银行保险的合作也越来越密切。许多欧美国家和中国台湾地区都成立了金融服务集团,为消费者提供"一站式"服务。由于我国的金融行业实行分业经营,所以目前还没有允许成立金融服务集团。

2001 年,全国的银行保险的保费还不足 80 亿元,但到 2002 年就已经增长到 388.4 亿元。2013 年中国保险业保费收入数据 17 222.24 亿元,同比增长 11.2%;寿险公司原保险保费收入 10 740.93 亿元,同比增长 7.86%,2013 年为 765 亿元,发展非常迅速。银行保险已经和个人业务、团体业务一同成为寿险公司的三大支柱。

二、银行保险的营销困境

从保险公司的角度来说,银行保险是利用银行原有的资源和渠道和品牌认知来销售自己的保险产品,采取银保渠道进行保险产品的销售可以节省营销成本。但是,我国的银行保险还没有欧美等洲那样发达,尚处于渠道协议期,并且银行保险还面临着以下因素的制约,许多问题有待解决。

（一）银行保险合作机制的不成熟

我国金融行业分业经营、分业监管,与发达国家银行保险的经营发展环境尚有较大差距,表现为商业银行与保险公司之间签订合作协议,银行根据协议代理销售保险产品,根据销售量获取相应的手续费,保险公司利用银行网点获取保费,手续费、保费成为合作的主要目的。这属于浅层次的合作,实质性的"战略联盟"不多。从国外的经验看,银保合作应该是长期的、利润共享的关系。之前,政策允许银行与保险合作采取"1+N"的模式,一家银行网点可以和多家保险公司签订合作协议,这使得银行渠道成为稀缺资源,银行在众多保险公司之间游刃有余,提高要价,代理手续费越来越高,加之保险公司之间竞争加剧,一些保险公司为了占领市场,不得不接受这个价格。这种手续费合作模式无法上升到紧密、核心的层次,在产品开发、资源共享、战略合作等方面几乎还处于空白。另一方面销售模式缺乏创新,一直围绕网点销售进行操作,主要的销售模式是银行人员销售或保险公司客户经理在网点销售,但随着新规《保险公司委托金融机构代理保险业务监管规定（征求意见稿）》、《商业银行代理保险业务监管指引》的下发,对银保业务进行规范,要求撤退保险公司驻银行销售人员,同时规定每家银行网点对口合作保险公司不得超过3家。受此新规影响,众多保险公司的保费增速出现下降或者延缓,由此可见银保新政带来的经营理验的转变对保险公司业务增长和结构转型产生了影响。

（二）产品同质化严重

目前市场上,银行保险主要集中在投资理财类保险产品上,适合银行柜面,条款简易、低保障、期限短、侧重储蓄和投资,与银行存款、理财产品相比,替代属性突出,互补属性少,没有体现保险产品的特点及优势。当前部分保险公司急于拓展市场,重保费规模、轻视业务内含价值,大力发展保费规模提速快的投资型产品和短期产品,宣导保险产品的金融特性、并与其他金融产品进行攀比,缩短保险产品期限,用短期投资回报来吸引客户购买。这样就会导致短期业务多,趸缴业务多,保险保障功能不强。另外,银保产品产权几乎很难得到应有的保护,许多的保险公司降低产品开发的投入,只是简单抄袭和模仿市场上销售比较好的其他公司花费巨大投入和创新的银保产品,再辅之以较低的价格和对手去竞争从而必然导致对手的非理性价格竞争。在这种形势下,竞争对手也不愿意花更多的人力物力财力去创新银保产品。最终,银保产品失去创新的动力,从而,这必然会使得我国的银保产品陷入到"同质——模仿（抄袭）——更同质"的恶性循环之中。

（三）代理手续费恶性竞争

一些银行为了赚取更多的中介收入,虽然也会考虑保险公司的信誉、规模、服务能力等情况,但是代理手续费的高低还是选择合作公司的主要标准,也造成了代理手续费水涨船高。过高的手续费削弱了银行保险的成本优势,规模业务虽然猛增,但是利润反而在下降,银行保险业务有逐步沦为保险公司鸡肋的趋势,最后很有可能会有公司因为手续费太高而退出银行保险市场,引起市场波动。

由于银行的网点、资源数量有限,每家保险公司都希望得到尽可能多的网点,个别保险公司铤而走险、不惜成本,除了正常的手续费之外,采用违规的操作方式索取额外手续费,占据银行网点,虽然保费收入快速增加,但是销售成本居高不下,经营评级下降、费用超支,形成所谓"劣币驱逐良币"的逆向淘汰机制。更为严重的是,这种行为触及了商业贿赂的范畴,给行业发展埋下极大的隐患。例如,2004～2008年某人寿保险公司辽宁鞍山中支合计套取现金支付银行、网点账外回扣107万元,银行及保险公司相关人员均因行贿、受贿罪被追究法律责任,造成了严重的后果。

三、国外银行保险的借鉴

(一)银行保险业务合作模式多样化

欧洲许多国家的银行保险业以控股形式为主,在混业经营的环境下,其中有46%的银行成立了自己的保险公司,但是仍然有31%的市场是由银行业与保险公司签订分销协议所带来的。而在亚洲,由于分业经营,其银行保险主要是采用合作协议模式,其占比约为69%,而控股公司、合资公司等分别占比14%和17%。因此,我们说银行保险合作的模式依据各国国情,每个国家与地区都各有侧重,多种模式并存的现象相当普遍。

(二)银行在销售渠道中占主导地位

在欧洲各国,大多数国家与地区的银保业务收入占寿险市场的比重为20%～35%,然而在法国和德国等西欧发达国家和地区中,这一比例却能达到60%以上。在新加坡和香港等亚洲地区银行保险份额分别到了保险市场保费收入的20%和25%,这其中,要强调的是不论是欧洲还是亚洲,发达还是不发达的国家与地区,几乎都是银行在利用着自身的巨大网点优势和资金优势主导着银行保险业务的发展。

(三)银行与保险公司协同发展趋势明显

银行保险双方的协同效应较为显著,银行已经习惯了将银行保险产品的销售纳入银行自身的运营体系,亚洲各国家与地区银行保险份额占比与我国国内相当。在银行保险竞争相对激烈的一些地区,比如在香港,渣打银行与汇丰银行就是两种兼业代理模式下的银行保险互相融合发展的典型。我们可以看到"汇丰人寿+汇丰银行"的典型合作模式,即保险业务被银行纳入自己的产品链中,保险产品已经完全被视同于银行主业去运作与经营,双方协同发展意愿越来越明显,即在销售银行产品与提供银行服务的过程中协同销售保险产品。

(四)保险产品销售渠道丰富多彩

在亚洲各个国家和地区,银行保险产品的主要销售渠道就是充分地利用银行的网络资源,结合保险公司的培训,通过银行的职员进行银行保险产品的销售。近几年来,在我国国内、新加坡和我国港台地区,电话销售的保险产品在这些地区的银行保险保费收入中所占比重已越来越高,已逐渐成为银保主流销售渠道之一,针对不同的客户,采取不同的分销渠道,如利用银保雇员代理人、职业经纪人、经纪公司和关联度代理以及互联网及电话等形式。

四、困境突围策略解析

(一)产品策略

法国及西班牙的银行机构从很早就开始对众多客户群提供不同层级的寿险产品,以获得更多的国内国外客户的资金。特别是在法国,银行建立起了全球销售系统和交叉销售体系,还把所提供的寿险种类从传统的储蓄型产品向利润更高的保障型产品转变,如个人年金产品、退休收入保障产品等等,同时逐步开发健康险种和非寿险险种产品。因此银保双方要加强在产品开发设计方面的沟通与合作,根据消费者的不同层次和需求,研究开发出既能满足客户金融消费需求,又适合银行网点销售的新产品,提高银行保险产品的吸引力和成功率。

(二)渠道策略

至少在目前看来,渠道关系、渠道资源仍旧是银行保险经营的基础,商业银行的渠道资源和信誉是保险公司缺乏的。所以各大寿险公司要稳固与大国有商业银行的战略性合作关系,强强联手。若在关系保持稳定,则总体市场份额相对稳定。在销售模式方面,传统的银行柜面销售自2011年银监会关于禁止驻点销售的政策发布后,迄今没有明显的起色。除传统观依靠柜台内的银行工作人员进行销售外,销售模式需要创新,利用市场调整的契机,开展银行代理业务的专业化销售尝试,大力开拓私人银行及理财中心,开展会议营销、保险顾问等多元化营销。

(三)促销策略

首先,针对人员促销这一比较普遍的促销方式,下一步要继续加强保险知识的培训;其次是充分运用其他销售模式,如会议营销、电话营销等方式增加与客户的接触量。同时,各大人寿保险公司应联合合作银行制定一套科学的有效激励办法,改变现在单纯按量计算的方式,结合销售业绩、产品组合、同业占比以及目标完成率挂钩整体方法,提高销售人员的积极性。

加快保险服务创新，提升保险业核心竞争力

郭　涛

（太平养老保险股份有限公司青岛分公司）

摘　要：服务创新有其独有的外在环境与成长基础，既离不开当前的社会环境、市场环境和行业环境，也不能脱离客户对保险服务不断变化的新要求。只有有效落实保险服务，实现保险服务的创新，才能全面提升国内保险行业科学发展的能力，提升保险业的核心竞争力。

关键词：保险业；保险服务；创新

创新是保险业发展永恒的话题，保险服务创新更是保险公司在当前激烈市场竞争中立于不败之地的法宝。但服务创新并不是一味地改变，也不是盲目地追求新奇。服务创新有其独有的外在环境与成长基础，既离不开当前的社会环境、市场环境和行业环境，也不能脱离客户对保险服务不断变化的需求。只有有效落实保险服务，实现保险服务的创新，才能全面提升国内保险行业科学发展的能力，提升保险业的核心竞争力。

一、保险服务创新的背景和意义

国际保险业的创新，已逐渐成为近年来国际保险业发展的一个重要课题。这种创新包括组织形式的创新，如自保公司银行保险公司等；也包括保险风险证券化、投资连结保险的推广等等。同样，信息技术以及其他科学技术的发展，也为保险业的产品创新创造了条件。此外，还有保险服务创新、管理创新、销售方式创新等。这些都使得保险业的市场竞争更加激烈，只有通过在产品、营销、客户服务、管理等多方面的创新才能保证保险公司在竞争中立于不败之地。随着金融创新的发展与深化，保险业也将不得不面临潜在客户分流的风险。具有投资特质的产品，如投资连结产品，已成为保险公司为应对竞争所做出的适应市场需求变化的产品创新。另外，保险业也借助资本市场来增强承保能力、提高风险管理的能力，这也就孕育了巨灾债券等新的风险融资方式。保险产品的创新在保险创新中最为引人注目，它包括纯粹的与承保技术、定价方式有关的产品创新，以及由组织形式、服务方式的变革所带来的产品创新。

基于保险服务理念的创新，则是指保险公司通过强化服务观念和服务管理，优化服务手段和服务产品，转变服务方式，借此提升服务能力和服务质量水平，树立本公司社会形象，进而壮大实力，增强竞争力的一种有效行为。

进入新时期，面对日益激烈的国际、国内保险业竞争势头，中国保险业必须牢固树立以客户为核心、以保险服务创新为重点的经营理念，高度重视客户服务工作，以满足客户的保险服务需求为己任，千方百计提高保险服务质量。

（一）保险服务创新有利于维护客户利益

西方发达国家的保险业经过长期发展，已经达到相当高的水平，对客户的科学细分和准确定位，保险服务的高质量是高效益的主要原因。中国的保险公司在发展中必须实现经营理念的转变，树立客户为中心的经营思想，用最方便、最人性化的营销方式满足不同客户对保险服务的需求，使客户信任公司、认可公司，最终达到公司和客户的双赢。

（二）保险服务创新有利于树立行业形象

保险服务要求保险人必须重视保险过程的每个环节，不仅在保险售中服务中做到最好，更要把售前服务和售后服务落到实处。

随着人民生活水平的不断提高，客户对保险的要求也在不断提升。因此，只局限于做好承保和理赔，忽视售后服务和咨询工作是不行的；长此以往，公司将面临着失去客户、削弱竞争力、丧失形象的严重后果，并最终影响和破坏整个保险行业的长远发展。因此，为了树立国内整个保险行业的良好形象，增强保险公司核心竞争力，提升整体服务水平，必须大力推进保险服务业的改革和创新。

二、目前保险服务方面存在的几个问题

进入21世纪以来，随着我国保险业改革开放的不断深化，保险业在整体快速发展的同时，行业服务水平、服务质量也有了明显改善。保险服务逐步朝高效化和多元化方向迈进。然而，我国保险业和国外大型公司相比还存在着很大差距，最突出的问题还是集中在保险服务这一环节。

（一）销售过程中服务欠缺

在近两年的中国消费者协会对全国六城市的"消费者与保险"调查中，消费者近期不准备投保的三大主要原因为：

（1）"参与保险的手续太复杂，程序过多，不愿投保"。

（2）"对保险公司不信任，脸难看，话难听，事难办"。

（3）"对保险相关知识不了解，保险销售者也未予讲解"。

出现，上述问题，主要还是由于保险人在保险销售中只重视业绩和销量，不愿为客户提供更多诸如保险常识讲解、保险理念的介绍等相关保险服务。部分销售人员由于自身专业知识的限制，甚至出于个人利益考虑而误导客户进行保险消费，进而使客户产生受骗感，挫伤了客户对保险行业的信心。

（二）售后服务的质量和效率低下

保险服务必须贯穿于保险行为过程的始终，保险人与客户的合同关系并不仅限于保险合同的终止日期，而应长期对客户进行回访访和建议，以期发掘深层次的保险消费者，拓宽客户群。

而在现实中，有的保险人却不注意服务的连贯性，忽视同客户建立长期有效的服务关系，往往以利益为目的，以任务为核心，造成了售后服务的缺失或服务质量低下，有的顾此失彼，只注意出险后的服务，而忽视了对未出险保户的服务；有的服务人员素质不高，缺乏必要的服务技能，服务效率低下，难以为客户提供优质服务。造成了保险客户群的整体流失和社会对保险售后服务的整体信心的丧失。

（三）保险服务简单缺乏人性化

保险作为舶来品，在我国发展时间较短；其发展程度与西方发达国家相比，国内保险公司的保险服务尚属起步阶段，有很多地方亟待改进。主要问题主要是服务内容单一，缺乏人性化和个性化；另外，由于资金和技术的限制及保险从业人员的能力素质限制，保险服务手段也相对较落后，信息化、自动化、科技化水平仍旧较低，导致保险服务质量总体不尽如人意。种种限制因素导致了目前我国保险服务过程简单粗略，缺乏以客户为核心的系统全局战略，极大地限制了保险业的长远发展。

三、保险服务创新方法

改革开放以来，中国保险业经历了蓬勃发展的三十年；而随着对外开放进程的不断加快和"入世"成功的影响，外国保险公司不断入驻中国市场，中国保险业面临的冲击和挑战更加残酷；且竞争的内涵已由单纯规模竞争发展为以保险服务为主要内容的质量竞争。因此，加快保险服务改革创新是保险公司生存和发展的关键，谁能为客户提供独具特色的优质服务、令客户满意，谁就会赢得客户，就会在竞争中获胜。

现阶段，保险服务创新应着重实现从传统服务向现代服务的跨越：由粗放化服务转变为精细化品牌化服务，努力构筑保险业的独特的服务文化，增强企业品牌核心竞争力，树立保险业的良好形象，使中国保险业在国际竞争中立于不败之地。

针对目前保险服务环节存在的诸多问题，现提出如下几方面解改进方案以供参考：

（一）建立新型保险服务理念

商业保险隶属于第三产业的服务业，其主要的接触对象是人，重点是保险人与客户的信息沟通。因此，保险服务要建立真正的"3Rs"体系。

所谓"3Rs"（Relation, Related Sale, Referral），是指"老客户"、"相关销售"和"客户传播"这三个部分。首先，保险公司要通过为客户提供优质的售前、售中和售后服务，与客户建立起一种信任关系，这是第一个R——"保持老客户"；其次，保险公司和客户之间友好关系能增加保险公司的市场份额，并针对客户开发新产品，以满足其不同需求，这就第二个R——"相关销售"；最后，保险公司的老客户向其周围的人推荐该保险公司的产品，使公司获得新客户，这是第三个 R——"客户传播"。

"3Rs"理念能让保险公司迅速增加提升保险服务质量，增加竞争优势，公司也在此过程中获得巨大经济效益和市场影响力，从而在市场竞争中获得话语权。为此，保险人必须牢固树立"3Rs"理念，把向客户提供优质服务作为自觉行为，在公司上下形成一个深入人心的服务链，把"3Rs"的保险服务贯穿于保险行为始终，使客户享受到系统、全面、高效的保险服务。

（二）加快推进保险服务的科技化

随着 IT 技术的发展和网络经济时代的到来，国际保险业已建立起许多专业保险网站和保险电话服务专线，进行保险营销等多项保险服务。虚拟保险"超市"也应运而生，其领域涉及信息咨询、交易、解决争议、赔付等等。

保险服务作为社会经济生活的一个方面，也必须充分运用现代科技的最新成果，不断充实服务的内容，不断提高服务的科技含量。一方面，国内保险公司必须建立和完善保险客户服务中心、电话服务平台和保险服务网站三者交叉的服务体系。通过此项高科技服务系统，投保客户可以在任何时间、任何地点、通过任何方式得到高效快捷的服务。作为一种全新的经营理念和商业模式，努力提高人员的整体素质和服务的现代化水平。另一方面，保险从业人员也要提高个人技术水平和文化素质，努力实现个人服务的科技化和规范化。熟练掌握网上保险操作、电子商务和通保通赔的新型业务，为客户投保和理赔提供快捷便利的服务，不断拓宽客户服务的渠道。

（三）实现保险服务的人性化

保险服务人性化的首要任务是针对不同层次的目标人群细化需求。根据预期效用理论观点，具有不同效用函数的个体对风险的厌恶程度是不同的，这决定了其对保险的需求程度和愿意支付费用的程度不同，且随着收入的变化，个体对风险的厌恶程度也会发生变化，从而影响了保险的最终需求。因此，保险服务的创新应该针对目标人群的需求细化入手，体现保险服务的针对性和特殊性。

第一点，保险服务应从客户利益出发。在保险销售的过程中，保险人应克服急功近利的思想，从客户长期稳定的保险需求入手，让客户正确认识风险，理解保险，由被动的消费转为主动的购买。这种新型的保险服务本身是一个互动和双赢的过程，有利于促进保险产品和服务的创新。

第二点，保险队伍要做到从上级到基层的人性化理念渗透。公司的中高层领导者和决策人也要注重保险从业人员的教育，以使他们能够给保险消费者以正确、科学和理性化地引导。

此外，保险客户的需求是多方面的，保险服务的内容也应该是多种多样的：要在常规服务之外，要充分发挥自身优势，积极向客户提供风险咨询、风险管理、投资咨询、理财顾问、信息交流、法律顾问等保险责任以外的高附加值服务；要在差异化服务上多下工夫，向客户提供一些竞争对手所没有的个性化产品和个性化服务，也就是说，除了继续巩固传统产品的需求外,着重开发满足个性化、多样化需求的产品;要进一步拓展原有保险产品功能,如在继续发展传统产险和传统寿险的基础上,积极发展投资型财产保险产品和人身保险产品以满足保险消费者的投资偏好;最后,在保险密度和深度较高的地区,可根据市场的层次性和差异性,搞好险种的分层开发,推出保障型、储蓄型和投资型的复合险。

总之,通过实现保险服务的人性化,真正通过基于客户要求产品创新、人性化理念渗透,以不断适应客户和社会对保险行业的不同需求,满足每位客户,最终发挥保险的最大程度的保障作用。

(四)完善保险服务制度

保险服务的对象不仅包含保险客户服务,也包括对公司内部保险从业人员的管理。对于保险公司内部员工,服务创新主要体现在激励机制与约束机制的改变。对于不同层次不同部门的员工,激励机制的设计都应当体现以客户为中心的理念。可以把完整的保险服务流程分配给不同的保险科室——如保险公司实行服务责任制,售前服务由销售单位负责,售中服务由业务中心负责,并制定服务规范,责任到人。

服务制度的创新,不是简单地设置一个服务中心,而是要求公司的整个业务运作都围绕着如何向客户提供服务,尤其是围绕服务流程来进行,是组织为服务流程而定,而不是流程为组织而定。

总之,保险业要继续深化改革,开拓创新,切实落实保险服务创新,全面提升国内保险行业科学发展的能力,提升保险业的核心竞争力。只有这样,才能为经济发展服务、为保障民生服务、为促进金融稳定服务,才能树立国内整个保险行业的良好形象,增强保险公司的整体核心竞争力,在激烈的国际竞争中立于不败之地。

参考文献

[1] 粟丽丽. 对当前我国保险服务创新与经营体制创新的思考 [J]. 商业研究,2005(11):41-42.
[2] 史晓滨. 浅谈以人为本在保险中的应用 [J]. 上海保险,2001(3):42-43.

大力发展保险机构投资养老服务产业

王亚男

（中路财产保险股份有限公司）

摘　要：我国已步入老年型国家的行列,老龄化趋势加速,面对"未富先老"的巨大考验和压力,新型养老社区产业有着巨大的发展空间。保险公司是养老产业理想的投资及运营主体,向上衔接医疗保险、护理保险和养老保险等产品,同时带动下游的老年医学、护理服务、老年科技产品等产业,能够极大地延伸和扩展寿险产业链。青岛保险业应大力发展保险机构涉足养老产业,促进保险服务业成为改善民生保障的有力支撑。

关键词：老龄化;养老现状;保险服务业;保险养老社区

一、引言

随着社会的发展和进步到一定程度就会出现人口老龄化现象,人口老龄化是必经阶段,我国也不例外。截至目前,中国 60 岁以上老年人数量已超过 2 亿,占总人口的14.9%。这一比例明显高于 10% 的联合国传统老龄社会标准。根据联合国最新的人口数据预测,2011 年以后的 30 年里,我国 60 岁及以上人口占比将年均增长 16.55%,到 2030年,我国 65 岁以上人口占比将超过日本,成为全球人口老龄化程度最高的国家。全国老龄委预计,未来 20 年中国将进入老龄化高峰,"未富先老"成为中国越来越突出的问题。而青岛市目前的老龄化速度也在逐渐加快,预计 2015 年底,全市老年人口将达 160 万人,占总人口的 20% 左右。"十二五"期间,我市老年人口进入快速增长期,预计老年人口年均增速达到 4.7%,每年净增 6.6 万人。青岛老龄工作面临严峻形势。

我国是在经济还不发达的情况下迎来人口老龄化的,这就决定了我国的养老方式不同于一般发达国家。由于发达国家普遍实行了老年保险制度,老年人在经济上不再需要子女的负担和赡养,因此其养老功能基本上由家庭转向社会。而我国目前的养老保险和医疗保险制度存在着保险覆盖面较窄和社会保障水平较低问题,加之老年人的收入总的来说偏低,就整体而言,无论城乡,子女供养父母仍然是我国老年人养老的主要方式。但单一的家庭养老早已无法满足目前养老服务的需求,养老产业正在逐步向以居家养老为主、社会养老为辅、机构养老为补充,发展家政照料、医疗保健、护理康复、精神慰藉等服务项目,实行有偿、低偿或无偿服务的方向发展。来自国家老龄委的数据更显示,中国老年人的消费需求已超过 1 万亿元,到 2050 年将达到 5 万亿元。

近年来,随着寿险业务增速放缓,众多寿险公司因陷入发展困境而纷纷转型。虽然各家险企的转型路线不尽相同,但是不动产投资等另类投资项目似乎备受青睐。公开数据显示,在不动产投资领域,保险机构已投资在上海、天津、武汉、南京、重庆等地的保险保障项目,累计资金已超过 235 亿元,其中有 5 家保险机构投资 7 个养老社区,占地面积超过 3.5 万亩,预计投资 150 亿元左右。老龄问题是影响一个国家和地方社会经济发展的重大战略问题。政府需高度重视和解决人口老龄化问题,积极发展老龄事业,需要社会力量的参与,作为为社会提供保障服务的保险企业更应该首当其冲,大力发展养老保险业务,加快研发各种养老保险、企业年金、个人年金产品,着力完善老年经济供养体系,将有助于推动形成政府主导、社会参与、全民关怀的发展老龄事业的工作格局。

二、目前我国人口老龄化现状和特点

首先,我国老年人口底数大,老龄化速度有所加快。20 世纪 90 年代以来,中国的老龄化进程加快。65 岁及以上老年人口从 1990 年的 6 299 万增加到 2000 年的 8 811 万,占总人口的比例由 5.57% 上升为 6.96%,目前中国人口已经进入老年型。性别间的死亡差异使女性老年人成为老年人口中的绝大多数。预计到 2040 年,65 岁及以上老年人口占总人口的比例将超过 20%。同时,老年人口高龄化趋势日益明显:80 岁及以上高龄老人正以每年 5% 的速度增加,到 2040 年将增加到 7 400 多万人。迅速发展的人口老龄化趋势,与人口生育率和出生率下降,以及死亡率下降、预期寿命提高密切相关。目前中国的生育率已经降到更替水平以下,人口预期寿命和死亡率也接近发达国家水平。随着 20 世纪中期出生高峰的人口陆续进入老年,可以预见,21 世纪前期将是中国人口老龄化发展最快的时期。

其次,老年人口分布不均,老龄化呈现转移趋势。众所周知,我国人口众多,各地区的经济社会发展水平差异较大。与此同时,人口老龄化发展形势也表现出明显的区域不平衡性。从地区分布来看,东部和中部地区的人口老龄化形势相对严峻,西部地区的人口压力相对较小。从时间走势来看,东部地区人口老龄化正逐渐向中部和西部地区转移。据不完全统计,2002 年,我国 31 个省、区、市中,有北京、天津、上海和浙江 4 个省市的 65 岁及以上人口占比超过 10%,这些省市全部属于东部地区。2012 年,有天津、江苏、安徽、山东、湖北、湖南、重庆和四川 8 个省市的 65 岁及以上人口占比超过 10%,其中属于东部地区和中部地区的各有 3 个,属于西部地区的有 2 个。老年人口占比高的地区增多,一方面显示我国人口老龄化形势愈发严峻,另一方面也显示出人口老龄化呈现转移趋势。

此外,人口老龄化加快迫使经济发展压力增大。从国际上发达国家的经济发展和人口结构变化来看,大部分国家都是在物质财富积累达到一定程度后,才开始进入到人口老龄化阶段,这些国家有足够的财力来解决老年人的养老问题。而本世纪初我国进入人口老龄化社会时,物质财富积累则相对不足。2001 年,我国 65 岁及以上老年人口占比达到 7.1%,按照联合国标准正式进入到老龄化社会,而当年人均 GDP 仅为 1 041.6 美元,不及德国、英国和加拿大的 1/20,仅为美国和日本的 3% 左右,与发达国家存在较大差距。2012 年,我国人均 GDP 虽然大幅增长至 6 188.2 美元,但与美国、日本、德国、英国等多数发达国家仍然存在较大差距,经济发展压力依然很大。

人口老龄化问题已经成为全世界共同面对的挑战。现阶段我国的人口老龄化,表现为三个特点,即未富先老、未备而老和孤独终老。为此,积极应对人口老龄化挑战,我国需要有基础性考虑、全局性设计和长远性安排。

一是未富先老。与发达国家不同,我国的人口老龄化属于未富先老。发达国家进入老龄化社会时,人均国内生产总值一般都在 5 000~10 000 美元。而我国开始人口老龄化时人均国内生产总值刚超过 1 000 美元,应对人口老龄化的经济实力还比较薄弱。中国人口迅速老龄化,已成为制约经济、社会发展的一枚定时炸弹。专家普遍认为,全球人口最多的国家正面临世界各国从未遇过的一场人口危机。联合国估计,到下一代,中国的老龄化问题将比 20 世纪的欧洲严重,届时,中国将在经济尚不发达的情况下对付与人均国民生产总值高出自己数倍的国家类似的问题。也就是说,中国将在变富之前先变老。根据国际上一般模式,人口老龄化是经济社会现代化的产物。中国也遵循这个规律,但我国人口老龄化提前出现,和人口控制密切相关,中国人口老龄化比一般国家严重。

二是未备而老。我国人口老龄化的出现似乎很突然,人力、物力、财力、认识和制度等准备不足,养老保障制度缺位严重,养老服务体系发展滞后,养老服务市场供给缺口巨大。根据报道,中国大约有 3.8 万家养老院提供 120 万张床位。这意味着每 1 000 个老年人只有 8.6 张床位,远远低于西方国家平均 50~70 张床位。根据国家民政部数据,丧失自理能力的老年人口已经达到 940 万,其中城市有 194 万,农村有 746 万。部分丧失自理能力的人口大约为 1 894 万人。为了应对"未备先老",政府需要倡导和实现有准备的或者说有保障的老龄化,加大基础养老设施的投资力度,为未来的老龄化社会减负。

三是孤独终老。目前,我国城市空巢老人比例达到 49.7%,农村达到 38.3%。0~30 岁的独生子女人口达到 1.58 亿,占同龄人口的 29.3%。孤独终老成为我国老龄化重要特征,老龄化与少子化、空巢化、残疾化和无偶化结合在一起,最后导致了一些老年人的老无所依、老难所养,特别是其中孩子夭折、配偶离世的孤寡"计划生育老人",而他们正是最需要关注、关怀、关心的弱势群体和奉献群体。

三、目前我国养老产业的现状

在老龄问题中,保障"老有所养"尤为重要。目前,家庭养老仍是我国最主要的养老方式。但是调查结果显示,中国 65 岁以上老年人身边无子女、独处的占 36.6%,丧偶率为 57%,女性高达 78.2%,丧失生活自理能力的占 45%。家庭养老面临子女不在身边而"空巢"、缺乏专业照料等问题。依靠定点服务的社区养老则普遍由家政公司转型或"兼职",没有经过专业培训,对老年人的生理、心理等多方面需求了解不够,影响了服务老年人的水平和质量。服务方式也相对单一,难以为老年人提供方便、快捷、周到的社会服务。

随着养老需求的不断增加,各地的养老社区、老年公寓、养老院等如雨后春笋般出现,但供需关系还远远达不到平衡状态。北京第一社会福利院一张床位要等 166 年——近日媒体的一则报道,再次将城市养老院一床难求的话题推向公众视野。一张床位要等166年或许是极端个案,但反映的是当下我国养老资源稀缺这一普遍问题。据统计,截至2012年底,我国每千名老年人仅拥有养老床位22.24张。床位供不应求,进养老院自然要苦等,而要解决床位少的问题,还需要一些措施来完善。

然而,民间资本进入养老市场的步伐并不轻松。首先,开办养老院前期投入大、运行风险高,而一些地方对用地、税收、补贴等优惠政策的落实"雷声大雨点小";其次,很多新开的民办养老院都在郊区,路途遥远。而传统的养老院,往往把老人固定在一栋楼或者一个门禁森严的小院里,空间狭小,生活不便,缺少活动空间。同时,还存在公办养老院资源奇缺"住不进"、高端养老机构价格奇高"住不起"的问题。业内人士认为,目前公办的养老机构床位严重不足,一些民营养老公寓的活动空间小,而大企业投资大型养老社区,由于其具备了现代社区的功能,而且还具备有一定规模的医疗资源,如果费用不是太高的话,还是有一定吸引力的。

四、保险产品和服务向养老产业进军

保险是现代经济的重要产业和风险管理的基本手段,是社会文明水平、经济发达程度、社会治理能力的重要标志。在我国经济社会转型升级的关键时期,加快发展现代保险服务业,有利于完善现代金融体系、促进经济提质增效升级、创新社会治理方式、保障社会稳定运行、提高人民生活质量,是一件顺应时代发展和人民要求的好事。中国保监会主席项俊波指出,中共十八大以来,保险业服务经济社会的能力显著增强:一是发挥保险资金长期投资的独特优势,为稳增长服务。二是运用市场化机制降低公共服务成本,为促改革服务。三是找准保险业促进经济提质增效升级的着力点,为调整结构服务;四是构筑保险民生保障网,为惠民生服务。

2013年8月16日,国务院总理李克强主持召开国务院常务会议。会议提出,要推动医养融合发展,探索医疗机构与养老机构合作新模式,促进养老服务与医疗、家政服务、保险、教育、健身、旅游等领域互动发展。2014年"两会"期间,保监会项俊波主席在接受媒体采访时表示,随着老龄化社会的到来,养老方面的保险需求将会大量增加。保监会鼓励保险公司开发多样化的养老保险产品,也支持保险资金投资养老实体,让大家在养老方面有更多的选择,享受更加优质的服务。

事实上,保险业介入养老社区,对于保险资金的运用具有重要意义。对此,泰康人寿董事长陈东升曾表示,养老社区由保险公司来做,将使寿险产业链拉长20年,是对保险商业模式的一大创新和发展;从资金运用角度看,保险公司投资养老社区,相当于发行了一个30年、50年的长期企业债券,同时又满足了保险资金对长期、稳定收益的需求。这是解决保险公司资产负债不匹配的有效途径。在成熟的养老社区,入住率可以达到95%,远高于酒店的平均入住率。更重要的是,老人在养老社区的平均居住年限超过10年,很多人从退休开始在养老社区的生活时间达到20~30年。这么高的入住率,平均居住年限超过10年,相当于签了一份10年的酒店式公寓支票。从产业链来看,养老社区向上衔接医疗保险、护理保险和养老保险等产品,推动保险产品的创新,同时带动下游的老年医学、护理服务、

老年科技产品等产业,能够极大地延伸和扩展寿险产业链并有效整合关联产业。

自 2009 年中国保监会批准保险行业第一个养老社区投资试点以来,保险行业关于传统养老保险产品与养老社区如何对接的探索一直在进行当中。2007 年泰康人寿在国内首次提出由保险公司来打造养老社区的构想,至今已有 6 年时间。截至 2013 年,根据公开资料显示,已有泰康、国寿、太平、平安、新华、合众、华夏人寿 7 家保险公司开展养老不动产项目。不同险企的开发模式不尽相同,比如泰康采取建设、运营一体模式,全权控制养老社区每个过程,国寿、华夏、合众则采取与地产商合作的方式。

五、保险机构投资养老社区的首个探索

2013 年 10 月 23 日,合众人寿保险股份有限公司在湖北武汉召开新闻发布会,宣布该公司投资建立的"合众养老社区"已经建成,即将开园入住,配套保险产品"合众优年生活实物养老保障计划"同步发布。这也成为国内首个由保险资金投资兴建,并正式投入使用的健康养老社区。合众人寿在武汉的养老社区目前完成一期工程建设,共有 4 000 余张床位。整个社区分为两大部分,对于年龄在 55 岁到 70 岁之间,生活能够自理,热衷于社区活动的老人,安排其入住"活跃社区",为其提供居家式的住所。另一部分面向 70 岁以上或体弱多病的老人,将其安排在社区内的专用护理场所,配备护理人员对其提供护理、诊疗及康复服务。

保险机构投资养老社区的首个探索,采用了"保单 + 实物"的创新模式,从虚拟保障向可见的实物保障转移,推动了中国保险模式的全新升级。通过购买合众人寿实物养老保障计划的客户,到了保险合同约定年龄后,就可以选择入住合众优年生活养老社区。不论未来社区租金如何上涨,都可以保证入住,但需按到时市场价缴纳服务费。"保险 + 实物对接"的模式,引领了寿险产品的又一次革命,将原有的单一的保单保障向"保单 + 实物养老"双保障的形式转变,用"保险产品 + 养老社区"实物对接产品的模式,为客户提供高品质养老的"一站式"服务。真正的对接实物,实质上也锁定了未来通胀风险,这是中国保险产品模式的一大变革,也是养老市场上产品模式的一大创新。

合众人寿董事长戴皓表示,养老社区投资的主要特点是投资规模巨大、投资周期长、中后期资金回流稳定、长期综合投资收益率较高和抗风险能力强。寿险公司对拟投资资产的要求也同样较长周期、稳定现金流回报、高风险抗性。从这个角度讲,养老社区项目是保险资金尤其是寿险资金理想的长期性战略投资渠道,可以有效提高保险资金整体投资组合回报率,提高资产的平均久期,使资产负债的久期匹配趋于合理。保险公司相较于地产公司及其他机构投资养老社区的优势在于保险资金投资要求收益稳健、风险小、周期长等特点,这与追求收益高、周期短、风险较大的一般房地产开发明显不同,从而决定了保险资金可以涉足养老社区等回收周期较长的行业,通过租赁物业而非销售物业的方式进行投资成本回收,确保养老社区的纯粹性和可持续性。

可以说,养老社区是与寿险业务结合最紧密行业之一,两者具有很强的协同效应,保险资金投资养老社区,不仅延伸现有保险产品的期限和内在价值,而且在根本上延伸了保险产品的生命周期,并大幅提升保单的收益价值。例如,通过保险产品的创新,合众寿险

业务拥有的 600 万名保民,都可成为合众投资建设养老社区的潜在客户。当然,保险机构投资养老社区也有有待改进之处,在保险资金探索投资养老社区的初始阶段,由于缺乏相关的投资经验,介入保险公司并不熟悉的土地开发、工程建设、物业经营等项目将会面临管理风险。但随着业务不断开展以及专业团队的形成,管理风险应该在可控范围内。

六、大力推进青岛保险业向养老模式变革

2011 年,国务院发布了《国家人口发展"十二五"规划》,提出"加快养老服务体系建设,注重发挥家庭和社区功能,建立以居家为基础、社区为依托、机构为支撑的社会养老服务体系"。同年,保监会发布的《中国保险业发展"十二五"规划纲要》,再次明确支持保险资金投资保障房建设和养老项目,进一步降低了保险企业投资养老社区的门槛。5 万亿的养老需求,以及供给的巨大缺口,催生出规模空前的"银发产业",足以让保险机构心向往之。而"每千名老人拥有养老床位数达到 30 张"的"十二五"目标,更让保险机构的"造城大计"有的放矢。

青岛市副市长、市老龄委主任栾新在"2014 年青岛市老龄委全体会议"上介绍,截至 2013 年底,青岛 60 周岁以上老年人达 146 万人,占总人口的 18.9%,高于全国 4 个百分点,高于全省 1.9 个百分点。80 周岁以上老年人口 23.2 万人,占老年人口的 15.9%;预计"十二五"末,80 周岁以上老年人口将达 25 万,约占老年人口的 15.6%。据预测,青岛人口老龄化高峰将于 2035 年左右出现,比全国提前 18 年,届时全市老年人口将占总人口的 35%左右,每三个人当中就有一个老年人。所有这些,势必造成老年人群体在物质生活、医疗卫生、文化教育方面的需求不断增长,并将对青岛经济建设和社会事业发展带来深刻影响。

保险"新国十条"中针对构筑保险民生保障网、完善多层次社会保障体系提出了新的要求,鼓励保险业创新养老保险产品服务,为不同群体提供个性化、差异化的养老保障,推动个人储蓄性养老保险发展,开展住房反向抵押养老保险试点,发展独生子女家庭保障计划,探索对失独老人保障的新模式,发展养老机构综合责任保险,支持符合条件的保险机构投资养老服务产业,促进保险服务业与养老服务业融合发展。

青岛作为中国首批优秀旅游城市之一,三面环海、气候宜人,加上特殊的历史积淀,早在 20 世纪初就成为中国著名的旅游胜地,是中国东部沿海地区重要的交通枢纽和海外游客出入中国的主要口岸。青岛多次获评中国最适宜退休城市,但老龄化程度高居全国第四,老年人口进入快速增长期,呈现出人口老龄化发展速度快、程度高、高龄化突出、空巢化显著、农村老龄问题加剧等特点。目前的养老服务产业远未能全面满足养老需求,缺口巨大加上城市得天独厚的地理位置和气候环境,为驻青保险企业提供了投资养老产业的发展空间和机遇,商机无限。

作为青岛保险业与保险公司投资养老产业的首次尝试,2013 年 8 月下旬,华夏人寿宣布与青岛市政府、绿城集团、北京大学第一医院合作在青岛崂山湾建设大型国际化健康养老产业园。此次青岛战略合作项目中,由青岛市政府总协调并提供政策支持,华夏人寿和绿城集团提供资金支持,北京大学第一医院和绿城集团分别提供医疗和房地产方面的专

业技术支持。四方计划在青岛市崂山湾规划建设大型国际化健康、养生、养老产业园,并在园区内建设大型综合性三甲医院——北京大学第一医院青岛院区。此次战略合作是一次十分有意义的尝试,走在了全国前列,也为今后保险机构进军青岛养老产业率先做出了垂范。

针对青岛市社会和经济发展的需求,鼓励保险公司从产品创新上着手,开发独具特色的创新型保险产品和综合性、一体化保险保障服务方案以适应养老服务需求。通过向养老模式的变革,保险公司不仅可以扩展投资渠道,而且可以通过养老社区建设,向上衔接工程保险,向下衔接医疗保险、护理保险和养老保险,继而带动公司的整体发展,提高公司的综合收益。此外,鼓励保险机构在青岛市注册成立健康保险或养老保险专业子公司,支持青岛市区域金融中心的建设。青岛市财富管理金融综合改革试验区的批准设立,是青岛金融行业的一次机遇,青岛保险业应围绕"深化改革 创新发展"的主题,坚持"老有颐养"为目标,围绕中心,服务大局,深化改革,创新发展,推动青岛保险业持续健康发展,为青岛老龄事业又好又快发展作出新的贡献。

参考文献

[1]　穆光宗,张团. 我国人口老龄化的发展趋势及其战略应对 [J]. 华中师范大学学报,2011, 50(5):29-36.

浅谈团体保险在企业员工福利计划中的运用

徐　宁

（建信人寿保险有限公司青岛分公司）

摘　要：团体保险以团体合同的方式对团体内存在的老年、疾病、意外伤害等风险进行管理，而员工福利计划则是企业与员工为减少员工所面临的死亡、意外、疾病、退休或失业等风险提供经济安全保障而设立的项目和计划，二者都是应对老年、疾病、意外伤害等风险的方式，只不过团体保险从商业保险公司的角度出发，而员工福利计划从企业的角度出发。

关键词：团体保险；员工福利计划；人力资源

随着中国保险业进入深化改革、全面开放、加快发展的新阶段，保险业服务经济社会的领域越来越广，承担的社会责任越来越重：从四川汶川大地震到百年盛事北京奥运、从交强险制度实施到房地产投资解禁、从应对国际金融危机到参与医疗纠纷调解、从养老社区投资到新农合建设、从农险覆盖面扩大到环境责任保险试点启动、从旧"国十条"到新"国十条"的落地。拥有9万亿总资产的中国保险业正在努力提高科学发展和服务经济社会全局的能力，正在步入特殊的历史时期，全面融入服务民生与国家经济建设的布局之中，通过"更有位"，实现"更有为"。保险业站在新起点，进入了新阶段，我国正在成为新兴的保险大国。

一、团体保险发展的基本情况

团体保险出现于19世纪末20世纪初，是保险公司介入企业员工福利计划的重要途径。美国是近现代团体保险的发源地，也是目前团体业务最发达的国家之一。回顾中国的团体保险的发展，实际上是从1951《团体人身保险办法》颁布之后开始，几经停办、复业，到1979年恢复保险业务。团体保险一般由团体人寿保险、团体健康保险、团体意外伤害保险和团体年金类保险组成。我国团体保险市场发展可以分为三个阶段：第一阶段（1982～1991年）是团体保险主导市场的发展阶段；第二阶段（1992～2001年）是团体保险衰落的阶段；而第三阶段（2002年至今）是团体保险重获新生的阶段。

二、团体保险与员工福利计划之间的关系

20 世纪 80 年代末 90 年代初的国有企业改革改变了过去由企业包揽员工生老病死残的现状，逐步确立国家、企业和员工三者责任分担的社会保障体系，作为社会保障体系第二支柱的团体保险则是在国家政策的支持下，由企业和个人通过协商自愿设立的。团体人寿保险是用一张总的保险单对一个团体的成员及其生活依赖者提供人寿保险保障的保险，是以团体合同的方式对团体内存在的老年、疾病、意外伤害等风险进行管理。

企业在经营过程中，不免面临大大小小的风险，如果选择了团体保险，雇主可以从容、有序地转移风险。例如，企业可以为员工提供养老、健康、伤残、死亡等多方面的团体保障，在有效转移财务风险的同时，让员工利益得到更好的保障。不仅如此，企业可以要求保险公司根据具体情况量身定制保险计划，包括将员工的配偶和子女纳入保障计划中，进而增强员工的归属感和忠诚度，帮助企业吸引和留住更多的优秀人才。当然，从团险的费率优势考虑，以团体形式购买保险，相比员工个人分别投保，可以降低整体保险成本。还有，企业通过购买团险可以在一定程度上享受到税收优惠。所以说，团体保险是一份让雇主和员工"双赢"的保障计划。

从现代人力资源管理的角度看，企业员工福利计划是薪酬体系的重要组成部分，是工作报酬的补充和延续，是企业为员工提供的"一揽子"福利计划之一。目前我国的员工福利分为法定福利与非法定福利两大部分。一般可以包括以下几类：（1）法定计划：指国家立法强制实施的社会保障制度，包括基本养老保险、医疗保险、失业保险、工伤保险等；（2）自主计划：包括员工补充养老保险、人寿保险、健康保险、意外保险等；（3）股权、期权计划；（4）其他：包括培训、休假、集体活动、运动等。适度的福利制度是提高企业凝聚力的一个重要手段。企业在经营管理中，单纯靠增加工资已无法让员工感受到企业的远景和关怀，同时日渐高涨的工资可能使企业劳动力成本过高，因不堪重负而在市场竞争中失去优势，最终可能面临裁员的窘境。如何让员工感受到企业凝聚力、如何更加有效地稳定和留住人才、提高员工对职务的满意度，已成为企业较为关注的问题。同时，员工的福利在财务筹划中通常可以进入成本核算，企业通过发放福利还可起到避税的作用。因此，员工福利作为吸引、保留和激励员工的重要手段之一，逐渐得到企业的关注，众多企业纷纷为员工设立福利计划。

从上述概念上可以看出，团体保险以团体合同的方式对团体内存在的老年、疾病、意外伤害等风险进行管理，而员工福利计划则是企业与员工为减少员工所面临的死亡、意外、疾病、退休或失业等风险，并提供经济安全保障而设立的项目和计划，二者都是应对老年、疾病、意外伤害等风险的方式，只不过团体保险从商业保险公司的角度出发，而员工福利计划从企业的角度出发。纵观团体保险的发展，团体保险在解决人力资源管理、落实激励机制和为员工理财等方面显现出独特的优势。团体保险体现的不仅是风险保障的实质，还在于其管理的内涵。

三、团体保险介入员工福利计划的现状

（一）企业还没认识到员工福利计划对于人力资源管理的重要性

现代企业想要吸引和留住好的人才,取决于员工对企业的满意度,这些人才在有工作的同时有家庭需要照料,甚至还有房贷车贷的巨大压力,因此企业为员工购买高额的福利保障,不仅可以增强员工之间的凝聚力,还有利于企业提高在行业内的形象,也有利于企业留住现有的优秀人才,同时也会吸引其他企业的高层优秀人才。目前,许多企业仍单纯地将员工福利计划看作一项纯成本支出,没有动力和主动性为员工提供全面的商业福利保障。

（二）员工福利计划还有待于进一步扩展

2014 年 8 月 2 日上午 7 点 37 分,江苏昆山中荣金属有限公司抛光车间发生粉尘爆炸事故,事故造成 75 人死亡,185 人受伤。据调查该企业只投保了财产险,并未给员工投保团体意外伤害保险。今年以来,全国公开报道的粉尘爆炸事故致伤亡事件已达 7 起,事故的背后揭示了无数生命和充满希望的家庭的毁灭。如何避免悲剧重演？如何更加尊重生命？这是现在许多企业管理层要考虑的问题。

（三）商业保险市场产品创新程度不高,缺乏符合企业需要的保险产品设计

现在,各家保险公司的产品趋同度高,并且存在"团险个做"的现象,不能够很好地满足企业员工福利计划的需要。同时,过多地关注于产品,相关的咨询、设计等服务跟不上,这在一定程度上也制约了团体保险与员工福利计划的协调发展。

四、发展员工福利计划的重要性

（一）发展员工福利计划有利于提高企业核心竞争力

企业是现代市场经济的主体。完善社会主义市场经济体制,尤其需要加快建立现代企业制度,着力提高企业核心竞争能力,发展员工福利计划,这对提高企业核心竞争能力起到显著的推动作用。

发展员工福利计划有利于企业减轻负担,轻装上阵。国有企业改革的重要目标之一就是要剥离本来不应由企业承担的社会福利和保障职责,打破"企业办社会"的格局,让企业轻装上阵,平等参与国际国内市场竞争。保险业发展员工福利计划就是以市场化的方式承担企业对员工福利的职责,减少企业负担,弥补社会保障不足,化解改制难题,促进社会专业化分工。

发展员工福利计划能有效保证企业财务稳健,永续经营。企业永续经营需要稳定的现金流做保证,不确定的风险会导致企业现金流异常,影响企业财务稳健。比如企业为员工购买团体意外伤害保险、团体健康保险,就可以减少突发事件导致人员伤亡、疾病给企业带来的经济损失及现金流的异常波动。因此,发展员工福利计划也是一种未雨绸缪,帮助企业建立财务平滑机制,为企业健康发展服务。

发展员工福利计划有利于企业形成良性的分配机制。企业市场化的福利分配机制尚在形成中,部分企业尤其是国有企业分配制度不健全,短期行为比较普遍,轻视长远利益而注重现实利益,分配形式单一,福利货币化倾向较严重。通过发展员工福利计划,为企业提供度身定做的个性化产品,可以引导其重视真实的保险需求,遏制其福利货币化冲动,形成良性的分配机制。

发展员工福利计划是健全人力资源管理的有力保障。员工福利计划是企业薪酬福利制度的重要组成部分,是企业人力资源管理的重要工具。发展员工福利计划能充分调动和激发员工的积极性和创造性,增强企业的吸引力和凝聚力,形成优秀的企业文化,树立良好的社会形象。

(二)发展员工福利计划是实现团体保险健康发展的有效途径

发展员工福利计划有利于促进保险公司转变观念,树立正确的团体保险发展意识。目前,团体保险发展中存在的主要问题是:保险公司对团体保险的经营理念还处于"卖方市场"状态,保险公司没有根据市场经济的要求,对企业建立员工福利计划中的人身保险需求进行深入分析、研究,没有利用优质的产品和细致的服务对企业的保险需求予以正确引导。因此,提出发展员工福利计划,就是要求保险公司转变经营理念,以健康的市场需求为导向,着眼于帮助企业增强其核心竞争力,满足企业建立发展员工福利计划的人身保险需求。

发展员工福利计划有利于合理开发团体保险资源。合理开发利用资源是实现经济可持续发展的基础。目前,保险公司在经营团体年金保险业务时进行"长险短做",虽然可以获取退保手续费等短期利益。但从长远看,是浪费宝贵的客户资源,是"杀鸡取卵"。发展员工福利计划可以促使保险公司转变经营观念,合理开发并充分利用客户资源,促进保险业可持续发展。

发展员工福利计划有利于优化团体保险业务结构。保险公司通过提供"一揽子"的团体寿险、意外险、健康险、养老金产品和服务,可以逐步改变团体年金保险"一险独大"的局面,优化业务结构,突出保险业在风险保障上的独特优势,实现速度与结构、规模与效益的统一。

总之,员工福利计划的市场化、商业化发展趋势为我国的团体保险市场提供了难得的发展机遇。据国家统计局统计,截止到2013年底,中国城镇就业人员为38240万人,如果每个人的团体寿险、健康险及意外险的保费支出为400元,那么在不包括企业年金等养老金福利的情况下业务容量就达1530亿元左右。由此可见,发展员工福利计划的市场潜在空间非常巨大。

(三)寿险公司应当成为我国员工福利计划的主要提供者

寿险公司经营的各类团体保险产品可以满足企业员工福利计划的多层次需求。

首先,团体保险可以极大地满足风险保障型需求。风险保障型需求包括员工的死亡、意外、疾病等风险保障的需求。企业可以通过投保团体定期寿险、团体意外伤害保险、团体健康保险,用稳定的保费支出,减轻未来不确定的风险造成的经济负担。实践证明,在这方面,团体保险具有唯一的、排他的和不可替代的优势。

其次,团体保险可以充分满足养老储蓄型需求。寿险业在经营团体年金保险方面,具备精算、产品、销售、资产负债匹配管理、账户管理、客户服务等很多方面优势,可以同时为企业提供包括企业年金计划在内的各类团体养老金产品。

最后,保险公司还可提供同时满足上述两类需求的"一揽子"产品组合,并能担当企业风险管理、投资理财顾问,使企业享受"一站式"服务,节约交易成本。

在发达国家,企业建立员工福利计划,为员工提供如退休金计划、团体人寿保险、团体意外伤害保险、医疗费用保险及残疾保险已经非常普及。而商业保险公司正是这些员工福利计划的重要提供者。

但是,我国团体保险实际经营中却出现一定程度的偏差,没有将员工福利计划的潜在需求充分转化为现实需求,团体寿险、意外险、健康险占比极小,远远不能满足企业员工风险保障需求,团体年金保险业务存在较为严重的长险短做,趸交趸领,实际上没有为企业员工提供退休养老保障,而是迎合了企业福利货币化需求。同时,企业因所有制、行业、规模与效益的差别,对通过购买团体保险建立符合自身特点员工福利计划的需求也各有不同,保险业却没有为他们提供量身定做的产品和服务。

五、发展员工福利计划、繁荣团体保险市场的建议

保险业发展员工福利计划面临前所未有的机遇,但是,也要正视面临的挑战。一是需求与有效供给不足的矛盾亟待解决。保险业要通过增加有效供给,满足企业建立完善员工福利制度的保险需求,服务全面建设小康社会,这对保险公司和监管部门都提出了更高的要求。二是寿险业将面临外部的竞争压力。如企业年金领域,银行、证券、基金、信托均准备积极参与;一些行业也准备实行自保。尽管保险业有优势,但要把优势变胜势,成为主流供应商,还有很长的路要走。

(一)以个性化设计提高产品适应性

随着经济的发展,保险公司面对的将不再只是国有、集体企业,民营经济、"三资"企业、机关事业单位、民间非盈利组织都将是保险公司的客户群体。与个险业务一样,保险公司也要根据团体购买者的行业特点、人员结构和财务状况等差异进行市场细分。无论是产品开发还是条款设计,保险公司都应当实现从预先定制到量身定做的转变,立足市场,改变传统观念,以新思路、新视野为客户提供真正满足他们需求的团险产品。除了开发更为有针对性的各类细分甚至定制性产品,还要提供一些非常独特的服务,比如在为团体投保的员工建设更加健康的工作场所以外,我们还可以给被保险企业的员工提供健康风险评估(HRA),健康风险分析等方面的服务。

(二)以专业化推进销售服务的渗透力

对于团体客户而言,他们与保险公司达成业务合作,购买的不仅是保险公司提供的保

险产品,更是一系列的保障及财务服务。专业化、高附加值的服务将有助于保险公司开拓团险市场,在市场需求日益"个性化"的时代,根据消费需求的"异质性",通过为不同需求群体提供更为细致、专业的服务实现销售专业化,这也有助于在细分市场中创造需求,从而获取更大收益;如果保险公司能从金融顾问的角度为客户提供超值服务,让客户看到选择团体保险不仅能规避风险获得保障还能在管理和福利安排上推动企业发展,这无疑有助于团险市场购买可能性的提高。团险业务除了正常的保险解决方案外,还应为投保人提供便捷的第三方服务,从而增加团险产品的附加值,如健康管理,企业员工将享受到专业医疗机构的健康顾问提供的服务,由专家帮助员工摆脱亚健康,提高工作效率,并且定期为员工提供电子健康刊物并与员工进行定期交流,举办财务研讨讲解理财知识、健康常识及各类咨询。同时,在重要日期可为员工送上祝福礼品。

(三)国家应给予税收优惠政策支持

国际经验表明,团体保险的发展始终离不开税收优惠政策的支持。大多数国家都对团体保险尤其是团体养老金业务在缴费、投资和领取等环节给予不同程度的税收优惠。保险业能为国分忧,能承担一般商业机构无法承担的社会责任。保险公司可以为企业年金和补充医疗保险提供丰富的产品和服务,减轻社会基本保障的负担,为完善我国社会保障体系发挥不可替代的作用。我国现行的税法对企业为员工缴纳的补充养老保险和补充医疗保险费用在职工工资总额的5%以内的部分允许从成本中列支。但是对员工缴纳的保费在计算个人所得税的时候却没有给予税前扣除。这就有必要改善我国团体保险和员工福利计划面临的税收环境。

(四)通过加大资源投入,提升团险服务水平

建立专员服务团队,实现向客户提供一站式服务。根据客户需求确定服务内容和服务主体,让服务贯穿于整个销售过程,保证服务质量与专业性、时效性,缓解后援部门的服务压力,保证核心客户公司化,防止因业务员流失造成客户流失的现象发生。同时,加大对信息技术系统、考核管理体系、人员招募培训、开辟新市场领域等各方面的资源投入,响应新"国十条"的政策导向,不断提升团险服务经济社会发展的能力,使团险业务在履行社会责任中提升自身价值,拓宽发展空间,在服务经济发展中获得自身发展。

(五)通过严格的风险管控来防范团险经验风险

建立有效的风险管控体系是团险发展发展业务提高盈利能力、实现稳健经营的必经之路。团险业务发展要坚持把风险防范作为企业发展的生命线,加强对团险业务的承保、理赔和保全等各环节的风险管理和调控,防范销售风险与管理风险,不断完善防范化解团险经营的管理和调控机制。要做到合规经营,这是任何寿险公司经营的底线。过往在团险的经营中,发生的合规风险很多,例如:客户投保分红型年金险,在投保后的第一年就全额退保,但退保金没有回到企业账户,而是流到企业以外的账户,保险公司成为客户洗钱的工具。保险公司经办人员虚挂中介机构,虚开中介手续费发票,从保险公司骗取高额的中介手续费。依据经验,团险的合规问题大多发生在三级机构,寿险公司的支公司是合规风

险的重灾区。寿险公司在总、分公司这两个层级大都有相对完善的法律合规监管体系,这也是监管机关所要求的。发生在这两个层面上的业务,都在这一监管体系的监控之下。然而,在支公司层面,首先是部分寿险公司对支公司业务放权较大,很多业务可以不必上报分公司,或者分公司审核不严;其次是支公司层面缺乏完善的合规监管,没有专门的合规岗对日常业务进行监控;再加之业务压力大、监管教育流于形式等原因,造就了支公司成为违规的重灾区。为了避免或者减少违规风险,寿险公司必须建立严密有效的监管体系,实施总、分、支三级管理,明确各自的权利与责任,适时地收回部分业务审批的权力到分公司层级

(六)提高企业雇主和员工对员工福利计划在人力资源管理中的作用认识

员工福利管理作为薪酬体系的一个组成部分,通过保障员工的经济收入、增强其归属感和被尊重的感觉,进而实现其激励员工、保留员工的作用,这将有利于企业人才队伍的稳定、经营效率的提高。同时要让企业主和员工同时认识到员工福利计划在企业风险和员工个人风险管理中的作用。个体生命中遇到的疾病、失业、意外等风险,不仅对个人造成一定的损失,对企业也会造成一定的损失。而团体保险作为风险管理的特殊工具,可以通过大数法则分散企业和个人所面临的风险、赔偿遭遇风险后的损失,以此实现对企业风险和个人风险的管理。

参考文献

[1] 杨百舟. 论我国团体保险业务的发展 [J]. 保险研究,2000(5):16-17.

[2] 陈德铭. 中小企业竞争力研究 [M]. 南京:南京大学出版社,2002.

[3] 许敏敏. 团体保险税收政策的国际借鉴及启示 [J]. 会计之友,2007(11):87-88.

[4] 冯屺. 我国团体寿险税收问题分析 [J]. 世界经济情况,2007(9):19-22.

[5] 牟兰. 我国企业福利研究 [J]. 当代经济,2008(12):58-59.

[6] 吴鹏. 论入世后团险业务的前景与拓展 [J]. 保险研究,2001(10):22-24.

合资寿险公司如何借深化改革之机推进保险文化建设

姜 兆

（海康人寿保险有限公司青岛分公司）

摘 要: 随着我国改革开放的不断深入,中国已经成为全球最大的外国直接投资的目标国。外国资本大量进入我国寿险市场,他们大多采取与中国大型企业联合经营、成立合资公司的方式进入市场。但实践证明,这类跨文化企业创办如果要取得成功,不仅仅需要资金合作和技术合作,更需要文化合作。同时,如何推进合资寿险公司的保险文化建设也已经成为目前合资寿险公司稳步经营中的重要一环。

关键词: 合资寿险公司;深化改革;文化建设

一、引言

合资经营的寿险公司作为跨国、跨地区、跨民族、和跨文化经营的企业,其发展过程本身就是不同文化交流、冲突、调整和适应的过程。2013年保监会发布了"守信用、担风险、重服务、合规范"的保险行业核心价值理念,号召建设"四位一体"的保险文化新格局。这说明保险监管部门已经深刻认识到保险文化建设的作用和意义。作为中国寿险行业中不可替代的力量,合资寿险公司如何克服文化差异,并将其作为公司发展的一项宝贵资源,建立起符合行业文化建设的核心企业文化,成为合资寿险公司面临的重大课题。本文通过分析当前中外合资寿险公司的企业文化建设,以及对保险行业核心价值理念的解读,探讨文化差异对合资寿险公司的经营发展的影响以及如何通过整合同化建立适应合资企业发展及整个行业文化建设的新型企业文化,促进合资企业消除文化冲突,利用文化优势,提高员工的凝聚力和共同价值观,树立良好的企业形象,提升企业的核心竞争力,在日益激烈的市场竞争中不断发展壮大,为进一步开展相关领域的研究提供了有益的线索,并为合资企业的经营管理提供新的思路。

二、合资寿险公司文化发展现状

企业文化在企业发展的过程中起着十分重要的作用。加强合资寿险公司企业文化,有利于提高公司经营管理者和员工的文化意识,以更好地适应日趋激烈市场竞争;有利于优化公司管理结构,提高公司经营管理水平;有利于改善公司的思想政治工作;有利于强化公司员工的主体地位,增强主人翁意识,提高凝聚力;有利于培育和开发人才,造就一支高素质的公司经营管理人才和员工队伍。就目前市场上合资企业文化建设方面,当前存在以下几个方面的问题。

(一)文化差异导致管理冲突不可避免

跨国公司经营出现问题,很大程度上都是因为文化差异所导致的结果。合资寿险公司文化差异首先是中外文化价值取向的差异。东方文化发展取向重群体、重道德、重实用,西方文化发展取向重科学、重思辨,这决定东西方人体特质构造和发展取向的整体差异,这里表现为侧重个体和侧重群体的文化差异。其次是管理理念的差异。东方管理意在领导、决策的平衡,西方管理则注重防范和决策的选择。中国讲究人际关系,树立组织对人的领导控制,发挥人的作用,习惯决策过程偏差平衡的过程,把让步作为决策的手段;西方管理依靠法制,注重结果管理和时效控制,决策不再是中庸妥协和模棱两可的决定。举例来说,外资管理者向下级布置任务就不再过问,让其自行解决所有问题,直到结果。而中资企业管理者,在过程中多加询问、关注情况,当中国人际化管理遇到自化管理时就会发生冲突。第三是相互认同感的差异。中外双方对经济、法律、社会文化、环境缺乏足够的了解,容易导致信息的误解和误判,同时双方各抒己见、互不相让,缺乏思想准备,当问题暴露时,不能够建立协调的机制,又由于语言障碍,在双方交流过程中容易产生误解,影响深层次的合作。

(二)实现本土化是合资寿险公司成功的必然选择

对于中国寿险市场而言,合资企业的确具有外资母公司的强大支持,但同时应该认识到的是,我国寿险产品的消费者与国外的销售者在保险理念上是存在较大冲突的。在中国过去的发展过程中,百姓基本形成了遇到灾难靠政府救助、政府不负责的范围则向社会求助这样的风险承担理念。而在国外寿险市场较为发达的地区,消费者能够认识到自身所面临的风险,并愿意通过购买商业保险的方式将风险转移给保险公司。国外大型保险公司在进驻中国市场时也不应该将自己已有的模式及产品照搬照抄的引入中国,应该融合中国的文化设计出适合中国消费者的保险产品,将中国文化融入合资公司的企业文化,实现合资寿险公司企业文化本土化,才能在中国市场稳步发展。

(三)合资寿险公司基本能够实现中外文化相互融合

合资寿险公司在中国经营发展已经十多个年头,在此期间,合资寿险公司中外双方的母公司经过多年的合作和融合,基本能够做到承认彼此之间的差异,并在此基础之上做到了一定程度的相互尊重、相互补充、相互协调。但合资寿险公司要进一步发展和管理,还需要双方母公司能够进一步进行文化方面的融合,做到取长补短,兼容并蓄,共创特色。

三、行业核心价值理念的解读

2013 年 3 月 21 日,中国保监会在京召开发布会,正式将"守信用、担风险、重服务、合规范"作为保险行业的核心价值理念,保险行业核心价值理念是保险业持续发展的思想基础,既是对保险发展实践的高度概括和凝练,也是对未来发展的期待和要求,体现了全行业的精神文化追求,是全行业的共同意志和行动指南,具有推动行业改革发展、规范约束行为、提供精神动力的作用。保险行业核心价值理念不仅指出了保险经营的基本原则和保险的本质属性,同时也提出了保险价值的实现途径和保险市场健康运行的前提条件。

（一）守信用是保险经营的基本原则

保险是一种基于信用的契约行为,是对未来不确定性的承诺,因此诚信是保险业的生存之本,是行业发展的生命线,也是保险业最基本的道德规范和行为准则。保险业必须以最高的诚信标准要求自己,信守承诺、讲求信誉,向客户提供诚信服务,才能树立良好的社会形象,才能赢得社会的信赖支持,才能不断发展壮大。英国 1906 年的《海上保险法》最早以法律形式确立了最大诚信原则,我国 2002 年修订后的《中华人民共和国保险法》也将诚实信用原则单独列为第五条:"保险合同当事人行使权利、履行义务应当遵循诚实信用原则",因此保险业是典型的信用经济的行业,包括以下几个原因:一是保险公司通过信用级别建立稳定的市场形象吸引更多的投保人;二是保险业提供的产品服务差异性较其他行业不明显。因此,增加保险企业信用级别可以增加市场竞争力;三是保险合同的附和性要求保险企业必须讲信用。

（二）保险行业的本质属性是担风险

保险业是经营风险的特殊行业,要通过科学专业的制度安排,为经济社会分担风险损失,提供风险保障,参与社会管理,支持经济发展,充分发挥保险的"社会稳定器"和"经济助推器"功能作用。要坚持改革创新,加快转变发展方式,不断提升风险管理能力和核心竞争力,增强行业发展活力,夯实科学发展基础,更好地履行保险责任。

（三）服务是保险价值实现的重要途径

保险业属于金融服务业,保险是无形产品,服务是基本手段。保险服务是保险产品开发、生产、销售和消费等一系列的行为和过程,它是保险供给者向保险需求者提供的各种有形和无形要素的集合。保险行业服务的改进与创新是促进保险业纵深发展的重要手段,是发挥保险保障职能的关键要素,更是保险企业增强市场核心竞争力的根本所在。从性质上讲,保险服务包括核心服务和外围服务两个方面的内容。核心服务体现了保险企业的基本功能,即保险的保障功能;外围服务又称辅助服务或附加服务,是附加的保险服务或能增加保险服务价值的服务,如保险咨询、风险评估、保险方案设计、风险防范和管理、保险理财服务等。

（四）规范经营是保险市场能够正常健康运行的前提条件

保险机构的从业人员必须严格遵守国家法律法规、行业规则规范、职业道德准则，并在具体工作中规范行事。要在全行业大力倡导知法守法、合规经营，培育良好的市场秩序，保障保险业健康可持续发展。

加强保险文化建设，是保险业贯彻落实中共十八大推进社会主义文化强国建设的重要举措之一。培育和践行保险行业核心价值理念是保险文化建设的关键环节，对促进保险业持续健康发展具有十分重要的意义。培育和践行核心价值理念是加强行业文化建设，凝聚行业力量的有效途径。保险监管核心价值理念、保险行业核心价值理念是保险文化的精髓，蕴含着我们对保险业生存和发展的根本价值取向，深刻影响着保险从业人员的思想观念、思维方式和行为规范。培育和践行核心价值理念，有利于广大从业人员增强对保险业的认同感，树立职业荣誉感，主动规范自身行为，激发干事创业的热情，汇聚形成全行业朝气蓬勃加快发展的旺盛生命力、不竭创造力和强大凝聚力。

四、合资寿险公司的文化建设

在整个寿险行业加强文化建设的大形势下，合资寿险公司更要认识到文化建设对自身发展的重要性。建设符合行业标准的企业文化要做到以下几个方面：

一是要以人为本。"守信用、担风险、重服务、合规范"不仅仅是一句口号，更需要保险行业，特别是寿险行业的从业者能够切实践行到工作的实践中。企业是由人组成，人是企业的主体，也是文化建设的载体，更是践行企业文化的实施者，因此，构建符合行业发展标准的企业文化，就要树立以人为本的管理思想，坚持以人为中心的管理思想要以员工为核心，提高员工对行业核心价值理念的认同度，调动员工的积极性和主动性。

二是要为员工营造良好的环境。企业环境包括良好的工作环境、学习环境等硬环境，同时还包括价值环境。合资寿险公司建设符合行业标准的企业文化，一方面要营造良好的践行行业核心价值理念的工作环境，同时要加强员工对行业核心价值理念的学习，以及对保险行业文化建设的关注度，通过运动员工激励机制，激发员工的积极性，发挥员工的潜能，通过员工投票，经过业内金融专家和媒体的关注，最后确定"守信、责任、创新、融合"为企业文化核心。

文化建设是一个长期的过程，合资寿险公司的企业文化建设更是一个融合的过程，融合的过程需要共识。一是构建企业核心价值观，确定长期一致的战略目标，企业核心战略价值观是合作双方的统一价值思想，只有在相对统一的价值观上才能有行动的一致性。同样只有双方确定了公司中长期战略目标，才能形成包括经营理念、经营目标、经营策略等方面的共同点。二是打造共同的管理文化，发挥集体决策的作用，有利于减少文化摩擦，使每一位管理者与员工能够把自己的思想、行动统一到公司的业务经营和服务宗旨上，让管理者从指挥型转向集体型，也可以集中广大职工的智慧，与企业同命运、共呼吸。尽管现在有成功的经验，但仍需要在产品服务、管理机制、体制各方面勇于创新和大胆实践，面对外来的先进文化和先进管理经验，我们可以本土化的消化，外为中用，古为今用，走出一条具有中国特色的路子。

寿险业品牌建设现状及对策

张军花

（生命人寿保险股份有限公司青岛分公司）

摘　要：我国寿险业经过多年发展取得了显著的成绩，业务规模不断扩大、多元化的市场格局逐步形成，保费收入逐年提高，社会影响逐渐提高。但是，寿险业的整体品牌形象却相对较弱，不能与行业发展相匹配。因此，品牌建设成为寿险行业当前最需要关注的课题。

关键词：品牌建设；服务质量；业务结构

一、引言

我国保险业务自 1980 年恢复以来，大致经历了三个不同的发展阶段：第一阶段：恢复阶段（1980～1985 年），当时保险市场由中国人民保险公司一家垄断，产、寿险统一经营，险种单一，且保费收入中财产险份额大大高于人身险份额；第二阶段：平稳发展阶段（1986～1991 年），此时保险公司已经由一家增长为四家，我国人保垄断市场的格局被打破；第三阶段：快速发展阶段（1992 年至今），此阶段的标志是美国友邦保险公司上海分公司成立，这是经中国人民银行批准的首家外资保险公司。不断增加的市场主体使得多元化的保险市场格局初步形成。近年来，我国寿险业务规模快速增长、市场结构不断优化、整体实力显著增强。随着人们对保险认识的深入和保险意识的提高，在未来寿险业必将继续担任保险业发展的重任。

当前，寿险行业得到了较快的发展：2013 年寿险公司原保险保费收入 10 740.93 亿元，同比增长 7.86%。寿险业务原保险保费收入 9 425.14 亿元，同比增长 5.8%；健康险业务原保险保费收入 1 123.5 亿元，同比增长 30.22%；意外险业务原保险保费收入 461.34 亿元，同比增长 19.46%。寿险公司总资产 68 250.07 亿元，较年初增长 11.9%另外，寿险公司未计入保险合同核算的保户投资款和独立账户本年新增交费 3 295.49 亿元[①]。

---

① 数据来源于 2013 年保险统计数据报告。

通过以上数据不难发现,随着国民保险意识的不断提高以及保险业的不断发展,寿险的行业规模在不断壮大,同时消费者对寿险产品的认可度也在不断提升。当然,寿险业在取得这些成绩的同时也存在很多问题,其中比较突出的是寿险品牌建设薄弱,服务质量偏低以及业务结构的失衡是造成品牌建设薄弱的关键因素。

二、寿险公司在服务现状

随着消费者对寿险行业的认可,寿险销售日益增加,同时消费者投诉也在增加,根据保险监督管理委员会的数据显示:2014年上半年,中国保监会机关及各保监局共接收各类涉及保险消费者权益的有效投诉总量12 417件,同比上升27.88%,其中涉及人身险公司的投诉7 286件,其中,保险公司合同纠纷类投诉5 710个,涉嫌违法违规类投诉2 480个;保险中介合同纠纷类投诉13个,涉嫌违法违规类投诉72个。消费者的投诉也反映了寿险服务过程中存在的问题:

1. 银保、电销误导依然严重

销售误导历来是保险投诉的焦点问题。虽然步入信息时代,保险公司的销售模式从原来单一的业务员上门推销,发展出了银保产品和电话销售产品,但是,销售误导却愈演愈烈。销售人员在销售过程中夸大收益率,当实际收益达不到投保人预期的收益时便引发退保,从而引起投诉的增加。

2. 保险代理机构问题诸多

代理机构的组织形式、用工制度、产权关系、法律关系等都很模糊。保险代理机构不明确的代理组织关系以及员工管理不到位,导致很多保单由于代理人的离职而形成"孤儿保单",严重影响投保人的权益和保险公司的利益。

3. 保险代理人员素质不高

由于代理人员保险知识不足,急功近利,往往在推销保险时出现误导陈述、恶意招揽等违规现象,甚至出现截留、挪用、贪污代收保险费与赔款等情形。

三、业务结构现状

我国的人身保险业务经过多年的发展,发展速度很快,发展水平较高,1982年,我国人身保险业务的保费收入只有159万元,仅占全部保费收入的0.2%。但到2012年,全国人身保险业务保费收入已经达到9 958亿,占全部保费收入的48.6%。然而,在我国寿险行业获得快速发展的同时,也存在很多问题,业务结构不合理、政府监管不到位、保险业会计制度不健全是存在的三大主要问题,其中最突出的问题是业务结构不合理。业务结构不合理的主要表现有:① 保险产品偏离了其保障的主题,保障型产品不能满足消费者需要,而以分红险、万能险、投资连结保险为主的新型寿险产品盛行。② 随着银行代理渠道的发展以及一直以来消费者对银行的信赖,银行邮政等代理渠道成为主要的销售渠道。寿险公司忽略了自身销售渠道的开发,使得寿险公司的销售和银行紧紧挂钩。

③ 短期业务、趸交业务占比较大,寿险公司更加注重投资而缺少对保障功能的关注。

四、文献综述

（一）服务质量的衡量指标

芬兰著名学者格朗鲁斯根据认知心理学的基本理论,提出了顾客感知服务质量的概念,明确了服务质量的构成要素。他认为服务质量本质是一个主观判断,它取决于顾客对服务质量的预期(预期服务)同实际感知的服务水平(感知服务)的对比。服务质量的最高评价者是顾客。他把服务质量分为"技术质量"和"功能质量"两类,前者是指服务过程的产出,即顾客通过服务所得到的东西,后者是指顾客如何得到这种服务。

PBZ（1985）通过对小额服务、信用卡、证券经纪和产品维修4个服务行业的大量调查研究提出了服务质量取决于顾客购买前期望、感知的过程质量和感知的结果质量,服务质量是这三者的乘积,并建立差距模型并发展和完善了格朗鲁斯的顾客感知服务质量。

Lehtinen（1982）把服务质量划分为实体质量、相互作用质量和公司质量。

Garrin（1983）提出服务质量是一种主观感知的质量,而非客观的。

汪纯孝（1999）通过对医院的实证研究认为服务质量包括环境质量、技术质量、感情质量、关系质量和沟通质量,认为服务质量构成要素包括功能性、经济性、安全性、时间性、舒适性、文明性。

（二）业务结构的影响因素

Marshall（2002）研究了美国1979～1999年间700余家寿险公司提高经营效率以及竞争力的战略选择及管理模式,分析了代理方式、营销渠道以及规模对业务结构的影响,研究表明,多元化的代理方式与营销渠道可以促进业务结构的合理调整。

Meador,Ryan和Schellhom（2004）对1996～1999年321家寿险公司的效率进行分析,发现经营效率较高的寿险公司具有更加合理的业务结构。

周玉坤（2005）对我国寿险产品结构调整的影响因素进行了研究,该研究对寿险产品结构的影响因素分析分为两个阶段进行:新型险种刚刚出现阶段和成熟阶段,研究表明,前一阶段产品结构变化的影响因素为利率和收入,后一阶段产品结构变化的原因是资本市场收益波动、保险公司营销不当和新型险种低保障、高投资属性等。但该研究仅停留在理论层面,没有进行相关的实证分析,而且对寿险产品结构影响因素的分析主要集中于宏观分析层面。

詹洁（2007）从理论分析层面对寿险业业务结构进行了研究,研究指出,目前阻碍寿险业业务结构调整的原因主要是寿险业在业务结构与可持续发展的关系认识上存在三个误区:业务结构调整与可持续发展难以协调统一、业务结构与可持续发展的协调统一缺少衡量标准、追求利润最大化忽视了规模发展。

刘玉焕、方荣军（2009）从理论层面上分析了寿险业务结构失衡的风险及原因,寿险结构失衡会造成利差风险、偿付能力不足风险和退保风险,并且分析了寿险业务结构失衡的根源在于以保费论英雄的粗放的监督机制以及保险会计制度可操作性差等。

金丽贞、赵凯（2010）从定性分析的角度研究了导致人身保险业务结构失衡的四个因素：竞争激烈的保险市场、保险公司更加注重短期行为、资本市场的火爆与监管不到位。

江生忠、刘玉焕（2012）以太保和平安为例，利用1980～2010年保费收入和利润总额的数据进行回归分析，研究表明，两者相关度正在逐渐下降。在此基础上，该研究进一步分析了产品结构失衡的主要原因，具体是：经营方式粗放、政府监管不灵活（只是对费率的监督）、考核机制不健全、保险会计制度不完善、产品创新得不到有效保护、寿险公司没有积极培育消费者的保险意识等等。

综上所述，通过对已有文献的阅读和整理发现，目前国内外学者对绩效衡量指标的研究并不少，而专门针对寿险业务结构的影响因素的研究却不多，并且已有的研究大多只停留在定性分析层面，很少利用数据进行实证分析。

五、实证分析

（一）服务质量偏低因素分析

随着保险市场功能的进一步完善，我国保险公司在保险服务创新等方面做了许多有益的探索，服务意识有了一定提高，服务的各种功能、机构和所需的技术手段也基本建立起来。但是，目前保险业的服务意识、服务质量远远不能满足客户的要求。保险公司服务质量偏低主要有以下几个方面的原因：

（1）服务意识不强。保险公司的经营方针、理赔人员的自身素质、服务意识和专业水平对保险企业整体社会形象和口碑有直接影响。寿险行业服务意识偏低集中体现在两个方面：一是销售产品未尽"明确说明"义务，二是理赔服务差。

（2）服务体系不健全，服务链脱节现象严重。保险服务是一个系统工程，内容很广泛，从售前起，保险服务实际上就已经开始了，并且一直贯穿于保险的整个过程。一些保险企业只重视两端，忽视全程服务，即只重视承保理赔，忽视保险咨询、风险评估、保险方案设计、承保后的风险防范和管理、保险条件优化以及保险补偿的全程服务，从而造成业务脱节、服务质量不高。

（3）客户服务队伍缺乏专业水准。客服人员严重缺乏，仅有的人员中又大多没有接受系统、全面、规范的专业培训。表现在工作过程中服务意识差，服务态度不好，服务技能也不高。有些业务员的综合技能不熟，在承保时未如实告知有关保险条款，或是不全面告知有关内容，一旦出险后，理赔人员根据公司政策定损理赔时，和客户期望值偏差较大，往往造成客户不满意。

（4）服务内容单一。相对于国外的保险公司来说，国内保险公司的保险服务还属起步阶段，服务内容还比较简单和单一，缺乏人性化和个性化，服务手段也比较原始落后，数据集中度低，科技含量不高。

（二）业务结构失衡的因素分析

业务结构失衡有诸多方面的因素，既有宏观原因也存在微观原因。其中宏观原因有以下几个方面：

（1）保险主体增速过快,市场竞争惨烈。近十年来,我国保险公司数量大幅增加。其中有很多公司是最近几年间成立的。这些公司普遍面临着知名度不高、市场份额小的状况,希望尽快提高市场占有率和知名度,而一些老牌大公司也希望迅速成为世界500强公司。因此,无论是老牌大公司还是新成立的小公司,都在迅速抢市场份额并且都不约而同地选择了投资类、理财类业务为主导业务。

（2）保险公司急功近利,短期行为严重。一些新成立的股份制保险公司,很多股东对保险行业的盈利模式、盈利周期及盈利水平等缺乏了解,要求资金投入后短期内见效,这种急功近利的盈利观给公司经理人施加了较大的压力。在压力之下,短视行为比较严重。

（3）过分重视现金流。这是由于资本市场火爆行情引致的。2007年资本市场罕见的好行情,对保险业偏离主业起到了推波助澜的作用。很多保险经理人认为,只要有了现金流,无论成本多高,都能在资本市场上赚回可观的利润。于是,很多保险公司忽视了保险的基本功能和资本市场的巨大风险,将业务经营的重点放在了赢得现金流上面。

（4）监管观念和手段不匹配。长期以来,监管机构常以保费规模为保险公司进行排名,这其实是一个监管误导,似乎只有保费高了,保险公司的经营就没有问题,然而实际情况却并非如此。近年来,尽管监管机构对保险业结构失衡也采取了一些措施,但没有取得显著的效果。

寿险公司业务结构不仅受到宏观因素的影响同时也受到寿险公司自身的微观因素影响,本文利用因子分析法对2012年30家寿险公司财务数据进行分析,得出了影响寿险公司业务结构的微观因素。

（1）市场份额。市场份额对寿险公司销售的产品类型有重要的影响,同时市场份额也影响着寿险公司销售渠道的选择。市场份额较大的寿险公司更倾向于利用个人渠道销售保障型寿险产品。尚颖（2012）的研究也指出市场份额以及市场份额的平方项与寿险产品结构成倒U型的关系分布,小型的寿险公司在初始阶段应该发展稳定性高、风险较小的传统寿险产品以提高市场占有率从而达到壮大市场规模的目的。由此可见,市场份额影响着寿险公司的业务结构

（2）公司规模。业务结构与公司规模有直接的关系,规模较大的寿险公司更注重传统的保障型寿险产品的开发与销售,而规模较小的新兴寿险公司则更注重投资型寿险产品的销售。邵全权（2012）研究指出,小型寿险公司更倾向于分红险产品的销售从而避免在竞争激烈的保障型寿险产品市场同大公司进行竞争。可见,公司规模影响了公司业务结构的选择。

（3）退保。由于退保主要发生在投资类产品中,所以退保率的高低一定程度上反映了投资类产品占比的大小,同时,退保也反映了公司的风险控制能力。退保风险受到两个方面的影响,一是投资收益不稳定,二是储蓄类产品收益达不到预期水平,所以,退保率对寿险产品结构有显著影响,合理控制公司的退保率可以有效改善业务结构。

（4）赔款。赔款主要发生在传统的保障型寿险产品中,赔款率越高说明寿险公司的保障型产品占比越大。所以赔款支出的数额从一定程度上反映了寿险公司保障型产品的占

比。同时,赔款支出可以影响公司的声誉,进而对保障型产品销售产生影响。赔款支出和退保率都可以影响寿险公司的产品结构,保持合理的赔款支出和退保率水平可以促进寿险业务结构的合理调整。

（5）资本结构。资本结构反映了公司资本的构成情况,主要指标是权益乘数,权益乘数越高说明公司负债越多,公司存在的财务风险越大,而较大的财务风险需要较低的经营风险来配合以使寿险公司保持合理的风险水平,寿险公司负债经营的特点就决定了具有较低经营风险的传统型寿险产品应该成为其经营的主要产品,这符合保监会的监管要求同时也是寿险公司持续经营的重要举措。所以,寿险公司的资本结构对业务结构产生重要的影响。

六、对策建议

根据上述分析结果,我们提出通过改进服务质量、调整业务结构进而促进寿险业品牌建设的对策建议。

（一）提升服务质量

（1）保险合同标准化与通俗化。保单的复杂条款与晦涩难懂的专业术语容易在保险销售中存在误导,从而在保险公司与客户间产生矛盾。通俗化的保单容易拉近与消费者的距离,使保单传递给消费者的信息更加全面、准确,让消费者更容易阅读和理解,从而提升行业整体服务水平。

（2）加快创新步伐,提升市场竞争力。创新是发展的不竭动力,也是提高竞争实力的客观要求。要加快产品创新,在深入分析和研究市场需求的基础上,加大对新产品的开发和推广力度,加大宣传和投入力度,努力开拓新的市场领域,不断形成新的业务增长点,彻底摆脱业务发展依赖于传统险种的束缚。

（3）加强保险队伍建设。要加强对基层保险公司员工的教育和培训,提高员工的综合素质,不断培养符合现代保险公司发展要求的员工队伍。

（4）增加对员工的客户满意度考核。对员工薪酬的激励政策,加入与客户直接联系的内部员工的满意度考核,制定针对留住老客户的奖励政策。

（5）建立社区服务基地,服务到家。社区是保险零售业的一个大市场。保险公司可以与社区的居委会合作,定期为居民体检,宣传理财、险种咨询等方面的知识;还可以在社区设置理赔点,方便居民快速地拿到赔偿金。

（二）调整业务结构

（1）优先发展保障型产品,重点发展能够提高公司价值和效益的业务,确保产品结构持续优化。

（2）打破路径依赖,大产品创新力度,推动产品结构优化和保费增长。寿险公司应细分客户需求,完善产品开发机制,设计有价值、满足消费者真实需求、体现保险业核心竞争优势的产品,努力实现产品差异化。

（3）调整险种结构，准确定位保险职能，保险公司应该以消费者需求为导向，优化产品结构，增强产品的保险保障功能，大力发展保障型业务、长期型业务，让保险回归分散风险和损失补偿的主要职能。

（4）多种业务协调发展，要坚持风险型业务与投资型业务、期缴业务与趸缴业务、长期业务与短期业务协调发展。寿险公司应当积极做大业务规模，提升发展速度，提高投资收益，通过大力发展寿险长期性业务、保障性业务、期交业务，全面提升盈利能力。

（5）遵守市场规律，实施积极均衡的发展战略。保险公司应当根据市场的需求，发展各类寿险产品。不论是保障型产品、返还性产品还是分红型产品，不论是趸交保费还是期交保费，都要根据消费者的需求进行发展。

（6）加强产品销售环节的监管力度，制定投资型产品电话回访指引，完善回访制度，加大对银行及邮政代理业务的现场检查力度。加强产品信息披露，着手修订分红、投连等产品的信息披露制度，研究建立保险公司投资型产品的信息公布平台。

（7）继续完善保险会计准则。保险会计准则是保险业发展的指引，比单纯的行政干预更客观、有力。为保证寿险公司顺利回归保障主业，有必要根据国际保险会计准则，继续完善我国保险会计准则。

（8）消费者意识方面。① 加强对保险消费者的风险提示和教育，让消费者了解投资型寿险产品的特点及可能存在的风险，增强保险消费者的维权意识和自我保护能力。② 培育消费者的保险意识，促使居民保险意识的有效提高。使保险消费趋于理性，不仅能降低保险展业的难度，还有助于带动传统寿险占比的上升，有利于寿险公司产品结构的优化。通过宣传、讲解引导消费者遵循以保障为主的原则，在对养老、疾病、意外等风险保障充足的基础上，再配置理财型产品。

参考文献

[1] 俞德本. 论中资保险公司治理结构创新 [J]. 保险研究，2004(11)：16-18.

[2] 梁英辉. 论保险公司的服务创新 [J]. 保险研究，2004(12)：7.

[3] 江生忠，邵全权. 论保险公司若干问题的特殊性 [J]. 保险研究，2005(5)：34-39.

[4] 陈文辉. 结构调整：全球金融危机下的中国保险业应对之策 [J]. 中国金融，2009(3)：8-9.

[5] 刘璐. 基于因子分析法的寿险公司非现场监管研究 [J]. 保险研究，2009(9)：78-84.

[6] 陈文辉. 寿险行业结构调整及科学发展几个重大问题的思考 [J]. 保险研究，2009(12)：11-14.

[7] 李心愉，郁智慧. 我国寿险公司绩效影响因素实证研究 [J]. 商业研究，2011(11)：1-7.

[8] 尚颖，贾士彬. 中国寿险产品结构调整的影响因素分析 [J]. 保险研究，2012(2)：13-20.

[9] 雪峰. 保险业如何做稳 [M]. 北京：中国对外翻译出版公司，2002.

[10] 吴定富. 保险原理与实务 [M]. 北京：中国财政经济出版社，2006.

[11] 周道许. 中国保险业发展若干问题研究 [M]. 北京：中国金融出版社，2006.

[12] 陈文辉，李扬. 中国人身保险发展报告 [M]. 北京：中国财政经济出版社，2007.

[13] 张晓峒. 计量经济学 [M]. 北京：中国人民出版社，2009.

法律篇

车险领域欺诈风险防控体系研究

史博学

（中国保险监督管理委员会青岛监管局）

摘　要：随着近几年车险业务的迅猛发展，车险欺诈案件也随之增多，成为保险领域犯罪案件高发区。青岛保险业立足地区实际积极探索，初步形成了集司法打击、行业防控、舆论宣导和群众监督"四位一体"的车险欺诈案件风险防控体系，使"车险让生活更美好"这一理念逐步深入人心。

关键词：汽车保险；反欺诈；司法协作

随着汽车越来越多的走入家庭，车险业务迅猛发展，2013 年青岛地区车险业务已占财产险业务的 70％左右，接近全国平均水平。与此同时，车险欺诈案件也随之增多，并呈现出团伙化、专业化和职业化的发展趋势，成为保险领域犯罪高发区。开展车险反欺诈工作，对保护消费者合法权益、促进道路交通发展、保障安全出行具有十分重要的意义。

保险诈骗罪在诈骗罪中所占的比重也从 20 世纪 80 年代的 2.9％上升到近年的 12％，且还有进一步上涨的趋势①。2010～2013 年，青岛市打击保险诈骗联合办公室共受理涉嫌保险诈骗案件线索 968 条，查办车险保险诈骗案件 412 起，挽回经济损失 432 万元，有力维护了保险消费者的合法权益。其中 2012 年共受理各类涉嫌保险诈骗案件线索 257 笔，受理欺诈案件 82 起，涉案总金额 586 万元，侦结案件 65 起，破案率 79％，配合公安部门破案会战查询嫌疑线索 189 笔；2013 年共受理各类涉嫌保险诈骗案件线索 242 笔、欺诈案件 62 起，涉案总金额 460 余万元。

一、常见车险欺诈手段

我国的全国保险业标准化技术委员会对保险欺诈所做的定义如下：投保人、被保险人或受益人故意虚构保险标的，在没有发生保险事故的情况下谎称发生了保险事故，或者故意制造保险事故，或者在保险事故发生后以伪造、编造的有关证明、资料和其他证据来编

---

① 叶明华．保险欺诈心理动因分析［J］．中国保险，2007(8)：60-61.

造虚假的事故原因，或者夸大损失程度，向保险人提出索赔或给付请求的行为。车险欺诈形式多样，通过对近几年青岛地区车险诈骗案件的分析研究，可以归纳为以下几种常见类型：

（一）出险在先，投保在后

这类案件较为典型，特点是出险时间与保险起保日或终止日十分接近，且该保险种一律保全保足，具体手法有两种：

（1）伪造出险日期。单车肇事后暂不报案，通过伪造事故证明等手段，待投保后按正常程序向保险人报案索赔，保险人即使去现场查勘，若不深入调查也很难察觉。涉及人员伤亡的，则通过涂改病历、发票及医疗证明的日期，来达到欺诈目的。

（2）伪造保险日期。投保人串通保险签单人员，利用"倒签单"手法，将起保日提前。有的车辆到期脱保，在出险后暂不报案，要求保险人按上年保单终止日续保也属此类。

（二）移花接木，以假乱真

（1）套用保险车辆号牌。当未投保车辆肇事后，将其换上已投保车辆号牌，再向交警部门和保险人报案。第三者人员伤亡事故，往往保险人不去现场查勘，仅依照事故证明及发票赔付，投保人则会提供伪证骗取证明结果。

（2）普通伤亡者冒充保险事故伤亡者。以第三者人员伤亡案件居多，其手法是将伤、亡、病、残的治疗费用，一并记在第三者名下，然后持医疗发票向保险人索赔。伤残鉴定时，被鉴定人故意伪装或冒名顶替，使鉴定结果偏高。

（3）除外责任事故伪造成保险责任内的事故。当被保险车辆肇事是因除外责任引起时，投保人想方设法将其"转化"为责任范围内的损失。如未投保自燃险的车辆发生火灾后伪造火灾起因；车辆撞伤家庭成员则虚报为非家庭成员等。

（三）伪造假案，制造损失

（1）超额投保。投保人以高于车辆实际价值的金额投保，以期在保险事故发生时，获取高于保险车辆实际价值的赔款。如旧车超额投保后将车坠毁或纵火焚烧，故意毁灭车辆，以图诈赔。

（2）虚构事实。投保人伪造有关证明、死亡鉴定书，利用假医疗发票、诊断证明等向保险人索赔；或将保险车辆私下转卖后谎称被盗。

（3）夸大损失。有的投保人通过篡改死伤者年龄、虚报家庭成员情况等手段，提高索赔金额。有的投保人则平时不注重保养车辆，通过勾结定损员或修理厂，出险后一并修理。

（四）一次事故，多次骗赔

（1）虚报事故次数。由于当前车险市场竞争激烈，一些公司为招揽客户，对投保人"网开一面"，仅凭证明、发票即予赔付。一些欺诈者往往通过伪造事故证明或涂改单据复印件等方式，不定期向保险人索赔。

（2）是多险种重复索赔。如车辆造成货损后，投保人可在货物责任险和货运险下同时索赔,利用重复保险进行欺诈。因各保险人对客户资料适当保密、保险人内部沟通不畅等原因,重复投保常较难发现。

二、车险诈骗典型案例

(一)基本案情

2012年初,太平洋产险青岛分公司向我局报告一起疑似车险骗赔案件。标的车驾驶员于海龙向公司报案,称其驾驶被保险人为青岛抚鑫土石方工程有限公司的自卸货车,在市区与一辆奔驰车相撞,造成两车受损。经公司调查发现,第三者奔驰车为二手2003年老款车型,损坏十分严重(接近全损),案发时奔驰车刚刚过户。在修理厂拆建定损过程中,发现车头撞损部分有人为锤砸痕迹,存在故意扩大损失嫌疑。

根据公司提供的线索,我局立即在全市产险公司中开展车险骗赔风险排查。经排查,发现以本案第三者车主那铁成名义承保的车辆,两年内发生了多起类似赔案,部分保险公司迫于各种压力最终予以赔付。我局随即与公安机关取得联系,通报案情并启动打击车险诈骗协作机制,配合司法部门侦办案件。

2012年3月31日,被保险人的委托人到保险公司领取定损单时,被公安机关当场抓获。经审讯,该团伙共9名成员,近两年购置了部分高档品牌二手老旧车辆,并开始以车险诈骗为业。目前,案犯已全部归案,已查实涉案金额100余万元。

(二)案件要点评析

根据目前掌握的情况,此类案件主要有以下三个特点:

(1)车辆价值较高。作案人员选择的标的车或第三者车一般为奔驰、雷克萨斯等高档汽车的二手老旧车型,在办理过户不久后即发生盗抢、自燃或其他接近全损的双方责任事故,便于犯罪嫌疑人赚取差价,获利较多。

(2)团伙犯罪明显。本案中标的车驾驶员、第三者车驾驶员、第三者车车主等多人均是同一犯罪团队,合谋并现场参与制造事故及理赔过程。为使事故逼真,奔驰车驾驶员还在事故现场追打自卸货车驾驶员,目的在于使处理事故的交警和围观群众相信该案的发生为意外事故,给保险公司造成错误的判断。

(3)干扰公司办案。在本案处理过程中,三者车主宣称自己具有黑社会背景,拒绝通过诉讼程序解决,且多次纠集社会人员对保险公司施加压力,威胁相关人员人身安全及保险公司的正常经营秩序,给公司理赔工作带来极大影响。

(三)经验总结和意见建议

按照保监会《关于配合公安机关开展"破案会战"严厉打击保险领域违法犯罪行为的通知》(保监厅发〔2012〕12号)的要求,我局积极配合公安机关成功破获该案。整个案件的办理过程也对以后同类案件的办理具有一定的示范借鉴意义。

(1)保持与公安机关顺畅的合作沟通机制。自2007年青岛保监局与青岛市公安局共同开展打击保险诈骗联合行动以来,通过合署办公、定期沟通、联席会议等多种形式,建立并保持了良好的合作关系和打击保险诈骗专项斗争的长效机制，为促进骗保骗赔案件的成功告破提供了强大的组织保障，不仅帮助保险公司及时避免和挽回了经济损失，而且取得了良好的社会效益。尤其是最近开展的"破案会战"配合活动，更加深了我局与公安机关的更进一步的沟通协作，加大了保险诈骗犯罪行为的联合打击力度，有效震慑了犯罪分子。

（2）深度利用车险行业信息平台。鉴于目前大部分地区车险信息平台主要为承保服务，理赔方面仅能查询标的车的出险时间、责任性质等基本信息，本案中犯罪嫌疑人才能在多家公司实施诈骗并屡屡得手，暴露了行业内信息沟通共享机制不完善不畅通的弊病。应尽快推进开发行业信息平台理赔数据模块，对标的车、第三者车、被保险人、驾驶人、出险经过、理赔金额、承保公司等信息深度加工利用，并实现自动对比筛选，提高全行业对诈保案件的警惕性和预防能力。

（3）严格执行公司内部风险控制流程。在不断提高车险理赔服务质量和速度的同时，更要严把"两核关口"，在核保前对保险标的进行科学的风险评估，对关键风险点进行准确的分析界定。要建立理赔查勘岗位定期轮换制度，防止内外勾结制造假案骗取赔款。要加强核保核赔人员反欺诈技能和职业道德的特别培训，提升理赔查勘的专业性和反诈骗能力，提高公司风险防范能力。

三、辖内车险欺诈案件的原因分析与发展趋势

（一）车险欺诈发案原因分析

（1）保险公司内控管理有待规范。部分公司没有建立起系统、有效的反欺诈工作体制和工作标准，对投保人尤其是大客户较大幅度简化理赔查勘流程，给不法分子留下可乘之机。

（2）反欺诈法律制度尚需完善。虽然在《刑法》和《保险法》等法律法规中有明确惩治欺诈的规定，但目前立法多针对保险欺诈案件的一般特点，对车险案件的预防、惩治尚需进一步完善。

（3）反欺诈方面的专业人才较为缺乏。汽车保险的专业性较强，保险欺诈的查证也十分困难，加之目前行业缺乏系统化的保险欺诈管理培训，同时具备车辆专业知识和反欺诈经验的岗位人员较为缺乏。

（二）车险欺诈案件的发展趋势

（1）犯罪主体多元化。车险欺诈案件侵害对象特定，一般为开展车险业务的保险公司，但实施诈骗的主体却多元化发展，车主、驾驶人、第三者、汽车租赁公司、修理厂，甚至保险公司员工等都可能成为诈骗主体。

（2）作案手法职业化。由于车险欺诈利润也大且犯罪成本相对较小，助长了组织化、专业化保险欺诈行为的滋生，诈骗犯罪团伙在各个环节分工明确，且具有一定专业知识，给反欺诈工作增加了难度。

（3）犯罪黑数较高。由于车险欺诈案件的隐蔽性和专业性，欺诈行为如未被识破，将

获得正常赔付,这类情况并不在少数,犯罪黑数较高,需要引起全社会的共同关注。

四、建立健全"四位一体"车险欺诈风险防控体系

目前,青岛地区已初步形成司法打击、行业防控、舆论宣导、群众监督"四位一体"的车险案件风险防控体系。

(一)健全司法协作,加强舆论宣导

(1)与公安机关建立车险反欺诈协作机制。协调多部门成立青岛市打击保险诈骗联合办公室(以下简称:市打诈办),由公安、行业协会、保险公司等单位人员合署办公,通过联席会议等形式,建立打击车险诈骗长效机制,为案件侦办提供了强大组织保障,有力震慑了诈骗犯罪。

(2)探索建立行政执法与刑事执法联动机制。加强与法院、检察院的沟通联系,加强案例研究,着力解决保险案件立案难、惩治标准不一等问题;加强与工商、审计等行政部门的联系,解决取证难问题。

(3)加强车险反欺诈宣传教育。在新闻媒体开设保险知识专栏,开展"以案说法"活动;在公共场所投放《保险消费服务手册》,通过保险"进校园、进社区、进乡村"等形式的宣传活动,提高社会公众的识假防骗能力。

(二)立足行业实际,加快"三点一线两平台"建设

(1)构建行业协会、保险公司和专业中介"三点"协作的行业组织体系。在协会建立反欺诈工作委员会,制定《青岛保险业反欺诈工作方案》;在保险公司省级分公司,设置专门的反欺诈岗位;在专业中介总公司设立职能部门,在省级分支机构配备工作人员,为工作开展提供组织保障。

(2)开通举报咨询热线。热线电话设在市打诈办,接受车险欺诈案件举报,对反欺诈工作解疑释惑,征集建议,及时解决行业遇到的新情况、新问题。2012年,热线共接到并答复举报(咨询)电话180余人次。同时,分阶段总结常见问题,目前已总结6大类30余项,内容涉及立案条件、证据采集等方面,编制宣传培训材料,提高行业整体防控水平。

(3)加强"两平台"建设。建立案件线索报送电子平台,开辟车险诈骗案件线索报送路径,保证线索在第一时间整合移送;完善行业车险信息平台,指导行业协会开发车险信息平台理赔数据模块,对标的车、驾驶人、理赔金额等信息深度利用,实现自动对比筛选,提高案件线索排查效率。

(三)发挥社会监督,完善案件管理

(1)建立有奖举报制度,确保案件处理的广泛性。发挥社会力量,广泛接受监督,对揭发、检举欺诈行为的,按挽回损失数额的一定比例给予奖励,形成了良好的社会氛围。

(2)建立案件跟踪回访制度,保证案件处理的完整性。进行逐案跟踪,要求公司定期报送案件进展,当发生立案、批捕、公诉等重要变化时,及时上报。每月初均对上一月公司

报送的案件线索进行回访,了解案件进展。

(3)建立案件线索分类管理制度,保证案件处理的准确性。对不同类型案件,采取不同方式妥善处理。如对涉及多家公司案件,进行线索串并,整合移送;对进展较慢案件,联系市打诈办,查找节点,有针对性地加强沟通;对涉及行业风险的团伙案件,开展行业风险排查与提示;对已侦破案件,要求公司查找漏洞,消除隐患。

(四)加强窗口指导,开展风险提示

(1)针对车险案件特点,归纳编写了《青岛地区车险诈骗案件风险提示手册》,及时分析案件特点,向辖内公司进行风险提示,督促公司加强内控管理,及时消除风险隐患。

(2)规范承保业务,以防"病从口入"。加强监督检查,要求公司加强对承保人员的反欺诈培训;严格按承保业务规程,对投保车辆进行风险评估,做到"一车一单";车损险一律按规定折旧;对未办理行驶证新车,不承保盗抢险。

(3)加强现场查勘,全面深入调查。加强窗口指导,要求公司加强查勘力度,提高事故第一现场查勘率,以获取及时准确的信息。如对肇事车辆,一律核实发动机号;对伤残者医疗费用、被抚养人年龄及车辆转让等情况,认真审核,去伪存真。

青岛地区车险反欺诈工作的深入开展,有力地保护了保险消费者的合法权益,为顺畅城市道路交通、提高理赔速度、幸福青岛建设发挥了重要作用,"车险让生活更美好"的生活理念正逐步深入人心。

参考文献

[1] 王利明,崔建远. 合同法新论总则 [M]. 北京:中国政法大学出版社,1996.

[2] 李昌麒,许明月. 消费者保护法 [M]. 北京:法律出版社,1997.

[3] 王保树. 经济法律概论 [M]. 北京:中国经济出版社,1997.

[4] 梁慧星. 英美代理法研究 [M]. 北京:法律出版社,2000.

[5] 闵治奎,郭卫华. 中国典型消费者纠纷法律分析 [M]. 北京:中国法制出版社,2000.

[6] 刘文华. WTO 与中国金融法律制度的冲突与规避 [M]. 北京:中国城市出版社,2001.

[7] 刘建文. WTO 与中国法律改革 [M]. 北京:西苑出版社,2001.

[8] 公王祥. 法理学 [M]. 上海:复旦大学出版社,2002.

[9] 李曙光. 转型法律学 [M]. 北京:中国政法大学出版社,2004.

[10] 符启林. 中国证券交易法律制度研究法学研究论文集 [M]. 北京:法律出版社,2005.

保险公司诉讼败案内因剖析

任以顺

（中国海洋大学保险法研究中心）

摘　要：随着我国保险业的快速发展，近年保险合同纠纷案件随之日益增多，诉讼处理的结果通常是保险公司败多胜少。导致这种现象发生的原因是多方面的，来自保险公司自身的内部因素主要有：员工法律素质低下，公司粗放经营，防范意识淡薄，理赔应诉不协调，拒赔草率欠审慎，条款单证瑕疵多，聘用律师讲关系，忽视科研轻预防，屡战屡败无对策等。剖析保险公司诉讼败案的内部原因，对于改进保险公司工作，降低保险合同纠纷诉讼案件发生率，减少公司经济损失，避免不良社会影响，都具有重要意义。

关键词：保险公司；诉讼败案；内因剖析

近年来，随着全国保险业的快速发展，保险业在经济社会发展中发挥的重要积极作用越来越大。与此同时，各地保险合同纠纷案件的发生数量以及诉讼与仲裁数量都呈逐年上升趋势，人民法院每年受理的保险案件的增长速度远超其他民事案件，而且保险合同纠纷案件的裁判结果，对保险公司而言基本上是败多胜少。保险合同纠纷发案数量与裁判结果的总体趋势，呈现"案件数量逐年增"和"裁判结果一边倒"两大特点。

2009 年 10 月 1 日我国修订的《保险法》开始施行，法律对被保险人以及其他保险相对人权益的保护力度得以加大，保险合同纠纷案件增长的态势持续扩大。据统计，2008 年，全国各级人民法院共新收一审保险合同纠纷案件 28 231 件，审结 28 106 件。到 2012 年，全国各级人民法院共新收一审保险合同纠纷案件 76 430 件，审结 76 198 件。2012 年受理的保险合同纠纷案件数量是 2008 年受理案件数量的 2.7 倍。此外，大量侵权纠纷案件中也涉及保险合同相关问题。尤其是我国实行机动车第三者责任强制保险制度之后，几乎所有道路交通事故人身损害赔偿纠纷案件均涉及保险合同。如果将涉及保险合同的道路交通事故人身损害赔偿纠纷案件计算在内，2012 年全国各级人民法院受理的保险合同纠纷案件和与保险合同相关的道路交通事故人身损害赔偿纠纷案件共计 871 235 件，是 2008 年的 2.16 倍。

	2008	2009	2010	2011	2012
■ 一审新收案件数量/件	28 231	41 752	59 767	73 206	76 430
★ 一审审结案件数量/件	28 106	40 711	58 885	72 135	76 198

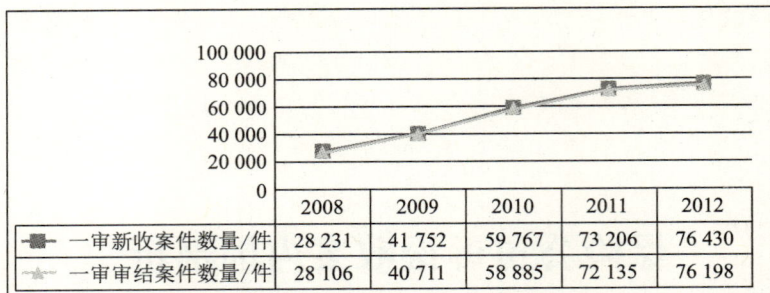

图1　2008～2012年全国各级法院一审新收、审结保险合同纠结案件统计表

可见，探求保险案件的多发原因以及保险公司败多胜少的原由，研究探寻保险公司诉讼风险的防范对策，是保险人的一项刻不容缓的重大议题。

商业保险公司是以盈利为目的的企业法人。分析保险合同纠纷案件发案多以及保险公司败诉多的缘由，可以为探求保险人防范诉讼风险发生的路径、减少案件发生率、降低案件败诉率奠定基础，这不仅是保险公司减少企业经济损失、提高企业经营效益的需要，也是保险公司重树企业社会形象、保障企业可持续发展的需要。保险公司少打官司或通过诉讼与非诉讼手段少支付本不应该支付的保险金以及诉讼费、仲裁费、代理费等费用，近似于企业增加了纯利润。如果保险公司不能摆脱诉讼风险的困扰，任凭保险案件数量逐年增多和裁判结果败多胜少现象持续存在和发展，不但会增加经营成本，降低营业利润，而且也会损害自己的社会形象，同时对我国保险大业的健康、稳定、可持续发展构成严重破坏。

保险合同纠纷案件数量增多及保险公司败多胜少的原因可谓千头万绪，但总体可分为内因和外因两个方面。近年来社会处理保险合同纠纷普遍存在的司法环境欠佳、舆论导向偏执、保险法盲众多等现象，是导致上述现象发生的主要外因，但是，来自保险公司的内因是最主要、最关键性的原因。这正如毛泽东主席所言："唯物辩证法认为外因是变化的条件，内因是变化的根据，外因通过内因而起作用。"[①]保险合同纠纷案件增多及保险公司败多胜少的公司内因千头万绪，通常表现为以下几个方面。[②]

一、员工法律素质低下，诉讼风险意识淡薄

在法治国家里，法律素养应当为每个公民都应当具备的基本素养。保险公司的保险经营活动面对全社会，其显著特点之一是，几乎每个岗位每时每刻都无法避免与法律打交道。从宣传保险业务开始的谈话、接待、解答、核保、收费、出单、查勘、定损、核赔、赔付、拒赔、协商、和解、应诉等一系列工作，每项活动都与法律不无关系。保险公司员工不论在什么岗位上岗，如果法律素质低下，法律意识淡薄，随时都有可能给保险公司带来诉讼风险，发生损害公司利益的事件，同时可能给自己也带来不幸或灾难。员工法律意识的提高，需要日常的法律知识积累和潜移默化的熏陶。然而，由于目前各家保险公司人员来源及结构

---

① 《毛主席选集》（第一卷）第291页《矛盾论》，人民出版社1966年版。
② 这样原因当然未必同时呈现于同一单位。

复杂,多数公司缺乏对员工有针对性的岗位职业法律培训,多数员工法律意识淡薄,不懂依法维权,加之公司诉讼风险防范机制缺位,导致了保险案件数量的增多和败诉可能的增加。例如,2008 年 4 月,青岛崂山区同安路上发生一起恶性交通事故,一辆在某保险公司投保了交强险和第三者责任险(保险金额 100 万元)的斯太尔工程车致两人死亡,驾驶员王某负事故全部责任,事故车辆被交警扣留。事故发生后,保险公司接报案立即对肇事现场及车辆进行了查勘、拍照,当时发现事故车辆除了车辆型号、号牌与投保的车辆一致外,发动机号、车架号均与投保车辆不一,基本断定事故车辆应是"套牌车"。保险公司对此事故表示拒赔之后就高枕无忧、万事大吉了。四个多月后突然接到法院的开庭传票,原来是肇事方向死者家属赔偿 90 多万元并从交警处提走事故车辆后,直接向法院起诉,请求判决保险公司支付 90 多万元赔偿金。开庭时保险公司以事故车辆是"套牌车"为由提出抗辩,并拿出现场照片为证,但照片仅可见机动车外观及无背景的发动机号、车架号的局部照片,看不出是在何处拍照,对方认为其证明不了照片上的发动机号、车架号是肇事车辆的。在肇事车辆被交警扣留的三个月期间,保险公司也没有进一步完善、补充证据。交警的责任认定书、公安机关的讯问笔录及刑事判决书均不可能涉及车辆发动机号、车架号的问题。法院以保险公司提交的照片仅反映车辆局部特征,没有全面反映机动车的全貌和停放位置,该证据与案件事实缺乏关联性为由,不予采信,保险公司败诉,造成 100 多万元财产损失。此起由员工缺乏法律意识、证据意识导致的赔案,对保险公司教训深刻。反观一些保险相对人,为了维护自己的切身利益,目前倒是大都熟知保险法及相关法律,对保险合同及保险条款亦有较深入细致的研究。

二、重业务,轻效益,粗放经营难改观

急功近利,偏重保费收入、不管业务质量、不顾最终效益的粗放经营习惯,是我国保险公司的通病,近几年虽有一定程度改观,但因其由来已久,积重难返,改变并不彻底。依笔者代理、仲裁保险案件所见,有的财险公司在办理机动车辆保险业务或其他财产保险中,一些投保单根本没有投保人的签字,而是由代理人代签。有的虽然在投保单上有投保人的签字,但投保单上记载的内容与保单内容相互矛盾,甚至有的保险公司张冠李戴,把企业财产综合险的特别约定内容,填写入企业财产基本险保单的"特别约定"栏目之中,发生诉讼,保险公司只得哑巴吃黄连;另外,面对巨额财产保险项目,有的保险公司从来不去现场考察。如,某保险公司对一家企业的厂房、设备、材料进行了承保,却竟然没有明细账及投保财产清单,只在保单中笼统地记载保险标的为"固定资产,厂房,办公设备等"。一场暴风雨后,企业堆放于厂房外的财产损毁,要求保险公司理赔,公司拒赔,双方各执一词,互不相让,工厂最终起诉。再如,2004 年曾有某单位在一家保险公司将一辆价值不足 5 万元的无牌照破旧奔驰车,以 80 多万元的保险金额投保了盗抢险,投保后车辆很快即丢失,而且向公安机关报案后也无法找到。本案保险公司经办业务人员始终都没有对投保的车辆看过一眼,当保险公司发现对方有骗保嫌疑时,已经是哑巴吃黄连——有苦难言了,后来几经司法程序抗辩争斗最终还得如数赔付,而且还另付出不少诉讼费、仲裁费、代理费。诸如此类案例举不胜举。正是由于保险公司的过度粗放经营,保险合同纠纷诉讼案件才出

现逐年增多，骗保骗赔者才能屡屡得手，保险公司才面临屡屡失败的窘境。修订实施已近五年的新《保险法》，为了维护保险相对人的利益，对保险公司办理业务的精细经营提出了许多更加严格的要求，然而，在有效克服粗放经营倾向方面，有些保险公司却至今未见拿出多少行之有效的应对措施。

三、理赔应诉不协调，拒赔草率欠审慎

笔者调查得知，目前较大的保险公司内部办理理赔审核以及作出拒赔决定的工作和出庭应诉解决保险纠纷的工作，是由"理赔中心"和"法律部"两个部门来完成的，赔诉分离，一人一把号，各吹各的调，同在一个公司的两个部门，工作关系并未理顺。一些新设的、规模较小的保险公司负责理赔审查的人员，不仅缺乏基本的法学学历背景，法律知识极度匮乏，甚至连保险法的基本原理、基本规定也没有全面了解，更谈不上深刻领会保险法的立法精神。作出拒赔决定基本是凭借自己的经验和感觉，缺乏基本的法理论证及预后评估，有时感情用事，并不考虑拒赔之后的最终结果，难以做到拒赔有理有据，经得起历史考验和司法程序检验。在诉讼和仲裁过程中通常所见，保险公司不但拒赔不成，反倒是"赔了夫人又折兵"。再则，由于赔诉两张皮，常常可见保险公司法律部门应诉无准备，败诉无反馈。同一公司打同一种保险官司本来已经是屡战屡败，大势所趋，可是公司的理赔部门照样拒赔不误，公司的法务部门照样付费请人代理案件诉讼。对诉讼案件无人总结，无人分析，无人沟通，更无人拿出整体性应对方案，结果是：应诉一起失败一起，赔偿一起；打一场官司，赔一笔资金，丢一批客户，毁一次名声。大有一种"前赴后继、一往无前跳陷阱"之趋势。这种状况自然会导致保险公司在诉讼案件面前的屡败屡战、屡战屡败。

四、条款单证瑕疵多，公司上下难修正

司法实践中发现，近年各家保险公司使用的保险条款以及办理保险业务使用的各类单证，存在不少极易于引发纠纷的瑕疵。总结其特点为：第一，互相抄袭痕迹明显，保险产品同质化，各家保险公司的条款与单证雷同现象十分普遍，各具特色的条款十分少见；第二，某些保险条款及保险单证的语言文字晦涩难懂、易生歧义；第三，一些条款单证存在明显不科学、不合理、不切合实际的内容。保险条款单证的有些内容看似对保险公司有利，实则弊多利少；意在减轻责任，实则画蛇添足，适得其反。这种不正常现象的发生，主要还是由于各保险总公司的高层相关部门工作浮躁、不深入第一线调查研究、缺乏实践经验、闭门造车导致的。保险案件的绝大部分都发生在保险公司分支机构的所在地，保险公司分支机构一般无人专门研究保险条款和保险单证，平素开展保险业务只是照章办事，既没有查找条款与单证瑕疵的责任，也没有查找条款与单证瑕疵的习惯，更没有直接纠正条款与单证瑕疵的资格，即使偶然发现漏洞也无力、无权堵塞。如，不少保险公司长期以来一直把一些实质上是"排除被保险人依法享有的权利"的条款，写在"投保人、被保险人义务"项下，在签订保险合同时，保险人又未能使用有效的手段履行"足注提示"和"明确说明"的法定义务，使得保险公司遭到起诉的机率和败诉的机率都大为增加。为了弥补条款及单证的缺陷，有的保险公司分支机构也曾经尝试过用与投保人另签"补充协议"的方法为保

险条款打补丁,但并不十分成功。另外,在保险条款之外另签"补充协议",是一项高技术、高风险的严肃工作,需要具有较高法律素养和实践经验的人员把关,否则,对保险公司后患无穷,一字之错可能带来巨额之损。保险公司的分支机构一般不具有上述高素质的法律人才,一般只得唯上是从。可见,保险条款与单证的瑕疵内容是引发保险合同纠纷增多及保险公司败诉的又一重要原因。

五、聘用律师重关系,委托代理欠监督

律师职业是一种技术性极强的职业。高素质、高水平的代理律师,不仅可以最大限度地维护公司合法权益,同事也是保险公司的形象大使。一位合格成熟的高素质律师,不仅要有扎实过硬的法理功底和丰富的办案实践经验,不仅需要良好的逻辑思维能力、即兴抗辩能力、文字写作能力,而且更需要有良好的职业道德操守。保险法是一门专业性极强的交叉边缘性学科,保险执业律师应当具有比一般律师更高的法律素养及保险专业技能。然而,近年由于我国律师队伍人数的急剧增长及律师业务竞争的加剧,律师市场的不正当竞争现象也愈演愈烈,有些基础素质及能力水平低下的律师事务所及其律师,不注重努力学习和钻研业务、不认真提高服务质量,却整日介为承揽业务挖空心思,甚至不择手段地通过拉关系、搞贿赂等手段套取保险公司领导的信任和聘用。这样的人情顾问、关系律师,常常是素质水平低下,办案也不够敬业认真,甚至不把保险公司的利益得失放在心上。笔者作为多家仲裁机构的仲裁员,十多年里仲裁过数以百计的保险合同纠纷案件,近年鲜见有高素质律师作保险公司代理人的,鲜见保险公司的代理律师有写答辩状和代理词者。有的律师出庭前连自己所代理案件的基本案情都不了解,开庭后才开始手忙脚乱地粗略翻阅案卷,了解案情;有的保险公司律师甚至都不懂保险法及保险合同的基本常识,错把"保险单"当作"保险合同",分不清保险合同的成立、生效、保险责任开始,分不清投保单与保险单的属性等等。此类律师之所以能够得到保险人的信任和重用,主要应当归咎于我国保险公司管理体制的原因。在现行体制下,一些保险公司聘用律师注重关系、注重个人利益得失,较少关注律师的能力与素质,对公司的利益得失未能做到精打细算。其次,在上述背景下聘用律师,公司职能部门也难以对其实施有效的监督。通常所见,保险公司职能部门一旦把案件委托给了律师,就似乎完成了自己的工作任务,至于受托律师工作是否敬业认真、代理是否卓有成效、办案是否存在过错都在所不问,甚至对案件结果如何都不屑一顾、不以为然。从某种意义上讲,懒惰是人的本能。律师代理保险公司诉讼案件,既然缺乏有效监督,虚晃一枪就能把代理费拿到手,自然也不必下工夫、卖力气。这样一来,对保险法本来就缺乏专业素质的律师,加之工作懒惰、不敬业、不认真,必然使得保险公司涉诉案件的败诉率上升,同时又反过来刺激、增加了被保险人的起诉意念,使保险相对人起诉保险公司的案件数量增加,周而复始、恶性循环的结果,也最终必然使保险公司的败案增多。

六、忽视科研轻预防,屡战屡败无对策

随着近年我国社会依法治国进程的加快以及人们法治观念的增强,保险行业日益面临严峻的法治社会转型性挑战及保险合同纠纷的困扰。随着各保险公司业务量的增加,涉

法事务也同样会呈现急剧上升趋势，研究案情、寻找对策，从宏观上做好防诉、应诉、息讼工作，理应逐步成为保险公司一项宏大的系统性工作。然而，许多保险公司并没有跟上时代的步伐，公司内部缺乏高素质的法律研究与策划人才，没有专门的对策性研究的职能机构与岗位设置，对诉讼风险的防范与管控问题，没有列入公司的重要议事日程，更谈不上开展针对与保险合同纠纷诉讼相关的对策性研究。在这种特定背景之下，保险公司的常年法律顾问理应成为其"开展案件研究，制定防诉、应诉、息讼对策方案"的有生力量，但尽管各家保险公司及其分支机构大都聘请有法律顾问，而法律顾问对保险公司提供的此类法律服务并不到位。保险公司聘用的法律顾问未能发挥"宣传灌输法治理念，研究探寻诉讼风险防范对策，全面指导涉法事务，积极预防诉讼发生"等应有作用。法律顾问对保险公司法律事务缺乏全局性、战略性的宏观指导。而保险公司主观上也仅仅把法律顾问当作"既定消防队员"、"固定的诉讼代理人"而已，即，一旦发生诉讼，确定地由顾问律师去出庭应诉打官司即可。保险公司把聘请法律顾问这样一项严肃工作的目的简单地定位为"为了代理公司打官司"，不去论及律师基本素质和保险法学理论水平的高低，不去考虑保险合同纠纷案件的研究和预防，错误认为任意找个律师都可以做保险公司的法律顾问。笔者曾见一位在某保险分公司做法律顾问的律师私下曾反问他人"如果我帮助保险公司减少了诉讼，那我不就得去喝西北风了？"由此看来，有些保险公司面对诉讼案件与日俱增、败多胜少、屡战屡败的困局，显得一筹莫展，束手待毙，也并不为奇。

以上种种，是保险公司诉讼风险多有发生及败多胜少的常见内因。保险公司为了降低损失、减少风险、维护自身社会形象，就必须在经营管理中防微杜渐，堵塞漏洞，将"诉讼风险防范措施"的制定当作一项系统工程，在对已经发生的案件进行系统分析、系统研究的基础上，作出战略性决策，采取行之有效的诉讼风险自我防范措施，降低保险合同纠纷案件发生率及诉讼案件败诉率，以良好的社会现象还原于社会，实现经济效益与社会效益的双丰收，保持我国保险大业的稳定、健康、可持续发展。

（本文已发表于《上海保险》2014年第9期，应邀在此转载。）

从外部性看保险公司的社会责任

马克俭

（中国海洋大学保险法研究中心）

摘　要：企业社会责任理论是构建企业与社会良好互动关系的重要工具，旨在要求企业在追求经济利益最大化之外对非股东利益相关者承担增进社会公益的义务。外部性理论是众多经济学家辛勤耕耘的经典领域，简言之，外部性即一个人的行为对其他人造成的影响。从外部性的视角切入分析，企业社会责任的内在逻辑即非股东利益相关者针对企业追求经济利益最大化过程中所产生负外部性问题的矫正与规制。同时，在外部性的分析视角下，保险公司为何要承担社会责任亦有其特殊性。概言之，企业社会责任可以在保险制度中实现"软着陆"，并且无论是在逻辑上还是发展历史中，保险业始终与企业社会责任理论相契合。

关键词：保险公司；企业社会责任；外部性

一、保险公司社会责任问题的提出

企业社会责任理论自 20 世纪初发端于美国以来，已迅速风靡英美各国，时至今日，经济学、法学、社会学、管理学等主要社会科学领域都仍在进行广泛深入的探讨。企业社会责任作为一个营造企业与社会和谐互动关系的重要概念，意蕴深远，极富建设性。我国法学界对企业社会责任理论也倾注了大量精力，开展了广泛研究，以求完成其理论设计并能有效地指导社会实践。值得欣慰的是，我国已经以法律的形式规定了"企业社会责任"条款[①]，这也充分体现了我国立法工作的与时俱进。尽管我国相关法律仅对企业社会责任做出了一般意义上的宣示性规定，未就其概念界定提供清晰明确的规则或标准，但学界目前对企业社会责任理论的核心涵义已基本达成共识。通说认为企业社会责任是指企业除了对股东负责，即创造财富之外，还必须对全体社会承担责任，一般包括商业道德、保护劳工

[①] 《中华人民共和国公司法》第 5 条规定："公司从事经营活动必须遵守法律、行政法规，遵守社会公德、商业道德，诚实守信，接受政府和社会公众的监督，承担社会责任。"另，《中华人民共和国合伙企业法》第 7 条规定："合伙企业及其合伙人必须遵守法律、行政法规，遵守社会公德、商业道德，承担社会责任。"

权利、保护环境、发展慈善事业、捐赠公益事业、保护弱势群体等等。[②]简言之，企业社会责任即企业在追求经济利益最大化之外对非股东利益相关者承担的增进社会公益的义务。

蓬勃发展的保险业被誉为 21 世纪的朝阳产业。保险作为一种建立在大数法则及概率论基础上的风险分摊和损失消化的经济制度，使个人、家庭和企业等由于经济上获得保险保障而得以可持续发展。保险公司也因此在促进经济繁荣与社会稳定方面发挥了极其重要的作用，被誉为"社会的精巧稳定器"。但除此之外，保险公司在企业社会责任运动的全球化浪潮中应否承担相应的社会责任？为何要承担社会责任？保险公司承担社会责任的缘由是否因其自身经营特点和发展历史而存在特殊性？目前学界对此理论问题的研究还比较贫乏，现有的理论观点也几乎一致地坚持一套自上而下的道德话语体系，即企业社会责任是社会主流价值观所赋予企业不可推卸的道德义务，现代企业只有承担起这种义务，方称得上公平正义，保险公司既然属于企业的一种，自然应当对社会责任一力承担，而法律则应当作出相应规范以保障这种道德义务的实现。

然而，这些主张都是规定性的、想当然的论断，并未深刻地揭示出保险公司应当承担社会责任的内在逻辑，单纯以道德话语来支撑法律的框架，难以经受进一步的追问，尤其缺乏实证资料的支撑，面临说服力不足的风险。鉴于此，本文尝试从外部性的视角切入分析，以探究保险公司应当承担社会责任的真实缘由，希望能为此理论难题的解决提供些许知识上的借鉴。

二、从外部性看企业社会责任的逻辑缘由

本文力图跳出道德与法律之间复杂纠葛的关系，抛弃冠冕堂皇的道德话语。概念、文字、规则等皆是人类理解生活、趋利避害、自求多福的工具，而法律和道德又都隶属于规则的范畴之中。在人类世界中，道德和法律都处于第二性的地位，具有工具理性的价值。无疑，研究企业社会责任理论自然应当回归社会本身。一言以蔽之，要在理论上阐明保险公司应当承担社会责任的真实缘由，关键在于论证它有利于社会福利的最大化，是社会中非股东利益相关者对保险公司的正当要求。唯有如此，才能说明保险公司承担社会责任切实可行，并得以法律规则来保障其实现。

为便利下文论述，本部分首先从外部性的视角切入，在宏观层面上探讨企业社会责任理论的内在逻辑。

（一）企业行为的负外部性

简言之，外部性即一个人的行为对其他人造成的影响。[③]在真实世界中，外部性几乎无处不在，有正负之别，并且其造成的后果亦有大小、直接间接、短期长久之分。而法律所处理的问题，就是外部性为负，并且后果比较严重的情况，比如故意杀人、抢劫、诈骗、严重扰乱经济秩序等行为。在这些例子里，一个人的行为，对其他当事人都造成了很负面的影

---

② 周国银、张少标：《SA8000：2001 社会责任国际标准实施指南》，海天出版社 2002 年版，转引自曹凤月："企业社会责任研究中的几个重要问题"，载《中国劳动关系学院学报》2006 年第 20 卷第 6 期。

③ 熊秉元：《熊秉元漫步法律》，商周出版城邦文化事业股份有限公司 2013 年 1 月二版，第 159 页。

响。如果法律对此不闻不问，社会必将有如野生权力滋生肆虐的都市丛林，分崩离析、难以为继，或者恶性循环、永无宁日。

回归本文，"外部性"这一分析工具针对企业社会责任理论也是可以一以贯之。自18世纪工业革命之后，生产技术革新，工厂林立，就业机会大增，大量工业产品涌入市场，人类的生活形态发生深刻地改变。但是，在人类社会实现大规模的机械化生产之后，产业工人也沦为机器的奴隶。伴随圈地运动的开展，进入工厂的劳工却是大量形式上自愿，实际却是为生计所迫的无产者，正是他们的血汗推进了资本主义向前发展，尽管这违背资本主义精神的实质，但若非如此，便不能事先通过协议明确测算产品的成本，因此，劳工权利自然悄无声息地被经济理性主义主导下的资本主义浪潮所吞没。④噪音、污水、黑烟造成的环境污染问题以及企业的短期机会主义行为酿成的信用危机（主要体现为食品安全危机、金融危机）等日渐加剧，这些都是企业在追求经济利益最大化过程中对非股东利益相关者造成的后果较严重的负外部性问题。然而，在资本主义的前期发展历史中，这些工业企业却不须为噪音、黑烟、污水负责；他们的产品蕴含的成本要素，只包含了工资、原材料、厂房设备等支出，却不包含黑烟、噪音、污水等成本。因此，这些工业产品的真实成本，其实包含两项：一种是工资等，这是由企业所支付；另一种是噪音等，这是由居民所承担。由企业所支付的，是私人成本（private costs）；由居民所承担的，是外部成本（external costs）。两种成本的总和，便是社会成本（social cost），在社会成本和私人成本之间，显然有一个巨大的落差。⑤

（二）企业行为的负外部性决定了企业社会责任的必要性

正如真实世界里的经济活动像是一场多回合的球赛，这一回合的过程和结果，会影响到下一回合比赛策略的制定。同样，外部性的施与受双方也一直在进行着重复的博弈。博弈的结果，便是随着社会变迁，非股东利益相关者对企业行为产生的负外部性问题的认识和反应也不断发生改变。简言之，由于人口压力剧增和生存环境恶化，人类面临空前严峻的生存压力，与经济快速发展相伴随的惨痛代价鞭策着人类反思发展的方式与革新发展的理念，最终，可持续发展成为当代世界各国众议金同的发展观。与此同时，人权运动，尤其是劳工权利的保障成为全球性的潮流，浩浩荡荡，不可拂逆。在此基础上，社会对企业功能的认识和普遍预期也发展到了一个新阶段。⑥社会承认经济性是企业首要特征的同时⑦，更加强调企业的社会性，即企业作为一种社会性的存在，其自身的欲求和发展目标必

---

④ 参见［德］马克斯·韦伯：《世界经济史纲》，胡长明译，人民日报出版社2007年第一版，第196-198页。

⑤ 熊秉元：《熊秉元漫步法律》，商周出版城邦文化事业股份有限公司 2013 年 1 月二版，第 160 页。

⑥ 其中最典型的是利益相关者理论。该理论认为，任何一个公司的发展都离不开各种利益相关者的投入或参与，企业追求的是利益相关者的整体利益，而不仅仅是某个主体的利益。利益相关者都对企业的生存和发展注入了一定的专用性投资，他们或是分担了一定的企业经营风险，或是为企业的经营活动付出了代价，企业的经营决策必须要考虑他们的利益，并给予相应的报酬和补偿。

⑦ Dodge v Ford Motor Co. 一案中，对企业的"经济性"做出经典表述"商业公司应该将增加公司利润和股东收益作为其商事行为的目的"。引自 Dodge v Ford Motor, 204 Mich. 459, 507, 170 N. W. 668, 684（1919）。

须符合社会为其设置的行为框架。[8] 于是，社会学家所倡议的"企业公民"等概念也闪亮登场。

以科技进步为代表的社会物质条件变迁也引发了各利益主体在政治、经济、思想等领域中实力的此消彼长，并促成新一轮的博弈，而博弈的结果便是形成了新的利益格局。此时，新的问题——企业社会责任得到了应有的关注，新的权利——非股东利益相关者的利益也获得了应有的保障。登高望远，为了实现长期利益的最大化，人们便意图借用法律等规则形式来捍卫现有的利益格局。这波澜壮阔的时代变革，落实到微观层面，便是当下理论界和实务界对企业社会责任问题的高度关注。正可谓，"实力界定权利"（Might makes rights）。

本文认为企业社会责任产生的内在逻辑其实就是社会中非股东利益相关者针对企业追求经济利益最大化过程中所产生负外部性问题的矫正与规制。

三、从外部性看保险公司承担社会责任的特殊性

基于上文论述，企业社会责任的缘起实质上是由于社会中非股东利益相关者对企业在逐利过程中产生负外部性问题的矫正，也可以说，企业社会责任理论正是在工业革命之后，人类痛定思痛，反思工业企业发展过程中的诸种"原罪"而自我设定的一个"紧箍咒"。回顾保险业的发展历史，前文提及的企业行为的负外部性问题，如最重要的环境污染问题和生态破坏问题，保险业界由于其自身经营特点的原因并未过多牵涉。相反，在保险业产生之初，保险人无论是经济实力还是专业经验都不能同现在相提并论，其利益在当时反而更易遭受侵害，如在早期保险活动中，由于保险利益原则等重要制度的缺位导致保险沦为赌博。保险业的成长历程不仅功大于过，而且先天不足，饱经坎坷。在此背景下，如何妥当地阐明保险公司应当承担社会责任的特殊性便至为重要，这不仅关涉本文论证逻辑的自我证实，更是当前理论界学者们主要关注的问题。

本文认为，在外部性的分析视角下，保险公司应当承担社会责任的特殊性主要体现在以下三个方面。

（一）企业社会责任可以在保险制度中实现"软着陆"

由于外部性的后果有正负、大小、直接间接、短期长久之分。而人类在生存与发展的过程中，面对复杂的社会生活和生产活动，每时每刻都面临各种风险的威胁。趋利避害是人的本能，它可以最大限度地降低不可预知的风险给人们带来的损害。保险的社会意义就在于将不幸集中于一人的意外风险及由此而生的意外损失，通过保险的方式分散于社会大众。

无疑，随着时代进步，企业在追求经济利益最大化过程中产生的负外部性问题也逐渐构成了保险公司承保风险的一部分，环境责任保险、工人团体险等险种在当代社会的迅猛发展可以证明此趋势。而企业社会责任逻辑中所蕴涵的非股东利益相关者对企业行为负外部性问题的矫正与规制正可以在现代保险制度中实现"软着陆"。因为，企业社会责任

---

⑧ ［美］彼得·德鲁克：《公司的概念》，慕凤丽译，机械工业出版社2006年版，第196页。

无论是作为一种价值理念还是法律规则都不是其终极意义，其本身也仅具有一种工具理性，是人们趋利避害、自求多福的工具。人们希望现代企业有责任超越视经济利益为唯一目标的传统经营理念，强调在生产过程中对人的价值予以关注，强调对社会公共福祉做出贡献，至少应当对非股东利益相关者因企业经济行为产生负外部性问题而受损的利益予以补偿或赔偿。而保险的制度价值正在于此，通过保险理赔，其能够最大限度地维持被保险人生活的安定和谐，维护生产的安全有效。

例如，自工业革命之后，全球环境侵权问题愈发严重，重大突发性及持续性污染事件的发生常常导致严重的人身伤害、财产损失以及生态环境损害，对人民生存安全和社会稳定造成短时间内无法弥补的恶劣影响。尽管"谁污染谁负责"已成为各法治国家追究环境侵权者责任承担的基本原则，但广大侵权者基于工业生产推动经济发展的"结果价值正当性"提出了环境侵权民事责任社会化承担的问题。同时，随着我国国民经济规模的不断扩张，国民经济密集程度越来越高，环境侵权所带来的损害后果也越来越严重，环境侵权者无力承担污染赔付和污染修复资金的情况时有发生，在此背景下，环境责任保险被誉为环境侵权责任承担社会化的最佳途径和最优选择。[9]

环境损害作为工业企业在逐利过程中对非股东利益相关者造成的最典型的负外部性后果，由于环境侵权的特殊性导致损失补偿的代价极其高昂，往往令侵权者不堪重负，最终也使非股东利益相关者的权益无法得到保障，企业社会责任的履行更是如同空中楼阁，无从谈起。而环境责任保险的出现，恰恰可以使企业的环境保护义务在环境侵权责任社会化承担机制中实现"软着陆"。首先，保险人可以利用其定价权，根据比例原则，在责任风险中实行"阶梯型"定价制度，以在无污染企业与污染企业、轻度污染企业与重度污染企业、普通社会成员与环境侵权共同体之间实现横向公平，从而为企业社会责任的承担提供可资借鉴的操作标准。其次，由于环境责任保险人是在社会经济中已经存在且运作成熟的经济体，对于风险的评估、概率的精算、资金的流转增值、环境侵权人的道德风险的预防等方面有着丰富的专业经验[10]。这同时也意味着现代保险业已然拥有承接企业社会责任"软着陆"的强大实力。

（二）保险业的附随性决定了保险公司社会责任的必然性

保险的保障功能是保险制度的最基本功能。人们之所以购买保险，并不是因为保险本身具有消除各种风险的特质，而是希望通过保险制度将人们面临的各种风险转嫁出去，交由专门经营风险的保险公司承担，使得人们在约定的风险事故发生后能够从保险公司那里获得一定的经济补偿，从而摆脱因风险事件造成的困境，解除人们在生产生活中的后顾之忧。[11]但与其说保险制度的存在保障了人类社会中各项生产经营活动的有效进行，不如认为保险业恰恰依赖其他经济活动而得以生存发展。因此，宏观地讲，保险业在人类社

---

⑨ 参见任以顺、柳琳："环境责任保险：环境侵权责任承担社会化的最佳途径"，载《中共青岛市委党校青岛行政学院学报》2010 年第 3 期，第 115 页。

⑩ 参见任以顺、柳琳："环境责任保险：环境侵权责任承担社会化的最佳途径"，载《中共青岛市委党校青岛行政学院学报》2010 年第 3 期，第 118 页。

⑪ 楼建波、甘培忠主编：《企业社会责任专论》，北京大学出版社 2009 年版，第 399 页。

会生产生活中具有附随性,其本身是根本无法独立存在发展的。

因此,在上文阐明的企业社会责任内在逻辑中,附随于人们生产生活中的保险业也不能置身其外。具体而言,企业社会责任理论的横空出世正是源于企业与非股东利益相关者之间进行重复性博弈的结果。由功能主义视角观之,企业社会责任理念也可被视为是二者自行订立并维护的一种双边契约。发展至今,企业社会责任理论已经得到国家公权力的立法确认而上升为法律规则。而究其实质,规则亦是一种多边契约。规则的形成无非是立约者的数量逐渐增加而使双边契约发展为多边契约的自然结果,契约在空间上的拓展和在时间上的延续会使契约最终扩大并固定为规则。[12]

因此,从发生学意义上讲,基于保险业对人类社会生产经营活动的附随性,企业社会责任这一双边契约最早的缔约双方是工业企业和非股东利益相关者。因为此二者正是外部性直接的施与受双方。企业社会责任理论中蕴涵的权利与义务关系是二者不断进行博弈对抗的产物。及至后来,保险业异军突起,历经几个世纪的制度变迁,已经渗透到社会生活的各个角落。时至今日,保险业所能调动的资源、影响的民众、涉及经济生活的领域无疑是最广泛的,它们占据了现代经济中最核心的位置。但即便如此,保险业相对于初始的工业企业与非股东利益相关者而言,仍是新增加的缔约人,并且,由于保险业始终附随于其他经济主体的生产经营活动,因此保险业的缔约地位同样是被动的。可以说正是由于保险业的被动加入,企业社会责任才能从双边契约进化为多边契约,并表现为规则,而且最终得到国家制定法的确认。

规则系统之内的任何一个人都有权影响和控制其他人的行为,而任何一个人的行为都有义务受其他人的影响和控制。[13]因此,从逻辑上讲,保险公司作为企业社会责任规则的新加入者,自然应当遵守这一规则系统内所蕴涵的义务和责任,并且由于其发展的附随性,保险公司本身无法直接改变企业社会责任所代表的博弈均衡状态,因为这种均衡正是人类历史发展的产物,是经历史实证考察得出的必然逻辑。反之,正是因为保险制度功能的有效发挥,才使得工业企业与非股东利益相关者之间的对抗之势略微缓解,这亦是保险业被誉为社会平衡阀的应有之义。

(三)保险史与企业社会责任理论相契合

由于保险公司不以特定社会公众面临的不确定风险为承保对象,这种经营对象的社会性使其在当代社会管理体系中发挥越来越重要的作用,而且,回顾历史,世界保险业出现的三次危机及保险业的发展轨迹在某种程度上也与企业社会责任理论相契合。

第一次保险业危机是因劳工的保险需求得不到满足而发生的,这实际上是保险业的经济目标和社会公益目标的第一次正面撞击,也是工业企业在追逐利润过程中与劳工权利爆发的直接冲突。最终,工人保险的出现使得保险业化险为夷,并为后来相关企业履行保障劳工权利的社会责任提供了制度支持。

第二次保险业危机则是由于科技进步引发的社会变迁给保险业带来的直接冲击,即

---

[12] 桑本谦:"契约为何必须遵守",载《法制与社会发展》(双月刊)2004年第2期,第27页。

[13] 桑本谦:"契约为何必须遵守",载《法制与社会发展》(双月刊)2004年第2期,第27页。

巨灾风险损失的可能性增大以及环境、心理、道德因素引起的社会损失问题。此时，人们对保险制度的认知开始步入一个崭新的发展阶段。人们认为保险的功能不再仅仅定位于被保险人个体的风险分散和经济补偿，而更应该考虑如何稳定社会秩序，如何化解环境、心理、道德等因素导致的社会风险。为此，美国各州建立了包括商业保险、社会保险和政策保险在内的"综合保险制度"以解决社会损失的分摊问题。[14] 第二次保险业危机及其"综合保险制度"的出现，再次表明保险业的发展与社会变迁的脉搏相契合，保险业的健康发展必须致力于社会成本最小化、社会福利最大化。保险业危机的有效化解最终只能在社会政策中寻求解决之道，而企业社会责任理论正是当代社会政策的经典表述之一。

第三次保险业危机则直接爆发于保险业内部。由于保险公司之间的不正当竞争造成保险市场的萎缩以及保险公司的偿付能力不足，给社会生产和民众生活带来不利影响，比如企业生产线停工、新产品开发中断、公共设施关闭、公共服务停止、医生拒绝治疗等。此次行业危机究其实质为保险公司自身的不当经营活动对非股东利益相关者造成的负外部性影响。可见，社会发展至此，保险业本身亦无法脱离上文基于外部性视角阐明的企业社会责任理论逻辑，反之，二者的发展轨迹于此殊途同归。最终，得出了共识，要满足社会公共利益以增益社会福利是保险公司获得自身利益的前提[15]，保险业要生存和发展，不得不承担起相应的社会责任。由此观之，保险公司承担社会责任也具有内在性的动机和激励。

四、结论

如果把现代企业的发展历程看作一道光谱，那么企业的经济目标与社会责任则是这道光谱的两端，伴随时代的变迁，二者的重要性呈现出渐次的变化。时至今日，现代企业法理论证力图构建一种企业私益目标与公益目标平衡发展的法律制度，以实现企业与社会的和谐互动，最终增进社会福祉。

外部性是众多经济学家辛勤耕耘的经典领域，而法律和经济学联系最紧密之处，在于二者都主要是针对一对一、直接的利益冲突关系的调整，如生产者与销售者、企业与管制者、原告与被告等。[16] 因此，凭借外部性这一工具性概念，法律可以针对企业社会责任理论长驱直入展开分析。至于保险公司为何要承担社会责任也可从外部性视角予以探究。保险公司作为现代企业的一种，自然无法脱离其发展的一般轨迹，但由于其自身经营特点与发展历史的不同，使其在社会责任的承担上便具有不容忽视的特殊性。概言之，企业社会责任可以在保险制度中实现"软着陆"，并且无论是在逻辑上还是发展历史中，保险业始终与企业社会责任的理论精神相契合。因此，在回答保险公司为何要承担社会责任时，如何

---

[14] 楼建波、甘培忠主编：《企业社会责任专论》，北京大学出版社 2009 年版，第 400 页。

[15] 以中国大陆保险业为例，改革开放以来，随着保险行业规模的不断扩大，暗藏其中的诸多积弊也开始浮出水面，如保险公司经营行为粗放、经营行为短期化、保险合同免除保险人责任的条款操作不规范、投保容易理赔难等。种种问题使得保险行业面临空前的信用危机，这不仅威胁保险行业的持续健康发展，更使得保险消费者权益保护成为社会各界普遍关注的现实问题。对此，2011 年 10 月，中国保监会在一行三会中率先成立了消费者权益保护机构——保险消费者权益保护局。无疑，基于社会公共利益的衡量，在国家治理体系中，行政主管机关已经把保险消费者权益保护工作放到了突出位置。

[16] 熊秉元：《熊秉元漫步法律》，商周出版城邦文化事业股份有限公司 2013 年 1 月二版，第 22 页。

细致入微地在一般性逻辑中考究其特殊性,构建一套使其经济目标与公益目标 相平衡的社会责任制度,这不仅是企业社会责任理论的精髓所在,更是保险业的繁荣与可持续发展的重要保障。

参考文献

[1] 桑本谦. 契约为何必须遵守 [J]. 法制与社会发展,2004(2):22-28.

[2] 雷驰. "一体两面"的企业社会责任与公司法的进化 [J]. 中外法学,2008(1):50-57.

[3] 任以顺,柳琳. 环境责任保险:环境侵权责任承担社会化的最佳途径 [J]. 中共青岛市委党校. 青岛行政学院学报,2010(3):115-118.

[4] 吴思. 隐蔽的秩序 [M]. 海口:海南出版社,2004.

[5] 马克思·韦伯. 世界经济史纲 [M]. 胡长明,译. 北京:人民日报出版社,2007.

[6] 楼建波,甘培忠. 企业社会责任专论 [M]. 北京:北京大学出版社,2009.

[7] 熊秉元. 熊秉元漫步法律 [M]. 台北:商周文化事业有限公司,2013.

保险代位求偿"权益转让书"的功效与完善

邹　琦

（中国海洋大学保险法研究中心）

摘　要: "权益转让书"是载明被保险人获得保险赔偿金、将其向第三人请求赔偿的权利相应转移给保险人的书面凭证,在保险理赔实践中逐渐成为一种必经程序。我国保险代位求偿权遵循法定转移原则,权益转让书并不是代位求偿的必备条件。许多不合规范的权益转让书更会成为约定的债权转让,当被保险人签署的转移范围大于保险法规定的赔偿限额时,处理不当的权益转让书就会造成被保险人的财产损失、保险人的不当得利。应由行业协会统一起草权益转让书,对其内容进行规范完善,发挥其最大功效。

关键词: 权益转让书;保险代位求偿权

随着我国经济的迅猛发展,民众的保险意识、保险意愿不断增强,保险业保持了强劲的发展势头,随之而来的保险纠纷也日益增多。我国保险业相较世界发达国家起步晚,相应的保险规范也大多属于舶来品,许多保险法律规范还很不健全,甚至阻碍了保险当事人的权益维护。为保护保险人合法权益,我国 1995 年制定《保险法》时引入了保险代位求偿权制度,规定保险人在向被保险人赔付保险金后即代位取得对责任第三人的请求赔偿权。然而在保险实践中,保险人在支付保险金的同时,常要求被保险人签署"权益转让书",通过书面形式来巩固自身的代位求偿权。这种由保险人提供的权益转让书具有何种效力?被保险人转让了哪些权益?权益转让书该如何完善才能更好地保护保险人的利益?这些都值得深入探讨。

一、保险代位求偿权属于保险人的法定权利

权益转让书一般是由保险人或保险协会起草、被保险人签署,明确载明被保险人在取得保险赔偿金后将其拥有的对责任第三人请求赔偿的权利相应地转移给保险人的书面凭证。[①] 保险人可以凭此转让书对第三人行使请求赔偿权。权益转让书是保险人行使代位

[①] 司玉琢主编,朱曾杰主审:海商法大词典,人民交通出版社,1998 年第 12 版,第 254 页。

求偿权的重要凭证，因此要探究权益转让书的功能与效力，我们必须明确保险代位求偿权的性质。

保险代位求偿权最早起源于英国海上保险，1906 年英国《海上保险法》以成文法的形式将保险代位权规定下来。英美保险法常以"踏进了被保险人的鞋里"（steps into the shoes）表达保险代位求偿权的含义，他们认为保险代位权制度的根本性质在于其代位性，这一制度是使保险人处于被保险人的位置来向第三人主张请求权，而并非法定地将被保险人对第三人的请求权转移给保险人。由于没有发生法定债权转移，被保险人对第三人的请求权始终保持其权利的完整性。基于这种代位性而非权利转移性，保险人在一般情形下都将以被保险人的名义来向第三人主张请求权。英国法将保险人与被保险人之间的这种代位性认定为一种拟制信托关系：保险人通过诉讼可以就全部赔偿金额向责任第三人要求赔偿，将除其保险赔偿金以外的部分返还给被保险人；如果被保险人已经取得第三人的赔偿金，则保险人就其所应得的部分与被保险人成立拟制信托，被保险人成为了保险人的拟制受托人，将其多得部分交还给保险人[2]。由此可见，保险人是以被保险人的名义行使代位权，不涉及权利转移问题，因而不存在法定权利转移理论中关于依据赔偿额度转移权益的问题，保险人可以就全部权利请求第三人赔付，并不受理赔金额限制，不会产生权利数额割裂的问题。

与英美法系的程序性代位不同，大陆法系将保险代位求偿权认定为法定的债权转移，保险人所拥有的代位求偿权是由法律直接规定的，保险人给付保险赔偿金后，被保险人对第三人的权利即法定地移转给了保险人。这种法定转移使保险人取得了以自己的名义进行诉讼的权利。这是法定的、当然的移转，无需当事人的意思表示，保险人可以"当然代位"[3]。这一理论的优势在于贯彻了利益分摊原则，有效地践行了防止被保险人不当得利的代位求偿权功效，解决了英美法系所面临的缺乏明确诉权转移的困局。

我国的法律体系受大陆法系影响较大，《保险法》在制定时采纳了大陆法系法定债权转移理论。第 60 条第一款明确规定，因第三者对保险标的的损害而造成保险事故的，保险人自向被保险人赔偿保险金之日起，在赔偿金额范围内代位行使被保险人对第三者请求赔偿的权利。因而我国学者的主流观点认为，保险代位权是被保险人移转给保险人的权利，被保险人因其移转而不再享有对第三人的赔偿请求权；保险人因为受让被保险人的赔偿请求权，而成为实际的权利人。代位权实质上是保险人对第三人债权的法定受让，无须被保险人的让与意思表示，也无须第三人的同意。

由此可见，我国保险代位求偿权属于法定的债权转移，其成立要件主要包括：

（1）第三人对于保险标的的损失承担赔偿责任。 只有当第三人基于过错，对保险标的的损失承担损害赔偿责任时，被保险人才能对第三人提出损害赔偿请求权，保险人才能依法要求代位行使被保险人的请求权。如若第三人未造成保险标的损害、第三人的行为可以免责，或是其损害行为不在承保范围之内，保险人都不得要求享有代位求偿权。

---

② 许良根：《保险代位求偿制度研究》[M]，北京，法律出版社，2008，第43页.
③ 黄丽娟：《论保险代位权制度的构建—以权力法定代位的制度选择为中心》[M]，北京，法律出版社，2013.

（2）保险人已经支付了保险赔偿金。根据我国《保险法》第 60 条规定，保险人自向被保险人赔偿保险金之日起，有权向责任第三人请求赔偿。保险代位求偿权的理论基础在于损害补偿原则，被保险人因保险事故的发生遭受了经济损失，通过保险机制，保险人对其进行补偿，以使其恢复到之前所处的经济状态。被保险人遭受保险事故的原因众多，若是第三人为之，第三人也应依法承担相应的赔偿责任。保险人在支付保险赔偿金之前，第三人是没有义务向其负担损害赔偿责任的，保险人只有在向遭受保险事故的被保险人支付了赔偿金后，才享有向责任第三人追偿的权利。

（3）保险人代位求偿权以赔偿金额为限。保险人代位求偿权制度设置的主要目的就是平衡保险人、被保险人和责任第三人之间的利益关系，包括阻止被保险人因保险事故超额获利、减少道德风险，维护损失补偿原则；保障保险公司业务正常运转、减少损失，使保险人有能力降低保费；防止责任第三人逃避事故责、不当免责，维护公平原则。如若保险人代位求偿的权限超出了其赔偿范围，就会导致三者之间利益分配的另一种不平衡：保险人因为保险事故不当得利；被保险人没有得到应有的赔偿；可能会加重责任第三人的赔偿责任。从而失去保险代位求偿权制度的利益调节意义。因此，保险人在行使其代位求偿权时，应当以所给付的赔偿金额为限，防止不当得利，保障被保险人的合法权益。

二、权益转让书的存在价值与效力认定

综上所述，我国保险法规定保险代位求偿权的取得是一种法定取得，保险人在对被保险人支付了保险赔偿金之后即依法取得代位求偿权。此时对于保险人代位求偿权的取得效力而言，权益转让书已经不具有实际意义，权益转让书的签署与否并不影响保险人代位求偿权的取得。代位求偿权作为保险人的法定权利，只要符合法律规定的取得条件，即可生效，无须权益转让书加以证明。已经取得代位求偿权的保险人可以将权益转让书作为一份被保险人明示的书面凭证，但是被保险人是否签署权益转让书，不影响保险人代位求偿权的实际取得。只要保险人依据保险合同向被保险人支付了保险赔偿金，保险人就依保险法规定，在其赔付的保险金限额内享有了代位求偿权。保险代位求偿权是保险人拥有的法定债权转移权，与当事人意思表示无关，可以当然取得，因而权益转让书并不能成为保险人行使代位求偿权的构成要件，对于保险代位求偿权的取得不起决定性作用。

如若权益转让书并不能维护到保险人的利益，为何在保险实践中保险人在给付保险金前都要求被保险人签发权益转让书，并作为保险人理赔的必经程序呢？事实上在保险实务活动中，权益转让书拥有着特殊的存在价值。

（一）权益转让书的功能及存在价值

签署权益转让书可以使当事人双方明确发生保险事故的保险标的，避免双方因保险标的的确认产生纠纷；同时能够明确保险事故赔偿金额，限定保险人向责任第三人所能追偿的最高金额；签署权益转让书还可以确认保险人赔偿保险金的赔付时间，从而明确其依法取得保险代位求偿权的生效时间。因此，权益转让书的签署以书面形式确定了有关代位求偿权的众多信息。

权益转让书一般签署于保险人支付保险赔偿金之后,通常会载明:"被保险人已收到保险人给付的上述赔款"。因此,权益转让书成为被保险人收到保险赔偿金的辅助凭证,可以证明保险人已经向被保险人支付了保险赔偿金,避免纠纷。

与此同时,权益转让书的签署表明被保险人同意协助保险人进行代位求偿活动。我国《保险法》第 63 条规定,保险人向第三者行使代位请求赔偿的权利时,被保险人应当向保险人提供必要的文件和所知道的有关情况。为防止被保险人逃避或消极履行协助义务,权益转让书中都会载明被保险人的义务,被保险人一般会签署"为使贵公司实现该项权益,我(我们)保证将根据贵公司的合理要求,提供充分协助"的内容,从而保证其积极配合保险人行使代位求偿权。

(二)权益转让书的效力认定

权益转让书的签署对于维护保险人的各项利益确实起到了重要作用。但是就被保险人而言,其签署的权益转让书产生了怎样的法律效力,对其自身利益会造成怎样的影响,需要分情况进行讨论。保险人尚未支付保险金时、支付部分保险金时与支付全部保险赔偿金时,被保险人签署的权益转让书会产生不同效力。

(1)保险人尚未支付保险金时,被保险人签署的权益转让书,成为事实上的债权转让。保险事故发生后,保险人在向被保险人支付保险赔偿金之前,被保险人提前签署的权益转让书是不符合保险代位求偿权制度规范的。因为保险代位求偿权的构成要件要求保险人必须以支付保险赔偿金为前提。但这并不代表此时签署的权益转让书就不产生法律意义。若被保险人在平等自愿的环境下依自身真实意思签署了权益转让书,并且履行了告知责任第三人的义务,则其与保险人之间可成立债权让与关系,保险人可以依据此让与协议向第三人提出损害赔偿请求。

(2)当保险人仅支付了部分保险金时,被保险人签署权益转让书分为两部分不同效力。保险人就保险事故仅向被保险人支付部分保险金时,保险人只能当然取得其支付的保险金限额内的代位求偿权权益。保险法明确规定保险人只在其已经赔偿的保险金范围内享有保险代位求偿权。然而未受偿部分,被保险人将对第三人的损害赔偿请求权转让给保险人,保险人可以依债权让与性质,取得对责任第三人的索赔权。

(3)保险人依保险合同已全额支付保险金时,代位求偿权属于法定债权转让。保险人依保险合同向遭受保险事故的被保险人全额支付了保险赔偿金,保险人已经依法当然取得了保险代位求偿权,可以就保险金限额向责任第三人要求损害赔偿。此时的权益保障书签署与否都不影响保险人代位求偿权的取得,权益转让书可以作为证据提交给法庭。

三、权益转让书的缺陷与完善

在保险实践中,权益转让书一般由保险人起草,通常表述为:"鉴于收到上述赔款,立书人(被保险人)同意将已取得的上述赔款部分保险标的的一切权益转让给贵公司(保险人),并同意贵公司以贵公司或立书人的名义向责任方追偿或诉讼,立书人并将提供一切必要的协助,以利贵公司实现该项权益。"在保险代位求偿权诉讼纠纷中,保险人一般会将权益转让书作为取得赔偿请求权的证据提交给法庭。转让书中描述的"一切权益"是一种全额代位，不以保险人给付的保险金额为限的，而是以保险金额所对应的保险标的中的"一切权益"为限。假设责任第三人所应承担的保险标的损失赔偿额应为 10 万元，而保险人依保险合同基于绝对免赔额等原因只需向被保险人支付赔偿金 6 万元，此时保险人依据被保险人提供的权利转让书所获得追偿权限是 10 万元。尽管我国保险法明确规定保险代位求偿权以赔偿的保险金额为限。但是剩余部分，保险人可以依权益转让书主张债的让与。依据民法规则的规定，债权让与属于事实行为而非法律行为，只要双方当事人意思表示一致、通知了债务人，不论其基础的法律关系如何，让与行为都将成立。在英美法系的程序代位理论中，保险人作为被保险人的拟制信托人，在取得第三人的损害赔偿后，有义务将被保险人应得部分予以返还。但是按照我国债权转让理论，保险人凭借权益转让书是可以合法取得被保险人所让与的"一切权益"的。

因此，权益转让书中的"保险金额所对应的保险标的的一切权益"就成为了被保险人的巨大陷阱。一旦签署，被保险人就将丧失对于除保险赔偿限额以外的保险标的赔偿，有可能会造成损失，保险人则依据这份债权让与协议不当获利。更有甚者，在保险人尚未支付保险金时，如若被保险人自愿签署了权益转让书，被保险人将丧失对第三人的请求赔偿权，转而只能向保险人索要保险赔偿金，这种求偿风险将大大增加，被保险人遭受的损失不言而喻。现行权益转让书存在着明显不公，并不能发挥保险代位求偿制度应有的利益平衡功能，给被保险人带来了巨大的损失隐患。

权益转让书的签署并不是保险人取得代位求偿权的必要条件，被保险人反而会因为部分陷阱而损害自身合法权益。在保险实践中，对于保险人提供的权益转让书，被保险人一般不会拒签。因此本文建议，被保险人所签署的权益转让书，可以由行业协会统一起草，将其权益转让的内容具体化、明细化。在保障保险人行使代位求偿权的同时，更好地保护被保险人的合法权益。

保险合同是补偿合同，保险人不应从中不当获利。当保险人向第三人追偿的数额低于支付的保险金时，其应自担风险；如果所追偿的数额大于保险赔偿金，保险人应当将超出款项返还给真正的利益人被保险人。权益转让书所记载的转让限额应当以保险法规定的保险人赔偿的保险金为限，而不是概括为保险标的的"一切权益"。因此，对于权益转让书所转让的权益范围，应当统一表述为"立书人（被保险人）同意将已取得的上述赔款部分保险标的上赔偿金额范围内的一切权益转让给贵公司（保险人）"。有了"赔偿金额范围内"的限定，就与《保险法》第 60 条规定的保险代位求偿权的转移范围一致了。对于保险赔偿金范围以外的保险标的的损害赔偿权，应当由被保险人自主行使，而不是通过权益转让书全部转让给保险人，使其存在不当获利的可能性。

参考文献

[1] 江朝国. 保险法论文集（二）[M]. 台北:瑞兴图书股份有限公司,1997.

[2] ［英］克拉克 M A. 保险合同法 [M]. 何美欢,吴志攀,译. 北京:北京大学出版社,

2002.

[3] 许良根. 保险代位求偿制度研究［M］. 北京：法律出版社，2008.

[4] 温世扬. 保险法［M］. 北京：法律出版社，2009.

[5] 奚晓明. 最高人民法院关于保险法司法解释（二）理解与运用［M］. 人民法院出版社，2013.

[6] 武亦文. 保险代位的制度构造研究［M］. 北京：法律出版社，2013.

论保险人"明确说明"义务的减轻与免除

姜健妮

（中国海洋大学保险法研究中心）

摘　要：我国《保险法》第 17 条规定了保险人对保险合同免责条款的提示与明确说明义务，其法理基础有最大诚信原则说、信息不对称说、保险合同合意说以及保险合同附和性说。但保险人的提示与明确说明义务并不是绝对的，在特定情形下保险人的提示与明确说明义务可以减轻或免除，保险人对以法律、行政法规的禁止性规定作为免责事由的免责条款的明确说明义务可以免除，对合同中特约条款的明确说明义务可以免除，对已经明确说明的免责条款的明确说明义务可以适当减轻。

关键词：保险人；免责条款；明确说明义务

我国保险立法中对保险人说明义务的规定，最早可追溯至 1983 年颁布的《财产保险合同条例》，1995 年颁布的《保险法》从法律层面上规定了保险人的说明义务，随着我国《保险法》的两次修改，关于保险人说明义务的法律规定也逐步完善。现行《保险法》第 17 条的规定，明确划分了保险人的一般说明义务和明确说明义务，但在实践中对保险人是否履行了保险合同免责条款的明确说明义务，仍存在着很大的争议。明确说明义务虽然是保险人的法定义务，但该义务在某些情况下，是可以减轻或免除的。

一、保险人明确说明义务减轻与免除的法理基础

我国《保险法》第 17 条规定："订立保险合同，采用保险人提供的格式条款的，保险人向投保人提供的保险单应当附格式条款，保险人应当向投保人说明合同的内容。对保险合同中免除保险人责任的条款，保险人在订立合同时应当在投保单、保险单或者其他保险凭证上作出足以引起投保人注意的提示，并对该条款的内容以书面或者口头形式向投保人作出明确说明；未作提示或者明确说明的，该条款不产生效力。"这是我国《保险法》中保险人对保险合同条款提示与说明义务的规定，关于保险人为何要承担说明义务，理论上主要有以下几种观点：第一种观点认为，保险人的说明义务是最大诚信原则的要求。由于保险合同具有射幸性等特点，其对当事人的诚实信用程度有着较为严格的要求，其要求保险

合同的双方当事人在订立和履行保险合同的过程中,应以最大的诚信全面履行合同规定的义务,互不欺骗、隐瞒与保险标的有关的重要事实,严格遵守保险合同的约定。保险活动具有的高度专业性和技术性,从平衡保险人与投保人之间因保险知识和经验等信息不对称的角度看,要求保险人承担说明义务乃最大诚信之要求。[①] 第二种观点认为,保险人的说明义务是信息不对称的要求。该观点从保险合同的专业性及双方当事人信息不对称的角度论述保险人说明义务的必要性。保险合同具有专业性,保险人作为专业的保险商,对保险了解甚多,而投保人却相对不知或知之甚少,甚至对一些基本的保险术语都难以理解,如果保险人(包括代理人)不对保险合同条款予以说明解释,则投保人难以知晓合同内容,这就可能损害投保人利益,有违公平原则,这是保险人须对保险合同予以说明解释的原因。[②] 第三种观点认为,保险人的说明义务是保险合同合意的要求。保险合同因投保人和保险人的意思表示一致而成立,并以保险人和投保人相互诚实信用为基础,投保人向保险人支付保险费,相当程度上基于信赖保险人对其保险条款的内容所作的解释和说明,亦即该种说明构成保险人和投保人合意的基础。[③] 保险合同条款大多是由保险人单方面拟定的,投保人对保险合同条款,特别是免责条款缺乏准确透彻的理解,要求保险人对保险合同条款作出说明有助于投保人理解接受保险合同,以达成保险合同之合意。因此,立法上要求保险人对保险合同条款作出说明,目的在于确保保险合同是在双方当事人意思表示一致的基础上成立的,这也是保险合同成立的内在要求。第四种观点认为,保险人的说明义务是保险合同附和性的要求。保险合同大多是保险人事先拟定的,投保人只能概括性地选择接受或者不接受,无法对附和合同的内容进行更改,投保人在缔约时完全处于弱势地位。根据附和合同的一般原理,提供合同的一方当事人应向对方当事人提示合同条款的内容,并对格式合同条款进行说明解释,以使对方当事人知悉了解合同条款,未经提示说明的格式合同条款不能成为合同的内容,自然也不发生效力。

保险人虽应对其提供的格式条款进行说明,但要求保险人对过多的格式条款进行说明可能并不是保险说明义务的立法目的所在。因保险合同内容复杂且保险格式条款条文众多,若要求保险人对所有的格式条款都进行说明,可能会分散投保人的注意力,使其不能专注于对其利益产生实质影响的重要条款,而且要求保险人承担过多的说明义务会增加保险人的运营成本,可能不利于其真正履行说明义务,从法律经济学的角度看,保险人说明义务的负担过重,可能导致其守法成本高于违法成本,在此情形下,保险人极易违反法律规定不履行说明义务,这不利于激励保险人履行说明义务,也违背了设立保险人说明义务的初衷。

从理论上说,保险人的说明义务也并不是绝对的,如果投保人在特定的情形下已经知悉明白了保险合同的格式条款,保险人对此的说明义务便可减轻。最大诚信原则说认为,保险人和投保人应以最大的诚信和善意来订立履行保险合同,根据此精神,如果投保人对相关免除保险人责任的条款事先已知悉并了解其含义,则其不能再以其不知道该条款的

① 覃有土、樊启荣:《保险法学》,高等教育出版社 2003 年版,第 173 页。
② 邓明成等:《中外保险法律制度比较研究》,知识产权出版社 2002 年版,第 72 页。
③ 尹田主编:《中国保险市场的法律调控》,社会科学文献出版社 2000 年版,第 119 页。

存在为由主张该条款不生效。信息不对称说认为，对于保险合同中的条款，特别是免除保险人责任的条款，保险人与投保人相比处于绝对的信息优势地位，为了弥补投保人在信息方面的劣势，保险人应向投保人说明格式条款的内容，并对免除保险人责任的条款进行明确的说明。既然保险人对免责条款明确说明的目的是为了弥补投保人的信息劣势，如果投保人已经知道了该免责条款，则不存在信息不对称的问题，投保人不能以保险人未明确说明为由主张免责条款的不生效。保险合同合意说认为，保险人对保险合同免责条款的解释说明的目的在于使保险合同在当事人意思表示一致的基础上成立，根据此观点，保险人承担明确说明义务的目的在于使投保人知悉保险合同免责条款的内容，从而确保投保人所作出的决定是其真实的意思表示。如果投保人事先已经知道了保险合同免责条款的内容，那么无论保险人是否明确说明合同免责条款，均不会影响投保人对免责条款的真实意思表示。保险合同附和性说认为，对保险合同免责条款的明确说明是附和合同的内在要求，目的在于使投保人能够知悉免责条款的含义，如果投保人对相关免责条款已经知悉，那保险人进行明确说明也便丧失了意义。综上，无论从理论意义还是现实意义，保险人的明确说明义务在特定情形下可以减轻，甚至可以免除。

二、以法律、行政法规的禁止性规定作为免责事由的免责条款明确说明义务的免除

《最高人民法院关于适用〈中华人民共和国保险法〉若干问题的解释（二）》（以下简称"司法解释二"）第十条规定："保险人将法律、行政法规中的禁止性规定情形作为保险合同免责条款的免责事由，保险人对该条款作出提示后，投保人、被保险人或者受益人以保险人未履行明确说明义务为由主张该条款不生效的，人民法院不予支持。"在"司法解释二"出台之前，对于保险人将法律、行政法规中的禁止性规定作为免责事由的免责条款，保险人的提示与明确说明义务可否减轻或免除，学界有不同的观点。第一种观点认为，将法律、行政法规的禁止性规定作为免责事由的免责条款，保险人无须进行提示和明确说明，主要原因是法律、行政法规禁止性规定的行为具有严重的违法性，且这些行为是由法律、行政法规明文规定的，故应推定投保人知悉该行为的违法性，保险人的提示与明确说明义务可以免除。如果这些违法行为因此能够得到保险赔偿，则会引发道德风险，也会在社会上产生不良的导向。第二种观点认为，投保人违反法律、行政法规的禁止性规定，应根据其违反的法律规定受到行政处罚或者刑事处罚，并不当然影响私法上民事合同的效力，也不能导致保险人提示与说明义务的免除。但鉴于投保人投保时，与一般免责条款相比，其对于违法行为能否得到保险赔偿会给予较高的关注，因此保险人的提示与明确说明义务不能免除，但可以适当减轻。第三种观点认为，保险人的提示与说明义务不能减轻或免除。虽然法律一经公布即视为人人皆知，但基于各种原因，投保人可能并不能知道法律、行政法规禁止性规定的具体内容，因此保险人仍应对以禁止性规定作为免责事由的免责条款进行提示与说明，这符合我国《保险法》第17条的立法目的，也符合诚实信用原则。

保险法"司法解释二"主要采用了第二种观点，保险人对于以法律、行政法规中的禁止性规定作为免责事由的免责条款，进行提示即可，无须进行明确说明。投保人违反法律、

行政法规的禁止性规定并不当然产生私法上的法律效果，保险人须对这种免责条款进行提示，使保险相对人知道这些违法行为会导致保险人不承担赔偿或给付保险金的责任。禁止性规定作为法律的强制性规定，任何人都应当遵守，不能以不知道该法的存在为由主张不适用该法律，故投保人有主动知道禁止性规定的义务，且作为法律的强制性规定，禁止性规定一般较为容易理解，投保人可以理解禁止性规定的概念、内容等，只是不知道违反该规定会导致保险人免责的法律后果。若保险人将上述法律后果通过保险法规定的提示方式，使投保人知悉了违反禁止性规定与保险人免责之间的关联性，则保险人的行为已经达到了提示与明确说明义务的法律目的和效果，无须另行明确说明。

为了防止保险人滥用该条规定，损害保险相对人的合法权益，应对法律、行政法规做严格解释，即只有全国人大及其常委会制定的法律、国务院制定的行政法规中的禁止性规定才可适用该司法解释的规定。对于保险监管机构制定或批准的保险合同免责条款，有学者认为，如果格式条款已经预先经过行政机关的审核、立法机关的通过，或者经过其他有关机关之核准的，其使用人无须再提醒消费者注意，给予消费者以合理的机会，只要消费者不为反对之意思表示，该格式条款即可当然订入合同。④ 这是因为这类条款向社会公布并使用时，已经具有了制度性质，消费者应当有知悉的机会，并且因审核而趋于公正，所以即使不提醒消费者注意，不给消费者合理机会，也不至于发生不公平的结果。因此若保险合同中直接引入监管条款作为其格式条款之内容，保险人无须履行说明义务，但应在缔约时向投保人提示该内容的存在。⑤ 笔者认为，对于保险监管机构制定或批准的保险合同免责条款，不适用该司法解释的规定，保险人仍应对其进行提示与明确说明。这是因为，保险监管机构制定或批准的保险合同免责条款，在效力上并不属于法律、行政法规，不能认为其一经公布就被社会公众所知悉，虽然其内容可能涉及社会公共利益，但不能认为其如法律、行政法规一般是保险相对人应当知悉的内容，故保险人对于保险监管机构制定或批准的保险合同免责条款的提示与明确说明义务不能减轻或免除。

三、特约免责条款明确说明义务的免除

在保险实务中，保险合同是由"保险单以及所附条款、声明、批注，以及与合同有关的投保单、批单和其他书面协议共同构成"的条款。⑥ 保险合同条款中由保险人单方拟定的条款属于格式条款，保险人应对保险单、投保单、批单等的格式条款的内容进行说明。根据我国《保险法》第18条第二款规定："投保人和保险人可以约定与保险有关的其他事项。"从该条规定的文义解释上看，投保人和保险人可以在保险合同格式条款之外另行订立特约条款。特约条款意味着投保人和保险人没有使用保险人预先拟定的格式合同，而是在双方当事人自由协商的基础上经双方当事人合意而达成的合同条款。在本质上，特约条款与其他经双方平等协商达成的合同条款一样，属于议定条款，而非格式条款，议定条款的特征则是合同的双方当事人都对合同条款有着充分的了解，合同条款是在双方当事人

④ 刘宗荣：《定型化契约论文专辑》，台北，三民书局，1988年版，第21页。
⑤ 王海明：《保险格式条款》，社会科学文献出版社，2010年，第85-86页。
⑥ 曹兴权，《保险缔约信息义务制度研究》，西南政法大学2003年博士论文，第224页。

意思表示一致的基础上成立的。故保险合同中的特约免责条款是保险合同当事人平等协商合意形成的非格式化的特约条款，保险人无须向投保人进行提示与明确说明，即使该特约条款中措辞非常专业化、复杂化，保险人的明确说明义务也可免除。

四、保险人已经明确说明的免责条款明确说明义务的减轻

投保人就同一保险险种在同一保险人处再次投保时，保险人对之前已经明确说明过的免责条款的明确说明义务可否减轻或免除，学界也有不同的观点。一种观点认为，投保人在同一保险人处多次投保或者续保同一保险险种，或者虽先后投保不同的保险险种但其中的免责条款相同时，只要保险人在之前对保险合同中的免责条款按照法律规定进行了提示与明确说明，则应认为投保人已经知悉了保险合同免责条款的内容，之后订立的保险合同中保险人对于相同免责条款的提示与明确说明义务可以免除。另一种观点认为，保险人虽然已经对保险合同免责条款进行了提示与明确说明，但是该提示与明确说明仅对当次订立的保险合同有效，之后再次订立保险合同的，无论免责条款是否相同，都需要进行提示与明确说明。笔者认为，这两种观点都存在着一定的问题。首先，保险人的提示与明确说明义务是保险法规定的保险人的法定义务，是保险法最大诚信原则的要求，对保险人提示与明确说明义务的减轻或免除应持谨慎的态度，不能随意适用。其次，保险人与投保人就同一保险条款再次订立保险合同时，即使保险人之前按照法律的规定向投保人提示、明确说明过保险合同的免责条款，也不能因此推定投保人已经知悉或了解了保险合同免责条款的具体内容及法律后果。在我国保险实务中，保险人证明投保人知悉了解保险合同免责条款的证据往往是投保人的签字或者盖章，但签字或盖章的证据本身并不等于客观事实，投保人可能并不清楚保险合同免责条款的内容与法律后果。即使投保人在第一次订立保险合同时已经理解了保险合同免责条款的内容与法律后果，可能其在第二次订立保险合同时由于时间间隔较长已经忘记了保险合同免责条款的内容，此种情况下，对于保险人明确说明义务的免除于法无据，也不符合公平正义之理念。再次，若保险人对于连续多次订立的保险合同中相同的免责条款每次都须进行提示与明确说明，则会增加保险人的运营成本，也不利于保险人履行其提示说明的法定义务。综上，笔者认为，不妨采用折中说，即保险人对于已经明确说明过的保险合同免责条款，其提示与明确说明义务不能免除，但是可以适当减轻，实践中可以结合具体的案件事实进行判断。

综上，保险人的明确说明义务并不是绝对的，其明确说明义务也可减轻或免除，我们不能一味地站在维护保险相对人利益的角度，对保险人履行其明确说明义务矫枉过正。我们应从公平正义的角度出发，结合法律规定和具体的案件情形来判定保险人明确说明义务的履行。

参考文献

[1] 曹兴权. 反差与调试:保险人说明义务的履行——兼论保险法第17条、18条的修改[J]. 求索,2005(2):76-79.

[2] 汤小夫,刘振. 保险免责条款效力认定中的 20 个审判难点问题 [J]. 人民司法,2010(15):33-39.

[3] 许绿叶. 保险人责任免除条款的明确说明义务 [J]. 人民司法,2010(23):47-51.

[4] 奚晓明.《中华人民共和国保险法》保险合同章条文理解与适用 [M]. 北京:中国法制出版社,2010.

[5] 奚晓明. 最高人民法院关于保险司法解释(二) 理解与适用 [M]. 北京:人民法院出版社,2013.

浅谈新《保险法》对我国保险行业健康发展作用之分析

孙新宇

（中国太平洋人寿保险股份有限公司青岛分公司）

摘　要：2009 年 2 月 28 日，十一届全国人大常委会第七次会议审议通过了《中华人民共和国保险法(修订案)》(简称"新保险法")，并于 2009 年 10 月 1 日起实施。纵观此次保险法的修订，加强了对被保险人利益的保护成为本次《保险法》修订的最大亮点。在保险合同法律规范、保险行业基本制度、保险监管等方面进行了完善，对于完善我国保险法制、改善保险业经营环境、促进保险业持续健康发展具有重要意义。

关键词：新保险法；理赔；不可抗辩；程序时限

一、新保险法规范了保险公司的经营行为，保护被保险人的利益

（一）增设不可抗辩规则，限制保险公司的合同解除权

不可争条款又称不可抗辩条款，其基本内容是：人寿保险合同生效满一定时期（一般为两年）之后，就成为无可争议的文件，保险人不能再以投保人在投保时违反最大诚信原则、没有履行告知义务等理由主张保险合同自始无效。在保险合同中加入不可抗争条款，是维护被保险人利益、限制保险人权利的一项措施。

在保险经营实践中，一些保险公司销售人员为了招揽业务，明知道投保人未如实告知情况下仍然同意承保，当保险事故发生后，又以投保人未如实告知来进行拒赔。不发生保险事故，保险人就坐收保费，发生保险事故，保险人就以未如实告知为拒赔理由。针对这种情况，新保险法在原来规定基础上，对于投保人告知义务进行了修改完善，修订原则是为了防止保险人滥用权利，减轻投保人告知义务负担，保护被保险人的利益。

（二）规范格式合同，避免霸王条款

新保险法进一步规定，对于保险合同中免除保险人责任的条款，保险人在订立保险合同时应当在投保单、保险单或者其他保险凭证上作出足以引起投保人注意的提示，并对于该条款以书面会或者口头形式向投保人作出明确说明。未作提示或者明确说明的，该条款

不产生效力。

新保险法关于格式条款的解释原则规定，如果投保人、被保险人、受益人与保险人对某一个格式条款的内容发生争议的时候，按照通常理解予以解释；这里的通常理解就可以是看作是加强了对被保险人利益的加强，如果对该条款有两种以上解释的时候，人民法院或者仲裁机构应当作出有利于被保险人和受益人的解释。

二、明确了保险合同的成立时间有助于对减少保险行业纠纷

原《保险法》对保险合同成立、生效的规定不是特别明确，由此导致实践中时常发生缴纳保费、签发保险单与保险合同成立生效之间关系的争议和纠纷。新保险法专门对此作了完善，明确规定保险合同属于诺成性合同，即投保人提出保险要求，经保险人同意承保，保险合同成立。投保人是否缴纳保费与合同成立与否没有必然关系，签发交付保险单或其他保险凭证只是保险合同成立后保险人的义务，而非保险合同成立所要求的特定形式。新法还补充规定，当事人可以对保险合同约定特别的生效条件或期限，如果保险合同中明确约定将保费的交付作为合同生效或部分生效的前提条件，该约定亦属有效。

现实生活中，人们购买保险时一般要经过保险公司的核保程序，投保人在填写好投保单并交纳保费之后，往往有一段时间等待保险公司是否同意承保。在这段等待期，投保人发生保险事故引发的纠纷很多。同时对保险公司的一些诸如电话销售、个财期缴业务也有影响，需要进行调整。当然保险人可以就保险合同附条件、附期限。新保险法的明确规定以后势必对将来的保险市场纠纷能起到抑制作用。

三、对保险人理赔的程序和时限的规定

"投保容易理赔难"是社会反映较集中的问题。"新保险法"进一步明确和规范了保险公司理赔的程序和时限：针对保险理赔难的问题，"新《保险法》"进行了较大修改，如"及时一次性通知"被保险人索赔需补充提供的材料、收到被保险人索赔请求后"在三十日内作出核定"、拒赔时说明理由等服务承诺都被明确写入法律条文中。具体关于理赔程序和时限的规定，体现在为提高理赔效率，新法修改集中表现在"1、3、10、30、60"五个数字上。明确了理赔前后的时限，为保险公司拖欠保费的种种借口断了"后路"。"1"是"及时一次性通知"，当保险公司接到理赔申请时，如果认为材料不完整，一次性通知投保人、被保险人或者受益人补充提供。"3"和"10"分别为"如果拒赔，3天内发出通知书"和"达成赔付协议后10天内支付赔款"。"30"，即除合同另有约定外，保险人应在30天内对保险理赔及时核定，并应将核定结果书面通知被保险人或者受益人。"60"，即60天内保险人无法确定赔款数额的，应当根据已有证明和资料可以确定的数额先予支付，保险人最终确定赔偿或者给付保险金的数额后，应当支付相应的差额。

因此，"新保险法"颁布实施，一是约束保险人要求被保险人补充索赔材料的行为，对被保险人等提供的证明和材料不完整的，应当"及时一次性书面"通知被保险人等补充提供，避免了保险人拖延理赔；二是明确核赔期限和通知义务；三是规定了罚则，保险人未及时履行相关规定义务的，除支付保险金外，应当赔偿被保险人或者受益人因此受到的损

失;四是提出了先予赔付的概念。

四、进一步明确法律责任,打击保险违法行为

随着保险市场的不断发展,一方面需要对一些新出现的保险违法行为规定相应的处罚,另一方面也需要对现行保险法的处罚规定做必要的完善。原保险法对保险违法行为处罚的规定不够完善,对某些违法行为缺乏处罚的实际规定,致使违法行为无法得到应有的制裁。随着保险市场的不断发展,一方面需要对一些新出现的保险违法行为规定相应的处罚,另一方面也需要对现行保险法的处罚规定做必要的完善。新法做了以下三方面的修改:① 增加对新型违法行为的处罚。例如对违法任用高管,虚假理赔,恶意损害竞争对手商业信誉,侵占保费,出租、出借、转让业务许可证,关联交易等行为的处罚。② 加重对违法行为责任人的责任追究。保险监管机构除对违法的机构进行处罚外,对其直接负责的高管等还可采取取消任职资格、实施市场禁入等措施;对有违法行为的保险销售人员、个人代理人以及保险中介机构的从业人员,可以予以警告、罚款、吊销资格证书、实施市场禁入。③ 强化对保险监管人员的责任追究。新法在原保险法规定的基础上,增加了对保险监管人员行政行为的约束,并对监管人员在审批、现场检查以及采取强制措施中的违法行为规定了相应的法律责任。

五、"新保险法"加强对保险公司偿付能力的监管,确保保险公司稳健经营

修订前的《保险法》对保险公司如何保持偿付能力充足性提出了一些具体要求,如限制个别风险自留额和全部风险自留额等;同时,也对保险公司出现严重问题时规定了整顿、接管、破产清算等程序。但是,对于保险公司虽然发生偿付能力不足,但不至于严重到需要整顿、接管、破产清算时保险监督管理机构应当如何处理,没有作出规定。"新保险法"增加规定,对于偿付能力不足的保险公司,国务院保险监督管理机构应当将其列为重点监管对象,并可以根据具体情况采取十种举措,包括:责令增加资本金、办理再保险、限制业务范围、限制向股东分红;限制固定资产购置或者经营费用规模;限制资金运用的形式、比例;限制董事、监事、高级管理人员的薪酬水平;限制商业性广告、责令停止接受新业务。

此外,为了防止股东滥用权利,损害公司利益,"新保险法"规定,保险公司股东利用关联交易损害公司利益,危及公司偿付能力的,由国务院保险监督管理机构可以限制股东权利;拒不改正的,可以责令其转让所持的保险公司股权。

"新保险法"关于偿付能力监管的规定,在当今保险公司快速扩张的背景下,具有非常重要的现实意义。当前,保险公司尤其是抗风险能力较弱的中小保险公司,受到世界金融危机影响,间接投资于股市的保险资金大幅缩水,已经开始出现部分保险公司偿付能力不足的情况,如果不进一步采取措施,被保险人的权利将无法得以保障。"新保险法"规定的十项措施,可以有效地防范保险公司的偿付能力风险,对于中国保险业健康稳步的发展有着深远意义。

六、"新保险法"实施对中国保险业影响分析

保险法是规范保险业的基本重要依据。修改和完善保险法,无疑对保障和促进保险业持续健康发展具有非常重要的意义。2009 年 10 月 1 日,"新保险法"正式实施。该法的实施将对于中国保险业产生深远的积极影响,具体包括以下几个方面:

1."新保险法"的实施将大大提高保险监督的力度

"新保险法"增加了监管部门的执法手段和监管措施,加大了对保险违法行为的处罚力度,赋予保险监管部门更多、更细致的监管任务,明确了监管机构滥用权力的法律责任。新保险法实施后,保险监管部门的监管的目标和原则更加明确,监管措施更完善,监管的效率更加提高,监管力度将大大提高。

2."新保险法"的实施有利于保险市场更加规范、有序发展

保险法修订前,"理赔难"、保险公司利用优势地位侵害投保人或被保险人等现象比较普遍。由于新《保险法》着力加强了对保险公司经营行为的规范,充分保护投保人及被保险人的利益,因此新《保险法》的实施必然有利于整个保险市场规范发展,有利于减少保险合同纠纷和保险违法、违规行为的发生。此外,新《保险法》完善了对保险代理机构和保险公估机构的管理,增设"保险行业协会"的规定,加强了保险行业自律管理,这些规定在保护市场充分竞争的基础上,必将促进保险市场健康、有序发展。

3."新保险法"的实施有利于保险业的创新和持续发展

新《保险法》放宽了保险公司组织形式、扩展了保险公司业务范围、拓宽了保险资金运用渠道、严格了保险公司经营规范、加强了被保险人利益保护、加大了保险市场的监督,等等。这些不仅为保险业创新发展提供了空间,而且必将促进保险业的持续健康发展。

4."新保险法"的实施将促使中国的保险市场与国际进一步接轨

"新保险法"删除了有关于保险公司组织形式的特别的规定,拓宽了保险公司业务范围和保险资金运用渠道,初步建立了保险公司市场退出机制,赋予保险行业协会法律地位,这些方面都参考了国际通行做法,为加快我国保险业与国际接轨的步伐创造了条件。

参考文献

[1] 许崇苗,李利. 中国保险法原理与适用 [M]. 北京:法律出版社,2008.

[2] 刘宗荣. 新保险法——保险契约实务 [M]. 台北:三民书局,2007.

[3] 江潮国. 保险法基础理论 [M]. 北京:中国政法大学出版社,2002

文化篇

关于推动保险企业文化建设的几点思考

李晓晖

（中国保险监督管理委员会青岛监管局）

摘　要：近年来保险业快速发展，取得了很大的成就，但在发展过程中出现了一些影响行业长期健康发展的问题，反映了保险企业在文化建设方面的不足，建设适合本企业优秀企业文化已成为保险公司需要研究的重要课题。本文对企业文化内涵进行了探讨，指出了保险企业文化的核心内容，并在推进保险企业文化建设方面提出了一些建议。

关键词：保险企业；文化建设

我国保险业取得的成就有目共睹，截至 2013 年底，保险业务收入达到 17 222.24 亿元[①]，其中财产险保费收入 6 212.26 亿元，同比增长 16.53%，人身险业务保费收入 9 425.14 亿元，同比增长 5.8%。保险总资产突破 8 万亿元，较年初增长 12.7%，这些数据说明保险企业的规模与实力都得到了很大的提升。但保险业不仅要注重资本实力和市场规模等"硬指标"，更要重视行业文化建设，提升保险业的"软实力"。反思保险行业发展中出现的诚信缺失、社会形象不佳等问题，已经影响到保险企业的可持续性发展，这些都在一定程度上反映了保险企业在文化建设方面存在缺陷，因此，推进保险企业文化建设，夯实保险业发展的基础对保险行业长期健康发展非常必要。

一、企业文化的内涵

企业文化是与企业相伴相生的客观现象，在企业这一经济组织形式诞生之时，就存在企业文化，最先提出并倡导企业文化理论的是美国的企业管理者。20 世纪 70 年代后期，日本经济迅速发展，冲击和占领美国居于优势的若干领域，引起美国各界的震惊和深刻反思。经过多方面的研究和比较，他们发现成功的企业管理是日本经济发展的重要原因之一，在其企业管理中重视全体职工共有的价值观，注重强化职工对企业的向心力，注重企业的人际管理。从此，文化在管理中的重要作用开始受到关注，关于企业文化的研究也引

---

① 新会计准则 2 号标准。

起了企业界和理论界的强烈反响，兴起了一股世界范围的文化热潮。目前，企业文化在理论和实践方面取得了长足的发展，企业文化作为一门新兴边缘学科，已成为现代管理理论中的重要组成部分。

企业文化是企业长期生产、经营、建设、发展过程中所形成的管理思想、管理方式、管理理论、群体意识以及与之相适应的思维方式和行为规范的总和，它体现为企业价值观、经营理念和行为规范。企业文化主要有三个构成要素，一是共同价值观，是指企业组织成员或全体成员分享着同一价值观念，是企业文化的核心内容。二是行为规范，指约定俗称或明文规定的标准。三是形象与形象性活动，是企业文化的浅层次表现，是企业文化最易感知的外在形式，包括物质形象和人员形象。

二、保险企业文化建设现状

改革开放以来中国保险业快速发展，保费规模不断扩大，国内的一些保险公司在企业文化建设方面也进行了一些有益的探索，积累了一些经验，也认识到了企业文化是保险公司发展中不可或缺的重要组成部分。如中国人寿保险集团提出了"成己为人、成人达己"的文化理念；中国人民保险集团以"人民保险、造福人民"为使命，并将企业的核心价值观确定为"诚信立业、稳健经营、创造卓越、回报社会"等，但与国际成熟的公司相比，我国保险企业的企业文化还存在很多问题和不足。

（一）企业文化建设还停留在初级阶段

企业文化是企业和企业人信奉并付诸实践的价值理念，是所有团队成员共享并传承给新成员的一套价值观、共同愿景、使命和行为准则。我国保险企业文化相当程度上都停留在表层的物质文化和中层的行为文化，而核心的精神文化没有形成。部分保险公司虽然建立了"企业文化"，但更注重外在的表现形式，而忽视了内在的精神、理念实质，认为企业文化就是标识、企业和员工的外在形象，文化建设就是搞一些文体活动、娱乐文化等，对文化的理解还缺乏深入的认识。

（二）企业文化底蕴不足

相对于中国传统文化的博大精深，我国保险公司企业文化建设起步较晚，虽然多数保险公司都有着自己的经营理念、企业目标和服务宗旨，但多数停留在创业之初，没有随着业务的拓展进一步的丰富、发展和变革，文化底蕴明显不足。部分保险公司借鉴别人的多，自己独到的少；参照西方的多，融汇民族精神的少；口号形式多，主体精神的少。企业文化底蕴不足，并且无法形成体系，直接造成了企业文化的"虚化"，无法真正发挥企业文化在企业经营管理中的重要作用。

（三）缺乏建设手段和组织保证

受到企业生存、扩张和竞争压力的影响，大部分保险公司普遍重视业务发展，轻视企业文化建设，无法结合公司的实际情况，有针对性地、全面系统地建设企业文化。很多保险公司都是"摸着石头过河",缺乏系统的调研手段与研究方法,一些企业聘请专家设计的企业文化建设方案也只是表面工作,不能很好与企业自身情况相结合,企业自身的企业文化建设组织保证比较薄弱,很少企业有专职的企业文化建设部门,无法保证企业文化建设常抓不懈。

(四)随意性较大和僵化并存

由于企业文化建设重形式、轻内容,重理念、轻行为,许多企业在文化建设中随意性很大,企业价值观可能会随着主要领导的变化而发生改变。同时,在企业面临的市场环境发生巨大变化、企业经营战略需要调整时,企业文化却不随之改变,与企业发展不相适应。企业文化的随意性较大与僵化的矛盾并存。

三、保险企业文化建设的核心内容

保险的起源就是"人人为我,我为人人"的互助文化,体现的是一种兼爱互助的思想。保险产品是这种文化的特殊载体,且价格的浮动空间非常有限,所以对于保险公司而言,品种竞争和价格竞争的空间较小,在品牌中注入文化因素,融合企业精神和价值观能够使得公司的品牌升华到更高的境界,有助于树立良好的形象。公司文化可以在公司内部形成员工认同和共享的愿景,提高公司的凝聚力和向心力。保险行业的特殊性决定了保险企业文化的核心内容应该包括如下内容。

(一)诚信文化

保险的基本的原则就是最大诚信原则,保险行业的特点决定了诚信是其发展的必然要求。保险公司是经营风险的行业,保险产品是具有不确定性的无形产品,保险是否履行自己的承诺,要到订立合同后的几年甚至几十年才能确定,因此比起其他行业,保险行业更需要诚信。保险行业在快速发展的同时,销售误导、惜赔、无理拒赔等不诚信问题已经严重影响到行业的长期健康发展。据一项由国务院发展中心和中国保险学会共同进行的公众调查显示,有20%左右的消费者对保险公司持不信任的态度,行业已经进入了信誉危机的阶段,因此加强以诚信为核心的文化建设刻不容缓。

(二)服务文化

保险产品是无形的产品,它提供给客户的不是使用价值,而是一种权益的保障。保单的承保并不意味着保险交易的结束,而是保险交易的开始,从某种意义上讲,服务比产品本身更为重要。保险公司的竞争能力很大程度上取决于其客户服务水平,服务能力越强,市场差异化越能够体现。如果一家保险公司能把服务融入产品的支撑体系,那这家公司就可以在很多方面建立"进入障碍",保持牢固的客户关系。优质的服务可以建立长期的客户忠诚度,吸引客户,使得公司在竞争中独树一帜。

(三)创新文化

保险发展的历史证明,每一次大的创新都会带来发展的一次飞跃。如个人营销体制的引入带来了寿险业务的大发展,开辟银行销售保险模式带来了一种全新的银行保险合作模式,保险电子商务模式为保险发展进一步拓展了空间等。因此,保险业要想在未来的市场竞争中立于不败之地,必须用创新理论武装自己,充分利用金融创新理论,借鉴国际产险业的先进经验,更新经营管理理念,改进资源配置方式,不断提升保险业的整体竞争力和社会影响力,促进保险业的健康、持续发展。

四、保险企业文化建设的几点思考

保险企业文化建设应立足于中国国情,立足于保险业发展还处在初级阶段的现状,建立以中国传统文化精髓为基础,融合西方企业文化先进因素的特色保险企业文化。

(一)转变理念

发挥企业文化的作用,需要理念的转变,包括领导者、管理者和普通员工的理念转变。理念影响着人的观念和看法,更影响其行为,所以要树立正确的理念,充分认识到企业文化的重要作用。当前普遍非诚信问题的出现,除了制度性因素外,很大程度上根源于管理思想存在缺陷。要走出这一困境,必须在深层制度变革的基础上,通过建立先进的企业文化来实现观念、思想的创新和升华,要把诚信成为保险企业文化的核心。普通的企业做产品,有活力的企业做品牌,优秀的企业适应需求,伟大的企业创造需求,长久的企业经营理念和文化。保险企业作为长期经营风险的企业,是社会经济保障体系的重要组成部分,要打造百年企业,实现长久经营,必须重视文化的传承和经营,注重以诚信为核心的文化体系建设。

(二)改善外在文化

一是保险产品服务和创新。保险公司主要提供给客户无形的产品和服务,加大对保险产品开发和设计的投入,发现潜在需求特点,针对细分市场设计更具差异化的保险产品,既能满足不同的消费市场,还能与竞争对手有所区别。服务创新主要是加大服务种类和形式的创新,为客户提供高质量的客户服务,最大限度降低客户风险,提高收益,实现顾客价值最大化。

二是公司环境及标识的设计。公司的办公环境设计要从文化和情感的角度考虑,实现环境布局的和谐统一,简单、明朗而富有激情,有利于激发员工的激情保持良好的工作状态。需要导入公司识别系统 CIS(Corporate Identity System),建立良好的企业形象,形成企业独特的自我个性,增强企业的凝聚力和竞争力。如建立富有特色的视觉形象,在网点设计上坚持有利于本司文化、有利于吸引客户、有利于客户便利,有利于经济效益的原则。

(三)建设制度文化

企业文化的核心内容的贯彻和发展有赖于制度层面的保障,而制度本身也是展现企业文化核心内容的载体。制度文化是在有形的制度中渗透出文化,通过有形的制度载体表现出无形的文化。营造保险公司制度文化主要是构建符合公司实际、科学有效的公司管理体制、组织结构和管理制度体系。管理是一门科学,也是一门艺术。现代管理更注重人情化因素和人性化管理,但人性化管理不能取代约束性的规章制度,只有将制度管理和人文管理有机结合起来,营造出良好的企业制度文化氛围,才能使制度文化成为一种习惯、一种自觉行为,最终转化为生产力。保险公司的制度一般包括人力资源制度、财务管理制度、业务管理制度等方面,无论哪方面制度,在制定上都要遵循严密性、可行性和公平原则,同时要根据公司内外环境的变化,及时调整修正和完善公司制度,使其发挥出最大效能。总之,保险企业应当建立健全各项制度规范,以制度为准绳,通过人文管理来落实,用制度保障人文管理的顺利进行,形成公司的制度文化。

(四)提炼精神文化

企业文化的核心内容就是经营理念、价值诉求和经营中的道德操守等意识形态,强大的企业文化来自于企业的经济目标与社会价值规范协调一致、来源于员工的价值诉求与企业的经营理念协调一致,优秀的企业文化需要优秀的企业家引领。保险公司精神文化建设需要坚持以人为本的原则,使其充分反映员工的思想文化意识,通过全体员工的积极参与,发挥首创精神;坚持领导表率,作为公司精神文化的倡导者和推动者,要做出表率,给员工树立榜样,调动员工的积极性和创造性。精神文化的建设和形成是一个长期的过程,需要有计划有步骤进行,同时要加强精神文化的培训,进行全员性的宣传、灌输、教育和学习,提炼文化的内涵,逐步使精神文化建设成为公司的一种常态、融入公司的日常经营管理中,潜移默化影响员工的思想和行为,提高员工的认同感和使命感。

文化在企业的生产和经营过程中发挥着凝聚人心的重要作用,只有形成了优秀的企业文化,才能真正实现稳定、健康成长,实现可持续发展。保险企业应当以人本、能本管理为核心,以诚信经营为基石,以学习创新为动力,加强领导、精心组织、全员参与,使具有时代特征和符合本企业特色企业文化转化为企业的生产力和核心竞争力。

参考文献

[1] 张德主. 企业文化建设 [M]. 北京:清华大学出版社,2003.

[2] 刘光明. 企业文化 [M]. 北京:经济管理出版社,2006.

[3] 陶红. 论企业文化理念与保险企业文化建设 [J]. 湖南大众传媒职业技术学院学报,2005(3):81-83.

[4] 沈湘卿. 企业文化建设在现代保险企业中的作用和地位 [J]. 中国保险,2006(1):46-49.

浅谈如何在新形势下，大力推进销售团队建设与发展

韩其俭

（中国人民财产保险股份有限公司青岛市市南支公司）

摘　要：团队是销售人员成长的摇篮，也是他们信心和力量的源泉。在建设现代化精品基层公司的进程中，销售团队建设是公司经营管理工作中的重中之重。

关键词：基层现状；问题；建设与发展建议

一、基层公司销售团队的现状和存在的问题

（一）综合业务能力低，知识层次欠佳

从整体上看，基层公司销售团队的问题主要表现为"两低"。一是基础理论水平低。虽然大部分一线员工通过各种途径取得了大专、本科学历，但由于缺乏系统的学习，理论水平还不能与其学历相适应，在调查研究、服务创新、解决问题的力度等方面遇到困难时，与真正的应届全日制大学生相比，在前瞻性、创造性、应变能力等各方面存在很大差距，由于此类人员在销售队伍中占比大，所以，在整体上制约着销售团队建设的快速推进。二是综合业务能力低。多年来，由于保险市场发展快，受私家车销量逐年大幅增加的影响，给销售人员获取保险资源提供了优势和条件，致使销售人员相对稳定。而且，以机动车为主要险种使业务操作相对简单，虽然各级管理机构组织的业务培训较多，但很多业务员只注重机动车保险的条款学习，不探讨市场发展情况和各险种的保险知识。有的非车险业务信息就从身边擦肩而过，有时对来自社会关于非车险的问题咨询解答不了，有时对到手的非车险业务不会谈，不会操作，造成了公司长期险种结构不合理、发展速度缓慢的实际情况。

（二）年龄结构欠佳，新老交替问题明显

为适应不断变化的市场形势和逐年增长的保费压力，各经营公司利用内部职工介绍、人才市场交流、向院校直接招收应届毕业大学生等办法增员，这在一定程度上缓解了销售团队人员老化和展业力量不足的问题。但由于老员工占比大，而且多为"60后"，女员工多，几年后将进入退休高峰期，这些员工的业务虽处逐年下滑趋势，但在公司整体业务中

仍然举足轻重,是不能替代的力量。新入公司人员虽具有年龄、学历、身体素质等多项优势,但多数为"80后"、"90后"人员,入公司时间较短,保险专业知识掌握程度不够,尤其是实践经验有待提高,人际关系及保险文化有待进一步开发运用。因此,新老交替问题是客观存在的。

(三)销售人员补充难

现在的招聘渠道已经难以应对市场挑战。保险市场竞争白热化,招投标带来的大幅降费和市场造成的高费用率,让部分险企步入微利甚至亏损经营境地。佣金、薪酬失去以前的优势,致使对销售人员补充"捉襟见肘",同时也对留住人才带来一定困难,在基层公司实际工作中,三分之一的大学生入公司后因觉得工作压力大,个人收入不高,几年内自动辞职,有的与用人单位已经签订了正规劳动合同,确立了劳动关系,仍然说走就走。薪酬费用投入不足,在人才竞争上缺乏物质保障,使销售人员的补充处于被动局面。

二、对于推进保险销售团队建设与发展的建议

(一)坚持增员和育才并举

在销售团队建设中,要想提升市场占有率,增强竞争力,提高公司品牌知名度,保持团队人才资源充沛,增员是永恒的主题。但是,增员工作做好了不等于保险业务发展了,生产力提高了,更重要的是如何把他们留下来,由保险公司的"门外汉"快速适应团队的要求,逐渐发展成为业务精英。为此,我们应该在销售团队发展和建设中做不懈努力。一是领导重视。基层公司领导对快速扩大销售力量的筹备、建立、发展要高度重视,把发展销售团队建设纳入公司工作日程,当作大事来抓,并且与本单位长期以来所面临的员工队伍老化、个人业务发展缓慢等问题联系在一起。员工队伍老化,我们的公司不能老化,为保证公司有人继续,基层团队的建设工作必须做到不断向前发展,使基层公司的业务发展长期保持蒸蒸日上的良好局面,这必须引起基层管理者思想上的高度重视。二是制度落实。根据保险市场变化和销售团队的发展现状,及时制定和修改一系列制度和相关措施,最大限度地调动每个员工的积极性和创造性,使团队真正成为公司后备力量的孵化基地,基层公司应大力实施人才强司战略,通过搭建平台,不断引进优秀人才,特别是保险专业的应届毕业生,为基层公司的发展提供人力资源保证。引进后加强专业技能培训,公司针对每个人的基本情况提供一定的展业条件,让他们边学边干,理论联系实际,在积极探索学习和工作中砥砺品质、锤炼作风、增长才干,使其真正成为基层公司加强销售能力建设的重要依托和力量,提供一个实现个人价值、让平凡人成功的平台。三是强化管理。对新的销售团队管理不同于原来的老员工队伍,新进人员普遍年轻,保险工作时间短,有的是应届大学毕业生,团队人员成分差异比较大,对人保公司的规章制度和保险知识了解也比较少,短期内给团队的管理带来了一定的困难。为使其快速适应公司的整体组织管理模式,尽快融入公司团队大家庭,公司上下一定要做好"传、帮、带",积极开展"师徒文化",把"师徒文化"当作管理文化,营造团队的和谐氛围,形成"比、学、赶、帮、超"的良好工作局面。

（二）善于用激励手段调动员工积极性

一个高效激励制度的建立,无疑会为团队管理者节省大量的时间。你不用为员工完不成计划担心,也用不着费神向他们解释何为"好员工"。因为每个人心中都有一面明镜,业绩是铁的事实,耕耘必有收获。

（1）制定较高的业绩标准。无论你是老员工、业务骨干还是刚入司的新人,只要有固定的劳动关系,均制定不同层级的考核标准,标准一般起点高,低标准易产生"自我满足",当然,高标准也并不意味着高不可攀,目的是让员工明白目前的成绩不是最优秀的。

（2）建立准确的业绩评价制度。业绩评价结果直接与员工的绩效奖励挂钩,目的在于激励,让他们明白公司对他们的重视和珍惜,产生一种神圣的责任感、使命感。

（3）优化薪酬配置,激励最佳贡献者。金钱不是对员工的唯一报酬,却是企业肯定人才劳动价值的直接手段。在一定意义上讲,金钱本身对人才并不重要,重要的是一个公司一个团队或个人能力的评价。要想建立一支长期的、稳定的、高效的团队,优化薪酬配置是理所当然的选择。彻底改变干多干少一个样、盈利亏损一个样、干与不干一个样、大公司和小公司薪酬待遇一个样的传统制度,对贡献度大的单位获得高于同类公司水平的薪酬配置,激励最佳业绩贡献者。

（三）强化专业培训,提升团队的整体素质

培训是组织不断学习新知识,全方位提升新老员工对竞争市场的应变能力,实现员工自身价值,提高工作效率和增加经济效益的重要途径。以人为本,以培训为本是我们经营过程中的基本环节,也是创建学习型组织、优化工作流程、应对未来挑战的有力措施。

（1）培训能更加完善公司的企业文化建设。通过培训可以最直接、最彻底地满足员工的自尊、自我实现的需求,使大家充分释放潜能,有效调动积极性、创造性,减少员工流失,有效地增强团队的向心力和凝聚力。

（2）培训能更有利于市场竞争中取胜。近年来,随着国内保险市场的不断发展,各保险经营公司员工队伍逐年扩大,展业力量不断强化,同时,人员优势在竞争中得到体现。但是新进人员,文化水平不一,职业素质参差不齐,存在着经营行为不规范、专业技能欠佳、服务意识不到位等问题,可能会对公司的品牌形象和信誉产生不良影响。为此,要想实现自己的人员优势,胜过竞争对手,就需要建立培训机制,丰富培训内容,选择合理的培训方法和时间,对团队员工进行各种形式、不同内容的培训永远是十分必要的。

（3）培训方法科学化。针对内勤、外勤、新员工、老员工不同岗位、不同工作环境,不同的需求,利用科技手段使培训更加科学实用,建立符合公司发展需求的员工教育培训模式。

（四）践行保险核心价值理念,促进销售团队与发展

（1）加强人才的职业生涯规划。基层公司应结合行业发展特点,制定人才职业规划,让其看到自身发展是建立在认同,落实保险行业核心价值理念基础之上的,让每一位员工都能够清晰把握自己的发展方向,增强团队稳定性。

（2）加强学习型组织建设，积极组织广大团队成员学习监管规范、行业道德规范、服务礼仪、专业知识及市场创新知识，积极进行岗位创新，对标市场，促进保险工作的改革与转型。

（3）要强化交流，善于挖掘公司各群体中爱岗敬业、在公司建设和发展过程中的模范事例和典型进行积极宣传，对兄弟公司和国内国际同行的优秀案例进行学习和推广，利用晨夕会"走出去、请进来"的办法进行广泛的学习和交流，形成强烈的学习氛围。

（五）强化文化建设，提升销售团队建设的软实力

"企业文化是企业长期形成的一种文化传统，他是企业员工共同的价值观、思想信念、行为准则、道德规范的总和"。随着时代的进步，经济的发展，人们生活水平的提高，在不断满足物质需求的同时，有了更多的条件，对精神方面的需求进一步增强，各种思想意识、文化观念呈多元化趋势发展，如团队中产生了"重业务、轻政治、重物质、轻文化、重享受、轻服务"的思想。面对这些思想困惑，我们不得不思考因社会发展和进步所产生的新形势下员工队伍建设和企业文化建设方面的新问题。

（1）提升销售团队的软实力，必须有精炼的团队文化理念，起到凝聚力、催人奋进的作用，在实践工作中精炼文化理念，激发员工的积极性，为公司增添活力。中国人保财险青岛市市南支公司多年来，在培养大学生团队方面采用了"筑巢引凤""结对子""师徒文化"理念，充分反映了基层公司高层的管理理念，员工的价值追求和价值理念，体现了企业的责任感和使命感，也为企业的后续发展提供了强大的动力。

（2）强化企业文化建设坚持以各种活动为载体，让员工潜移默化地对先进的企业文化有所认同。丰富多彩的各项活动能培养和加强员工的责任感和自豪感，让员工从根本上改变自己的生活认识和生活方式，让员工之间相互沟通、相互交流、相互了解，打破人与人之间的隔阂，从而增强团队的团结与协作。

（3）强化文化建设要以典型引路，做好先进典型事迹的宣传，把业绩优秀、好人好事、兄弟单位的先进经验等利用各种宣传形式进行宣传，用拼搏创业的正能量感染人、教育人、带动人。榜样的力量是无穷的，典型是最有说服力的。典型犹如一盏明灯，"明灯"可以指引方向、可以使大家学有榜样，起到引领和推动作用。

论践行保险行业核心价值理念的必要性

封连全

（中国平安人寿保险股份有限公司青岛分公司）

摘　要：本文通过对保监会最新发布的保险行业核心价值理念进行内涵分析,研究其重要意义并得出保险公司践行该核心价值理念的必要性,探讨保险公司践行核心价值理念的路径建设。

关键词：保险行业；核心价值理念；路径建设

一、保险行业核心价值的内涵

2013年3月21日,中国保监会在京召开发布会,正式发布保险监管核心价值理念和保险行业核心价值理念。保监会党委书记、主席项俊波出席会议并讲话。会上确认了保险行业核心价值理念为"守信用、担风险、重服务、合规范"。

守信用,是保险经营的基本原则。保险是一种基于信用的契约行为,是对未来不确定性的承诺。诚信是保险业的生存之本,是行业发展的生命线,也是保险业最基本的道德规范和行为准则。保险业必须以最高的诚信标准要求自己,信守承诺、讲求信誉,向客户提供诚信服务,才能树立良好的社会形象,才能赢得社会的信赖支持,才能不断发展壮大。诚信是保险业的灵魂和命脉。保险是一个以信任作为基础的行业,"最大诚信"是保险经营最重要的原则。讲究诚信、崇尚诚信是解决当前保险业存在的突出问题、重塑保险行业形象的必然要求。

担风险,是保险的本质属性。保险业是经营风险的特殊行业,要通过科学专业的制度安排,为经济社会分担风险损失,提供风险保障,参与社会管理,支持经济发展,充分发挥保险的"社会稳定器"和"经济助推器"功能。要坚持改革创新,加快转变发展方式,不断提升风险管理能力和核心竞争力,增强行业发展活力,夯实科学发展基础,更好地履行保险责任。责任是保险业的内涵和价值追求。责任在保险中具有独特的含义,代表了保险是以一纸承诺承担风险责任,勇于承担责任,方能彰显行业价值。信守承诺,承担并且履行合同责任,为社会提供风险保障,是保险业最基本、最重要的功能；其次,保险经营是风险经营,是以少量的保费承担巨大的责任,具有很强的杠杆性,这就要求保险从业者必须以

404

最高的责任感要求自己,对客户负责、对社会负责、对行业负责、对员工负责。

重服务,是保险价值的实现途径。保险业属于金融服务业,保险是无形产品,服务是基本手段。保险业要积极服务经济社会发展和人民群众多层次的保险需求,加大产品和服务的创新力度,着力提升服务质量和水平,通过真诚文明、专业精细、优质高效的保险服务,传达保险关爱,体现保险价值。服务至上是实现保险功能的必然选择。保险业属于金融服务业,区别于那些具有日常使用功能的有形消费品,服务是保险业实现诸多功能的基本手段和有效途径。只有通过专业、细致、诚信的全过程服务,才能满足客户需求、提升客户体验、实现保险功能、传达保险关爱、促进经济社会发展。

合规范,是保险市场健康运行的前提条件。保险机构和从业人员必须严格遵守国家法律法规、行业规则规范、职业道德准则,并在具体工作中时时、处处规范行事。要在全行业大力倡导知法守法、合规经营的道德风尚,培育良好的市场秩序,保障保险业健康可持续发展。合规是保险业的基本要求。"合规"既包括"合乎规则",也包括"合乎规范",保险的价值通过规范的服务来具体体现。所有保险市场主体、全体保险从业人员在具体工作中必须时时、处处规范行事,在规范服务的基础上努力提高专业化程度。专业是保险的品质。保险是一个资金密集型、智力密集型行业,无论保险经营管理还是保险服务,都必须具有专业品质,以专业的人才、专业的知识、专业的精神,提供专业的合规的风险管理服务。

二、推行保险行业核心价值的重要意义

加强保险文化建设是保险业贯彻落实中共十八大推进社会主义文化强国建设的重要举措。培育和践行保险监管核心价值理念、保险行业核心价值理念是保险文化建设的关键环节,对促进保险业持续健康发展具有十分重要的意义。

首先,培育和践行核心价值理念是转变发展方式、推动行业科学发展的内在要求。先进的行业文化具有强大的导向功能。培育和践行核心价值理念,能够从精神层面回答保险业的本质追求,为保险业发展提供根本的价值遵循,为保险经营和保险监管提供最终价值依托,确保保险业始终沿着正确的发展方向前进。当前,保险业正处在转型升级的关键时期,培育和践行核心价值理念,有利于引导行业树立科学的发展理念,加快结构调整和转变发展方式,不断提高发展质量和效益。

其次,培育和践行核心价值理念是加强行业文化建设、凝聚行业力量的有效途径。保险监管核心价值理念、保险行业核心价值理念是保险文化的精髓,蕴含着我们对保险业生存和发展的根本价值取向,深刻影响着保险从业人员的思想观念、思维方式和行为规范。培育和践行核心价值理念,有利于广大从业人员增强对保险业的认同感,树立职业荣誉感,主动规范自身行为,激发干事创业的热情,汇聚形成全行业朝气蓬勃加快发展的旺盛生命力、不竭创造力和强大凝聚力。

再次,培育和践行核心价值理念是加强改进保险监管、提高监管效能的重要手段。保险监管是促进行业提升服务质量、防范化解风险、增强可持续发展能力的有效保障。在建设现代保险监管体系进程中,加强保险监管文化建设,培育和践行核心价值理念,有利于

明确监管工作的宗旨目标、基本要求和评价标准,为制度设计、政策部署、法规制定提供正确的价值导向,促进监管机构创新监管思路,健全监管制度,改进监管方式,不断提高保险监管的科学性和有效性。

此外,培育和践行核心价值理念是提升行业形象、增强行业软实力的迫切需要。中共十八大报告明确提出,要提高保险业的竞争力。先进的保险文化是保持行业竞争力的重要因素,是行业持续健康发展的重要支撑。行业文化的力量,归根到底来自于凝结其中的核心价值理念的影响力和感召力。培育和践行核心价值理念,有利于弘扬行业精神,扩大行业影响,树立良好形象,增进全社会对保险业的了解和支持,促进行业更好地发挥自身的特色与优势,不断提高保险业在经济社会发展中的地位和作用。

三、践行核心价值理念的必要性

(一)保险行业核心价值理念就是保险业的发展志向

核心价值理念,简单地说就是某一社会群体判断社会事务时依据的是非标准,遵循的行为准则。保险业确立核心价值理念,既要反映保险业对于自身经营管理、服务社会、履行责任时所持的态度和坚持的标准,也要符合现阶段社会主义核心价值理念的内涵。保险业的核心价值理念,从某种意义上讲,可以理解为保险业的发展志向,要能够体现保险业的发展主张,要能够使其从业人员信奉并坚守,要能够有效处理好业内与业外、业内之间的矛盾关系,要能够清晰地表达对社会、对客户、对员工、对股东等各相关群体的看法或态度,能够表明企业生存发展的志向和价值取向。

(二)保险行业的核心价值理念具有统领行业科学发展的作用

从保险业自身来讲,要实现又好又快发展,就必须始终坚持以科学发展观为统领,将自身的发展融入到服务经济社会发展与和谐社会建设的全局,加快结构调整和发展方式转变,着力保护保险消费者利益,积极探索建立自身成长与社会贡献兼具的商业模式,实现行业与社会的和谐发展。这其中,核心价值理念的建立至关重要。价值观决定着发展方向,价值取向的不同,发展的路径和处理问题的方式方法也不会相同。

(三)保险行业的核心价值理念具有引领行业文化思潮的作用

文化是一种软实力。从狭义上讲,保险行业文化,应该是行业在改革发展和经营管理实践中形成的能够为行业内部所认同并共同遵守的、体现行业特点的发展使命、发展愿景、发展宗旨、发展精神和价值观等各方面的总和。这种行业文化指导下的行业发展精神,是推动行业科学发展的不竭动力。从行业科学发展着眼,必须要有一种主流的,积极、健康、向上的文化来引领,形成一种行业主流文化,使之成为行业内部奋发向上、开拓进取的精神纽带,从而引领行业走上发展科学、效益显著、整体素质不断提高、与经济社会协调发展的道路。这种文化的核心组成部分,就是核心价值理念的体现。

总之,无论从保险行业整体发展而言还是从独立的保险公司长远规划来讲,打造引领行业的核心价值理念并毫不怀疑的去实施执行是必要的也是必需的,它为保险行业的健康发展指明方向，为保险行业和保险公司的平稳发展奠定价值观基础，同时搭建了良好的舆论平台并赋予其文化内涵，使更多的人理解保险业参与保险业，使保险行业的经济使命和社会使命更加明确化。

四、践行保险行业核心价值理念的路径建设

（1）要加强学习宣传，使核心价值理念成为全行业共同遵循的价值取向。一是要加强教育培训。通过举办培训班、组织宣讲团、开展集中学习讨论、知识竞赛等多种方式，广泛开展保险监管核心价值理念、保险行业核心价值理念的宣导活动。要把核心价值理念的教育纳入各级机构学习计划，作为干部员工入职培训、高管培训、在岗培训等的必修课程，教育引导广大监管干部和从业人员准确理解和领会核心价值理念的内涵与要求。二是要加大宣传力度。各单位要结合自身实际，运用各类宣传平台，采取文化品牌建设、文艺作品创作、先进典型表彰等多种形式，大力宣传核心价值理念。要大胆创新载体和方法，注重运用新媒体、新技术，让核心价值理念得到广泛传播。要大力开展保险"进社区、进机关、进农村、进学校、进企业"，普及保险知识，宣传核心价值理念。三是要强化整体形象建设。各单位要根据统一设计制定的核心价值理念形象标识，在办公场所、内外网、内刊、重要单证、宣传资料以及相关媒体的醒目位置予以展示，扎实做好文化形象导入工作，使核心价值理念真正成为机关文化、企业文化的核心内容。

（2）要健全制度机制，使核心价值理念成为全行业一以贯之的行为准则。一是要建立健全工作机制。各单位、各公司要建立完善文化建设的领导机构和工作机制，形成一把手亲自抓、分管领导具体抓、宣传群工部门牵头协调、相关部门各负其责、层层抓落实的工作局面。各级单位各公司领导干部要带头学习、带头宣讲、带头践行，争做核心价值理念的弘扬者、践行者和传播者。要在人、财、物等方面给以有效保障。二是要修订完善相关制度。各保险公司要把核心价值理念的要求贯彻到发展战略、制度机制当中，贯彻到行为准则、评价标准当中，使我们所提倡的理念与实际工作得到有机结合。按照核心价值理念的要求，全面梳理和完善规章制度、服务标准、从业规范和绩效考核体系等。要强化制度执行，以制度的有效执行保证核心价值理念的贯彻落实，变他律为自律，变约束为习惯，使其真正成为广大保险从业人员共同遵守的行为规范和工作准则。三是要建立完善长效机制。各保险公司要根据保监会下发的指导意见，制定加强文化建设的实施计划，确保文化建设工作持久有序开展。要建立完善保险文化建设工作的宣导、运行、督查、考核评价等长效机制，逐步将文化建设制度化、规范化和常态化。

（3）要勇于探索实践，使核心价值理念成为全行业创新发展的内生动力。一是要切实保护保险消费者利益。要通过培育和践行核心价值理念，强化服务民生、保险为民的宗旨意识，加大销售误导的惩处力度，切实解决消费者反映集中的问题，促进公司提供多样化保险产品和高质量的创新保险服务。二是要提高公司科学发展水平。要充分发挥核心价值理念的导向、凝聚等功能，引导广大员工深入贯彻落实科技创新理念，进一步创新方法、转变观念，增强加快转变业务销售方式、深化结构调整的自觉性和主动性，推动保险行业发展质量和口碑的不断提升。要充分发挥核心价值理念的激励、约束等作用，更好地发挥

市场机制在资源配置中的基础性作用,努力形成诚信守法、责任担当、风险有效防范、富于效率、充满活力的公司运行机制。三是要增强公司服务社会的能力。要身体力行地践行核心价值理念,牢记责任和使命,切实提高宏观意识和战略思维,做到"跳出市场看保险",将公司发展融入到加强民生建设、促进经济发展和社会和谐稳定的大局中,积极投身于关系全局的现代金融、社会保障、农业保障、防灾减灾、社会管理等"五大体系"建设中发挥更大的作用,切实让公司的壮大发展成果惠及全社会。

(4)要注重公司业务基础建设,使核心价值理念成为全公司追求进步的力量源泉。一是要大力加强人才队伍建设。以社会公德、职业道德和个人品德为载体,把核心价值理念融入理想信念教育中,着力提高广大保险人的思想境界、道德修养和能力素质,打造出适应现代保险业要求的管理人才队伍、技术人才队伍、营销人才队伍。二是要大力加强诚信和法制合规建设。要通过培育和践行核心价值理念,大力弘扬法治精神,建立健全诚信体系,真正使最大诚信成为公司业务开展的价值基础。强化职业操守,积极倡导务实、创新、专业、奉献等精神气质,促进广大从业人员养成良好职业习惯,形成良好的信用文化和法制环境,向社会展示出行业的文明风范。三是要大力加强企业文化建设。大力树立文化兴业、文化兴企观念,以规章制度和文化管理企业,走现代保险企业发展之路。以企业文化建设为载体,显著提升公司的服务质量和水平,树立良好企业形象,努力建设有活力、有动力、有创造力、有价值内涵的保险企业。

五、结语

从保险行业自身科学发展和履行社会责任角度出发,以建立核心价值理念为着眼点,切实提高科学发展能力和服务能力,更好地适应经济社会发展和人民生活对保险业的要求,使保险行业能够获得长久稳定、繁荣的快速发展。从保险公司自身经济利益及规模效益角度出发,同样应以保险行业核心价值理念为出发点,建立一套诚信为本、勇于承担风险、乐于创新服务方法提升服务质量,合规经营的公司运营体系,以"执善心、筑大业"为公司生存之道,才能使公司在行业内走在引领行业标准的前沿,才会铸就保险公司的百年基业。

参考文献

[1] 袁毅阳,刘应元. 以保险行业核心价值理念引领保险营销员管理体制改革 [J]. 武汉金融,2013(12):26-27.

[2] 袁光林. 论"担风险"在保险行业核心价值理念中的地位 [J]. 福建金融,2014(6):46-48.

[3] 赵健. 发现和发展保险行业的核心价值 [J]. 中外企业文化:保险文化,2012(1):73-74.

探究产险行业师徒制下的员工与企业发展

李善英

（渤海财产保险股份有限公司青岛分公司）

摘　要：师徒制由来已久，作为一种培养模式，在 20 世纪我国的大中型企业中十分盛行，但随着时代的发展，这一管理模式逐渐被冷落。但在国外，对师徒制的研究却日益升温。结合产险公司员工关系发展现状，本文从师徒制的起源、发展现状、师徒制在我国的未来发展等方面探究师徒制下的员工与企业发展。

关键词：师徒制；"传帮带"文化；员工个人发展；企业收益

一、师徒制的起源

师徒制由来已久，也可称作导师制，通俗来说指老师向学生传承技艺、指导并带领学生更好学习、工作和生活。关于师徒制的定义在学术界一直未达成共识。律师专业词典中对导师的定义是"智慧和忠诚的顾问或监督者"。到 20 世纪 70 年代，导师又定义为"为处于初级水平的学徒提供全方位建议的高级专家"。1985 年，Kram 提出了企业师徒制的定义，引发了其他学者对于"师傅带徒弟"的工作方式的不同见解，其中包括导师制、师徒关系、指导关系、指导人计划等。迄今为止，接受最为广泛的定义为：师徒制是组织中的资深者与资浅者之间，或是同辈之间的一种能提供多种功能，并且可以帮助徒弟在组织内发展和进步的关系。

二、师徒制类型

（一）正式与非正式师徒制

正式师徒制是指导师和徒弟的配对是由组织所指派的，是组织人力资源管理活动的一部分，是由组织所计划、执行与管理的一种互动模式；而非正式师徒制则是一种自然而然发生的关系，不需要组织或人力资源管理部门的介入。具体区别见表 1。

表1 正式与非正式师徒制的比较

	正式师徒制	非正式师徒制
目的	协助徒弟完成其现阶段职务上的短期目标	协助徒弟获得长期职业生涯发展
动机	基于组织的期望或为了让新人融入组织	由发展需求所驱动
机制	由组织制度或第三者指派	基于师徒双方的相互认同
组织认同	较明确的组织认同、公开化	不被组织认同、私下进行
互动时间	较短,大多为六个月到一年	较长,多达三至六年
关怀程度	较少给予发自内心的关怀	较多给予真诚的关怀
适用情况	新人辅导计划或在职培训	员工职业生涯发展

资料来源:Belle、John 和 Janice(2000)

(二)直属关系与非直属关系师徒制

直属关系师徒制是组织内的一种纵向指导模式,即导师为徒弟的直属主管,这种关系可能是由组织指定或自然而然形成的;而非直属关系师徒制则为组织内的一种横向指导模式,这种关系存在于同事之间,导师与徒弟可能只有服务年资的差异,而没有从属关系。

(三)工具型师徒制和发展型师徒制

按照师徒制的目的可以将其分为工具型师徒制和发展型师徒制。所谓工具型师徒制即为达到某一目标而确立的师徒关系,这类师徒制是问题导向型的,注重解决问题,注重结果;而发展型师徒制则是过程导向型的,注重的是徒弟的个人发展,对人的关注度更高。我国目前的师徒制多以工具型为主,国外则以发展型为主。

(四)人才培养型师徒制、关系网型师徒制和反向师徒制

按照师徒的年龄、经验可将师徒制分为人才培养型师徒制、关系网型师徒制和反向师徒制。人才培养型师徒制指由年老的或经验较丰富的专业人员辅导年轻的或经验较少的徒弟,这类师徒制可以帮助提高徒弟的各项技能,使其快速成长;关系网型师徒制指同等地位的人结伴相互学习、相互帮助;反向师徒制即由年轻的人做师傅向年长的人介绍新技术、新思想等。目前人才培养型师徒制是广泛应用的,关系网型师徒制存在但较少,而反向师徒制在国内还未应用,国外的应用也极少。

三、师徒制的发展及产险公司现状

(一)发展历程

师徒制作为一种培养模式,在20世纪我国的大中型企业中十分盛行,每个进入企业的新工人都有有经验的老工人做师傅。师徒结对,成为传承技术、稳定企业结构的一大法宝。然而随着时代的变迁,这一管理培养模式在中国逐渐被冷落,与此同时,国外对师徒制的研究却日益升温。在工业革命时期,从学徒到工匠是一种非常流行的现象,尽管父传子的

模式在现在看来貌似过时落后,但以师带徒模式是长期以来员工和企业发展行之有效的方法之一。现时期,"资助式"的知识传递和技艺传承已不能满足当代人对师徒制的期望,"发展式"的职业指导和人生启导才是师徒制发展的新方向。新时期的师徒制不应再仅仅局限于上下级的僵硬师徒关系,而应塑造良师益友、互惠互利的当代新型师徒关系。

(二)产险公司现状

师徒制是一项见效相对慢的体系,真正将师徒制纳入发展模式的产险公司是很少的,有些公司虽然实施师徒制,但只是打着口号,有师徒的名义关系,却在实际中无作为或是实施过程不能让员工满意,达不到预期效果;有一些作为导师的员工,忌惮徒弟赶超自己,在实践中不会倾囊相授,使得好的经验无法传递,徒弟也不能实现较快的成长。当前产险公司员工流动率较大,企业间竞争激励,对于具有潜质的员工不惜花高成本引进,企业似乎更希望高薪聘请现成人才而不愿自己培养,可当前产险公司的人才队伍相对稳定,对于不断筹建的产险机构来讲,高素质人才仍存在很大缺口,非常需要企业进行高技术人才的培育。另外,当前职场的师徒制度大多关注于知识技术层面,忽略了员工的心理情感、职业生涯规划等层面,在当今工作压力大、生活压力大的情形下,员工非常需要有一个能够引导他们、提点他们、指引他们职业生涯的人。因此,对于产险公司来讲,新型的师徒制是亟待发展的,需要构建完整的体系并作为人力资源管理战略加以推广。

四、实行师徒制的意义

(一)对员工发展的意义

对徒弟而言,师徒制能够使徒弟更快地融入新的工作环境,学到更多知识,理解企业的不同方面以及与工作相关问题的各种见解,得到师傅的第一手经验,有助于个人综合素质的提升和工作绩效的提升,从而获得薪酬的提高和职位的晋升;同时导师的指导会影响徒弟的职业生涯走向,对其人生规划有重大意义,跟着优秀的导师学习,徒弟能有较快的成长,得到更好的发展。此外,导师还会对徒弟的心理情感提供支持,为徒弟解答困惑、提供处事经验、心理支持,在工作之外亦形成亲密关系,指导徒弟的人生发展,使徒弟工作幸福感提升、生活幸福感也随之提升。

对师傅而言,在辅导徒弟的过程中,相当于将知识重温,可以对知识有更深一层的理解和把握,是持续学习的过程;在和徒弟交流的过程中,师傅也会接触到新的概念、新的技能,使之自我完善。在知识分享的过程中,师傅可以体会到满足感和自我价值的实现,当徒弟有所进步时,师傅会有成就感和心理满足。中层人员可以通过带徒弟的绩效争取到晋升机会,而对于高层人员来说,其上升空间较小,自我价值已有很大程度的实现,带徒弟可以重新调动他们的积极性,提升他们的工作热情,减少其工作倦怠感,实现他们的更高人生价值,这也是师傅个人能力的另一种体现。

(二)对企业发展的意义

员工流失问题是我国企业当前面临的一大难题,据调查显示,50%～60%的新员工选择在进入企业的前 7 个月离开,40%的新管理人员在上岗后的前 18 个月离开企业。2007年年初,北京中外企人力资源协会对会员单位的调查显示,工作年限在 1～3 年的群体离职率最高,达 33%;其中,具有本科学历的群体最容易离职,制造业的离职率较低,达 31%,而在服务业和其他行业中,离职率均已超过 60%。跨国人力资源咨询公司翰威特咨询的研究显示,我国多数行业的离职率仍在上升,被访公司的平均离职率从 2001 年的 8.3%一路升至 2007 年的 14.7%。企业为什么留不住员工? 其原因除了工作条件、薪酬等物质方面的以外,精神方面也尤为重要。员工在企业中缺乏归属感,也看不到长期的发展前景,对同事没有感情,对企业没有感情,这是造成员工频繁跳槽的不可忽视的因素。实行师徒制能够建立员工之间的联系,为员工的长期发展做好打算,通过师徒关系可以稳定新进员工的心,增强员工与员工之间、员工与企业之间的情感纽带,一旦人与人之间的情感产生、员工对企业的归属感产生,离职率势必会大幅下降,从而能够降低企业的招聘成本,帮助企业留住人才,亦有助于企业的稳步发展。

其次,实行师徒制有助于企业培养人才,并减少培训成本。现今高技术人才缺乏,企业高薪却聘请不到高技术人才,实行师徒制可以实现以老带新,从企业内部提拔人才,缓解人才缺乏问题。并且企业每年的集体培训成本是一笔不小的支出,实行师徒制可以削减培训的成本,还可能取得更好的培训效果,使被辅导的员工可以真正学以致用,对实际工作有较强指导意义,为企业储蓄后备人才。

再者,实行师徒制是保存企业隐性知识的有效途径。隐性知识是迈克尔·波兰尼(Michael Polanyi)在 1958 年从哲学领域提出的概念,是指不能够被人类以一定符码系统加以完整表述的知识。隐性知识多数是员工经过多年经验积累得出的,在导师辅导徒弟的过程中,这种隐性知识会通过师傅的言传身教在无形中传递给徒弟,减少了此类知识的流失几率。基于师徒制知识共享与转移的扩散性,随着互动群体的不断扩大可以实现 SECI知识螺旋,不仅丰富了个体知识,同时扩充了组织知识库,促进了核心知识的传承。

最后,实行师徒制有助于企业文化的充实,增强企业凝聚力。老员工对企业总有较深的感情,在老员工辅导徒弟的过程中,会有意无意地将企业文化和企业情感传输给徒弟,并且一位员工的不同徒弟和不同师傅之间会形成人际关系网,从而加强员工的亲密程度,加强企业整体的凝聚力,增强员工对企业的归属感。在师徒形式下,企业会充满积极的学习氛围和良好的互助模式,使员工不断学习、不断进步;企业不断成长、不断前进。

(三)对社会发展的意义

企业实行师徒制不仅能够为企业储备人才,更可以向社会输送人才。高校的人才培养更多注重的是知识型、科研型的人才培养,学生在学校没有办法学到在企业实际工作中的相关知识技能,企业建立师徒制会更好地实现学生们从学校到企业的过渡,为实习生配备师傅不会额外增加企业的成本,却可以为社会培养更多建设性人才,是企业回馈社会、吸引人才、树立良好品牌形象的途径。

五、师徒制在保险业的未来发展

尽管导师制在一些跨国企业,诸如 IBM 等公司能够行之有效,取得了很好的成果,但在保险企业中，导师制尚未真正落地生根。行业自身的情况，要求师徒制应按自身路线发展。

首先，要改变保险企业对师徒制的认识，将师徒制作为企业的人力资源管理战略。由于导师资源的限制，在小型公司中，只需建立短暂师徒关系即可，即设立社会化导师，帮助新员工尽快进入工作状态。而在大中型企业中，除社会化导师外，可以再实行团体导师制，在慢慢培养出企业互助学习氛围后，逐步提升师傅水平，再进一步推进师徒制的发展。对于某些特殊技能岗位设立专家导师、一对一导师，对于中层管理人员设立职业生涯导师，之后将师徒制的覆盖范围逐步扩大。

其次，在师徒配对方面，要避免直接上下级关系的员工成为师徒，因为直接上下级的关系会在工作中有很多牵扯，被辅导的员工会有所顾虑，在不平等的关系下，师徒制实际上就变成了领导与被领导的关系，而非指导。所以非直属关系的导师制要优于直属关系的导师制。并且，师徒关系要定期轮换，师徒搭配时要避开敏感利益群体。在中国这个关系化的社会中，人际关系复杂，企业中的人事关系也不简单，所以在师徒配对时，有相关利益关系的人要注意分隔开，以避免不必要的麻烦。

再者，在监督评价方面，仅靠简单的关系约定和外在的监控是不行的。需要建立详细的评价指标，将被辅导员工的绩效进步情况、内心感受、师傅的收益等纳入师傅的各项考核，考核指标要细节化。将师徒制制度化、规范化、体系化、人性化是其未来的发展趋势。

另外，在目前的文化和传统下，保险企业的师徒制并不能仅靠价值观和企业文化维系，而是要靠监督实现，企业需要转变这一情形，让师徒制真正为员工所接受，让员工积极主动参与其中，避免员工被动地参加。这就需要企业着重发展企业文化，从思想上为师徒制的发展创造好的基础。只有企业发展达到一定高度，把人的发展作为企业发展的重要部分，人才管理机制完善了，才有可能体系化的推行师徒制。

师徒制要在保险业取得良好的发展，也需要政府进行呼吁，让大家充分了解到师徒制的益处，使其重新在企业的人才管理中发挥作用，让企业承担起培养人才的义务。由此，我们可以期待师徒制在将来会更好地应用到各企业中，使员工与企业从中受益。

参考文献

[1] 孙章丽. 当前我国企业师徒制管理问题研究 [D]. 北京：首都经济贸易大学，2010.

[2] 张正堂. 企业导师制研究探析 [J]. 外国经济与管理，2008，30(5)：35-42.

[3] 王晓蓉. 企业师徒制隐性知识转移影响因素实证研究 [D]. 南京：南京航空航天大学，2012.

[4] 孙玺，李南，付信夺. 企业师徒制知识共享与转移的有效评价 [J]. 情报理论与实践，2013(7)：76-80.

[5] 李蕙. 新员工离职与新员工培训之间的相关关系研究 [D]. 厦门：厦门大学，2007.

论创新型服务的重要性

尹晓琳

（天安人寿保险股份有限公司青岛分公司）

摘　要：随着经济全球化和金融一体化的不断发展，保险业的产品、经营方式等都发生了很大的变化，服务的地位逐渐提高，已逐步取代价格成为市场竞争的重要砝码。在当前的保险环境下，外资保险公司纷纷进入中国市场，他们拥有雄厚的资本实力、先进的管理经验、综合的保险服务和良好的商业信誉。而我国本土的保险公司服务水平和质量与之相比还有较大的差距，以服务赢得竞争的意识淡薄。随着外资保险公司进驻中国的时间的变长，其凭借优质的服务对我国本土保险公司产生了强大的冲击。而我国保险公司想要可持续发展，就要对现行的服务模式进行改变、进行创新。

关键词：保险业；保险公司；服务创新

一、保险业发展现状

保险作为现代金融的三大支柱之一，是现代经济的重要组成部分。改革开放以来，我国保险业保持了 30% 以上的平均增长速度，是国民经济中发展最快，也最具活力的朝阳行业之一。最近几年来，国内保险市场又经历了车险改革、保险法修订、国有保险公司股份制改造、国务院印发《关于加快发展现代保险服务业的若干意见》提出的 9 方面 29 条政策措施等一系列重大事件，政府监管部门也先后推出了放宽分支机构经营区域限制、放宽高级管理人员任职资格限制和放松市场准入限制、增加经营主体等一系列鼓励竞争的政策。

尽管我国保险业发展取得了一定的成就，但由于起步晚、基础差，与发达国家相比，与经济社会发展的要求相比，仍存在较大差距，我国保险业依然处于发展的初级阶段。

（1）保险业发展与经济发展水平不符。我国保险业的发展与经济不符主要表现在以下四个方面。一是与国民经济发展整体实力的不适应。2010 年，我国 GDP 世界排名第二位，保费收入排名为第六名。保费收入占 GDP 的比重世界平均为 8%，我国仅为 4%。二是与人民的生活水平不适应，虽然目前保险产品品种较以前有了很大的进步，但是保险产品还是不丰富，有许多人民群众迫切需要的险种还不能提供，不能有效满足社会多层次的需求。三是与和谐社会建设不适应。我国人均长期寿险投保率远低于世界平均水平，保险作用发挥得比较有限。四是与金融体制改革发展的要求不适应。我国保险资产占金融业总资产的比例为4%左右,而这一比例在发达国家则高达20%。

（2）中国保险市场竞争不充分。从中国目前保险市场情况分析,虽然现在在我国保险市场中已经出现了百花齐放、百家争鸣的繁荣景象,但是中国人民保险公司、中国人寿保险公司、中国平安保险公司、中国太平洋保险公司四大保险公司还是在中国保险市场中占有大半的份额,中小型保险公司仍旧在夹缝中生存,其竞争力相对不足。

（3）中国保险业的发展还处于一个低水平。按照保险业发展的规律,保费收入一般占当年国内生产总值的3%～5%。从目前西方发达国家而论,年保费收入一般都占本国国内生产总值的8%～10%。因为,从总体上来说,我们的经济还不发达,人均收入水平较低,但同时又说明在建立完善的市场经济体系过程中,中国居民的保险意识与投资意识还要有一个提高过程。

（4）中国保险业的诚信缺失。据2008年年底,国务院发展研究中心和国家统计局中国经济检测中心对国内公众保险情况调查显示:老百姓认可国内保险公司的不到10%,只有6%左右的人认为国内保险公司诚信较好,70%的人认为诚信一般,持不信任态度的占26%。按国际标准,当一个行业有6.5%的消费者对其不信任时,就表明这个行业进入了危机阶段。中国保险业的诚信缺失成为制约其自身加快发展的瓶颈。投保容易索赔难,不能严格履行保险合同,压赔案,压赔款,代理人误导消费者等这些类似事件的屡次发生,是保险公司为追求高增长而对诚信和消费者信心的透支。

（5）行业人才现状堪忧。据统计,全国保险系统职工人数近64万,如果加上330万名的保险营销人员及其他保险中介,保险行业的队伍达400万人之多。然而,从整体上看保险行业人才队伍建设还存在一些不容忽视的问题。保险人才培养滞后,保险人才总量的匮乏,就北京市场而言,保险人才有10多万的缺口。而且人才质量不高,高层次人才比例偏低,就全国330万保险营销人员言,拥有大专及以上文凭的人员不到30%,大部分是高中或者中专学历,保险专业知识普遍缺乏,至于高级管理人才则更是稀缺。而人才结构不够合理,在全国保险专业技术人员中,精算、核保、理赔人员所占比重明显偏低,与整个保险业的发展根本不相匹配。而且还有地域分布不均衡、人才流动无序等问题。

（6）再保险市场发展滞后和保险监管亟待加强。十几年来,我国重视直接保险市场的建设,忽略了对再保险市场的培育,导致国内保险人所承担的风险不能得到妥善处理,分保计划安排不当经常造成损失;同业间信任不足,再保险行为不规范,外币保险业务过分依赖国外再保险市场。与此同时,我国对保险监管没有得到应有的重视,保险监管机关建设和监管力度与保险业的发展一直存在较大的差距。目前还基本上处于被动的监管状态,监管工作的科学性、系统性、前瞻性不够。对于关系到保险行业稳定的偿付能力、资产负债质量、再保险安排等重要方面的监管力度不够,在法律法规建设方面,还缺乏严密、完善的成套法律法规。

"保险业发展的形势十分复杂严峻,面临业务增速下滑、偿付能力下降、投资收益下行、经营效益下挫的巨大压力。但保险市场基本保持了平稳运行的态势,呈现出缓中趋稳、稳中向好的态势"。在保监会党委学习贯彻党的十八大精神学习班上,保监会主席项俊波对保险市场作出了上述判断。

二、保险业未来的发展趋势

根据市场经济发展的一般规律和近 20 年来我国保险业发展的实际状况,预计在未来 10 年之内,我国保险业将出现以下发展趋势。

(1)保险市场体系化。从市场体系架构来看,原保险市场较大,再保险市场很小;市场发展很快,监督和法规发展较慢,保险中介混乱,违规代理严重,权力运作、官方管制使各保险主体在市场中处于不平等地位。自 1995 年《保险法》颁布实施,特别是 1998 年 11 月中国保监会成立以来的情况来看,建设和完善中国保险市场体系的步伐正在加快,一个体系完整、门类齐全、法规健全的中国保险市场体系正在建立。

(2)经营业务专业化。就专业经营水平而言,尤其是同国际上专业化的保险公司相比,我国保险专业经营水平还很低,发达国家在产险与寿险领域内都有专门的公司,如专营火灾险的公司、专营健康险公司、专营机动车险的公司、专营农业险的公司等等。随着我国保险体制改革的深化,出口信用保险和农业保险等政策性保险业务将从商业保险公司中分离出来,由国家成立专门的政策性保险公司,与此同时,在未来几年也会成立专营诸如火险或机动车险业务的专营保险公司。

(3)市场竞争有序化。近几年,中国保险市场处于一种严重的无序化竞争状况,其结果既损害了保险人的利益,也损害了消费者的利益,搞乱了保险市场秩序。从 1997 年开始,人民银行从整顿代理人入手调整了航空意外险、机动车险的退费、手续费问题,大力整顿保险市场,许多违规行为被制止。中国保监会成立后,进一步强调要逐渐规范市场秩序,加大对违规机构和违规行为的打击处罚力度,取得显著成效。保监会主席项俊波提出了保险业要坚定信心,认清形势,明确思路,突出重点,以科学发展为主题,以转变发展方式为主线,着力加强和改进保险监管,促进保险业平稳健康发展的方针。保险监管必须不断扩宽国际视野、树立全局意识。要始终牢记"跳出保险看保险、跳出监管看监管",在更高的层次和更广的纬度上把握保险监管工作的规律。全体监管干部特别是领导干部要拓宽视野,加强对形势的研判,提升对国内外经济金融走势的分析和把握能力、对我国经济社会发展趋势的研究和认识能力、对国家大政方针的理解和执行能力。

(4)保险产品品格化。随着我国经济改革的进一步深化,商业保险会更加深入人心,企业与居民在逐步提高保险意识的同时,对保险的选择意识也不断增强,投保需求呈多样化和专门化趋势。他们从自身利益和需要出发,慎重选择。在这种逐渐成熟的市场里,产品要占领市场只能靠"品牌 + 价格 + 服务",这就是品格化。就保险产品的品格化而言,它所包含的不仅是利益保障功能或投资功能、储蓄功能或产品的组合功能,更主要的是它的价格水平与服务水平。而保险产品价格在规定的浮动范围内也将实行市场化。可以预见,"名牌产品 + 合理价格 + 创新型服务"将是未来保险市场竞争的撒手铜。

(5)保险制度创新化。从目前的状况看,我国的保险创新尽管有所发展,但还很落后,积极开展保险创新,既是历史发展的潮流,也是推动我国保险业变革和发展的重要力量。根据我国当前的具体情况,我国的保险创新内容主要包括产品开发、营销方式、业务管理、组织机构、电子技术、服务内容以及用工制度、分配制度、激励机制等方面的创新。通过上述内容的创新来促进我国民族保险业的发展,使国内保险公司在与国外保险公司的竞争中立于不败之地。

（6）经营管理集约化。在市场竞争日益激烈的背景下,国内各保险公司都已意识到原来只注重扩大规模抢占市场的弊端,而纷纷寻求走效益型道路,向内涵式集约化发展,追求经济效益最大化。一方面通过加强资金管理、成本管理、人力资源管理、经营风险管理和技术创新实现集约化的经营管理;另一方面在国内资本市场逐步完善、保险资金运用政策逐步放宽的基础上,将大量的准备金所形成的巨额资金通过直接或间接渠道投资房地产、股票、各种债券,实现投资多元化,达到提高经济效益的目的。

（7）行业发展国际化。在全球经济一体化的大趋势下,我国保险业与国际接轨是必由之路。在加入 WTO 后,我国在加快保险市场对外开放步伐,接受外资保险公司资本投入的同时,中资保险公司也会到国外设立分支机构,开展业务或者购买外国保险公司的股份,甚至收购一些外国的保险企业。在险种开拓上,积极发展核能、卫星发射、石油开发等高科技险种;在业务经营上,通过再保险分入分出或国内外公司相互代理等形式加强与国际保险（再保险）市场的技术合作和业务合作,积极开展国际保险业务。

（8）从业人员专业化。在国内外同行竞争的背景下,客观上对保险从业人员提出了更高的要求,各商业保险公司将更加重视人才的培养,既要培养适应国内保险业务发展需要的核保师、核赔师、精算师等专业人才,更要培养精通国际保险惯例、参与国际保险市场竞争的外向型人才。只有这样,才能在竞争中立于不败之地并发展壮大。

三、创新型服务的重要性

（一）保险公司服务现状决定需要服务创新

随着保险市场功能的进一步完善,我国保险公司在保险服务创新等方面做了许多有益的探索,服务意识有了一定提高,服务的各种功能、机构和所需的技术手段也基本建立起来。但是,目前保险业的服务意识、服务质量远远不能满足客户的要求。据网易商业频道举行的"你认为国内的保险公司可信度为多少"的投票调查显示,63.0％的投票者认为国内的保险公司可信度为0,35％的投票者认为可信度为50％,只有1％的投票者认为可信度为100％。由此可见,保险业的服务工作中还存在着很多不容忽视的问题:

（1）保险企业缺乏市场竞争的危机感,服务意识不强。这集中体现在两个方面。一个是销售产品未尽"明确说明"义务。据中国消费者协会在国内部分城市进行的"消费者与寿险"调查结果显示,被调查者中,在已购买保险的消费者中,74.8％的寿险客户不清楚自己所投保保险条款的具体含义;45.4％的人不清楚免除责任条款;19.2％的保险客户根本没有读过合同条款;而47.7％的人虽然读过条款,但因文字晦涩无法完全看懂。另一个是理赔服务差。保险公司的经营方针、理赔人员的自身素质、服务意识和专业水平对保险企业整体社会形象和口碑有直接影响。中国保监会对 5 000 名市民进行调查后发现,30％的人不购买保险的原因是因为"投保容易理赔难",这与国际上通行的"严核保快理赔"截然相反。

（2）服务体系不健全，服务链脱节现象严重。保险服务是一个系统工程，内容很广泛，从售前起，保险服务实际上就已经开始了，并且贯穿于保险的整个过程。一些保险企业忽视全程服务，只重视承保理赔，忽视保险咨询、风险评估、保险方案设计、承保后的风险防范和管理、保险条件优化以及保险补偿的全程服务，从而造成业务脱节，市场竞争能力降低。

（3）客户服务队伍缺乏专业水准。客服人员严重缺乏，仅有的人员中又大多没有接受系统、全面、规范的专业培训，在工作过程中服务意识差，服务态度不好，服务技能也不高。有的办事拖拉、不求实效，有的甚至相互推诿，激化矛盾，有些业务员的综合技能不熟，在承保时未如实告知有关保险条款，或是不全面告知有关内容，一旦出险后，理赔人员根据公司政策定损理赔时，和客户期望值偏差较大，往往造成客户不满意。

（4）服务内容单一。相对于国外的保险公司来说，国内保险公司的保险服务还属起步阶段，服务内容还比较简单和单一，缺乏人性化和个性化，服务手段也比较原始落后，数据集中度低，科技含量不高。尽管有的保险公司在高科技运用上做了大量工作，也取得了一定成绩，如开通了网上投保、网上理赔、网上支付、网上货运险等业务，但普及率较低，还没有普及。

（二）市场需求亟待保险公司服务创新

随着市场竞争的加剧和居民可支配收入的提高，被保险人的保险意识、维权意识、法制意识普遍增强。首先表现在，忠诚度不断降低，客户在不同保险公司间频繁转换，重要客户流失现象严重。其次，服务要求越来越高，客户对保险服务的便利性、多样性、差异性需求不断提高。再次，维权意识越来越高，反欺诈、反垄断的呼声在各地媒体频繁出现，保险投诉、诉讼案件也不间断。随着保险客户需求层次的不断提高，保险业必须不断地进行服务创新。

（三）行业竞争促使保险公司服务创新

随着大型内资保险企业集团化经营的加速、外资保险公司市场参与度的提高和政府监管部门限制竞争措施的进一步减少，国内保险市场竞争进一步加剧。在激烈的市场竞争环境下，通过服务创新打造竞争优势，铸就核心竞争能力是保险企业的必然选择。另外，保险行业竞争的加剧，导致行业利润微薄，通过价格获得客户的手段几乎已经行不通，赢得客户的唯一办法只有创新服务。在保险产品极易复制，产品同质同价、大同小异的今天，保险公司只有靠服务创新，靠优质、高效、全面而又有特色的服务，才能赢得主动，占据市场。

四、创新型服务的方向

（一）整合理论创新力量充分发挥保险监管部门的组织协调作用，整合业界、学界和监管界等各自在保险理论研究上的优势力量，是实现理论创新突破的重要途径

目前，保险公司和大专院校等都聚集着一批精英，但大都各自为战。业界的理论研究

者具有丰富的实践知识,但其研究缺乏对保险业实践前瞻性、深层次的提炼和总结,理论提升不足,很难有较大的理论突破;学界具有较强的抽象与逻辑思维能力、理论分析能力,但缺少实践经验,其研究成果中规范研究偏多,实证研究与数量研究较少,一些研究还与实际脱节。如果让保险学会从中搭桥,把这两股力量整合起来,实现互补,便会形成强大的研究力量。保监会可借助这一力量建立一个相对紧密型的保险研究机构,同时倡导和鼓励理论创新,加大理论创新投入,推动保险理论创新研究。对我国50多年来相对零散的保险理论成果、保险业数据资料进行归类整理,通过结合我国保险业实际和未来发展趋势,借鉴国际保险理论的优秀成果,着力构建我国保险理论的系统性框架,寻求保险理论新的突破,为加快保险业发展提供指导。

(二)加快产品创新速度

市场需求是拉动产品创新的主要因素。早在1974年美国学者厄特巴克就得出一项结论:60%~80%的创新是需求拉动的。因此,无论寿险还是产险险种开发与创新都应该着力改变目前保险产品雷同、市场细分不明显的状况,在做好市场需求调查分析的基础上,按照市场有需求、经营有效益的原则,加大产品创新力度和投入,针对不同的保险对象、不同的销售渠道设计不同的险种,满足人们多方位、多层次的保险需要。特别是要针对农村老龄人口基本上没有养老保险、老龄人口医护保险少的特点开发相应的新险种,开发针对高收入人群的保险产品,积极介入职业责任保险、教育保险等领域。针对银行代理业务的蓬勃发展,设计适合于银行销售、与银行业业务关联密切的险种。为鼓励产品创新,监管机关应对创新产品给予一定的保护期。如与创新产品60%以上类似的不予备案或暂缓备案。

(三)丰富保险服务的内涵

目前,我国保险公司已进行了一些服务创新,如推出专线客户服务热线、事故代步车、车友俱乐部、异地出险就地理赔、小额快速理赔通道等,但是这些创新仍是狭义的、较低层次的。进一步深化保险服务创新,一方面,应围绕"保险咨询→风险评估→保险方案设计→承保→承保后风险防范→出险后的查勘定损→理赔"这一服务链,逐步向外扩展链接;另一方面,应从我国相关的制度改革和社会发展需要出发,展开各种各样的增值服务以及附加值服务。一是针对医疗、养老制度改革后居民迫切需要医疗、养老方面优质服务的现实,在做好医疗、养老保险的同时,大力开展诸如免费体检、健康咨询、康复护理等方面的服务。二是针对就业改革后失业者的增多,在提供失业保险的同时向客户提供再就业培训、再教育咨询、就业信息等服务项目。三是开展教育保险时将出国咨询、教育咨询、家教信息等内容作为延伸服务。四是为客户提供投资咨询、理财指导、金融信息等家庭理财方面的服务。通过良好的服务,打造保险业的整体品牌,吸引更多公众自愿投保,变潜在的需求为现实需求。

(四)坚持体制创新与管理创新并举

优良的体制可以促成管理者潜能的发挥,但终究不能代替管理,进行体制创新的同时必须进行管理创新。目前三大国有公司的改制已基本完成,当务之急是管理创新。首先是确立以效率和效益为中心的经营目标；其次是完善法人治理结构；第三是建立以诚信为取向的价值观和职业道德规范，打造良好的企业文化；第四是建立双向选择的人事劳动制度、与国际接轨的会计制度，以及效率优先、兼顾公平的薪酬分配制度；第五是要牢固树立以市场和客户为中心的经营理念。

五、结束语

保险服务的优劣决定了保险企业的市场竞争力和持续发展能力。中国保险公司进行服务创新非常具有紧迫性，从保险业发展的现状、保险业未来发展的趋势、创新型服务的重要性以及创新型服务的方向等角度，明确了保险企业实施服务创新在保险业发展中的战略地位。

参考文献

[1] 吕宙. 中国保险业：转型与可持续发展［M］. 北京：中国财政经济出版社，2009.

[2] 吕宙. 竞争力：中国保险业发展战略选择［M］. 北京：中国金融出版社，2004.

[3] 封进. 中国寿险的风险研究［M］. 南京：南京农业大学出版社.

[4] ［美］迈克尔·波特. 竞争战略［M］. 陈小悦，译. 北京：华夏出版社，2002.

[5] 吴定富. 保险原理与实务［M］. 北京：中国财政经济出版社，2006.

[6] 周道许. 中国保险业发展若干问题研究［M］. 北京：中国金融出版社，2006.

[7] 雪峰. 保险业如何做稳［M］. 北京：中国对外翻译出版公司，2002.

[8] 俞德本. 论中资保险公司治理结构创新［J］. 保险研究，2004(11)：16-18.

[9] 梁英辉. 论保险公司的服务创新［J］. 保险研究，2004(12)：28-29.

[10] 周道许. 从改革开放三十年看我国保险业的发展［J］. 中国金融，2008(18)：64-66.

[11] 吴定富. 加强监管 防范风险 促进保险业又快又好发展［J］. 中国金融，2007(12)：10-13.

[12] 赵兰亮. 中国保险业的源头：自轮船招商局到保险招商局［J］. 中国金融，2011(8)：93-94.

[13] 王会民. 论中国保险业发展状况［J］. 经营管理者，2011(21)：43.

[14] 缪建民. 中国保险业的挑战［J］. 中国金融，2011(3)：67-69.

[15] 吴定富. 加快转变保险业发展方式［J］. 中国金融，2010(13)：11-13.

[16] 吴定富. 在创新中壮大的中国保险业［J］. 中国金融，2009(19)：19-23.

[17] 魏希霆. 外资保险公司在中国的发展［J］. 中国金融，2011(23)：41-43.

保险公司人才队伍发展现状及对策分析

乔梦祎

（中国人民财产保险股份有限公司青岛市分公司）

　　摘　要：保险业是人才密集型产业，保险市场的竞争，也是人才的竞争。目前在中国保险业中，人才资源已成为最重要的战略资源之一，人才在市场竞争中越来越具有决定性意义。随着中国保险市场的全面放开和外资保险公司进入中国步伐的加快，如何加快保险业人才队伍建设，突破保险业发展中的人才"瓶颈"，已成为当前亟待解决的一个问题。本文对我国保险业从业人员的现状、存在的问题进行分析评价，主张保险行业实施保险人才发展战略，采取相应的对策和措施，破解因人才队伍素质制约保险公司发展的难题。

　　关键词：保险业；人才队伍；发展现状；对策分析

一、我国保险业人才队伍的发展概况及现状分析

　　自新中国成立之后的一段时期，保险业经历了曲折的发展历程，人才队伍也呈现出"波浪"式演变的特征。在 1949 年 10 月成立中国人民保险公司以后，全国保险机构、保险业务和从业人员都发展很快，到 1952 年分支机构数量一度达到 1 783 个，人员超过51 000 人。在 1958 年 12 月国家决定停办国内保险业务之后，中国人民保险公司于次年从财政部划归中国人民银行领导，公司建制被取消，自此开始，保险机构和人员数量进一步减少，至 1969 年，仅保留了由 13 人组成的"保险业务校长"负责处理海外业务。可以说，新中国保险业的人才队伍从 20 世纪 50 年代初期的"波峰"进入 60 年代初期"波谷"之后，在"文化大革命"期间落入到了"谷底"，呈现出大起大落的变化特点。

　　1979 年国务院批准恢复国内保险业务之后，人才队伍和保险市场一样，逐步进入稳定发展的轨道。中国人保的分支机构从 1980 年的 311 家发展到 2 801 家，人员则从 1980 年的 4 710 人增加到 73 518 人。1998 年 11 月国务院批准设立中国保险监督管理委员会之后，中国保险业进入新的发展时期。特别是自 2001 年 12 月中国加入世贸组织以来，保险业对外开放和改革发展的步伐显著加快，保险机构和从业人员迅猛增加，至今已有 135 家保险公司 200 多万人的从业队伍。

　　上述情况表明，中国保险从业人员随着保险市场的发展特别是保险公司和保险中介

机构的不断增加而日益增长。但是，结合保险业进一步发展的客观需要进行分析，中国保险业人才队伍建设却仍然面临比较突出的矛盾和问题。一是人才总量不足，整体素质不高。据调查表明，中国保险业人才的供需比例大约是1:4，供需矛盾突出，现有人才根本不能满足保险业对人才的需要。二是高校教育培养不能满足行业发展的需要。据测算数据，中国保险业每年需要约16 000名保险专业毕业生，但目前每年从全国各类学校毕业的保险专业学生在2 000人左右，人才缺口很大。三是保险公司员人员的素质总体偏低。据估计，我国保险营销人员中，大专及以上学历的不到30％，总体文化水平不高，不仅如此，不少营销人员过去没有相关工作经验，普遍缺乏保险专业知识，有的甚至对他们所销售的保险产品的功能、价值、意义也说不准确，讲不清楚。四是保险业人员结构亟待优化。监管人才、经营管理人才、专业技术人才和保险营销人才仍然不能满足保险业发展的需要，特别是精算师、承保师、理赔师、风险管理师、理财规划师、工程关闭管理师及科研教学等方面的人才尤其缺乏。五是人才队伍流动亟待规范。近几年来，我国保险业一直保持快速发展势头，各类保险机构不断增加，对具有保险从业经验的专业人才和业务骨干产生了巨大的需求。新设立的保险公司为了满足经营管理的需要，采取"给位子、加薪酬"之类的手段招揽人才，既加剧了保险公司人才的无序流动和公司之间的恶性竞争，又增加了保险行业的管理成本。除了高管人员变动频繁外，一些保险公司的基层营销人员脱落率也比较高，对保险行业的健康发展带来了突出的负面影响。

保险行业在人才队伍方面存在的矛盾和问题，很大程度上制约了保险业的持续快速健康发展，必须采取措施努力加以解决。

二、强化队伍建设，提升人员素质对于保险公司可持续健康发展的重要意义

保险业站在一个新的历史起点上，基于人才竞争、客户服务能力的竞争将是我国保险市场未来发展的一个重要趋势，在这种形势下，建立一支适应新形势发展需要的保险人才队伍，对抓住难得的历史发展机遇，实现做大做强保险业的战略目标具有决定性的意义，保险企业通过强化从业人员素质，提升客户服务能力，做到内强素质、外树形象，显得尤为重要。

（1）强化队伍建设，提升人员素质是保险业树立良好形象的需要。近期，由中国社会经济调查所和某媒体联合开展的"金融业形象与创新力调查"引起了读者的广泛关注，在不少读者眼中，自1979年恢复国内保险业务以来，商业保险已经渗透到社会生产生活的各个层面，随着我国保险业的蓬勃发展，人们对于保险产品、功能与服务有着更为广泛的需求，在针对"如何衡量保险公司的形象"这个问题时，按照排序选择读者选择"业务人员素质服务好"的占首位，比例为38.7％，由此可见，保险从业人员素质高低、服务质量优劣关系到保险企业在未来发展的速度和质量，关系着保险行业的地位和形象。2011年7月24日清晨，在甬温线发生动车追尾碰撞事故的次日，人保财险温州分公司的员工陈斌驾驶动力伞飞临现场进行查勘航拍，航拍图像成为事故中最早拍到的现场救援航拍图像，并被央视新闻直播节目和浙江电视台新闻联播等多家媒体采用，一名普通保险员工表现出来的

责任意识和心系客户的形象得到广泛传播,展示了人保基层员工过硬的职业素质,在为公司赢得荣誉的同时,进一步扩大了公司的社会影响力。

(2)强化队伍建设,提升人员素质是适应保险业发展形势的需要。保险业作为国民经济中发展最快的行业之一,虽然发展速度较快,但从发展理论到实践,方向到路径,战略到战术等方面都还不太成熟。与银行等其他金融机构相比,我国保险业积累和培养的人才还不多,特别是近几年来行业发展迅速,经营主体数量快速增加,高素质保险人才匮乏的现象就表现了出来,一些新的经营主体在扩张的过程中,为尽快成立机构,拓展业务,降低了保险从业人员的准入门槛,影响了行业的整体形象和竞争能力。在这一背景之下,强化队伍建设,提升人员素质,对于提升保险业的竞争能力,加快行业发展就显得尤为迫切。

(3)强化队伍建设,提升人员素质是构建和谐保险,服务和谐社会的需要。和谐社会是指人与社会、人与自然和人与人之间和谐的社会。建设和谐社会需要保险与经济发展相匹配、人民需求相吻合、社会保险相补充、社会稳定相协调、科技进步相促进。建设和谐社会,保险企业和保险从业人员承担着重大的责任,而要履行好这一重大责任,就需要建立一支素质过硬、技术超群、能力卓越的干部员工队伍。

三、中国保险业人才队伍建设的对策探索

针对中国保险业面临的人才问题,业内人士和专家学者提出了不少对策和思路。比较有代表性的意见是:要着眼于保险业快速发展的需要,大胆使用一批人才;着眼于优化保险人才队伍结构,大量引进一批人才;着眼于保险业的可持续发展,大力培养一批人才。这一思路立足当前,着眼长远,对于加强保险人才队伍建设无疑具有一定的指导意义。要真正解决我国保险业面临的人才问题,必须要多管齐下,从战略、制度的角度,采取相应的对策和措施。

(一)强化队伍建设、提升队伍素质要以实施人才战略为基础

一是要牢固树立"人才是第一资源"的观念。把人才作为企业生存和发展的第一要素予以高度重视,切切实实做到"以人为本"。依照现代人力资源管理的理论,对人才的开发战略实行宏观调控,统筹规划,调整和优化人力资源结构,珍惜人才、善待人才、为人才发展搭建良好的平台。二是要树立市场经济保险人才观。破除单纯以学历、职称作为衡量人才唯一标准的狭隘观念,把品德、知识、能力和业绩综合起来作为衡量人才的主要标准,将传统的重学历、职称而轻专业技能的观念转变为学历、职称与专业技能并重的市场需求导向观念,从而实现由传统的人事管理向为人才资源开发服务的方向转变。三是要加大保险人才教育培训力度。建立校企合作关系,构建有效的交流、沟通平台。在保险公司设立保险专业学生实习基地,安排学生和教师从保险公司进行实践,让学生在实践中检验学习的效果,让教师在实践中增加更多丰富的教学案例与经验。保险业界更可借高校科研力量为自身发展提供诸如社会调查、在职培训、产品研发等服务,形成互帮互补的良性循环。加大保险从业人员在职培训力度,重视人才培养,扎扎实实地做好员工的教育培训工作。

（二）强化队伍建设、提升队伍素质要以学习型组织建设为保障

当前行业和企业的竞争，也是学习能力的竞争，谁拥有更快速的学习能力，谁就能在市场竞争中掌握主动权。基层保险公司处在市场竞争第一线，要应对瞬息万变的竞争形势、增强竞争发展能力，必须依托学习型组织建设，建立完善保障推进机制，全面提升干部员工队伍素质。一是要制定建设规划。把学习型组织建设作为提升队伍素质的立足点，围绕公司经营发展战略，建立短期、中期、长期的阶梯式学习型组织建设规划，确保持之以恒、坚持不懈地抓好学习型组织建设工作。二是要完善保障体系。首先是组织保障。学习型组织建设必须是"一把手"工程，由"一把手"亲自抓并纳入绩效考核，这样才能确保思想上重视，行动上统一，成效上显著。其次是师资保障。要充分挖掘和利用内部人才资源，在分支公司层面建立学习型组织内训师骨干队伍，形成分工明确、上下联动的学习型组织推动机制，确保每一个经营单位、每一条产品线、每一个管理层面都有学习型组织推动人才。再次是费用保障。学习型组织建设费用要列入年度费用预算，确保费用充足，支持有力。三是要强化推进措施。建立每周学习日制度和干部述学制度，引导干部员工正确处理工作与学习的矛盾，培育干部员工终生学习、全员学习、团队学习的习惯。积极发现和培养学习型组织建设典型，发挥典型的示范带动作用，营造良好的学习氛围，增强全员学习创新能力，提升整体市场竞争力。

（三）强化队伍建设、提升队伍素质要以"三支队伍"建设为根本

管理队伍、销售队伍和技术队伍是公司发展的三个基石，在强化队伍建设、提升队伍素质方面，必须要有正确的理念引导、完善的管理机制和差异化的培养措施。一是要有正确的理念引导。针对目前国有保险公司通常采用的定量型人才考核办法的局限性，为使人事考核工作更具有公正性、客观性，更好地发挥其功能，对应的策略是导入新的观念，引进新的方法，在干部使用上，坚持"树正气、用能人、明赏罚"，进一步打通人才成长通道，不搞论资排辈，坚持德才兼备、群众公认和公平、平等、竞争、择优的原则，扩大群众对干部工作的参与与监督，树立能者上、平者让、庸者下的干部选拔任用理念，让合适的人处在合适的岗位上，打造一支激情满怀、勇于任事、思想开阔、富有远见的管理队伍。切实解决专业人才和业务骨干的发展问题，进一步完善专业技术岗位序列，规范和细化任职资格要求，在行政晋升渠道之外，为公司专业型人才提供发展平台，采取有效措施，为各类专业技术人员搭建工作锻炼的舞台，培养一批具有较强专业素质和宽阔视野的人才队伍。二是要有完善的管理机制。探索建立公司内部人才市场，引导系统内部人才的合理流动。要积极推行逐级聘任、双向选择的制度，充分发挥公司的人才优势；逐步打破各种用人机制上的条条框框，稳步建立员工退出机制。面向未来，广开门路，有计划、有重点地实施直销队伍增员和年龄老化、素质弱化员工的能力挖掘，逐步解决员工队伍年龄老化、素质弱化、结构脆化问题，增强公司可持续发展能力，确保公司发展后继有人。三是要有差异化的培养措施。建立公平的竞争和淘汰机制，增强职工的责任感和危机意识，调动经营管理者和广大员工的积极性。主要措施包括：进一步深化制度改革，促进公司内部经营机制转换；深化用工制度改革，推行竞聘制、试聘制和聘任制；开展双向选择，优化劳动组合，实行试岗、待岗和

下岗制度；畅通人员流动渠道,使干部能上能下,职工能进能出;注重对年轻干部与后备干部的历练和培养,逐步形成结构科学、数据充足、梯次搭配合理的后备干部人才库。坚持知识化、专业化、年轻化的队伍建设思路,以激励约束机制和职业生涯规划为根本,加强员工队伍建设,逐步优化队伍结构;以技能为导向、以业绩为重点,不断完善专业技术序列管理和业绩考核制度,打造专业敬业勤业的专业人才和销售服务人才队伍,为有追求有上进心的人开辟成长的空间,支撑和助推公司发展。

(四)强化队伍建设、提升队伍素质要以培训、竞赛、互动、观摩、文化等活动为载体

一是通过培训提升素质。始终把教育培训作为提升队伍素质的主渠道,不断加大教育培训工作的投入,积极改善基层公司教育培训的软硬件环境,努力创造良好的教育培训条件,进一步拓宽接受教育培训的人员范围。要针对不同年龄段干部员工的特点和需求,开展好知识普及、素质养成、技能提升等不同内容的培训工作,确保教育培训有的放矢,不走过场。二是通过竞赛提升素质。在展业、理赔、内控、服务等发展经营各环节,开展丰富多彩的岗位练兵和技术比武活动,激发员工钻研本职业务、提高岗位技能的热情和活力,调动干部员工学习创新的积极性。三是通过互动提升素质。在保险公司开展好晨、夕会活动,以晨、夕会为互动平台,突出宣导业务知识、交流展业技巧、分享典型案例、总结工作经验等重点,加强员工之间的互动交流,达到互相学习、共同促进、全面提高的目的。四是通过观摩提升素质。采取"请进来、走出去"的模式,组织先进经验现场观摩会,拓宽队伍建设视野,大力复制推广先进发展管理模式,缩短培训时间,提升学习效率。五是通过文化提升素质。在培育员工诚信服务意识、加强职业道德修养等方面,发挥企业文化的引领、感染和凝聚作用,以公司核心价值观为统领、以制度机制为牵引,着力提高干部员工执行力和文化力,营造干事创业、与时俱进的文化氛围。

参考文献

[1] 吴定富. 中国保险业发展蓝皮书(2004—2005)[M]. 北京:中国广播电视出版社, 2006.

[2] 中国保险学会,中国保险报. 中国保险业二百年(1805—2005)[M]. 北京:当代世界出版社,2005.

[3] 黎宗剑. 中国保险业人力资源现状与对策——兼论保险教育的发展方向[J]. 保险研究,2007(4):14-18.

[4] 刘晓伟,郑伟. 加快我国保险业人才队伍建设的途径探索[J]. 北方经济,2007(6): 73-74.

加强保险市场诚信体系建设浅析

宋　篪

（渤海保险财产股份有限公司青岛分公司）

摘　要：近些年来，我国保险业有了长足的发展，但也存在不足的地方，媒体的负面报道层出不穷，成为全社会关注的焦点之一，保险行业面临着严重的诚信危机。造成这一问题的原因是多方面的，要扭转保险行业形象，就需要保险市场的参与者乃至社会各方联动，共同努力。在健全和完善保险市场法制环境的同时，一方面通过加强保险行业协会自律、构建行业服务体系；另一方面通过提升保险经营主体管理运作水平、服务水平，以及从业人员综合素质，来提升保险经营主体的市场公信力；同时还要进一步采取措施，加大对保险行业中违法违规、损害市场诚信行为的惩戒力度，以构建规范的保险市场秩序。只有加强保险市场诚信体系建设，创造规范有序的市场环境，才能促进保险业健康、稳定、持续地发展。

关键词：保险市场；诚信体系；建设

一、加强保险市场诚信体系建设的重要意义

诚信的重要性不言而喻，"不信不立，不诚不行"。诚信是市场经济的基石，是企业的信誉之源、立身之本、发展之基，诚信是保险的灵魂。但近年来，有关保险行业的负面报道层出不穷，将保险行业推到舆论的风口浪尖，成为全社会关注的焦点，保险行业面临着史无前例的诚信危机。当然，造成这一问题既有相关法律制度不完善的原因，也有保险行业内经营主体、监管机构等自身的原因，舆论和民众对保险行业存在一定的误解。但一个不争的现实是保险行业诚信的缺失已经严重制约着保险业的发展，甚至威胁到保险经营个体的生存。所以，紧跟时代的潮流，各方联动，加强保险市场诚信体系建设，重树行业形象、重拾民众信任已成当务之急。也唯有如此才能摆脱目前的困境，促进保险行业健康、稳定、持续地发展。

二、我国保险市场诚信体系存在的问题及成因探析

加强保险市场诚信体系建设,首先要明确损害保险市场诚信的问题所在,并找出其形成的原因。然后对症下药,标本兼治,才能做好保险市场诚信体系建设工作。总结近几年我国保险工作实践,我认为影响保险市场诚信的问题主要表现在以下几个方面:

(一)保险市场的法律制度环境亟待改善

良好的法律制度环境是维护社会公平和行业健康发展的基础。这既需要有统一完备的法律法规,还需要这些法律法规得到严格执行,两者缺一不可。保险市场只有处在这样法律制度环境之下,才能使保险市场各参与主体的权利和义务得到明确而严格的限定和保障,使各主体处于公平公正的法律地位,才不会产生法律歧异,从而避免造成相互之间的信任缺失。但遗憾的是,在现行的保险市场中,由于一些法律法规没有良好的衔接和统一,甚至没有得到有效执行,使保险行业在起点已经处于被动。现从以下几个方面说明:

1. 有法不依

《中华人民共和国道路交通安全法》和《机动车交通事故责任强制保险条例》分别于2004年和2006年实施,都规定设立"道路交通事故社会救助基金",并明确了救助基金的使用范围,但直至2010年1月"道路交通事故社会救助基金"才正式设立。这种执法不力的状况致使在交通事故中抢救费用超过交强险责任限额、车主未参加机动车第三者责任强制保险或肇事者逃逸等情况下,受伤者的合法权益不能得到充足保障。由于该救助基金设立较晚且目前很多地区的地方政府并没有执行设立"道路交通事故社会救助基金",法院在处理抢救费用超过交强险责任限额的案件时,通常将交强险条款的分项限额合并为一个总限额,在总限额内判决保险公司承担责任。这种判例的出险既否定了保险合同的效力,又在损害保险公司利益的同时,破坏了保险市场的合法秩序,损害了保险公司的社会形象。

2. 政出多门,缺乏协调和统一

例如,国务院发布的《机动车交通事故责任强制保险条例》和保监会制定的《机动车交通事故责任强制保险条款》就存在不统一。在《交强险条例》第二十二条中没有明确保险责任限额,而《交强险条款》第九条对条例中第二十二条的情况没有明确是否属于保险责任。

正是由于《交强险条例》与《交强险条款》的法律地位不同,且内容不统一,在审判实践程序中,法院通常不承认《交强险条款》的法律效力,或者否定《交强险条款》中的各分项限额赔偿,或者对《交强险条款》中医保用药的规定不予认可。

在司法程序上的种种不公,引起2009年律师界联名向人民代表大会提议案,要求审查交强险经营情况,而实际状况却是保险业在交强险经营中处于亏损状态,既赔钱又丢了信誉。

3.执法不公

由于我国社会现状,在司法实践中,存在选择性偏袒和同情个体被保险人的现象,使保险公司处于被动的,有理难辩的尴尬境地。这种做法虽然表面上保护了个体被保险人的利益,但却侵害了保险人的利益以及法律的尊严,从长期来看,必将对法治社会的建立健全造成恶劣的影响。

（二）保险合同不完善,费率执行不统一,让社会公众对保险公司的经营诚信产生质疑

保险合同是由保险公司制定的格式化合同,由于合同中涉及专业术语,投保人不易理解其真实的含义。当涉及当事人利益纠纷时,对合同表述的理解往往成为双方争议的焦点。作为制定条款的保险公司往往被指责有规避保险责任的嫌疑。

同时,保险合同中还存在较多的法律漏洞,条款的制定与现行法规没有完全对接,致使条款制定不严谨。在合同订立之时,保险公司已经违反了《保险法》第十一条"订立保险合同,应当协商一致,遵循公平原则确定各方的权利和义务"。

保险费率执行不统一,主要表现在非车险、意外健康险和水险这几个险种上,各家公司报备的费率远远高于实际承保的费率。出现这个问题,一方面是保险公司厘定的费率不准确,存在加重投保人的负担、骗取高额保险费的嫌疑。另一方面保险费率浮动较大,给不正当竞争留下了空间。具体分析如下:

1.保险合同条款不严谨

以《机动车商业保险条款》为例,该条款第三条规定:发生意外事故时,牵引其他未投保交强险的车辆或被该类车辆牵引,保险人不负赔偿责任;第二十二条规定:主车和挂车连接使用时视为一体,发生保险事故时,挂车引起的赔偿责任视同主车引起的赔偿责任。保险人对挂车赔偿责任与主车赔偿责任所付赔偿金额之和,以主车赔偿限额为限。

上述规定就存在着漏洞,挂车只要投保交强险,就可以规避责任免除的规定,与挂车是否投保商业险没有关系,因为赔偿金额是以主车赔偿限额为限。保险公司少收了保费,反而多承担了风险。

2.保险费率报备与实际相差悬殊

企财险、水险的费率一般在千分之一到三,而实际操作时在万分之五至八。这种差别引起了目前使用的保险费率厘定准则是否适应当前保险市场的质疑。现在关于车损险霸王条款的新闻报道层出不穷,将保监会和保险行业推到舆论的风口浪尖上。就保险公司车损险高保低赔的问题,中消协律师团团长邱宝昌在接受中央台的采访时说:"保险法第55条有明确的规定,就是保险的价值要与实际价值要一致的,这样高保低赔,从中获取高额的保费,这实际上是一种保险欺诈"。依据这种观点,保险公司"获取高额的保费",应该盈利才是,但是保险公司车险经营长期处于"有规模、没利润"的状态,其原因值得深思。本文认为,这与保险费率厘定不合理有着密切的关系。由于保险公司与投保人的利益角度不同,双方对问题的认识不一致,造成费率厘定标准与社会大众对理赔的期望值不一致。解

决所谓车损险霸王条款问题的唯一途径就是在对保险的价值、实际价值与费率的认识上达成一致。从而制定适合当前保险市场的费率厘定准则。

（三）误导客户，违规销售，造成整个保险业信誉度下降

由于市场竞争日益激烈，一些保险公司为了市场占有率，职业经理人为了短期的任务指标，以违规经营、支付过高的手续费、肆意诋毁同业等恶性竞争手段，损害了保险公司集体的社会声誉；一些保险公司对销售人员的选择、培训及管理不严，销售人员在利益驱动下，通过隐瞒与保险合同有关的重要事项，不及时透露与产品有关的风险信息，给投保人、被保险人或受益人过高的产品收益期望等形式，在保险销售过程中不诚信。

由于目前从事保险代理业务的人数量众多、规模庞大，业务素质及道德水准参差不齐，不少保险代理人在获得更多代理手续费的驱动下，一方面欺骗投保人、被保险人或受益人，隐瞒与保险合同有关的重要情况事项，片面夸大保险产品的增值功能，许诺虚假的高回报率，回避说明保险合同中的免责条款甚至进行违规退费。另一方面欺骗保险人，阻碍或诱导投保人不履行如实告知义务等。

更有甚者，有些道德品质败坏的从业人员，利用保险事故的偶发性和赔付的滞后性，私印保单、保险收据和保险卡，侵占保费，不但触犯了法律，还严重损害了保险行业的信誉。

电话销售作为一种新的销售方式，近几年得到快速发展。但电话扰民的现象也日益普遍。凡是有车一族深有体会，在保险快到期的三个月内，会时不时地收到不同保险公司或同一保险公司不同业务人员的推销电话。虽然保监局制定了保险公司一年内不得对相同客户再次呼出的规定。但规定是否贯彻执行、落实到位，那些从未间断的推销电话和短信给予了清楚的回答。广大民众对这种电话销售有着深深的反感乃至抵触情绪。

同时，由于电销业务与传统业务在计算折扣上的差异，使保险公司自身陷入矛盾的销售政策之中，也让人们对保险公司的经营诚信大打折扣。

（四）理赔成为最让人诟病的环节，也是损害保险行业诚信的利器

1. 理赔时效难以保证

理赔人员由于个人素质原因或理解认识上的偏差，存在不及时履行甚至拒不履行保险合同约定赔付义务，惜赔、拖赔、拒赔等现象。要求及时履行合同，支付赔款是被保险人的权利，当权利得不到保障，保险公司的信用将大打折扣。

"代位追偿"在保险理赔中已经断层。《中华人民共和国保险法》中赋予被保险人"代位追偿"申请权。但在实务中，"代位追偿"难度大、成本高，而且《保险法》没有强制规定保险公司必须接受投保人的"代位追偿"申请。所以，具体实践中保险公司很少"代位追偿"。这也就是当前新闻媒体炒作最热的"保险霸王条款——无责不赔"的来历。

2. 损失尺度难以把握

保险公司对事故损失赔偿原则是损失补偿原则，通常情况下以维修恢复原状为主。

而在机动车商业保险实践中，长期以来允许客户自主选择维修厂，通常情况下客户会选择4S店维修。中高档车型4S店的"以换代修"与保险公司传统的"以修为主，宁修勿换"原则相互冲突，成为保险理赔争议和服务投诉的主要来源。

现在，保险公司在保险合同中设立"指定修理厂特约条款"，该条款规定："投保人在投保时选择本特约条款，并增加支付本特约条款的保险费的，车辆损失险事故发生后，被保险人可自主选择具有保险车辆专修资格的修理厂（即保险公司理解的'4S'店）进行修理"。若客户没有投保该条款，则只能到一般的二类维修厂进行维修。但这种做法，使保险公司饱受限制客户自主选择维修厂的权利和变相提价的指责。

（五）保险行业假数据盛行，信用评价体系失真

保险行业内，保险公司向监管机关提供虚假的报告、报表、文件和资料，以隐瞒其虚假的财务状况已成为公开的秘密。因不能客观、公正地反映保险公司的真实经营情况，致使保险行业信用等级评价体系严重失真，对社会没有参考依据。

（六）骗保、骗赔盛行，成为损害保险业诚信的毒瘤

投保人、被保险人和受益人，其诚信缺失主要表现在投保时和索赔时，一些投保人在投保时，不履行如实告知义务，或故意虚构保险标的，有的被保险人和受益人伪造、变造与保险事故有关的证明、资料和其他证据，编造虚假的事故或者夸大损失程度，骗取保险金。有的被保险人和受益人甚至人为制造保险事故，骗取保险金。

由于制假索赔有着巨大的利润，同时对假赔案的打击力度不够，制假骗赔愈演愈烈。据行业统计，机动车理赔制假量约占总案件的30%，保险诈骗已严重侵害了保险公司的利益，威胁到保险公司的生存和发展。从长远看，也必将侵害广大投保人甚至其他公众的利益。

（七）信用的惩戒、褒奖机制不健全

目前，我国保险市场对违背诚信的行为的惩罚机制不健全，法律上的惩罚规定尚不完善，经济上的惩罚力度不大，约束机制软化，行业长期停留在道德的自律以及有限的舆论监督的初级水平。特别是对欺、假、骗赔案件采取一种查而不纠的"游戏"规则，致使保险行业欺、假、骗赔案件屡打不止。近三年来，随着打"三假"工作的不断深入，保险市场明显改善，在相同业务规模的情况下，机动车报案量下降约50%。但在失信成本较低、国民素质整体不高的情况下，失信利益还是具有相当的诱惑力。当守信行为不能得到褒奖、失信行为不能得到有效的惩罚时，带来的是社会、经济秩序的混乱，更无从谈起保险市场的稳健发展。

三、推进保险市场诚信体系建设的措施

（一）加强保险市场法制建设，为保险市场创造良好的法制环境

市场经济是法制经济，法律是保障市场诚信建设的制度基础。因此，要立即着手完善

相关法律制度,统一相关规定,消除现存的法律歧异;要加大对保险市场违规经营、制假骗保等无良行为的法律惩处力度;在司法实践上,要严格而公正地执法,维护保险市场各方的利益。只有在有法可依、有法必依、执法必严、违法必究的法律制度环境下,才能切实构建保险市场诚信体系,促进保险市场持续和健康地发展。

(二)充分发挥监管部门的职能作用

监管部门要完善组织机构,加强职能建设,研究制定符合实际的保险市场中、长期发展目标,对保险行业既能发挥宏观指导作用,又能下大力气解决当前突出的问题和矛盾。不能再停留在"民不告,官不究"的初级监管状态,要深入行业前沿,积极主动调研,随时掌握市场动态,及时清理各种阻碍行业发展、损害行业信誉的问题。

2008年8月,保监会下发2008〔70〕号文《中国保监会关于进一步规范财产保险市场秩序工作方案》,以治理市场突出问题为重点,以强化公司内部控制和监管查处为手段,打击"三假"行为、严格执行条款费率报批或备案制度、建立健全规范的理赔服务标准和理赔流程。通过三年的治理,产险市场秩序明显好转。要将此理念继续下去,特别是加大处罚力度,使保险高管人员不能也不敢触碰底线。加强监管部门的职能建设,对构建保险市场诚信体系提供强有力的支持。

(三)行业组织履职

保险行业协会是保险主体自愿结成的非营利社会团体法人,是保险行业的自律性组织。保险行业协会可以在以下几个方面大有作为:

(1)加强行业自律。督促会员单位依法合规经营,约束不正当竞争行为,维护公平竞争的市场环境;制订行业标准、指导性条款和从业人员道德规范、行为准则;加强诚信检查与监督;对违反协会章程、自律公约和管理制度的会员,实施惩戒措施。

(2)为会员提供服务,提升行业形象。协调会员之间、保险业与其他行业和社会组织之间、保险业与保险消费者和社会公众之间的关系,减少摩擦,增进合作,创造良好的内外部环境;及时处理信访投诉案件,解决各种矛盾争端。加强与媒体沟通,正面引导舆论宣传,制止针对保险业的恶意炒作,使公众对保险有正确的认识。

通过定期进行业务培训和讲座,来提高保险从业人员的业务素质和职业道德,塑造保险从业人员良好的群体形象。

(3)加强与公安、法院、物价鉴定中心、汽车维修行业协会等方面的联系,共同打击保险欺诈。

(4)设立二级的团体组织。如考虑建立查勘员俱乐部(或叫查勘员协会),既维护该团体的正当利益,又监督和约束团体成员的诚信履职。

(四)提升保险公司经营管理水平及社会责任感

保险公司要加强对从业人员的教育培训。对高管人员重点提高其管理能力和合规意识,对营销人员和其他从业人员着重加强其业务素质和职业道德培训。特别要对员工进行守法教育,使其自觉遵守法律法规,塑造保险从业人员良好的社会形象。做到:真实宣传不误导、和谐宣传不扰民、风险提示不遗漏、除外责任不隐瞒。通过严谨合同条款、设立合理的费率标准来明确和保障合同双方的权益。

不断提高理赔服务水平,把高标准的服务质量和效率作为理赔工作的基本要求,贯穿于理赔工作的全过程。做到:立案受理要便捷、现场查勘要及时、核赔流程要快速、理赔进度可查询、理赔支出资金安全到账要保障、理赔结束要回访。做到全国同赔,业内互助,为客户提供一切便利。

将诚信落实在展业、承保、理赔每个环节,贯穿于保险运营的全过程,是保险市场诚信体系建设的重要保证。

(五)加强对保险中介机构的管理,制定严格的代理手续费标准

严格代理人、经纪人准入制度。通过必要的培训、考核,使其具备较高的业务素质和道德水准。完善保险营销机制,树立"以顾客利益为优先、买卖其次"的营销理念,维护客户、中介和保险公司各方利益。只有靠占整个保险营销队伍约八成的中介销售人员的诚信作为,才能为保险业诚信体系建设增添成功的筹码。

保险中介是保险公司主要业务来源之一,在保险公司重业务规模轻经济效益的情况下,保险中介趁机索要高额代理手续费,扰乱了市场秩序。虽然现在由各地保监局牵头制定了代理手续费标准,但在支付标准手续费的背后,蕴藏着绩效、展业、会议费等虚假列支,变相提高手续费。这些隐蔽的不正当竞争手段,是保险市场的潜伏危机。制定统一严格的代理手续费标准,是保障保险诚信建设必要条件之一。

(六)整合社会资源,建立信用信息平台。

我国的信用体制尚不健全,各个行业的信息平台没有有效的对接,使信息资源不能得到充分利用。在目前条件下,可以考虑优先建立以下信息平台:

(1)全国性的投保、理赔信息查询平台。可以防止行业私自更改信息进行不正当竞争,可以为承保理赔工作提供客户信用的支持。

(2)从业人员(销售人员和理赔人员)信息平台。一是让投保人了解其从业资质,二是对业务员的监督作用。

(3)高管人员的信用登记、查询平台。既可为高管人员的任职资格审查提供依据,也可督促其诚信经营。

(4)其他社会信息共享平台。如医保报销信息、机动车辆登记信息和机动车辆事故信息、驾驶员违章信息等,建立信息共享机制。

通过整合社会资源,建立信用信息平台,为投保人和保险人相互了解提供条件,为双方平等自愿选择提供方便。

(七)树立保险行业信用等级制度的公信力

逐步采用国际通行标准,建立高水平、高质量的信用等级制度,提高行业等级制度的社会影响力和公信力,为民众选择保险公司提供依据,促进保险市场竞争和优胜劣汰。

（八）建立更加严格的奖惩机制

通过法律和经济手段，建立和完善对诚信者的利益保障以及对失信者的惩罚机制，保障保险市场规范有序的运行。可以考虑的措施有：一是在法律制度上设立更加严厉的惩罚条款；二是将公司或个人的诚信表现记入各自的诚信记录，该诚信记录可以通过某种信息共享平台被社会公众获得；三是将公司或个人的诚信表现与相应市场利益或经济利益挂钩（如诚信表现越差，将以更高的费率投保等）。通过建立这种褒奖、惩罚机制，鼓励保险市场的参与者诚实守信，促进保险市场诚信体系的建设。

浅析保险行业核心价值理念

赵 娜

（中国平安人寿保险股份有限公司青岛分公司）

摘 要：保险业近几年来资本实力和市场规模等有了飞速发展，为保险文化的发展提供了较为坚实的物质基础。保险行业文化作为保险业综合实力的重要组成部分，关系到一个行业的生命力、创造力和凝聚力。重视加强保险文化建设，塑造与现代保险业相适应的先进行业文化，对于进一步提升保险业的"软实力"，促进保险业的长足发展具有积极的意义。

2013年3月21日，中国保监会正式发布保险行业核心价值理念，"守信用、担风险、重服务、合规范"的保险行业核心价值理念旨在为保护保险消费者利益、增强行业核心竞争力、促进保险业科学发展提供精神动力和文化支撑。保险监管部门以发布核心价值理念形式引导保险行业文化建设，这在国内尚属首次，对促进保险业持续健康发展具有十分重要的意义。这标志着中国保险业已进入一个新的发展时期。与过去主要依靠资本等硬要素驱动规模快速扩张不同的是，新时期更强调通过文化等软要素推动行业实现内涵式发展。作为一种商业文化，保险行业核心理念是指保险从业人员所共有的一些思维、情感和行业模式。保险行业文化渗透于保险经营与管理的各个方面，对行业发展起着基础性推动作用。培育践行具有行业特色和科学内涵的保险行业核心价值理念，对加快新时期保险业发展有着极为重要的意义。

关键词：保险行业；核心价值理念；功能；路径

一、保险行业核心价值理念的特点分析

（一）保险行业核心价值理念符合我国社会大环境的发展形势

保险业是整个国民经济的重要组成部分，通过保险保障、资金融通、社会管理三大功能服务经济社会建设。保险业的经营发展离不开经济社会大环境，保险行业核心价值理念是对整个社会文化大环境的直接、真实反映。该理念不仅仅是保险企业文化和行业文化的简单叠加，而且在更高层次上形成保险的社会文化。社会公众对保险的认识总和，是保险

企业和行业文化在社会的外在体现。通过文化的辐射功能,保险行业核心价值理念不仅会对本行业,还将对整个社会产生一定的影响,在社会主义文化大发展大繁荣的进程中,以具有自身特色的行业核心价值理念,并积极反作用于同时代的社会文化。

(二)保险行业核心价值理念充分体现行业的本质特征

每个行业都有各自的经营范围和行为方式,保险行业核心价值理念在体现本行业根本特征的基础之上,是保险业区别于其他行业的标志,也是保险业安身立命、发展壮大的基础。保险业是经营风险的行业,其本职工作是为社会、企业和个人分担风险、提供保障。当前,部分保险公司为笼络更多资金,重规模轻效益,重速度轻质量,重保费轻服务,严重偏离了保险的本质,使得保险业的功能弱化,行业边缘化。这种舍本逐末、揠苗助长的经营方式,也给行业可持续发展带来了诸多恶果,对保险资源的掠夺破坏了行业的发展基础,经营理念和考核机制的不科学诱发了错误的价值导向,销售误导和理赔难导致了整个社会乃至从业人员对保险业的不认可。培育践行保险行业核心价值理念在兼顾行业本质特征的同时,树立了正确的价值追求,引导保险业回归正确的发展方向。

(三)保险行业核心价值理念是经过长期积累而形成

保险行业核心价值理念的形成不同于其他方面的建设,有其自身的内在规律,是在长期积累中逐渐形成的文化共识。核心价值理念的形成不是一蹴而就的,是在行业发展过程中不断挖掘、总结提炼能够引领行业科学发展、凝聚行业力量、约束行业行为,彰显行业价值的可以上升为行业文化高度的积极因素,并对其进行宣传和普及,使之成为行业上下普遍接受和遵守的价值观念和行为方式的,形成符合行业实际、利于行业发展的保险行业核心价值理念。另外,保险作为一种舶来品,保险行业核心价值理念的形成也吸收消化了西方发达国家成熟保险市场的先进做法与理念,取其精华,弃其糟粕,结合中国传统文化中的思想精华,形成具有中国保险行业特色,具有深刻内涵和广阔外延的先进保险行业文化。

二、保险行业核心价值理念的功能分析

保险行业核心价值理念的功能是指保险行业核心价值理念的四个要素有机结合而形成的效能和作用。按功能作用方向的不同,保险行业核心价值功能大体可分为对内功能、对外功能和综合功能三种。

(一)对内功能

对内功能是保险行业核心价值理念对保险的内部影响和作用,它主要包括凝聚功能、激励功能、约束功能、融合功能、教育功能。

1.凝聚功能

保险行业核心价值理念的凝聚功能是通过对保险从业人员的整合作用,使员工关心保险成为一种强烈的心理需求,从而形成强大的凝聚力。

保险行业核心价值理念以尊重个人感情为基础,体现着一种尊重别人以及相互认同的情感,因而使上下级之间和同事之间能产生更多的共同语言,能产生齐心协力、同舟共济的奋斗精神和团结一致的和谐气氛。在这一基础上,它通过增加员工的团结荣誉感、共同的目标责任感以及为事业的献身精神在保险中产生强烈的向心力。在保险经营过程中,这种无形的软约束能力使保险目标转化成人们的自觉行动,使个人目标和保险目标趋于一致,从而充分调动每个员工的积极性。这是比制度约束、比物质刺激更重要、更有效的。保险行业核心价值理念所产生的这种凝聚力是保险生存和发展的基础。

2.激励功能

保险行业核心价值理念的激励功能是指激发员工的工作动机、调动员工工作积极性的作用。保险行业核心价值理念通过保险目标和其他诱因的刺激,使广大员工对目标产生认同感、责任感、使命感和集体荣誉感,由此产生一种强大的动力和压力,以激发个人的自觉行动。它鼓励和鞭策员工去努力工作,使个人为实现目标而产生的行为经常处于积极状态,从而创造出更大的价值。

3.约束功能

保险行业核心价值理念的约束功能是保险行业核心价值理念对其成员背离保险目标的思想和行为所产生的自我控制作用。这种约束机制和力量来自保险文化自身,它是保险文化对其成员长期教育、熏陶所形成的一种信念。

4.融合功能

保险行业核心价值理念的融合功能是保险行业核心价值理念能在不同层次上满足不同劳动者的需要、能潜移默化员工的思想性格和情趣、最大限度地缩小员工之间的精神方面的差别、把个人融于集体之中的能力。保险行业核心价值理念融功能的基础是具有统一性,从根本上讲,是具有共同的价值观,没有共同的价值观,保险就没有共同的方向,就没有共同的目标和追求,就没有将员工统一起来的共同理想,就不能将众多的成员融为一体。在根本观点上有了共同的认识,就有了统一和融合的基础,融合又是根本观点一致基础上的若干局部融合的统一,绝对的统一、融合是没有的,在根本观念统一的前提下,这些局部的融合、局部的统一,就构成了保险的整体融合。

5.教育功能

保险行业核心价值理念具有教育其成员自尊、自爱、自重、自觉遵守劳动纪律、珍惜生产资料和劳动成果、自觉维护保保整体利益、自觉维护保险声誉和形象的功能。它促使每个成员发扬优点、克服缺点,不断提高自己的思想素质、业务技术素质和文化道德素质,以适应保险文化的要求和保险迅速发展的需要,它是一种重要的教育、感召力量,也是保险现代文明的重要象征。

（二）对外功能

保险行业核心价值理念环境所产生的影响和作用,它主要包括展现功能、竞争功能、辐射功能。

1. 展现功能

保险行业核心价值理念的展现功能又称作宣传功能，是保险行业核心价值理念通过文化载体表现于外部社会环境、展现自身价值的功能，它使保险文化接受社会检验和评判，从而不断丰富自身内涵。

2. 竞争功能

保险行业核心价值理念的竞争功能是指保险参与社会竞争、推动技术进步、完善经营管理、提高劳动生产率的功能。保险行业核心价值理念通过价值观念、竞争意识、集体意识等作用于员工，调动员工的积极性、创造性，从而提高保险素质、形象，提高整体竞争力，因此，保险行业核心价值理念的竞争功能是保险发展的重要动力源泉。

3. 辐射功能

保险行业核心价值理念的辐射功能，是指保险行业核心价值理念的外部扩散、同化异质小文化、影响社会大文化的功能。企业和保险是社会经济的细胞。社会的政治、经济制度、民族精神和文化传统、社会习惯和心理等都会反映或折射到保险中来，影响着保险行业核心价值理念的发展，而保险行业核心价值理念也把自己的影响扩大、渗透到社会机体的方方面面，从而推动着社会的进步。

（三）综合功能

保险行业核心价值理念的综合功能是指保险行业核心价值理念对保险内部环境和外部环境同时产生的影响和作用，它主要包括导向功能和调节功能。

1. 导向功能

保险行业核心价值理念的导向功能是其对保险行为的方向所起的诱导和坚定的作用。由于保险行业核心价值理念体现了与员工经济利益相一致的保险经济与发展的目标，因而对全体员工的心理、性格、行为、积极性等能形成一种导向作用，促使员工把实现保险目标变成自觉的行动。一方面，保险行业核心价值理念指导着保险的活动沿着一定的方向、奔向一定的目标；另一方面，它也阻止、克服一切有悖于这一方向和目标的行为。从国外的优秀企业和保险看，它们都有明确而坚定的方向。它们不论顺利、成功或者是处境恶劣、遭到挫折的时候，都不曾发生过迷茫，失去前进的方向。所以如此，其根本原因是它们有优秀的企业和保险文化的导向。保险行业核心价值理念的导向功能有三种主要途径：其一是显示保险方向，主要是通过保险目标向员工心灵深处发挥作用；其二是诱导保险方向，把不同员工的个人行为和个人目标引导到统一的保险目标上来；其三是坚持和坚定保险方向，使保险在困难的逆境中也不悲观失望、丧失信心、放弃目标。因此它是保险的"精神灯塔"，是保险顺利发展的重要保障。

2. 调节功能

保险行业核心价值理念的调节功能是指保险行业核心价值理念调节内部要素之间和

外部环境之间关系,协调各种作用力、为实现保险目标创造一个适宜的文化环境的功能。保险行业核心价值理念的调节功能从调节范围内可以划分为保险内部的调节和保险外部的调节。内部调节是指调整保险内上下级之间、管理者和被管理者之间、同级之间、各种部门之间的关系,使之符合保险的价值目标。保险文化的调节功能,就在于使保险全体成员树立一种正确认识,每个成员的行为都要服从保险的整体利益。外部调节是指调整保险与保险、保险与顾客、保险与社会之间的关系。这种调节主要是通过保险的自我调节来适应外部社会环境,以促进保险的自身发展。

三、培育践行保险行业核心价值理念的路径分析

推进保险行业核心价值理念建设,是一项长期、艰苦但是利在千秋的工作,也是一项复杂的系统工程,不可能一蹴而就,需要遵循一定的原则和正确的方法,坚持不懈地努力,需要全行业的共同参与,才能不断推进,使之如同沉积的岩层那样厚实,成为行业的灵魂,促进保险业的进一步发展,更好地服务经济社会。

(一)坚持原则,明确目标

1. 实践性原则

坚持理论和实践相统一,在实践中培育和发展保险行业核心价值理念。理论和实践相统一是马克思主义的基本观点,理论和实践相统一的原则,要求保险行业核心价值理念的外在表现形式或文字表述要和深刻的内涵相统一。作为上层建筑的文化,不仅容易停留在表层,更容易在半空中你来我往、高谈阔论。企业宣言、高峰会议、礼仪等等无论声势多大、多么吸引眼球,都只是企业文化表层的浮土。在保险企业文化建设如火如荼的今天,把它当作一种时尚就很容易停留在浅尝辄止、浮于表面的层次上。保险行业核心价值理念必须言行一致地在实践中诠释,保险行业核心价值理念的培育必须从保险实际出发,从管理的客观水平和客观要求出发,反映保险文化发展规律,同时努力付诸实践,并在实践中不断完善和提高。

2. 目标性原则

保险行业核心价值理念建设不但要有一个明确而崇高的发展目标,更重要的是要让全体员工明确他们的岗位工作与保险发展目标的密切关系,并使员工"自我实现"的需要得到满足。

3. 成效性原则

保险行业核心价值理念把每一个员工的个人利益与其工作成效联系起来,制定出衡量员工工作成效的合理标准,以此激发员工的工作积极性,同时保险文化的建设必须推动保险自身的发展,以物质成果体现文化成果,相互发展。

4. 继承和借鉴性原则

保险行业核心价值理念建设必须继承优秀的民族传统文化,大胆地借鉴一切经过实

践检验的有利于社会进步的外来文化精华,积极地吸收其他行业文化建设的成功经验,不断创新、完善。

5. 先进性原则

文化有优秀先进的,也有腐朽没落的。先进的企业文化是生产力,它有力地推动企业的健康成长;但企业文化的先进性却不会因为企业经济效益提高而自动产生。发展和发财是不同的,前者能走得更远,后者却不能。因此,企业文化只有保持先进性才能有旺盛的生命力。

(二)循序渐进,逐步深入

保险行业核心价值理念的深入实践和理论探讨,是我国行业文化建设的一项飞跃,改革开放 20 多年来,保险文化的内涵也得到不断丰富和发展,特别是十八大以来,保险文化的研究迎来了更有利的时机。但是,保险行业核心价值理念的建设应该加强研究,合乎规律,循序渐进,使之健康发展,为我国保险业发展发挥其巨大的作用。

1. 深入研究,确定目标

保险目标是价值观念的具体化,它反映了保险物质和精神需要。保险目标是否科学合理将直接关系到保险的生存和发展。所以要从保险的客观实际出发,明确规定保险在较长的一段时间内的发展方向、模式和主要经营成果。目标的确立要建立在调查研究、广泛听取各方面意见的基础上,要和国家的经济、文化发展的计划相一致,要讲究实际,要有科学求实的态度。同时,还要考虑到实现目标所应采取的方法、步骤和措施。只有如此,才能真正创造出既能体现保险特性,又能为每个员工所接受的价值标准,才能有利于鼓舞士气,调动全体员工的积极性、主动性和创造性,激励他们勤奋敬业、开拓进取。

2. 实事求是,确定纲领

一切从实际出发,实事求是是我们各项事业成功的奥秘之所在,培育优秀的保险行业核心价值理念也是如此。保险行业核心价值理念建设的双重性原理,揭示出了保险文化作为社会文化的一种"次文化",它必须植根于社会宏观文化与保险独特微观发展的交汇点上。这就要求客观地、科学地分析保险面临的内外环境,并以此为契机,把握住保险行业核心价值理念建设的源流,全行上下群策群力、集思广益,科学制定保险文化建设的方针和目标,以此作为建设保险文化的纲领,以此来统一全行业的意志、思想、行动。

3. 融合同化,统一认识

保险是一个特殊的经济组织,保险的价值观应在保险经营目的的原则前提下,围绕效益、效率这个中心而确立。融合同化就是要在保险目标的前提下,融合同化全行及全行员工的价值观,统一全行的精神力量,使全行业的意志沿着保险目标的方向、轨道前进。

4. 找准基点,强化教育

保险行业核心价值理念的中心问题是人的问题,是尊重人、相信人的主动精神、进取精神和创造精神。因此,建设保险行业核心价值理必须把重点放在人这个"基点上"。就是说,要用启发、诱导、吸引、熏陶、激励等多种方式,在员工中逐步树立和形成行业的基本价值观、道德规范、行为准则,提高他们的业务和文化素质,并结合保险的经营管理活动,采取多种多样的文化教育手段,大力启发员工的自觉性,从而形成强大凝聚力,以推动保险的发展。

5. 相互促进,共同发展

保险行业核心价值理念建设必须与保险发展相互促进,共同发展。保险行业核心价值理念与保险发展之间,是有同方向、同制导的关系。同方向即保险行业核心价值理念建设的目标与保险发展的目标是相同的。保险发展的目标,是想力图以尽可能科学的物质、精神投入,输出尽可能有效的产出,由此创造更大的价值。保险行业核心价值理念建设的目标,亦是着眼于此。同制导即保保险行业核心价值理念与保险发展是一体的,但其内在体系之中有辩证统一的关系,互动共效,和谐发展。各种保险发展元素对于保险价值观念体系的制导功能和辐射作用,主要是取决于保险经营发展的计划、组织、指挥、协调、控制、监督职能。同时,保险价值观文化对于保险发展也具有多方面的制导作用,这种制导作用,是以保险文化赋予保险发展主体——员工,以整体性、先进性的思想价值观、人际道德观、岗位奉献观、思维方式与行为方式,以及良好融洽的劳动组织文化、发展控制文化等"保险管理营养元素"来得以实现和展示的。它带有极强的人性色彩,从而大大加强、优化保险管理和发展,有效地提高管理的效率、效能、效益。

(三)多方参与、齐抓共管

1. 要发挥监管机构的引导作用

监管部门要积极做好统筹规划,形成加强保险行业核心价值理念建设的有效机制,不断创新和丰富保险行业文化的内涵,不断完善与社会主义市场经济相适应的保险行业核心价值理念。

2. 要发挥保险机构的主体作用

保险机构要结合自身特点,将行业文化的实质融入企业文化建设中,把企业文化建设作为公司管理的重要内容和提升竞争力的重要环节。同时要加强企业之间的交流沟通,形成保险行业核心价值理念建设的合力。

3. 要发挥新闻媒体的正面宣导作用

把握正确的舆论导向,坚持贴近群众、联系实际、深入生活,客观介绍保险业发展形势,扩大保险业的社会影响,营造良好的社会舆论环境,努力实现新闻宣传与保险文化建设相互促进,普及保险法规及保险知识,提高全民风险和保险意识,体现保险在服务经济社会和人民群众方面的作用。

4. 推动保险协会、学会、院校等机构积极参与保险文化建设

保险行业协会要开展形式多样、内容充实的行业性宣传活动,发挥协会在普及保险知

识、提高公众保险意识、树立行业良好形象方面的独特作用。同时可以利用保险宣传资源，建立中国保险行业保险宣传基金，加强保险知识的宣传普及。整合宣传资源，积极开展行业性的宣传活动。

参考文献

[1] 王新利. 深度开放形式下我国保险文化的发展轨迹：从交汇、冲突到融合 [J]. 中国金融, 2005(17)：56-57.

[2] 程长乐. 试论银行文化的体系、功能与建设 [C]//2008 年湖北企业文化高峰论坛论文集. 武汉：湖北企业文化网编辑部, 2008：500-511.

[3] 卓志. 中国保险文化的几个基础问题探讨 [J]. 保险研究, 2009(11)：10-15.

[4] 袁力. 加强保险文化与品牌建设 促进保险业又好又快发展 [J]. 保险研究, 2008(6)：3-4.

[5] 任建国. 保险行业文化建设的目标与任务 [J]. 中国金融, 2011(24)：55-56.

[6] 朱进元. 不断丰富保险文化内涵 打造行业科学发展的文化支撑 [J]. 保险研究, 2009(11)：22-25.

如何将社会主义核心价值观融入保险行业文化建设

韩 菲

（中国人民财产保险股份有限公司青岛市分公司）

摘 要：随着社会主义市场经济体系建设的不断深入，我国保险市场正经历着广泛而深刻的转型，保险业发展进入重大战略机遇期。把握机遇，在保险市场转型期应该以保险行业文化做好引导，实现保险业健康可持续发展，为社会主义经济发展作出更大的贡献。在多变的形势下，如何建设保险行业文化，建设怎样的保险行业文化成为行业普遍关注的问题。社会主义核心价值观从国家、社会、公民三个层面，涵盖了"倡导富强、民主、文明、和谐，倡导自由、平等、公正、法治，倡导爱国、敬业、诚信、友善"的内容，引领社会思潮。保险行业文化的建设应该以社会主义核心价值观为指导并加以融合。如何将社会主义核心价值观融入保险行业文化建设？本文从文化体系建设、技术手段、队伍建设三个方面提出了几点建议。

关键词：社会主义核心价值观；保险；文化建设；融合

一、引言

国务院总理李克强主持召开了国务院常务会议，部署加快发展现代保险服务业。李克强总理在会上说，"老百姓有安全感，社会才有安定感，国家才能稳定发展。"保险是金融的三大支柱之一，保险又是金融稳健的重要保障，是金融体系的重要组成部分。保险业发展事关经济发展全局，也事关社会稳定大局。30多年来，我国保险业迅猛发展，从20世纪80年代初复业以来，保费总额由4.6亿元增长到2013年底的1.72万亿元，年均增长28.3%。目前，我国保险公司数量和规模迅速发展，保险市场的竞争激烈，而市场也正经历着广泛而深刻的转型，保险业发展进入重大战略机遇期。把握机遇，在保险市场转型期应该以保险行业文化做好引导，以实现保险业健康可持续发展。保险业的健康可持续需要以社会主义核心价值观为引导，营造公平的竞争环境、诚实信用的保险行业体系，才能更好地发挥保险作为经济发展的"助推器"、社会和谐的"稳定器"、政府管理的"辅助器"、灾害风险的"减震器"、社会保障的"调节器"、群众就业的"容纳器"的作用。这也给保险行业的发展提出了新的要求，即以社会主义核心价值观引导建设符合行业发展规律、符合公众及社会需求、符合市场发展要求的保险行业文化,引导保险在推动社会经济治理体系和治理能力现代化中扮演更重角色、发挥更大作用。

二、新形势下社会主义核心价值观的内容和重要意义

中共十八大报告中的:"倡导富强、民主、文明、和谐,倡导自由、平等、公正、法治,倡导爱国、敬业、诚信、友善,积极培育和践行社会主义核心价值观。"分别从国家、社会、公民三个层面,高度概括了社会主义核心价值观。从国家层面看,是富强、民主、文明、和谐;从社会层面看,是自由、平等、公正、法治;从公民个人层面看,是爱国、敬业、诚信、友善。这样的表述,直接体现了社会主义核心价值体系的本质,言简意赅、通俗易懂、富有民族特色,能够回应社会大众的现实诉求,引起个体的认同与共鸣,便于为人们所理解、记忆与传承。这一论述明确了社会主义核心价值观的基本理念和具体内容,指出了社会主义核心价值体系建设的现实着力点,是对社会主义核心价值体系建设的新部署、新要求。正确理解社会主义核心价值观的内涵,深刻把握积极培育和践行社会主义核心价值观的重要性,对于推进社会主义核心价值体系建设,用社会主义核心价值体系引领社会思潮、凝聚社会共识,具有重要的理论意义和实践意义。

(一)社会主义核心价值观有助于优化行业环境,提升保险行业的软实力

推进社会主义核心价值体系建设,是实践科学发展观的必要条件。理解建设社会主义核心价值体系的丰富内涵,以构建社会主义核心价值体系为主导,有助于提升保险行业的软实力。用社会主义核心价值观来培育保险行业的核心价值理念,是加强保险文化建设的重要环节,也是保险业贯彻落实中共十八大建设社会主义文化强国战略的具体措施。

当今时代,社会背景复杂,利益诉求多元,社会生活方式多样,利益的诱惑增加,保险从业人员思想的独立性、选择性、多边性和差异性日趋明显和增强,行业内存在的现实性问题对行业的健康稳定发展提出了极大的挑战。开放的市场环境使国内外的保险市场紧密交融,为保险的发展带来了机遇,同时也带来了很多的变数。复杂的市场形势对保险行业提出了新的要求,大力推进保险行业的社会主义核心价值体系建设是当前解决行业复杂矛盾和问题的重要落脚点,以社会主义核心价值观提升保险行业发展的软实力,借助行业文化的建设规范发展秩序,遵循发展规律,遵守市场规则,激发保险在促进经济稳健发展、社会和谐方面的潜能,为社会主义经济发展作出更大的贡献。保险监管的核心价值理念和保险行业的核心价值理念正是适应保险市场现实发展要求、着眼于保险业长远发展战略而产生。

(二)社会主义核心价值观是凝聚保险行业力量的精神支撑

保险对企业的人力、财力、覆盖面都有较高的要求,企业一般都是从总部到支公司的多层级机构设置,点多面广。近年来,保险行业改革的步伐加快,改革的深度和广度进一步加强,如果没有统一的思想认识和共同的价值观引导,就会阻碍企业经营管理、行业的健康稳定发展。虽然保险行业文化建设的情况基本是好的,但是也存在一些不容忽视的问

题和薄弱环节：一是企业不重视文化建设，不能形成行业文化建设的氛围。在当前企业追求利润最大化的过程中，企业领导把企业的经营管理和文化建设对立起来，认为文化建设产生不了效益，可有可无。对文化建设工作的开展，基本还只是简单地上传下达，未能经过消化吸收转变成为管理工作的具体要求，因而不能成为企业发展的内生动力。并且，文化的建设，工作收效慢、难度大，成绩不容易反映和考核，缺乏文化建设工作的监督机制和反馈机制，因而在企业的管理中，文化建设工作往往要为业务发展让步。

再者，保险行业的文化建设，横向来看是由保险监管部门、协会组织、保险企业和保险从业人员共同构建；纵向来说是由总部引领，凝聚各分支机构的力量共同打造的，因而文化建设的水平也参差不齐，区域发展不均衡，尤其是，基层组织在文化建设工作中起着重要的作用，却是其中的薄弱环节。一线的从业人员，直面客户，数量所占的比重大，往往代表着行业的文化形象。然而，基层机构文化建设的重视程度并不乐观。一是基层机构的文化建设工作的人员配置不完善。文化建设工作多由其他人员兼岗，大大降低了工作的力度和专业度。二是文化建设工作缺乏专业指导，分散，往往不能适应变化的形势。文化多元、复杂，要想集中思想，凝聚保险企业和从业人员团结一心，实现合力就需要社会主义核心价值观的引导，将社会主义核心价值观融入保险行业文化建设中。

三、以社会主义核心价值观为指导，加快保险行业的文化体系建设、技术支持体系建设和文化队伍建设

随着"国十条"的出台，发展现代保险服务业的重要性已经上升为一个国家的层面。未来10年、20年将是保险业迅猛发展的时期，必须要妥善解决行业几十年快速发展所积累的形形色色的现实问题，创新举措，从文化体系建设、技术支持体系建设、文化队伍建设等几个方面将社会主义价值观融入到文化建设中去。

（一）以社会主义核心价值观引导、完善文化体系建设

1. 以信用体系建设为重点，弘扬诚信文化。

社会信用体系也称国家信用管理体系或国家信用体系。社会信用体系的建立和完善是我国社会主义市场经济不断走向成熟的重要标志之一。社会信用体系是以相对完善的法律、法规体系为基础，以建立和完善信用信息共享机制为核心，以信用服务市场的培育和形成为动力，以信用服务行业主体竞争力的不断提高为支撑，以政府强有力的监管体系作保障的国家社会治理机制。它的核心作用在于记录社会主体信用状况，揭示社会主体信用优劣，警示社会主体信用风险，并整合全社会力量褒扬诚信，惩戒失信。信用体系的建设可以充分调动市场自身的力量净化环境，降低发展成本，降低发展风险，弘扬诚信文化。

诚信是保险行业文化的核心内容，加强行业文化建设要完善保险企业和保险高级管理人员诚信档案。在巩固和完善营销员诚信体系的基础上，力争将保险公司和保险专业中介机构高管人员、保险从业人员、投保人的信用信息也纳入该系统中，建立失信惩戒机制，以解决销售误导、理赔难问题为切入点，切实维护保险消费者合法权益。建立欺诈误导销售责任追究机制，以行业组织建设为重点，强化纠纷调解机制，以信息披露为重点，强化社

会舆论监督机制。

随着保险行业发展规模的快速扩张,信用制度不规范、不健全,成为行业发展主要的主要风险。保险是经济发展的重要环节,当前国内外出现新的变化,保险改革面临新的任务,都要求保险行业加快信用体系建设,提高保险业的竞争力,促进保险业的健康稳定持续发展。

2. 合规管理体系建设

所谓的"合规",是指金融保险企业及其员工遵守法律、监管规定、行业自律准则以及企业自己制定的内部规范的总称。合规管理是指企业通过制定合规政策,按照外部法规的要求统一制定并持续修改内部规范,监督内部规范的执行,以实现增强内部控制,对违规行为进行早期预警,防范、化解、控制合规风险的一整套管理活动和机制。近年来,国内保险市场上出现了一些操作风险案件。这些案件的产生大多是由于企业自身合规风险管理失控所致。国内保险业开始重视合规风险管理,因此,保险监管部门加强监管力度,清理整顿保险市场,以强化合规管理,控制风险。2006年年初,保监会在《关于规范保险公司治理结构的指导意见(试行)》(以下简称《指导意见》)中更是首次对保险公司进行合规管理、设置相应负责人和职能部门提出了明确要求。保险公司纷纷尝试以各种方式建立合规风险管理体系。但是,我国保险公司的合规管理部门发展还不成熟,保险公司有各种内部管理办法和实施细则,由多个部门分别行使部分合规管理职能,合规管理不成体系、不够完善。

合规管理体系的建设要完全融入保险公司的核心经营管理体制中。只有建立符合保险公司自身实际的合规管理体系,才能有效发挥其风险管理和健全企业内控的功能。一是要加强合规机构和合规队伍的建立健全。合规部门应保持独立性。为确保合规部门有效履行职责,应配备高素质的专业合规人员。二是要完善合规制度的建设和执行,规章制度是合规管理体制的中心内容,在制度建设方面,应以合规纲领性文件为统领,进行大规模的整章建制工作,建设规章制度的修订和评价等管理流程。三是要培养合规文化,夯实合规管理发挥功效的基础,强化合规创造价值的理念,保持激励约束机制与企业倡导的合规文化和价值观的一致性,严格责任追究制度。

(二)加快支持社会主义核心价值观的信息技术体系的建设

随着现代网络信息技术的迅猛发展,网络阵地越来越成为思想文化和意识形态传播的重要阵地,网络文化建设工作越来越成为时代发展的潮流,也成为传统文化传播工作方法、手段的创新方向。以网络信息手段加快社会主义核心价值观在行业内的传播和学习是适应时代发展的实际需要,也是保险行业文化建设的需要。要发挥网络声像图文并重的优势,大力开发网络政工资源,建好、用好、管好网络信息,把握网络的特点和发展趋向,运用网络进一步扩大社会主义核心价值观引导的覆盖面,增加核心主义价值观的影响深度,掌握网络文化传播的主动权。要发挥网络优势,开展网上培训教育,营造学习氛围,创建学习型行业,力争建立、完善全方位的文化建设格局。另一方面,也要加强网络安全管理,强化信息技术安全,避免不良信息对行业带来负面影响。

（三）加强文化队伍建设

从事文化建设工作人员是行业文化工作的具体执行人,这些人员素质的高低决定着行业文化建设的水平和质量,要着力建设一支责任心强、善管理、思想过硬、热爱文化建设的队伍。一是要落实责任制,建立完善的运行机制,制定切实可行的考核办法,形成党委统一领导、党政工团齐抓共管,以专职文化工作人员为骨干、群众广泛参与的行业文化建设工作的生动局面。二是要加强人才引进和人才交流,为文化建设工作注入新鲜血液和新生力量。三是要加强对文化工作人员的培训和教育,使工作人员树立起坚定的文化价值观,提高文化工作技能,创新文化工作的手段和方式。

四、总结

社会主义核心价值观内容丰富,影响力深远,是促进保险行业持续健康发展的有力支撑,也给保险行业文化建设指明了方向。把社会主义核心价值体系教育贯穿到行业发展的方方面面。要坚持不懈地在全行业内开展中国特色社会主义理论体系学习、宣传和教育、普及活动,以社会主义核心价值观统领保险监管理念和保险行业核心价值观,完善、建立保险行业的价值观体系。从文化体系建设、信息技术体系建设和队伍建设三个方面入手,将社会主义核心价值观融入保险行业文化建设,净化行业环境,提升行业发展的软实力。

参考文献

[1] 李耀辉. 关于加强金融思想政治工作的几点粗浅看法 [J]. 青海金融,2000(4):39-41.

[2] 马文荣. 对新形势下做好金融思想政治工作的思考 [J]. 金融经济(银川),2006(1):43-45.

[3] 孙勤. 网络坏境下加强和创新金融思想政治工作的思考与对策 [J]. 安徽电子信息职业学报,2007(6):9-10.

[4] 王玉祥. 切实做好新形势下的金融思想政治工作 [J]. 思想政治工作研究,2012(2):53-54.

浅谈保险文化发展与提升行业软实力

孙黎惠

（太平人寿保险有限公司青岛分公司）

摘　要：企业形象是社会大众和企业职工对企业的整体评价,是企业产品、服务、人员素质、公共关系等各方面在社会和企业职工中所产生的总的印象,是得到社会承认的企业价值观、企业精神、企业风尚等的综合反映和外部表现。当然,企业文化必须要有所发展,随着环境的变化、经营的变化,有必要吸收新的理念,淘汰旧的内容,使企业文化始终成为具有蓬勃生机的、与时代紧密相连的、内容丰富饱满的文化,从而推动企业持续、健康、有序的发展。

关键词：企业文化;价值;行业发展;深化改革;创新

保险业作为一个较为特殊的行业,其意义和功用在于解决人们的财务忧虑、增加人们的财务安定感。这样的行业必须不断汲取优秀传统文化和世界先进文化的养分,来不断充实和丰富保险文化的内涵。

只有优秀的保险文化,才能有力指导企业和营销员的个体行为,才会潜移默化地融入到客户的头脑,认同行业的文化才会欣然接受保险产品,促成理性满意的保险消费,从而全面提升保险业的软实力。

一、加强诚信文化建设,夯实保险业的发展根基

推进社会主义核心价值体系建设,必须树立和践行社会主义荣辱观。社会主义荣辱观是中华民族传统美德与时代精神的有机结合,体现了社会主义道德的根本要求,确立了人们行为的价值标准。诚信文化是我国传统文化的精髓,明礼诚信是公民道德的基石。人无信不立,国无信不昌,诚信文化在治国方略中处于基础地位。诚信文化更是保险业赖以生存发展的基础。

（一）以诚信体系建设为重点,加强保险制度建设

建立完善保险企业和保险高级管理人员诚信档案。在建立和完善营销员诚信体系的

基础上,将保险公司、保险专业中介机构高管人员、保险从业人员、投保人的信用信息也纳入到该系统中。

建立失信惩戒机制。以解决销售误导、理赔难问题为切入点,切实维护保险消费者合法权益。建立欺诈误导销售责任追究机制。切实加强保险公司"一把手"信访负责制,强化"一把手"的责任。认真做好检查监督部门负责人和公司负责人信访接待日工作,充分做好应对群体性突发上访事件的预案,建立涉案公司负责人谈话制度。以行业组织建设为重点,强化纠纷调解机制。以信息披露为重点,强化社会舆论监督机制。

（二）以品牌建设为重点,加强保险品牌建设

加强企业品牌建设,把诚信作为保险品牌建设的核心内容,落实工作责任。把社会主义荣辱观教育与诚信教育、思想道德教育紧密结合起来,努力在保险行业内形成以"讲诚信为荣,不讲诚信为耻"的良好风气。重视新形势下保险从业人员思想工作,加强对从业人员职业道德和法制教育。充分调动员工的积极性,提高他们爱岗敬业、诚信服务和遵纪守法的自觉性。加强对从业人员文化素质培养,进一步提高他们的文化水平。

（三）以宣传教育为重点,加强保险文化普及

全国保险公司要集中力量,积极宣传保险业改革发展实践中涌现出来的先进典型,逐步形成锐意进取、健康向上的行业文化。要严格落实保险消费者投保提示制度,积极组织开展保险宣传进社区、进校区、进农村活动。要加强与司法部门的联系,不断完善反腐倡廉及反保险诈骗工作机制,严厉打击各种弄虚作假、骗保骗赔的行为。

二、加强法治文化建设,筑牢保险业的监管屏障

社会主义核心价值体系突出强调了要"加强法制宣传教育,弘扬社会主义法治精神,树立社会主义法治理念,提高全民法律素质,推动人人学法遵法守法用法,维护法律权威和社会公平正义"。依法监管应成为我们必须遵守的监管文化,以法律为准绳,营造一个公平、公开、公正的市场环境。

（一）以政务公开推进政务诚信

在狠抓行业诚信建设的同时,首先要抓好监管部门自身的政务诚信。将监管置于服务之中,在服务中体现监管。为此,保险监管部门要不断加强对规范性文件清理工作,并使之制度化、年度化。不但要对社会公布哪些文件失效,同时也要公布哪些文件有效。同时对行政许可进行一站式审批处理,有效提高行政审批的工作效率,有效防范和杜绝"门难进、脸难看、事难办"的衙门作风,赢得被监管机构的认可,树立监管的形象和权威。

（二）以制度建设推进执法公信

依法监管必须突出以制度建设为先导。在同一制度下,对不同机构做到统一执法,才能赢得执法的公信力。保险监管部门必须要实行查处分离的制度,并不断完善行政处罚的

裁量标准,力求对同一性质的违法违规问题采取一致的处罚尺度。

(三)以法治理念防范法律风险

保险监管部门要从依法行政的基本原则出发,经常性梳理历年来行政处罚中的经验得失,不断加强对干部员工的执法水平的教育。同时,深化与法律顾问单位的沟通工作,使其加强和做好为保险监管部门提供的法律服务工作,帮助保险业防范法律风险。

三、加强和谐文化建设,净化保险业的发展环境

社会主义核心价值体系是兴国之魂,是社会主义先进文化的精髓,决定着中国特色社会主义发展方向。建设和谐文化,需要进一步形成全社会共同的理想信念和道德规范。保险业发展需要和谐的内外部环境,和谐文化理应成为保险文化之魂。

(一)弘扬互助文化,促进保险经营者与消费者之间的和谐

保险文化起源于互助文化。现代西方的营销理论要求实现客户利益最大化,建立客户关系管理系统。社会主义保险业的发展更是强调要实现好、发展好、保护好保险消费者的利益。为此,我们必须引导和推动保险业从产品开发、销售、理赔、客户服务等各个环节都建立一套完善的制度以保护广大保险消费者的利益。

(二)倡导公平竞争,促进保险经营者之间的和谐

中国古代的哲学家老子的《道德经》充满了和谐观的思想。"君子和而不争,争而无害"。保险经营者之间的竞争不能以邻为壑。在行业内要倡导竞合关系,谋求共同发展。监管部门要营造一个公平的竞争环节,无论对中资公司还是外资公司、大公司还是小公司、新公司还是老公司,都要一视同仁。指导同业公会积极推进行业自律,及时沟通行业信息,创造合作共赢的市场环境。同时,要鼓励保险公司进行差异化竞争,提供个性化、分众化的保险产品和服务,努力做到"和而不同"。

(三)辅助和服务社会管理,促进全社会和谐

保险业的发展必须服从和服务于社会经济的发展。现代保险作为经济的"助推器"、社会矛盾的"润滑剂"、灾害事故的"减震器",对促进社会和谐能够起到积极的作用。我国保险公司都要着力于不断探索新的保险领域,不断创新保险服务手段,切实改进保险服务质量,努力实现社会效益与经济效益的双丰收。

四、加强创新文化建设,强化保险业的发展动力

推进社会主义核心价值体系建设,必须弘扬以爱国主义为核心的民族精神和以改革创新为核心的时代精神。保险业必须要在科学发展的基础上,不断改革创新,从而有效实现保险业的可持续发展。

（一）加强保险理论创新，繁荣保险文化

保险业新的实践呼唤新的保险理论的指导，同时，保险业的实践也在不断丰富新的保险理论。纵观国内外保险发展的历史，可以说，保险业发展的每一个重要阶段，都有与时俱进的保险理论做指导。反过来，保险发展的实践又进一步充实了保险理论，使保险理论不断向前发展。保险业在经营运作过程中，必须要不断致力于创新保险理论，以促进保险文化的繁荣。

（二）营造创新环境，激发创新活力

在知识经济时代，创新的作用得到空前强化，并升华成一种社会主题。保险业要积极引导、调动、保护好保险经营主体的自主创新积极性，鼓励创新，宽容创新。当前，全国保险行业都要紧密结合工作实际，支持对新型保险市场形态的探索，支持对金融交叉领域业务的探索，支持对辅助政府社会管理保险项目的探索，支持对网络销售等新型销售模式的探索，支持对新型营销管理体制的探索。

（三）探索文化产业保险，促进文化产业发展

保险业支持文化产业，既是培育新的经济增长点的需要，也是促进文化大发展、大繁荣的需要。保险业要大力支持、推动创新和开发适合文化企业特点的保险产品，提高保险在文化产业中的覆盖面和渗透度，有效分散文化产业的项目运作风险。鼓励保险公司积极提供信用保险服务，进一步加强和完善针对文化出口企业的保险服务，鼓励和促进文化企业积极参与国际竞争。针对文化领军人物，要积极探索发展企业要员保险和演艺人员的特殊风险保险。积极探索创意投资风险损失保险、演出意外中断保险、艺术品特殊风险保险、创意知识产权质押融资保证保险等险种，为文化产业的投资开发和市场拓展提供适用、有效的风险保障。

五、未来推进保险文化建设实施的几个方向

推行保险文化建设的实施，切实找准企业文化与经济特征的结合点，以文化建设促进企业管理，理顺公司内外部各要素之间的关系，营造公司上下休戚与共、齐心奋斗的文化氛围，使公司保持强大的向心力，使保险文化与企业管理协调发展，全面提高保险企业整体竞争能力。

建立科学规范的制度文化，培养员工知行合一的依规行为。制度文化，是指经营活动中所形成的与企业精神、价值观等精神文化相适应的制度和组织结构，主要包括企业领导体制、企业组织机构和企业管理制度。企业制度对企业行为具有强制性与约束力，是企业权威的象征，在制度面前应做到人人平等。具体而言，包括企业的各种规章制度以及这些规章制度所遵循的理念，包括公司日常经营的各项规章、制度，员工文明礼仪规范制度，系统培训制度等等。

保险文化建设的核心是诚信，必须让诚信植根于保险文化中。保险作为金融业的重要组成部分，是典型的信用经济，诚信立业是保险事业实现大发展的根本问题。应当遵循

诚实信用原则,这也是《保险法》中一直强调的要求。应该说,对于保险从业而言,诚信本来是题中之意,但一个不争的事实是,诚信建设的不足,成为眼下制约保险事业更快发展的瓶颈问题,解决这个问题,必须让诚信植根于保险文化中。

坚持以人为本的管理理念,打造人才高地,形成保险企业的永续经营和文化传承。人是生产力中最活跃的因素,企业发展、员工为本、企业活力的强弱、效益的高低均与员工有着直接的关系。而员工的需要能否得到满足,是影响员工积极性发挥和企业经营绩效的关键。要调动员工的积极性、主动性与创造性,需最大限度地满足员工的合理需要,提高全体员工的工作能力,从而推动企业的发展。

以客户满意为企业文化建设的出发点,树立"以市场为导向、以客户为中心"的经营理念。企业的整体经营活动都应以顾客满意为核心,用顾客的观点而非企业自身的利益和观点分析考虑消费者的需求,通过产品满足顾客需求来实现企业的经营目标。随着人们的消费观念从理性消费时代过渡到感情消费时代,消费者更多地在追求一种心灵的满足,这就要求我们只有了解顾客面临的问题与困扰,倾听顾客的心声,与顾客建立长期的伙伴关系,才能达到顾客满意。

实施品牌战略,塑造良好的企业形象。企业形象是社会大众和企业职工对企业的整体评价,是企业产品、服务、人员素质、公共关系等各方面在社会和企业职工中所产生的总的印象,是得到社会承认的企业价值观、企业精神、企业风尚等的综合反映和外部表现。当然,企业文化必须要有所发展,随着环境的变化、经营的变化,有必要吸收新的理念,淘汰旧的内容,使企业文化始终具有蓬勃生机、与时代紧密相连、内容丰富饱满,从而推动企业持续、健康、有序地发展。

企业文化是在社会环境影响下,在企业内部长期培育起来的为全体员工自觉奉行的价值观念、意识准则、行为规范的总和。文化对于企业竞争力的影响是显而易见的,比如保险公司中,一个保险产品推出来了,很快有其他保险公司模仿;一项服务措施推出来,社会反响比较好,马上也有人跟进。但产生的效果不同,因为企业的内在素质是不一样的,价值观念是不一样的,是企业文化差异造成了这种差距,先进文化和落后文化的区别造就了竞争力的不同。因此,从竞争战略角度讲,企业文化又是企业对市场经济的特殊反应而形成的竞争文化,尤其在当前社会主义市场经济体制激烈的市场竞争的大环境下,企业文化建设的目的很大程度上在于提高企业的竞争力,而不是追时尚、赶时髦的"装饰品"。

在保险行业的发展过程中,文化的发展是不容忽视的方面,行业的软实力也体现了企业的价值,深化体制改革,全面追求创新,是一个企业发展的重要基石。

参考文献

[1] 王红. 推进保险企业文化建设的几点思考 [J]. 海峡科学,2008(3):49-51.

[2] 太平洋财产保险股份有限公司新疆分公司课题组. 保险企业文化建设研究 [J]. 新疆金融,2008,B(08):152-160.

[3] 修波. 加强保险企业文化建设促进保险事业发展 [J]. 中国科技财富,2010(12):355.

论中外保险文化差异

孙彤彤

（安盛天平财产保险股份有限公司青岛分公司）

摘　要：中国加入 WTO 后，随着越来越多的外资保险公司的进入，中国保险市场的主体结构发生了明显变化，外资流入不仅带来了资金、技术、经营模式和经营理念，也带来了西方的保险文化。

中外保险文化的对接和碰撞深刻影响着当前中国保险文化的发展。本文通过对中外保险文化和发展环境比较分析研究，找出当前中国保险文化发展中的问题，提出加快中外保险文化的对接、融合和开拓创新的思路，从而抓住金融全球化同时也是保险全球化的机遇，迎接全球范围内的金融竞争，为国有保险业的长久发展打下更好的基础。

关键词：保险文化；保险企业文化；文化创新

一、保险文化的内涵

（一）保险文化的涵义

1. 保险文化的构成

保险文化，一般人都片面理解为保险公司开展文体活动就是精神文明建设，就是企业形象塑造。这仅是企业文化很小的一部分。保险文化就其内涵和核心来看，主要指贯穿保险公司经营活动始终而长期形成的较稳定的思维模式、行为准则、道德观念和价值取向的总和。

从广义上讲保险文化包括：保险的历史、保险行业的道德价值理念、保险企业文化、行业文化这个四个部分。从本义上理解保险不仅是一种商品、一种服务，而且还是一种文化价值观念。保险商品是一种"一人为众、众人为一"的商品，体现一种兼爱互助的思想，反映的是一种良好的人际关系，渗透着人本主义的精神。保险是一种文化，而保险企业则是这种文化的载体。因而，每一份保单代表的不仅仅是简单的服务，而且还是整合了保险文化的产物。保险公司不仅可将保单的销售作为服务销售，还可作为整合了企业文化、保险文化的文化产品加以推广。

2. 保险文化的现实意义

保险文化是一国社会文化的重要组成部分之一。它的现实意义在于,优秀的保险文化可以提高行业和企业的核心竞争力;保险文化通过理念文化、制度文化和行为文化的建设可以促进保险业健康有序发展;保险文化的建设,有利于提高国民保险意识,为保险监管创造良好的市场环境和行业环境。

我们知道文化本身具有双重的属性,既有社会的属性,又有产业属性,反映在文化的功能上,一方面体现在文化对经济的反作用,另一方面文化尤其是文化产业本身就是一种重要的经济形态。保险文化是一家保险公司成功经营的重要因素。在后 WTO 时期的竞争环境中,一个企业,特别是保险企业,在机构、人员、产品、技术等单个经营或管理要素方面进行优势积累固然重要,但在经济全球化、知识化、信息化的浪潮中,技术更新日新月异,信息传播方便快捷,市场竞争日趋激烈,技术、产品甚或其他优势,你有,别人也会很快"拥有",甚至比你更强,能保持持久优势的只有文化。在今天这样一个物质产品极大丰富、产品同质化速度不断加快的时代,保证企业持久成功的力量,也只能是文化。

二、中国保险文化的现状

中国保险文化发展有 20 多年的历史,目前保险文化的发展取得了一定的成就:一是理论认识有很大提高,二是基本制度框架已经建立,三是企业文化建设初显成效。

但是我国短短 20 多年的保险史与国外漫长的保险历史相比,是小巫见大巫。笔者认为目前中国的保险文化发展还存在许多不足之处。

(1)保险需求不能有效释放,这种有效释放是供给不充分,而且有很多顾客消费观念不成熟,或者是保险产品不能迎合消费者的想法。

(2)经营管理理念存在差距,文化建设认识模糊,我们现在谈到的更多是保险公司价值竞争,没有提到文化品牌的竞争,这是粗放竞争的阶段,也是跟中国保险业发展水平相匹配的。

(3)诚信问题。诚信是一种结果,因为保险制度上的不足导致保险代理人的违规经营。种种的不足导致最后这个行业被社会认为是不诚信的。

(4)监管框架有待完善,跟发达市场相比,监管体系是有差距的,所以需要政府监管能够走在市场前面,引导规范市场发展。

(5)理论研究,我觉得中国的保险文化理论研究可以说有很大的发展,针对中国的现状发展自己的特色,虽然有很多点突破,但是没有线,没有面,整体上是一盘散沙,应该构建一个符合中国国情的保险文化理论体系。

三、国外保险文化的特色

(一)国外保险文化的各自特色

不同的国家有不同的历史文化背景,以下以日本为例。

1. 日本保险

日本的保险业起始于明治维新以后，虽然它的国土面积小，又受"二战"中断但它国内的经济制度却延续了百年之久，保险业也从未中断。日本民族深受中国传统的文化影响，又善于改造利用，其保险职业道德既有着典型的东方文化内涵，又凸现出日本民族的特性。

（1）强烈的敬业精神。在日本人的道德观念中，恪尽职守、敬业守诚是人生的立身之本，也是强者立业的根本风范。

（2）可敬的团队意识。日本人自古就有一种自尊自强的民族意识，信仰武士道这一文化传统增加了日本人民的凝聚力，反映到企业文化和职业道德上，就是团队精神。

（3）融洽的亲和关系。他们在内部关系上主张"和为贵，忠诚为先。"也就是我们今天提倡的"以人为本"。

（4）精确的效率观念。日本人的工作最讲效率，这是全球公认的事实。所以，日本自第二次世界大战以来，保险行业和其他经济领域在世界上迅速崛起就不足为奇了。

2. 美国保险职业道德文化的个性特征

美国是市场经济最发达的国家，但美国的企业文化和经营道德都是从自己的竞争对手那里得到启发并逐步个性化的。经过长时间的学习、引进、消化，而后探索创新。美国在很短的时间里，便创立了自己的文化道德体系，主要特点是：

（1）尊重个性发展。作为一个从原野里创造出来的国家，美国在资源丰富亟待开发的早期，机会虽多，可是蛮荒未辟，必须奖励个人独立创造的性格，凡是围灭个性发展的各种因素都视作当时拓殖精神的阻碍，加以贬责。同时，在艰苦开拓的过程中，每个民族都必须发挥本民族的长处，尊重并吸取其他民族的优秀品质，坚信自我，尊重他人的文化取舍态度成为他们共同的准则。美国人标榜"人权至上"，他们浓厚的人权意识体现在经营管理上，突出个人奋斗，尊重个人价值，则是人所共知的。正因为重视人的因素，突出个人奋斗，从业者在市场经济中便敢于开拓，勇于冒险，特别是善于创造。在保险经营行业，他们便提出了许多创造性的经营理念。20世纪80年代初，兴起了"新哈佛价值观"，提倡企业文化，强调管理道德，创造了CI管理。在为顾客服务上，设计了"产品形象、员工形象、环境形象、服务形象"四项配套理念，用以指导企业员工的行为规范。进入90年代，又推出了CS经营方略即"顾客满意度"的道德评价体系，开辟了公司经营的新视野、新观念，并力荐此举为"企业最重要的资产"。

（2）强调重才尚实。在美国，正因为重视个人价值，有才能的人便众望所归。他们的道德观念中有个著名公式：1%＞100%，就是说，1%的科技人才把他们的理论转变为物质，其价值大于100%的书面理论。

（3）崇尚互利互惠。"君子不言利"是中国儒教的道德箴言。在美国，言利的正是君子。他们认为，做保险、办企业，追求利润是天经地义，不仅言利而且追求最大的利润值。在美国企业家和从业人员中，"互利互惠"被看作是人际交往的良好道德和情操，是正当的谋生尺度。

（二）国外保险文化的共同特征

在全球 1998 年 500 世界强企业中，排名前 10 位的保险公司都集中在欧美和日本等发达国家，代表了世界保险文化发展的总体趋势，呈现一些共同特征。

（1）诚信：诚信，简而言之，就是诚实守信，乃指人际关系中的诚实不欺。诚就是实事求是；信就是信用、信义、信誉。因为保险是一种信用行为，是以一纸合同的形式，连结和调整当事人利益关系的，诚实、信用非常重要。忠诚信约是保险立业之本，是保险从业人员最基本的道德标准。所以，西方发达国家的保险法都载明了约束保险人严格履行保险责任的条款。

（2）公平：公平指人与人的利益关系及利益关系的原则、制度、做法、行为等都合乎社会发展的需要。在发达国家的保险行业中，市场主体多，竞争激烈。在美英等国，几乎每年都有新的保险主体进入市场，但每年也都有保险公司摘牌倒闭。在激烈竞争的同时，竞争的道德规则也是比较完备的，那就是公平、公正、公开的原则。英国是保险业的发源地，政府对保险业的监管着眼于宏观，但市场竞争能够有条不紊，其中一个重要因素就是从业人员和企业经营者公平竞争的道德自律意识比较强。

（3）客户服务：所谓客户服务，它其实是一种无形的产品，而不是普通意义上的产品。服务产品是无形的，服务是虚的，看不见摸不着。而普通意义上的产品是有形的，看得见摸得着。在卖服务产品的时候，只能通过语言描绘。告诉你购买这个服务产品以后，你能得到什么样的服务，当今发达国家保险界人士最为流行的口头禅就是"服务第一、销售第二"，这也是他们经营管理的重要道德准则。

（4）竞争：竞争是市场经济的必然趋势，也是西方国家最基本的道德原则之一，他们承认竞争，也鼓励竞争，并能够以极其平常的心态看待同业之间的互相竞争。他们的着眼点不是相互竞争的结果，而重在关心竞争规则和如何改善自己的竞争措施。

四、中外保险文化的差异

从我国保险文化现状与国外相比不难看出，中外保险文化存着明显的差异，归纳起来包含以下几个方面的因素：

（1）我国保险的历史只有 20 多年，和国外保险业发达的国家几百年比有差距很大，正是由于保险业发展时间短，行业发展不够充分，对保险业的重视程度不够，导致对保险文化的认识不够，忽略了保险文化的发展。

（2）保险从业人员专业度不高，从我国保险公司从业人员的现实状况看，学过保险的基本上没有，正是由于专业度不高，加之行业发展竞争不规范，导致从业人员将对个人利益的追求作为首要目标，从而忽略了保险公司、保险行业的发展，更不要说把保险服务作为竞争的主要手段。

（3）由于各国历史文化的差异，各国的保险文化也存在差异，比如中国儒教的道德箴言"君子不言利"，而在美国人眼里言利的正是君子，不同的思想文化历史和氛围，导致中外保险文化的内容也有了很大的不同。

（4）保险行业的监管制度不同，监管体系不完善，导致文化上的差异。

五、中外保险文化的融合创新

（一）保险文化创新的涵义

保险文化的创新就是指保险业在运行过程中，依据客观规律、市场经济的要求和竞争的新形势，对保险企业文化的涵义、内容、方式方法等进行创造性变革。它涵盖着思路创新、机制创新、内容创新、手段创新、管理创新等诸多方面，并且要随着形势的变化，赋予其新的内容，并不断充实和发展。可以说，保险文化的创新，既是保险市场竞争的产物，也是保险业务得以持续发展的推进器，成为势不可挡的历史潮流。

（二）中外保险文化融合创新的方法

中国是个发展中国家，在经济起飞的过程中，经济学就有一个理论叫后发理论，也叫后发优势，后发理论的核心就是模仿，快速模仿走捷径。通过快速模仿来缩短和发达国家的差距从而全面提升经济水准。中国现在是一个发展中国家，要在未来快速地增长，要缩短和发达国家的差距，就要遵循后发理论，大胆地高速度地模仿。

但我们在这里提倡的模仿绝对不是机械的模仿，而是有目的、有针对性的模仿。因为我国保险业的发展水平与国外相比不仅有时间上的差异，还有文化和国情上的差异。如果硬生生地将国外的经验和技术直接应用到我国保险业，一定会出现水土不服的情况，这时就会有一个扬弃的过程，这个扬弃的过程，实际上就是一个融合创新的过程。

将融合创新的方法归纳起来就包括以下几点：

（1）思想创新。思想是行动的先导，改革创新，首先要思想先行。企业领导要形成对保险文化创新的共识，不仅要抓好物质载体，还要抓好意识形态；不仅要抓好物质环境建设，还要抓好文化环境建设。提高对保险文化的重视，不能浮在表面，把行业文化的发展和企业的发展紧密联系在一起，提高思想认识，对整个行业文化的认识在思想上要上升到一个新的层面。

（2）人才创新。建立建全公司的内部教育培训机构，努力形成自己的造血机制，为培养高素质人才做出努力和探索。保险从业人员的专业度很大意义上影响了保险文化的发展，努力提高保险从业人员的专业化水平，对所有进入公司的员工进行专业化培训，提高他们自身的专业度，能够形成很好的文化氛围，带动和推进企业文化的发展，也是为保险行业文化的发展作出贡献。

（3）机制创新。国有保险企业是计划经济时代形成的，其在用人机制上比较呆板。因此，要将改革用人机制作为企业文化创新的当务之急。要打破传统的用人框框，敢于在个人代理人队伍中发掘人才，向社会引进"高精尖"人才，同时要在考核机制、激励机制、淘汰机制上进行创新，真正建立起一个富有行业特色的竞争机制。

（4）制度创新。制度文化是企业文化的一个重要方面。制度建立的好坏，直接关系到人的积极性、创造性的发挥。迎接入世，建立现代的保险企业制度已刻不容缓。加强从业人员的监管制度的建立，提高代理人的职业道德水平，这要向国外保险文化的诚信看齐，西方发达国家保险监管制度如"保险法"都载明了约束保险人严格履行保险责任的条款。这是我国保险业文化发展中刻不容缓的事情。

（5）服务创新。市场的竞争从根本上说就是服务的竞争。诚信的服务也是企业文化建设的核心内容。当前，保险市场是一个服务不断创新的市场，保险公司更应强化服务意识，进行服务内容的更新。在西方保险业发达国家如美国，保险代理人是很受尊重的职业，他们通常是一家人一生的朋友，因为他就像一个理财顾问一样，从接手一户人后，这家人的保险、理财就都由他全权代理，由此可见国外保险服务的发展水平之高，如果没有多种多样特色的高质量的服务，那么谁会把一家的理财、保险终生交给一个代理人代理。

（6）形象创新。企业形象是社会大众和企业职工对企业的整体评价，是企业产品、服务、人员素质、公共关系等各方面在社会和企业职工中所产生的总的印象，是得到社会承认的企业价值观、企业精神、企业风尚等的综合反映和外部表现。美好的企业形象和品牌是企业的财富，是企业参与市场竞争并取得胜利的重要手段。

（7）环境创新。新形势下，要致力于精神文化的建设，积极倡导爱岗敬业、无私奉献精神，大力开展社会主义精神文明建设，加快培养竞争意识，营造一个良好的企业文化建设软环境，促进保险企业的发展壮大，迎接国际化、全球化的挑战。

参考文献

［1］ 王绪瑾. 论中国保险市场模式的选择 ［J］. 保险研究，2007（12）：17-20.
［2］ 秦道夫. 保险法论 ［M］. 北京：机械工业出版社，2000.
［3］ 张增福. 论新时期保险企业文化建设 ［J］. 保险研究，2002（12）：34-55.

浅论保险企业文化建设

张荣华

（中华联合财产保险股份有限公司青岛分公司）

摘　要：自我国加入 WTO 以后，保险业进入了深度开放阶段，保险公司既要应对实力强大的外资保险业的强烈冲击，又要与国内新崛起的保险公司进行份额相争，而保险行业长期以来形成的重经营、轻服务，重发展、轻合规，重销售、轻管理等行为，与保险行业文化的本质追求、价值取向相背离问题，已经严重影响保险行业的健康发展。因此，各个保险企业所面临的竞争已从以前的产品竞争、服务竞争逐步进入了竞争的最高层次，即文化竞争时代。为了在市场竞争中不断取胜，对企业现有文化进行变革，导入新型的企业文化对每个保险企业已势在必行。

关键词：保险企业；文化建设

企业文化就是根本的思维方式，是企业在适应外部环境和内部过程中独创、发现和发展而来的思维方式，这种思维方式被证明是行之有效的，因而被作为正确的思维方式传输给新的成员，以使其在适应外部环境和内部融合过程中自觉运用这种思维方式去观察问题、思考问题、感受事物。简而言之，企业文化是企业独特的思维方式、行为方式和表现方式，是企业的个性。具体地说，企业文化就是企业中大多数成员的思维方式、行为方式和表现方式。

中国保监会党委书记、主席项俊波就保险行业文化建设，于 2013 年 3 月 21 日发表的讲话中指出，保险行业核心价值理念正式向社会发布，标志着保险文化建设向更高水平迈出了坚实的一步：。

保险文化核心价值观是：守信用、担风险、重服务、合规范。它是保险业的灵魂和精神，事关保险业科学发展的全局。加强保险文化建设，是促进保险行业科学发展、提升行业软实力的客观要求，是推动行业实现转型各级的重要举措，是加快推进我国由新兴保险大国向世界保险强国转变的迫切需要。

一、采取有力措施，大力推进保险企业文化建设

（一）构建适合本企业发展特点的精神文化

精神文化即蕴涵心灵深处的意识形态，也称企业之魂，包括企业精神、企业宗旨、经营理念、价值观念、管理哲学、道德准则、企业口号等。其中，企业的核心价值观决定着员工的行为模式和行为相关，也决定着员工对顾客、社会公众和竞争对手的态度及其对企业的忠诚度。因此，保险企业文化建设，应该把握时代脉搏，突出本行业和本企业的特点，内外有机地结合起来，并做到继承与创新相统一。如中华保险有限公司，作为新中国第二家成立的保险公司，秉承了兵团精神，建立了"团结、负责、勤奋、进取"的企业精神，创建了"稳健、创新、持续、高效"的经营理念。寓意着在中华保险大家庭内，要奋力拼搏，力争上游，追求卓越，也体现了中华保险作为保险专业公司的文化继承与发扬。

（二）建设企业的制度文化

制度文化是企业文化的一个重要方面，是公司指挥系统的规范化管理、决策系统的规范化管理、业务流程的规范化管理，对部门、岗位、员工工作的规范化管理等所形成的文化，它是公司在生产、经营和各种组织活动中，形成的文件化的文化表述内容。制度文化是在有形的制度中渗透出文化，通过有形的制度载体表现出无形的文化，只有将制度管理与人文管理有机结合起来，营造出良好的企业制度文化氛围，才能使制度文化形成一种习惯性意识，从而根植于每一位员工的头脑中，打造出一种独具特色的企业优势资源，最终转化为生产力。随着保险业深度开放期的到来，建立现代的保险企业制度已刻不容缓。保险企业应建立健全各项规章制度，规范企业的经营管理行为，并坚持柔性管理的原则，即以制度为准绳，通过人文管理来落实制度，反过来让制度管理保障人文管理顺利进行，刚柔相济，恩威并施，形成企业的制度文化。

（三）加强以服务为基础的物质文化建设

企业文化是公司在物质文明建设中所形成的一切有形的资产，在文化意义上的体现。它一般分为产品内容和服务内容。要实施名牌战略，建成精品工程，为保户提供无微不至、主动、便利的服务，将服务作为产品质量的重要组成，是当前的重要任务。

多年来，中华保险着力构建完善的法人治理结构，积极创新经营模式，不断提升综合服务品质，坚持依法合规经营，建立了科学的决策体系、内部控制机制和风险管理体系，并逐渐打造了一支保险专家的人才队伍。中华保险刚起步时为一家专营农牧业保险的区域性公司，随着公司的不断发展、改革、转型升级，现已成为一家集农险、车险、非车险、人身险等多产品、多结构的财产保险公司。在实施名牌战略上，如2014年提出的"五年"发展战略规划：一是到2018年实现保费收入650亿（2013年297.45亿）；二是税前利润突破30亿（2013年11.25亿）；三是未来五年年均保险资金投资收益率确保不低于5.5%，进入行业前三；四是未来五年中华控股、中华财险和中华人寿的偿付能力均持续保持在150%以上。在客户服务上确立了"客户之上、忠诚服务、笃守信誉、回报社会"的服务宗旨。提

出了"中华保险、理赔不难"的服务理念,制定了一系列保障措施与考核办法,确保理赔工作快、准,从而提升了中华保险在行业竞争中的实力。

(四)塑造个性鲜明的现代保险业形象

企业形象对于保险业来说,作用远远超过了本身的有形资产,谁的形象好,谁就能够赢得客户、赢得市场。为此,保险企业要着力做好几项工作。这些工作包括:企业国际化经营再上新台阶;大力开拓企业文化范围;以整体改制上市和外部重组为契机,进一步构建符合保险企业战略发展需要的新体制、新机制,推进企业文化科技领先型企业的建设。如中华保险在2014年初提出了上市规划:公司将结合证券市场情况,力争实现3年整体上市,并在未来2~3年内引入战略投资者。一方面,要全面导入企业形象识别系统(CIS),建立良好的企业形象,形成企业独特的自我个性,增强企业的凝聚力和竞争力。如建立富有特色的视觉形象,在营业网点设计上坚持有利展示本司文化、有利吸引客户、有利客户舒适、有利客户方便、有利经济效益的原则。另一方面,要在企业管理、产品和服务上导入ISO9001、2000质量管理体系标准,使保险企业经营管理逐步迈入标准化、程序化、规范化轨道,提升服务能力和水平,增强公众的认同感,增强企业市场竞争力。最后,做好公关和广告宣传工作,提高保险企业的知名度和在社会上的影响力。打造企业品牌,提升保险企业市场竞争力,让企业文化激励企业员工不断以高标准、高要求向更高的目标挑战,向更远的方向迈进。

二、核心价值理念将引领保险企业文化建设

中国保险监督管理委员会倡导的"守信用、担风险、重服务、合规范"保险行业核心价值理念,对加强保险企业文化建设,促进行业转型升级,实现保险业持续健康发展具有重要意义。培育和践行保险行业核心价值理念成为保险公司今后较长时期内一项重要的工作。在此过程中,如何将行业核心价值理念真正与保险公司自身积累形成的企业文化相互融合、相互促进,即保障行业核心价值理念的贯彻实行,又推动保险公司企业文化的提升,筑牢员工共同的精神家园,从而真正把文化的软实力转化为市场竞争的硬实力,以先进的文化引领前进方向,推进公司科学健康发展。

(一)核心价值理念与保险企业文化的关系

行业核心价值理念反映的是保险全行业普遍性的共同特征,而保险企业文化表现为保险公司个别的、特殊的文化特征。两者的联系表现为:一是保险行业核心价值理念涵盖了保险企业文化。是在新中国六十多年保险业探索、发展的基础上对保险的使命、价值及其发展积累形成的保险文化的高度概括、提炼,汇聚了保险行业经营宗旨、根本目的、行为规范、道德准则以及行业正确的发展方向。集中反映了保险行业文化的特征。同时也反映了构成行业文化之基础的保险企业文化追求,并且对保险企业文化的建设具有指导和约束作用,并将成为新的保险企业文化的核心与重点内容。二是保险企业文化体现了行业核心价值理念。不同的保险公司因其成立的背景及价值观、目标追求不同,其企业文化自然

也呈现多姿多彩,故而形成了丰富而具有个性的保险企业文化。但是无论企业文化有多么不同,必须肯定各家保险公司都对保险功能、使命、责任的认识高度一致,并以自己的价值取向与经营行为诠释共同的保险行业文化,统一于并体现核心价值理念。

(二)采取措施,大力推进保险企业文化建设

随着保险行业的快速发展,日渐积淀形成了浓厚的保险行业文化,而每一家保险公司也在自身的发展中逐渐形成了各具特色的企业文化。如在中华保险五个优势(一是思想优势:兵团特有的、厚重的企业文化;二是组织优势:抓班长带班子、抓班子带队伍、抓队伍促发展;三是教育优势:公司是学校,教人要育;四是纪律优势:公司是军队,治司要严;五是精神优势:兵团人艰苦奋斗、无私奉献的精神)下提出的"十六个发展":

(1)班子建设奠定发展;

(2)认清形势加快发展;

(3)坚定信心快速发展;

(4)理清思路健康发展;

(5)强化内控规范发展;

(6)分类指导协调发展;

(7)抓好典型带动发展;

(8)重点工作推动发展;

(9)科学规划指导发展;

(10)加强调研引导发展;

(11)品牌宣传塑造发展;

(12)诚信建设保障发展;

(13)服务创新促进发展;

(14)和谐环境支持发展;

(15)打造队伍夯实发展;

(16)弘扬文化永续发展;

同时提出:正职为副职做出榜样;老同志、老领导为年轻同志、年轻领导做出榜样;上级为下级做出榜样;领导为员工做出榜样"四个榜样"的要求,并对正、副职提出"四要四不要"等执业准则,较好地践行了核心价值理念。

三、加强保险文化建设的思考

长期以来,由于偏重追求业务规模的粗放式发展,保险公司的市场行为与行业文化、价值取向有所背离,市场非理性竞争加剧,风险意识淡薄,经营风险有增无减。而客户也因销售误导、理赔难,对保险服务满意度低,导致对保险的"三不认同",严重影响到了行业的健康和可持续发展。

要根治以上问题,除了依靠法律和制度的约束外,保险监管部门以加强保险文化建设为切入点,发挥文化的引导支撑作用。核心价值理念要求保险行业以最高的诚信标准要求

自己,信守承诺、讲求信誉,通过产品和服务创新,着力提升服务质量和水平。始终做到知法守法,合规经营,培育良好的市场秩序,从而赢得社会的信赖支持,以保障保险业健康可持续发展。

(一)践行保险业核心价值理念的过程,就是建设保险企业文化的过程

要用行业核心价值理念统领、指导保险公司企业文化建设。经过对核心价值理念的内化吸收,熔铸出既符合行业核心价值理念要求,又独具特色的公司企业文化。使公司企业文化得以升华、发展,在这个过程中应注重以下几点。

(1)要完善保险企业文化的顶层设计。企业文化具有稳定性,但也是不断发展的,以体现时代特征。保监会提出的行业核心价值理念,为现代保险企业文化发展指明了方向。保险公司应将核心价值理念注入公司文化中去,并体现在公司使命、战略目标、企业精神、经营理念及员工的从业规范之中,从而形成先进的企业文化,并以之引领与支撑公司健康发展。

(2)将核心理念纳入公司内控制度的制定及业务流程设计。公司的内控制度、工作流程等对公司及员工行为都具有约束与导向作用。明确规定了各工作环节应该怎么操作,从侧面也体现了公司文化及价值取向。在制定制度时遵循核心价值理念,使核心价值理念贯穿于公司的日常工作中,化为有形的操作标准或工作要求,那么企业文化建设与实践也就变得有章可循,更加具体化、常规化,避免了一纸空谈。

(3)加强考核促进企业文化落地。企业文化的真正落地,不在于你制定了多少分内控制度,宣传做了多少次,而在于是不是得到了广大员工的统一认识和在实际工作中的贯彻执行。当然通过宣传教育能提高员工对企业文化的认同,但在思想缺少高度自觉性的情形下,不能保证企业文化会得到不折不扣地落实,而必须在管理制度框架的基础上加以考核和奖惩。通过表扬或奖励符合核心价值理念的行为,进一步倡导和强化好的作风,批评和处罚不符合核心价值理念的行为,则可抵制不良行为,可使企业文化不但说起来重要,而且做起来重要,为更好地促进先进企业文化的落地营造良好的内部环境。

(二)推进企业文化战略的实施

切实找准核心价值理念与企业文化特征的结合点,以文化建设促进企业管理,理顺公司内外部各要素之间的关系,营造公司上下休戚与共、齐心奋斗的文化氛围,使公司保持强大的向心力,使企业文化与企业管理协调发展,全面提高企业整体竞争能力。

(1)着力长远打算,强调员工的广泛参与。企业文化建设是一个长期的、渐进的过程。企业文化的核心是企业经营管理的价值理念和人的思想意识,其形成和变革需要一个长期的过程。

(2)以客户满意为企业文化建设的出发点,树立"以市场为导向、以客户为中心"的经营理念。企业的整体经营活动都应以顾客满意为核心,用顾客的观点而非企业自身的利益和观点分析考虑消费者的需求,通过产品满足顾客需求来实现企业的经营目标。

(3)突出企业文化建设的特色。保险企业精神是保险企业文化的集中反映,是全体员

工现代意识与企业个性结合而成的一种群体意识,包括保险企业的理念、信用、声誉等基本要素,是保险企业力量、效益和管理精华的体现,更是保险品牌的灵魂。优秀的企业文化离不开优秀的品牌文化。品牌文化通过外部传播形成,但其内涵是企业文化,是企业文化的外延。

（4）抓好企业文化载体建设。进行企业文化建设必须有载体,开展形式多样的文化推广活动,强化文化感染力。可以推出企业文化系列书籍、在各层级培训班中开设"企业文化"必修课、组织全国各地分支机构利用晨会反复宣导企业文化;也可以组织全员军训、实施标准化管理,不断强化企业文化在员工中的渗透力;还可以通过强化保险企业现有数据库,将与保险企业文化建设相关的实践经验收集起来,并传播给需要它们的人。

参考文献

[1] 吴玉韶. 中国老龄产业发展报告（2014）[M]. 北京:社会科学文献出版社,2014.

[2] 杨燕绥. 中国老龄社会与养老保障发展报告（2013）[M]. 北京:清华大学出版社,2014.

[3] 郑秉文. 中国养老金发展报告（2013）[M]. 北京:经济管理出版社,2013.

[4] 郑秉文. 专家称中国养老金多存银行 10 年"缩水"近 6 000 亿 [N]. 经济参考报,2012-11-09.

[5] 2013 年全国社会保险情况 [EB/OL]. [2014-11-07]. http://www. mohrss. gov. cn/.

[6] 2013 年全国企业年金基金业务数据摘要 [EB/OL]. [2013-07-04]. http://www. mohrss. gov. cn/.

[7] 田向阳. 美国 401K 计划的前世今生以及对我国的启示 [EB/OL]. [2012-02-15]. http://news. xinhuanet. com/fortune/2012-02/15/c_122705538. html.

[8] 李静萍. 社会保险改革下统筹商业保险的发展研究 [J]. 理论月刊,2013(6):149-153.

[9] 余利民. 确立和发挥商业保险在养老保障体系的支柱作用探析 [J]. 区域金融研究,2009(12):16-19.

[10] 李昕旸. 我国商业保险在老年产业中的商业机会探究 [J]. 保险研究,2011(5):25-31.

[11] 何文炯. 社会保险转型与商业保险发展 [J]. 保险研究,2010(7):35-39.

[12] 张晶. 商业养老保险税收优惠模式的国际经验与借鉴 [J]. 生产力研究,2011(8):150-152.

[13] 易佳. 我国商业养老保险险种研究 [D]. 成都:西南财经大学,2013.